D1617689

Stefan Rademacher (Hrsg.)
Religiöse Gemeinschaften im Kanton Bern

Stefan Rademacher
Herausgeber

Religiöse Gemeinschaften im Kanton Bern

Ein Handbuch

der sachbuchverlag

der sachbuchverlag
www.ott-verlag.ch

ein unternehmen
der hep verlag ag

Mit freundlicher Unterstützung von:
UniBern Forschungsstiftung,
Reformierte Kirchen Bern-Jura-Solothurn,
Swisslos/Amt für Kultur des Kantons Bern

UniBern Forschungsstiftung
(Berne University Research Foundation)

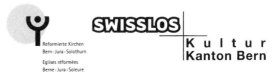

Reformierte Kirchen
Bern-Jura-Solothurn

Eglises réformées
Berne-Jura-Soleure

SWISSLOS

K u l t u r
Kanton Bern

Stefan Rademacher (Hrsg.)
Religiöse Gemeinschaften im Kanton Bern
Ein Handbuch
ISBN 978-3-7225-0101-7

Umschlagkonzept: Atelier Mühlberg, Basel
Gestaltung und Satz: Verlag Die Werkstatt, Göttingen

Bibliografische Information der Deutschen Bibliothek.
Die Deutsche Bibliothek verzeichnet diese Publikation
in der Deutschen Nationalbibliografie;
detaillierte bibliografische Angaben sind im Internet
über http://dnb.ddb.de abrufbar.

1. Auflage 2008

hep verlag ag
Brunngasse 36
CH-3011 Bern

www.ott-verlag.ch

Geleitwort

Unsere religiöse Gegenwart ist bunt und vielfältig. Das Schlagwort von der Vielfalt meint nicht nur die Religionen, wie wir sie unter grossen Begriffen wie «Christentum», «Islam», «Buddhismus» usw. kennen oder zu kennen meinen. Die religiösen Gemeinschaften, die im Kanton Bern und durch die Zuwanderung von Menschen aus aller Welt entstanden sind, gehen in diesen grossen Traditionen bzw. Begriffen allein nicht auf. Es gibt wesentlich mehr verschiedene Religionen, Strömungen, Traditionslinien, Verehrungsformen, Auslegungen, Glaubenssysteme, Anbetungsstätten, Vorstellungen, Weltbilder und Arten von Gebet und Meditation, als im Allgemeinen wahrgenommen wird.

Dieses Handbuch präsentiert zwei Dinge: Es ist zum einen eine allgemeine Religionskunde, die – wenn auch notgedrungen sehr knapp – einführend grundlegende Informationen über die Religionen wiedergibt: zentrale Glaubensinhalte und Praxisformen, die allgemeine Geschichte usw. Zum anderen – und das ist der eigentliche Schwerpunkt – ist es eine *Berner* Religionskunde, die die Religionen, wie sie hier in der Region präsent sind, erfasst und beschreibt. Das Handbuch entstand zwischen 2006 und 2008. Wenn wir auch bemüht waren, gegen Ende alles noch einmal zu aktualisieren, stellt es natürlich eine Momentaufnahme dar, bei der einiges bald veraltet. Die Grundinformationen zu den Glaubensinhalten und auch die lokalen Geschichtsdarstellungen behalten natürlich ihren Wert, sodass das Buch selbst dann, wenn die eine oder andere Adresse oder Mitgliederzahl nicht mehr stimmen sollte, immer noch von Nutzen sein wird.

Fremdes und Unbekanntes erzeugt Verunsicherung und daher oft Angst. Das Wissen um Fakten, Bedeutungen und Hintergründe trägt dazu bei, Ängste zu überwinden; Wissen ist somit die Voraussetzung für Toleranz, Anerkennung und Respekt. Ohne diese Eigenschaften ist ein friedliches Zusammenleben schwierig. Und nicht zuletzt kann man sich auf einer soliden Wissensbasis auch leichter klarmachen, wo man selber steht. Das zentrale Anliegen dieses Handbuches ist es daher, Wissen zu vermitteln und aufzuzeigen, dass Stereotypisierungen, wie sie in Umlauf sind, mit der Realität oft nicht viel zu tun haben. Wenn Sie also, liebe Leserin und lieber Leser, auf den folgenden Seiten Bekanntes bestätigt finden und – was unsere Hoffnung ist – viel Neues erfahren, so hat das Buch seinen Zweck bereits erfüllt. Unser weitergehendes Anliegen, das von einem Buch aber nicht eingelöst werden kann, besteht darin, dass das Verstehen zu Verständnis wird. Verständnis äussert sich darin, wie man im Alltag miteinander umgeht – und das liegt bei Ihnen.

Die Autorinnen und Autoren und der Herausgeber

Inhaltsverzeichnis

Über dieses Buch

Religionswissenschaftliche Grundlegungen – Grundlegendes zur Religionswissenschaft

Religionen zu erforschen und darzustellen, ist etwas, was von einigen für unmöglich gehalten wird. Manche sprechen vom «Wesen der Religion», das nur demjenigen zugänglich sei – jenseits der Worte und des rationalen Verstandes –, der sich völlig öffnet, es erfühlt und der es wahrhaftig verstehen kann, kurz: dem Gläubigen. Andere sind davon überzeugt, dass alle religiösen Vorstellungen menschliche Fantasien und (Fehl-)Deutungen natürlicher Ereignisse sind. Die Religionswissenschaft vertritt keinen dieser Ansätze. Als akademische Disziplin ist sie wissenschaftlichen Grundsätzen verpflichtet und kann sich also nur mit denjenigen Dingen sinnvoll beschäftigen, die mit wissenschaftlichen Methoden zugänglich sind. Das sind zum Beispiel Verhaltensweisen, Dokumente und materielle Artefakte, soziale und politische Strukturen, ästhetische Erscheinungen, menschliche Aussagen und historische Prozesse. Nicht zugänglich sind ihr die Dreieinigkeit Gottes, Baumgeister, das Nirwana, die Seelen der Lebenden und der Toten, astrale Ebenen, die Zukunft, die absolute Wahrheit, die Natur allen Seins oder eben das «Wesen der Religion». Da wir als Religionswissenschaftler nur die Kommunikationen über diese Dinge untersuchen können – diese, als kulturelle Leistung der Menschen, allerdings recht genau –, sind wir also auch nicht in der Position zu entscheiden, wer über diese Dinge «richtig» oder «falsch» spricht.

Kultur- und religionswissenschaftliche Wahrheit ist keine metaphysische Wahrheit – was für eine Disziplin, die Religionen zum Gegenstand hat, also Kulturleistungen, in denen metaphysische Aussagen eine zentrale Rolle spielen, eine gewisse Schwierigkeit bedeutet. Diese wird dadurch gelöst bzw. umgangen, dass die Religionswissenschaft sich in diesen Fragen grundsätzlich eines Urteils enthält. Wir können zwar sagen, dass es verschiedene Interpretationen der Bibel und vielfältige Deutungen des Weltenlaufs gibt – und auch, wie diese im Zusammenhang mit ihrer jeweiligen Geschichte zu sehen sind, aber wir können nicht entscheiden, welcher Interpret die richtige Lesart vertritt. Über die übersinnlichen Dinge und Wahrheiten sprechen die Gläubigen – wir können sie nur zitieren. Daher finden die Leserinnen und Leser in den Abschnitten, wo es um die religiösen Lehrinhalte geht, meist die Zitatform oder die indirekte Rede. Dies geschieht aus Gründen der wissenschaftlichen Distanz, nicht um Zweifel anzuzeigen!

Um ihre Sicht angemessen zu berücksichtigen, wurde für dieses Buch, das ja eines *über* die Religionen ist, *mit* den Vertreterinnen und Vertretern der Religionen zusammengearbeitet. Es war uns ein Anliegen, die Artikel gemeinsam mit den Gemeinschaften zu erarbeiten. Tatsächlich ist es uns fast immer gelungen, kompetente Gesprächspartner zu finden und später auch die fertigen Artikel von ihnen gegenlesen zu lassen. Dennoch blieb das letzte Wort bei uns; im Falle von Meinungsverschiedenheiten haben wir entsprechend unserer fachlichen (Aussen-)Position entschieden, wie etwas zu formulieren ist. Umso erfreulicher ist es, dass es keine schwerwiegenden Differenzen gab und dass selbst bei «heissen Eisen» Formulierungen gefunden werden konnten, denen sowohl die Religionsgemeinschaften als auch wir Autorinnen und Autoren und unsere fachkundigen Betreuenden zustimmen konnten.

Wie wurden die Informationen geordnet – und wie kamen sie eigentlich zusammen?

Die Neutralität gegenüber religiösen Wahrheitsansprüchen findet in diesem Buch ihren Ausdruck auch darin, dass die Religionen und Gemeinschaften ganz einfach alphabetisch geordnet sind, wo immer dies inhaltlich zu vertreten war. Irgendeine Form von Hierarchie – «wichtiger, wahrer, echter, besser als die anderen» – kann und soll also hier nicht herausgelesen werden. Allerdings bleiben die Traditionen in Sammelkapiteln (die wiederum meist alphabetisch angeordnet sind) vereint, da so die geistesgeschichtliche Verwandtschaft und die historische Entwicklung erkennbar sind und wir einfach Platz sparen konnten: Die jeweiligen Einleitungskapitel geben knapp wieder, was allen darin eingeordneten Gemeinschaften gemeinsam ist und wie wichtige Begriffe zu verstehen sind. Man sollte also ein Porträt einer bestimmten Gruppe zusammen mit der jeweiligen Einleitung lesen. Übrigens gab es auch bei diesen Zuordnungen nur ganz selten Meinungsverschiedenheiten. In anderen Überblickswerken zu Religionen erfassen die Kategorienmodelle zur Einteilung auch das (atheistische) Freidenkertum, Freimaurer und psychologisch-therapeutische Gemeinschaften; wir haben darauf verzichtet, da es bei diesen mehr als fraglich ist, ob für sie der Begriff «Religion» überhaupt angemessen ist.

10

Religionsgemeinschaften, also organisierte Gruppen, bilden den Hauptbestandteil der Darstellungen, jedoch gibt es sowohl innerhalb als auch ausserhalb der religiösen Traditionslinien eine «unsichtbare», wenig oder gar nicht organisierte Religiosität – das gilt besonders für religiöse Entwicklungen aus der jüngeren Vergangenheit. Für diese haben wir in Form von Überblicksartikeln «Szene»-Porträts verfasst. Manche dieser Überblicksartikel sind aber zugleich auch Einleitungen, wo es innerhalb der Szenen doch feste Organisationen gibt.

Der allgemeine religionskundliche Teil – er macht einen mehr oder weniger grossen Abschnitt der einzelnen Gruppenporträts, vorwiegend aber die Einleitungen aus – stützt sich auf Darstellungen zu den Religionen, wie sie vielerorts zugänglich sind, insbesondere auf Bücher und Internetquellen (sowohl von Religionsgemeinschaften selbst wie auch von Aussenstehenden). Zugleich gaben uns die lokalen Gemeinschaften zu diesen Grundlagen Auskünfte; das geschah zwar nicht zentral, und es war ja auch nicht unser hauptsächliches Anliegen, aber im Zuge des Gegenlesens der jeweiligen Porträtartikel sahen sie natürlich, was wir neben der konkreten Berner Situation noch beschrieben hatten, und konnten so Ergänzungen anbringen. Die Informationen über die Berner Gemeinschaften und ihre konkrete Situation wurden mithilfe eines kleinen Fragebogens gesammelt. In diesem fragten wir nach dem Namen der Gemeinschaft (allgemein und speziell in Bern), nach dem Gründungsdatum und der Geschichte vor Ort, der zahlenmässigen Grösse, der Organisationsform, besonderen Ereignissen und Aktivitäten in der Region, dem Verhältnis zur Öffentlichkeit und nach Kontaktmöglichkeiten. Den Fragebogen benutzten wir als Notizblatt bei den Gesprächen, wir verschickten ihn per Mail, Fax oder Brief, und wir verteilten ihn zugleich als Visitenkarte, denn unsere Adresse und unser Anliegen waren darauf ebenfalls angegeben. Es ist also zu berücksichtigen, dass nicht alle Daten und Angaben von uns anhand unabhängiger Quellen überprüft werden konnten. Wir haben daher auf das vielerorts so beliebte Tabellenformat verzichtet, in dem Daten wie Gründungsjahr, Zahl der Mitglieder und Geistlichen usw. auf den ersten Blick sicht- und vergleichbar werden. Eine derartige Form hätte eine Exaktheit vorgetäuscht, die wir nicht zu erbringen vermochten.

Kann man Religion zählen – und wie viele Religionen gibt es nun im Kanton Bern?

Schon etwas so scheinbar Einfaches wie Mitgliederzahlen können ein Problem sein: Kirchen haben zwar gut zugängliche Statistiken, viele andere Gruppen aber nicht. Mitglieder von Freikirchen gehören zum Beispiel oft gleichzeitig der Reformierten Landeskirche an. Muslimische Vereine zählen mitunter nur Männer; die aber können als Familienoberhäupter viele Angehörige repräsentieren oder als Arbeiter mit einer zeitweiligen Aufenthaltsbewilligung auch alleinstehend sein. Manche Gruppen erscheinen gerne grösser, als sie sind, andere geben nur die formalen Vereinsmitglieder an und berücksichtigen sonstige Teilnehmende nicht, einige zählen nur die überzeugten und aktiven Gläubigen als Mitglieder, andere jeden, der einmal auf irgendeiner Liste stand, wieder andere Gruppen wären am liebsten unsichtbar und zählen überhaupt nicht usw.

Dennoch gibt es in diesem Handbuch klare kategoriale Einteilungen und Gruppenporträts. Diese wie auch die hier und da angeführten Zahlen und Statistiken verführen dazu zu fragen, wie viele Religionen und Gemeinschaften es denn nun im Kanton gibt. Dieses Handbuch enthält knapp 200 Gruppenporträts. Aber: Lokale Gemeinden gibt es wesentlich mehr! Die Reformierte Landeskirche hat zum Beispiel im Kanton Bern schon allein über 200 Gemeinden. Gezählt wurde die Landeskirche von uns aber nur als eine einzelne Organisation, als eine Religionsgemeinschaft, und so erklärt sich auch die so auffällige Schieflage im Inhaltsverzeichnis gegenüber den rund 80 Freikirchen, die wir im Kanton gefunden haben. Dennoch ist die reformierte Kirche allein mindestens ebenso vielfältig wie die Freikirchen zusammen, viel grösser als diese alle zusammen ist sie sowieso. Die römisch-katholische Kirche hat sogar verschieden viele lokale Gemeinden, je nachdem, ob man landeskirchlich verfasste Kirchgemeinden oder kirchenrechtliche Pfarreien zählt (dazu kämen dann noch Orden und Vereine). Als Kirche versteht sie sich aber ganz eindeutig als eine Einheit – und so wurde sie hier auch gezählt. Weitere Beispiele: Der Evangelische Brüderverein hat über 50 Versammlungsorte im Kanton, der Diyanet-Moscheen-Verband drei und die Anthroposophische Gesellschaft vier – doch jeder dieser Namen steht über nur einem Artikel für eine Religionsgemeinschaft. Würde man also nicht die Religionsgemeinschaften zählen, sondern die lokal erkennbaren religiösen Gruppen (wozu dann noch die ganzen speziellen Vereine und Organisationen innerhalb der Religionsgemeinschaften zu addieren wären), so käme man im Kanton Bern sicher auf eine vierstellige Zahl. So erklärt es sich auch, warum Claude Humbert für die Stadt Zürich allein auf 370 und die Herausgeber des Freiburger Buches für ihre Stadt und das nahe Umland auf über 100 Institutionen gekommen sind: Sie haben anders, nämlich jede lokale Gruppe einzeln gezählt (in der grossen Freiburger Zahl sind zum Beispiel allein rund 80 römisch-katholische Gruppen verborgen). Will man dann noch berücksichtigen, dass Doppelmitgliedschaften in verschiedenen Gemeinschaften häufig sind, dieselben Menschen also mehreren Gruppen angehören, oder viele Menschen sich nirgendwo zuordnen, wird die religiöse Landschaft endgültig unzählbar.

Formale Hinweise

- Lehrinhalte und Glaubensgrundsätze können nur in knapper Form wiedergegeben werden. Auf die Tiefe der Theologien, Lehrtexte, Ritualformen, Lebensweisen, Traditionen und Erlebniswelten können wir nur hinweisen, adäquat abbilden können wir sie hier nicht. Zudem mussten wir sie manchmal «übersetzen», da häufig ein ganz spezifischer interner Sprachgebrauch vorherrscht. Zudem werden diese Glaubensaussagen von uns nur in indirekter Rede oder in Zitatform wiedergegeben. Wer tiefer in die Materie eindringen will, sollte sich an die Gemeinschaften selbst wenden.
- Wir verwenden eine einfache und einheitliche Schrift. Die einzelnen Sprachen erfordern bei ihrer Übertragung ins Deutsche zwar häufig Sonderzeichen und Umschriften, doch haben wir darauf der flüssigen Lesbarkeit wegen verzichtet. (Die philologisch Gebildeten an unserem Institut waren entsetzt …) Wir hoffen, dass es dadurch nicht zu sinngemässen Verschiebungen gekommen ist.
- Durchgängig wurde – ab jetzt – die männliche Form gewählt. In der Regel meint das beide Geschlechter, doch wir haben uns da an die Konventionen der deutschen Sprache gehalten. Wenn Geschlechter unterschiedlich zu beschreiben sind, weil sie zum Beispiel von der jeweiligen Gemeinschaft oder Lehre verschieden gesehen werden, so haben wir das explizit ausgeführt.
- Den Begriff «Sekte» wird man in diesem Buch – zumindest als von uns gebrauchte Kategorie – vergeblich suchen. Das Wort ist emotional aufgeladen, wirkt stigmatisierend und ist wissenschaftlich schlicht unbrauchbar. Oft versteht man darunter eine kleine, strenge, fest organisierte, recht junge und irgendwie wunderlich oder gar gefährlich erscheinende Gruppe. Schaut man sich die hierzulande «üblichen Verdächtigen» an, stellt man fest, dass derartige Zuschreibungen aber nie genau passen. Und umgekehrt: Weitet man den Rahmen, so sieht man schnell, dass irgendwann in der Geschichte und irgendwo auf der Welt wohl jede religiöse Tradition derartige Kriterien mal erfüllt hat oder heute noch erfüllt. Was nicht heisst, dass nicht einzelne Gemeinschaften durchaus kontrovers in der Öffentlichkeit diskutiert werden.

Das haben wir dann jeweils auch erwähnt.

- Kontaktangaben zu den Gemeinschaften geben die zentrale Stelle im Kanton an. Fast immer gibt es ohnehin nur wenige Treffpunkte und häufig sogar nur einen. In den Fällen, wo es viele Orte sind, wie zum Beispiel bei grösseren Kirchen, kann nur ein zentraler Kontakt angegeben werden. Adressangaben beziehen sich auf die im Titel genannte Gemeinschaft, ein gesonderter Name wird in «Kontakt» nur dann angegeben, wenn dieser vom Gemeinschafts-namen (= Titel des Artikels) abweicht. Ein komplettes Adressbuch der kan-tonalen Religionen haben wir also nicht erstellt. Ein Tipp: Die Homepages vieler Gruppen geben oft alle Adressen an, sie sind zudem ohnehin die aktu-ellen Stellen für Auskünfte.

- Einige längere Artikel – die Einleitungen sowieso, doch auch manche Grup-penporträts – sind der guten Lesbarkeit wegen durch Zwischenüberschriften unterteilt, bei kürzeren ist das nicht der Fall. Ausser zur optischen Struk-turierung der Texte verfolgte dieses Vorgehen keinen weiteren Zweck; es geschah daher auch nicht durchgehend oder einheitlich.

Dank und Literaturhinweise

Dieses Handbuch wäre ohne die Unterstützung vieler wohlmeinender und kompetenter Menschen nicht möglich gewesen. Da es schwer ist, sie in einer vernünftigen Reihenfolge aufzuzählen, sei hier mit denen begonnen, die namenlos bleiben müssen, weil es so viele sind und weil sie uns mitunter auch gar nicht persönlich bekannt sind.

Unser Dank gilt zuallererst den vielen Informanten in den religiösen Gemeinschaften selbst. Mit grosser Geduld und lebhaftem Interesse haben sie in Telefonaten, Faxen, E-Mails und bei persönlichen Gesprächen die Informationen geliefert, die den Grundstock bilden. Bei den Gemeinschaften haben wir uns nicht nur zu bedanken, wir haben uns auch bei ihnen zu entschuldigen, wenn wir Informationen aus ihren Druckschriften und Internetseiten entnommen haben, ohne diese Quellen – der Lesbarkeit wegen – immer exakt zu belegen.

Beratend und unterstützend haben uns viele Menschen geholfen, die einen prüfenden Blick auf das Entstehende warfen oder anderweitig Informationen lieferten: Martin Baumann, Stefan Bittner, Sven Bretfeld, Maya Burger, Saara Folini-Kaipainen, Eva Funk, Wilf Gasser, Nils Grübel (und die anderen Kollegen aus Berliner Tagen), Gerda Hauck, Sabine Jaggi, Karénina Kollmar-Paulenz, Silvia Liniger, Christian Münch, Albert Rieger, Christine Saxer, Benz Schär, Jens Schlieter, Hugo Stamm, Oliver Steffen und Jörg Stolz. Die Mitwirkung der Kollegen sowie der Studierenden und Absolventen am Institut zeigte immer wieder, dass fachliche Kompetenz durch nichts zu ersetzen ist.

Insbesondere aber sind die Namen derjenigen zu nennen, die einzelne Abschnitte der Arbeit ganz übernahmen, die als Rechercheure «ins Feld gingen» und eigenständig Artikel erarbeiteten: Ananda von Aesch-Shaked, Carole Berthoud, Philipp Eyer, Judith Hess, Simon Kuerth, Susanne Leuenberger, Melanie Meichle, Mary Ann Miller, Nadine Plachta, Claudia Rehmann, Hildi Thalmann, Yildiz Helena Ünver, Ursina Wälchli, Sarah Werren und Florine Zingre. Es war ein grosses Vergnügen, mit ihnen zusammenzuarbeiten. Ihre Beiträge sind mit ihrem Namen gekennzeichnet (nicht gekennzeichnete Beiträge oder solche mit dem Vermerk S. R. in der Autorenzeile stammen ganz oder teilweise vom Herausgeber).

Wir haben natürlich auch so manches abgeschrieben. Gerade Hintergrundinformationen konnten wir gar nicht alle erfragen, das hätte jeden zeitlich vernünftigen Rahmen gesprengt. In den Recherchegesprächen und -korrespondenzen haben wir uns auf die Berner Situation konzentriert. Vor allem aus folgenden Quellen haben wir viele Informationen übernommen (neben den im Text genannten). Sie seien hiermit zentral aufgeführt, um der wissenschaftlichen Belegverpflichtung wenigstens ansatzweise nachzukommen und um sie zugleich auch allen Interessierten zum weiteren Studium zu empfehlen:

Historisches Lexikon der Schweiz (2002 ff.), Basel/Hauteville/Locarno (www.hls-dhs-dss.ch)

Der Kanton Bern in Zahlen 2004/05, hrsg. von der BEKB/BCBE in Zusammenarbeit mit der bernischen Kantonsverwaltung

Schmid, G./Schmid, G. O. (Hrsg.): Kirchen – Sekten – Religionen. Religiöse Gemeinschaften, weltanschauliche Gruppierungen und Psycho-Organisationen im deutschen Sprachraum, Zürich 2003 (7., überarbeitete Auflage des «Eggenberger»)

Guggisberg, K.: Berner Kirchengeschichte, und ders.: Berner Kirchenkunde, beide Bern 1958

Gerber, E.: Sekten, Kirche und die Bibel im neuen Jahrtausend, Bern/Langnau/Murten 1999

Campiche, R. J. (Hrsg.): Die zwei Gesichter der Religion. Faszination und Entzauberung, Zürich 2004 (Fortsetzung der Studie: Croire en Suisse(s)/Jede(r) ein Sonderfall?, hrsg. 1993 von A. Dubach und R. J. Campiche)

Baumann, M./Stolz, J. (Hrsg.): Eine Schweiz – viele Religionen, Bielefeld 2007 (siehe auch www.religionenschweiz.ch).

Es sei hier auch auf die anderen regionalen «Religionsführer» verwiesen, die inzwischen für Städte und Regionen erschienen sind:

Baumann, C. P. (Hrsg.): Religionen in Basel-Stadt und Basel-Landschaft, Basel 2003

Bleisch-Bouzar, P./Rey, J./Stoffel, B./Walser, K.: Kirchen, Wohnungen, Garagen. Die Vielfalt der religiösen Gemeinschaften in Freiburg, Freiburg 2005

Humbert, C.-A.: Religionsführer Zürich: 370 Kirchen, religiös-spirituelle Gruppierungen, Zentren und weltanschauliche Bewegungen der Stadt Zürich, Zürich 2003

Grübel, N./Rademacher, S. (Hrsg.): Religion in Berlin. Ein Handbuch, Berlin 2003

Religionswissenschaftliches Seminar der Universität Luzern: Religionsvielfalt im Kanton Luzern, Faltprospekt, Luzern 2. Auflage 2005 (Erstauflage 2004)

Wertvoll waren auch folgende Internetseiten:

www.inforel.ch, www.relinfo.ch, www.remid.de, www.religionen-luzern.ch, www.unil.ch/ors

Die materielle Unterstützung der Projektarbeit erfolgte durch die Universität Bern und insbesondere durch das Institut für Religionswissenschaft; den Druck des Buches haben die UniBern Forschungsstiftung, die Reformierten Kirchen Bern-Jura-Solothurn und das Amt für Kultur des Kantons Bern/Swisslos mit einer finanziellen Gabe unterstützt. Ihnen sei hiermit herzlich gedankt!

Einführung

Wie der Kanton Bern wurde, was er ist

Wann die Religionsgeschichte der Region Bern beginnt, ist unbekannt. Besiedelt ist die Gegend schon seit mindestens 50 000 Jahren. Die Römer, die kurz vor Beginn unserer Zeitrechnung hierher kamen und mit denen so etwas wie Geschichtsschreibung einsetzt, trafen auf seit vielen Jahrhunderten hier siedelnde Kelten und auf im ersten vorchristlichen Jahrhundert eingewanderte Helvetier (ein keltischer Stamm) mit je eigenen religiösen Vorstellungen und Bräuchen. Über diese gibt es mehr Vermutungen und Legenden, als die rudimentären Berichte (von Aussenstehenden; über eine eigene Schrift verfügte diese «Ur-Schweizer» nicht) und archäologische Funde an Informationen hergeben. Das keltisch-römische Wort «Dunum» verweist auf die vorrömischen Siedlungskerne von Thun und Solothurn; keltische Burganlagen sind vielerorts gefunden worden. Der «Vicus», die römische Siedlung nördlich von Bern, umfasste Tempel, die das religiös-kulturelle Zentrum für die ganze Region bildeten, allerdings wohl im 3. Jahrhundert verschwanden. Zwei weitere römische Kultzentren befanden sich nahe Muri und am Thunersee im heutigen Allmendingen. Viele kulturelle und religiöse Elemente vermischten und ergänzten sich im Laufe der Zeit. Auf der Engehalbinsel nördlich von Bern entstand die christliche St.-Ägidius-Kapelle über den Ruinen eines römischen Tempels, der wiederum ein keltisches Heiligtum überdeckt – Zeichen für eine kulturelle Kontinuität, die Orte «heilig» bleiben lässt, auch wenn der Glaube ein anderer wird. In neueren Vorstellungen tauchen als Erklärung für derartige «Kraftorte» geheimnisvolle energetische Linien und ihre Kreuzungspunkte auf – auch eine Art von religiöser Kontinuität.

Im 6. Jahrhundert erfolgte die allmähliche Einwanderung von Alemannen aus dem süddeutschen Raum, während die Region kulturell aber eigentlich nach Westen, ins Burgundische orientiert war. Damit wurden kulturelle Weichen gestellt und u. a. die Sprachgrenze zwischen dem Deutschen/Alemannischen und dem Romanischen fixiert.

Ein christlicher Einfluss war auch schon bemerkbar, bevor im 6. Jahrhundert irische Mönche in die Gegend kamen. Doch erst sie missionierten erfolgreich und errichteten die ersten Kirchen und Kapellen, von denen wir heute noch Zeugnis haben. In den folgenden Jahrhunderten schritt die Christianisierung stetig voran, Ansiedlungen von Klöstern und Orden folgten, überall entstanden Kirchen. Für das Mittelalter kann man von einem intensiven religiösen

Leben sprechen, das – nach heutigen Begriffen – im katholischen Bekenntnis und Ritual bestand. Von jüdischem Leben gibt es indirekte Zeugnisse, so zum Beispiel einen stadtbernischen Grabstein aus dem späten 13. Jahrhundert. Es spricht allerdings einiges dafür, dass hierzulande zum jüdischen Gott schon früher gebetet wurde als zu seinem Sohn.

Die Stadt Bern wurde offiziell im Jahre 1191 von den Zähringern gegründet, allerdings bestand eine Ansiedlung an der Spitze der Aarehalbinsel bereits vorher. Die Stadt erlangte bald Reichsunabhängigkeit und verwaltete sich selbst. Durch eine geschickte Machtpolitik wuchs ihr Einflussbereich stetig. Religiös war die Region den Bischöfen in Konstanz, Basel und Lausanne unterstellt; die stadtbernische Region gehörte zu den Bistümern Lausanne und Konstanz, die hier am Aarelauf aneinandergrenzten. 1276 löste sich Bern kirchlich von Köniz, wo eine Komturei des Deutschritterordens ein wichtiges ökonomisches und religiöses Zentrum bildete, und wurde damit zu einer eigenständigen Kirchengemeinde.

Neben einem stattlichen Kirchen- und Klosterbau und einer ausgeprägten Freude an Reliquien sollen aber auch Verfallserscheinungen bemerkbar gewesen sein; besonders um die Sittlichkeit der Kleriker schien es schlecht bestellt zu sein.

1528 wurde die Reformation nach Zwinglis Muster durchgeführt. Innerhalb kurzer Zeit verschwand die katholische Form des Christentums. Schon zu Reformationszeiten verlief die Grenze zwischen Deutsch und Welsch durch das Bernbiet. Mancherorts sollte sie auch zur Bekenntnisgrenze werden. Bestand anfangs noch eine gewisse Toleranz in Glaubensdingen, verschwand diese bald. Während des sog. Konfessionalismus gab es offiziell nur noch zwinglianisch Reformierte in der Region. Allerdings trügt der Schein der Einheitlichkeit: Von Reformationsbeginn an sollte das Täuferwesen eine erhebliche Wirkung entfalten. Die Regionen, in denen es besonders aktiv war, Oberland und Emmental, blieben ein Hort besonders bibelfester Religiosität. Über die Pietisten und weitere Erweckungswellen reicht die Tradition – trotz Verfolgung bis ins 18. Jahrhundert hinein – bis die Gegenwart: Im Süden und Osten des Kantons erstreckt sich auch heute noch ein «Bible Belt» engagierter Freikirchlichkeit.

Viele Denker schlossen aus den konfessionell begründeten Gewaltexzessen des Dreissigjährigen Krieges, dass Religion sich zur Integration des Staates nicht gut eigne. Sie dachten über andere Mechanismen nach, und die Französische Revolution kann als Versuch betrachtet werden, solche Mechanismen, wie sie von den Aufklärern formuliert wurden, in Funktion zu setzen. Muss dieses

Experiment auch als gescheitert betrachtet werden, so war dennoch die Idee der religiösen Toleranz und der Freiheit des Bürgers in Glaubensdingen nicht mehr zurückzuzwingen unter den geistlichen Baldachin eines einzelnen, staatlich sanktionierten Bekenntnisses. Napoleons Truppen hatten 1798 nicht nur das patrizische Bern unwiderruflich untergehen lassen, im Gefolge dieser Ereignisse implementierte man auch neue Ideen darüber, wie ein Staatswesen zu organisieren ist und wie es sich zur Religion zu verhalten habe. Mit der Mediationsakte von 1803 erhielten dann die Kantone wieder die Zuständigkeit für die kirchlichen Angelegenheiten, wobei in der Folge neuer Grenzziehungen eine oder zwei Staatsreligionen (die reformierte, die katholische oder beide) festgesetzt wurden. Mehr als die Hälfte der Kantone besassen nun Territorien mit unterschiedlicher (oder paritätischer) konfessioneller Tradition. Dieser Umbruch, der in der ganzen Schweiz die weltlichen und kirchlichen Verhältnisse durcheinanderwirbelte, traf im Kanton Bern nur die reformierte Kirche – sie war in der Zeit davor schliesslich die einzige anerkannte Religionsgemeinschaft gewesen. Und sie sollte es – zumindest formal – auch danach wieder sein. Jedoch liess sich die Anerkennung der Tatsache, dass die religiöse Landschaft eigentlich bunt ist, zum Beispiel durch die angegliederten Katholiken im Jura, durch Freikirchler und Juden sowie durch Einwanderer (Hugenotten, Lutheraner, Anglikaner) und Reisende nicht mehr zurückhalten. Und bei immer mehr gebildeten Bürgern keimte der Wunsch, selbst zu entscheiden, was der eigene Glaube ist. Das alles brachte im Laufe des 19. Jahrhunderts den mehr und mehr religionstoleranten modernen Schweizer Bundesstaat hervor. In Bern wurde 1831 eine repräsentativ-demokratische Verfassung installiert. Weitere Fortschritte brachte die Bundesverfassung von 1848, so zum Beispiel die Glaubens- und Kultusfreiheit für anerkannte christliche Kirchen. Die Berner Staatsverwaltung musste dann durch das mächtigere Bundesrecht erst dazu gezwungen werden, nun auch anderen religiösen Gruppen minimale Rechte einzuräumen. Erst die revidierte Version von 1874 erweiterte diese Rechte auch auf andere Religionen, sodass auch die lang unterdrückten Juden endlich eine Art Gleichberechtigung erlangen konnten.

Diese aufklärerische Haltung, ebenso die Erkenntnisse der Naturwissenschaften, welche gerade im 19. Jahrhundert von Erfolg zu Erfolg schritten und die fundamentale Lehren der Bibel infrage stellten, riefen Gegenbewegungen hervor. Eine war die Romantik, sie prägte zwischen 1790 und 1830 eine ganze Generation europäischer Künstler und Denker. Neue christliche Erweckungsbewegungen erlangten eine herausragende Bedeutung für die weitere Entwicklung des Christentums. Sie brachten eine grosse – mehr oder weniger anerkannte –

innerchristliche Vielfalt hervor: 1884 nannte ein kirchlicher Bericht die Zahl von 6000 «Sektierern» verschiedenster Couleur im Kantonsgebiet; sie waren allerdings alle Angehörige christlicher Gruppen. Doch vereinzelt, fast noch unbeachtet bzw. nur als seltsame Exotik beäugt, tauchten fremde «morgenländische» Lehren auf. Die multireligiöse Gegenwart kündigte sich an.

Im Laufe der Geschichte hat sich übrigens der Grundriss des Kantons mehrfach verändert. Beispielsweise war das Berner Oberland zwischen 1789 und 1802 ein völlig eigenständiger Kanton. Zugleich sank Bern von einer autonomen politischen Einheit zu einem von 18 Verwaltungsterritorien der zentralistischen «Helvetischen Republik» herab. Die Stadt Bern wurde dafür erstmalig die Hauptstadt der ganzen Schweiz. Der Jura dagegen gehörte bis 1815 zum Fürstbistum Basel, wurde also auch nicht reformiert bzw. war gar zwischenzeitlich ein Bestandteil des französischen Staates. Dann gliederte man den Jura dem reformierten Bern an – doch er blieb katholisch. Auseinandersetzungen mit jurassischen Separatisten begannen 1947, und 1979 erfolgte die Abtrennung des grössten Teils als eigener Kanton. 1994 wechselte das Laufental zum Kanton Basel-Landschaft und 1996 die Gemeinde Vellerat zum Kanton Jura – jedes Mal nahm so v. a. die Zahl der Katholiken im Kanton Bern wieder ab.

Die heutige Situation

Am 1. Januar 2003 lebten 950 209 Personen im Kanton Bern. Selbstverständlich herrscht die christliche Religion deutlich vor: 83 Prozent der Menschen gehörten einer der drei Landeskirchen an. Doch zunehmend ist eine Abwendung vom christlichen Glauben festzustellen, sichtbar an sinkenden Mitgliederzahlen, verursacht durch Kirchenaustritte, eine sich vermindernde Zahl der Taufen, aber auch durch Wegzüge und erkennbar an den sich leerenden Kirchen. So sank die Zahl der Angehörigen der reformierten Kirche allein in der Stadt Bern zwischen 1990 und 2000 von 77 400 auf 60 500 (= 47 Prozent der Einwohner) – ein Rückgang um über ein Fünftel in nur zehn Jahren. Sie ist somit zwar noch immer die grösste Religionsgemeinschaft in der Stadt, jedoch nicht mehr die Kirche der Bevölkerungsmehrheit. Im ganzen Kanton allerdings gehören ihr 607 000 Menschen, also 67 Prozent der Einwohner an.

Auch die römisch-katholische Kirche, in der Stadt Bern mit ca. 25 Prozent Bevölkerungsanteil die zweitgrösste Religionsgemeinschaft, hat im selben Zeitraum in der Stadt einen Rückgang um über 5000 Personen zu verzeichnen. Im Kanton sind 16 Prozent der Bewohner Katholiken. Unter ihnen sind viele

Zuwanderer: Rund ein Drittel der Katholiken im Kanton sind Ausländer (zum Vergleich: bei den Reformierten machen sie nicht einmal 5 Prozent aus).

Wie bereits erwähnt, besteht eine lebendige Szene der Freikirchen. Es handelt sich dabei um ein Milieu, in dem ständig neue Gemeinschaften entstehen; manche verschwinden aber auch. Insbesondere jüngere Freikirchen verzeichnen Zulauf, einige ältere müssen dagegen einen Rückgang ihrer Mitgliederzahlen verzeichnen. Untersuchungen aus anderen Regionen zeigen, dass junge Freikirchen oft von den alten leben (das heisst, dass ihre Neumitglieder von dort kommen) und in kleinerem Masse von den Landeskirchen; eine Missionierung zuvor nicht christlicher Menschen ist bei ihnen eine Ausnahme. Nominell gibt es allein in der Stadt Bern rund 2600 Freikirchler. Von diesen gehören aber viele gleichzeitig zur Reformierten Landeskirche (bzw. viele nur in der Landeskirche gezählte Menschen engagieren sich zugleich in einer Freikirche). Der Protestantismus ist damit intern ein besonders deutliches Zeichen religiöser Pluralität. Dafür verantwortlich sind die immer wieder aufbrechenden Erweckungsbewegungen, Missionsaktivitäten der bestehenden Freikirchen selbst sowie der Zuzug von Ausländern, die ihre spezielle Kirchlichkeit zum Beispiel aus Afrika mitbringen.

Die verstärkte Zuwanderung seit dem 19. Jahrhundert hat hier nicht nur den katholischen Glauben in Erscheinung treten lassen und den protestantischen vervielfältigt, sie brachte auch noch andere Religionen ins Land. Angehörige orthodoxer Kirchen leben rund 10 000 im Kanton, bei deutlich steigender Tendenz. So ist in der Stadt Bern die Zahl der Orthodoxen zwischen 1990 und 2000 um über 80 Prozent auf fast 2000 angewachsen. Die Zahl der Muslime ist im Kanton Bern auf 28 400 (3 Prozent) gestiegen; in derselben Zeit ist ihre Zahl in der Stadt Bern auf rund 5000 (4 Prozent) angewachsen, was fast eine Verdoppelung darstellt. Das sind einzig Effekte der Zuwanderung und von Geburten, nicht solche von Mission oder Übertritten. Ob es im Laufe des Übergangs von der ersten zur zweiten, dritten usw. hier lebenden Generation bei einem Engagement in der von den Eltern mitgebrachten Religion bleibt, ob man zum «Feiertagsgläubigen» wird oder ob die Jugend gar – integriert und angepasst wie ihre Altersgenossen mit schweizerischem Hintergrund – ebenso wie viele von diesen fern der Religion stehen wird, kann erst die Zukunft zeigen.

Überhaupt hinterlässt die Immigration die deutlichsten Spuren, wenn diese auch bisher kaum architektonisch auffällig sind. Im ganzen Kanton leben heute über 100 000 Ausländer (knapp 12 Prozent der Bevölkerung) aus 167 Ländern, dazu kommen noch eingebürgerte Menschen mit einem nicht schweizerischen kulturellen Hintergrund. Gerade in Städten besteht inzwischen eine vielfältige kulturelle Szenerie. In Biel allein zum Beispiel, einer Stadt mit knapp 50 000 Einwohnern, leben Menschen aus 120 Nationen mit ca. 60 Sprachen.

Neue religiöse Bewegungen zeigen als Kategorie widersprüchliche Entwicklungen: Einige «klassische», ältere Gemeinschaften, wie zum Beispiel Christian Science (die aber eher dem christlichen Spektrum zuzurechnen ist) oder die Anthroposophie, stagnieren oder verzeichnen sogar einen Rückgang. Selbst bei den einst gerade für junge Menschen so attraktiven Gemeinschaften aus Fernost gibt es kaum mehr Wachstum. Scientology und manch jüngere Gruppen – v. a. solche, die sich mit Therapien und Selbstverwirklichung befassen – können hingegen durchaus Zuwächse verzeichnen. Fast immer ist die Zahl der ihnen angehörenden Menschen verschwindend gering; so manche ist einige Jahre nach ihrem Auftauchen nicht mehr auffindbar. Doch kleine, um mitunter eigenartig anmutende Ideen gescharte Gruppen sind für viele Menschen weiterhin, vielleicht sogar zunehmend attraktiv. Die Zahl kleiner und kleinster neureligiöser Gruppen wird heute schweizweit auf über 200 bis 800 geschätzt, sie kann aber auch – da stark fluktuierend und kaum find-, benenn-, abgrenz- und zählbar – höher sein.

Die Abwendung von fest organisierten Formen der Religion geht oft einher mit einer Zuwendung zu formlosen, sehr persönlichen und auch stärker wandelbaren, den eigenen Bedürfnissen sich anpassenden Vorstellungsmustern. Man spricht dann eher von Religiosität oder (alternativer) Spiritualität als von Religion. Derart interessierte Menschen scheint es nicht wenige zu geben. Konkrete Zahlen gibt es nicht, aber eine ganze Anzahl auf ihre Bedürfnisse ausgerichtete Geschäfte, sich erfolgreich verkaufenden esoterische Zeitschriften oder die jährliche, gut besuchte Messe «Esoterik und Gesundheit» scheinen die Vermutung zu stützen, dass es sich dabei um eine bemerkenswerte «dritte Konfession» handelt – neben den Angehörigen der «klassischen» Religionen und den Nichtreligiösen.

Die Zahl der Menschen, die keiner Religionsgemeinschaft angehören, nimmt deutlich zu. Bei der Volkszählung 2000 gaben allein in der Stadt Bern über 24 000 Menschen (= 19 Prozent; im Kanton 110 000 = 12 Prozent) an, «keine Zugehörigkeit» zu haben (13 Prozent) bzw. sie machten keine Angabe (6 Prozent). Wie gross die Zahl der tatsächlich Nichtreligiösen aber wirklich ist, lässt sich so nicht sagen, denn nicht jeder, der aus einer Religionsgemeinschaft austritt, legt auch seinen Glauben ab. Andererseits ergaben Befragungen auch, dass in den Kirchen viele Menschen den Glauben anscheinend völlig verloren haben.

Interreligiöser Dialog

Seit einigen Jahrzehnten oder – je nach Standpunkt – seit dem Beginn der Religionsgeschichte gibt es Versuche, Religionen, d. h. religiöse Gemeinschaften und ihre Repräsentanten, in einen friedlichen und gleichberechtigten Austausch zu bringen. Seit Ende des 19. Jahrhunderts wird dieses Ziel verstärkt und auch systematischer angegangen. Es gab dazu Grossereignisse mit weltweiter Ausstrahlung, wie das Weltparlament der Religionen in Chicago 1893 (seither gab es drei weitere derartige Treffen, das nächste findet 2009 statt) oder die Gebetstreffen in Assisi sowie viele lokale Aktivitäten. Wie es der Name schon sagt, wird dieser Dialog von den Religionen selbst geführt; es handelt sich dabei nicht um eine von politischen, kulturellen oder sonstigen aussenstehenden Instanzen getragene Angelegenheit. Dialogaktivitäten können, je nach ihren Initianten, unterschiedlich motiviert sein: Meist besteht das Ziel ganz grundsätzlich darin, das gegenseitige Kennenlernen zu befördern, sich besser zu verstehen und Vorurteile und Missverständnisse auszuräumen; manchmal wird versucht, Friedensbestrebungen eine religiöse Basis zu geben; einige Dialogakteure streben eine totale Verschmelzung und Vereinheitlichung, eine gemeinsame Spiritualität oder gar eine Art Metareligion aller Menschen an; teilweise beschränken sich die Bemühungen auf genau abgesteckte Teilbereiche wie etwa eine praktische Ethik (zum Beispiel das «Projekt Weltethos» von Hans Küng); und gelegentlich kann man auch Missions- und Rechtfertigungsversuche darin erkennen. Manchmal gehen Dialogbestrebungen von engagierten Einzelpersonen aus, ab und an von marginalisierten religiösen Gruppen, und häufig engagieren sich die etablierten grossen Religionsgemeinschaften. Die Wichtigkeit einer friedlichen Kommunikation zwischen den Religionen wird inzwischen weltweit anerkannt, nur wenige Religionsgemeinschaften lehnen diese von vornherein ab.

Insbesondere vonseiten der Kirchen wird der interreligiöse Dialog auch als «vertikale Ökumene» (Othmar Keel, s. u.) bezeichnet, was auf den Zeitpfeil und auf eine historische Verschränkung der Religionen (besonders der «abrahamitischen» Religionen Judentum, Christentum und Islam) verweist, während die klassische christliche Ökumene «horizontale Ökumene» (→ Christentum – Einleitung) genannt wird. Eine andere Nutzung des ursprünglich rein christlichen Begriffs «Ökumene» stellt die Nebeneinanderstellung einer «grossen Ökumene» (interreligiöser Dialog) und einer «kleinen Ökumene» (innerchristlicher Dialog) dar.

27

Schweiz

Viele der heute bestehenden Dialoginstitutionen sind aus Einrichtungen der (sozio-kulturellen) Integrationsarbeit für Migranten hervorgegangen. Das war ein durchaus natürlicher Prozess der ökumenischen Erweiterung: Die früheren Immigranten kamen meist aus katholischen Ländern, sodass die Arbeit mit ihnen und für sie den Rahmen des Christentums nicht überschritt. Die neuen Dialogeinrichtungen verkörpern dagegen die Anerkennung der Tatsache, dass es inzwischen nicht mehr nur eine christliche, sondern eine viel umfassendere religiöse Vielfalt in der Schweiz gibt. Häufig sind im Dialog Christen von der Basis engagiert – meist solche, die das interreligiöse Leben auf der Strasse, am Arbeitsplatz oder auch in sozialen Spannungsfeldern aktiv erleben und die es gestalten wollen. Eine ganze Reihe von lokalen interreligiösen und interkulturellen Aktionen wurde so bereits ins Leben gerufen, und ständig entstehen neue. Auch die kirchlichen Führungsebenen sind engagiert, sie sind in nahezu allen landesweiten und lokalen interreligiösen Organisationen vertreten. Statt die neue Situation als Verlust ihres religiösen Monopols aufzufassen, betrachten die Landeskirchen die religiöse Vielfalt als Bereicherung und treten für das Recht der religiösen Selbstentfaltung aller ein.

Und auch für manch kleinere Religionsgemeinschaften – insbesondere zu erwähnen sind hier die Baha'i – ist der Dialog ein wichtiges Anliegen. In jüngster Zeit beteiligen sich auch immer mehr Hindus, Buddhisten und Muslime. In den grossen Städten gibt es neben den Migrantengemeinschaften und den Konvertiten noch die spezielle multireligiöse Gruppe der Mitarbeitenden internationaler Organisationen, der Geschäftsleute und der Universitätsangehörigen, die ganz eigene Bedürfnisse und Netzwerke haben. Unter den neuen religiösen Gemeinschaften gibt es verschiedene Positionen: Manche sprechen sich für den Pluralismus aus und versuchen sich zu beteiligen, so manche aber polemisieren scharf gegen alle anderen Religionen.

Nicht immer funktioniert die Arbeit reibungslos: Sprachliche Probleme behindern die Verständigung, verschiedene Interessen divergieren: Die einen wollen philosophieren, die anderen sich in ihrer Eigenart präsentieren, und Dritte suchen schlicht Räume und Mittel, um überhaupt minimal aktiv werden zu können. Die Kapazitäten der beteiligten Personen (oft handelt es sich um unbezahlte Freiwilligenarbeit) sind beschränkt, manchmal herrscht Unklarheit über die konkreten und realistisch erreichbaren Ziele usw.

In einem 2007 von der römisch-katholischen Bischofskonferenz herausgegebenen Nachschlagewerk (welches auch die ökumenischen, also innerchristlichen Einrichtungen berücksichtigt) sind sieben nationale Foren und Kommissionen verzeichnet und 19 lokale, dazu kommen sechs bilaterale Arbeitskreise und – inklusive der universitären – 38 Bildungs- und Forschungsinstitutionen. Hier seien nur einige wichtige, direkt dem weiten interreligiösen Dialog verschriebene Einrichtungen genannt:

- Die älteste interreligiöse Organisation in der Schweiz ist wohl die Christlich-Jüdische Arbeitsgemeinschaft (CJA), sie wurde 1946 gegründet. Die in den Fünfzigerjahren abgehaltenen Seelisberger Gespräche trugen viel zum Verständnis des Judentums und zur Überwindung der Judenfeindschaft in der Schweiz bei. In enger Verbindung zur CJA steht das 1981 gegründete und heute an der dortigen Universität angesiedelte Institut für Jüdisch-Christliche Forschung in Luzern.

- Die Interreligiöse Arbeitsgemeinschaft in der Schweiz IRAS-COTIS wurde 1992 gegründet. Das Büro befindet sich in Basel. Ihr Ziel ist die Integrationsförderung und die Verständigungsarbeit zwischen den Religionsgruppen, wobei sich IRAS-COTIS besonders als Forum kleiner Religionsgemeinschaften versteht. Seit 2004 richtet sich die Gemeinschaft verstärkt auf die interreligiöse Bildung aus. Ende 2006 gehörten über 100 religiöse Institutionen der IRAS-COTIS an. Im November 2007 lancierte die Vereinigung unter dem Motto «Verstehen kann so einfach sein, wenn man sich kennt» erstmalig eine schweizweite Woche der Religionen, die jährlich stattfinden wird (www.woche-der-religionen.ch).

- Eine Abteilung für interreligiöse Beziehungen des Ökumenischen Rats der Kirchen (ÖRK) in Genf ist vorwiegend international ausgerichtet. Zweimal jährlich erscheint dort die Publikation «Current Dialogue».

- Ein wohl einmaliges Projekt ist das 1997 gegründete Centre de liaison et d'information concernant les minorités spirituelles (CLIMS). In ihm sind vorwiegend neue religiöse Bewegungen vertreten; das Zentrum soll – von einem reformierten Pfarrer begründet – Information über sie vermitteln, Möglichkeiten zu Gesprächen mit ihnen schaffen, Kontakte knüpfen, gegen Diskriminierungen der Gemeinschaften angehen, aber auch durch diese – oft immer noch als «Sekten» titulierte Gemeinschaften – geschädigte Personen beraten.

- Ebenfalls interessant ist das in Zürich gegründete Institut für interkulturelle Zusammenarbeit und Dialog, das 2004 von vorwiegend türkischen Intellektuellen und Unternehmern gegründet wurde: Es ist die bisher einzige von muslimischer Seite initiierte Dialogeinrichtung im Land.

- Diverse lokale Einrichtungen haben einen überregionalen Vorbildcharakter erlangt, wie zum Beispiel das schon 1968 in der Romandie entstandene Comité consultatif des religions, das 1992 durch die Plateforme interreligieuse de Genève ersetzt wurde. Das Zürcher Forum der Religionen versammelt nicht nur diverse religiöse Gemeinschaften, sondern auch öffentliche Stellen, insbesondere solche, die mit der Integrationsarbeit zu tun haben. In Freiburg ist ein Bibel+Orient-Museum geplant, das sich dem Trialog Judentum–Christentum–Islam widmen soll. Die Idee erwuchs aus dem Engagement des Theologen Othmar Keel seit den Sechzigerjahren und aus mehreren inzwischen erfolgten Schenkungen archäologischer Artefakte. Das Ziel ist das Bewusstmachen der «Vertikalen Ökumene» durch das Aufzeigen historischer Wachstumsprozesse und Beeinflussungen zwischen den Religionen im Orient; es soll zur Heilung der Beziehung zwischen ihnen beitragen. Weitere lokale Institutionen sind zum Beispiel der Aargauer Interreligiöse Arbeitskreis AIRAK, der Verein Inforel – Information Religion in Basel, die Groupe cantonal de dialogue et de réflexion interreligieux (Neuchâtel), der Runde Tisch der Religionen in St.Gallen, das L'Azillier – Maison du dialogue (Lausanne), die Christlich-Jüdischen Projekte (CJP) in Basel und das Zürcher Forum der Religionen. Die Gemeinschaft von Christen und Muslimen in der Schweiz (GCM) entstand 1991 in Bern (1994 gesamtschweizerisch gegründet) und versucht, für die Integration zu arbeiten, wobei insbesondere die Gesprächsgruppe christlicher und muslimischer Frauen sehr aktiv ist.
- Im Jahre 2006 entstand auf Initiative des Schweizerischen Evangelischen Kirchenbundes (SEK) der Schweizerische Rat der Religionen (SCR). Er setzt sich aus leitenden Persönlichkeiten der Schweizer Bischofskonferenz, des Rates des Schweizerischen Evangelischen Kirchenbundes, der Christkatholischen Kirche der Schweiz, des Schweizerischen Israelitischen Gemeindebundes und Islamischer Organisationen der Schweiz zusammen. Erweitert um drei Expertinnen, umfasst der anfangs rein männlich zusammengesetzte Rat heute neun Personen. Er will einen Beitrag zur Vertrauensbildung unter den Religionsgemeinschaften und zur Förderung des religiösen Friedens leisten.
- Als Beiträge zum interreligiösen Dialog kann man auch die Stadtporträts über die lokale religiöse Vielfalt verstehen, die inzwischen für Zürich, Basel, Freiburg und Luzern erschienen sind. Weitere derartige Publikationen sind in Arbeit.

Bern

- Das Projekt Haus der Religionen – Dialog der Kulturen ist inzwischen ein weit über die Grenzen der Stadt und auch des Landes hinausstrahlendes Vorhaben. Das Projekt war bei den Herrnhutern untergebracht, dann residierte es im PROGR, dann in der Schwarztorstrasse – all das sind Zwischenstationen. 2006 konnte die Stiftung Europaplatz – Haus der Religionen gegründet werden, und die Baubewilligung für den Europaplatz in Bern-Ausserholligen wurde im April 2007 erteilt. Bis anhin hat das Team viele Treffen, Besuche, Vorträge und sonstige Veranstaltungen organisiert, darunter die Fête KultuRel als interreligiöses und interkulturelles Strassenfest. 2008 findet sie zum vierten Mal statt, und sie entwickelt sich zu einem wichtigen Event im Berner Festkalender. 2007 wurde in den Räumen in der Schwarztorstrasse zudem die Ausstellung Feste im Licht gezeigt, die für das Museum der Kulturen Basel gestaltet und dort gezeigt worden war und in Bern um lokale Bezüge erweitert werden konnte. Im dereinst fertiggestellten Haus der Religionen sollen für sechs Religionsgemeinschaften feste Räume bestehen, gruppiert um einen gemeinsamen Begegnungs- und Veranstaltungsraum – ein wohl weltweit einmaliges Projekt.
- Der Runde Tisch der Religionen Bern, als erste derartige Einrichtung in der Schweiz 1993 gegründet (mit einem Vorläufer seit Anfang der Achtzigerjahre), kann als Ursprungsort des Hauses gelten. Zugleich ist er ein eigenständiger Gesprächskreis und organisiert die Zusammenarbeit in kulturellen und insbesondere in sozialen Dingen. Hierbei liegt das Schwergewicht bei der Reformierten Landeskirche und der Römisch-katholischen Landeskirche. Der Runde Tisch vermittelt bei den kleinen, aber störenden interkulturellen Problemen im Alltag und war zum Beispiel die entscheidende Kraft bei der Einrichtung des muslimischen Gräberfeldes auf dem Berner Bremgartenfriedhof. In den Neunzigerjahren konnten seine Mitglieder viele Handreichungen erarbeiten, die Schulen, Pfarrämter, soziale und medizinische Einrichtungen bei ihrer Arbeit unterstützten, wo sie auf die damals neuen interkulturellen Situationen stiessen. Der Runde Tisch arbeitet eng mit den Integrationsbeauftragten zusammen und umfasst heute Vertreter des Christentums (reformiert, katholisch und orthodox), des Islam, des Judentums, des Buddhismus, des Hinduismus und der Baha'i.
- Einen Runden Tisch der Religionen gibt es im Kanton inzwischen auch in Biel, er trat erstmals 2002 bei der Expo an die Öffentlichkeit.
- Zum interreligiösen Dialog, besonders auf der pragmatischen, die Integra-

tion fördernden Ebene, tragen – meist eher indirekt, dafür aber lebensnah
– eine ganze Reihe von Aktivitäten bei: die Informationsstelle für Auslände-
rinnen- und Ausländerfragen isa, sie kooperiert eng mit dem Runden Tisch
Bern; das sich der Migrantenarbeit widmende Zentrum 5 im Breitenrain;
die Offene Heiliggeistkirche; der kleine Raum der Stille im Inselspital u. a. m.
In Biel ist das Schweizerische Institut für Entwicklung/Swiss Academy for
Developement SAD als professionelle Einrichtung u. a. mit der interkulturellen Arbeit befasst. Der Verein Multimondo Biel (gegründet 2000) ist seit
2007 Träger des Kompetenzzentrums Integration, und auf seiner Homepage findet sich ein Verzeichnis religiöser und kultureller Migrantengemeinschaften in und um Biel.

- Als interreligiöse Aktivität kann auch die in unregelmässigen Abständen
  erscheinende Zeitschrift «zVisite» verstanden werden. Sie wird als Kooperation von den Redaktionen des «saemanns» (reformierte Kirche), des «Pfarr-
  blatts» (römisch-katholische Kirche), des «Christkatholischen Kirchen-
  blatts», des «JGB-Forums» (Zeitung der jüdischen Gemeinden von Bern und
  Biel) und von Mitgliedern der muslimischen Glaubensgemeinschaft in Bern
  herausgegeben.

- Auch dem interreligiösen Dialog ist der Studiengang Religious Studies –
  Interreligiöse Studien gewidmet, der seit dem Wintersemester 2005/2006 an
  der theologischen Fakultät der Universität Bern studiert werden kann. Mit
  ihm wurde über die klassische Ökumene hinausgegangen. Der Studiengang
  soll grundlegendes religionskundliches Orientierungswissen anbieten. Teilweise werden dabei Religionen – wie bei der Religionswissenschaft auch –
  «von aussen», also mit methodischer Distanz und als kulturell-historische
  Hervorbringungen behandelt, teilweise werden sie aber auch «von innen»,
  d. h. mit Engagement und unter Beachtung des eigenen Wahrheitsanspruches
  betrachtet; in diesem Aspekt ähnelt das Fach der Theologie. Das Studium
  wendet viel Zeit für das Christentum auf, doch sollen die Absolventen speziell zu interreligiöser Reflexion und Kommunikation befähigt werden.

Kontakt und Information

Verein Haus der Religionen – Dialog der Kulturen, Schwarztorstrasse 102, 3007 Bern, www.haus-der-religionen.ch

Runder Tisch der Religionen, c/o A. Rieger, Fachstelle OeME, Ref. Kirchen Bern-Jura-Solothurn, Speichergasse 29, 3011 Bern

Table ronde/Runder Tisch der Religionen, c/o Arbeitskreis für Zeitfragen und Interreligiösen Dialog der Ref. Gesamtkirchengemeinde Biel, Oberer Quai 12, 2503 Biel

Sekretariat des Schweizerischen Rates der Religionen, c/o Schweizerischer Evangelischer Kirchenbund, Sulgenauweg 26, 3000 Bern 23

Literatur

Institutionen des interreligiösen Dialogs in der Schweiz, hrsg. von der Pastoralplanungskommission der Schweizerischen Bischofskonferenz, St.Gallen 2007

Fierz, G./Schneider, M. (Hrsg.): Feste im Licht – Religiöse Vielfalt in einer Stadt, Basel 2004

Vischer, G./Könemann, J. (Hrsg., im Auftrag von IRAS-COTIS und dem Schweizerischen Pastoralsoziologischen Institut): Interreligiöser Dialog in der Schweiz: Grundlagen – Brennpunkte – Praxis, Zürich 2008

Links und Internetadressen

www.iras-cotis.ch

www.arzillier.ch

www.bible-orient-museum.ch

www.forum-der-religionen.ch

www.cpwr.org

www.clims.ch

www.airak.ch

www.interreligieux.ch

www.cjp.ch

www.g-cm.ch

www.religionenlu.ch

www.inforel.ch

www.multimondo.ch

Religiöse Gemeinschaften
im Kanton Bern

Verzeichnis der religiösen Gemeinschaften im Kanton Bern

Buddhismus

Einführung

Der 2500 Jahre alte Buddhismus hat im Westen seit dem 19. Jahrhundert und insbesondere seit den Sechzigerjahren des 20. Jahrhunderts grossen Zulauf. Events wie der Besuch des Dalai Lama im Sommer 2005 stellen inzwischen nationale Grossereignisse dar. Schätzungsweise 25 000 Menschen (0,33 Prozent der Schweizer Einwohner) gehören hierzulande dieser Religion an, wobei derartige Zahlen mit Vorsicht zu geniessen sind. Zum grossen Teil sind diese Buddhisten asiatischer Herkunft, schätzungsweise 7000 sind gebürtige Schweizer. Beide Gruppen leben ihre Religiosität sehr unterschiedlich. Daneben gibt es eine unbekannte Zahl von Sympathisanten, die aber nicht ohne Weiteres als Buddhisten zu bezeichnen sind. Sie üben zwar buddhistische Praktiken aus und suchen in den Lehren des Buddha eine bessere Lebensform, behalten aber sonst ihr gewohntes Leben und viele ihrer Überzeugungen bei.

Geschichte

Um den Begründer des Buddhismus ranken sich Legenden. Sie berichten, dass er etwa im 4. oder 5. Jahrhundert v. Chr. als Fürstensohn mit dem Namen Siddhartha Gautama in Nordindien geboren wird. Nach einer sorglosen Kindheit erlebt er schockartig, dass es Elend und Leid in der Welt gibt. Er lässt die ihm vorbestimmte Thronfolge und alles Materielle fahren und zieht als Einsiedler in die Wildnis. Dort übt er sich in strengster Askese, um herauszufinden, was das Wesen der Wahrheit ist und ob Leidlosigkeit möglich ist. Nach sieben Jahren des erfolglosen Erkenntnisstrebens versucht er, da sowohl das exzessive Leben seiner Jugend als auch die härteste Selbstkasteiung keinen Bewusstseinsfortschritt erbracht haben, den Mittelweg einer Meditation in massvoller Weltentsagung. Und in diesem Zustand, frei von allen Begierden, erlangt er im Alter von 36 Jahren die «Erleuchtung». Buddha bedeutet «der Erwachte». Die Erkenntnis, die vom Leiden befreit, fasst er in Worte und verkündet sie, durchs Land ziehend und Mönche einweihend, noch über 40 Jahre bis zu seinem Tode.

Schriftliche Zeugnisse über diese Ereignisse entstanden erst etwa 300 Jahre später, die historische Realität ist nicht mehr zu rekonstruieren. Viele Lehrelemente und Erzählstrukturen lassen den gemeinsamen Entstehungshintergrund mit dem Hinduismus erkennen (→ Indische Religionen – Einleitung).

Der Buddha hatte Erfolg: Zum Zeitpunkt seines Todes gaben Schüler bereits an vielen Orten am Südrand des Himalaja die Lehre weiter. Spezielle Gemeinden, Sangha genannt, entstanden aus Männern und Frauen, die vom Buddha ordiniert und unterwiesen wurden, das entbehrungsreiche Leben eines heimatlosen Bettelasketen zu führen und ihrerseits die Erleuchtung zu erlangen. Sie werden mit europäischen Begriffen als «(ordinierte) Mönche» und «Nonnen» bezeichnet. Der Nonnenorden ist der Überlieferung nach vom Buddha erst eine ganze Weile nach dem Mönchsorden zugelassen worden. Mit Ausnahme von China ist der Nonnenorden in den meisten buddhistischen Verbreitungsgebieten bereits früh ausgestorben. Heutige buddhistische Nonnen in Ländern wie Sri Lanka, Birma oder Tibet sind technisch gesehen entweder nur teilordinierte «Novizinnen» oder Angehörige einer modernen Erneuerungsbewegung, welche die volle Nonnenordination von China aus wieder zu verbreiten bestrebt ist. Die anderen Gefolgsleute waren Laien, die die Mönche zu unterstützen hatten, ihnen zuhörten und sittliche Grundregeln in ihren Alltag integrierten. Durch gute Taten (Karma) – insbesondere die Almosenspende an die Ordensangehörigen, die die Lebensgrundlage des Sangha darstellt – streben buddhistische Laien eine Wiedergeburt in einem glücklichen Wiedergeburtsbereich (als Mensch oder als Gottheit) an. An jedem Voll- und Neumondtag sind Laien angehalten, den Tag in einem Kloster zu verbringen und ähnliche Regeln zu befolgen wie die Mönche.

Die Lehre kam anfangs im Süden bis nach Sri Lanka, zugleich wanderte sie am Rande des Himalaja bis nach Persien und über die Seidenstrasse bis nach China. Der legendäre König Ashoka (268–232 v. Chr.) spielte eine wichtige Rolle als Förderer der buddhistischen Mission. Im dritten vorchristlichen Jahrhundert traf der Buddhismus auf die hellenistische Kultur; die buddhistische Kunst aus Gandhara (heute Afghanistan/Pakistan) bietet dafür ein beredtes Zeugnis. Im vierten nachchristlichen Jahrhundert gewann der Buddhismus in China verstärkt an Gewicht. Von dort kam er nach Korea und Japan. Tibet wurde erst im 8. Jahrhundert von Indien aus missioniert. Zur selben Zeit breitete sich der Buddhismus auch auf Sumatra und Java aus. Auch Indochina wurde um das Jahr 800 herum buddhistisch. Um das Jahr 1000 hatte der Buddhismus seine grösste Ausdehnung erreicht. Spätestens im 13. Jahrhundert starb die Religion in ihrem Heimatland Indien aus. Die Gründe dafür sind nicht restlos geklärt. Vermutlich bildeten die Buddhisten bereits seit längerer Zeit nur noch eine Minderheit. Tibetische Pilgerberichte lassen darauf schliessen, dass einige Klöster auch den in dieser Zeit häufigen islamischen Invasionen in Indien zum Opfer fielen. Erst seit der indischen Unabhängigkeit (1947) wird der Buddhismus nach Indien reimportiert und hat als das Kastenwesen ablehnende Religion insbesondere Erfolg unter den Angehörigen der «untersten» Kasten.

Da der Buddha keinen Nachfolger ernannt hatte und die Meinung vertrat, intensives Studium der Lehre und Versenkungsübungen würden auf den richtigen Weg führen, gab es unter seinen Anhängern von Anfang an Meinungsunterschiede und Spaltungen. Diese Unterschiede betrafen und betreffen sowohl ritualpraktische Details als auch Aussagen über die Götter, das Nirwana (Jenseits, Befreiung, Erlöschen) und den (metaphysischen) Aufbau der Welt. Es bildeten sich zwei bzw. drei Hauptrichtungen: Der Theravada (Weg der Alten) ist die älteste Linie, er besteht in Südindien, Sri Lanka und Teilen Indochinas. Er wird auch – etwas abfällig, denn buddhistische Schulen grenzen sich durchaus auch polemisch gegeneinander ab – Hinayana (Kleines Fahrzeug) genannt, da er sich auf einen individuellen Heilsweg beschränkt. Im Gegensatz dazu legen sich Anhänger des Mahayana (Grosses Fahrzeug) die Verpflichtung auf, einen beschwerlicheren, etliche 100 000 Jahre währenden Heilsweg zu gehen. Auf diesem entwickeln die Adepten – Bodhisattvas genannt – besondere Fähigkeiten und Kenntnisse (zum Beispiel Allwissenheit), die sie befähigen sollen, mit maximaler Effizienz für das Heil aller übrigen Lebewesen zu sorgen. Als dritte Option bietet der Vajrayana (Diamantweg) für sehr begabte Adepten schwierige, aber als besonders mächtig geltende Heiltechniken an, die in der Lage seien, den Heilsweg des Mahayana beträchtlich zu verkürzen. Der Mahayana findet sich in Ostasien, und Vajrayana (auch Tantrayana genannt) besteht in Tibet, Nepal, Nordindien und in der Mongolei. Diese Hauptrichtungen unterteilen sich wiederum in viele Schulen und Traditionslinien; man könnte auch von mehreren «Buddhismen» sprechen. Während die Anhänger der jüngeren Buddhismusrichtungen Mahayana und Vajrayana in der Regel den Hinayana zwar als geringerwertig, aber dennoch als gültige Verkündigung des Buddha anerkennen, neigen Anhänger des Hinayana dazu, die beiden anderen Richtungen als nicht authentisch zu betrachten.

Lehren und Riten

Zugrunde liegen dem Buddhismus Lehren, die in Indien entstanden sind und die im Folgenden auch mit ihren Sanskritbezeichnungen dargestellt werden.

Das Erleuchtungswissen des Buddha hat zum Kern, dass alles Sein vergänglich und daher unbefriedigend und leidvoll ist. Die Welt befindet sich in einem Kreislauf (Samsara) des ewiges Werdens und Vergehens, dem weder Atome noch Götter entgehen. Daran schliesst die Aussage an, dass jedes Lebewesen ständig wiedergeboren wird (lat.: Reinkarnation), wobei das angesammelte Karma eine Verbindung zwischen den Leben darstellt. Das Karma ist eine automatische Vergeltungskausalität für die Handlungen eines Individuums – genauer für den Willen hinter den Handlungen –, die sich positiv oder negativ auf das nächste Leben auswirkt. Willensregungen treiben den Samsara an, der schon deshalb leidvoll ist, weil jede Verkörperung auch wieder sterben muss und in der Zeit dazwischen Schmerzliches überwiegt. Eine Befreiung ist jedoch möglich: Das Wissen darum und das allmähliche Überwinden der Willensregungen befreien. Der Buddha zeigte den Menschen einen Weg, der durch sittliches Handeln, Wahrheitsbestrebungen, Askese und Versenkungsübungen vergleichsweise schnell das verhängnisvolle Nichtwissen und damit den Samsara überwindet. In diesen Punkten sind sich auch die unterschiedlichsten Buddhisten einig: Der Mensch muss die «Vier Edlen Wahrheiten» erkennen: 1) über das Leiden, 2) über die Entstehung des Leidens durch Begierden, 3) über die Aufhebung des Leidens und 4) über den zu dieser Aufhebung führenden Weg, der Edler Achtfacher Pfad genannt wird. Dessen Maximen sind: «rechte Anschauung, rechte Gesinnung, rechte Rede, rechte Handlung, rechte Lebensführung, rechte Bestrebung, das rechte Überdenken und das rechte Sichversenken.»

Die Erkenntnis bzw. die Annahme der Vier Edlen Wahrheiten und die Befolgung des Achtfachen Pfades, zusammen mit der Unterlassung verwerflichen Tuns, führen dazu, dass der Mensch dem Kreislauf der Wiedergeburten entkommen kann. Er «erlischt» am Ende seines Lebens und geht ein ins Nirwana. Dieses sei ein Nichtort, der von allem Vorstellbaren grundsätzlich verschieden ist und sich durch die Nichtexistenz von Zeit, Bewusstsein, Wille und Begierde sowie durch die Aufhebung aller Gegensätze auszeichnet. In den neuen westlichen Ausprägungen des Buddhismus setzt sich verstärkt – anknüpfend an Vorstellungen aus dem Mahayana – ein diesseitiges Verständnis des Nirwana durch, in dem es bei zu Lebzeiten erlangter Erleuchtung als ein Zustand der inneren Ruhe, Klarheit, Einsicht und grenzenlosen Liebe verstanden wird.

Der Buddha habe ausserdem erkannt, dass er selbst erlöst war vom Kreislauf der Wiedergeburten und dass es seine Aufgabe ist, anderen Menschen durch die Verbreitung der Lehre aus diesem Kreislauf zu helfen. Er erschuf keine Welterrettungslehre, sondern einen Weg für den Einzelnen. Der Buddha erlöst nicht, er lehrt. Buddhist zu sein, bedeutet, «Zuflucht zu nehmen zu den drei Juwelen»: dem Buddha, dem Dharma (der Lehre) und dem Sangha (der Gemeinschaft). Erlösung erlangt man also aus sich selbst heraus, sie wird nicht von einer höheren Instanz gewährt. Somit ist der Lehrkern nur auf die eigene Person bezogen. Aber egoistisch ist die Lehre nicht; Liebe und eine freundliche Gesinnung sind wichtige und verdienstvolle Tugenden. Von allen Leidenschaften befreit zu sein, ist das richtige Verhalten gegenüber dem «Nichts» des Weltgesetzes – das milde Lächeln der Buddhabildnisse drückt dies aus.

Wer die endgültige und letzte Stufe der Erkenntnis erreicht hat, wird als Arhat (Würdiger) bezeichnet. Ein Arhat kann bereits zu Lebzeiten das Nirwana «schmecken», das heisst einen Versenkungszustand erreichen, der dem Nirwana gleicht. Nach seinem Tode wird er ins endgültige Nirwana eingehen und nie mehr wiedergeboren werden. Ob buddhistische Laien diese Stufe erreichen können, wird in der Literatur diskutiert. Vereinzelte Laien-Arhats werden in den Texten erwähnt, es wird jedoch im Allgemeinen davon ausgegangen, dass der Heilsweg für Laien, die sich um Beruf und Familie zu kümmern haben, zu schwierig zu gehen sei. Frauen sind für das Erreichen des Arhat-Status theoretisch ebenso geeignet wie Männer. Jedoch hatten die Nonnengemeinschaften von jeher einen schwereren Stand als die Mönchsgemeinden. Spenden für weibliche Ordensangehörige galten als weniger wirkungsvoll (für das Karma der gebenden Laien), was einer der Gründe gewesen sein dürfte, dass die höhere Ordinationsstufe für Frauen bereits früh aus Indien und Südasien verschwand und in Tibet vermutlich nie eingeführt wurde. Das Geschlechterproblem stellt sich anders im Mahayana: Auf dem langen Heilsweg eines Bodhisattva wird dieser auch immer wieder als Frau geboren. Jedoch gilt ab einer bestimmten Stufe des Mahayana-Heilsweges die Wiedergeburt als Frau für «überwunden». Ausnahmen bestätigen auch hier die Regel. So ist zum Beispiel die Tara, einer der populärsten fortgeschrittenen Bodhisattvas – weit fortgeschrittene Bodhisattvas werden kultisch verehrt –, weiblich.

Die weltliche Stellung eines Menschen ist von Geburt an durch das Karma bestimmt. Trotz der angeborenen Unterschiedlichkeit gibt aber jede Position in der Gesellschaft einem Menschen die Möglichkeit, gutes Karma zu erwerben. Geistliche Hierarchien entstehen durch die Qualifikationen, die in einem langen Studium der Lehre erreicht werden. Es ist Ordensangehörigen qua Ordensregel verboten, öffentlich über ihren Fortschritt auf dem Heilsweg zu sprechen. Daher sind Spekulationen der Laien über die Heilsstufe, die von individuellen Mönchen erreicht worden sei, in Theravada-Ländern häufig zu beobachten. Mit der Zunahme solcher Gerüchte steigt das Prestige eines Mönches und damit auch der Grad an Verehrung sowie die Höhe der Almosenspenden, die ihm von der Laienschaft zuteilwerden. Viele Klöster sind durch solche Spenden von kleinen Meditationsklausen zu vermögenden, grosse Ländereien besitzenden monastischen Anlagen geworden und übten mit der Zeit erheblichen wirtschaftlichen und politischen Einfluss aus. Eine spezielle Form des Erwerbs von religiösem Prestige wurde im 13. Jahrhundert in Tibet eingeführt. Indem man annimmt, dass sich bestimmte Bodhisattvas und Buddhas in Inkarnationslinien verkörpern, übernimmt ein Kind das geistliche Amt eines Vorgängers, als dessen unmittelbare Wiederverkörperung es durch Orakel und andere Anzeichen erkannt wurde.

Die patriarchale Gesellschaftsstruktur wird vom Buddhismus in seinen Herkunftsländern erst in jüngster Zeit kritisiert. Westliche Entwicklungen, die Gläubigen beiderlei Geschlechts alle Möglichkeiten der Lehre und der Leitung einräumen, stellen Neuerungen dar.

Lange Zeit bestand das religiöse Leben der Laien vorwiegend im Verehren von Buddha-Reliquien sowie in der Versorgung des Sangha. Nur ein Teil der Mönche und Nonnen widmeten sich Methoden der Versenkung, welche in westlichen Übersetzungen mit dem lateinischen Wort Meditation bezeichnet sind. Auch Teile der Interaktion zwischen den Mönchen und zwischen Mönchen und Laien haben rituellen Charakter. Zu Ersteren zählen u. a. die Beichtrituale, die am Uposatha-Tag (jeweils am Voll- und Neumondstag, gelegentlich auch öfter) stattfinden. Die Wissensvermittlung an die Laien geschieht traditionell in Form von Predigten ebenfalls am Uposatha-Tag oder im Anschluss an die Almosenspeisung.

Häufig werden Darstellungen des Buddha geschmückt und mit Opfergaben bedacht. Die Anlässe sind vielfältig und abhängig von der jeweiligen Kultur. Vieles ist mit lokalen, ursprünglich nicht buddhistischen Vorstellungen verbunden. Rituale reichen von kleinen Alltagshandlungen Einzelner wie Rezitationen und Weihrauchgaben bis zu riesigen Festen ganzer Völker. Das wichtigste buddhistische Fest ist das Vesakh-Fest, an dem der Geburtstag, das Erwachen und der Tod des Buddha gefeiert werden. Alle drei Ereignisse fallen auf denselben Tag im Frühling. Wo es ordinierte Angehörige eines Sangha gibt, findet das Kathina-Fest statt, bei dem Mönchen und Nonnen am Ende der Regenzeit durch Laien neue Gewänder geschenkt werden. Buddhisten feiern ihre Feste nicht einheitlich, sondern je nach Schule und Siedlungsraum zu verschiedenen Zeiten.

Endlose Wiedergeburtszyklen sind nur in einem endlosen Zeit- und Weltverständnis erklärbar. Ohne prinzipiellen Anfangs- und Endpunkt entstehen und vergehen aneinander anschliessende Weltzeitalter ungeheurer Länge, in denen je nach Abstufungen der Stofflichkeit verschiedenen Kategorien von Wesen – auch Göttern und Dämonen – verschieden lange Existenzzeiten zugeordnet sind. Verfall und Fortschritt geschehen parallel zueinander, Gutes und Böses gehen ineinander über, das Karma legt für die einzelnen Wesen das Schicksal fest und hält alles am Laufen. Immer wieder treten Buddhas und Bodhisattvas auf, um den Zeitgenossen die rettende Lehre zu verkünden. Siddharta Gautama Buddha, auch Buddha Sakyamuni genannt, war der bisher Letzte in diesem Zeitalter, Maitreya Buddha wird der kommende sein und ein neues Zeitalter einleiten. Während die Theravada-Buddhisten nur eine zeitliche Abfolge von Buddhas kennen, bei der ein neuer Buddha immer frühestens dann erscheinen kann, wenn die Lehre seines Vorgängers vollständig von der Welt getilgt ist, existiert nach Vorstellung der Mahayana-Buddhisten eine Vielzahl an parallelen Weltsystemen gleichzeitig. Jeder Kosmos kann zwar nur einen Buddha «tragen» (wie ein Boot nur einen stehenden Mann tragen kann, ohne zu kippen), aber auch in den parallelen Weltsystemen sind Buddhas aufgetreten, und diese können auch in unserer Welt aktiv werden. Ein Beispiel dafür ist der Buddha Amitabha, der in vielen Ländern des Mahayana-Buddhismus verehrt wird. Amitabha, so der Mythos, hatte, als er das Bodhisattva-Gelübde auf sich nahm, gelobt, dass er einen Kosmos von solcher Reinheit schaffen werde, dass jeder, der dort geboren wird, innerhalb eines Lebens das Nirwana erreichen werde. Der Kosmos des Amitabha wird als westlich von unserer Welt liegende, von allen an die Sinneslust gebundenen Existenzformen (Hölle, Tiere, Menschen, niedere Gottheiten) befreite Welt vorgestellt, in die man nach dem Tode «hingeboren» werden kann, wenn man sich vertrauensvoll an Amitabha wendet. Amitabhas «Schaffung» dieses reinen Weltsystems ist nicht als ein Schöpfungsakt zu verstehen, vielmehr hat Amitabha in seiner (ganz besonders langen) Laufbahn als Bodhisattva denjenigen Kosmos, in dem seine Wiedergeburten stattfanden, durch seine verdienstvollen Taten und seine Weisheit in jenes reine Gefilde verwandelt. Die Lehre von der «Hingeburt» in Amitabhas (jap. Amidas) «reines Land» (Jo-do) ist v.a. in China und Japan zu regelrechten Schulsystemen ausgebaut worden. In Tibet existieren mehrere Verkörperungen von Amitabha, zum Beispiel der Pan-chen Lama. Für Mahayana-Buddhisten existieren zahlreiche solcher Buddhas, jeder in seinem eigenen Kosmos. Sakyamuni, «unser» Buddha, war also im Vergleich einer der schwächeren; er hat unsere Welt vergleichsweise wenig gereinigt, sodass die hier lebenden Wesen unter zahlreichen Beschwernissen leiden müssen (daher wird unser Weltsystem als «Welt des Ertragens», sahaloka, bezeichnet), ausserdem betrug die Lebensspanne des Sakyamuni nur 80 Jahre. Somit ist es nicht erstaunlich, dass dem Buddha Sakyamuni in vielen Mahayana-Traditionen weniger kultische Verehrung zuteil wird als den grossen Buddhas und Bodhisattvas Amitabha, Avalokiteshvara, Tara usw. Eine alternative Deutung bietet die etwas jüngere Drei-Körper-Lehre der Mahayana-Philosophie. Demnach besitzen Buddhas drei Existenzweisen. Auf der höchsten Ebene, dem «Körper der Lehre», sind alle Buddhas miteinander identisch, sie sind nicht verschieden von dem Buddha-Prinzip, das dem erleuchteten Geist als Nirwana, dem unerleuchteten als Wiedergeburtenkreislauf erscheint und das den Urgrund allen Seins darstellt. Die beiden unteren Existenzweisen sind aus Mitleid manifestierte Erscheinungen des Buddhaprinzips, die benötigt werden, um den Unerleuchteten, deren Geist (noch) nicht in der Lage ist, die wahre Natur der Dinge zu erfassen, die Lehre zu verkünden. Buddhas wie Amitabha sind Erscheinungen der zweiten Existenzweise, des «Genusskörpers», der sich in den reinen Universen manifestiert, aber auch in Träumen und Visionen erscheinen kann. Als dritte und gröbste Seinsweise treten Buddhas als materieller «Verwandlungskörper» auf. «Unser» Buddha Sakyamuni war ein solcher Verwandlungskörper. Auch die berühmten Inkarnationslinien im tibetischen Kulturkreis sind solche «Verwandlungskörper». So ist etwa der Dalai Lama genau genommen nichts anderes als einer von vielen «Verwandlungskörpern» des unter dem Namen Bodhisattva Avalokiteshvara bekannten «Genusskörpers», der wiederum in der höchsten Existenzweise mit allen Buddhas identisch ist.

Gibt es einen westlichen Buddhismus?

Immer wieder taucht die Frage auf, ob es einen eigenständigen westlichen Weg des Buddhismus geben kann und soll. Manche versuchten, einen Navayana zu schaffen, ein Neues Fahrzeug. Tatsächlich ist im Westen so manches anders. Seit dem ausgehenden 19. Jahrhundert veränderte sich die Darstellung des Buddhismus unter dem Einfluss westlichen Denkens übrigens auch bei Intellektuellen in Asien. Gleichzeitig wurden buddhistische Atem- und Konzentrationsübungen – gemeinhin als Meditation bezeichnet –, die bislang nur Praxis von wenigen Mönchen waren, auch unter Laien populär. Im Westen wurden gerade diese Elemente buddhistischer Lehren bekannt. Ein weiteres deutliches Merkmal einer «Verwestlichung» ist die Demokratisierung der Praxis. Westliche Schüler streben in der Regel nicht den Mönchs- bzw. Nonnen-Status an. Nur die wenigsten Konvertiten nehmen erhebliche Lasten auf sich, ändern ihr Leben und ihren Namen und treten weitgehend in eine bestimmte fernöstliche Kultur über. Geschlechterunterschiede spielen weniger eine Rolle, Erleuchtung soll für alle möglich sein. Praktiken unterschiedlicher Schulen werden im Westen oft vermischt, vereinheitlicht oder erscheinen durch eine sprachliche Veränderung einheitlich. Zum Beispiel wird das englische Wort «Retreat» (Rückzug, Zurückgezogenheit) im Westen in allen Schulen gleichermassen verwendet, um eine Phase intensiver Meditation und die dazu nötige Ruhezone zu bezeichnen.

Entwicklungen in der westlichen Präsenz des Buddhismus vollziehen sich in einem einheitlichen, häufig recht kleinteiligen und städtisch geprägten Raum sowie unter den Bedingungen einer modernen Kommunikation in einer vernetzten Szene. Die Notwendigkeit, eine ganze Gesellschaft zu integrieren, besteht für Buddhisten hier nicht. Die westlichen Anhänger stammen oft aus den gleichen Bevölkerungsschichten und teilen vergleichsweise viele Ansichten. In den Grossstädten des Westens bestehen permanente Kontakte zwischen den Anhängern und Schulen – im Gegensatz zur historischen Entwicklung und zu den sozialen und geografischen Bedingungen der Herkunftsregionen, in denen sich verschiedene Schulrichtungen im Alltag kaum nahekommen. Oft ist die Zahl der hiesigen Buddhisten noch so überschaubar, dass man sich persönlich kennt. Viele sich zum Buddhismus bekennende Menschen schliessen sich nicht fest an eine Schule oder Gruppe an, sondern nehmen verschiedene einzelne Angebote wahr. Es handelt sich hierbei um ein Phänomen der Auswahl: Sie schaffen sich einen individuellen Kanon buddhistischer Lehren und Methoden und sind dabei nicht an soziale und traditionelle (buddhistische) Strukturen gebunden.

Es ist nur konsequent, dass so auch bald schulübergreifende buddhistische Organisationen entstanden. Dabei wird manchmal versucht, den oben erwähnten Navayana zu etablieren. Noch häufiger aber versucht man, verschiedene Praktiken parallel anzubieten. Durch Offenheit allen Traditionslinien gegenüber und mittels Kooperationen auch zwischen verschiedenen Gruppen wird ausserdem eine grössere Wirkung in der Öffentlichkeit erzielt. Organisationen westlicher Buddhisten sind recht häufig öffentlich aktiv, im Unterschied zu den im Westen bestehenden asiatisch-ethnischen Gemeinschaften und ihren religiösen Einrichtungen. Diese dienen eher als heimatverbundene Kulturzentren der Migranten und pflegen intern Sprache, Tradition und familiäre Bindungen. Ihr Zweck ist vorrangig die Stabilisierung der eigenen Identität, die Religion ist nur ein Tätigkeitsfeld von vielen. Westliche Buddhisten bzw. Gruppen um asiatische Lehrer versuchen stattdessen oft – wenn auch meist zurückhaltend –, die Lehre nach aussen zu tragen. Die Bezeichnung Mission wird dafür allerdings abgelehnt.

Auch sind sie als kleine Gruppen neben Mitgliederbeiträgen auf zusätzliche Einnahmen wie Spenden und Kursgebühren angewiesen. Viele Gruppen westlicher Buddhisten versuchen, die «reine Lehre» von dem, was historisch bedingt erscheint, zu trennen und so ihre allgemeine Gültigkeit zu manifestieren, ja sogar eine Standardisierung zu erreichen. Volkstümliche Elemente, wie der Umgang mit Krankheiten, Geistern und die Ahnenverehrung, werden – ein Phänomen, welches auch Teile der (älteren) akademischen Rezeption durchzieht – als «nicht ursprünglich buddhistisch» abgelehnt.

Das Bild des Buddhismus ist im Westen bestimmt durch ein grosses, teilweise völlig unkritisches Wohlwollen, das von vielen Gemeinschaften – besonders unter den Konvertiten – dadurch noch befördert wird, dass problematische Elemente entweder erfolgreich verändert oder aber schlicht ausgeblendet werden. Zum Beispiel ist die Geschlechtergleichheit in buddhistischen Ländern unüblich. Der häufig als schnell erreichbar dargestellte Zustand eines diesseitig verstandenen Nirwana stellt eine Verzerrung des Buddhismus dar, wie er in seinen Herkunftsländern verstanden wird. Dass der Buddhismus frei von Dogmen und ohne Anspruch auf alleingültige Wahrheit sei, entspricht der buddhistischen Realität nicht. Viele Gruppen gestatten unter Hinweis darauf sogar eine gleichzeitige Mitgliedschaft in einer anderen Religion. Und dass er gewaltlos sei, stellt sich mit Blick auf die Geschichte in buddhistischen Ländern schnell als Klitterung heraus. Der Buddhismus ist inzwischen obendrein zu einem Steinbruch geworden, aus dem sich Psychotherapien, Ökologie-Idealisten und Aktivisten des Sinnanbietermarktes bedienen, das heisst, viele Elemente werden unter verändertem Namen entlehnt oder aber spielerisch entwendet und verändert.

Buddhismus in der Schweiz

Lange Zeit blieb es in Europa bei Spekulationen über den Buddhismus, da Nachrichten nur aus zweiter und dritter Hand, meist aus Kolonial- und Missionarskreisen stammten. Eine systematische Rezeption setzte im 18. Jahrhundert ein, als man begann, chinesische und Sanskrit-Texte zu übersetzen. Die Religion wurde zunächst v. a. als eine Weisheitslehre oder rationale Ethik wahrgenommen. Im 19. Jahrhundert schwärmten Künstler und Philosophen – hervorzuheben ist Arthur Schopenhauer – für den Fernen Osten. Daneben begann eine Auseinandersetzung auf philosophischer, historischer und philologischer Ebene, wobei der Theravada mit seinen Textsammlungen, zum Beispiel dem Pali-Kanon, im Mittelpunkt stand. Zur selben Zeit gab es auch gegenläufige Tendenzen; wissenschaftliche und politische Ideen des Westens kamen in den Osten und fielen dort auf fruchtbaren Boden. Daraus erwuchsen buddhistische Modernisierungsbewegungen, die wiederum auf den Westen zurückwirken sollten.

1888 schrieb der Deutsche Friedrich Zimmermann einen «Buddhistischen Katechismus»; in der Folge versuchten einzelne Personen und kleine Vereinigungen, die Religion auch zu leben. 1904 bildete sich eine Einsiedelei deutscher buddhistischer Mönche auf Ceylon (Sri Lanka), und im Jahre 1909 kam von dort der Mönch Nyanatiloka (1878–1957) – mit bürgerlichem Namen Walter Gueth, ein deutscher Geiger – nach Lugano. Kurz darauf ging er in das von Verehrern für ihn geschaffene Caritas-Vihara bei Lausanne. Sein Gastgeber, Adrien Bergier, war möglicherweise der erste Schweizer Buddhist. Am selben Ort und im selben Zusammenhang fand 1910 die mutmasslich erste europäische Novizen-Initiation statt. Bergier war es auch, der für Nyanatiloka eine kleine Insel vor der ceylonesischen Küste kaufte, auf der dieser 1911 seine Island Hermitage gründete. Erst rund 30 Jahre nach dieser Lausanner Episode entstand 1942 in Zürich wieder eine kleine, erneut im Theravada verankerte Gruppe um Max Ladner (1889–1963), und sogar ein Journal namens «Die Einsicht» erschien. Beide verschwanden 1961 wieder. Im Zusammenhang mit dieser Buddhistischen Gemeinschaft Zürich ist der Christiani-Verlag zu erwähnen, der ab etwa 1952 mit «Die Einsicht» und anderen Werken erstmals eine gewisse publizistische Präsenz des Buddhismus im Lande darstellt.

Diese ganze frühe Beschäftigung mit dem Buddhismus blieb aber in der Regel eine intellektuelle Angelegenheit, und nur wenige Menschen widmeten sich ihr. Diese eher literarische und beschauliche Beschäftigung mit buddhistischen Lehren wurde in der zweiten Jahrhunderthälfte abgelöst durch buntere, sehr viel lebenspraktischere Methoden. Der Schwerpunkt der öffentlichen Rezeption verschob sich von einer die Textlektüre in den Mittelpunkt stellenden Beschäftigung hin zu meditativen und rituellen Praktiken. Nachdem in den Fünfzigerjahren die Zen-Richtung des Mahayana kulturell u. a. durch die amerikanischen Beat-Poeten populär geworden war, machten in den späten Sechzigerjahren die Hippies Buddha, in welcher Form auch immer, zu einer Art Modeartikel. Etwa zur selben Zeit bot die Schweiz rund 2000 Tibetern Asyl. Zur Pflege ihres kulturellen und religiösen Erbes entstand 1968 das Klösterliche Tibet-Institut Rikon. Durch diese vergleichsweise frühe massive Präsenz begann die Popularisierung speziell der tibetischen Buddhismus-Tradition in der Schweiz zeitiger und nachhaltiger als in anderen westlichen Ländern, wo zu jener Zeit eher die japanischen Spielarten Anklang fanden. In rascher Folge und seither kaum nachlassend entstehen seit den frühen Siebzigerjahren weitere buddhistische Zentren, Gruppen und Einrichtungen. Heute sind fast alle Traditionen dieser Religion im Land vorzufinden.

Nur wenige dieser Organisationen setzen sich mehrheitlich aus Menschen, die aus Asien (konkret v. a. aus China, Kambodscha, Taiwan, Thailand, Tibet und Vietnam) gekommen sind, zusammen. Diese Gruppen – vorwiegend in den Achtzigerjahren entstanden – sind dafür zahlenmässig aber vergleichsweise gross, denn sie haben eine ganze Immigrantencommunity hinter sich. Einige Gemeinschaften, die von Nonnen oder Mönchen hier gegründet wurden, stellen Ableger von deren Heimatklöstern dar, dienen der Betreuung der Landsleute und – ein wenig – auch der Verbreitung der Lehre im Westen. Die meisten buddhistischen Organisationen hierzulande aber setzen sich aus Schweizern zusammen, die sich über das Interesse am Buddhismus zusammenfanden und Übungen gemeinschaftlich praktizieren. Manchmal werden auch sie von Spezialisten aus den jeweiligen Ländern betreut und angeleitet.

Noch sind Begegnungen zwischen westlichen und östlichen Buddhisten verhältnismässig selten, was zum Teil auf die unterschiedlichen kulturellen Traditionen und ganz sicher auch auf Sprachbarrieren zurückzuführen ist. Auch die Integration der folgenden Generationen hat sowohl bei asiatischen eingewanderten als auch bei westlichen konvertierten Buddhisten gerade erst begonnen.

Bestrebungen zu einer gewissen Zusammenschau und Konsolidierung manifestierten sich in der Schweizerischen Buddhistischen Union (SBU)/Union Suisse des Bouddhistes/Unione Buddhista Svizzera, die 1976 als Dachverband buddhistischer Gruppen, Organisationen und Einzelpersonen entstand. Ihr Sitz befindet sich in Zürich. Eine eigene Zeitschrift gibt es, im Gegensatz zu den Blättern vergleichbarer Verbände in Deutschland und Österreich, nicht (immerhin erschien zwischen 1967 und 1973 einmal ein monatliches «Buddhistisches Informationsblatt der Schweiz»). Intern will die SBU die Kommunikation und Zusammenarbeit zwischen den Buddhisten fördern, nach aussen bietet sie sich als Ansprechpartnerin für Medien und Behörden an. Die SBU ist auch für den möglicherweise grössten regelmässigen buddhistischen Anlass im Lande verantwortlich, die Vesakh-Feier, die sie seit 1997 an verschiedenen Orten ausrichtet. Die Homepage der SBU listete eine Zeit lang für die Schweiz über 100 Gruppen und Zentren auf (nicht alle waren Mitglieder des Verbandes). Es muss aber beachtet werden, dass diese Liste dennoch nicht vollzählig gewesen sein muss – insbesondere Immigrantengruppen haben nicht unbedingt Kontakt zur SBU – und dass andererseits viele der Adressen nur Zweiggruppen, Ableger und regionale Vertreter anderer Zentren angeben, also nicht unbedingt als eigenständige Gruppen zu werten sind. Seit Kurzem werden nur noch Mitglieder der SBU angezeigt: Kollektivmitglieder (ca. 25) und diejenigen Zentren, die öffentliche Angebote machen (knapp 40).

Laut Volkszählung 2000 lebten zu jenem Zeitpunkt allein in der Stadt Bern 629 Buddhisten. Falls das nur die Schweizer Bürger erfasst, müssten noch Zugewanderte – Arbeitskräfte, Studierende, Asylbewerber, Diplomatisches Korps, aber auch Sans-Papiers – hinzugezählt werden. Die Stadt Bern stellt eines der Zentren des Buddhismus in der Schweiz dar, alle grossen Schulrichtungen sind vertreten. Insgesamt konnten im Rahmen dieser Untersuchung im Kanton rund 25 Gemeinschaften gefunden werden, wobei, wie eingangs schon erwähnt wurde, die Zählung der Gruppen und ihrer formalen Mitglieder nicht das ganze buddhistische Bild zeigt. Die relativ reibungslose Adaption des Buddhismus führt inzwischen dazu, dass asiatische wie westliche Lehrer ihn mitunter nicht als Religion in ihrer ganzen Komplexität, sondern Elemente daraus als eine Praxis anbieten, bei der jeder Teilnehmer bei seinem ursprünglichen Glauben bleiben kann und soll. So konnten auch die Kirchen Meditation und Zen inzwischen für sich entdecken.

Kontakt

Schweizerische Buddhistische Union, Postfach 1809, 8021 Zürich
www.sbu.net

Zum Weiterlesen

Faure, B.: Buddhismus, Bergisch-Gladbach 1998

Bechert, H./Gombrich, R. (Hrsg.): Der Buddhismus. Geschichte und Gegenwart, München 2002

Zotz, V.: Auf den glückseligen Inseln: Buddhismus in der deutschen Kultur, Berlin 2000

Schulübergreifende buddhistische Einrichtungen

Meditationszentrum Beatenberg – Buddhistische Lehre und Praxis

Keimzelle des Zentrums war ein seit den Siebzigerjahren bestehender Verein Dhamma Gruppe Schweiz. Er hatte seit 1978 an wechselnden Orten rund 130 Kurse organisiert und wollte nun ein eigenes Haus beziehen. Das Meditationszentrum Beatenberg in seiner exponierten Lage über dem Thunersee wurde Ende 2000 in einem ehemaligen Landschulheim gegründet. Heute werden dort rund 30 Seminare pro Jahr veranstaltet, sie dauern zwischen zwei Tagen und vier Wochen. Geleitet werden diese von Lehrern aus Europa, Asien und den USA. Die Teilnehmerzahl variiert von 20 bis 75 Personen.

Regelmässig finden Kurse in Vipassana (Erkenntnis) und in der Meditation des Herzens: Karuna (Mitgefühl) und Metta (liebevolle Güte), statt, auch tibetische Lehren und Zen sind im Angebot. Besonders geübt wird Achtsamkeit, Gegenwärtigsein und direktes Wahrnehmen aller Prozesse und Erfahrungen des Körpers, der Sinne, des Geistes und des Herzens. Durch eine fortwährende Auseinandersetzung mit innerem Annehmen und Loslassen soll das innere Gleichgewicht gestärkt und tiefere Sammlung und Ruhe ermöglicht werden. Dadurch könne die wahre Natur unseres Wesens und allen Seins sichtbar werden und Herz und Geist könnten sich öffnen für die innewohnende Freiheit. So würden Mitgefühl und Tatkraft frei, die sich wiederum positiv nach aussen manifestieren können. Der Schwerpunkt der Arbeit liegt im Theravada, wofür u. a. die spirituelle Herkunft der Gründer verantwortlich ist. Die meisten Kurse finden – abgesehen von Gruppen- oder Einzelgesprächen sowie Vorträgen – in vollständigem Schweigen statt. Während eines Kurses ist der ganze Tag ausgefüllt mit Geh- und Sitzmeditationen, womit eine hohe Intensität angestrebt wird. Die gesamte Zeit der Anwesenheit und das Verhalten des Teilnehmers sollen die Meditationen unterstützen, weshalb strenge Regeln gelten.

Das Zentrum versteht sich als religiös offen, das heisst, es wird kein Bekenntnis vorausgesetzt und auch keines angestrebt. Obwohl die Praxisgrundlagen aus der buddhistischen Tradition stammen, gehe es nicht um das Ausüben einer Religion, sondern um eine Herzens- und Geistesschulung.

Religiös ist das Zentrum unabhängig, es gehört keiner einzelnen Schule an, und es bietet Inhalte aus verschiedenen buddhistischen Traditionen an. Schon die Ausstattung zeugt von Vielfalt: Den grossen Meditationsraum schmücken zwei Figuren, eine burmesische Buddha-Statue und eine tibetische Grüne Tara.

Durch den Versand der Kursprogramme und durch Anzeigen in Zeitschriften wird auf das Angebot aufmerksam gemacht; missioniert wird nicht. Das Zentrum steht in einer engen Verbindung zu anderen buddhistischen Einrichtungen, insbesondere zum → Dhammapala-Kloster in Kandersteg, zu einigen Meditationsgruppen in Bern, Zürich, Basel, St.Gallen sowie zu ähnlichen Zentren in England und den USA. In den Jahren 2001 und 2007 war Beatenberg Gastgeber für die Vesakh-Feier der SBU. Gelegentlich werden Tage der offenen Tür veranstaltet, auf Anfrage arbeitet man mit Pfarreien oder Schulen zusammen.

Sechs Personen sind teilzeitlich im Zentrum tätig. Sie leiten den Bereich Administration und Kursbegleitung, Küche, Hauswirtschaft sowie Unterhalt von Haus und Umschwung. Dazu kommt die Mitwirkung und Hilfe einer Geschäftsführerin und von Verantwortlichen für das Finanzwesen. Sie arbeiten zu einem bescheidenen Lohn. Ferner leisten die im Stiftungsrat tätigen Personen sowie viele Helfende freiwillige Arbeit. Das Zentrum ist als Stiftung organisiert. Das erhobene Kursgeld, durchschnittlich 70 Franken pro Tag, wird für die Kosten von Unterkunft, Verpflegung, Reisekosten der Lehrenden (jedoch kein Honorar) sowie für Administration, Werbung und den Betrieb des Hauses erhoben. Ferner ist man auf die Mitarbeit der Teilnehmer (täglich ca. 45 Minuten) bei den praktischen Belangen (Reinigung usw.) angewiesen. Für die Belehrungen wird kein Honorar erhoben. Dies ist ein traditionelles buddhistisches Prinzip, da sie durch materielle Werte nicht aufgewogen werden könnten und für alle Interessierten zugänglich sein sollen. Deshalb offerieren die Lehrer ihre Arbeit kostenlos und sind auf Dana, freiwillige Spenden am Ende des Kurses angewiesen. Die Mehrzahl der Lehrenden lebt auf Spendenbasis und verfügt über kein anderes Einkommen. Es ist auch möglich, dem Zentrum als Ganzem eine Mahlzeit zu spenden.

Feste Mitglieder hat das Zentrum nicht. Nach eigenen Angaben fühlen sich ihm weltweit über 3000 Menschen zugehörig bzw. nahestehend, in der Schweiz über 1000 und im Kanton Bern rund 600. Zwischen Männern und Frauen wird, sowohl was die Teilnahme als auch das Anbieten von Kursen betrifft, kein Unterschied gemacht. (Die Zahl der Frauen übertrifft in fast allen Aspekten die der Männer.)

3802 Waldegg-Beatenberg, Tel.: 033 841 21 31
www.karuna.ch, www.fredvonallmen.ch

Zentrum für Buddhismus – Changchub Shenphen Ling

Das Zentrum für Buddhismus (ZfB) ist ein eingetragener Verein, in dem zurzeit vier Gruppen aus verschiedenen buddhistischen Traditionen Mitglied sind. Es sind das die → Vipassana Meditationsgruppe Bern, das schweizerische →FPMT-Zentrum Longku Zopa Gyu, die → Gruppe Tao und die Zen-Gruppe → Sanbo-Kyodan. Zweck des Vereins ist der Betrieb des Zentrums für Buddhismus; alle Menschen, die sich diesem Ziel und dem Buddhismus verbunden fühlen, können Vereinsmitglieder werden.

In den vier Mitgliedsgruppen praktizieren zusammen rund 200 Menschen nach ihren jeweiligen Traditionen, die Vorträge erreichen einen noch weiteren Interessentenkreis.

Das Zentrum wurde ursprünglich 1993 als tibetisch-buddhistisches Meditationszentrum gegründet. Es besteht heute aus einer umgebauten Garage und einigen Nebengelassen. Die FPMT-Gruppe mietet zusätzlich eine angrenzende Wohnung. Der Name des Zentrums stammt aus dem Tibetischen und bedeutet «Ort, der allen Wesen zur Erleuchtung verhelfen soll». Im Jahre 2000 erweiterte sich das Projekt auf drei verschiedene Gruppen, was eine Neugründung zur Folge hatte; 2002 stiess die vierte dazu.

In den Zentrumsräumen finden Meditationen, Vorträge und sonstige Veranstaltungen der vier Gruppen sowie gemeinsame Feste statt. Für die Vorträge besteht eine eigene Organisationsgruppe. Einmal im Monat – in der Regel am Donnerstagabend, wenn keine Gruppe ihre regelmässige Meditationszeit hat – lädt man Lehrer für Vorträge ein, für die auch öffentlich Werbung gemacht wird. Die vier Zentrumsgruppen gestalten zusammen die Losar-Puja Ende Februar, die Vesakh-Feier im Mai, die Asalha-Puja im Juli und die Rohatsu-Nacht im Dezember. Als im Sommer 2005 der Dalai Lama in der Schweiz weilte, veranstalteten die Zentrumsgruppen zusammen eine Woche «Bern Meditiert».

Eine Mitgliederversammlung trifft sich einmal jährlich, der Zentrumsvorstand etwa vierteljährlich. Die Website, die rund 3000-mal pro Monat besucht wird, hat Unterbereiche für alle vier Zentrumsgruppen und führt das Programm der monatlichen Vorträge auf. Das Zentrum ist Mitglied der Schweizerischen Buddhistischen Union (SBU).

Kontakt

Reiterstrasse 2, 3013 Bern
www.zentrumfuerbuddhismus.ch
und über die vier Mitgliedsgruppen

Theravada-Buddhismus
(Sven Bretfeld, S. R.)

Die Anhänger des Theravada verstehen diesen als den wahren und ursprünglichen Traditionsbewahrer der Lehren des Buddha. Der Name bedeutet «Wort der Alten». Im Theravada sind die Worte des Buddha in der dem Sanskrit verwandten Sprache Pali überliefert.

Die relevante Spaltung in der Gemeinde der dem Buddha Nachfolgenden begann etwa 100 Jahre nach seinem Tod. Bei einem Treffen in Vaishali, das heute als Zweites Konzil bekannt ist, wurden Meinungsverschiedenheiten bezüglich einzelner Ordensregeln deutlich. Es ging zum Beispiel um die Frage, ob Mönche Gold und Silber berühren dürfen und ob vergorener Palmsaft (der Alkohol enthält) für Ordensangehörige zu medizinischen Zwecken zulässig sei. Der Buddha hatte keinen Nachfolger ernannt, der über solche Fragen autoritativ hätte richten können. Somit kam es zur Ordensspaltung, in deren Folge sich die Anhänger der althergebrachten Regeln als Theravada und die Neuerer (die anscheinend in der Überzahl waren) als Mahasamghika («Mehrheitsgemeinde») benannten. Von nun an bestanden zwei Gruppen des Sangha, die ihre Ordination gegenseitig nicht anerkannten. Mit der Zeit entstanden etliche weitere solcher Gruppen. Bis heute haben nur drei davon überlebt, die alle aus dem Theravada-Zweig hervorgegangen sind: Die Mulasarvastivada-Tradition lebt bis heute in der Ordinationstradition Tibets weiter, die Ordinationstradition der Dharmaguptakas wird in China fortgesetzt, während ein Unterzweig im 3. Jahrhundert v. Chr. in Sri Lanka heimisch und dort unter dem Namen des ersten sri-lankischen Klosters Mahavihara bekannt wurde. Von diesem Unterzweig wurden die südostasiatischen Länder Birma und Siam (Thailand) missioniert. Theravada ist also zunächst einmal ein juristischer Begriff des Ordensrechts. Für einen buddhistischen Laien wäre es demnach völlig bedeutungslos, ihn als Theravada-Buddhisten zu bezeichnen. Erst in der westlichen Forschung wurde die Bezeichnung Theravada zu einem Klassenbegriff für eine spezifische Buddhismusform umfunktioniert, nämlich für die Buddhismusvariante, die in den südlichen buddhistischen Ländern Asiens vorherrscht. Die Unterschiede betreffen, wie gesagt, nur die Ordensregeln und haben mit weltanschaulichen Vorstellungen nichts zu tun, auch wenn dies in der Sekundärliteratur oft behauptet wird. Auch mit den unterschiedlichen Heilsentwürfen (Hinayana/Mahayana/Vajrayana) haben diese Begriffe nichts zu tun. Es hat auch Mahayana-Anhänger unter den nach

Theravada-Recht Ordinierten gegeben. Dogmatische Unterschiede zwischen den Buddhismusrichtungen hängen wohl stärker mit den geografischen Distanzen und den Strukturen des gesamtbuddhistischen Diskurses zusammen als mit den über das Ordensrecht definierten monastischen Gemeinden. Das in der Sekundärliteratur häufig vorkommende Gegensatzpaar Theravada/Mahayana ist folglich künstlich und wurde in den Anfängen der Buddhismusforschung geschaffen, um die verschiedenen Lokalvarianten des Buddhismus, denen man in Asien begegnete, zu klassifizieren. Dass die (heute als Theravada bezeichneten) Buddhismus-Traditionen südasiatischer Länder einen oberflächlich gesehen homogenen Eindruck machen und vergleichsweise alte buddhistische Anschauungen vertreten, hängt mit verschiedenen Faktoren zusammen. Zum einen mit vergleichsweise starken konservativen Tendenzen, die in der sri-lankischen Diaspora-Situation immer wieder die Oberhand gegenüber Innovationen (wie zum Beispiel mahayanistischen Vorstellungen) gewinnen konnten, zum anderen mit der Zwangsvereinigung der monastischen Gruppen Sri Lankas, die im 13. Jahrhundert unter König Parakramabahu durchgeführt wurde und in der die Mahavihara-Gruppe als einzige Tradition weiterbestehen durfte (bei dieser Gelegenheit kam es sogar zu Textverbrennungen). Schliesslich wurden die übrigen buddhistischen Länder Südostasiens (Birma, Siam) erst nach der Zwangsvereinigung missioniert und hängen damit weitestgehend von der Text- und Auslegungstradition der Mahavihara-Gruppe ab.

Diese Gruppe – nennen wir sie aus Gründen der Konvention Theravada – verwendet eine Sammlung autoritativer Texte, die in Pali verfasst sind. Diese Texte gelten den Gläubigen als die vollständige Sammlung der Worte des Buddha. Mahayana-Texte werden als nicht authentisch abgelehnt. Der «Pali-Kanon» ist in drei Sammlungen aufgeteilt:

Vinaya-Pitaka: der Korb der ordensrechtlich relevanten Äusserungen des Buddha,

Sutta-Pitaka: der Korb der Lehrreden,

Abhidhamma-Pitaka: der Korb der Lehrsystematik.

Unter den Buddhisten und Buddhismus-Interessierten Europas wurde der «Theravada-Buddhismus» zunächst wegen seines vermeintlich ursprünglichen und asketisch-rationalen Habitus geschätzt. Europäische Theravada-Buddhisten (bzw. diejenigen, die sich zwar von den kulturspezifischen Ausprägungen des Theravada distanzierten, aber sich in eigener Auslegung auf die Texte des Pali-Kanons stützten) waren in erster Linie literarisch aktiv. Das heisst, Bücher und Zeitschriften mit Auslegungen und Aktualisierungen der buddhistischen Lehre – häufig dezidiert vor dem Hintergrund der europäischen Philosophiegeschichte (v. a. Schopenhauer) – wurden von Buddhisten für Buddhisten geschrieben. Meditationspraxis oder andere ritualisierte religiöse Handlungen prägten das Bild kaum. Auch in den asiatischen Ländern des Theravada-Buddhismus waren über eine lange Zeit hinweg meditative Übungen ausschliesslich den Mönchen vorbehalten und wurden auch unter diesen nur von kleinen, meist abgeschieden lebenden geschlossenen Lehrer-Schüler-Zirkeln praktiziert. Dies ändert sich zaghaft seit Ende des 19. Jahrhunderts mit der Popularisierung der Vipassana-Meditation, die in Birma ihren Ausgang nahm und in den Fünfzigerjahren des 20. Jahrhunderts auf Sri Lanka überschwappte, bevor sie sich in die westlichen Länder weiterverpflanzte. Diese Neuerung erwuchs in den Traditionen selbst, doch gab es auch einen Einfluss westlicher Sinnsucher. Vipassana, eine Achtsamkeitsmeditation, ist möglicherweise die älteste buddhistische Praxis. Anhänger führen sie auf zwei Texte zurück, die als authentische Buddha-Worte gelten und die die «Vergegenwärtigung der Achtsamkeit» und «bewusstes Ein- und Ausatmen» zum Thema haben. Ausgeübt wird sie als Meditation im Sitzen (manchmal auch als Gehmeditation) mit dem Ziel der Bewusstwerdung aller inneren Vorgänge. Vor etwa 100 Jahren begannen Lehrer, diese Praxis auch Laien weiterzugeben. Und so kam es, dass Anfang der Siebzigerjahre die Ersten begannen, Spielarten der Vipassana-Meditation in die USA und nach Europa zu bringen.

Schweiz

Der Theravada ist in der Schweiz – wie vielerorts in der westlichen Welt – die zuerst aufgenommene Form des Buddhismus. Die Geschichte um den deutschstämmigen Mönch Nyanatiloka, der erstmalig den gelebten Buddhismus in die Schweiz brachte, ist bereits erwähnt worden. Sein Impuls blieb zwar ein schwaches Rinnsal, doch versiegte es auch über Jahrzehnte nicht. Durch K. Onken und auf Anregung des Nyanatiloka-Schülers Nyanaponika entstand 1974 in Dicken bei St. Gallen das Haus der Besinnung. Es markiert einen Übergang von der ethisch-philosophischen Theravada-Rezeption einiger Bildungsbürger zur meditativen Praxis, v. a. in Form des Vipassana. Am selben Ort wurde im Jahre 2002 auch die Schweizer Buddhistische Gemeinschaft/Communauté Bouddhiste Suisse gegründet, die heute ihren Sitz in Zürich hat. Sie hat sich speziell der Verbreitung des Theravada verschrieben.

Das Haus der Besinnung ist inzwischen von so manchem westlichem Lehrer des Theravada, der in Asien mit seinen gelebten Aspekten in Kontakt gekommen war, als Versammlungsort genutzt worden, und es ist so – wie zum Beispiel bei Fred von Allmen – zum Ausgangspunkt eigener Gründungen geworden (in diesem Falle des → Meditationszentrums Beatenberg). Vipassana weckte das westliche Interesse für den Theravada neu, diesmal aber in Form einer meditativen Praxis. Die prominentesten Namen sind Sayagyi U Ba Khin und S. N. Goenka, deren Schüler ab Mitte der Siebzigerjahre in der Schweiz aktiv wurden. Da Vipassana heute vorwiegend als Praxis verstanden wird, kann bei den Praktizierenden nicht unbedingt von «Buddhisten» im Sinne einer Religionszugehörigkeit gesprochen werden. Der niedrigschwellige Zugang, der so etwas wie eine Konversion nicht nötig macht, hat sicherlich die inzwischen starke Verbreitung begünstigt.

Einen anderen Aspekt des hiesigen Theravada stellen die Organisationen der asiatischen Immigranten aus den entsprechenden Ländern dar. Die mit Abstand grösste Gruppe bilden die Thai (offiziell rund 9000 Personen). Ihr Zentrum (neben vielen kleinen Treffpunkten) ist ein prachtvoller Tempel in Gretzenbach SO. Dieser, der 1996 gegründete Wat Srinagarindravararam (www.wat-thai.ch), wird seither weiter ausgebaut. Birmesen und buddhistische Migranten aus Sri Lanka gibt es nur wenige im Land, sie haben keine eigenen Zentren. Die ca. 3000 Kambodschaner verfügen über ein Zentrum in Zürich, einen Tempel haben sie in Pery bei Biel (→ Wat Swiss Khemraram) errichtet.

Kontakt

Schweizer Buddhistische Gemeinschaft/Communauté Bouddhiste Suisse, Wiedingstrasse 18, 8055 Zürich
www.theravada.ch

Buddhistisches Kloster Dhammapala
(Philipp Eyer)

Das Kloster Dhammapala steht in der Tradition des thailändischen Mönchs Ajahn Chah (1918–1992), welcher der Kamatthana-Waldmönchs-Tradition angehörte. Im Jahre 1954 gründete er das Waldkloster Wat Pah Pong. Bald entstanden Zweigklöster in ganz Thailand. 1967 kam ein im Theravada ordinierter Amerikaner mit dem Mönchsnamen Sumedho nach Wat Pah Pong und wurde in der Mönchsgemeinschaft aufgenommen. Immer mehr westliche Mönche folgten, und so wurde 1975 das Wat Pah Nanachat (Internationales Waldkloster/International Forest Sangha) gegründet, in dem nun westliche Mönche auf Englisch unterrichtet werden sollten. Sumedho amtierte als erster Abt. 1977 lud der English Sangha Trust – eine Laiengemeinschaft, die das Ziel verfolgte, ein Theravada-Kloster in England zu etablieren – Ajahn Chah und Sumedho nach England ein, und in der Folge entstanden in Chithurst und Sussex Klöster. Heute gibt es Zweigklöster in England, Neuseeland, Australien, den USA, Italien und in der Schweiz, und der Forest Sangha hat inzwischen weltweit etwa 500 000 Sympathisanten.

Das Kloster Dhammapala (Hüterin der Lehre) wurde 1988 in Konolfingen gegründet. Damals befand es sich an der Burgdorfstrasse in den zwei obersten Geschossen eines Wohnhauses – ein Ort, der von Beginn an nur als Provisorium gedacht war. 1991 fand die Gemeinschaft ein Haus am Waldrand ausserhalb Kanderstegs, das ehemalige Hotel Regina, das ihren Bedürfnissen besser entsprach. Heute leben dort dauerhaft etwa ein halbes Dutzend Mönche und Novizen. Es ist rechtlich ein eingetragener Verein mit gemeinnützigem Status. Der Vereinsvorstand setzt sich aus zwei bis drei Mönchen des Klosters und drei Laienmitgliedern zusammen. Ausschliesslich Spenden finanzieren den Verein. Im Kanton Bern gibt es schätzungsweise ein paar Hundert Sympathisanten. Das Kloster pflegt einen engen Kontakt zur Schweizer Thai-Community, viele Thai besuchen es regelmässig. Gemeinsam werden jährlich zwei Hauptfestlichkeiten abgehalten: Vesakh im Mai und Kathina, das Fest der Robenübergabe, im Oktober. Zu diesen Anlässen kommen bis zu 500 Menschen aus der ganzen Schweiz zusammen, und man musste die Halle im Münsinger Schlossgut (ab 2008 Kirchgemeindehaus Hinterkappelen) mieten, da der Klosterbau zu klein ist. Die meisten Thai besuchen das Kloster als Kontakt- und Anbindungsmöglichkeit für ihre Kultur. Nur eine Minderheit unter ihnen interessiert sich für das Meditationsangebot.

Das Kloster sieht sich in erster Linie als Wohn- und Übungsort für Theravada-Mönche. Auch Nonnen werden als Besucherinnen aufgenommen, jedoch nicht als Gemeinschaftsmitglieder. Die Klostergemeinschaft führt Meditations- und Studienkurse durch und nimmt nach Übereinkunft Interessierte als zeitweilige Gäste auf. Während des Aufenthaltes müssen sich Besucher an die klösterlichen Regeln halten und an Gemeinschaftsaktivitäten teilnehmen. Es finden jährlich mehrere längere Retreats und Meditationswochenenden statt, zu denen man sich anmelden muss. Ansonsten sind Gäste und Besucher während des grössten Teils des Jahres willkommen, nur für die Monate Januar bis April hält die Gemeinschaft

Einkehr und bleibt die Anlage für Besucher geschlossen. An den meisten Abenden finden um 19.30 Uhr Meditationen und Rezitationen statt, und recht häufig halten Mönche Vorträge in den regionalen Volkshochschulen. Gemäss buddhistischer Tradition wird kein Geld für den Aufenthalt verlangt, Spenden sind aber willkommen. Im Unterschied zu den v. a. traditionell und kulturell interessierten Thai nehmen westliche Freunde des Theravada gerade an der religiösen, speziell der meditativen Praxis der Mönche regen Anteil. Es gibt an etwa zehn Orten in der Schweiz mit dem Kloster verbundene Meditationsgruppen und einige im Ausland. In Bern ist das die → Vipassana Meditationsgruppe, die sich im → Zentrum für Buddhismus trifft. Auch in Biel existiert eine Gruppe (→ Vipassana Gruppe Biel/Nidau). Vorwiegend für sie erscheint seit 2002 in Deutsch, Englisch und Französisch, aber auch auf Thai halbjährlich der «Dhammapala-Rundbrief».

Die Mönche unterhalten Kontakte zu verschiedenen thailändischen Klöstern weltweit und besuchen regelmässig Meditationsgruppen in der Schweiz. Vereinzelt werden auch Meditationskurse im Ausland organisiert. Auch zu Buddhisten anderer Traditionen pflegt man Kontakte.

Kontakt

Am Waldrand, 3718 Kandersteg, Tel.: 033 675 21 00
www.dhammapala.ch, www.forestsangha.org

Sayagyi U Ba Khin Gesellschaft Schweiz

Sayagyi U Ba Khin (1899–1971) war ein Theravada-Meditationsmeister aus Myanmar (Birma). Er gründete im Jahre 1952 ein Meditationszentrum in Yangon (ehemals Rangun). Die Praxis des Vipassana lernte er als Laie kennen. Auch seine Schüler – er begann bereits 1941 mit dem Lehren – waren Laien, eine Neuerung, die sein eigener Lehrer erst wenige Jahre zuvor eingeführt hatte. Seit Sayagyi U Ba Khins Ableben führt seine Schülerin Mother Sayamagyi das Werk fort und verhalf ihm zu internationaler Verbreitung. In Europa bestehen das International Meditation Center Splatts House in England, das 1979 gegründet wurde, und ein Meditationszentrum in Österreich, gegründet 1990. Daneben gibt es örtliche Gruppen, die in Sayagyi U Ba Khins Tradition praktizieren.

Den Kern der Ausbildung stellen Zehntageskurse dar, die im Splatts House ca. einmal monatlich angeboten werden. Der Kurs beginnt mit der Anapana-

Meditation, welche «einen ruhigen Geist entwickeln» und bei der Konzentration helfen soll. In der zweiten Kurshälfte geht es um Vipassana-Meditation, die Meditationsobjekte wie die Vergänglichkeit, das Leiden und die unpersönliche Natur aller Phänomene zum Gegenstand hat. Im Laufe der Zeit sollen so ein Ende des Leidens und letztlich Nibbana (Nirwana), der «unkonditionierte Zustand der Erleuchtung» erreicht werden. Der ganze Kurstag wird dafür eingesetzt, das Programm geht vom Wecken früh am Morgen bis zur Nachtruhe. Während des Kurses gelten Regeln, die auf dem Achtfachen Pfad beruhen. Wichtig sind moralische Grundsätze wie nicht zu töten, nicht zu stehlen, sexuelle Enthaltsamkeit, nicht zu lügen und keine Drogen oder Alkohol zu nehmen und andere Verhaltensweisen, wie zum Beispiel Edles Schweigen, das eine konzentrierte Atmosphäre unterstützen soll. Vipassana wird v. a. als eine Technik verstanden, ein Bekenntnis oder gar ein formales Buddhist-Sein ist für die Teilnahme nicht nötig.

Die Schweizer Sagyagyi U Ba Khin Gesellschaft wurde 1979 in Bern begründet und ist als eingetragener Verein organisiert. Der offizielle Sitz ist Basel, das Sekretariat befand sich lange Zeit in Bern. Die S.U.B.K.-Gesellschaft publiziert das «Vipassana Rundschreiben». Der erste Vipassana-Kurs in der Schweiz fand ebenfalls 1979 statt. Eine Vereinsmitgliedschaft steht jedem offen, der einmalig oder wiederholt Kurse belegt hat und die Praxis fortführt.

Regelmässige Gruppenmeditationen gibt es wöchentlich in Bern und in Basel, und einmal im Jahr wird ein Zehntageskurs für die Schweiz organisiert.

Kontakt

Sekretariat der S.U.B.K.Gesellschaft, Lochmatt 64, 3504 Oberhünigen, Tel.: 031 372 98 44, Regionallehrer E. Jung, Tel. 031 991 61 41 www.ubakhin.ch, www.internationalmeditationcentre.com, www.imc-austria.com

Vipassana Verein Schweiz/Dhamma Sumeru Mont-Soleil

Sathya Narayan Goenka, geboren um 1920 in Birma und indischer Abstammung, lebte bis 1969 in seinem Geburtsland. Mit Buddhismus hatte der als Hindu geborene Goenka nichts zu tun, erst als er Probleme mit schwerer Migräne bekam, ging er auf Anraten von Freunden in einen Kurs des Meditationslehrers U Ba

Khin. Das war möglich, weil dieser die Meditation religionsungebunden anbot. Nach anfänglichen Schwierigkeiten wurde Goenka ein begeisterter Anhänger seines Lehrers und qualifizierte sich für speziellere Aufgaben: Er brachte die Meditation in einer Hochphase der hippiesken Indienfahrerei nach Indien, wo sie positive Aufnahme fand. Schnell wurde die Methode in die westlichen Heimatländer der spirituellen Sucher weitertransferiert. Ab 1979 hat Goenka gelegentlich westliche Länder besucht und Kurse geleitet, inzwischen lebt er im Ruhestand in Indien.

Aus seinen Aktivitäten ist ein Netz von weltweit über 130 Meditationszentren entstanden, in denen hauptsächlich zehntägige Einführungskurse in Vipassana angeboten werden. Diese Kurse werden überall gleich abgehalten. Das Programm folgt einem genau festgelegten Ablauf mit ausgedehnten Zeiten der Sitzmeditation in einer Atmosphäre der Stille und äusserster Konzentration. Bei Goenka wird streng darauf geachtet, an der Form festzuhalten, gilt sie doch als authentische reine Lehre Buddhas. Die Teilnahme an den Kursen ist gemäss buddhistischer Tradition kostenlos, der Unterhalt der Zentren wird durch Spenden bestritten, viele Arbeiten werden von Freiwilligen geleistet.

1980 leitete Goenka einen Kurs in Hoch-Ybrig, danach hielt er in Bern einen Vortrag. Im Jahr 2000 war er geladener Gast am WWF in Davos. Der Vipassana Verein Schweiz/Swiss Vipassana Association wurde 1986 gegründet, der heutige Sitz ist Zürich. Der Verein veranstaltet mehrere Kurse im Jahr, meist in gemieteten Einrichtungen. In Zürich wird ein Suchttherapie-Zentrum namens Start Again unterhalten, und manchmal bietet man Vipassana auch in Gefängnissen an.

Wegen der anhaltenden grossen Nachfrage nach den Meditationskursen kam der Wunsch nach einem eigenen dauerhaften Meditationszentrum auf. Dieses konnte mit dem Dhamma Sumeru verwirklicht werden, dem ersten explizit dem Vipassana gewidmeten Zentrum der Schweiz. Der Pali-Name bedeutet «Himmlischer Berg des Dhamma». Es wurde im November 1999 gegründet und befindet sich in Mont-Soleil im Berner Jura. Das Haus aus dem Jahre 1904 diente bis 1920 als Hotel, dann bis 1999 als Kinder-Ferienlager. 55 Meditierende können gleichzeitig unterkommen und an einem Kurs teilnehmen. Zur Anlage gehören noch zwei Hektar naturnah belassenes Land.

Kontakt

Dhamma Sumeru, Nr. 140, 2610 Mont-Soleil, Tel.: 032 941 16 70
www.sumeru.dhamma.org

Vipassana Meditationsgruppe Biel/Nidau

In Nidau bei Biel besteht seit etwa 1999 eine Meditationsgruppe. Hauptsächlich ist sie Theravada-orientiert, das heisst, die regelmässige Meditation ist eine Vipassana-Meditation. Die meisten Praktizierenden unterhalten eine Beziehung zum → Meditationszentrum Beatenberg oder zum → Buddhistischen Kloster Dhammapala. Allerdings nehmen auch Anhänger anderer buddhistischer Traditionen an den Treffen teil, da diese in der Stadt eine der wenigen Möglichkeiten zu einer solchen Aktivität ausserhalb des privaten Rahmens darstellen. Nach vorheriger Anmeldung kann jede und jeder an der gemeinsamen Meditation teilnehmen, eine organisatorische oder offizielle Struktur bzw. Hürde besteht nicht. Die Meditation findet jeden Montagabend statt. Momentan nehmen an den Treffen etwa acht bis zwölf Menschen teil. Die Treffen bestehen aus 45 Minuten Meditation; danach kann ein Film angeschaut oder diskutiert werden.

Kontakt

P. Bruckner, Weyermattstrasse 20, 2560 Nidau, Tel.: 032 331 21 15
pbruckner@yahoo.de

Vipassana Meditationsgruppe Bern

Die Gruppe entstand im Jahre 1999 als Zusammenschluss aus drei Theravada-Gruppen. Es bestehen enge Verbindungen zum → Buddhistischen Kloster Dhammapala in Kandersteg, zum → Meditationszentrum Beatenberg sowie zum Buddha-Haus im Allgäu (D). Als massgebende Lehrer werden der auch für Dhammapala bedeutende Ajahn Chah, die deutschstämmige Nonne Ayya Khema, Gründerin des Buddha-Hauses, sowie Fred von Allmen und Ursula Flückiger aus Beatenberg genannt.

Die Gruppe trifft sich jeden Mittwochabend zur Vipassana-Meditation, danach folgen verschiedenartige Beiträge einzelner Gruppenmitglieder. Die Einführung in Vipassana wird von der Gruppe nicht geleistet, jedoch können Interessierte jederzeit an der Praxis teilnehmen. Viele der regelmässig in der Gruppe Praktizierenden meditieren daneben auch zu Hause. Einmal im Monat findet ein öffentlicher Vortrag von einem Mönch aus dem Kloster Dhammapala oder einem Lehrer aus Beatenberg statt. Zweimal jährlich werden auch Meditationswochenenden an diesen Orten veranstaltet.

Eine Kerngruppe organisiert die technischen und administrativen Angelegenheiten und fällt die notwendigen Entscheidungen. Eine Studiengruppe widmet sich vertiefend einzelnen buddhistischen Lehrtexten, den Sutten (Sutras).

An den Mittwochabenden können Interessierte ohne Voraussetzung teilnehmen. Wegen der offenen Struktur gibt es auch keine fixe Mitgliederzahl. Auf der Adressenliste der Gruppe haben sich mehr als hundert Personen eingetragen, welche den zweimal jährlich erscheinenden Rundbrief erhalten. Wer sich dem Anliegen der Gruppe verbunden fühlt, gibt anstelle eines Mitgliederbeitrags eine Spende.

Kontakt

c/o ZfB, Reiterstrasse 2, 3013 Bern
www.zentrumfuerbuddhismus.ch/vipassana
I. Bumbacher, Tel.: 031 331 91 06, I. Mösching, Tel.: 032 322 26 05

Wat Swiss Khemraram
(Philipp Eyer)

Seit 2003 besteht in Péry-Reuchenette bei Biel das erste kambodschanische Buddhistische Kloster der Schweiz. Das Hauptanliegen der Gründer war es, einen Ort zu schaffen, an dem der kambodschanische Buddhismus und die Kultur erhalten und gepflegt werden. Der 2002 gegründete Buddhistische Kambodschanische Verein des Kantons Bern ist der Träger des Klosters und hat 50 bis 70 Mitglieder. Das Klostergelände hat eine Fläche von 3580 qm und besteht aus einem zweistöckigen Haus mit einer grossen Meditations- und Gebetshalle, in der mehrere Buddhastatuen stehen. Seit dem Dezember 2003 lebt dort ein Bhikku (Mönch) namens Khantirakkhito Ty Buntha, der vom Abt des Klosters Nigrodhavan in Kambodscha in die Schweiz geschickt worden war, um sich des Klosters in Péry anzunehmen. Jeden Mittwochabend gibt der Bhikku acht- bis zwölfjährigen Kindern eine Stunde Unterricht in der Khmer-Sprache und -Schrift. Zu seinen weiteren Tätigkeiten gehört es, den Laien die buddhistische Lehre weiterzugeben. Besonders an den Wochenenden nehmen regelmässig viele Menschen aus der nahen und fernen Umgebung die Möglichkeit wahr, an den Lehrreden und Gesprächsrunden des Mönchs (in Khmer-Sprache) teilzunehmen. Seit gewisser Zeit lebt zudem ein zweiter Mönch französisch-schweizerischer Herkunft im Kloster. Für die Zukunft werden Meditationskurse (Vipassana) unter seiner Leitung geplant. Das Kloster sowie die Meditationskurse sind jederzeit und für alle zugänglich.

Das Kloster in Péry ist eines von den zwei kulturell-religiösen Zentren der kambodschanischen Buddhisten in der Schweiz, ein zweiter Mönch lebt im Khmer Kulturzentrum namens Wat Sangkhara in Obfelden (ZH). Ein weiterer wichtiger Knotenpunkt, an dem auch religiöse Anlässe stattfinden, ist die Association genevoise des cambodgiens. An allen Orten werden die buddhistischen Feiertage wie die Geburt und der Tod sowie die Erleuchtung des Buddha gefeiert. Zudem werden eine Reihe von traditionellen kambodschanischen Festen begangen wie das Neujahrfest im April und das Ahnenfest im September/Oktober. Zu grösseren Anlässen treffen sich bis zu 500 Kambodschaner aus der ganzen Schweiz im Kloster in Péry. Im Jahr 2004 wurde der Yuvikhemrabuddhika-Verein gegründet, was Buddhistischer Verein junger Kambodschaner bedeutet. Seit dem Entstehen sind seine jugendlichen Mitglieder aktiv bei verschiedenen Ereignissen des Wat dabei, zum Beispiel bei Festlichkeiten und Arbeiten rund um die Klosteranlage. Die Jugendlichen erhalten von dem Mönch Belehrungen für den Alltag zu Hause mit den Eltern oder in der Schule. Ausserdem gibt es eine eigene Tanzgruppe, die an grossen Anlässen wie dem Ahnenfest auftreten.

Kontakt

Rue de la cascade 5, 2603 Péry (bei Biel), Tel.: 032 485 10 75
www.khmer.ch

Mahayana-Buddhismus

Der Buddhismus, wie ihn die Vertreter des Grossen Fahrzeugs (Mahayana) lehren, verbreitete sich, aus Persien und Afghanistan kommend, ab dem zweiten nachchristlichen Jahrhundert in China. Er konkurrierte erfolgreich mit Taoismus und Konfuzianismus und kam ab dem 6. Jahrhundert zur Blüte. Während der gesamten Zeit seiner Verbreitung verband er sich auch mit örtlichen Volksreligionen. Zwischen der mönchischen Spielart, die sich in zehn verschiedene Schulen aufteilte, und den vielfältigen Glaubens- und Praxisformen der Laien entstanden auch Differenzen. Chinesische Gelehrte fertigten Übersetzungen aus den indischen Sprachen an, wobei es auch zu nicht immer treffenden Begriffsübertragungen kam. Konzepte wie das der Wiedergeburt oder einer mönchischen Existenz waren in China neu, die sie tragenden indisch-buddhistischen Grundgedanken passte man daher an taoistische und konfuzianische Lehren an. Über einige Lehrfragen kam es zu Kontroversen und zur Herausbildung der beiden Hauptströmungen: Chan und die Schule des Reinen Landes. Die grosse Zeit des chinesischen Buddhismus endete, als er mächtig genug geworden war, die Staatsmacht, die mit dem Kaiser als «Sohn des Himmels» auch die geistige Autorität war, herauszufordern. Von den im 9. Jahrhundert einsetzenden Verfolgungen, verbunden mit einer massiven Zerstörung von Klöstern, hat er sich nie mehr erholt. Ab dem 12. Jahrhundert gewannen aus Tibet kommende tantrische Einflüsse an Gewicht. Im 14. Jahrhundert war der chinesische Buddhismus, verdrängt durch den Neo-Konfuzianismus, zu einer einfachen Tempelpraxis geworden, die komplexen Lehrgebäude gerieten in Vergessenheit. Die Chan-Praxis blieb in kleinen abgeschlossenen Zirkeln bewahrt bzw. erlebte in Korea und Japan eine neue Blüte. Anhänger des Reinen Landes formierten sich in den Weisser-Lotus-Bewegungen und begannen, an den bald erscheinenden Buddha Maitreya glaubend, jahrhundertelang messianische Bewegungen und Aufstände. Erst seit Ende des 19. Jahrhunderts versuchen Intellektuelle im Kontakt mit dem Westen eine Renaissance des chinesischen Buddhismus herbeizuführen.

Korea – obwohl die meiste Zeit ein selbstständiger politischer und kultureller Raum – brachte keine grundsätzlich neuen buddhistischen Richtungen hervor. Allerdings wurden die einfliessenden Varianten modifiziert, ausgestaltet und bereichert. Nach jahrhundertelangen Abwehrkämpfen gegen die konfuzianischen Traditionen und das Christentum dominiert heute der Son, die koreanische Form des Chan, den Buddhismus auf der Halbinsel.

Ab dem 6. Jahrhundert kam der Buddhismus nach Japan. Nur sehr langsam und unter Aufnahme verschiedener einheimischer Konzepte verbreitete er sich, ausgehend von den Oberschichten, im ganzen Volk. Es bildeten sich die Nara-Schulen, der «esoterische» Buddhismus, der Amidismus, mehrere Schulen des Zen und auch neue Entwicklungen wie die Nichiren-Tradition. Der Buddhismus dominierte Japan in einer engen Verbindung mit dem Staat bis ins 19. Jahrhundert hinein. Erst im Zuge der Meiji-Restauration (1868–1912), als die Regierung den Shinto zur Unterstützung nationalistischer Bestrebungen zur Staatsreligion erklärte, wurde er zurückgedrängt.

In Vietnams Norden, der zu jener Zeit unter chinesischer Herrschaft stand, kam der Mahayana seit dem 2. Jahrhundert im Gepäck der chinesischen Gouverneure. Auch Pilgerfahrer zwischen Indien und China brachten Lehren und Praktiken mit. Doch blieb er über Jahrhunderte auf eine kleine gelehrte Oberschicht beschränkt. Erst im 11. bis 13. Jahrhundert verbreitete er sich im Volk, es wurden Pagoden und Klöster gestiftet und damit begonnen, die heiligen Schriften aus dem Chinesischen und dem Sanskrit ins (Sino-)Vietnamesische zu übersetzen. Der Buddhismus wurde Staatsreligion. Verschiedene Volksglauben sowie Konfuzianismus und Taoismus beeinflussten ihn und prägen ihn bis heute. Besonders die Ahnenverehrung spielt eine wichtige Rolle: Jeder Haushalt – auch im Westen –, ob religiös gebunden oder nicht, besitzt einen Ahnenaltar.

Lehre und Ritus

Wichtige Grundgedanken des Mahayana entstanden noch in Indien. So zum Beispiel die Verschiebung des anzustrebenden Lebensideals weg von der Erleuchtung einiger weniger hin zum Heil für alle. Die Schule des Reinen Landes mit dem Buddha Amitabha (Buddha des unendlichen Lichts, jap.: Amida, daher: Amidismus) ist bereits erwähnt worden. Etwa zur selben Zeit begann der Chan/Zen-Buddhismus. Er wird zurückgeführt auf die Figur des Bodhidharma, der angeblich im 6. Jahrhundert lebte. Dieser gilt als 28. Nachfolger des Buddha und als erster chinesischer Patriarch. In Japan dominieren die beiden Richtungen des Soto-Zen und des Rinzai-Zen. Hauptsächliche Praxis von Chan und Zen ist die Meditation im Sitzen (jap. Zazen). Zazen, das aus etwa halbstündigen, in völliger Ruhe vollzogenen Konzentrationsübungen zur Atem- und Gedankenkontrolle besteht, löst sich mit Kinhin, der Meditation im Gehen, ab. Statt aufwendiger Textstudien steht die unmittelbare Erfahrung im Mittelpunkt, was sich auch in einer Hochschätzung, ja Ritualisierung praktischer Verrichtungen (Teezubereitung, Bogenschiessen, Tuschzeichnen …) zeigt. «Magische» Elemente des Tantra werden verworfen. Das Meditieren über paradoxe Formulierungen (chin.: kung-an, jap.: koan) ist eine wichtige Übung, die das duale Denken überwinden soll.

Vor allem die Zen-Tradition enthält viele ästhetische Elemente, was der Popularisierung im Westen Vorschub verlieh. Dadurch ist das Bild des Buddhismus auch im Bereich der Mahayana-Traditionen von manchen Legenden und Verwerfungen getrübt. Die Amalgamierung von Zen-Praxis und Kunst ist v. a. ein Ergebnis des Ideentransfers einer elitären Tradition unter völliger Vernachlässigung des Buddhismus in seiner jeweiligen sozialen Realität. Im deutschsprachigen Raum setzte die Rezeption mit dem 1948 erschienenen Buch «Zen und die Kunst des Bogenschiessens» von E. Herriegel ein. Das Interesse für fernöstliche Kampfsportarten und die japanische Kultur im Allgemeinen taten ein Übriges. Dabei ging grösstenteils unter, dass der Buddhismus chinesischer und koreanischer Prägung über ähnliche Lehr- und Praxisinhalte verfügt.

Heute finden sich in der Schweiz buddhistische Gruppen aus verschiedenen Mahayana-Traditionen, wobei ein Übergewicht immer noch beim Zen (auch chinesische und koreanische Schulen bezeichnen sich gelegentlich als Zen) zu verzeichnen ist. Viele Importe des Zen sind mit mehr oder weniger gelungenen Versuchen verbunden, ihn dem westlichen Lebensstil und gar dem christlichen Glauben anzupassen.

Chan-Meditation des Dharma Drum Mountain/Haus Sein
(Hildi Thalmann)

Ch'an na (kurz: Chan) ist die chinesische Übersetzung von Dhyana (Geistessammlung).

Chan entstand im Buddhismus nach seiner Übermittlung nach China, wobei die halblegendäre Figur Bodhidharma als Schlüsselfigur angesehen wird. Im Laufe der Zeit entwickelten sich verschiedene Schulen, von denen Caodong (jap. Soto) und Linji (jap. Rinzai) bis heute überlebten. Allerdings erfolgte nie die völlige Abtrennung von andern Schulen, wie dies später im Zen in Japan der Fall war. Nach der Song-Zeit (10.–13. Jahrhundert) überlebte Chan in kleinen Zirkeln. Seit dem 19. Jahrhundert wurde es wiederbelebt, und in der zweiten Hälfte des 20. Jahrhunderts kam es zu einem Aufblühen des chinesischen Buddhismus in Taiwan. Ein Träger dieser Renaissance ist Meister Sheng-Yen. Er besitzt die Dharma-Übertragung beider Linien. In der Caodong-Tradition des Moshao (Silent Illumination) von Hongzhi Zhenjue (1091–1157) soll Klarheit, die den Geist mit dem Licht des Gewahrseins füllt, einhergehen mit zur Ruhe gebrachter Geistestätigkeit. In der Übertragungslinie des Linji werden durch den Meister gong'an (jap. Koan), paradoxe Geschichten benutzt, um beim Schüler den grossen Zweifel hervorzurufen. Meister Sheng-Yen steht in einem regelmässigen Dialog mit andern spirituellen Lehrern und ist Mitglied des Weltrates religiöser Führer. Seit den Siebzigerjahren bringt Sheng-Yen die Lehren des Chan in viele Teile der Welt. 1979 gründete er Dharma Drum Mountain (DDM). Schon 1975 war es als Chan-Meditationszentrum in New York entstanden, und 1997 wurde ein DDM-Retreat Center gegründet. Daneben gibt es heute über 30 Zentren in der ganzen Welt. DDM hat in Taiwan eine monastische Struktur mit acht Klöstern. Auch das Retreat-Zentrum in New York wird von einem Abt geführt und beherbergt eine Nonnengemeinschaft. Sheng-Yen hat einigen westlichen Laien die Dharma-Nachfolge übertragen, und es besteht eine westliche Laiengemeinschaft. Weltweit hat Dharma Drum Mountain nach eigenen Angaben über eine Million Anhänger.

Das Hauptziel ist die Verwirklichung des Bodhisattva-Ideals mit dem Schutz der spirituellen, sozialen, lebensweltlichen und natürlichen Umwelt. Im Mittelpunkt der Praxis steht die Chan-Meditation, welche in allen DDM-Zentren angeboten wird. Daneben werden auch Rituale wie Reuezeremonien, Abdankungen sowie die Anrufung des Buddha-Namens durchgeführt. DDM fördert die Ausbildung im Buddhismus durch das Chung-Hwa-Institut (Taiwan) mit akademischen Konferenzen und durch eine Universität für Sangha-Mitglieder mit dem Fokus auf chinesischem Buddhismus sowie durch ein Austauschprogramm für tibetische Mönche. Sozialdienste werden bei Katastrophen, für Kranke und Notleidende angeboten.

Schweiz und Bern

2004 fand ein Retreat mit Sheng-Yen im → Mediationszentrum Beatenberg statt. Ein in Zürich praktizierender Arzt ist heute ein Dharma-Nachfolger von Sheng-Yen in der Schweiz. In Bern wird die Chan-Meditation seit März 2007 vorerst an jedem Samstagmorgen angeboten. Die Teilnahme ist für alle offen und gilt als kompatibel mit der Mitgliedschaft in einer anderen religiösen Gemeinschaft. Es besteht keine rechtliche Form, und es werden keine Gebühren erhoben, freiwillige Beiträge sind möglich.

Das Chan-Meditationsangebot ist in Bern eingebettet in die Hausgemeinschaft Haus Sein, welche spirituelle, ökologische und soziale Zielsetzungen verfolgt. Chan-Haus Sein ist dem Chan Center New York und DDM angegliedert. Die Gruppe hat eine Liegenschaft in der Berner Altstadt zu 14 kleinen, ökologisch ausgestatteten Wohnungen mit einem Gemeinschafts- und einem Meditationsraum umgebaut. Letzterer steht auch aussenstehenden Personen zur Verfügung. Jeden Dienstag wird Zen-Meditation angeboten, jeden Donnerstag stilles Sitzen als eine religionsunabhängige Meditation. Weitere Angebote im sozialen Bereich werden erwogen.

Kontakt

Brunngasse 16 (Eingang Meditationsraum: Brunngasshalde 37), 3011 Bern, Tel.: 031 352 22 43, E-Mail: hthalmann@gmx.net

Haus Tao Sitzgruppe Bern

Das Meditationszentrum Haus Tao in Wolfhalden AR ist eine Art Tochtereinrichtung des seit 1982 bei Bordeaux (F) bestehenden Klosters Plum Village (vietnam.: Lang Mai). Dessen Begründer ist der zur Rinzai-Zen-Schule gehörende Mönch Thich Nhat Hanh (geb. 1926). Er war in Südvietnam für sozialen Wandel und gegen den Krieg eingetreten, was ihm Schwierigkeiten mit staatlichen und religiösen Obrigkeiten einbrachte. Als er sich 1966 im Ausland aufhielt, wurde ihm die Rückreise verwehrt. Vom damals neokolonialen Südvietnam wie auch vom kommunistischen Nordvietnam abgelehnt, lebt er seitdem im französischen Exil. 1971 wurde die Gemeinschaft Patates douces (Süsskartoffel-Gemeinschaft) bei Fortvannes gegründet, 1982 zog sie auf ein grösseres Gelände in der Dordogne um. Es wurde mit gespendeten Pflaumenbäumen bepflanzt und kam so zu seinem Namen. Bereits in den Achtzigerjahren besuchten Hunderte Gäste das «Pflaumen-Dorf», seit den Neunzigern sind es jährlich mehrere Tausend. Inzwischen gibt es mehrere Tochterklöster in den USA und eins in Deutschland, die Zahl der Ordinierten und Novizen ist auf über 150 angewachsen. Die meisten sind vietnamesischer Herkunft, einige stammen aus westlichen Ländern.

Während des ganzen Jahres finden öffentliche Retreats statt, bei denen mitunter Hunderte von Menschen die Praxis miteinander teilen und Dharma-Vorträge von Thich Nhat Hanh hören. Nur das Winter-Retreat ist eine Übungszeit exklusiv für die Klostergemeinschaft. Im Kloster sind das christliche Weihnachten sowie die beiden Neujahrsfeste des Sonnen- und Mondkalenders die Hauptfeste des Jahres. Die traditionellen vietnamesisch-buddhistischen Feiern wie das Vollmondfest, die Ahnengedenkfeier und das Rosenfest (Muttertag) finden während des Sommer-Retreats statt. Sie haben teilweise Umdeutungen erfahren, um sie westlichen Menschen zugänglich zu machen. Die Praxis von Plum Village gilt als geeignet für Angehörige aller Religionen. Die Besonderheit besteht in der beständigen Praxis der Achtsamkeit und der starken Betonung des Gemeinschaftslebens. Weiterhin charakteristisch sind eine Kürzung des Zeremoniells, die Gleichstellung der Geschlechter, das hohe soziale Engagement, die Friedensarbeit sowie der interreligiöse Dialog. Die Gemeinschaft erhält sich durch die Kostenbeiträge für Retreats, den Verkauf von Büchern, Videos, und CDs von Thich Nhat Hanh, der inzwischen zum wohl prominentesten Buddhisten neben dem Dalai Lama geworden ist, sowie durch Spenden. Ein Teil der Einnahmen wie auch der Ertrag der Pflaumenbäume gehen an den Hungry Children's Fond für Not leidende Kindern in Vietnam. Geld wird auch zur Bekämpfung von Hochwassern und Lepra gegeben.

In Westeuropa haben sich an vielen Orten Meditationsgruppen von Schülern Thich Nhat Hanhs gebildet – oft auch unabhängig vom Plum Village und stattdessen angeregt durch seine Bücher und Auftritte. Sie leben nicht klösterlich, sondern in der Gesellschaft und haben die fünf bzw. 14 Achtsamkeitsübungen Buddhas, die Thich Nhat Hanh für die heutige Zeit neu formuliert hat, in ihr tägliches Leben integriert. Besonders hervorzuheben ist die Gemeinschaft InterSein (Tiep Hien) im deutschen Hohenau, die den 1992 gegründeten karitativen Maitreya-Fonds unterhält. Der Name InterSein meint das Verbunden- und Vernetztsein mit allen Dingen – ein Welt- und Menschenverständnis, das zu politischer und sozialer Einmischung einlädt. Die Organisation gibt eine gleichnamige Zeitschrift heraus.

Die Berner Haus-Tao-Gruppe bezieht sich auf Thich Nhat Hanh direkt sowie auf Sati-Zen. Unter diesem Namen besteht der kleine Sangha um das Haus Tao in Wolfhalden. Sati-Zen ist eine Kombination von Thich Nhat Hanhs Rinzai, weiteren Zen-Praktiken sowie Vipassana. Geschaffen wurde Sati-Zen von Marcel Geisser und Beatrice Knechtle, Schweizer Buddhisten der ersten Stunde. Das 1986 begründete Sati-Zen-Sangha unterhält ein 1999 begründetes Haus, in dem Einzelgäste unterkommen können und Retreats für bis zu 20 Personen stattfinden. Ein kontinuierliches Tempelleben findet aber nicht statt. Das Haus gehört der Stiftung für Achtsames Leben, die mit «Zen-Geist» auch eine kleine

Hauszeitung publiziert. In der deutschen Schweiz fühlen sich acht sog. Sitz-gruppen damit bzw. mit Thich Nhat Hanh verbunden.

Die Berner Gruppe nennt sich schlicht Gruppe Tao. Sie entstand etwa 1995 und ist im Jahre 2000 in die Reiterstrasse gezogen. Dort wirkt die Gruppe im Vereins-vorstand des → Zentrums für Buddhismus mit und beteiligt sich auch bei Feiern und sonstigen gemeinschaftlichen Aktionen. Die Gruppe Tao umfasst heute etwa 20 Menschen. Es gibt keine formelle Mitgliedschaft, keinen Vorstand und keine Organisationsstruktur oder Statuten. Einzig ein- bis zweimal jährlich trifft sie sich als Gruppe und organisiert das Notwendige. Die jeweils am Montagabend statt-findende stille Sitz- und Gehmeditation stellt den Mittelpunkt der Aktivitäten dar; daneben werden in unregelmässiger Folge Achtsamkeitstage zur Vertiefung der Praxis veranstaltet. Gelegentlich lädt man Lehrer für Vorträge in das Zentrum ein. Einmal im Jahr zieht sich die Gruppe zum Retreat nach Wolfhalden zurück.

Kontakt

c/o ZfB, Reiterstrasse 2, 3012 Bern
www.zentrumfuerbuddhismus.ch/tao
R. Chretien: 031 839 00 71, M. Lauber: 031 901 04 60
www.haustao.ch, www.plumvillage.org, www.intersein.de

Meditationsgruppen des Lassalle-Hauses Bad Schönbrunn

Diese Gruppen illustrieren auf eigene Art ein gegenwärtig immer häufiger zu beobachtendes Phänomen: die Kombination religiöser Elemente. Dennoch sind hier – im Unterschied zu vielen anderen derartigen Aktivitäten, insbesondere im neureligiösen Bereich – die verbundenen Elemente klar unterscheidbar, und sie sollen das, so die Anbieter, auch bleiben. Der Glaube ist christlich (römisch-katholisch), die Praxis zen-buddhistisch. Jedoch: Neben der buddhistischen Praxis wird auch die der abendländischen Kontemplation geübt, und den Grup-penteilnehmern ist es beim Praktizieren freigestellt, was sie glauben; rund die Hälfte der Teilnehmer ist nicht katholisch.

Das Lassalle-Haus in Bad Schönbrunn ZG, ursprünglich ein Exerzitienhaus des römisch-katholischen Jesuitenordens, wurde 1993 durch Pater N. Brantschen als Bildungshaus für «Spiritualität und soziales Bewusstsein» neu positioniert und nach dem Jesuitenpater Hugo Makibi Enomiya-Lassalle (1898–1990) benannt. Lassalle kannte die alte christliche Tradition der Meditation und Kontemplation und lernte in Japan, wo er ab 1929 lebte, Zen-Praktiken kennen. Er verband beides, da er im mystischen Erlebnis die entscheidende Gemeinsamkeit sah. Seit 1967 gab Lassalle – im Einverständnis mit dem Oberhaupt der ⟶ Sanbo-Kyodan-Schule, der er angehörte – regelmässig Kurse in Europa. Viele Schüler – gerade auch Ordensleute – kamen durch ihn zur Zen-Praxis. (Ein prominenter Aktivist ist Willigis Jäger, dessen Beispiel auch zeigt, dass die römisch-katholische Kirche diese Kombination nur begrenzt zu tragen bereit ist. Jäger gibt übrigens regelmässig Kurse in der Villa Unspunnen bei Interlaken.)

Im Geiste Lassalles begründeten N. Brantschen und später P. Gyger die Zen-Praxis im Lassalle-Haus. Heute besteht dort ein Sangha, dem sich rund 500 Menschen zugehörig fühlen. Der Sangha schloss sich 1999 dem White Plum Sangha von Bernie Glassman (⟶ Peacemaker) an und wird seit Sommer 2006 als eigenständige Lassalle-Linie weitergeführt. Von Bad Schönbrunn ausgehend, sind viele Zen-Gruppen entstanden, allein im Kanton Bern sind es zurzeit fünf. Eine trifft sich im Haus der katholischen Studentengemeinde AKI in Bern, eine im katholischen Pfarreizentrum Lindehus in Münchenbuchsee, eine in der reformierten Kirche in Wohlen, eine im Altersheim Schönegg in Thun und eine in der Berner katholischen Kirchgemeinde Bruder Klaus. Auf Letztere soll beispielhaft näher eingegangen werden. Ihre Anfänge reichen ins Jahr 1996 zurück. Damals rief ein Mitglied des Gemeindekirchenrats eine Zen-Gruppe ins Leben. Er wollte Zazen nach Art des Lassalle-Hauses auch in Bern etablieren bzw. bereits bestehenden Aktivitäten einen geregelten Rahmen geben. 2001 gab sich die Gruppe den Namen Stiller See und wurde eine ordentliche Gruppe der Kirche Bruder Klaus. Die Zahl der Meditierenden stieg schnell an; heute sind es rund 30. Sie ist damit eine der grössten Zen-Gruppen in der Region. Wegen der Grösse wird viermal in der Woche Zazen und einmal christliche Kontemplation angeboten. Eine formale Mitgliedschaft gibt es nicht. Geleitet wird die Gruppe ehrenamtlich, die Kosten bestreitet man durch Spenden. Die Gruppe ist in das kirchliche Gemeindeleben eingebunden; u. a. engagiert sie sich im interreligiösen Dialog, indem sie Diskussionsveranstaltungen zum christlich-buddhistischen Dialog organisiert.

Ein neues interreligiöses Angebot im Sinne von Lassalle ist die von Brantschen und Gyger ins Leben gerufene Lassalle-Kontemplationsschule Via Integralis, die christliche Mystik und Zen-Meditation systematisch zu einem Schulungsweg verbindet. Ein erster Lehrgang dieser dreijährigen (nebenberuflichen) Ausbildung endete 2006.

Kontakt

G. Walker, Ensingerstrasse 6, 3006 Bern, Tel.: 031 352 37 40 (Meditationsgruppe Stiller See)
www.lassalle-haus.org

Peacemaker-Kreise/Zen-Peacemaker

Peacemaker-Aktivitäten müssen nicht unbedingt religiös sein. Doch Peacemaker verbindet soziale Aktivitäten mit – interreligiös verstandener – Spiritualität: Zen wird als eine solche umfassende spirituelle Praxis verstanden. Und das Ziel, eine «integrierte und umfassende Bewegung auf spiritueller Basis» zu errichten, der Ursprung im Engagement von Zen-Buddhisten, die heute in der Organisation bestehenden speziellen Kreise der Zen-Peacemaker sowie eine begleitende Zen-Praxis lassen es geraten erscheinen, die Gemeinschaft hier zu erwähnen.

Die Peacemaker-Aktivitäten gehen auf den im Rinzai- wie auch im Soto-Zen ordinierten Zen-Lehrer Bernard «Bernie» Tetsugen Glassman Roshi zurück. Den Ursprung bildet das von ihm um 1980 errichtete Greyston-Mandala, ein Netz sozialkaritativer Projekte in New York, bestehend aus Wohneinrichtungen für Obdachlose, Hilfen für HIV-Infizierte und einer Bäckerei. Aufsehen erregte Glassman durch Street-Zen, eine Zen-Praxis im öffentlichen Raum, die mit einer vorübergehenden Lebensweise als Obdachloser verbunden ist, und die seit den Neunzigerjahren stattfindenden Retreats in Auschwitz. Ziel ist jeweils, durch Schock und Konfrontation mit den Abgründen des Lebens das Versinken in spiritueller Selbstgefälligkeit zu vermeiden. Glassman arbeitet auf drei Grundlagen: dem Bekenntnis zum Nichtwissen, was heisst, dass man vorgefasste Meinungen fahren lassen soll, der Idee des Zeugnis-Ablegens, was heisst, auszudrücken, was im Guten wie im Schlechten geschieht, und «Liebendes Handeln», das heisst der Heilung des Selbst und der Welt als Antwort auf das Leben.

War bei der Gründung der Peacemaker-Organisation ausdrücklich von einem Zen-Peacemaker-Orden die Rede, gibt es heute verschiedene Pfade. Dafür bestehen nun innerhalb der Gemeinschaft – und so auch in Bern – sog. Zen-

Peacemaker-Kreise, deren Mitglieder sich neben den sozialen und allgemeinen spirituellen Ansätzen zu einer täglichen Zen-Praxis und zu entsprechenden Studien verpflichten.

Heutige globale Angelpunkte der Bewegung sind der Peacemaker Circle International und das Maezumi Institute in Massachusetts sowie das House of One People. Dort organisiert man Aus- und Fortbildungen, und von dort aus unterstützt man weltweit tätige lokale Kreise. Diese praktizieren eine Mischung aus – je nach Potenzial – mehr oder weniger deutlichem sozialem Engagement sowie der Reflexion darüber und über sich selbst auf der Basis religiöser Lehren, woraus dann wieder Energie und Ideen für das praktische Arbeiten gewonnen werden sollen.

Street-Zen hat Glassman ab 1995 zweimal am Zürcher Letten-Areal, als dieses noch als Drogenumschlagplatz verrufen war, praktiziert. Damals wurde im → Lassalle-Haus die Peacemaker-Gemeinschaft gegründet. Etwas später begannen Glassmans Schweizer Anhänger, sich zu organisieren; 2002 wurde ein eingetragener Verein gegründet. Ab und an besucht Glassman weiterhin die Schweiz.

Die Peacemaker-Kreise Schweiz zählen momentan rund 50 Mitglieder und einiges mehr an Sympathisanten. Die Zen-Peacemaker-Kreise in Bern haben etwa 30 Mitglieder. Bern stellt das Zentrum der Bewegung dar. Im Peacemaker-Arbeitskreis werden Trainings, Werkzeuge und Veranstaltungen erarbeitet, im Zen-Studienkreis werden die spirituelle Praxis und das soziale Engagement reflektiert. Jeden Donnerstagabend findet eine für Interessierte offene Zen-Meditation statt. Sog. Reflexionstage und das Kreisgespräch dienen der Meditation, dem Austausch und der Besinnung auf die gemeinsame Ausrichtung. Für die Teilnehmer besteht ihr spiritueller Hintergrund nicht nur im Zen, sondern auch in anderen, zum Beispiel tibetisch-buddhistischen Wegen. Die Schweizer Gruppe unterstützt im Moment speziell Friedensprojekte zwischen Israel und Palästina und beteiligt sich am «Friedenstisch» in Zürich.

Für Bern ist in diesem Zusammenhang noch ein hier absolviertes Street-Zen von Claude AnShin Thomas zu erwähnen. Von Glassman inspiriert und als Priester initiiert, ist der Vietnam-Veteran mit seinem Zaltho-Sangha heute eine eigenständige Gruppe in dieser Tradition.

Kontakt

Zumbachstrasse 28, 3095 Spiegel
www.peacemaker.ch, www.zenpeacemakers.org

Sanbo-Kyodan/Zen-Gruppe

Sanbo-Kyodan (Gemeinschaft der drei Kostbarkeiten: Buddha – Dharma – Sangha) ist eine junge Zen-Vereinigung, sie entstand – inzwischen offiziell vom Staat anerkannt – 1954 in Japan. In der Meditationspraxis und in der Ausbildung der Lehrer folgt sie den beiden grossen Zen-Traditionen Soto und Rinzai: Sie pflegt sowohl die Übung des stillen Nur-Sitzens (Zazen, Shikantaza) als auch die Übung mit Koan. Als eigenständige Gemeinschaft entstand sie, weil ihr Gründer, der Soto-Mönch Yasutani Haku'un Roshi (1885–1973), mit der Praxis der Mönche nicht einverstanden war. Er wollte – speziell auch für Laien – zum authentischen Zen, wie er ihn verstand, zurückkehren. Heute gehören der Gemeinschaft einige Tausend Menschen an.

Zen wird im Sanbo-Kyodan nicht als Religion, Philosophie oder Theorie verstanden, sondern als Übungs- und Erfahrungsweg. Im Vergleich zu anderen Schulen geschieht die Praxis losgelöst aus der Verbindung mit der buddhistischen Religion und dem Klosterleben. «Sich unterweisen lassen» bedeutet, sich unter der Führung eines autorisierten Lehrers dem Weg zu widmen, unabhängig von Konfession oder Weltanschauung. Zen sei eine Praxis, die in einen normalen Alltag integriert werden kann und soll.

Der Amerikaner Paul Shepherd (geboren 1948, Zen-Name: Cho-un) lebte 17 Jahre in Kamakura, Japan, wo er zum Zen-Lehrer des Sanbo-Kyodan ausgebildet wurde. Er kam 1991 in die Schweiz, die Heimat seiner Frau Katharina. Seitdem lehrt er in verschiedenen Zentren in der Schweiz und in Deutschland, zum Beispiel leitet er mehrmals jährlich Kurse im Zentrum Felsentor bei Luzern.

Daneben hat er in seiner Berner Wohnung die Gelegenheit zur wöchentlichen Zen-Meditation angeboten. Seit dem Umzug der Familie im Jahre 1996 besteht diese Möglichkeit in einem eigens eingerichteten Meditationsraum in seinem Haus in Sigriswil. Zusätzlich begannen im Jahre 2002 wöchentliche Zen-Meditationen im → Zentrum für Buddhismus – eine v. a. geografisch günstige Lösung. Dem Berner Sanbo-Kyodan-Kreis – meist schlicht Zen-Gruppe genannt – gehören rund 20 Personen an, wobei es keine formale Mitgliedschaft gibt. Die Meditation im ZfB findet jeden Freitagabend statt. Zusätzlich veranstaltet Shepherd mehrmals pro Jahr Sesshins, meist sechstägige Intensivkurse. Einmal jährlich, um den 8. Dezember herum, organisiert die Gruppe eine Rohatsu-Nacht, eine die ganze Nacht dauernde Meditation zum Gedenken an Buddhas Erleuchtung, die dieser Tradition nach an jenem Tag geschah.

Die Kosten werden von der Kerngruppe getragen, Teilnehmer bei den Meditationen können sich mittels Dana (Spenden) beteiligen. Alle Veranstaltungen der Zen-Gruppe sind öffentlich. Für Interessierte wird durch Katharina Shepherd ausserdem japanische Tuschmalerei gelehrt. In einem seit 1998 bestehenden Kokoro-Freundeskreis vernetzen sich Personen, die bei Shepherd praktiziert haben und die ihn unterstützen. Für sie erscheint etwa viermal im Jahr der «Kokoro-Rundbrief».

Kontakt

c/o ZfB, Reiterstrasse 2, 3013 Bern
www.zentrumfuerbuddhismus.ch/zen/
Paul Shepherd, Endorf, 3655 Sigriswil
www.zen-kokoro.de

Soka Gakkai Schweiz

Die Soka Gakkai (SG) wurde um 1930 in Japan von Tsunesaburo Makiguchi und Josei Toda unter dem Namen Soka Kyoiku Gakkai (Wertschaffende Erziehungsgesellschaft) als pädagogisch ausgerichtete laienbuddhistische Organisation in der Nichiren-Tradition gegründet. Für den Mönch Nichiren Daishonin (1222–1282) stellte das um die Zeitenwende entstandene Lotos-Sutra den wesentlichen Kern des Buddhismus dar, weil es allen Menschen unabhängig von Herkunft, Status und Geschlecht die Buddhanatur zuspricht. Nichiren hatte Erfolg v. a. bei einfachen Menschen. Er griff Machthaber und nicht auf dem Lotos-Sutra basierende Buddhismus-Schulen scharf an und machte sie für den katastrophalen Zustand des Landes verantwortlich. Seine Vehemenz brachte Nichiren und einigen seiner Nachfolger Ablehnung ein. Nachdem die SG im Zweiten Weltkrieg wegen der Zurückweisung des militaristischen Staats-Shinto Repressionen erfahren hatte, gab es unter der Leitung von Josei Toda in den Fünfzigerjahren einen immensen Mitgliederzuwachs. Dazu trugen starke missionarische Anstrengungen bei, die shakubuku («den Irrtum brechen» bzw. «falsche Lehren korrigieren», allgemein: «jemanden von der Lehre Buddhas überzeugen») beinhalteten. 1964 wurde die politische Partei Komeito gegründet. Offiziell gibt es seit 1970 keine Verbindung mehr zwischen der Komeito und der SG Japan, doch beide Organisationen stehen sich bis heute nahe. Seit 1960 leitete Daisaku Ikeda (geb. 1928) die SG in Japan. 1975 gründete er die internationale Dachorganisation Soka Gakkai International (SGI), deren Vorsitz er nach dem Rücktritt von der nationalen japanischen SG-Spitze 1979 übernahm. 1991 trennten sich die SGI und die sehr traditionellen Nichiren-Shoshu-Mönche nach langen Auseinandersetzungen um deren Führungsansprüche und einige Lehrfragen; seitdem ist die SGI eine reine Laienorganisation. Heute gehören ihr nach eigenen Angaben 14 Millionen Menschen in rund 190 Ländern an, zwölf Millionen davon in der Heimat; die SG gilt als die grösste neue religiöse Gemeinschaft Japans.

Obwohl sich durch die Internationalisierung ein Kulturwandel vollzog, wird bis heute kritisiert, dass die Gemeinschaft wie zuvor auch ihre Ansichten absolut setzt und aggressiv propagiert. Die SGI wendet dagegen ein, dass sie ihre radikalen Missionierungsmethoden abgelegt habe und sich um eine Öffnung hin zur Gesellschaft des jeweiligen Landes bemüht. Dazu tragen verstärkte kulturelle Aktivitäten bei interreligiösen Konferenzen, der NGO-Status bei der UNO und Dutzende von Ausstellungen zu Themen wie Krieg, Umwelt und Menschenrechte sowie über historische Persönlichkeiten.

Die buddhistische Praxis der SG-Anhänger kreist um den Gohonzon («das, was wir zutiefst verehren»), einer Mandala-Kalligrafie, deren Original von Nichiren eingeschrieben wurde. Jedes Mitglied erhält nach einigen Monaten der Vorbereitung eine autorisierte Kopie. Vor dieser wird täglich das Mantra «Nam Myoho Renge Kyo», die (japanische) Titelzeile des Lotos-Sutra rezitiert. Schriftrolle wie Mantra verkörpern nach den Vorstellungen der Gemeinschaft die jedem Menschen innewohnende Buddhanatur. Die tägliche Rezitation dient dazu, Buddhanatur und innere Weisheit wachzurufen, um sie im eigenen Leben zum Ausdruck zu bringen. Der stark diesseitsbezogene Buddhismus der SGI soll die persönliche Lebensführung unterstützen, indem er die Bewältigung statt das Loslassen von Problemen katalysiert. Durch eine Veränderung im Leben jedes einzelnen Menschen sollen die soziale Kompetenz gestärkt und spirituelle Einsicht gefördert werden. Weltweiter Frieden soll möglich werden, wenn viele Menschen sich individuell – noch vor sozialen oder politischen Reformen – für den Frieden in ihrer unmittelbaren Umgebung einsetzen. Die SGI lässt eine doppelte Mitgliedschaft in anderen Religionen zu.

Hierzulande wurde die Religionsgemeinschaft Soka Gakkai Schweiz (SGS) Mitte der Sechzigerjahre von Genf ausgehend aktiv. Bis heute befindet sich ihr Schweizer Zentrum dort. Die meisten SGS-Aktivitäten – wie zum Beispiel interreligiöse Foren und Ausstellungen – finden in der französischen Schweiz statt, wofür die Nähe zu internationalen Organisationen mit verantwortlich ist. In Lugano und Zürich entstanden inzwischen weitere Zentren. Dazu kommen eine Reihe örtlicher Gruppen. Der eingetragene Verein Soka Gakkai Schweiz wurde

1989 als national unabhängiges juristisches Gefäss für die Religion gegründet. Heute gehören der Gemeinschaft etwa 850 Mitglieder an, eine noch recht geringe Zahl vor dem Hintergrund, dass die SGI in Europa innerhalb weniger Jahre auf 80 000 Mitglieder gewachsen ist. Die Finanzierung erfolgt wie überall durch freiwillige Spenden der Mitglieder. Diese treffen sich regelmässig zur gemeinsamen Praxis und anschliessend zum buddhistischen Studium und Gespräch. Spezielle Feierlichkeiten der SGI sind die Aufnahme neuer Mitglieder, das Gründungsjubiläum am 26. Januar und ein sog. Tag der Soka Gakkai am 3. Mai. Die SGS hat u. a. Kulturanlässe in Zürich, Basel, Meggen, Sursee und an anderen Orten veranstaltet.

Im Kanton Bern begannen vermutlich erst in den Achtzigerjahren Menschen, kontinuierlich entsprechend der Lehre zu praktizieren; eine erste Gruppe entstand um das Jahr 1983. Heute leben etwa 40 SGS-Anhänger in der Region, sie sind in drei Gruppen – zwei in der Stadt Bern und eine im Oberland – organisiert. Ihre Treffen werden privat abgehalten, stehen aber Interessierten offen. Bisher ist die SGS im Kanton wenig aktiv geworden; einzige grössere Events waren die Ausstellungen «Frieden schaffen ohne Gewalt – Gandhi, King, Ikeda» Ende September 2004 in Biel und «Seeds of Change» im Mai 2006 in der Universität Bern.

Kontakt

Soka Gakkai Schweiz, Baslerstrasse 141, 8048 Zürich, Tel.: 044 431 72 72
www.sgi-ch.org, www.sgi.org

Vietnamesische Buddhistische Jugendgruppe/ GDPT Thien Tri

Die Gruppe ist ein Schweizer Ableger einer schon seit Mitte des 20. Jahrhunderts bestehenden Gemeinschaft. Diese vereint unter dem Namen Gia Dinh Phat Tu (GDPT), was so viel heisst wie «grosse Familie der Buddhisten», nach eigenen Schätzungen heute etwa 300 000 Personen in Vietnam und weltweit.

Die Deutschschweizer Gruppierung entstand 1990. Sie ist nicht formal (zum Beispiel als eingetragener Verein) organisiert und trägt somit auch ihren deutschen Namen nur informell. Eine Vereinsgründung wird aber angestrebt.

In der Deutschschweiz hat die Gruppe etwa 30 aktive und 40 passive Mitglieder. Sie arbeitet eng mit der → Tri-Thu-Pagode in Zollikofen und der Pagode Phat To Thich Ca in Luzern zusammen, wobei die Aktivitäten mehrheitlich in Zollikofen stattgefunden haben. Seit sie sich 2005 mit der Jugendgruppe Thien Hoa in Winterthur zusammengeschlossen hat, werden viele Treffen dorthin verlegt. Gelegentlich trifft man sich auch in den Privatwohnungen von Mitgliedern.

Ziele der Schweizer Vereinigung sind die Erziehung von Jugendlichen zu Buddhisten und ihre Befähigung, an einer sozialen Gesellschaft im Sinne des Buddhismus mitzuwirken. Das religiöse Element ist also stark mit pädagogischen, sozialen und kulturellen Anliegen verwoben. Entsprechend verfügt der Verein neben der Leitung und den Mitgliedern (in sechs verschiedenen Altersgruppen) über Ausschüsse für Beratung, Eltern und Betreuung und über vier Referenten für die Bereiche Sprache und Berufe, Sport, Veranstaltungen sowie Presse und Informatik. Mitglied kann – nach einer Probezeit – jeder Interessent ab sieben Jahren werden (Minderjährige mit Zustimmung der Eltern). Gewünscht ist die aktive Teilnahme; Aktivmitglieder, die mehrfach unentschuldigt fehlen, können sogar ausgeschlossen werden. Die Finanzierung erfolgt einzig durch freiwillige Mitgliederbeiträge und durch allfällige Erträge (Spenden, Gönner, Veranstaltungseinnahmen usw.).

Die Gruppe organisiert Feiern aus Anlass des Tet-Festes (vietnamesisches Neujahr), des Festes der Herbstmitte (Mondfest), zu Buddhas Geburtstag, zum Muttertag, zum Gründungstag der Buddhistischen Jugendgruppe und zum Flüchtlingstag. Religiöse Rituale werden bei wichtigen Anlässen von den Pagoden in Zollikofen, Lausanne und Luzern veranstaltet, zudem verfügen viele Vietnamesen daheim über einen Hausaltar. Wegen der geringen Grösse und der ungesicherten Struktur bestehen kaum Kontakte mit anderen religiösen Gemeinschaften oder zur Öffentlichkeit. Doch bemüht man sich, Kontakte aufzubauen und sich kulturell zu engagieren: Jedes Jahr zum Beispiel führt die Gruppe bei der Schweizerischen Buddhistischen Union in Zürich einen traditionellen Tanz vor. Regelmässig ist die Gruppe beim Flüchtlingstag in Bern dabei. Im September 2007 engagierte sie sich im Quartier Gäbelbach/Holenacker in Bern bei einem Laternenfest für Kinder.

Kontakt

Herr Vo Van Chanh, Sonnmatte 13, 3250 Lyss , Tel.: 032 384 56 11

Vietnamesisch-buddhistische Pagode Tri Thu
(Philipp Eyer)

In einer ersten Flüchtlingswelle 1975 kamen Vietnamesen vor allem in die USA und nach Frankreich. Um 1978/79 setzte dann die zweite, wesentlich umfangreichere Fluchtwelle («boat people») ein, die auch die Schweiz erreichte. Einige unterhielten zu jener Zeit sogar eine kleine Pagode in einem Raum eines psychosozialen Betreuungszentrums des Roten Kreuzes in Bern. Heute leben ungefähr 20 000 Vietnamesen in der Schweiz. 10 000 bis 12 000 sind Schweizer Staatsbürger geworden, und viele haben die Aufenthaltbewilligung C. Etwa je die Hälfte von ihnen sind Buddhisten oder Christen, ein kleiner Teil sind Muslime.

Der Buddhistisch-Vietnamesische Verein Schweiz wurde 1988 gegründet und ist dem Buddhistisch-Vietnamesischen Verein Europa (gegründet 1975) angeschlossen. Der Verein zählt 15 aktive Mitglieder und wird durch Spenden und die Einnahmen an den Festen finanziert. Zu Beginn hatte man eine Wohnung an der Berner Reiterstrasse gemietet, in der ein kleiner Tempel eingerichtet wurde. Von dort zog der Tempel nach Zollikofen.

Das dreistöckige Haus an der Schulhausstrasse in Zollikofen wurde vom Buddhistisch-Vietnamesischen Verein Schweiz 1998 mithilfe von verschiedenen Hilfswerken gekauft und zur Pagode Tri Thu umgestaltet. Es enthält einen grossen Meditationsraum, ausgestattet mit Bodhi-Baum, Statuen von Buddha Shakyamuni und weiterer Bodhisattvas (Kuan Shin Yin), einer Trommel und einer grossen Glocke. Des Weiteren gibt es im Haus eine Bibliothek, einen Essraum plus Küche sowie Räume für Besucher der Feste und eine Wohnung für den Abt Tich Quang Hien. Die Pagode trägt den Namen von Tri Thu (1909–1984), einem bekannten Mönch und Lehrer des Abtes. Tich Quang Hien flüchtete 1987 nach Thailand und kam 1988 durch die Hilfe des Vereins in die Schweiz, um die vietnamesischen Buddhisten in religiösen Fragen zu betreuen.

Einmal im Monat, an einem Wochenende, treffen sich Vietnamesen aus der ganzen Schweiz in der Pagode zur gemeinsamen Meditation. Die Pagode ist täglich geöffnet und wird v. a. von älteren Vietnamesen mehrmals in der Woche aufgesucht, auch um dem Abt bei Hausarbeiten zu helfen.

Der Verein organisiert jährlich drei grosse Feste, deren Daten nach dem Mondkalender bestimmt werden. An diesen Festen kommen 200 bis 300 Vietnamesen angereist. Jeweils um die Jahreswende wird das Tet-Fest, das Vietnamesische Neujahrsfest gefeiert. Im Monat Mai wird das Vesakh-Fest, der Geburtstag Buddha Shakyamunis und im Monat Juli das Ulumbana-Fest, bei dem die Ahnen

verehrt werden, zelebriert. Daneben finden – jeweils auf Wunsch der Gläubigen
– private Rituale, bspw. bei Geburt, Heirat, Tod usw., in der Pagode statt.

Schulhausstrasse 28, 3052 Zollikofen, Tel.: 031 911 94 66

Zen-Gruppe Bern der Association Zen Internationale (AZI)

Infolge der Popularisierung des Zen im Westen seit den Fünfzigerjahren gründeten sich viele Gruppen zur Zen-Praxis. Einige schlossen sich zu Verbänden
zusammen. Der grösste mit über 200 Einzelzentren weltweit ist die Association
Zen Internationale (AZI) mit Sitz bei Paris. Etwa 2000 Menschen sind feste Mitglieder, ca. 10 000 praktizieren Zen in den zugehörigen Einrichtungen. Die AZI
steht in der Tradition des Soto-Zen, welche durch Meister Dogen Deshimaru
(1200–1253) in Japan begründet wurde. Der in dieser Linie stehende Soto-Zen-
Meister Taisen Deshimaru (1914–1982) kam 1967 nach Europa, die AZI entstand
1970 aus einem von ihm gegründeten Dojo in Paris. Seither wächst die Vereinigung, in der – in T. Deshimarus Sukzession stehend – Mönche und Nonnen
ordiniert werden. Jährlich versammeln sich die Verantwortlichen aller Dojos im
1979 gegründeten Haupttempel La Gendronnière in Frankreich – mutmasslich
dem grössten Zen-Tempel in der westlichen Welt – zur Unterweisung. Die AZI
veröffentlicht in mehreren Sprachen die Mitgliederzeitschrift «Zen-Bulletin».

In der Schweiz bestehen Dojos, spezielle Räume, in denen täglich Zazen praktiziert wird, in Basel, Clarens, Genf, La Chaux-de-Fonds, Lausanne, Lugano und
Zürich; dazugezählt werden kann auch das von Schweizern frequentierte Dojo
in Konstanz. In sieben weiteren Städten, darunter Bern, gibt es Zazen-Gruppen
der AZI. Das Hauptzentrum in der Schweiz bildet der Zürcher Tempel Mui Jo Ji
(Schloss der Nichtangst). Ihren Unterhalt bestreiten die Zentren und Gruppen aus
Mitgliederbeiträgen, Spenden und geringen Teilnahmegebühren für Gäste.

Die Schweizer AZI-Sektion wird von Michel Bovay geleitet, der auch Vize-
präsident der gesamten AZI ist. Dabei steht ihm ein 24-köpfiges Leitungskomitee
zur Seite. Daneben popularisiert M. Bovay kulturelle Aspekte des Zen, indem er
seit Mitte der Neunzigerjahre immer wieder mit den «Zen-Geschichten» auf der
Bühne steht. In Bern trat er bereits im Puppen-Theater in der Kramgasse, im *up
town* auf dem Gurten und im Theater am Käfigturm auf.

Die Praxis in den Dojos besteht im Zazen. Zu regelmässigen Zeiten versammeln sich die Mitglieder, um unter Anleitung gemeinsam zu praktizieren. Gäste können daran mitwirken, für sie gibt es ausserdem Einführungen. Des Öfteren finden durch Vorträge ergänzte Sesshins, das heisst ein- oder mehrtägige Intensivphasen zu Vertiefung statt. Mitunter wird für längere Sesshins oder das Sommerlager namens Ango, welche schweizweit organisiert werden, auch in gemietete, grössere Anlagen in der Natur ausgewichen.

Die Berner Gruppe besteht seit Januar 2000 und umfasst 15 bis 20 regelmässig Praktizierende. Zazen findet jeden Dienstagabend und Donnerstagmorgen statt. Öffentliche Einführungen veranstaltet die Gruppe jeweils am Dienstag um 18.30 Uhr (eine Anmeldung ist nicht erforderlich). Zu diesen regelmässigen Aktivitäten kommen zwei Zazen-Tage im Jahr hinzu, die von älteren Schülern aus anderen Dojos geleitet werden. Die Gruppe hat sich im Seido im Mattenhofquartier eingemietet.

Kontakt

c/o Seido, Schwarztorstrasse 25, 3007 Bern, Tel.: 031 351 74 35; R. Siegfried, Hofmeisterstrasse 5, 3006 Bern

www.zen.ch, www.zen-azi.org, www.zengeschichten.ch

Zen-Meditationsgruppe Langenthal

Die Meditationsgruppe Langenthal besteht Anfang 2008 nur aus zwei bis drei Mitgliedern; das hat seinen Grund u. a. darin, dass sie erst im November 2007 entstanden ist. Freunde gibt es rund fünf bis zehn. Die Gruppe praktiziert in zur Nutzung bereitgestellten Praxisräumen in der Herzogstrasse 7; zudem wird täglich auch alleine meditiert. Einige Meditierende verstehen sich als «yadonashi» (heimatlos), das heisst, sie sind nicht an den Meditationsort (oder gar ein Kloster) gebunden. Die Gruppe steht in der Tradition des Soto-Zen, welches der Mönch Dogen (1200–1253) von China nach Japan brachte. Sie betont das meditative Sitzen (Zazen/Shikantaza). Im Unterschied zu anderen Zen-Schulen geht Soto von einer graduellen, nur durch viel Übung zu erreichenden Erleuchtung aus. Gemeinsames Zazen mit Gehmeditation (Kinhin) findet in Langenthal am Freitagabend statt, eine Teilnahme ist ohne Weiteres möglich. Ein Bekenntnis zum Buddhismus ist dafür nicht nötig. Es ist geplant, das Angebot nach und nach auszubauen.

Die Gruppe hat Verbindungen zu den → Peacemaker-Kreisen und zu einigen Zen-Dojos in der Schweiz. Zentraler Bezugspunkt ist jedoch Vanja Palmers aus Luzern. Palmers (geb. 1949) wurde nach einem bewegten Leben im Hippiemilieu und nach langjährigen Aufenthalten in einem Kloster in San Francisco zum Zen-Priester geweiht. Heute ist er Dharmanachfolger, d. h. zur Ordination berechtigter Lehrer, seines Lehrers Kobun Chino Otagawa Roshi. 1988 gründete er in der Luzerner Innenstadt das Ho Zendo, bis heute Heim einer kleinen Zen-Gruppe, aber auch Meditationsort anderer buddhistischer Gruppen. Besondere Prominenz erlangte Palmers, der übrigens auch als Tierschützer aktiv ist, als er 1999 die Stiftung Felsentor gründete. Diese kaufte das gleichnamige Anwesen auf der Rigi und verwandelte es in eines der bekanntesten spirituellen Zentren in der Schweiz. Immer noch sehr auf Lehre und Praxis des Buddhismus konzentriert, versteht sich das Zentrum jedoch ausdrücklich als interreligiös, insbesondere was die mystischen Traditionen in den Religionen betrifft. Somit finden dort heute Kurse von Lehrern aus sehr verschiedenen religiösen Traditionen statt. Die Zen-Meditationsgruppe Langenthal besucht das Felsentor regelmässig zum gemeinsamen Meditieren mit Vanja Palmers und anderen.

Kontakt

Beat KanShin Kopp, Blumenstrasse 4, 4922 Bützberg, Tel.: 079 322 71 35
www.yadonashi.ch, www.felsentor.ch, www.zen-meditation.ch

Zenposan Bendoji

Der zweite, ältere Name dieser Gemeinschaft ist Zen-Dojo Bern. Der neue Name setzt sich zusammen aus den Begriffen «Kette von Zen-Bergen» und «Tempel des sich um die Wahrheit Bemühens». Am 6. Juni 1993 fand das erste Zazen des Zen-Dojo Bern statt. 1996 wurde dem Schweizer Hogen Shuei Diethelm offiziell die Leitung dieses lokalen Sangha (Gemeinschaft) übertragen. Sein Lehrer ist Nishiyama Roshi, der Abt des Diamanji-Tempels in Sendai (Japan). Diethelm lernte einige Jahre in diesem Tempel und erhielt dort Shiho, die «Übermittlung des Dharma». Nach weiteren Initiationen ist er nun autorisierter Zen-Meister und kann selbst Einweihungen vornehmen. Der Zenposan Bendoji ist damit im vollen Sinne ein Tempel der japanischen Soto-Zen-Tradition.

Die Gemeinschaft besteht aus etwa 25 Praktizierenden. Unter diesen sind Männer und Frauen, alle Praxiselemente und Einweihungen sind beiden Geschlechtern zugänglich. Die Gemeinschaft hat keinen rechtlichen Status. Sie trägt sich durch sog. Fuse, das sind finanzielle Beiträge für die Veranstaltungen und praktische Mithilfe bei anfallenden Arbeiten.

Die Praxis besteht primär aus regelmässigen, mehrmals wöchentlich stattfindenden Zazen inklusive der Rezitation von Sutren, Arbeiten wie Putzen, Gartenarbeit, Nähen der Nonnen- und Mönchsbekleidung (Kesa) und anderer handwerklicher Arbeiten. Die Arbeit wird als Bestandteil der Zen-Praxis verstanden. Einmal pro Woche wird Suizen (geblasenes Zen), wie die Zen-Praxis auf der Shakuhachi, der japanischen Bambusflöte genannt wird, geübt.

Normalerweise trifft sich der Sangha in Räumen im Untergeschoss einer Villa im Länggassquartier, die entsprechend seinen Bedürfnissen umgebaut und japanisch ausgestattet wurden. Der Tempel verfügt über eine kleine Bibliothek mit Literatur zum Buddhismus. Mehrmals jährlich gibt es Sesshins, mehrtägige Treffen zur intensiven Zazen-Praxis, ebenso einige Feste. Meist finden diese in Bern statt, einige aber auch an anderen Orten in der Schweiz.

Hogen Shuei Diethelm engagiert sich persönlich stark am Interreligiösen Dialog. Er ist Mitglied des Runden Tisches der Religionen, gibt Kurse an der Volkshochschule, hält öffentliche Vorträge und unterrichtet im Rahmen des kirchlichen Konfirmandenunterrichts. Lange Zeit war der Sangha des Zenposan Bendoji auch Mitglied des Projekts Haus der Religionen in Bern.

Kontakt

Hochfeldstrasse 113, 3009 Bern
www.sotozen.ch

Tibetischer Buddhismus
(Florine Zingre)

Tibet – im Westen von manchen als ein «Shangri-la» identifiziert, von der chinesischen Regierung als feudalistische Theokratie bezeichnet – ist von Legenden umrankt und dient als Projektionsfläche vieler Wünsche. Doch besteht kein Zweifel, dass durch die heutige politische Situation bedeutende Bestandteile der tibetischen kulturellen Vielfalt vom Aussterben bedroht sind.

Die Geschichte des buddhistischen Tibet wird eingeteilt in eine erste Phase der Verbreitung der Lehre von 650–842 und eine zweite ab dem 10. Jahrhundert. Über die erste Zeit liegen jedoch vorwiegend Texte aus späteren Epochen vor, und so ist ihre Darstellung eher religiöse Fiktion als historische Tatsache. Der erste sog. Religionskönig Songtsen Gampo machte Tibet zu einer Grossmacht. Es gab erste Kontakte mit der buddhistischen Lehre in Indien, und die tibetische Schrift wurde eingeführt, u. a. um indische Texte zu übersetzen. Während der Regierungszeit Trisong Detsens im 7. Jahrhundert kamen zahlreiche Gelehrte aus Indien an den Hof in Lhasa. Um den bekanntesten, den tantrischen Siddha Padmasambhava, als Guru Rinpoche noch heute äusserst verehrt, ranken sich Legenden. Zum Beispiel habe er durch tantrische Beschwörungen lokale Gottheiten und Dämonen unterworfen und sie zu Schutzgeistern der buddhistischen Lehre gemacht. Es gelang ihm, Elemente der Bön-Religion, die an eine ritualistische Religiosität gebunden waren, mit dem Buddhismus, einer Kultur der religionsphilosophischen Debatten, zu vereinen. Das 779 von ihm gegründete Kloster Samye war der Anfang des monastischen Buddhismus in Tibet. Padmasambhava steht stellvertretend für die Einflüsse der Tantras (esoterische Lehren), durch welche der tibetische Buddhismus, eine Form des Mahayana, seine bekannten Namen erhielt: Vajrayana (Diamantfahrzeug), Mantrayana (Fahrzeug der heiligen Worte) oder eben Tantrayana (Fahrzeug der esoterischen Lehren). Andere indische Gelehrte wie Santirakshita brachten Einflüsse der strengen Mönchsordnung, den Vinaya (Disziplin) und die Sutras (Lehrreden). König Trisong Detsen liess Klöster bauen, welche zu Stätten der Gelehrsamkeit wurden, und verlieh ihnen Macht und politische Funktionen. Der Buddhismus wurde zur Staatsreligion erklärt. Als Mitte des 9. Jahrhunderts das tibetische Grossreich zusammenbrach, verschwand der Buddhismus aus Zentraltibet. Er überlebte nur im Westen des Landes, von wo aus er sich ab dem 10. Jahrhundert erneut verbreiten sollte. Zu jener Zeit reisten Tibeter nach Indien, um die Tantras zu studieren. Der bedeutendste unter ihnen war Rinchen Sangpo, der auch in Tibet selber durch den indischen Mönch Atisha unterwiesen wurde. Atisha hielt an den mönchischen Regeln, dem Vinaya, fest, lehrte aber auch Tantras innerhalb der Klöster. Zudem besuchten eine Reihe tantrischer Adepten, sog. Siddhas, Tibet, und führten Übungsmethoden tantrischer Art ein. Eine wichtige Figur war der Yogi Milarepa, der laut Erzählungen nur durch eine innere Hitze, die er durch seine yogischen Kräfte entwickelte, in Schneestürmen überleben konnte. Milarepa war nie als Mönch ordiniert worden. Eine kreative Spannung zwischen den Vinaya-gebundenen, monastischen Idealen auf der einen und den yogisch-tantrischen Idealen auf der anderen Seite prägte jahrhundertelang die Entwürfe zur religiösen Lebensführung der tibetisch-buddhistischen Geistlichkeit. Unterschiedlich gewichtete Synthesen beider Ideale prägen das Bild. Zu jeder der tibetischen Schulrichtungen gehören sowohl in Klöstern organisierte Gemeinschaften als auch herumwandernde tantrische Adepten, die sich nicht an Ordensregeln halten. Alle tibetisch-buddhistischen Schulen führen ihre Tradition direkt auf tantrische Meister aus Indien zurück, jedoch folgen nur wenige dem Lebensstil eines hauslosen Yogins.

Auf das 11. Jahrhundert datiert die Herausbildung vieler Lehrtraditionen, von denen heute nur noch wenige übrig sind. Die wichtigsten sind die Nyingmapa (Anhänger der alten Tradition), die Sakyapa (die ihren Namen auf das Kloster Sakya zurückführen), die Kagyüpa, die sich auf den indischen Meister Naropa zurückführen, und die Kadampa (Anhänger der Instruktion), welche im 14. Jahrhundert in den Gelugpa (die Tugendhaften) aufging. Diese Traditionen trennt in ihren dogmatischen Anschauungen nicht viel; Unterschiede liegen in der Fortsetzung spezieller tantrischer Praxissysteme und v. a. in der Zugehörigkeit zu eigenen Lehrer-Schüler-Linien. Auch in der Frage nach dem Stellenwert der monastischen Ordination (und damit dem Zölibat) existieren gewisse schulspezifische Tendenzen.

Die Nyingmapa berufen sich als einzige Schule auf die erste Zeit der Verbreitung und die Lehren Padmasambhavas, der im Zentrum der kultischen Verehrung steht. Die meisten Anhänger der Nyingmapa praktizieren tantrischen Yoga und Meditation; nur wenige leben zölibatär. Bei ihnen ist das Genre der Terma-Texte (Schatztexte) wichtig. Laut ihrer Vorstellung wurden Texte und Reliquien von Padamsambhava in Höhlen versteckt und wurden, als die Zeit reif dafür war, von Schatzfindern durch eine geistige Eingebung wiedergefunden. Ein im Westen bekannt gewordenes Terma ist das sog. tibetische Totenbuch «Bardo Thödol», das Sterbenden helfen soll, ihre Wiedergeburt positiv zu beeinflussen.

Die Kagyüpa-Schule entstand als tantrische Meditationstradition und führt sich über den Übersetzer Marpa, dessen Lehrer Naropa und Tilopa, den Lehrer Naropas, auf die indische Siddha-Tradition zurück. Milarepa (1040–1123), ein Schüler Marpas, gehört im Westen zu den bekanntesten tibetischen Yogis. Aus den Kagyüpa gründeten sich viele Nebentraditionen, zum Beispiel die Karma-Kagyü.

Die Sakyapa führen sich auf das Kloster Sakya zurück, welches 1073 errichtet wurde. Sie besassen grosse Ländereien und zudem politische und wirtschaftliche Macht. Das Oberhaupt der Sakyapas, der Trinchen Lama, ist noch heute ein tantrischer Lama, der meist verheiratet ist. Die Mönche in den Sakya-Klöstern jedoch leben im Zölibat.

Die Gelugpas stiegen zur politisch bedeutendsten tibetisch-buddhistischen Lehrtradition auf. Durch ihr Oberhaupt, den Dalai Lama, prägen sie das politische Schicksal des Landes bis heute. Sie legen grossen Wert auf den Vinaya, die Mönchsregeln. Der Mönch Tsongkhapa Lobsang Dragpa (1357–1419) formierte diese neue Lehrtradition auf der Grundlage der älteren Kadampa-Schule. Seinem dritten Nachfolger wurde vom mongolischen Altan Khan der Titel Dalai Lama (ozeangleicher Lehrer; nicht «Ozean der Weisheit», wie oft behauptet wird) verliehen. Der 5. Dalai Lama, Ngawang Lobzang Gyatso (1617–1682) gilt als einer der mächtigsten Herrscher. Ihm gelang die geistliche wie weltliche Machtsicherung der Dalai Lamas bzw. der Gelugpas als dominierende politische Kraft Tibets. Er liess den Potala-Palast in Lhasa bauen, welcher zum Sitz der Dalai Lamas wurde. Der heutige, 14. Dalai Lama musste 1959 nach Indien ins Exil fliehen. Heute lebt er in Dharamsala. Er ist das Oberhaupt der tibetischen Exilregierung und wird von den Tibetern nach wie vor als geistliches Oberhaupt verehrt.

Im tibetischen Kulturraum bedeutet das Wort Lama einen religiösen Lehrer, der meistens auch tantrische Initiationen gibt. Doch auch ein Mönch oder Tantra-Praktizierender, der geistliche Belehrungen gibt, wird im täglichen Sprachgebrauch mit Lama angesprochen. Lamas leben im Gegensatz zu den Mönchen und Nonnen, welche in Klöstern wohnen, nicht unbedingt zölibatär und müssen auch nicht die Ordensgelübde ablegen. Das Wort Lama ist die tibetische Übersetzung des bekannten Sanskrit-Wortes Guru.

Schweiz

Als erste tibetisch-buddhistische Präsenz in der Schweiz ist wohl der Orden Arya Maitreya Mandala (AMM) zu betrachten, die 1933 in Indien erfolgte Gründung eines Deutschen mit dem Ordensnamen Anagarika Govinda. Ein gewisser

H. Hardy baute die Gemeinschaft ab 1952 von Lausanne aus in der welschen Schweiz auf, doch war ihr kein grosser Erfolg beschieden.

Seit den Fünfzigerjahren des 20. Jahrhunderts flohen Tausende Tibeter vor der chinesischen Besatzung aus ihrer Heimat. Sie fanden v.a. in Indien Asyl, viele verstreuten sich über die ganze Welt. Die Schweiz nahm ab 1961 eine recht grosse Anzahl auf, die tibetische Population hierzulande beträgt heute offiziell rund 2800 Personen, ist aber sicherlich grösser. Um ihnen eine Anlaufstelle zu bieten, wurde 1968 in Rikon zwischen Zürich und Winterthur das Monastische Tibet-Institut gegründet, eine Mischung zwischen akademischem und religiösem Zentrum. Eigentlich begann erst mit dieser Gründung ein tibetisch-buddhistisches Leben in der Schweiz, das über die Aktivitäten kleinster Kreise von konvertierten westlichen Suchern hinausging. In Rikon lebt seither permanent etwa ein halbes Dutzend Mönche unter einem Abt und betreibt die beiden im Namen angezeigten Zwecke: religiös-kulturelles Zentrum für Buddhisten, insbesondere Tibeter, und akademisches Institut zu sein. Ein Höhepunkt in der Existenz Rikons war sicher eine Kalachakra-Initiation des Dalai Lama im Jahre 1985, die 6000 Gäste anzog. Neben den Gelugpas sind in Rikon auch Angehörige der Sakyapa- und der Kagyüpa-Tradition vertreten; bearbeitet werden alle tibetischen Traditionen, wofür u.a. die Schriftenreihe «Opuscula Tibetana» herausgegeben wird.

Seit den Siebzigerjahren entstanden immer mehr Zentren verschiedener tibetisch-buddhistischer Traditionen, angeregt v.a. durch Schweizer, die in Indien und Nepal diese Form des Buddhismus kennengelernt hatten. Sie luden dann ihre Lehrer nach Europa ein und errichteten Infrastrukturen. Ein prominentes Beispiel ist Rabten Choeling, ein Gelugpa-Kloster in Le Mont-Pèlerin, gegründet 1977, das anfangs v.a. für Westler geplant war, nach Schwierigkeiten und einer Umstrukturierung heute aber stärker auf Tibeter ausgerichtet ist. Inzwischen gibt es Einrichtungen nahezu aller tibetischen Schulen im Land, meistens recht kleine Gruppen von westlichen Konvertiten und Interessenten. Die Angebote reichen von gelegentlichen Meditationen im privaten Wohnzimmer bis zu Seminarhäusern mit Meditations- und Retreat-Räumen, Wohngelegenheit, Küchen usw.

Ein erneuter Höhepunkt in der Präsenz des tibetischen Buddhismus in der Schweiz war der Besuch des Dalai Lama im Sommer 2005. Das Oberhaupt der Tibeter gilt vielen als Botschafter einer spirituell-pazifistischen Lehre und konnte so im Zürcher Hallenstadion über mehrere Tage Instruktionen an Zehntausende Zuhörer vermitteln. Die tibetische Variante ist heute wohl die populärste Spielart des Buddhismus in der Schweiz. Die bunten Gebetsfähnchen, die in vielen Gärten und Sitzplätzen hängen, sind schon fast schweizerische Folklore geworden.

Buddhistisches Zentrum Bern der Karma-Kagyü-Linie e.V.
(Florine Zingre)

Spirituelles Oberhaupt der Karma-Kagyü-Linie (KKL) des Diamantweg-(Vajra-yana-)Buddhismus ist der 17. Karmapa Thaye Dorje (geb. 1983), der 1994 aus Tibet nach Nordindien geflüchtet ist. Im Westen ist der Hauptlehrer der dänischstämmige Lama Ole Nydahl (geb. 1941), der inzwischen weltweit rund 450 dezentral organisierte Zentren aufgebaut hat. Nydahl, vom 16. Karmapa (1924–1981) als reinkarnierter Lama erkannt, ausgebildet und beauftragt, reist seit 1972 um die Welt und lehrt in den Zentren und in öffentlichen Vorträgen. Als schillernde und charismatische Figur steht er für eine weltzugewandte und aktive Art der buddhistischen Praxis für Laien mit Beruf und Familie. Der Diamantweg wird von den Anhängern als «der schnellste Weg zur Erleuchtung» und als höchste Ebene im Buddhismus betrachtet. Als Linie der direkten münd-lichen Überlieferung legt dabei die KKL besonderen Wert auf die Meditation und «die unmittelbare Verwirklichung der Natur des Geistes durch die Übertra-gung des Lehrers». Die Mahamudra-(Grosses Siegel-)Lehren der Kagyü-Tradi-tion sollen zu einem beständigen Glückszustand, als Zeichen der Erleuchtungs-erfahrung, führen.

Doch Nydahl wie auch der Karmapa sind nicht unumstritten; der Erste wegen lockerer Sprüche und eines angeblich ebensolchen Lebenswandels, der Zweite, weil er seit 1992 einen von der chinesischen Regierung und vom Dalai Lama protegierten Konkurrenten um den Titel hat, den 17. Karmapa Urgyen Trinle Dorje, was zu einer Spaltung der KKL führte («Karmapa-Kontroverse»). 1999 floh auch Urgyen Trinle Dorje aus Tibet nach Indien, entzog sich damit der chinesischen Regierung und erhebt nun seinen Anspruch auch im Westen.

Die KKL mit ihrem Diamantweg-Buddhismus – im Westen weitgehend eine Laiengemeinschaft mit einigen Klöstern – umfasst in der Schweiz sechs Zen-tren und zwei Gruppen sowie einige eher monastisch-traditionell orientierte Gruppen. Die Mitgliederzahl beläuft sich auf ungefähr 400, mit einem Freun-deskreis von rund 1000 Menschen. Als schweizweite Dachorganisation kann die selbstständige und gemeinnützige Kagyü-Stiftung mit Sitz in Pfeffingen BL betrachtet werden. Ihr Anliegen ist die Förderung der Karma-Kagyü-Linie des tibetischen Buddhismus in den Bereichen Meditationspraxis, Wissenschaft, Forschung sowie in der allgemeinen Bildung, Kunst und Kultur auf der Grundlage der buddhistischen Lehre. Gegründet wurde sie durch die buddhistischen Vereine der Karma-Kagyü-Linie in der Deutschschweiz. Im März 2007 wurde von den weltweiten Zentren gemeinsam ein Europazentrum in Deutschland erworben. In der Schweiz besteht eine Mitgliedschaft in der SBU (Schweizerische Buddhistische Union).

Der in Bern seit 1982 bestehende Verein zählt 50 Mitglieder. Fixkosten, wie Miete für die Räumlichkeiten, sind allein durch Mitgliederbeiträge nicht zu tragen und werden durch Spenden der Mitglieder und bei Veranstaltungen gedeckt. Die Teilnahme an Veranstaltungen steht jedem offen und ist kostenlos. Jeden Freitagabend finden Vorträge mit anschliessender Meditation statt. Zudem wird jeden Dienstag- und Mittwochabend gemeinsam meditiert. Zusätzlich werden in jeder Programmperiode Kurse mit auswärtigen Lehrern sowie Praxistage veranstaltet. Im September 2007 feierte man das 25-jährige Jubiläum des Berner Zentrums, u. a. verbunden mit einem Kurs mit Lama Ole Nydahl im Kursaal.

Kontakt

Bellevue im Park, Morillonstrasse 87, 3007 Bern, Tel.: 031 311 14 51
www.buddhismus.org, www.europe-center.org, www.lama-ole-nydahl.de

Do Nga Choeling Biel/Bienne
(Nadine Plachta)

Die tibetisch-buddhistische Gemeinschaft Do Nga Choeling wurde im Jahre 1994 gemeinsam von Lama Ngawang Rigdzin (geb. 1946) und Sylvia Engel (geb. 1951) in Biel gegründet. Die der Lehrrichtung der Nyingmapa angehörenden Gruppe untersteht der spirituellen Autorität von Kyabje Trulshig Rinpoche, einem der Lehrer des gegenwärtigen 14. Dalai Lama.

Die Bezeichnung Do Nga Choeling stammt von einem im tibetischen Everest-Gebiet liegenden Kloster Trulshig Rinpoches, das im Zuge der chinesischen Okkupation zerstört wurde. Sie steht für den «Ort, an dem Sutra und Tantra praktiziert werden».

Das Ziel der Gemeinschaft liegt in der Vermittlung und Übersetzung alter tibetischer Lehren in die gegenwärtigen Sprachen und Lebensweisen des Westens.

Im Gegensatz zu vielen anderen tibetisch-buddhistischen Gruppen ist Do Nga Choeling nicht international verbreitet, sondern verfügt über nur ein lokales Zentrum in Biel. Ergänzende Veranstaltungen werden von Lama Ngawang Rigdzin regelmässig in Lausanne angeboten. Etwa 50 feste Mitglieder und 100 weitere Interessierte nehmen an den verschiedenen Programmen teil, die von Lama Ngawang Rigdzin und Silvia Engel organisiert und durchgeführt werden. Beide erhielten hierfür eine Lehrerlaubnis von Trulshig Rinpoche. Ngawang Rigdzin kann zudem auf Belehrungen durch den 16. Karmapa und durch Kalu Rinpoche, Lama Thubten Yeshe und Lama Zopa Rinpoche sowie Kyabje Ling Rinpoche zurückblicken.

Einmal wöchentlich finden im Zentrum Meditationen für Anfänger und Fortgeschrittene statt, die jeweils von 10 bis 12 Personen besucht werden. Des Weiteren werden ein- bis viertägige Wochenendkurse angeboten, die aus grundlegenden Themen des tibetischen Buddhismus und Meditationen bestehen. Einmal im Monat kommen etwa 15 Meditierende zu einem dem weiblichen Bodhisattva Tara gewidmeten Abend zusammen. Vor allem für ältere Studierende bildet die Lehre und Ausübung des Dzog Chen einen integralen Bestandteil der Praxis. Ebenfalls zum Programm gehören Belehrungen von Gyepa Rinpoche und zwei- bis dreiwöchige Kurse mit Kabye Trulshig Rinpoche, welche Initiationen für fortgeschrittene Praktizierende beinhalten. Abgerundet werden die Veranstaltungen von einer ein- bis zweimal pro Jahr stattfindenden dreiwöchigen Pilgerreise nach Nepal. Diese dient der Begegnung mit bedeutenden Stätten des Buddhismus und mit authentischen Lehrern der Nyingmapa-Tradition. Entgelte für die einzelnen Programme orientieren sich an einem Richtwert von 20 Franken pro Abend und 100 Franken pro Tag.

Weiterhin werden von Silvia Engel Kurse zur Stressbewältigung durch achtsame Bewegung und Meditation nach Jon Kabat-Zinns «Stress Reduction Clinic» durchgeführt. Diese richten sich an Menschen, die unter Stress leiden, welcher aus den verschiedenen Lebensbereichen (Arbeit, Familie, Beziehung oder Krankheit) resultiert.

Die von Lama Ngawang Rigdzin und Silvia Engel ins Leben gerufene Trulshig Zhatrul Foundation for Peace and Happiness ist der Rekonstruktion und dem Erhalt des Thubten-Choeling-Klosters in der Solu Khumbu-Region in Nepal gewidmet.

Do Nga Choeling versteht sich selbst als Kongregation und ist in dieser Funktion Mitglied in der Schweizer Buddhistischen Union (SBU). Eine Zusammenarbeit mit anderen buddhistischen Gruppen der Region besteht zurzeit nicht, jedoch nimmt die Gemeinschaft am Runden Tisch der Religionen in Biel teil und ist im Haus des Dialogs in Lausanne aktiv.

Kontakt

Vogelsang 77, 2502 Biel, Tel.: 032 322 18 28, tendrel@bluewin.ch

Dromtönpa-Zentrum Bern
(Nadine Plachta)

Das im Jahre 1996 gegründete Dromtönpa-Zentrum in Wabern ist Mitglied der Neuen Kadampa-Tradition (New Kadampa Tradition, NKT), der Internationalen Union des Kadampa-Buddhismus. Die NKT versteht sich als eine weltweite Familie von Zentren, an denen der Kadampa-Buddhismus in einer für den Westen geeigneten Form gelehrt wird.

Von dem gegenwärtigen spirituellen Oberhaupt Geshe Kelsang Gyatso (geb. 1931) im Jahre 1991 als Netzwerk unabhängiger Dharmazentren ins Leben gerufen, steht die NKT in den Fussspuren bekannter Persönlichkeiten des Buddhismus wie Atisha, Tsong Khapa und Kyabje Trijang Rinpoche. Im Gegensatz zu der bereits im Tibet des 11. Jahrhunderts vorhandenen Lehrtradition der Kadampas trägt die internationale Vereinigung den Namen Neue Kadampa, da sie zum einen durch die Verbreitung des Buddhismus im Westen eine neue Heimat gefunden hat und da zum anderen durch die Mitglieder zeitgemässe und an die westliche Lebensweise angeglichene Studienprogramme entworfen wurden. Das Ziel der NKT besteht im Erhalt und in der Verbreitung der Lehren des Buddha in einer dem westlichen Geist und der modernen Lebensweise angepassten Form. Eine Verbindung von systematischem Studium und Meditationspraxis soll den menschlichen Geist schulen und weiterentwickeln. In diesem Sinne entwarf Geshe Kelsang Gyatso drei Studienprogramme, im Einzelnen das Allgemeine Programm, das Grundlagenprogramm und das Lehrerausbildungsprogramm, von denen die beiden erstgenannten auch in Bern gelehrt werden.

Die NKT unterscheidet sich von anderen buddhistischen Gruppierungen durch die Verehrung der umstrittenen Schutzgottheit Dorje Shugden. Die seit vielen Jahren zwischen der tibetischen Exilregierung und Anhängern der Schutzgottheit geführte Debatte hatte auch in der Schweiz eine Polarisierung der buddhistischen Landschaft zur Folge.

Gegenwärtig verfügt die NKT über mehr als 1000 Zentren und Gruppen in 40 Ländern. Der Hauptsitz ist das Manjushri Mahayana Buddhist Centre in Grossbritannien. In der Schweiz ist die NKT mit je einer Gruppe in 14 Kantonen vertreten.

Die Berner Gemeinschaft besteht aus 15 festen Teilnehmern und einigen Sympathisanten. Das Allgemeine Programm wie das Grundlagenprogramm werden von Kadam Hélène Oester durchgeführt. Hélène Oester ist seit 1978 Schülerin von Geshe Kelsang Gyatso und lehrt seit 1995 in Bern. Das Allgemeine Programm bietet Anfängern wie Fortgeschrittenen eine grundlegende Einführung in buddhistisches Denken, Handeln und in die Meditation. Die Veranstaltung besteht aus einzelnen Themen, die sich wiederum aus Vorträgen zusammensetzen, welche über drei oder mehr Abende verteilt sind. Zu Beginn findet jeweils eine kurze Meditation statt, am Ende bietet eine Diskussion Raum für Fragen. Eine Anmeldung ist nicht erforderlich. Ergänzend bietet das Grundlagenprogramm Interessierten die Möglichkeit, die buddhistische Lehre und Praxis in einem intensiven, mehrjährigen Studienprogramm zu erlernen und bereits vorhandene Kenntnisse zu vertiefen. Ein systematischer, in Zyklen angelegter Lehrplan von ausgewählten Büchern Geshe Kelsang Gyatsos, welche die Unterweisungen Buddhas lehren und kommentieren, soll das Verständnis und die persönliche Erfahrung des Buddhismus erweitern. Die einzelnen Lektionen setzen sich zusammen aus Lesungen, Unterweisungen, Meditationen und Diskussionen. Das Grundlagenprogramm kann mit einem Zertifikat abgeschlossen werden, ein Einstieg ist jeweils zu Beginn eines neuen Themas möglich.

Neben den Studienprogrammen bietet das Dromtönpa-Zentrum regelmässige gemeinschaftliche Meditationen zu ausgewählten Themen der buddhistischen Lehre an.

Dem Statut der Neuen Kadampa-Tradition entsprechend, ist das Dromtönpa-Zentrum als nicht gewinnbringender Verein in der Vereinigung unabhängiger Dharma-Zentren der Internationalen Union des Kadampa-Buddhismus organisiert. Insbesondere in Bern finanziert sich das Zentrum durch Studiengelder und Spenden.

Kontakt

Funkstrasse 106, 3084 Wabern, Tel.: 031 351 61 26
www.dromtoenpa-bern.ch, www.buddhismus.net

Longku Zopa Gyu – Schweizerisches FPMT-Zentrum für tibetisch-buddhistische Studien und Meditation

Im Jahre 1975 gründeten die tibetischen Lamas Thubten Yeshe und Zopa Rinpoche die Foundation for the Preservation of the Mahayana Tradition (FPMT, Stiftung zur Erhaltung der Mahayana Tradition), die der Gelugpa-Richtung angehört.

Die FPMT ist ein internationales Netzwerk von derzeit rund 140 Zentren, darunter Meditationszentren und Studiengruppen, Nonnen- und Mönchsklöster, Schulen, Hospize, Polio-, Lepra- und allgemeine Kliniken in über 30 Ländern. Die internationale Verwaltung befindet sich in Portland/USA. Zur Kommunikation erscheint das vom eigenen Verlag publizierte englischsprachige «Mandala Magazine». Neben den vielen anderen Aktivitäten ist das am meisten Aufsehen erregende Projekt die Errichtung einer über 150 Meter hohen Statue des Buddha Maitreya in Indien. Um diese Idee zu promoten, werden Reliquien des Buddha und hoher tibetisch-buddhistischer Persönlichkeiten, welche später in der Statue eingeschreint werden sollen, in einer Wanderausstellung durch die Welt geschickt. Im Sommer 2007 waren sie zum Beispiel in der vietnamesisch-buddhistischen → Tri-Thu-Pagode zu Gast.

Im Jahre 2001 gründeten einige am tibetischen Buddhismus Interessierte eine FPMT-Studiengruppe in Bern, 2004 erhielt diese die offizielle Anerkennung der FPMT als Zentrum der Organisation. Das Zentrum trägt den Namen Longku Zopa Gyu («Durch Geduld wird der Freudkörper Buddhas errichtet») und befindet sich direkt neben dem → Zentrum für Buddhismus ZfB. Die FPMT verfügt über eine Dreizimmerwohnung, in der zeitweise eine Nonne lebt und viele der Veranstaltungen abgehalten werden; nur bei grösseren Anlässen wird der Raum des ZfB genutzt.

In Le Châble VS besteht eine weitere FPMT-Studiengruppe. Die nächsten FPMT-Zentren befinden sich in München, Wien, Paris und Florenz. Das Berner Zentrum ist als Verein organisiert. Ihm gehören 45 Mitglieder an, weitere 200 Menschen sind ihm als Interessierte verbunden. Mitglieder tragen mit ihren Beiträgen und Freunde mit Spenden zum Unterhalt bei. Veranstaltungen werden auf Spendenbasis durchgeführt. Einmal im Monat findet ein Wochenendkurs mit Vorträgen und Unterricht statt. Dazu werden Lehrer sowohl westlicher als auch tibetischer Herkunft eingeladen, die vom FPMT autorisiert respektive anerkannt sind. Es werden Meditationen und Rituale durchgeführt; manche erfordern eine Einweihung. Quartalsweise wird ein Modul «Buddhismus entdecken», ein Einführungskurs für Interessierte, angeboten. Seit 2007 lebt eine Nonne in dem Zentrum, sie veranstaltet auch mehrtägige Retreats im → Meditationszentrum Beatenberg. Daneben besteht eine Grüne-Tara-Praxisgruppe für Frauen. Jeden Dienstagabend treffen sich ca. zehn Leute zur Meditation. Die Vorträge erscheinen meistens in der Wochenagenda, das gesamte Programm wird im Internet angezeigt.

Die FPMT und damit die Berner Gruppe betrachten den Dalai Lama als Vorbild bzw. unterstehen ihm religiös. Fast alle Veranstaltungen stehen Menschen jeden Glaubens offen, denn ein Ziel ist der Dialog.

Kontakt

c/o ZfB, Reiterstrasse 2, 3013 Bern, Tel.: 031 332 57 23
www.zentrumfuerbuddhismus.ch/fpmt, www.fpmt.org

Padma Ling Bern
(*Nadine Plachta*)

Die international verbreitete Organisation Padma Ling («Lotus-Land») wurde 1997 durch Gyetrul Jigme Rinpoche (geb. 1970) gegründet. Jigme Rinpoche ist der gegenwärtig siebte Thronfolger der Ripa-Linie, welche die Praktiken und Lehren der Nyingmapa- und Kagyüpa-Traditionen des tibetischen Buddhismus vereint. Padma Ling zufolge ist es v. a. der Lehrstil des Lamas, der die Verknüpfung von zeitlosen Wahrheiten mit einer modernen Auffassung heutiger Lebensformen beinhaltet. Der Hauptsitz Jigme Rinpoches ist das Kloster Rigon Thupten Mindolling in Jeerango/Orissa in Indien. Neben je einer Regionalgruppe in den Kantonen Bern, Freiburg und Zürich ist Padma Ling in Deutschland, Frankreich, Luxemburg, Spanien, Belgien, England und Japan aktiv.

In der erblich übertragenen Vermittlungslinie der Ripas geht dem heutigen Oberhaupt sein Vater Namkha Drimed Rabjam Rinpoche (geb. 1938) voran. Unter den Mitgliedern der Gemeinschaft gilt dieser als Reinkarnation von Shariputra, einem der bedeutendsten Schüler des historischen Buddha, wie auch des mythischen osttibetischen Königs Gesar von Ling.

Das Ziel der Gemeinschaft besteht in der Bewahrung und Förderung der tibetisch-buddhistischen Kultur und Tradition, insbesondere der ethischen, religiösen, wissenschaftlichen und künstlerischen Überlieferungen. Zur Verwirklichung dieses Vorhabens finden wöchentlich Meditationen und mehrwöchige Retreats, Vorträge und Seminare, Kongresse und Symposien sowie Pujas zu Padmasambha, Yeshe Tsogyal, Medizin-Buddha und König Gesar statt. Es werden Besuche von Jigme Rinpoche und seinen Begleitern in die Schweiz organisiert und finanziert, soziale Projekte von Jigme Rinpoche werden gefördert und unterstützt. In diesem Sinne vergibt Padma Ling Patenschaften für in Indien lebende tibetische Flüchtlingskinder und Mönche. Kontakte zu anderen Organisationen und Einzelpersonen, welche dieselben oder vergleichbare Ziele verfolgen, dienen ebenfalls der Umsetzung der Vision.

Die Gemeinschaft ist als Verein organisiert, dem alle Personen beitreten können, welche die Ziele derselben vertreten. Über die Aufnahme von neuen Mitgliedern entscheidet der Vorstand. Die Einnahmen des Vereins setzen sich aus Mitglieder- und Gönnerbeiträgen, Spenden und Legaten, Einnahmen aus Veranstaltungen und aus dem Verkauf von Tonträgern zu den Belehrungen zusammen.

Kontakt

Postfach 6, 3010 Bern, Tel.: 031 312 10 40
www.padmaling.ch

Rabten-Choeling-Studienzentrum Bern
(Melanie Meichle, Nadine Plachta)

Das Rabten-Choeling-Studienzentrum Bern versteht sich als Zweiggruppe des tibetisch-buddhistischen Klosters Rabten Choeling, welches in Le Mont-Pèlerin in der Nähe des Genfersees gelegen ist. Das Kloster wurde als Zentrum für höhere buddhistische Studien im Jahr 1977 zunächst unter dem Namen Tharpa Choeling von Geshe Rabten (1921–1986) gegründet. Geshe Rabten erlangte u. a. durch sein Amt als persönlicher Berater des 14. Dalai Lama, die Berufung zum zweiten Abt des Klosters von Rikon und durch die Gründung des Buddhistischen Zentrums von Hamburg grosse Bekanntheit. Nach dem Tod Geshe Rabtens 1986 übernahm Gonsar Rinpoche (geb. 1949) die geistliche Leitung Rabten-Choeling-Studienzentrums, dem er bis heute als Direktor vorsteht.

Ähnlich wie die Neue Kadampa-Tradition gehört auch das Kloster Rabten Choeling zum Anhängerkreis der tibetisch-buddhistischen Schutzgottheit Dorje Shugden.

Das Studienzentrum in Bern besteht seit 1987 und bildet neben je einer Gruppe in Basel, Effretikon/Zürich und Genf die vier ausserhalb des Klosters liegenden Zusammenschlüsse der Gemeinschaft in der Schweiz. Weitere Partnerzentren befinden sich in Deutschland, Frankreich, Österreich, Tschechien und Ungarn; dabei verfügt das buddhistische Kloster in Letzehof bei Feldkirch (Österreich) über die umfangreichsten Ressourcen.

Etwa 20 Mönche und ebenso viele Laienstudierende sehen im Schweizer Kloster Rabten Choeling ihre ständige Heimat. Werktags organisieren sie Gebete und Meditationen, zweimal monatlich werden an bedeutenden Tagen des tibetischen Kalenders gesondert Gebete rezitiert und umfangreiche Opfergaben dargebracht. Zudem werden regelmässig Unterweisungen über grundlegende Themen des tibetischen Buddhismus angeboten. Das reguläre Programm wird ergänzt durch einen vierwöchigen Intensivkurs, eine internationale buddhistische Kinderwoche sowie eine Sommer-Meditationswoche. Ebenso werden jährlich besondere Kalenderfeste zelebriert, von denen das tibetische Neujahr, das Mönlam-Gebetsfest und das Eingehen Geshe Rabtens ins Parinirwana nur einen kleinen und beispielhaft aufgeführten Teil der zahlreichen Feierlichkeiten darstellen.

Zu speziellen Veranstaltungen besuchen circa 200 Personen das Kloster, an den regelmässig angebotenen Programmen nehmen innerhalb eines Monats durchschnittlich 100 Interessierte teil.

Der hauseigene Verlag Edition Rabten bietet mit einem umfangreichen Angebot an Büchern von Geshe Rabten und Gonsar Rinpoche zur buddhistischen Lehre und Philosophie die Möglichkeit zur Vertiefung von Studien.

Das Kloster kann täglich ohne Voranmeldung besucht werden; als geistiges Zentrum und Vermittler buddhistischer Philosophie steht es all denjenigen offen, die Interesse zeigen. Führungen werden unter vorheriger Absprache in verschiedenen Sprachen angeboten.

Die Mitglieder der Rabten-Choeling-Studiengruppe Bern treffen sich einmal monatlich zu Unterweisungen und Meditation in den Räumen des Instituts für Pflanzenwissenschaft der Universität Bern. Die regelmässige Teilnehmerzahl ist hier eher gering.

Die Schweizer Gemeinschaft von Rabten Choeling hat den rechtlichen Status eines eingetragenen Vereins und umfasst circa 500 feste Mitglieder. Die jährlich zu entrichtenden Beiträge liegen zwischen 220 und 660 Franken. Neben Mitgliedschaften finanziert sich die Gemeinschaft durch freiwillige Beiträge und Seminargebühren sowie durch Zimmervermietungen und Mahlzeiten in den Räumen des Klosters. Eine Doppelmitgliedschaft mit anderen Gemeinschaften ist möglich, jedoch besteht gegenwärtig kein Kontakt zu anderen tibetisch-buddhistischen Zusammenschlüssen.

Kontakt

Altenbergrain 21, 3013 Bern, Tel.: 031 631 49 31
www.rabten.eu

Shambhala-Meditations-Zentrum Bern
(Nadine Plachta)

Mit der Gründung seines ersten Meditationszentrums 1967 in Schottland legte der Tibeter Chögyam Trungpa Rinpoche (1939–1987) den Grundstein für die ab 1973 entstehende Vajradhatu-Organisation, die ebenfalls unter dem Namen Shambhala oder Shambhala International bekannt ist. Gegenwärtig leitet Trungpas ältester Sohn Sakyong Mipham Rinpoche (geb. 1963) diese älteste der tibetisch-buddhistischen Gemeinschaften Europas. Shambhala ist in 22 Ländern mit mehr als 150 Stadtzentren und Studiengruppen vertreten; Landhäuser bieten die Möglichkeit für längere Gruppenprogramme und Retreats. Die weltweite Mitgliederzahl wird auf 4000 bis 5000 geschätzt.

Shambhala versteht sich als eine Gemeinschaft von Praktizierenden, die an den Lehren des tibetischen Buddhismus und des mythischen Königreichs Shambhala orientiert ist. Letztere lassen sich nach Aussagen der Mitglieder ebenfalls auf den Buddha zurückführen, seien von diesem jedoch nicht einer grösseren Gruppe von Zuhörern, sondern direkt dem König von Shambhala überliefert worden. Durch das Wirken des Königs hätten diese Lehren dann Eingang in den Vajrayana-Buddhismus gefunden.

Die in der Gemeinschaft von Shambhala vertretene buddhistische Lehre setzt sich aus den Belehrungen und Meditationspraktiken der in Tibet beheimateten philosophischen Richtungen der Kagyüpa und der Nyingmapa zusammen. Praktiken der Achtsamkeitsmeditation und des Mitgefühls nehmen dabei eine zentrale Stellung ein. Die Vision von Shambhala richtet sich im Besonderen auf eine aktive Anteilnahme am weltlichen Geschehen, auf eine «erwachte Gesellschaft», welche spirituelle Lebensführung und meditative Praktiken vereint. Um dieses Ideal allen Menschen ungeachtet ihrer Religiosität zugänglich zu machen, entwickelte Chögyam Trungpa ein weltlich ausgerichtetes und in sich abgeschlossenes Meditationsprogramm, das er «Shambhala Training» nannte. In stufenartig aufeinanderfolgenden Wochenendseminaren werden die Lehren der «Shambhala-Kriegerschaft» erlernt. Basierend auf der Achtsamkeitsmeditation soll der Einzelne erkennen, dass er sich nicht vor sich selbst zu fürchten braucht, sondern stattdessen seinen eigenen Mut und die jedem Menschen von Natur aus innewohnende «grundlegende Gutheit» wahrnehmen kann. Die Erlangung eines offenen Herzens in Verbindung mit einem wachen, furchtlosen Geist soll dazu führen, die Herausforderungen des alltäglichen Lebens als Möglichkeiten der kontemplativen Praxis und des mitfühlenden Umgangs mit anderen Menschen zu verstehen. An jedem dieser Wochenendprogramme werden Meditationsanweisungen, Vorträge, Gruppendiskussionen und Einzelgespräche angeboten.

Die Übergänge von Shambhala-Lehren zu denen des tibetischen Buddhismus sind oft fliessend. Während sich beide Pfade zu Beginn der Gemeinschaft durch ihre Unabhängigkeit auszeichneten, vermischen sie sich durch die derzeitige Akzentuierung durch Sakyong Mipham Rinpoche zusehends. Dies drückt sich u. a. in dem Begriff des «Shambhala-Buddhismus» aus.

Die meditativen Praktiken des alltagsbezogenen Shambhala-Buddhismus werden vertieft und gefördert durch eine Vielzahl kontemplativer Disziplinen, die der japanischen, tibetischen und westlichen Kultur entnommen sind. Neben Kalligrafie (shodo), der Kunst der Teezeremonie (chado), dem traditionellen Bogenschiessen (kyudo) und dem japanischen Weg des Blumensteckens (kado) können u. a. Kurse zum Meitri-Raum-Gewahrsein, zur Fotografie oder zur kontemplativen Psychotherapie besucht werden. Durch diese Aktivitäten wollte Trungpa den Samen ausstreuen, um «Kunst in den Alltag zu bringen» und um den Alltag kontemplativ-meditativ zu erleben.

Bereits 1985 als kleine Studiengruppe in Bern vertreten, war das hiesige Shambhala-Meditationszentrum seit 1997 als eingetragener Verein in der Länggasse zu finden. 2007 erfolgte ein Umzug in die Laubeggstrasse. Meditation und Mitgefühlspraxis stellen auch in Bern die zentralen Bestandteile dar. Um sich in Achtsamkeit und Kontemplation zu üben, werden die wöchentlichen Meditationsabende in Einheiten von Sitz- und Gehmeditationen unterteilt. Während an der Meditation 10 bis 12 Personen teilnehmen, besteht der feste Mitgliederkreis aus circa 25 Personen. Weitere 40 bis 60 Interessenten bekommen regelmässig Neuigkeiten und Programmhinweise zugeschickt. In Zusammenarbeit mit dem Shambhala-Meditationszentrum Zürich bietet die Berner Gemeinschaft die verschiedenen Stufen des Shambhala-Trainings an. Ebenfalls als Wochenendprogramme gestaltet sind Kurse und Workshops zu verschiedenen Themen. Des Weiteren werden verschiedene Kalenderfeste zelebriert, die vom tibetischen Neujahr (Losar) über einen Kindertag bis hin zu Feierlichkeiten zu Ehren bedeutender Lehrer reichen. Einmal wöchentlich trifft sich eine lose ans Zentrum gebundene Kyudo-Gruppe, gelegentlich werden Kurse zur Kunst des Blumensteckens angeboten. Enger Kontakt mit anderen buddhistischen Gruppen in Bern besteht zurzeit nicht.

Eine Mitgliedschaft im Shambhala-Meditationszentrum oder eine Konversion zum Buddhismus ist keinesfalls notwendig für eine Teilnahme an Meditationsabenden und Wochenendprogrammen. Vielmehr wird geraten, eine Mitgliedschaft nicht übereilt einzugehen, stelle diese doch eine klare persönliche Verbindung mit den Zielen, Grundsätzen und Idealen der Gemeinschaft dar. Der Mitgliederbeitrag ist monatlich zu entrichten; er ist abhängig vom persönlichen Einkommen, sollte sich jedoch an einem Richtwert von 90 Franken orientieren. Neben den Mitgliederbeiträgen finanziert sich das Zentrum durch Einnahmen aus den Programmen und durch Spenden. Immer mittwochs treffen sich Mitglieder und Interessenten zu einem offenen Meditationsabend von 19 bis 21 Uhr, bei dem Gäste stets willkommen sind.

Kontakt

Laubeggstrasse 22, 3006 Bern
www.shambhala.ch, http://bern.shambhala.ch
Shambhala Europa: Kartäuserwall 20, D-50678 Köln
http://shambhala-europe.org

Christentum

Einführung

Das Christentum ist die am weitesten verbreitete Religion der Welt, etwa ein Drittel aller Menschen sind Christen. Der christliche Glaube wird durch den zentralen Gedanken einer durch Jesus Christus, den Sohn des Schöpfergottes bewirkten Erlösung der Menschen bestimmt. Erkennbar sind Einflüsse älterer Religionen, insbesondere aus dem Judentum sowie aus ägyptischen, griechischen, persischen und anderen vorderorientalischen Glaubenssystemen und philosophischen Lehren. Sie alle waren um die Zeitenwende in der Gegend des heutigen Israel präsent, als dort vermutlich ein jüdischer Wanderprediger lebte, der uns heute als Jesus bekannt ist. Sein Auftreten bzw. seine Anhänger begründeten die Kirche der ihm nachfolgenden Menschen. Die Gemeinschaft sollte sich schnell teilen und verschiedene kulturelle Färbungen annehmen, abhängig von den Regionen, in die sie sich ausbreitete. Es entstanden die unterschiedlichen Konfessionen (confessio = Bekenntnis). Die Differenzen betreffen sowohl Details als auch Kernaussagen und haben immer wieder zu Auseinandersetzungen geführt. Glaubensaussagen, die – zumindest grundsätzlich – von allen christlichen Gemeinschaften geteilt werden, sind:

Jesus Christus

Das Christentum ist nach der Person des Jesus von Nazareth benannt, der Christus (christos = der Gesalbte) genannt wurde. Die historische Realität dieser Person ist nicht unumstritten, doch lassen historische Zeugnisse – aus den christlichen heiligen Schriften, aber auch von Aussenstehenden (Tacitus, Flavius Josephus) – einen der biblischen Geschichte ähnlichen Ablauf vieler Ereignisse vermuten.

Mit Jesu Geburt beginnt unsere heute gebräuchliche Zeitrechnung, sie begründet auch unser Weihnachtsfest. Der christlichen Überzeugung nach war er kein gewöhnliches Menschenkind, sondern der Sohn Gottes. Er sei durch den Heiligen Geist – die dritte Person Gottes neben Gottvater und dem Sohn – in den Leib der Jungfrau Maria eingepflanzt worden. Über die ersten 30 Jahre des Lebens Jesu sind nur einige legendenhafte Episoden überliefert. Dann traf er Johannes den Täufer, der sein Erscheinen vorhergesagt habe, wurde von diesem getauft, begann zu predigen und Jünger – Männer wie Frauen – um sich zu scharen. Seinerzeit lebte in der Region die jüdische Bevölkerung unter römischer Oberhoheit, und viele Juden erwarteten das baldige Erscheinen des in ihrer Religion verheissenen Messias. Jesus erzielte schnell Wirkung durch seine Reden, ausserdem soll er Wunder wie Krankenheilungen, Totenerweckungen und die Vermehrung von Speisen bewirkt haben. Er predigte das Bekenntnis zum Schöpfergott, an den zu glauben Unsterblichkeit – direkt oder durch eine Wiederauferstehung nach dem Tode – bringe. Er bezog sich ausdrücklich auf den jüdischen Glauben, war sich jedoch der besonderen Rolle, die seine eigene Person zu spielen hatte, bewusst. In Vorahnung seines baldigen Todes rief er seine Jünger, speziell die zwölf Apostel (apóstolos = Abgesandter, Bote), die den engsten Kreis bildeten, dazu auf, seine Lehre in seinem Namen weiter zu verbreiten. Da unter diesen Aposteln keine Frau war, ist heute in vielen Kirchen Frauen das Priesteramt verwehrt. Jesus sagte seinen Anhängern auch, dass sie Anfeindung und Verfolgung ertragen müssten, da seine Lehre weltliche Macht und materiellen Reichtum ablehnt. Ein besonderes Moment bildet das letzte Abendmahl Jesu mit den Aposteln (Matth. 26,17–30; Joh.13), dessen Wiederholung in den christlichen Hauptgottesdiensten zelebriert wird. Durch die Abendmahlsfeier wird die Gemeinschaft der Gläubigen seither jedes Mal neu konstituiert und fühlt sich mit Jesus Christus und Gott verbunden. Die biblische Geschichte erzählt, Jesu Tun habe die jüdischen Priester beunruhigt, und so zeigten sie ihn als Gotteslästerer und Aufrührer bei der römischen Militärmacht an, woraufhin er verhaftet wurde. Nach einem Verhör durch den Statthalter Pontius Pilatus und der Vorführung vor eine aufgebrachte Menschenmenge wurde er zum Tode verurteilt und noch am selben Tage, dem Freitag am Beginn des jüdischen Passahfestes, ans Kreuz geschlagen. Am dritten Tag nach seiner Hinrichtung soll er leibhaftig wieder auferstanden sein.

Jesu Auferstehung sei, so die Christen, mehr als nur eine Rückkehr ins Leben. Seine Existenz ist ab diesem Moment «Herrlichkeit», das heisst Teilhabe an der ewigen Existenz Gottes. Dieses Wunder ist der Kern des Christentums und seines wichtigsten Festes, des Osterfestes. Jesus wandelte daraufhin noch 40 Tage auf Erden, predigte, traf viele Jünger und fuhr schliesslich leibhaftig gen Himmel, wo er jetzt zur Rechten Gottes thront und von wo er am «Jüngsten Tag» als Richter aller Menschen wiederkehren werde. Mit dem Tode Jesu, so glauben die Christen, schliesst Gott ein Bündnis mit allen Menschen und nicht nur mit den Juden, nimmt die Sünde von ihnen («Sühneopfer Jesu» bzw. «Selbstopfer Gottes») und verspricht den Gläubigen die Erlösung.

50 Tage nach der Auferstehung Jesu und zehn Tage nach seiner Himmelfahrt trafen sich die Apostel, um sich zu beraten. Sie erlebten, wie der Heilige Geist über sie kam (Apg. 2,1 ff.) und erfuhren ein rauschhaftes Erlebnis besonderer Gaben («Charismen», «Charismata»). Dieses Ereignisses wird heute noch zu Pfingsten (pentecostes = fünfzig [Tage]) gedacht. Es wird mit dem eigentlichen Beginn der Kirche gleichgesetzt.

Eine Trennlinie zwischen traditionellen Christen und Nichtchristen (auch dann, wenn unter den Zweitgenannten Menschen sind, die die Bezeichnung «Christ» für sich in Anspruch nehmen) ist die Bedeutung Christi: Nach den traditionellen Lehren ist er göttlich und einmalig sowie der Einzige, der im Namen Gottes Erlösung bewirken kann. Wird ihm ein späterer Prophet, ein völlig unabhängig wirkender Heiliger Geist oder auch nur der emanzipierte Mensch als ebenso erlösungswirksam («Selbsterlösung») zur Seite oder gegenübergestellt, kann eigentlich nicht mehr von traditionell-christlichem Gedankengut gesprochen werden; das Gleiche ist der Fall, wenn die christliche Heilige Schrift durch spätere und als gleichwertig (oder gar als noch wichtiger) geltende Offenbarungen ergänzt wird.

Die Heilige Schrift

Jesu Lebensgeschichte wird in vier stellenweise voneinander abweichenden Versionen erzählt, den vier Evangelien (evangelion = frohe Botschaft). Weitere überlieferte Lebensberichte Jesu werden von den meisten Kirchen nicht anerkannt. Auch die christliche Lehre als Ganzes wird oft als Evangelium bezeichnet. Die vier Evangelien, die Geschichten der Apostel, briefliche Belehrungen an die ersten Christengemeinden sowie eine visionäre Beschreibung des Endes der irdischen Zeiten und der Wiederkehr Christi ergeben zusammengefasst das sog. Neue Testament (NT). Es bildet, zusammen mit den jüdischen heiligen Schriften, von Christen «Altes Testament» (AT, auch Hebräische Bibel) genannt, die Bibel, das Heilige Buch der Christenheit. Die Bibel wird in allen christlichen Gemeinschaften benutzt, wenn auch in Varianten. Sie hat den Charakter einer Offenbarung, einer von Gott inspirierten oder, wie manche meinen, wortwörtlich den menschlichen Autoren eingegebenen Aussage; die Bibel ist somit die «Heilige Schrift» und die unumgehbare Basis des christlichen Glaubens.

Gott

Gott selbst sei ein «Mysterium», das nicht gewusst, begriffen oder verstanden werden könne, sondern geglaubt werden muss. Er (bis vor wenigen Jahrzehnten galt Gott unumstritten als männlich) wird als ein Absoluter und Einziger verstanden, ist Ursache von allem, hat selbst keine Ursache, er bewegt, ohne selbst bewegt zu werden. Er ist der Schöpfer der Welt und der Menschen (1. Mo. 1,1– 2,25), und er wird ihr Richter (Jes. 33) sein. Er gibt dem menschlichen Sein Sinn («Vorsehung»). Da Gott auch in seiner Schöpfung (aber nicht identisch mit ihr!) ist, ist er auch in allen Dingen und «im Innern des Menschen», so der Kirchen- vater Augustinus, und damit «uns näher als wir selbst». Und weil Gott die reine Liebe ist, wie die meisten Christen annehmen, kann der Mensch sich in ihm geborgen fühlen. Dieser Gedanke fällt jedoch angesichts des Leides in der Welt vielen Menschen schwer («Theodizee-Problem»). Gott gilt den meisten Christen als dreieinig («Trinität»), da er verstanden wird als Gottvater, als dessen Sohn Jesus Christus und als Heiliger Geist. Das Mysterium der Trinität wird als nicht widersprüchlich zum strengen Monotheismus (Ein-Gott-Glauben) der Juden, auf dem das christliche Gottesbild direkt beruht, verstanden. In den ersten nach- christlichen Jahrhunderten war die Trinität neben den Wesensmerkmalen Jesu (Mensch und/oder Gott? Was ist seine «Natur» oder seine «Person»?) das Kon- fliktfeld für erste Kirchenspaltungen.

Himmel, Hölle und die Welt

In einer überirdischen («himmlischen») Sphäre, nahe bei Gott, ist der Platz, an dem errettete Menschen bzw. deren Seelen nach dem Tode das höchste Glück geniessen können: die ewige Anschauung Gottes. Es gibt unterschiedliche Aussagen darüber, was nach dem Tode geschieht. So wird gelehrt, dass man in ein irdisches Para- dies, ähnlich dem ursprünglichen Paradiesgarten der ersten Menschen kommt oder in ein himmlisches Paradies oder in eine namenlose Glückseligkeit oder aber zur Läuterung in eine Art Vorhölle («Fegefeuer»), oder aber die Verstorbenen warten in den Gräbern bis zum Ende der Welt. Nur Jesus Christus (und nach der römisch-katholischen Lehre auch seine Mutter Maria) sei leibhaftig, also mit dem stofflichen Körper, im Himmel. Deshalb wird in der Grabeskirche in Jerusalem ein leeres Grab verehrt. Im Himmel existieren ausserdem Engel, geschlechtslose, unsterbliche Wesen, die als Boten und gelegentlich als Stellvertreter Gottes agieren. Sie sind ebenso Geschöpfe wie die Menschen und erfüllen bestimmte Aufgaben wie Verkündigungen oder das Wächteramt an der Paradiespforte.

Einer der Engel hat sich nach einer (ausserbiblischen) Legende gegen Gott gestellt, ist «abgefallen». Anfänglich wurde er nach jüdischer Tradition nur als eine Art Anwalt verstanden, der die schlechten Taten der Menschen registriert. Später wandelte sich das Bild in das des Teufels, des absolut bösen Gegenspielers Gottes. Denn in dem Masse, wie Gott selbst als das absolute und allmächtige Gute gedacht wurde, fiel es immer schwerer, die Existenz des Bösen auf der Welt zu erklären. Satan, so sein populärster Name, gilt heute vielen Christen als der «Herr dieser (materiellen, diesseitigen) Welt», der versuche, die Menschen vom Glauben abzubringen und der mithilfe der Dämonen für die Sünden (mit)verantwortlich ist. Im letzten Buch des NT, der Offenbarung (apokalypsis) des Johannes, ist beschrieben, dass Satan in der Endzeit der Welt von Jesus im Kampf besiegt und endgültig in die Hölle geworfen wird. Zu allen Zeiten gab es radikale, «apokalyptische» Strömungen im Christentum, die diese Endzeit auf ihre unmittelbare Gegenwart bezogen. Die Hölle ist das negative Pendant zum paradiesischen Himmelreich. Je nach Ausrichtung wird sie mehr oder weniger real vorgestellt als Ort, an dem Sünder von Teufeln gequält werden. In neuerer Zeit gilt die Hölle wie auch der Teufel vielen mehr als Metapher; die eigentliche Strafe für die Sünde sei das Abgeschnittensein von Gottes Gegenwart. Nach dem Weltende stehen nach christlichem Glauben die Menschen leibhaftig wieder auf und werden beim «Jüngsten Gericht» von Jesus nach ihrem Leben und Glauben beurteilt.

Die Welt gilt als eine Schöpfung Gottes und ist von diesem ursprünglich als paradiesische Heimat für perfekte Menschen gedacht gewesen. Da die ersten, göttlich erschaffenen Menschen, Adam und Eva, von der Schlange (Satan) verführt, in den Zustand der Sünde verfielen und diesen Zustand an alle ihre Nachfahren weitergaben («Erbsünde»), ist nun die gesamte Schöpfung errettungsbedürftig. Dieses Erlösungswerk gilt aber als bereits vollbracht – durch Jesus und seinen Kreuzestod. Dieses Ereignis ist deshalb der Wendepunkt der Weltgeschichte. Die Teleologie (telos = Ziel), die lineare, gerichtete Geschichte der Welt mit einem Anfang und einem Ende ist ein Charakteristikum der monotheistischen Religionen Judentum, Christentum und Islam. Diese Lehre unterscheidet sich von zyklischen Weltbildern, wie sie in vielen anderen Religionen vorkommen.

Der Sinn des Lebens

Zeichen für den Glauben und die Hoffnung ist das Gebet (von Bitten). Jesus empfahl – ganz in jüdischer Tradition – häufig zu beten, was sowohl allein als auch in Gemeinschaft geschehen kann. Ein von ihm vorgegebenes Muster ist

117

das bei vielen Christen übliche «Unser Vater» (Matth. 6,9–13, vielerorts Vaterunser genannt); gängig sind auch – insbesondere in protestantischen Traditionen – freie Gebete. Die zentralen Kulthandlungen im Christentum sind Taufe
und Abendmahl. Das Abendmahl wird auch als Gebet verstanden und ist eine
gemeinschaftliche Handlung. Das Verständnis, wie es exakt zu gestalten ist und
was es genau bedeutet, ist unterschiedlich.

Die Ziele des Christentums sind: die Versöhnung des Menschen mit Gott
im Glauben, die Liebe, die Vergebung aller Sünden, die Aufhebung der Trennung unter den Menschen, der Sieg über den Tod, das Mitleid und die Hoffnung
auf ein ewiges Leben. Der Mensch, geschaffen nach dem Ebenbild Gottes und
als einziges und besonderes Geschöpf ausgestattet mit einem freien Willen, ist
Herrscher über die Erde. Er hat permanent die freie Wahl zwischen der Liebe
zu Gott und den Mitmenschen oder der Selbstsucht. Letztere ist die Folge der
Sünde. Das AT schildert in weiten Teilen, wie Gott den Menschen, speziell den
Juden, wiederholt einen Bund anbot, um die Sünde zu überwinden, umzukehren
auf dem Weg ins Verderben und die Gesetze einzuhalten. Mit dem Selbstopfer
in Jesu habe Gott diese Schuld endgültig von den Menschen genommen. Das
Heil komme nun nicht mehr aus den Gesetzen und den Taten, sondern aus dem
Glauben (zum Beispiel Röm. 3,21–31; 9,30–10,13). Und das Erlösungsverspre-
chen gilt für immer und für jeden Einzelnen. Vom Menschen ist nun eine Entscheidung gefordert, sich hin zu Gott zu wenden bzw. von dem gottesfürchtigen
Weg des Glaubens niemals abzulassen. Kern des Christentums ist also für den
einzelnen Menschen nicht das formal korrekte Handeln, sondern der Glaube
und ein Handeln in Liebe, Demut und Vergebung. Um die Ziele des Lebens zu
erreichen, gelten eine Reihe von ethischen Geboten, die sich im Wesentlichen
aus den Zehn Geboten des AT (2. Mo. 20,1–17; 5. Mo. 5,6–21) und der Goldenen
Regel (Matth. 7,12) zusammensetzen. Im Laufe der Jahrhunderte sind in den
verschiedenen Kirchen aufwendige und komplexe Rechts- und Ritualsysteme
geschaffen worden, die selbst in Kernpunkten nicht immer übereinstimmen.

Der Glaube, die Kirche und die Kirchen

Jesu Jünger erwarteten nach seinem Tod und der Wiederauferstehung in Kürze
seine zweite und endgültige Wiederkehr, dieser zweite «Advent» (Ankunft)
bedeutete zugleich das Anbrechen der Endzeit. Das trat jedoch nicht ein, und so
begannen die bald Christen genannten Gläubigen, das Leben in der unvollkommenen, da sündhaften Welt zu organisieren – mit unvollkommenen Menschen.

Es ging ihnen darum, Gott zu loben, die Gläubigen zu sammeln, die Gebote einzuhalten und das Gedächtnis an die Ereignisse lebendig zu bewahren. Diese urchristliche Gemeinschaft, einig und «voller gläubiger Hoffnung», ist das Idealbild der Kirche bis heute und Massstab für das Handeln christlicher Gemeinschaften.

Wie genau die christlichen Lebensziele zu erreichen und die moralischen Massstäbe einzuhalten sind, darüber gab es jedoch fast von Anfang an Streit. Mit fortschreitender Zeit dachten die Christen über das nach, was geschehen war und wie es zu verstehen sei. Die Zusammenkünfte christlicher Amts- und Würdenträger (Konzile und Synoden genannt) der ersten Jahrhunderte dienten der Festlegung der Lehren. Der Schwerpunkt der frühen Christenheit lag im Osten: im Heiligen Land, in Syrien, Kleinasien und Griechenland mit der Kaiserstadt Konstantinopel/Byzanz sowie in Nordafrika. Dort fanden auch die ersten, heute von allen Kirchen als «ökumenisch» anerkannten Konzile statt. Viele heute geltende Lehren und Formeln wurden damals beschlossen, so die Trinitätslehre und die alten Glaubensbekenntnisse. Es kam zu Streitfragen, zum Beispiel über den Umgang mit Menschen, die vom christlichen Glauben abgefallen waren, oder man war sich uneinig über das Wesen Christi. Wenn keine Einigung gelang, führte das mitunter zum Ausschluss der unterlegenen Partei. «Schismen», Kirchenspaltungen waren die Folge. Einige der ausgestossenen Gruppen gingen unter, wie zum Beispiel die Arianer oder die Gnostiker (hier verschwanden zumindest alle Gemeinschaften, einige Ideen aber blieben). Grosse, für die Christenheit heute noch schmerzhafte, da zu noch immer bestehenden Kirchengruppen führende Schismen fanden im 5., im 11. und im 16. Jahrhundert statt. Viele unterschiedliche Gemeinschaften von Christen entstanden, die alle für sich in Anspruch nahmen, die Lehre Christi richtig zu bewahren. Mit den Protestanten kamen Gemeinschaften dazu, die behaupteten, auch ohne eine historische Verbindung zur Urkirche («apostolische Sukzession») zu haben, diese authentisch wiederherzustellen. Beinahe immer beschrieben die Beteiligten die Situation so, dass sie sich selbst als in der Wahrheit verwurzelt betrachteten, während sie diejenigen, die eine andere Meinung vertraten, als «Häretiker», «Ketzer» oder «Sektierer» ausgrenzten.

Zum Selbstverständnis der Christenheit gehört es, die Lehre der gesamten Welt zu verkünden, «Heiden» wie auch Juden zu bekehren. In Matth. 28,18–20 erteilt der auferstandene Jesus den Auftrag zur Mission (missio = Aussendung): «… gehet hin und machet zu Jüngern alle Völker …». Bis in die Gegenwart sorgt dieses Missionsgebot für die Ausbreitung des Christentums, wobei

Intensität und Form des Engagements bei verschiedenen Gemeinschaften sehr unterschiedlich ausfallen. Die Mission führte zu noch weiteren neuen Kirchenorganisationen in ganz verschiedenen Kulturräumen.

Das deutsche Wort «Kirche» geht zurück auf die griechischen Wörter ecclesia (Gemeinschaft, Versammlung, auch: Herausgerufensein) und kyrios (Herr). Schon daran ist erkennbar, dass «Kirche sein» für Christen mehr bedeutet, als zu einer Organisation zu gehören: Kirche bedeutet, «in Gemeinschaft mit dem Herrn» zu sein. Diese Kirche als transzendenter «Gegenstand geistgewirkten Glaubens» meint grundsätzlich die (ideale) Gemeinschaft aller Christen; in diesem Sinne ist er gleichbedeutend mit einem ebenso idealen Verständnis von der «Gemeinde» aller Gläubigen. Theologisch wird auch vom «mystischen Leib Christi» gesprochen, der zugleich göttlich und irdisch ist. Die eigentliche «Kirche Christi» ist demnach also weit mehr als jede menschliche Organisation.

Gebräuchlich ist das Wort im Deutschen auch für das Gebäude, in dem die zentralen Rituale vollzogen werden, und für das Ritualwesen insgesamt. Kirchengebäude dienen der Versammlung der Gläubigen zur religiösen Feier und als Zeichen der Präsenz am Ort. Haben protestantische Gemeinschaften bei aller mitunter kunstvollen und aufwendigen Gestaltung ein pragmatisches Verhältnis zum Kirchenraum – manche benutzen auch überhaupt keine speziellen Räume –, so ist dieser für katholische und orthodoxe Christen heilig.

Eine dritte Bedeutung – und das ist die gesellschaftlich wohl bedeutsamste – ist die der Kirche als Gemeinschaft der Christen eines bestimmten Bekenntnisses, einer Konfession. In diesem Sinne sprechen wir heute zum Beispiel von «der katholischen Kirche», «der evangelischen Kirche» und anderen. Die Exklusivität dieses konkreteren Kirchenbegriffes und die Selbstbehauptung, in wesentlichen Punkten identisch mit der idealen Kirche zu sein, schwanken von Gemeinschaft zu Gemeinschaft. Auch hier sind es (einige) protestantische Gruppen, die andere Bezeichnungen oder aber «Kirche» und «Gemeinde» synonym benutzen und für ihre Gemeinschaft am wenigsten auf Exklusivität pochen. Da im protestantischen Bereich oft kein festgefügtes, über die Einzelgemeinde hinausgehendes Kirchen- bzw. Konfessionsverständnis besteht und Gemeinden autonom handeln, ist es unmöglich, eine genaue Zahl der Kirchen und Konfessionen anzugeben.

Die Selbstbezeichnung Kirche beinhaltet immer einen Wahrheitsanspruch, der so weit gehen kann, anderen Wahrheit und Wahrhaftigkeit abzusprechen. Praktisch bedeutet das, dass in einigen Fällen Christen die Eucharistie nicht gemeinsam zelebrieren oder anderen Kirchen die Gläubigen abzuwerben versuchen. Allerdings sind Extrempositionen eher selten; alle grossen Kirchen haben inzwischen zu einem geregelten Umgang und einer gewissen Anerkennung des anderen gefunden. Zum Beispiel wird die Taufe als ein Zeichen der Aufnahme eines Individuums in die ideale Gemeinschaft der Christen von fast allen Kirchen gegenseitig anerkannt, wenn auch das Verständnis, was die Taufe nun genau ist und wie sie zu vollziehen sei, differiert.

Die Ökumene

Ökumene (oikumene = bewohnte Welt) ist der Versuch, die Einheit der frühen Kirche heute wiederherzustellen. Der Begriff ist im NT (Matth. 24,14) zu finden und wurde von den antiken Kirchenvätern für die Gesamtheit aller Christen, also gleichbedeutend mit der idealen Kirche verwendet. Vorläufer der Ökumene waren Unionen zwischen einzelnen Kirchen, wie sie immer wieder angestrebt und umgesetzt wurden. Lange war es Konsens, wieder eine einheitliche Kirche errichten zu wollen, v. a. aus dem Protestantismus kamen dazu Ansätze. Die gegenwärtige ökumenische Bewegung nahm im späten 19. Jahrhundert Gestalt an und war ein beherrschendes Thema des 20. Einfluss auf die Ökumene-Idee hatten gemeinsame Missionsinteressen, zunehmende interkonfessionelle Kontakte durch erhöhte Mobilität, die wachsende Zahl gemischter Familien (in Bern zum Beispiel ist jede dritte Ehe interkonfessionell), neue Erfordernisse an die Diakonie und die bitteren Erfahrungen mit den Diktaturen des 20. Jahrhunderts.

Das wichtigste internationale Gremium ist der Ökumenische Rat der Kirchen (ÖRK), kurz Weltkirchenrat genannt. Er entstand, noch stark protestantisch geprägt, 1948 in Amsterdam. Ihm gehören heute 349 Kirchen und Gemeinschaften mit grob geschätzt 560 Millionen Christen in etwa 110 Ländern an. Heutiger Sitz ist Genf. Mitgliedskirchen sind viele protestantische Gemeinschaften, Lutheraner, Baptisten, Anglikaner, Methodisten, Christkatholiken und die meisten Orthodoxen. Die römisch-katholische Kirche öffnete sich erst mit dem II. Vatikanum der ökumenischen Idee, bis heute ist sie kein Vollmitglied des ÖRK. Sie hat nur einen Beobachterstatus, kooperiert aber in vielen Gremien und auf nationalen Ebenen. Alle sieben Jahre gibt es ÖRK-Vollversammlungen. Die jungen, v. a. in der Dritten Welt erfolgreichen charismatischen Kirchen haben oft (noch) keinen Kontakt zur Ökumene. Eine eigene Ausbildungsstätte des ÖRK ist das ökumenische Institut in Bossey, welches mit der Universität Genf verbunden ist.

Standen bei der Ökumene-Idee anfangs Unionsbestrebungen im Vordergrund, erkennt man heute mehr und mehr die Vielfalt der christlichen Richtungen an. Als Hauptziel der ökumenischen Bewegung, das angestrebt, aber noch lange nicht erreicht ist, gilt heute die Wiederherstellung der Abendmahlsgemeinschaft aller Christen. Eine recht junge Entwicklung ist es, eine «kleine» und eine «grosse» Ökumene zu unterscheiden: die kleine ist innerchristlich, die grosse bezeichnet den → Interreligiösen Dialog.

Ökumene in Bern

Die Ökumene als weltweite Bewegung ist auf den höchsten Ebenen der Kirchenhierarchien angesiedelt. Und national ist sie präsent beim Eidgenössischen Dank-, Buss- und Bettag am dritten Sonntag im September. Der Tag war bereits im Mittelalter eingeführt worden, die Reformierten haben ihn institutionalisiert und ab dem 17. Jahrhundert auch die Katholiken. Seit dem Vatikanum II ist er ein amtlicher überkonfessioneller Feiertag, den inzwischen auch jüdische Gemeinden feiern. Oft finden aus diesem Anlass interreligiöse Feste statt.

Die sozusagen offizielle, von den Kirchen getragene Ökumene-Einrichtungen im Kanton Bern ist die Arbeitsgemeinschaft der Kirchen im Kanton Bern (AKB). Sie ist Bestandteil der 1971 gegründeten Arbeitsgemeinschaft christlicher Kirchen in der Schweiz (AGCK-CH). Mitglieder sind die reformierten Kirchen, die römisch-katholische Kirche, die christkatholische Kirche, die evangelisch-methodistische Kirche, der Bund Schweizer Baptistengemeinden, die Heilsarmee, die lutherischen Kirchen, die Orthodoxe Diözese Schweiz des Ökumenischen Patriarchats von Konstantinopel, die serbisch-orthodoxe Kirche und die Schweizerischen Anglikaner. Gaststatus haben die BewegungPlus, das Evangelische Gemeinschaftswerk, die Quäker, die Mennoniten und die neuapostolische Kirche. Das wohl wichtigste Ereignis war im Jahre 2005 die Unterzeichnung der Charta Oecumenica, die eine Anerkennung der verschiedenen Kirchen und Konfessionen manifestiert.

Praktische ökumenische Arbeit geschieht v. a. in den lokalen Arbeitsgemeinschaften wie der AKiB (Arbeitsgemeinschaft der Kirchen in der Stadt Bern, gegründet 1972). Sie betreibt zum Beispiel das Zentrum 5 an der Flurstrasse, welches Migranten hilft. Und sie trägt das ökumenische Lokalradio «Hörmal», welches bis 2006 «chrüz u quer» hiess und das, 1983 gegründet, das erste seiner Art war. Speziell die Landeskirchen spannen immer öfter ökumenisch zusammen, wie zum Beispiel bei der kirchlichen Gassenarbeit, bei der Notfallseelsorge, bei der Berner «Telebibel», die jeden Tag eine Kurzbesinnung telefonisch abrufbar macht. Ein Aufenthaltsraum für Randständige in der Postgasse

35 wird zwar hauptsächlich von der Heilsarmee betreut, getragen wird er jedoch ökumenisch.

Weitere derartige Verbände sind die AKiT (Thun), AKRO (Region Ober-aargau), AKiBu (Burgdorf), die CTECJ (Communauté de travail des Eglises chrétiennes dans le Jura) und andere. In diesen lokalen ökumenischen Vereinigungen wirken teilweise Kirchen und Gemeinschaften mit, die nicht Mitglieder der AKB sind. Sie gelten lokal ebenfalls als Kirchen in ökumenischer Zusammenarbeit.

Es gibt ausserdem Einrichtungen bei einzelnen Religionsgemeinschaften, die ökumenisch sehr aktiv sind. In Bern sind das zum Beispiel die Fachstelle Kirche im Dialog der römisch-katholischen Kirche und die Fachstelle «Ökumene und Migration» der reformierten Kirche. Die Bedeutung, die die reformierte Kirche der Ökumene beimisst, ist auch daran erkennbar, dass an der Universität Bern die sog. ökumenische Theologie ein Bestandteil des Theologenstudiums ist.

Ökumene wird für immer mehr Christen lebendig, wenn sie sich an der Basis, vor Ort und im täglichen Leben abspielt. So beteiligen sich viele bei der Ausgestaltung von Aktionen wie der Gebetswoche für die Einheit der Christen, an nationalen ökumenischen Kampagnen und an Sammlungen für verschiedene Hilfswerke, am Weltgebetstag der Frauen, bei der Migranten- und Flüchtlings-arbeit und bei ökumenischen und interreligiösen Festen wie zum Beispiel beim Tag der Völker. Für viele Anlässe sind spezielle Vereine gegründet worden.

Lokale Basis-Ökumene findet auch statt, wenn Migranten zwar dem christlichen Glauben angehören, aber eigene theologische und rituelle Vorstellungen haben. Wenn sie dann eine Gemeinde gründen und auf traditionelle Art und Weise ihren Gottesdienst in den Räumen gastgebender Gemeinden feiern, kommt es manchmal zu interkulturellen Spannungen, die die Ökumenefähigkeit beider Seiten auf die Probe stellen.

Gelebte Ökumene: Wer nutzt(e) welche Kirche?

Die AKB hat 1979 in Anerkennung der Gegebenheiten Empfehlungen zur inter-religiösen Nutzung von Kirchengebäuden verabschiedet. Doch schon lange vorher hatte sich, der historischen Entwicklung geschuldet, mitunter eine Art Gemeinsamkeit in dem einen oder anderen Kirchenraum etabliert – entgegen dem häufigen Bild, dass jede Konfession nur streng im eigenen Garten wirt-schaftet. (Bei vielen Freikirchen ist eine umschichtige Nutzung der Räume durch verschiedene Gemeinden ohnehin gang und gäbe.)

Beispiele aus der Stadt Bern:

Antonierkirche (Antonierhaus): 1494–1505 von einem karitativ tätigen Mönchsorden als Spitalkirche errichtet, das heisst, Kranke konnten vom Bett aus den Altar sehen und so an der Hl. Messe teilnehmen. Mit der Reformation säkularisiert (verweltlicht), ab 1532 Kornlager, dann Postwagenremise, 1843 Umbau zum Pferdestall, später Feuerwehrhaus und Geräteschuppen. Seit 1940 wieder kirchlich genutzt (von der reformierten Münstergemeinde als Gemeindehaus). In der Krypta feiern schon seit 1944 russisch-orthodoxe Christen Gottesdienste. Seit 1956 nutzen die Lutheraner die Kirche, und gelegentlich feiern dort auch protestantische Ungarn.

Französische Kirche (Predigerkirche): Durch die Dominikaner (Dominikaner = Predigerorden) Ende des 13. Jahrhunderts als Klosterkirche errichtet (das dazugehörige Klostergebäude wurde 1899 abgebrochen). In der Reformation der reformierten Kirche übereignet, wurde das Kirchenschiff seit 1623 durch französische Protestanten genutzt, eine feste Gemeinde war zwischen 1689 und 1857 präsent. Zwischen 1804 und 1864 feierten auch die Berner Katholiken dort die Hl. Messe, und Ende des 19. Jahrhunderts noch einmal. 1880 pachteten die Herrnhuter einen Teil. Bis 2005 war sie Gottesdienstort der freikirchlichen Vineyard-Gemeinde. Zugleicht dient sie als Veranstaltungsort für Kulturevents.

Heiliggeistkirche: 1228 als katholische Kirche errichtet, 1482–96 ein zweites Mal. Von der Reformation bis 1604 profane Nutzung, seither reformierte Spitalkirche; Abbruch und 1729 ein drittes Mal errichtet als reformierte Kirche. Bis heute ist sie Gemeindekirche. Bekanntheit hat sie jedoch insbesondere seit 1999 als «Offene Heiliggeistkirche» erlangt, eine Aktivität, die von einem unabhängigen Verein getragen wird. Zu diesem gehört inzwischen auch die Jüdische Gemeinde Bern, wodurch das Projekt von einem ökumenischen zu einem interreligiösen geworden ist. Es finden dort Konzerte, Vorträge und interreligiöse Veranstaltungen statt. Die Kirche als Raum der Stille steht jedem offen.

Dreifaltigkeitskirche: Obwohl nach römisch-katholischen Vorstellungen der Kirchenraum heilig ist und die eigene Konfession in einem besonderem Masse als die eine Kirche Christi verstanden wird, findet in ihr Ökumene – wenn auch eingeschränkt – statt. Jeden Mittwochabend wird in der Krypta ein ökumenischer Gottesdienst (ohne Eucharistie) gefeiert. Aus den unterschiedlichen Konfessionen hält jeweils eine Pfarrerin bzw. ein Pfarrer den Gottesdienst ab, in der Regel in der in seiner Kirche üblichen Form.

Kirche St. Ursula: Die Anglikanische Kirche bietet gelegentlich Lutheranern Platz, ebenso einer russisch-orthodoxen Gemeinde. Im Untergeschoss treffen sich charismatisch geprägte Äthiopier.

Zum Weiterlesen

Antes, P.: Christentum – eine Einführung, Stuttgart 1985
McManners, J. (Hrsg.): Geschichte des Christentums, Frankfurt am Main 1993
Moeller, B.: Geschichte des Christentums in Grundzügen, Göttingen 2004
Nowak, K.: Das Christentum, Geschichte, Glaube, Ethik, München 1997
www.kirchen.ch, www.eglises.ch, www.wcc-coe.org, www.oikoumene.org,
www.agck.ch

Katholisches Christentum

Das Wort «katholisch» leitet sich ab vom griechischen «katholos», das «allgemein», «universal» bedeutet. Schon in der Urkirche war der Gedanke formuliert, dass Jesus allen Menschen die Erlösung bringe, dass seine Jünger der ganzen Menschheit diese Lehre zu verkünden hätten und dass die Kirche die Gemeinschaft aller Gläubigen, also allumfassend, eben katholisch sei (Apg. 15,1 ff.). Im Glaubensbekenntnis von Nicaea-Konstantinopel aus dem Jahre 381, wie es heute gebräuchlich ist, bekennen die Menschen, an Christus und die «eine heilige katholische (ökumenische Version: «allgemeine») Kirche» zu glauben.

In den folgenden Jahrhunderten traten Spaltungen in der Christenheit auf. Die dabei entstandenen Einzelkirchen sahen sich selbst immer als die rechtmässigen Verwalter der Traditionen, als die wahre «ecclesia» und als legitime Nachfolger der Urgemeinde an – die anderen konnten (das heisst durften) dies also nicht sein. Häufig kam es – wenn auch in der Anfangsphase der Streitigkeiten die Wellen hochschlugen – zu einer diplomatischen Lösung, wozu es oft gehörte, sich gegenseitig «Katholizität» zuzugestehen. «Katholisch» nennen sich daher viele Kirchen.

Die Bedeutung des Wortes «katholisch» steht in enger Beziehung zur Selbstbezeichnung «apostolisch», welche darauf hinweist, dass eine Kirche sich in direkter Nachfolge der Apostel Jesu und durch diese legitimiert sieht («apostolische Sukzession»). Dieser Gedanke spielte auch eine Rolle in der gegenseitigen Anerkennung der römisch-katholischen, der orthodoxen und der altorientalischen Kirchen, die jeweils Apostel als ihre direkten Gründer benennen (die römisch-katholische Kirche zum Beispiel Petrus und auch Paulus). Und die Orthodoxen haben den Begriff «katholisch» nie für sich aufgegeben, sie nennen sich selbst «romfreie katholische Kirchen» und konsequenterweise die römisch-katholische Kirche oft nur die «lateinische Kirche».

Die römische Kirche eignete sich aber im Laufe der Geschichte den Namen «katholisch» besonders konsequent an. Die Reformatoren des 16. Jahrhunderts versuchten, der Papst-Kirche die Katholizität abzusprechen, und beschimpften sie als «papistisch». Sie beharrten dafür selbst auf ihrem Selbstverständnis als Angehörige der «wahren christlichen katholischen Kirche». Erst sehr viel später trennten sich Teile des Protestantismus von der Selbstbezeichnung «katholisch» und verwendeten das Wort nun für die römische Papstkirche, so wie diese es selbst tat. Als eine im Volksmund gebräuchliche Formel wird sie heute fast ausschliesslich für die römisch-katholische Kirche gebraucht – auch und gerade von Aussenstehenden.

Die so benannte christliche Richtung umfasst streng genommen (und wird hier auch so behandelt) neben jener Kirche mit dem Papst an der Spitze, der «römisch-katholischen» (röm.-kath.) Kirche, auch Gemeinschaften, die von dieser verschieden, aber nicht im orthodoxen oder protestantischen Sinne distanziert von Rom sind. Grundsätzlich ist aber zu beachten, dass die römisch-katholische Kirche historisch und sozial Massstab der «katholisch» genannten Bekenntnisrichtung ist. Inwieweit sie es auch im theologischen Sinne ist, ist zwischen den verschiedenen katholischen Gemeinschaften umstritten.

Von den katholischen Religionsgemeinschaften – unter Berücksichtigung der getroffenen Unterscheidungen – sind im Kanton Bern neben der römisch-katholischen Kirche nur eine mit Rom unierte und die christkatholische Kirche präsent.

Des Überblicks wegen seien noch einige katholische Gemeinschaften erwähnt:

- Am prominentesten ist wohl die Priesterbruderschaft Pius X., die Anhängerschaft des konservativen, von Rom exkommunizierten Bischofs Lefèbvre. Sie entstand 1970 in Freiburg. Obwohl sie in der Schweiz rund 6000 Anhänger und ca. 30 Versammlungsorte hat, besteht erstaunlicherweise kein Treffpunkt im Kanton Bern.

- Ein bizarres Kapitel katholischen Christentums sind «Sedisvacantisten», römisch-katholische Würdenträger (mitunter auch Laien), die den amtierenden Papst ablehnen, den «Stuhl (sedes) Petri» als vakant betrachten und ihn selbst einzunehmen beanspruchen. Zu nennen wären da die Erneuerte Kirche des Franzosen Michel Colin und die spanische Palmarische Kirche.

- Erwähnenswert sind noch «Episcopi vagantes», Bischöfe und Amtsträger kleiner Gemeinschaften, die behaupten, in der wahrhaften apostolischen Sukzession zu stehen, wie die Katholisch-apostolisch-charismatische Kirche Jesus König in Zürich (eine Pfarrei St. Rochus in Thörigen BE ist nicht mehr auffindbar), welche u.a. auch in der Schweiz schon Frauen zu Priestern geweiht hat, und die neuoffenbarerische St.-Michaelsvereinigung in Dozwil TG.

Sie alle zeigen im Kanton Bern keine offizielle Präsenz, haben hier aber wahrscheinlich Anhänger.

Glaube und Ritus

In allen Gemeinschaften des katholischen Spektrums gilt die Bibel als Offenbarung; sie ermöglicht dem Gläubigen das Erkennen des göttlichen Heilsplanes. Denn die Autoren der Schriften gelten als von Gott inspiriert (allerdings nicht wörtlich), ebenso wie die Geschichte, die sie aufschrieben, von ihm gestaltet ist, und die Regeln, die darin stehen, von ihm zum Wohle der Menschen gegeben sind. Jesus als Höhepunkt des Erlösungswerkes ist die endgültige und normative Offenbarung Gottes. Die gelebte Nachfolge Christi und das Handeln der Kirche werden als Antwort darauf verstanden, weshalb der kirchlichen Tradition eine wichtige Rolle, ja sogar normative Kraft zukommen kann.

Die zentralen Glaubenswahrheiten sind im Credo, dem Glaubensbekenntnis zum Ausdruck gebracht: Als Schöpfer der Welt und allen Lebens ist der trinitarisch verstandene Gott der «Vater», der die Liebe ist und jederzeit die Umkehr ermöglicht. Jesus Christus, der «ewige Sohn», wird als göttlich wie auch menschlich verstanden («wahrer Mensch und wahrer Gott»), sein Wesen versteht die katholische Tradition als nicht begreifliches Mysterium. Er wurde von der Jungfrau Maria geboren, war vollkommen frei von der Sünde und nahm den Tod am Kreuz auf sich, um die Menschen von der ererbten Sünde zu befreien. Der Heilige Geist ist die personale und wirkmächtige Kraft Gottes, die von Vater und Sohn ausgeht.

Die Röm.-kath. Kirche als Gemeinschaft sieht sich als die irdische Verwirklichung des versammelten Gottesvolkes, als «erneuertes Israel» im Bündnis mit Gott. Partielle Verwirklichungen in anderen Kirchen erkennt sie – seit jüngerer Zeit erst – an. Massgeblich dafür war das II. Vatikanische Konzil und hier insbesondere das Dokument «Lumen gentium». Das Selbstverständnis impliziert aber auch eine einheitliche Leitung, weshalb die Röm.-kath. Kirche Schwierigkeiten hat, andere Bekenntnisse oder Gemeinschaften als gleichberechtigt anzuerkennen und an der Ökumene als eben eine unter vielen Kirchen teilzunehmen. Zum Beispiel bezeichnete die päpstliche Erklärung «Dominus Iesus» aus dem Jahre 2000 andere Kirchen als kirchliche oder christliche «Gemeinschaften», nicht aber als «Kirchen».

Das Menschenbild ist das eines freien und verantwortlichen Individuums, das sich in die hierarchisch geleitete Kirche einordnet. Der Mensch erhält die Lossprechung von seinen Sünden im Sakrament der Busse, das von Bischöfen und Priestern gespendet wird. Die katholischen Kirchen messen den Ämtern und Amtsträgern besonderes Gewicht bei. Kraft ihres von Christus gestifteten Amtes vermittelt der Priester zwischen Gott und Welt. Ein Mensch, der sich zum priesterlichen

Amt berufen fühlt, erhält nach einer Ausbildung die Weihe durch einen Bischof. Entscheidend ist, dass der Bischof in der apostolischen Sukzession steht. Dieses Merkmal verbindet die Katholiken mit den altorientalischen und orthodoxen Kirchen und trennt sie von den Protestanten. Es sind v. a. die Amtsträger, speziell die Bischöfe, die die Aufgabe haben, die Lehre festzuhalten, die Wahrheit mit der Hilfe des Heiligen Geistes zu entfalten und sie zu verkünden.

Die Laien versichern sich des Zugangs zum Heil durch den Glauben, durch ein Leben nach den Geboten und durchs Gebet sowie durch die Teilnahme an heiligen Handlungen, die von den Priestern als Vertreter Christi durchgeführt werden.

Diese kirchlichen Handlungen sind die jeweils mit besonderen Riten verbundenen Sakramente, von denen es sieben gibt. Das sind: die Taufe, die Firmung, die Busse, die Ehe, die Krankensalbung, die Priesterweihe und die in der Messe gefeierte Eucharistie (eucharistein = lobpreisender Dank). Taufe, Firmung und Priesterweihe, also die Sakramente, die mit dem Status des Menschen in der Kirche zu tun haben, gelten als unauslöschlich.

Die Taufe mit Wasser – früher durch Untertauchen, heute durch Begiessen – nimmt den Menschen in die Gemeinschaft der Kirche auf. Die römisch-katholische Kirche vollzieht traditionell die Kleinkindtaufe, da sie von einer lehrgemässen Erziehung der Kinder ausgeht und diese im Unglücksfall nicht ungetauft sterben sollen. Die Firmung ist die Vollendung der Taufe. Sie erfolgt nach einem Glaubensunterricht durch einen Bischof mit heiligem Öl und «teilt den Heiligen Geist mit». Die Krankensalbung soll die Heilung unterstützen bzw. bereitet auf den Tod vor. Ein Angehöriger der Kirche soll regelmässig seine begangenen Sünden gegenüber einem Priester (oder Bischof) bekennen («die Beichte ablegen»). Dieser erteilt daraufhin die Absolution, wenn er von der Ehrlichkeit des Sündenbekenntnisses überzeugt ist. Das Sakrament der Busse ist im Falle schwerer Sünden heilsnotwendig. Das Sakrament der Ehe spenden die beiden Eheleute sich während des gesamten Ehelebens gegenseitig. Nur die Eheschliessung bedarf des kirchlichen Ritus, bei dem ein Priester oder Diakon im Namen der Kirche assistiert. Eine Ehe ist unauflöslich, daher die Scheidung ausgeschlossen. Katholische Kirchen erkennen standesamtliche Scheidungen zwangsläufig an, verweigern aber (mit Ausnahme der Christkatholiken) wiederverheirateten Geschiedenen die Teilnahme an der Eucharistie. Da eine Ehe ausdrücklich auch der Zeugung neuen Lebens gewidmet ist, ist Schwangerschaftsverhütung, ausser «auf natürlichem Wege», nicht gestattet und die Verheiratung homosexueller Paare unmöglich.

Die Eucharistie ist das wichtigste Sakrament. Dabei nehmen die Teilnehmer Brot (und Wein) zu sich, die zuvor vom Priester und «durch die Einwirkung des Heiligen Geistes» in Leib und Blut Christi «gewandelt» wurden. Diese Verwandlung wird – bei gleich bleibender äusserer Gestalt – als eine tatsächliche, substanzielle verstanden («Transsubstanziationslehre»), ein Dogma, welches nur im Katholizismus in dieser strengen Form vertreten wird. Jesus ist also im Eucharistiegottesdienst leibhaftig anwesend. Die Teilnahme bzw. die Kommunion (communio = Gemeinsamkeit) an diesem Sakrament gilt als notwendig zur Vervollkommnung des christlichen Lebens und zur Erlangung des Heils. Die Feier ist deshalb die «Heilige Messe». (Die härteste Kirchenstrafe ist die «Exkommunikation», der Ausschluss von der Gemeinschaft und damit von den Sakramenten.) Aus pragmatischen Gründen dienen heute meist leicht zu verteilende Oblaten als Brot, und den Wein nimmt häufig (wegen der grossen Zahl der Teilnehmer) nur der Priester mit seinen Gottesdiensthelfern zu sich. Diese Praxis, die im Mittelalter eingeführt wurde, war einer der Anlässe für die Reformation, deren Forderung die «Annahme der Eucharistie unter beiderlei Gestalt» wurde. Seit dem II. Vatikanum wird in der römisch-katholischen Kirche die Eucharistie wieder vermehrt in beiderlei Gestalt empfangen. Bleibt nach dem Gottesdienst ein Teil der gewandelten Gaben übrig, werden diese im Kirchenraum in einem Tabernakel (Allerheiligsten) bis zur nächsten Messe aufbewahrt. Die Gläubigen können dadurch in der Zwischenzeit die leibhaftige Anwesenheit Christi erleben (am Tabernakel brennt ein Licht) und sie im stillen Gebet verehren. Ausserdem kann so ein Priester mit geweihten Gaben zu Kranken gehen und ihnen auch ausserhalb der Heiligen Messe dieses Sakrament spenden. Wegen unterschiedlicher Lehrmeinungen besteht für die römisch-katholische Kirche keine gemeinsame Eucharistiepraxis mit anderen Christen.

Heilige Messen finden üblicherweise täglich, ausser am Karfreitag, statt, für die Gläubigen besteht eine Pflicht zur Teilnahme am Sonntagsgottesdienst. Besondere Messformulare bestehen für religiöse Familienfeiern (Taufe, Hochzeit, Beerdigung), Kalender-, Stifter- und Heiligenfeste und Wallfahrten zu heiligen Orten. Bis in die Sechzigerjahre des 20. Jahrhunderts wurde in der römisch-katholischen Kirche der Messtext auf Lateinisch gelesen, erst seit dem II. Vatikanum wird die jeweilige Landessprache genutzt. Die christkatholische Kirche feiert die Heilige Messe dagegen schon seit 1885 in der Landessprache, die Priesterbruderschaft Pius X. hält dagegen bis heute am ausschliesslichen Latein fest.

Neben der Heiligen Messe, die als Gebet der ganzen Kirche für die Welt verstanden wird, soll auch individuell gebetet werden. Die Lehre sagt, dass Gebete immer erhört werden. Ein Gebet kann still und formlos als Meditation erfolgen oder in ritueller fester Gebetsform wie zum Beispiel im Vaterunser oder mit dem Rosenkranz, einem populären Hilfsmittel beim Gebet. Gebete werden meist an Jesus Christus gerichtet. Im Katholizismus ist es, ebenso wie in der Orthodoxie, üblich und empfohlen, Maria um Fürbitte bei Gott zu bitten. Eine grosse Marienverehrung, die Kritiker schon als eine Vergötterung sehen, ist in vielen katholisch geprägten Regionen der Welt üblich. Für Katholiken ist die Verehrung von Heiligen kennzeichnend. Heilige sind Menschen, die «heiligmässig» gelebt und/ oder zu Lebzeiten oder nach ihrem Tod Wunder gewirkt haben sollen. Andere Menschen wurden heiliggesprochen, weil sie als Märtyrer für ihren Glauben starben. Die römisch-katholische Kirche führt ein aufwendiges Verfahren zur Feststellung des Heiligen-Status durch. Ein anerkannter Heiliger darf weltweit als Fürbitter angerufen werden. Sog. Selige stellen eine Art Vorstufe vor der Heiligsprechung dar oder haben eine vorwiegend regionale Bedeutung.

Ein Altar in einer katholischen Kirche kann nur dann «geweiht» und seiner Funktion entsprechend genutzt werden, wenn darin eine Reliquie, ein sterblicher Überrest eines Heiligen, eingeschlossen wurde. Ist eine Kirche erst einmal geweiht, soll sie nicht mehr zur weltlichen Nutzung zugelassen werden. Eine Kirche kann auch «entweiht» werden, zum Beispiel durch ein in ihr verübtes schweres Verbrechen.

Das katholische Christentum hat den im Westen üblichen Jahres- und Festkalender geprägt. Das Kirchenjahr beginnt mit dem 1. Adventssonntag, dem Beginn der Festzeit vor dem Geburtstagsfest Christi. Dieses wird am 25. Dezember gefeiert, kurz darauf, am 6. Januar, ist das Fest der Heiligen Drei Könige bzw. der Erscheinung des Herrn. Der Kreuzigung und Auferstehung Jesu wird am Karfreitag und zu Ostern, am ersten Sonntag nach dem ersten Frühjahrs-Vollmond, gedacht. Pfingsten als Fest des Heiligen Geistes feiert man 50 Tage später. Dazu kommen viele weitere Feste für Maria und Heilige, wobei es sehr vielfältige regionale Unterschiede gibt.

Christkatholische Landeskirche («Alt-Katholiken»)

Das I. Vatikanische Konzil im Jahre 1870/71 beschloss, dass dem Papst das Jurisdiktionsprimat (oberste Leitungs- und Entscheidungsbefugnis) über die → römisch-katholische Kirche zukomme und in bestimmten Glaubens- und

Moralfragen sogar Unfehlbarkeit. Die Bischöfe wurden in ihrer Funktion und Wichtigkeit somit zurückgesetzt. Laien und Theologen – insbesondere deutsche –, die in der Folge dagegen protestierten, exkommunizierte man kurzerhand. Ihnen blieb nichts anderes übrig, als unabhängige katholische Gemeinden und zwischen 1871 und 1877 eigene Bistümer zu gründen. Seit 1889 sind diese mit einigen anderen Gemeinschaften in der Utrechter Union verbunden.

Die sich unter Berufung auf frühkirchliche Ideale «altkatholisch» nennende Gemeinschaft (die päpstliche Kirche gilt ihnen als «neukatholisch») legt Wert auf eine funktionierende apostolische Sukzession. Diese stammt von der alten katholischen Kirche von Utrecht. Der altkatholischen Kirche gehören heute weltweit rund eine halbe Million Menschen an. Die altkatholischen Gemeinschaften sind ökumenisch sehr aktiv. Mit der Anglikanischen Kirche besteht eine Kirchen- und Abendmahlsgemeinschaft, der andere theologisch nahestehende Partner ist die östliche Orthodoxie. Aktive Mission betreibt die Kirche nicht.

Prinzipiell bestehen in Glaube und Ritus viele Parallelen zum römischen Katholizismus, doch lassen Altkatholiken im Unterschied zu dieser Frauen zum Priesteramt zu (in der Schweiz seit 1999), beteiligen Laien gleichberechtigt an der Kirchenleitung (Synodalprinzip) und verfügen weder über ein papstähnliches Oberhaupt noch über ein Pflichtzölibat für Kleriker. Schon seit ihrer Gründung verwendeten die Altkatholiken ihre jeweilige Landessprache in der Liturgie. Die Eucharistie steht – in beiderlei Gestalt gespendet – allen christlich getauften Menschen offen. Die schweizerische christkatholische Synode hat 2006 beschlossen, dass homosexuelle Lebenspartnerschaften kirchlich gesegnet werden können, solange klar bleibt, dass die Ehe einen anderen, nämlich den sakramentalen Status behält.

Schweiz und Bern

Insbesondere im Fricktal und im Kanton Solothurn entstanden in Folge des Protests schnell eigenständige Gemeinden. 1875 und 1876 formten sich schweizweite Kirchenstrukturen, heute bilden sie das christkatholische Bistum Schweiz. Hierzulande bezeichnet sich die Kirche als «christkatholisch». Für die Schweizer Katholiken kennzeichnet diese Gründung die Abtrennung eines liberalen Flügels der römisch-katholischen Kirche, der jahrzehntelang mit den sog. Ultramontanisten, romtreuen «Hardlinern», in Konflikt gelegen hatte. Die Gemeinschaft bekam schnell den juristischen Status einer öffentlichrechtlichen Landeskirche, das lag daran, dass zu jener Zeit durch den Kulturkampf mit Rom von offizieller Seite distanzierende Massnahmen zur römisch-katholischen Kirche (aber eben nicht unbedingt zu «den Katholiken») für nötig gehalten wurden.

Das Bistum wird durch die Nationalsynode, den Bischof und den Synodalrat geleitet. Die Finanzierung erfolgt, wie bei den beiden andern Landeskirchen auch, in den einzelnen Kantonen über den Kirchensteuereinzug und durch Spenden. Die heute rund 14 000 Mitglieder in 40 Gemeinden leben vorwiegend in den nördlichen und nordwestlichen Kantonen. Das «Christkatholische Kirchenblatt» ist das offizielle Organ der Schweizer Kirche, es erscheint 14-täglich in einer Auflage von ca. 8000 Stück; weitere Publikationen wie zum Beispiel das «Christkatholisches Jahrbuch» erstellt der Christkatholische Medienverlag in Basel. Für die frankophone Schweiz wird in Genf die Zeitschrift «Présence catholique-chrétienne» herausgegeben.

In der Stadt Bern fand der erste christkatholische Gottesdienst am 28. Februar 1875 in der Peter-und-Paul-Kirche statt. Dem dortigen romtreuen Pfarrer, dem dieses zuzulassen verboten war, musste zuvor von der Polizei erst der Schlüssel abgenommen werden. Rechtliche Auseinandersetzungen, die zur endgültigen Übergabe des Kirchengebäudes an die neue Kirche führten, folgten später.

Die heutige Berner Christkatholische Kantonalkirche hat rund 700 Mitglieder, in der Stadt Bern sind es etwa 230; Zahlen, die seit Langem sinken. Kantonales Zentrum ist die Stadt Bern mit der Kirche Peter und Paul in der Rathausgasse, die auch die Kathedralkirche des Bistums Schweiz ist. Die Gemeinde Thun (1865 als römisch-katholische Gemeinde gegründet) war lange Filialgemeinde von Bern und ist seit 1996 selbstständig. Sie feiert ihren Gottesdienst 14-täglich. Gemeinden im Kanton bestehen zudem in Biel (zweisprachig) und in St.Imier. Diese beiden Gemeinden teilen sich einen Pfarrer. Von Bern aus wird einmal monatlich ein Gottesdienst in Burgdorf (das zur Gemeinde Bern gehört) organisiert. Viermal jährlich wird er in Langenthal, das ebenfalls zur Berner Gemeinde gehört, gefeiert. Mitunter findet ein Gottesdienst auch – von Bern aus organisiert – in Freiburg statt.

Zu den Gemeindeaktivitäten in Bern zählen der Kirchenchor, die Frauen-, Männer- und Jugendgruppe, ein offener Treff für spirituell Suchende, eine Studierendenseelsorge an der Universität, ein Hilfswerk für ausländische Studierende, eine Jugendseelsorge, das Bistumsopfer als jährliche Sammelaktion für ein bestimmtes Projekt im Bistum usw. Präsent sind auch das landesweite christkatholische Hilfswerk «Partner sein» und das Kinder- und Jugendhilfswerk. In Bern ist zudem die international bekannte Willibrord-Gesellschaft zur Belebung der Beziehungen zwischen Altkatholiken und Anglikanern vertreten. Wegen der engen ökumenischen Verbundenheit gibt es in Bern viele gemeinsame Aktivitäten mit der anglikanischen St.-Ursula-Gemeinde. Die Thuner Christkatholiken verdanken den Anglikanern besonders viel, konnten sie doch 1942 deren Kirche in Göttibach erwerben, die sie schon seit 1914 genutzt hatten.

Eine internationale Besonderheit stellt die christkatholische Theologie an der Universität Bern dar: Sie ist in dieser Form weltweit einmalig. Einer der Aktivisten gegen den Konzilsbeschluss war der Luzerner Theologie-Professor Eduard Herzog. Er demissionierte dort und bekleidete ab 1874 den Lehrstuhl an der neu gebildeten, romunabhängigen katholischen Fakultät der Universität Bern. 1876 wurde er sogar Bischof der schweizerischen Kirche (zugleich war er Pfarrer für Bern und Thun). Die christkatholische Theologie bildete bis 2001 eine eigene Fakultät, seither ist sie ein Departement der fusionierten Christkatholischen und Evangelischen Theologischen Fakultät. Während der ganzen Zeit haben viele Studierende aus dem christkatholischen Ausland und aus orthodoxen Kirchen Osteuropas in Bern studiert – ein weiteres Zeichen ökumenischer Verbundenheit.

Kontakt

Christkatholisches Kirchgemeindehaus, Kramgasse 10, 3000 Bern;
Informationsbeauftragter der christkatholischen Kirche der Schweiz,
Willadingweg 39, 3006 Bern
www.christkath.ch, www.catholique-chretien.ch

Römisch-katholische Kirche im Kanton Bern

Die römisch-katholische Kirche, an deren Spitze Benedikt XVI. als der 265. Nachfolger auf dem Stuhl Petri amtiert, ist die grösste Kirche der Welt und zugleich die grösste und älteste Organisation überhaupt. Rund 17,4 Prozent der Weltbevölkerung bzw. die Hälfte aller Christen gehören ihr an. Der Vatikan in Rom, als der Ort, an dem die Apostel Paulus und Petrus das Martyrium erlitten hatten, war seit der Antike das Herz der westlichen Christenheit. Der über dem mutmasslichen Grab Petri befindliche Petersdom und der darum herum gruppierte Vatikanstaat bilden das religiöse und politische Zentrum der römisch-katholischen Christenheit. In der Region Bern war die römisch-katholische Kirche tausend Jahre lang die nahezu einzige religiöse Gemeinschaft.

Geschichte

In der Spätantike gehörte der römische Bischof zu jenen fünf Patriarchen (neben Rom noch Jerusalem, Antiochia, Alexandria und Konstantinopel), die ein besonderes theologisches Gewicht gegenüber ihren Bischofskollegen hatten. Nur Rom kann sich auf zwei Gründerapostel berufen, weshalb schon seit dem 3. Jahrhundert mit der Amtsnachfolge Petri eine besondere Qualität verbunden wurde. Denn es war Petrus, zu dem Jesus die «Worte der Vollmacht und der Schlüsselgewalt» sprach (Matth. 16, 16–18). Da das Weströmische Reich im 5. Jahrhundert zusammenbrach und der römische Bischof als nahezu einzige Autorität in der ehemaligen Hauptstadt verblieben war, wuchs ihm neben dem religiösen ein politisches Gewicht zu. Das und Querelen mit den Kirchenfürsten in Konstantinopel/Byzanz liessen die Distanz zwischen den beiden Reichs- und Kirchenhälften ständig grösser werden. Im Jahre 1054 kam es endgültig zum Bruch mit der Kirche des Ostens (→ Orthodoxes Christentum – Einleitung), die seitdem verstärkt Wert darauf legt, «orthodox» (rechtgläubig) zu sein, während die Papstkirche ihre Katholizität – und damit ihre alleinige Legitimität – betont.

Da besonders das deutsche Kaisertum auf Rom angewiesen war (nur der Papst als Erbwalter der Cäsaren konnte Kaiser krönen), konnte die Papstkirche auf politische Unterstützung zählend als Grossmacht auftreten. Machtfülle und Reichtum, durch die Kreuzzüge im 12. und 13. Jahrhundert noch gesteigert, führten zur Kritik am Papsttum. Viele Kritiker versuchten Reformen in der Kirche, zum Beispiel in Mönchsorden. Auf Dauer wirkten diese Beruhigungsversuche jedoch nicht. 1517 löste der Augustinermönch Martin Luther eine Reformbewegung aus, die sich innerhalb weniger Jahre zur protestantischen Kirchenspaltung entwickelte (→ Protestantismus – Einleitung). In der Folge kam es zu erbitterten Religionskriegen, die Europa nach dem Westfälischen Frieden von 1648 als konfessionellen Flickenteppich zurückliessen. In katholischen Ländern festigte sich die gesellschaftliche Position der Kirche durchaus, ihre politische Macht jedoch ging zurück. Besonders stark ist sie heute in Süd- und Mitteleuropa, Lateinamerika und einigen Teilen Afrikas und Südasiens vertreten. Ihr Zentrum, der Vatikan, bildet als unabhängige Nation ein völkerrechtliches Subjekt auf dem Territorium der italienischen Hauptstadt.

Aufklärung, industrieller, wissenschaftlicher und politischer Fortschritt fordern die Papstkirche heraus. Sie ist vermehrt der Kritik ausgesetzt, welche sich an theologischen Fragen, an der Hierarchie und an mit der Kirche verbundenen politischen und wirtschaftlichen Themen festmacht. Über die Jahrhunderte hat sich der Vatikan immer wieder als Bollwerk gegen gesellschaftliche Modernisierungen wie die Demokratie, die Gleichberechtigung der Geschlechter und anderer Religionen gestellt (zum Beispiel mit dem «Antimodernisten-Eid» für alle Kleriker im Jahre 1910, suspendiert erst 1967). Die dogmatischen Verhärtungen waren im 19. und bis weit ins 20. Jahrhundert von konservativen politischen Allianzen begleitet. Gleichzeitig setzte die Kirche Massstäbe im karitativen Bereich, und seit einigen Jahrzehnten tritt sie stärker für soziale Gerechtigkeit ein. Heute noch umstritten sind eher innerkirchliche Themen: das Verbot der Ordination von Frauen, der Zölibat (Ehelosigkeit der Priester), Schwangerschaftsabbruch und die Rolle der Laien(-Theologen).

Die römisch-katholische Kirche steht der Ökumene zugleich distanziert – im Selbstbewusstsein einer besonderen Stellung – und interessiert gegenüber; das II. Vatikanum hat da mit den Dokumenten «Gaudium et spes» («Freude und Hoffnung», über die Kirche und die Welt) und «Dignitas humanae» («Würde des Menschen», über die Religionsfreiheit) neue Wege eröffnet.

Trotz oder gerade wegen der verhältnismässig konservativen Einstellung der Päpste bleiben diese aber eine moralische Instanz, die auch ausserhalb ihrer Kirche Gehör findet.

Aufbau und Funktionsweise der Kirche

Die Kirche ist als Hierarchie von oben nach unten gestaltet. Grundsätzlich sind die Angehörigen in Kleriker (clerus = Geistlichkeit) und Laien mit je spezifischen geistlichen Aufgaben unterteilt. Kleriker kann jeder männliche Katholik werden, indem er nach entsprechenden theologischen Studien zum Diakon (teilweise verheiratet) und später zum Priester (unverheiratet) geweiht wird. Weltweit gibt es rund 400 000 Priester. Ein sog. Weltpriester steht im Dienst einer örtlichen Gemeinde, ist ihr Seelsorger und Berater und führt die heiligen Handlungen aus. Sog. Ordenspriester (zu Orden s.u.) sind zugleich Angehörige einer Ordensgemeinschaft und erfüllen im Dienste der Kirche besondere Aufgaben. Gemeindepriester werden im deutschen Sprachraum Pfarrer oder Pastor genannt, Ordenspriester mit Pater angesprochen. Bischöfe stehen einer Diözese (auch Bistum genannt) vor, der grössten kirchlichen Verwaltungseinheit. Sie werden dazu aus bewährten Priestern ausgewählt und bekommen ihr Amt und die Bischofsweihe durch Handauflegen von Amtskollegen verliehen. Ein Bischof tritt dadurch in die apostolische Sukzession, die direkte Amtsnachfolge der Apostel ein. Den Bischöfen obliegt die Sorge für Predigt, Liturgie, Leitung und Seelsorge der Diözese, nur sie können Priester weihen. Die Priester- und die Bischofs-Weihe gelten als unverlierbar, man behält sie ein Leben lang, selbst wenn man im Ruhestand ist und kein Amt mehr ausübt oder wenn ein Priester oder Bischof in einem komplizierten Verfahren «laisiert», in den Laienstand (zurück)versetzt wird. Denn diese Weihen vermitteln, so das Amtsverständnis, dem Träger übernatürliche Fähigkeiten für seine Aufgaben.

Das Bistum ist die eigentliche Ortskirche. Die gesamte Welt ist in rund 2600 Bistümer aufgeteilt, denen also 2600 Diözesan- oder Ortsbischöfe, unterstützt von 1700 Weihbischöfen, vorstehen. Die Amtskirche eines Diözesanbischofs ist die Kathedrale (cathedra = [Apostel-]Stuhl). Orden unterstehen nicht dem Bischof einer Ortskirche, sondern sind, wie auch die 21 unierten Kirchen (s. u.), in die Gesamtkirche einbezogen. Auch der Papst ist zugleich Ortsbischof; sein Bistum ist Rom und seine Kathedrale die Lateran-Kirche. Einige wenige (zurzeit rund 180) Geistliche, meist Bischöfe, werden zu Kardinälen (cardo = Türangel, Angelpunkt; cardinalis = wichtig) «kreiert». Sie haben Leitungsfunktionen in der Kurie, dem leitenden Gremium der Gesamtkirche oder stehen weltweit bedeutenden Diözesen vor. Sie wählen nach dem Tod des Papstes einen neuen Amtsinhaber. Als Zeichen ihrer Würde als engste Papstberater tragen sie die Farbe Purpur und den Titel Eminenz.

Wichtige Entscheidungen fällt «die Kirche als Ganzes», das heisst alle Bischöfe gemeinsam unter dem Primat des Papstes. Weil diese, so die Kirche, unter dem besonderen Beistand des Heiligen Geistes beschlossen werden, gelten sie als Entscheide des «unfehlbaren Lehramtes». In diesen Momenten werden zum Beispiel verbindliche Aussagen über von Gott offenbarte Lehren und über Glaubenswahrheiten gemacht. Solche Konzile (concilia = Versammlung) gibt es nur selten (21 erkennt die römisch-katholische Kirche in ihrer 2000-jährigen Geschichte an), als bisher letztes fand 1962 bis 1965 im Rom das «II. Vatikanum» statt. Seit diesem modernisierend wirkenden Bischofstreffen sind die Ortskirchen und die Laien stärker in Entscheidungsprozesse einbezogen, allerdings können Letztere nur beratend wirken. In Fragen des Dogmas, das heisst der unbedingt zu glaubenden Wahrheiten, kann ein Papst allein und unfehlbar die Wahrheit verkünden. Das wurde 1870 festgelegt, bisher aber erst ein einziges Mal angewendet (1950: Dogma der leiblichen Aufnahme Marias in den Himmel). Es ist eine Spezialität des Katholizismus, dass die so festgelegten Glaubenswahrheiten der Offenbarung selbst zugehören, wenn sie auch nur durch Tradition und Amt legitimiert sind.

Orden, Klöster und besondere Gemeinschaften

Ursprünglich waren Orden (ordo = Stand, auch Kongregation genannt) Gemeinschaften, deren Mitglieder – «Mönche» und «Nonnen» – sich der Welt entzogen. Für sie stand die Anbetung Gottes, das Gebet für die Welt und die Selbstheiligung im Mittelpunkt. Neben diesen «kontemplativen» Orden gewannen jedoch im Laufe der Zeit die «tätigen» Orden an Gewicht. Ordensangehörige können Männer oder Frauen, Laien oder Priester sein. Der Eintritt in einen Orden ist nach einer Probezeit mit einem «ewigen Gelübde» verbunden. Dieses umfasst die «Evangelischen Räte» (das heisst Ratschläge nach dem Evangelium): Gehorsam, Keuschheit, Armut. Jede Ordensperson ist zudem verpflichtet, täglich das Stundengebet – früher Brevier genannt – zu beten, das allgemeine Gebet der Kirche. Das bekannteste Regelwerk ist die benediktinische Regel aus dem 6. Jahrhundert. Ordensleute leben oft in Konventen oder in Klöstern (claustrum = abgeschlossen); in jüngerer Zeit werden auch häufiger Wohngemeinschaften «in der Welt» gegründet. Im Protestantismus ist das Ordenswesen in dieser Form abgeschafft, jedoch kann diese Lebensweise heute auch dort nach Art eines Berufs, das heisst ohne bindendes Gelübde gelebt werden (→ Evangelische Kommunitäten und Gemeinschaften).

Sog. aktive Orden verfolgen neben dem Gebet Ziele in der «Aussenwelt»: Mission und Predigt, Entwicklungshilfe, Betreuung von Pilgern und Kranken sowie die Ausbildung von Jugendlichen oder die Weiterbildung von Laien. Oft bekleiden Ordenspriester ein Pfarramt. Besonders Nonnen-Orden waren und sind karitativ ausserordentlich aktiv. Zusätzlich haben sich Organisationen gebildet, die sich als «Dritte Orden» oder «Bruderschaften» der Spiritualität eines Ordens angeschlossen haben, meist aber selbstständig sind. Die Mitglieder versuchen, nach dem Ordens-Vorbild ein konsequentes christliches Leben zu führen (meist ohne Gelübde). Frühe derartige Gemeinschaften waren die Ritterorden der Kreuzfahrerzeit.

In der Vielfalt der Ordensgemeinschaften, sagen selbst Kirchenmitarbeiter, «kennt sich nicht einmal der Heilige Geist aus». Allgemein unterscheidet man «Orden» (aktive und kontemplative in Klöstern), «Säkularinstitute» und «Gesellschaften des apostolischen Lebens» (die einzeln oder in Gemeinschaft in der Welt leben). Die beiden Letztgenannten sind Entwicklungen des 19. und 20. Jahrhunderts, zu denen in jüngster Zeit noch «Neue Geistliche Gemeinschaften» hinzukamen. Weltweit gibt es rund eine Million Ordensleute, wobei die Zahl der Frauen die der Männer um das fast Zehnfache übersteigt. Die Zahl der Ordensleute ist in der westlichen Welt seit einiger Zeit stark rückläufig.

Bern

Die Geschichte der Röm.-kath. Kirche in Bern kann in eine Phase vor und eine nach der Reformation unterschieden werden, wobei der zweite Abschnitt eigentlich erst 1799 begonnen hat. Der Anfang ist in die ausgehende Antike zu datieren, als sich das Christentum im Römischen Reich und seinen Zerfallsresten auch in Helvetien ausbreitete. Das Bistum in Basel ist schon im Jahre 346 bezeugt, doch haben wohl erst im 6. Jahrhundert irische Wandermönche das Bernbiet erfolgreich christianisiert. Die römische Kirche blieb lange die nahezu einzige Religion in der Region (über «heidnische» Überreste und den «Aberglauben der Leute» kann man nur spekulieren). Nur einige Juden und Waldenser gab es.

Die Region des heutigen Kantons gehörte zu den Bistümern Basel, Konstanz und Lausanne (dazu gehörte auch die Stadt Bern). Grosse romanische, später gotische Kirchen wurden errichtet und reich mit Kunstwerken und Reliquien ausgestattet. Für ihr Seelenheil besuchten die Menschen die Hl. Messen, kauften «Ablässe» (Erlass kirchlicher Bussstrafen) und pilgerten zu diversen Wallfahrtsstätten. Ein für wundertätig gehaltenes Marienbild in Oberbüren zog Pilger bis aus Tirol und Burgund an. Durch das Bernbiet führte auch in mehreren Strängen der Jakobsweg. Zugleich blühte die Angst vor Hexen und Teufeln, was die dominikanische Inquisition auf den Plan rief. Das Verbrennen von «Hexen» und «Ketzern» sollte auch mit der Reformation kein Ende finden. Eine ganze Reihe von Klöstern, Stiften und Ordensniederlassungen sorgten neben den örtlichen Priestern für die geistliche Betreuung der Menschen. Namhafte Niederlassungen befanden sich in Interlaken (Augustiner), Bern (Antonier, Dominikaner, Franziskaner), Fraubrunnen (Zisterzienserinnen), Rüeggisberg (Clunazienser), Thunstetten (Johanniter) und Köniz (Deutschritterorden).

Die Vorstellung, mit guten Taten die eigene Errettung befördern zu können, förderte das Stiftungswesen. Den Armen konnte so geholfen werden, aber besonders der Kirchenbau profitierte: Wenn jemand eine Kapelle stiften wollte, so wurde diese auch gebaut. So begannen zum Beispiel die Bürger Berns im Jahre 1421, dem Stadtheiligen St. Vinzenz (Festtag 22. Januar) das Münster zu errichten, obwohl die 4500 Einwohner schon über reichlich Kirchenraum verfügten.

Nach Luthers Aktion an der Wittenberger Schlosskirche (1517) fanden reformatorische Ideen schnell Verbreitung, jedoch waren die Berner uneinig in der Frage ihrer Umsetzung. Sie versuchten, zwischen der katholisch bleibenden Innerschweiz und den reformeifrigen Zürchern zu vermitteln. Letztlich neigte sich die Waage dem neuen Glauben zu, und nach der Disputation der widerstreitenden Lehren 1528 ging es ganz schnell: Am 27. Januar, einen Tag nach Ende der Disputation, fand in der Diesbachkapelle des Münsters die letzte Hl. Messe statt, durchgeführt im Auftrag der bis dahin «altgläubig» gebliebenen Zunft der Metzger. Gleichzeitig wurden den fernen Bischöfen alle Befugnisse entzogen, Klöster und Kirchen enteignet und der Burgerschaft übertragen sowie die Kleriker verweltlicht: Manche konvertierten, manche verliessen die Region. Die Hl. Messe in ihrem Charakter als Opfer und das Reliquienwesen wurden, weil als nicht biblisch begründet angesehen, verboten. Offiziell verschwand die katholische Religiosität sofort, allerdings v. a. im Berner Oberland nicht ohne Widerstand. Volkstümliche Bräuche hielten sich noch lange, und so manche Pilgerorte, wie etwa die Beatushöhle am Thunersee, sollten noch über Generationen hinweg eine verbotene Anziehungskraft ausüben.

Nach diesem tiefen Einschnitt dauerte es über 270 Jahre, bis es erneut katholisches Leben im Bernbiet geben konnte. Nur sehr vorsichtig regte dieses sich ab 1798 wieder. Damals kam P. Girard aus Freiburg – gerufen von der Helvetischen Regierung – als Pfarrer in die Stadt, die gerade den Untergang der alten Ordnung durch französische Revolutionstruppen zu verkraften hatte.

Die Lage der Katholiken sollte über Jahrzehnte hinweg politisch wie finanziell prekär bleiben. Ihr Gewicht nahm jedoch zu, als der Wiener Kongress 1815 Gebiete des ehemaligen Fürstbistums Basel, nämlich Teile des Jura, dem Kanton Bern zuschlug. Der so streng und einheitlich reformierte Stand Bern umfasste mit einem Schlag katholische Territorien bzw. beherbergte eine katholische Bevölkerung von fast 50 000 Menschen. Ihnen wurde in ihrer Heimat die Kultusausübung umstandslos gestattet, ansonsten war Katholisches nur in der Hauptstadt erlaubt. Die Stadtberner Katholiken (meist Diplomaten, Reisende, Zugezogene und ihre Angehörigen) durften anfangs den Chor des Münsters nutzen, ab und an zelebrierten sie in der Spitalkapelle, und zwischen 1804 und 1864 fand ihr Gottesdienst in der («französischen») Predigerkirche statt – in problematischer Abstimmung mit den dort ebenfalls feiernden Reformierten. 1842 begann in Interlaken eine katholische Gottesdiensttätigkeit, der bald weitere Oberland-Orte folgen sollten – ein Zugeständnis an die Reisenden.

Als 1828 das katholische Bistum Basel wiedererrichtet wurde, gehörte ihm zwar kirchenrechtlich der Kanton Bern (in einem eingeschränkten Sinne – der Rat hatte sich einen Sonderstatus ausgebeten) an, nicht jedoch die Stadt, diese blieb bei der Diözese Lausanne. Erst 1864 sollte auch der Rest des Kantons dem Bistum Basel zugeordnet werden.

Die Bundesverfassung von 1848 sicherte der katholischen Gemeinde in Bern ordentliche Rechte zu. Denn nun war die Stadt Hauptstadt aller Schweizer. Um 1850 lebten ca. 1500 Katholiken in der Stadt, darunter viele kantonsfremde Bundesangestellte und Ausländer, speziell Gesandte. Die Errichtung einer eigenen Kirche wurde immer dringlicher, doch bis zur Einweihung von Peter und Paul im Jahre 1864 mussten noch viele Hindernisse beseitigt werden. Allerdings wurden die mit dieser Kircheneinweihung endlich geordneten Verhältnisse gleich wieder durch den Kirchenkampf im Zusammenhang mit der Entstehung der → Christkatholischen Kirche zerstört. Das römische Konzil Vatikanum I. sorgte für Unruhe unter den Berner Katholiken, welche sich noch verschärfte, als die Regierung 1873 diverse kirchliche Verwaltungsverfahren an sich zog. Die Annahme einer autonomen Kirchengemeindeordnung durch das Volk trennte dann die städtische Gemeinde de facto von Rom ab, ein Ergebnis, das nur die wenigsten aus religiösen, aber so manche aus politischen Gründen gewollt hatten. Das Produkt waren formal-juristische Kirchgemeinden, die in ihrer Struktur den reformierten ähnelten, und die «querlagen» zu den traditionellen Pfarreien – eine Doppelstruktur, die bis heute besteht. Die von Rom getrennten Professoren der neuen, der Christkatholischen Fakultät der Universität ersuchten den Regierungsrat, die katholische Kirche Peter und Paul für ihre Gottesdienste nutzen zu dürfen. Das wurde ihnen gestattet. Die romtreuen Katholiken, viele darunter nicht stimmberechtigte Ausländer, fühlten sich in dieser neuen Struktur nicht mehr zu Hause, und da Rom die gleichzeitige Nutzung der Kirche mit den «Abtrünnigen» verboten hatte, verloren sie 1875 wieder ihr Obdach. Die Gemeinde feierte also wieder in der Französischen Kirche bzw. in einem umgebauten Lokal in der Gerechtigkeitsgasse und begann, erneut Geld für einen Kirchenbau zu sammeln. Ende 1898 konnte mit der Dreifaltigkeitskirche wieder eine eigene Kirche bezogen und 1899 – exakt hundert Jahre nach der ersten Messe der «Neuzeit» – konsekriert werden. Bis heute ist die Dreifaltigkeitskirche die wichtigste römisch-katholische Kirche in der Stadt Bern und wohl auch im Kanton. Mit dem Wachsen Berns und der Zuwanderung vieler Menschen katholischen Glaubens, meist aus Südeuropa und den katholischen Kantonen, nahm der Bedarf nach Kirchenraum zu. Durch Bemühungen der Gemeinden und durch Spenden aus vielen Teilen der Welt konnten in den folgenden Jahrzehnten an rund 20 Orten im Kanton neue Kirchenbauten erstellt werden.

1939 wurde die Römisch-katholische Kirche öffentlich-rechtlich anerkannt (im juristischen Sinne – informell war das schon Jahrzehnte zuvor geschehen), seither gibt es drei Landeskirchen im Kanton Bern. Die vom Staat geschaffene Institution der Landeskirche (ähnlich wie die Kirchgemeinden) bildet eine Art Parallelstruktur zu den kirchenrechtlichen («kanonischen») Institutionen der Bistümer. Denn die reformierten Kantone waren nicht bereit, die Bistümer einer hierarchisch verfassten Kirche unmittelbar als solche anzuerkennen, wie das in katholischen Kantonen üblich war. Wenn auch von kirchlicher Seite her eher ungeliebt und als aufgezwungen empfunden, erfüllte die neue, landeskirchliche Struktur praktische Funktionen: Die Beziehungen zum Staat und anderen Kirchen konnten nun auf der Grundlage territorial deckungsgleicher Organisationen gestaltet werden. Die Kirche als Arbeitgeberin, Grundeigentümerin und steuerberechtigtes Gemeinwesen bekam eine vom Staat anerkannte Rechtsform. Kirchenrechtlich gesehen, ist die Landeskirche jedoch bis heute eine Zweitstruktur, die von Katholiken als «dem Bistum dienend» verstanden wird.

Besonders stark war und ist das katholische Christentum traditionell im Jura vertreten. Dort ist die grosse Mehrheit der Bevölkerung katholisch. Da jedoch diese Region spät zum Kanton hinzugekommen war, sie jenseits des Röstigrabens lag und auch kulturell fern war, gab es von dort aus nicht allzu viele Einflüsse. Eine gewisse Fremdheit manifestierte sich in den fortwährenden Separationsbestrebungen – und die hatten letztlich Erfolg: Die Abtrennung des Kantons Jura im Jahre 1979 erfolgte etwa entlang der konfessionellen Grenze.

Gegenwärtige Struktur

In der Schweiz bestehen für die heute rund drei Millionen Katholiken (41,8 Prozent der Bevölkerung [Volkszählung 2000]) sechs Bistümer der Röm.-kath. Kirche: Basel, Chur, Lausanne/Genf/Freiburg, Lugano, St.Gallen und Sitten sowie zwei spezielle Ordens-Institutionen, die sog. Gebiets-Abteien Einsiedeln und St.-Maurice. Der Kanton Bern gehört zum flächenmässig grössten Schweizer Bistum, der in dieser Form seit 1828 bestehenden Diözese Basel. Der Sitz des Bischofs ist – entgegen diesem Namen – die Stadt Solothurn, dort befinden sich die Bistumskathedrale, die Kirche St.Urs und Viktor, und das Bischöfliche Ordinariat. Das Bistum Basel erstreckt sich über zehn Kantone und ist in drei sog. Bistumsregionen aufgeteilt. Bern gehört zur Bistumsregion SO BE JU, Patronin ist die heilige Verena.

Kirchlich-religiös wird die Kirche also von Solothurn (Basel) und letztlich von Rom aus geleitet. Durch den Bischof erfolgen die zentralen Lehrverkündigungen, Weihehandlungen und die Einsetzungen in die Ämter Priester und Diakon sowie – von zunehmender Wichtigkeit – in die Dienste Pastoralassistent und Katechet. Zugleich bildet, wie in vielen Schweizer Kantonen, die römisch-katholische Kirche jeweils auch in Bern eine Landeskirche nach Schweizer Staatskirchenrecht. In dieser entscheidet eine 100-köpfige (ab 2008: 74 Mitglieder) landeskirchliche Synode als Legislative die Geschäfte, ein regelmässig tagendes, demokratische gewähltes Kirchenparlament. Als Exekutive wirken ein Synodalrat und eine kleine Verwaltung. Die Synode ist insbesondere für Finanzielles und Organisatorisches, die Aussendarstellung und sonstige weltliche Angelegenheiten zuständig. Auch auf der Ebene der Kirchgemeinden bestehen die demokratischen synodalen Strukturen in Form des Kirchgemeinderates.

Die Landeskirche Bern hat ihren Verwaltungssitz in Biel und ist in vier sog. Dekanate (kirchliche Seelsorgeräume) gegliedert: Region Bern, Bern-Mittelland, Bern-Oberland und Jura bernois. Sie verfügt laut Volkszählung 2000 über 154 500 Mitglieder (ein Drittel davon Ausländer), das sind 16 Prozent der Kantonsbevölkerung (in der Stadt Bern 31 500 = 27 Prozent). Die Landeskirche besteht aus 33 Gemeinden (organisiert als Organe staatlichen Rechts) parallel zu den dem Bistum unterstehenden 42 Pfarreien (Organe kirchlichen Rechts) auf dem Kantonsterritorium. Gesondert zu nennen sind 25 sog. anderssprachige Missionen (in der Stadt Bern sind es neun), die die vielen katholischen Ausländer – insbesondere Spanier und Italiener – seelsorgerisch betreuen.

Der Staat unterstützt die Kirche finanziell. Er zieht in ihrem Auftrag (auf der Ebene der Kirchgemeinden) von den Kirchenmitgliedern die Kirchensteuer ein. Zugleich leistet er einen Beitrag zur Pfarrerbesoldung aus dem verstaatlichten Kirchengut. Das jährliche Budget der Landeskirche beträgt rund vier Millionen Franken. Sie beschäftigt im Kanton Bern etwa 200 Menschen. Davon sind 35 Priester im aktiven Dienst, unterstützt von 25 Priestern im AHV-Alter. Zusätzlich wirken in den Pfarreien 72 Theologen, Gemeindeleiter, Pastoralassistenten und (männliche) Diakone. 77 weitere Fachleute arbeiten in der Katechese, der Jugend- und Sozialarbeit sowie in den Sekretariaten. Die Arbeit ist ohne Frauen nicht denkbar, insbesondere leisten sie den überwiegenden Teil der ehrenamtlichen Arbeit an der Basis.

Das Zusammenwirken der heiligen Kirchenhierarchie und der weltlichen Landeskirchenstruktur funktioniert meistens reibungslos. Doch werden ab und an auch Differenzen kenntlich. Gab es im 19. und frühen 20. Jahrhundert eine Ergänzung zwischen den Pfarrern und den vielen Vereinen, welche der katholischen Bevölkerung der Schweiz (damals eine Minderheit) Struktur und Selbstbewusstsein boten, so lösten sich in den letzten Jahrzehnten zum einen viele dieser Vereine auf und trat zum anderen eine Überlastung der Ortspfarrer ein. Zugleich gab es neue Anforderungen an die Kirche. Es entstanden Fachkommissionen und spezialisierte Einrichtungen, die mehrheitlich auf den Schultern der Laien ruhten. Markant illustrieren das Laien-Theologen, die sich einbringen, aber (trotz Studium) nicht Priester werden (wollen). Sie leisten zum Beispiel Seelsorge und übernehmen grosse Teile des katechetischen Unterrichts; Pastoralassistent(inn)en füllen immer mehr die Lücken, die der Priestermangel aufreisst. Die Möglichkeiten der Laienmitwirkung stossen bei der Frage der Sakramentsspendung jedoch an Grenzen. Als im Jahre 2004 Berner und Schweizer Katholiken ein ganz besonderes Ereignis feierten – es kamen 70 000 Menschen zum Papstbesuch auf der Berner Almend zusammen –, blieben deshalb einige aus Protest fern.

Sonstige Einrichtungen

Die römisch-katholische Kirche unterhält im Kanton eine Vielzahl von Fach- und Beratungsstellen, Hilfswerken und sonstigen Einrichtungen, welche karitativ, beratend, erzieherisch und kulturell zum Teil in Bern, zum Teil auch weltweit tätig sind. Zu nennen wären da – nur als Beispiele – Ehe- und Familienberatungsstellen, Einrichtungen zur religiösen Bildung, zur Spital- und zur Armenseelsorge, Gassenarbeit, Beratungsstellen für Ausländer, Fachstellen zur Sozialarbeit, eine katholische Studentengemeinde u. a. m. In diesem Zusammenhang hat inzwischen die Prairie in Bern geradezu Berühmtheit erlangt, eine Seelsorgestelle für Menschen am Rande.

Die Mission wird grösstenteils – schweizweit organisiert – durch das 1960 gegründete Schweizerische Fastenopfer finanziert. Vorwiegend sind die missionarischen Einrichtungen auf dem sozial-karitativen Gebiet tätig.

Die 1932 gegründete Schweizerische Jungwacht und der 1933 entstandene Schweizerische Blauring haben heute landesweit 32 000 Mitglieder und sind die grössten katholischen Kinder- und Jugendverbände der Schweiz. Der Kanton Bern zählt 500 Mitglieder.

Ebenfalls auf der nationalen Ebene agieren Organisationen wie der Katholische Frauenbund (SKF), das Kolpingwerk (ehemals ein Gesellenverein) oder die Katholische Arbeitnehmerinnen- und Arbeitnehmerbewegung (KAB).

Katholisch-theologische Fakultäten bestehen in der Schweiz an öffentlichen Universitäten in Luzern, Freiburg und Chur. Die Theologenausbildung für Bern geschieht daher vorwiegend an den Universitäten Freiburg und Luzern. Der jüngere Nachwuchs erhält Religionsunterricht an öffentlichen Schulen.

Mit dem «Pfarrblatt Bern», der 1910 gegründeten wöchentlichen «Kirchenzeitung» im deutschsprachigen Teil des Kantons, dem «Angelus Biel-Bienne», der 14-täglichen Kirchenzeitung für Biel und Umgebung, und «Le Bulletin», dem französischsprachigen Pfarrblatt für den Jura bernois, bestehen eigene Medien. Dazu kommen mehrsprachige Internetauftritte sowie Radio- und TV-Sendungen.

Das kirchliche Leben wird ausserdem getragen und organisiert von einer Vielzahl von Vereinen, Laiengemeinschaften, Pilgerorganisationen und Privatinitiativen. Das reicht bis hin zur Bibellesegruppe oder zum Jassnachmittag im Gemeindehaus.

Spezielle Anliegen werden von Gruppen wie der Fokolar-Bewegung (interreligiöse Verständigung, Friedensarbeit), der Charismatischen Erneuerung (Einsatz für die verstärkte Wahrnehmung des Heiligen Geistes), Gruppen, die sich für die stärkere Präsenz der traditionellen lateinischen Messe einsetzen, u. v. a. m. vertreten. Tausende Katholiken tragen so aktiv zum kulturellen Leben in der Kirche und auch in der Gesellschaft bei.

Unierte syro-malabarische Christen

Diese Gemeinschaft stellt nur eine kleine Minderheit unter den ausländischen Mitgliedern der Römisch-katholischen Landeskirche dar; doch handelt es sich in diesem Falle um spezielle, nämlich «unierte» Christen: Auch nach der Trennung der Christenheit in eigenständige kirchliche Hierarchien blieb der Wunsch bestehen, die Differenzen zu überbrücken. Die römisch-katholische Kirche hat zu allen Zeiten in aller Welt missioniert und schloss dabei Gebiete, die zu anderen christlichen Bekenntnissen gehörten, nicht aus. Auch auf der Ebene der Kirchenführungen gab es Kontakte. Das sog. Unionskonzil von 1437–1439 schaffte sogar eine Wiedervereinigung der Kirchen von Konstantinopel und Rom, allerdings hielt das Bündnis nicht lange. Oft spalteten sich altorientalische und orthodoxe Kirchen und Teile schlossen sich dann Rom an. Diese sog. Unierten wurden aber nicht strikt katholisch im römischen Sinne, sondern behielten ihren traditionellen Stil und ihre Organisation bei. So bildeten sich viele unierte Kirchen, die eigenständig blieben, aber die Oberhoheit des Papstes in Rom anerkennen.

Schon sehr früh kam das Christentum nach Südindien. Nach dem legendären Gründer ihrer Kirche, dem Apostel Thomas, nannten sich die dortigen Gläubigen Thomaschristen. Sie blieben eingebunden in altorientalische Kirchenstrukturen. Mit dem Auftauchen von katholischen Missionaren im 16. Jahrhundert wurden einige dieser indischen Christen Mitglieder der römisch-katholischen Kirche, die meisten aber blieben bei ihrer Konfession. Und einige behielten ihren Ritus und die Liturgiesprache bei, schlossen aber eine Kirchen-union. So ähnelt ihre Liturgie stellenweise der katholischen, doch pflegen die Gläubigen ebenso frühkirchliche und jüdische Traditionen, zum Beispiel die Verhängung des Allerheiligsten.

Mit den vielen Tamilen kamen auch katholische und eben «syro-malaba-risch» genannte unierte Christen in die Schweiz. Die meisten sind Mitglieder einer römisch-katholischen Ortsgemeinde. Die Syro-Malabaren sind sonst nicht fest organisiert, alle Verabredungen laufen informell. Eine traditionelle Liturgie findet in Bern einmal monatlich statt, dazu reist ein Priester – der einzige dieser Kirche in der Schweiz – aus Freiburg an. Die Gläubigen treffen sich sonst zum gemeinsamen Beten, Singen und Feiern. Ihr Zentrum ist die Kirche St. Antonius in Bümpliz.

Orden, Säkularistitute und kirchliche Gemeinschaften

Neben den Gemeinden und Facheinrichtungen engagiert sich eine ganze Reihe von geistlichen Gemeinschaften im Kanton:

- Die Jesuiten (Societas Jesu, www.jesuiten.ch, gegr. 1540, zwischen 1848 und 1973 aus der Schweiz verbannt) sind heute in Bern in der Studentenseelsorge tätig und betreiben das Akademikerhaus (aki) an der Alpeneggstrasse (www. aki-unibe.ch). Sie veranstalten Semesterprogramme, ignatische Exerzitien und Meditationen.
- Die Apostolische Bewegung von Schönstatt (Laienbewegung, gegr. 1914, www.schoenstatt.ch), die das Apostolat, die Bildung der Laien und die Fami-lien fördern will, ist in der Seelsorgestelle im Berner Frohbergweg präsent.
- Drei Scalabrinianer-Patres betreuen in Bern die italienische und die portu-giesische Mission in der Bovetsrasse 1 und im Meisenweg 15.
- Die Kleinen Schwestern von Jesus/Petites Sœurs de Jésus (Seftigenstrasse 50 in Bern und Badhausstrasse 21 in Biel), 1939 in Algerien gegründet, bilden Arbeits- und Lebensgemeinschaften und wenden sich insbesondere sozial Schwachen zu.
- Barmherzige Schwestern von heiligen Kreuz (Ingenbohl), gegründet 1856, betreuen das Alters- und Pflegeheim Viktoria an der Berner Schänzlistrasse.
- Die Salesianer Oblatinnen des heiligen Franz von Sales betreiben die Villa Maria, ein Wohnheim für Frauen und Mädchen an der Berner Kapellen-strasse.

Röm.-kath. Gesamtkirchgemeinde Bern und Umgebung, Frohbergweg 4, Postfach 7662, 3001 Bern, Tel.: 031 306 06 06

Landeskirche Geschäftsstelle/Administration, Schmiedengasse 7/rue des Maréchaux 7, 2502 Biel, Tel.: 032 322 47 22

www.kathbern.ch, www.cathberne.ch, www.kath.ch, www.bistum-basel.ch, www.vatikan.va

Zum Weiterlesen

Katholisch Bern von 1799 bis 1999. Ein Zwischenhalt, Bern 1999

Karrer, L.: Katholische Kirche Schweiz: Der schwierige Weg in die Zukunft, Freiburg/Schweiz 1991

Schweizerisches Pastoralsoziologisches Institut (SPI)/Schweizerische Katholische Arbeitsgruppe «Neue Religiöse Bewegungen» (Hrsg.): Neue Gruppierungen im Schweizer Katholizismus. Ein Handbuch, Zürich 2000

Protestantisches Christentum

Protestantismus ist ein Sammelbegriff für die Fülle christlicher Glaubensbekenntnisse und Gemeinschaften, die sich infolge der Reformation entwickelt haben. Entscheidend und allen Ausformungen gemeinsam ist die Betonung des Verhältnisses des Einzelnen zu Jesus Christus. Diese Individualisierung des Glaubens ging von Anfang an mit einer Zersplitterung des Protestantismus einher. In diesem Handbuch werden alle Christen, die einer aus der Reformation hervorgegangenen Kirche angehören, «protestantisch» genannt; der Begriff «reformiert» soll der Klarheit wegen der ➞ Reformierten Landeskirche und ihrer theologischen Tradition (Zwingli/Calvin) vorbehalten bleiben; auf den Begriff «evangelisch», der als Konfessionsname teilweise synonym genutzt wird, wird weitgehend verzichtet.

Geschichte

Der Protestantismus entstand aus dem Protest einzelner kirchlicher Gelehrter gegen Elemente der spätmittelalterlichen Kirche. So wollte der Augustiner-Mönch und Theologieprofessor Martin Luther (1483–1546) mit seinen 95 Thesen, die er am 31. Oktober 1517 an die Tür der Schlosskirche zu Wittenberg nagelte, einen Anstoss liefern zu einer innerkirchlichen theologischen Diskussion. Die seiner Ansicht nach zu starke Verweltlichung der Kirche sollte zurückgenommen und ihre Gebräuche von menschlichen Zusätzen gereinigt werden. Doch durch die schnelle Annahme der Reformation durch einzelne Fürsten erhielt die Angelegenheit eine politische Dimension. Auf dem Reichstag 1526 liess Kaiser Karl V. den Fürsten und Reichsstädten freie Hand bei der Regelung religiöser Fragen. 1529 versuchte er, diese Zugeständnisse auf dem zweiten Reichstag zu Speyer wieder rückgängig zu machen. Dagegen erhoben die inzwischen «evangelisch gewordenen» Stände Einspruch: Diese «Protestation von Speyer» gab der Bewegung den Namen Protestantismus. Eine andere Version der Begriffsgeschichte führt ihn darauf zurück, dass sich die Gläubigen «pro testas = für das Wort» verorten.

Als Luther die kirchliche Hierarchie als nicht heilsnotwendig abschaffte, predigten einige Visionäre gleich auch die Abschaffung der weltlichen Hierarchie. Besonders der Theologe Thomas Müntzer (um 1490–1525) interpretierte Luthers Lehren sozialrevolutionär und führte 1524/25 deutsche Bauern in den

Kampf gegen die Fürstenheere. Luther wandte sich gegen diese Entwicklung und entzog den Bauern so die theologische Rechtfertigung. Dadurch verlor das Luthertum an Akzeptanz in den unteren Volksschichten. Es wurde zu einer Religion der Herrschenden, was sich durch die Herausbildung der Staats- und Landeskirchen, deren Leitung beim Landesherrn lag (eine von Luther unterstützte Entwicklung), noch verstärkte.

Luther blieb nicht der Einzige, der reformerische Ideen formulierte; andere griffen seine Überlegungen auf und entwickelten sie weiter. Besonders nachhaltig wirkten dabei der Schweizer Huldrych Zwingli (1484–1531) und der Franzose Johannes Calvin (1509–1564). Zwingli verband in seinem Denken religiöse und politisch-gesellschaftliche Dimensionen. Dadurch wurde sein Ansatz radikaler als der Luthers. In der Schweiz und in süddeutschen Gebieten, wo Zwinglis Reformation zeitgleich mit Bauernaufständen wirkte, wurde seine Lehre manchmal mit Gewalt verbreitet. Eine Forderung der radikalen Reformer Zwingli'scher Prägung war die Abschaffung der Kindstaufe. Hier hat die Täuferbewegung ihre Wurzeln; und darin, dass manche sich gegen eine staatlich-kirchliche Obrigkeit wandten, das Phänomen der Freikirchen. Calvin bekannte sich 1533 offen zur Reformation und musste daraufhin Frankreich verlassen. Eine Kirche nach seiner Vorstellung, die das gesamte private und öffentliche Leben bestimmt, baute er ab 1541 in Genf auf. Die Richtungen von Zwingli und Calvin näherten sich einander an und verbanden sich schliesslich zur reformierten Kirche. Das war nach dem Luthertum die zweite protestantische Konfession.

Die religiösen Umwälzungen lösten in Europa Glaubenskriege aus. Die erste Phase dieser Auseinandersetzungen endete 1555 mit dem Augsburger Religionsfrieden. Jeder Herrscher erhielt das Recht, die in seinem Herrschaftsbereich gültige Konfession zu bestimmen: «Cuius regio, eius religio» (Wessen Herrschaft, dessen Religion). Damit waren die Landesherren bevollmächtigt, Kirchenordnungen zu erlassen und die geistliche Gerichtsbarkeit auszuüben. Mit dem Dreissigjährigen Krieg 1618–1648 fand das «konfessionelle Zeitalter» seinen Höhepunkt und Abschluss. Der Westfälische Frieden von 1648 hatte auch in religiöser Hinsicht weitreichende Konsequenzen für Europa. Die beiden protestantischen Konfessionen wurden im Deutschen Reich neben der katholischen offiziell anerkannt.

In England entwickelte sich im 16. Jahrhundert eine eigene protestantische Konfession, die Anglikanische Kirche. Zur Zeit Elisabeth I. (1533–1603) entstand im anglikanischen England eine Bewegung, die die Vollendung des Calvinismus forderte. Wegen des an calvinistischen Moralvorstellungen orientierten ethischen Rigorismus und einer Neigung zur Prüderie wurden ihre Anhänger als Puritaner bezeichnet. Viele flohen vor den Verfolgungen durch den Staat und die mit diesem eng verbundene anglikanische Kirche in die reformierten Niederlande. Hier begann 1620 ihre Überfahrt als «Pilgerväter» nach Nordamerika. Zwischen 1625 und 1643 kam es zur ersten grossen puritanischen Einwanderungswelle in die dortigen Kolonien. Im Zusammenhang mit der puritanischen Bewegung sind auch die von John Knox (1502–1572) begründeten schottischen Presbyterianer zu sehen.

Vor diesem Hintergrund entstanden in Europa die modernen Territorialstaaten und der Absolutismus als Herrschaftsform. Die von den Umbrüchen verunsicherten Menschen suchten Halt in der Mystik; Aberglaube und Hexenwahn erlebten, v. a. in protestantischen Gebieten, eine Blütezeit. Die protestantische Mystik des 17. Jahrhunderts bereitete zusammen mit dem damit verbundenen Spiritualismus den Weg für eine «neue Reformation», den Pietismus. Mit dieser geistigen Bewegung des späten 17. und des 18. Jahrhunderts reagierten viele Protestanten auf die ihrer Meinung nach gescheiterte erste Reformation. Zu jener Zeit waren die obrigkeitsnahen protestantischen Grosskirchen in Europa bereits derart gefestigt, dass dem Pietismus wie auch späteren Erneuerungsbewegungen als sozialer Raum, in dem sie sich verwirklichen konnten, nur noch freikirchliche Strukturen blieben.

Im 19. und im 20. Jahrhundert bildete sich eine fast unübersehbare Vielfalt selbstständiger und unterschiedlicher protestantischer Richtungen und Gemeinschaften heraus. Drei Bewegungen spielten eine bedeutende Rolle bei der Formung des weltweiten Protestantismus bis in die heutige Zeit. Es handelt sich um die evangelikale Bewegung, die Pfingstbewegung mit ihrer jüngsten, der charismatischen Ausprägung und um den protestantischen Fundamentalismus.

Gemeinsam ist ihnen, dass die Gläubigen ein Leben in der aktiven Nachfolge Jesu als Einzelner und in der Gemeinde führen wollen, den Anspruch der Sündenfreiheit eingeschlossen. Hier wurden Begriffe wie «Lebensübergabe», «Bekehrung», «Zeugnis geben» und «Wiedergeborene» greifbar, die für das moderne Christentum, nicht nur protestantischer Prägung, wichtig geworden sind.

Mit den verschiedenen Erweckungen, die seither als Antwort auf eine vielen Menschen zu abstrakte amtliche Theologie und auch in Anknüpfung an die Romantik aufbrachen, entwickelte sich eine Naherwartung der Endzeit. Aus den Kirchen und Freikirchen sonderten sich Gemeinschaften ab, die konkrete Vorstellungen vom Weltuntergang und von der Wiederkehr Christi hatten. Und es kam zur Entstehung von Bewegungen mit besonderen Anliegen, wie zum

Beispiel den sog. apostolischen Gemeinschaften: Ihre Vorstellung war es, dass – wie zu Beginn der Kirche – nur zum Ende der Welt wieder Apostel die Menschen zum Glauben rufen sollen (→ Katholisch-Apostolische Gemeinden, → Neuapostolische Kirche). Auch Adventisten erwarteten die baldige Wiederkehr («Advent») Christi, aus dieser Vorstellung gingen zum Beispiel die → Siebenten-Tags-Adventisten und die → Zeugen Jehovas hervor. Die Neugeist-Bewegung dagegen betonte die Heilung eines jeden Leidens auf der Grundlage der Bibel (zum Beispiel → Christian Science).

Manche der jüngeren Entwicklungen und Gemeinschaften schotteten sich von ihrer Umwelt ab, viele jedoch entwickelten einen Einfluss, der von Freikirchen über überkonfessionelle Verbände, Gemeinden und Hauskreise bis hinein in die Landeskirchen reicht. Eine genaue Abgrenzung der einzelnen Bewegungen ist schwierig, da sie sich häufig in Form, inhaltlicher Ausrichtung, historischer Entwicklung, konkreter Zielsetzung und sogar personell überschneiden.

Die Situation des Protestantismus ist durch verschiedene, teilweise miteinander konkurrierende Konzepte protestantischen Glaubens gekennzeichnet. Auf der einen Seite verlieren die protestantischen Gross- und Landeskirchen Mitglieder, wie auch so manche ältere Freikirchen. Auf der anderen Seite ist ein Wachstum – in Europa in bescheidenem, aber wahrnehmbarem, in der sog. Dritten Welt in enormem Masse – pfingstlicher bzw. evangelikal-charismatischer Christlichkeit zu beobachten. Innerhalb des Protestantismus lässt sich eine grobe Dichotomie ausmachen. Dabei geht es weder um Glaube und Ritus noch um organisatorische Differenzen, sondern um nichts weniger als das Weltbild und das Verständnis davon, welche Rolle Christen in der Welt spielen sollen. Die traditionellen Kirchen der Reformation begegnen der Moderne mit einem aufgeklärten, offenen, pluralistischen Weltbild, suchen Kompromisse und fördern die Ökumene. Dagegen bieten fundamentalistische Strömungen ein geschlossenes Weltbild an, das auf die Fragen der Menschen biblizistische Antworten bereithält und so Verbindlichkeit und Übersichtlichkeit in einem exklusiveren Rahmen schafft.

Glaube

Die geistige Voraussetzung für die Reformation entstand durch den Humanismus der Renaissance mit seiner Kritik an der mittelalterlichen Scholastik. Die Humanisten hatten unter Rückgriff auf Aristoteles den Menschen ins Zentrum des Denkens gestellt.

Alle Christen – die meisten Protestanten haben heute kein Problem, auch Angehörige anderer Konfessionen dazuzuzählen – sind verbunden im Glauben an den dreieinigen Gott. Während der Vatergott als allmächtiger Schöpfer gedacht wird, ist Jesus, der Sohn Gottes, als Mensch am Kreuz gestorben und aufgestiegen in den Himmel, von wo er wiederkehren wird. Das Schicksal Christi steht im Zentrum des Glaubens. Durch sein stellvertretendes Opfer wurden die Menschen vor Gott ohne ihr Zutun gerechtfertigt, ihre Sünden werden ihnen um Christi willen vergeben. Durch den Heiligen Geist schliesslich haben die Menschen jetzt schon die Möglichkeit, die Gemeinschaft mit Gott zu erleben. (Die protestantische Richtung der «Unitarier» [im späten 16. Jahrhundert v. a. in Siebenbürgen entstanden] lehnt die Trinitätslehre ab; derartige Unitarier gibt es in Bern nicht.)

Dieser Glaube allein rechtfertigt den Menschen. Alle Werke sind Auswirkungen des Glaubens und können nicht der Grund der Rechtfertigung sein. Das heisst, traditionelle Handlungen wie Fasten, Marien- oder Heiligenverehrung, Fürbitten, milde Gaben und Ablässe sind nicht heilswirksam. Ein gottgefälliges Leben ist im Alltag zu führen – nicht abgesondert von der Welt, daher hoben die Reformatoren auch die Klöster auf. Der Glaube wird nur über das Wort – die Bibel und die Predigt – vermittelt. Darum übersetzte Luther die Bibel und deshalb werden Predigten in den Landessprachen gehalten. Glaubensgewissheit lässt sich aber allein durch die Gnade Gottes erlangen. Der Protestantismus zeichnet sich durch die Ablehnung der Hl. Messe als Nachvollzug von Jesu Opfer bzw. als Opfer an sich aus, stattdessen prägen ihn die Predigt der Schrift. Das Abendmahl (in beiderlei Gestalt) wird aber weiterhin gefeiert, nur versteht man es als Gemeinschafts- und Gedächtnisleistung.

Die Überzeugung, dass Jesus Christus zur Vergebung der Sünden aller Menschen gestorben ist und dass das Leben aller gerettet werde, wenn sie an ihn glauben und sich taufen lassen, bestimmt das Verhältnis vieler Protestanten zur Welt. Sie weckt den Wunsch, möglichst vielen Menschen davon zu erzählen. Bei der Mission steht nicht die Ausweitung des Christentums oder gar einer Kirche im Vordergrund, sondern die Errettung mit dem Blick auf das Jüngste Gericht. Viele, v. a. die etablierten protestantischen Kirchen beteiligen sich an der Ökumene. Dieser weltzugewandte Teil des Protestantismus fühlt sich als Teil der Gesellschaft. Die Kirchen helfen bei der Lösung sozialdiakonischer Aufgaben und mischen sich in die Diskussion um politische oder ethische Fragen ein. Beispiele dafür sind das Kirchenasyl und Wortmeldungen über Abtreibung und das Klonen.

Die gegenteilige Position zur Gesellschaft, die sich ebenfalls aus der Bibel ableiten lässt, ist die der kleinen exklusiven «Gemeinschaft der Heiligen». Nur in ihr sei das Heil möglich, was zu einer entsprechenden Struktur mit strenger Gemeindezucht nach innen und radikaler Abgrenzung nach aussen führt. Die Folge davon ist Weltflucht; Beispiele hierfür sind Teile der Täuferbewegung, die Amischen und in gewissem Masse die Zeugen Jehovas.

Ritus

Der Gottesdienst wird verstanden als Ausdruck des Glaubens im Gebet, im Vollzug des Dankens, des Lobens und in der Verkündigung des Wortes Gottes. Er ist das Zentrum des kirchlichen Lebens. Er dient der Weckung und Stärkung des Glaubens. Die Liturgie kann an die katholische Messe anknüpfen, wie das bei den Anglikanern und Lutheranern der Fall ist. Die Reformierten und erst recht die Freikirchen haben die Gottesdienste neu gestaltet. Wichtige Teile sind die Schriftlesung, Gebete, die Predigt und das Kirchenlied. Auch das Abendmahl ist, wenn auch nicht immer, ein Bestandteil.

Das Abendmahl ist eines der beiden Sakramente (heilige Zeichenhandlung), die das protestantische Christentum kennt. Das andere ist die Taufe. In den beiden Sakramenten komme Gottes Handeln genauso zum Ausdruck wie zum Beispiel in der Predigt. Das Sakrament ist das «sichtbare Wort», und das Wort hat sakramentalen Charakter. Über das genaue Verständnis des Abendmahls kam es unter den Reformatoren schon früh zu Meinungsverschiedenheiten und daher zur ersten Spaltung in das lutherische und das reformierte Bekenntnis. Über lange Zeit war es mit seinen unterschiedlichen Auffassungen über die Symbolkraft von Brot und Wein und die Anwesenheit Christi eines der wesentlichen Unterscheidungsmerkmale im protestantischen Spektrum. Heute hat es seine trennende Bedeutung weitgehend verloren: Das Abendmahl, das auch als Herrenmahl bezeichnet wird, wird heute in bunter Vielfalt gefeiert.

Die Taufe dagegen ist nach wie vor ein wesentliches Unterscheidungskriterium. Alle sind sich einig, dass die Taufe mit Wasser, nach Matth. 28,18 f., den Menschen zu einem Teil des Volkes Gottes macht. In dieser Hinsicht hat die Taufe eine ähnliche Funktion wie die Beschneidung im Judentum. Während aber die Lutheraner an der Säuglingstaufe festhalten, wird diese von recht vielen Protestanten strikt abgelehnt. Gerade der in der Tradition der Täufer stehende Teil des Protestantismus, aber auch jüngere Entwicklungen wie Adventisten und Pfingstler praktizieren die Glaubenstaufe von Jugendlichen und Erwachsenen. Dabei kann es auch zu Wiederholungstaufen kommen. Immer wieder haben sich an der Frage der Taufe Konflikte entzündet und ist es zu Spaltungen gekommen.

Die Konfirmation, die auf den Reformator Martin Bucer (1491–1551) zurückgeht und die heute in den meisten protestantischen (Landes-)Kirchen die Taufe bekräftigt, sowie die Ehe gelten nicht als Sakramente, ebensowenig wie der Priesterstand heilig ist.

Das Verhältnis der Protestanten zu Kirchengebäuden und zu Bildern in der Kirche ist verschieden. Während Luther Bilder in der Kirche erlaubte, waren die Reformierten dagegen. So verlor auch das Berner Münster damals schnell einen grossen Teil seines Figurenschmucks. In Verbindung mit Macht und Herrschaft und als Ausdruck der öffentlichen Präsenz entstanden und entstehen jedoch auch im Protestantismus teilweise (wieder) grandiose Prachtbauten (zum Beispiel der Berliner Dom oder «Megachurches» in den USA). Viele Freikirchen lehnen dagegen Kirchtürme oder überhaupt Kirchengebäude ab. Sie treffen sich in schmucklosen Häusern, Sälen oder einfach in Wohnungen.

Kirchenverständnis

Die Kirche, die in der Bibel als «Volk Gottes» (1 Petr. 2,9 f.) oder «Leib Christi» (Röm. 12, 4–6) oder «Haus des Heiligen Geistes» (1 Kor. 3,16) bezeichnet wird, wird verstanden als von Gott geschaffen. Sie ist die eine verborgene Versammlung aller Heiligen, die sich in der Vielfalt der menschlichen Kirchen und Gemeinden manifestiert. Die sichtbare irdische Kirche kann daher eine wechselnde historische Gestalt haben und verschieden organisiert sein; für die allermeisten Protestanten ist ihre eigene konkrete irdische Kirche (Konfession) nicht in besonderem Masse geheiligt oder von Gott gegenüber anderen Kirchen bevorzugt. Die Kirche könne nicht das Heil selbst vermitteln; es zu erlangen sei auch ausserhalb organisierter Kirchlichkeit möglich. Die Kirche ist nicht mehr Mittel zur Gnadenerlangung, sondern Zeugnis für deren bereits erfolgte Gewährung durch Gott. Entscheidend ist der individuelle Glaube. Daher gelten Kirchen und alle ihre Ämter nur als Instrumente zur Verkündigung des Wortes. Das Predigtamt, das das Wort immer neu zum Klingen bringen soll, ist genau wie alle anderen Ämter menschliches Handeln und darum nicht heilswirksam. So wird in protestantischen Kirchen auf ein zwischen Gott und Menschen vermittelndes Amt zugunsten einer biblisch begründeten Ämtervielfalt verzichtet, an der sich auch Laien und inzwischen (in unterschiedlichem Masse) auch

Frauen beteiligen können. Prinzipiell gilt das Priestertum aller Gläubigen. Die apostolische Sukzession ist unwichtig bzw. sie wird nicht als auf spezielle Amtspersonen beschränkt gesehen: Alle Gläubigen seien Priester Gottes. Im Protestantismus legt man Wert darauf, in Bezug auf die Kirchenform Ursprüngliches wiederhergestellt zu haben, das – so ist damit impliziert – in den älteren Kirchen nicht mehr authentisch bestanden habe. Das priesterliche Amt ist auch nicht mit einer Weihe verbunden, sondern gilt als Berufung bzw. Beruf, den man entweder erlernt oder aber – wenn man die Gabe dazu in sich spürt – als durch den Hl. Geist verliehen, als «Charisma» (Gabe) empfindet. Das Amt ist biblisch gestiftet, sein Träger/Inhaber aber nicht «heilig».

Die Bibel allein ist die Autorität, Kirchengesetze dagegen sind irdisch und daher Ersterer unterzuordnen. Jesus ist der einzige Herr und Meister und Haupt der Kirche. Kirchenverfassungen formulieren in der Regel synodale, das heisst von unten nach oben geordnete Strukturen. So haben sich im Protestantismus viele unterschiedliche kirchliche Organisationsstrukturen herausgebildet. Am einen Ende des Spektrums stehen die Landeskirchen, auch Volkskirchen genannt, die den Anspruch haben, alle protestantischen Gläubigen eines Landes unter ihrem Dach zu vereinen. Diese Form der Kirchlichkeit findet man bei fast allen lutherischen Kirchen, die zudem noch über ein Bischofsamt (der Inhaber wird allerdings von der Synode gewählt) verfügen. Am anderen Ende stehen die selbstständigen, nach biblischem Vorbild aufgebauten Gemeinden der «wahren» Gläubigen, wie zum Beispiel die Mennoniten, die sich bewusst gegen den Staat und manchmal die ganze Welt abgrenzen. Beim Kongregationalismus wird statt einer hierarchisch organisierten Kirche die Einzelgemeinde als Grundform des biblischen Kirchenlebens angesehen – eine Ansicht, die verständlicherweise prononciert in Freikirchen vertreten wird.

Schweiz

In der Schweiz verlief die Reformation unterschiedlich – entsprechend der politischen Aufteilung der Eidgenossenschaft in nur lose miteinander verbundene Stände (Kantone). Und sie verlief parallel zu politischen Reformen, das heisst, die städtischen Obrigkeiten befanden als weltliche Instanzen über kirchliche Erneuerungen. So gelangte die Reformation ab den 1520er-Jahren in den Ständen, die sich dafür offen zeigten – in der Innerschweiz war das nicht der Fall – nach und nach zum Durchbruch: 1522–1525 unter Huldrych Zwingli in Zürich, 1524 unter Vadian in St.Gallen, 1528 unter Berchtold Haller in Bern,

1529 unter Johannes Oekolampad in Basel und Schaffhausen, 1530 unter Guillaume Farel in Neuenburg, 1535–1536 unter Farel und Calvin in Genf, 1536 in der von Bern eroberten Waadt. In den rätischen Bünden erfolgte sie nach 1526 allmählich unter Johannes Comander in Chur und zahlreichen Gemeinden, aber erst in den 1550er-Jahren im Engadin.

Zürich, wo Zwingli wirkte, wurde zum Zentrum des zwinglianischen Reformationstyps, der sich in den deutschsprachigen Gebieten der Eidgenossenschaft ausbreitete. Zwinglis Reformation brachte nicht nur die reformierten Kirchen hervor, sondern auch die Täufer. So stellt die Zürcher Reformation zugleich die Wiege des reformiert-volkskirchlichen und des täuferisch-freikirchlichen Protestantismus dar. Genf, das Zentrum der Aktivitäten von Johannes Calvin, bildete hingegen den Mittelpunkt des calvinistischen Typs, der besonders in französischsprachige Gebiete und die angelsächsische Welt ausstrahlen sollte.

Heinrich Bullinger, der Nachfolger Zwinglis in Zürich, und Calvin nahmen Gespräche auf, an deren Ende 1549 eine Übereinkunft stand, sodass ab jenem Zeitpunkt von einer einzigen reformierten Kirchenfamilie gesprochen werden kann. Wie im politischen Bereich auch bildete sich allerdings nie eine vereinte Kirche, stattdessen blieb es bei autonomen Territorialkirchen. Diese unterhielten jedoch vielfältige Austauschbeziehungen. Von den zahlreichen Bekenntnisschriften erhielten Calvins Katechismen von 1537 und 1542 und v. a. das von Bullinger verfasste Zweite Helvetische Bekenntnis von 1566 eine grundlegende Bedeutung weit über die reformierte Schweiz hinaus. Denn die Kirchen (insbesondere Genf und Zürich) pflegten vielfältige Beziehungen zu anderen Reformatoren und Kirchen in Deutschland, Frankreich, Holland, Ungarn, England und Schottland. Genf, das eine theologische Akademie besass, wurde gelegentlich sogar als das Rom des Protestantismus bezeichnet. Aber auch die Universitäts- und Druckerstadt Basel sowie Bern und Lausanne mit ihren Schulen und Predigerseminaren genossen grosses Ansehen.

Insbesondere das 17. Jahrhundert war eine Zeit, in der die einzelnen Kirchen – mit zum Teil erheblichem obrigkeitlichem Gewalteinsatz – durchsetzten, dass auf ihrem Territorium nur ein einziges Bekenntnis präsent sein durfte. Dies gelang jedoch nur vorübergehend. Täufer und andere «Abweichler» liessen sich nicht überzeugen oder völlig vertreiben, und auf der anderen Seite verloren sich der beginnenden Aufklärung verpflichtet fühlende Theologen das Verständnis für eine derartige Orthodoxie. Mit dem Einmarsch Napoleons, der damit verbundenen Phase der Helvetik und den in den folgenden Jahrzehnten geschaffenen liberaleren Verfassungen in vielen Kantonen war diese Ordnung nicht mehr aufrechtzuerhalten. In den Ständen wurde zaghaft die Religionsfreiheit eingeführt, und die reformierten Kirchen schafften die formelle Verpflichtung auf traditionelle Bekenntnisschriften ab. Seither nennen sie meist einzig die Bibel als verpflichtendes Dokument; deren Interpretation ist weitgehend frei.

Die heutigen Strukturen der meisten Kirchen wurden in der zweiten Hälfte des 19. Jahrhunderts in Analogie zu den politischen Strukturen gebildet. Charakteristisch ist dabei der Aspekt kollegialer Kirchenleitung: Die Synode als demokratisch gewählte Kirchenvertretung aus Pfarrerschaft und – mehrheitlich – Laien. Alle Ämter sind seit Mitte des 20. Jahrhunderts Männern und Frauen gleichermassen zugänglich. Die reformierten Kirchen waren bis ins 19. Jahrhundert meist eigentliche Staatskirchen. Erst in neuerer Zeit gewannen sie mehr Selbstständigkeit. Sie blieben aber ihrem Selbstverständnis nach Landeskirchen. Das Verhältnis zwischen Kirche und Staat ist kantonal geregelt. Während in Genf (seit 1907) und Neuenburg (seit 1943) Kirche und Staat völlig getrennt sind, ist die Verbindung in Bern, Zürich und im Waadtland nach wie vor sehr eng.

Die Verbindungen zwischen den verschiedenen reformierten Landeskirchen blieb lange Zeit recht lose. 1858 wurde eine Schweizerische Kirchenkonferenz gegründet, und 1920 schlossen sich die Kirchen zum Schweizerischen Evangelischen Kirchenbund SEK-FEPS mit Sitz in Bern zusammen. Der Kirchenbund selbst ist nicht eine Kirche, sondern ein Bund selbstständiger Kirchen und damit ausdrücklich keine zentrale übergeordnete Instanz. Durch diesen Bund beteiligen sich die Kirchen international an ökumenischen Organisationen: seit 1922 am Reformierten Weltbund, seit 1948 am Ökumenischen Rat der Kirchen ÖRK, seit 1959 an der Konferenz Europäischer Kirchen und seit 1974 an der Gemeinschaft Evangelischer Kirchen in Europa (ehem. Leuenberger Kirchengemeinschaft). Letztere ermöglichte durch die 1973 abgeschlossene sog. Leuenberger Konkordie die Überwindung des Bruchs mit den Lutheranern. Im Zusammenhang mit den protestantischen Landeskirchen ist heute gelegentlich eine Wortwahl zwischen Singular und Plural gebräuchlich: Die Kirchen werden im Kollektiv auch als Evangelisch-reformierte Kirchen der Schweiz (ERKen) bezeichnet, aber wie eine betrachtet. Zu den sich parallel entwickelnden Freikirchen und ihren Strukturen siehe → Freikirchen – Einleitung.

In den ersten 100 Jahren nach der Gründung des modernen Bundesstaates Schweiz machten die Protestanten rund 60 Prozent der Bevölkerung aus (1950 gehörten 56 Prozent den ERKen an). Ab der Mitte des 20. Jahrhunderts sank ihr Anteil nicht zuletzt aufgrund katholischer Einwanderer v. a. aus Südeuropa. Der einst tonangebenden Konfession gehörten 2000 gesamtschweizerisch 33

Prozent der Bevölkerung an (Landeskirchen: 2,4 Millionen Menschen, 96,9 Prozent davon Schweizer; Freikirchen: 100 000 Menschen, 1,3 Prozent der Bevölkerung [wg. Doppelmitgliedschaften in Landeskirchen sind es vermutlich deutlich mehr]). Von einem sich fortsetzenden Rückgang dieser Zahlen ist auszugehen, da ein zu beobachtender Zuwachs bei diversen Freikirchen den Abgang bei den Landeskirchen und bei älteren Freikirchen bei Weitem nicht auffängt.

Zum Weiterlesen

Locher, G.W.: Zwingli und die schweizerische Reformation, Göttingen 1982

Krieg, M./Zengger-Derron, G. (Hrsg.): Die Reformierten. Suchbilder einer Identität, Zürich 2002

Guggisberg, K.: Bernische Kirchengeschichte, Bern 1958

Gerber, E.: Sekten, Kirche und die Bibel im neuen Jahrtausend, Bern 1999

www.sek-feps.ch

www.reformiert-online.net

Reformierte Kirchen Bern-Jura-Solothurn

Diese oft einfach Reformierte Kirche oder Landeskirche genannte Gemeinschaft ist die kulturell am stärksten prägende und auch die mit Abstand grösste Religionsgemeinschaft in der Region. Zwei Drittel der Bevölkerung des Kantons Bern gehören ihr an. Der Plural im Namen erklärt sich dadurch, dass es sich um einen Verbund handelt.

Geschichte

Das kirchliche Leben im Bernbiet soll, so reformierte Kirchenhistoriker, im Vorfeld der Reformation Schwächen gezeigt haben. Zugleich war die staatliche Obrigkeit – besonders in organisatorischen Dingen – stark in religiöse Angelegenheiten involviert. Die Bernburger hatten ein hohes Selbstbewusstsein, was ihr Staatswesen betraf: Bern war ein mächtiger Stadtstaat, und eher ordnete man kirchliche Angelegenheiten der Staatsräson unter, als Staatliches nach der Kirche auszurichten. Denn die war fern: Die für Bern zuständigen Bischöfe sassen – für Gebiete links der Aare – in Lausanne und – für Gebiete rechts der Aare – in Konstanz. Dennoch waren die Berner papsttreu; von Reformationslust in einem theologischen Sinne kann nicht gesprochen werden. Doch die Anziehungskraft des Neuen, enge Beziehungen nach Zürich, wo der enthusiastische Zwingli wirkte, die erwähnte mutmassliche Schwäche des einheimischen Klerus und ein ungeschicktes Argumentieren des Papstes und der Bischöfe gegen das Neue bereiteten einem Umdenken die Bahn. Auf die Berner wirkte anziehend, dass die Reformation versprach, die Kirche sittlich zu reinigen und allen «abergläubischen Paganismus» aus ihr zu entfernen. Dass die Idee eines Priesteramtes aller Gläubigen dem Priesterstand eine neue Stellung gab, ihn nämlich aus jeder religiösen (und fremdländischen!) Hierarchie löste, wirkte sicher ebenfalls: Nur noch Gott, kein Papst würde über ihnen stehen.

Der Übergang geschah recht gemächlich; es gab Debatten, Erlässe, Überlegungen und Blicke in die Nachbarschaft. Denn Bern war daran interessiert, jenseits aller Konfessionsstreitigkeiten die Eidgenossenschaft zusammenzuhalten. Eine Disputation, ein geregeltes öffentliches Streitgespräch, sollte die Entscheidung bringen. So trafen sich auf Anregung der weltlichen Obrigkeit im Januar 1528 etwa 250 Laien und Theologen der katholischen, der lutherisch- und der zwinglianisch-reformierten Richtung in der Berner Barfüsserkirche. Nach 20 Tagen kam zwar keine Einigung zustande, wohl aber die Obrigkeit zu dem Schluss, dass das reformierte Bekenntnis nach Zwingli das wahre sei und dass das Bernervolk sich also in Zukunft nach diesem richten werde: Das war die Geburtsstunde der Reformierten Landeskirche. Direkt im Anschluss erarbeitete man das Reformationsmandat, und 1532 stand die neue Kirchenverfassung, der «Synodus». Berner Theologen wie Berchthold Haller und Capito vollendeten das Werk. Die Stadt war damit reformiert, und im Laufe der nächsten Jahre vollbrachten ihre Abgesandten und die Anhänger des Neuen diesen Umschwung auch in den meisten ländlichen Regionen des heutigen Kantons. Biel, politisch zu Basel und kirchlich zu Lausanne gehörend, aber seit dem 13. Jahrhundert mit Bern verbündet, vollzog die Neuerungen mit. 1531 nahm auch der grösste Teil des heutigen Berner Jura die Reformation an. Damals lebten rund 75 000 Menschen in der Region, davon 5000 in der Stadt Bern. Die erfolgreiche Einmischung in waadtländische Angelegenheiten und die Rettung von Calvins Genf vor dem savoyischen Heer machten Bern zum mächtigsten Stadtstaat nördlich der Alpen, zu einer protestantischen Grossmacht.

Mit der Reformation nahm die Staatsnähe der Kirche noch zu. Wo die weltliche Obrigkeit das ius reformandi ausgeübt und die Ortskirche reformiert hatte, übernahm sie die Kirchengewalt, insbesondere auf der Ebene der die Gemeinde übergreifende Kirchenleitung. So fiel dem Staat die treuhänderische Wahrnehmung des bischöflichen Amtes zu: Die Funktion des Bischofs übernahm der Berner Grosse Rat selbst. Die Pfarrer mussten auf den Synodus schwören. Statt der Messe gab es nun Wortgottesdienste, deren Inhalte zentral zumindest grob vorgegeben wurden. Das Taufregister war gleichzeitig Bürgerregister, und die Eheschliessung war nicht nur ein religiöser, sondern zugleich auch ein bürger-lich-rechtlicher Akt; Beerdigungen geschahen gar völlig unabhängig von der Kirche. Über die Sittlichkeit wachten mehrheitlich weltlich besetzte Ehe- und Chorgerichte, und sozial-karitative Aufgaben übernahmen die örtlichen Räte. Zur Finanzierung dienten nicht so sehr milde Gaben, sondern das eingezogene Vermögen von Klöstern und aufgegeben Kirchen sowie Steuereinnahmen und Bussgelder, welche häufig dann fällig wurden, wenn der Lebenswandel nicht dem strengen reformatorischen Ideal entsprach.

Anfangs noch überdeckt durch den Umschwung und politische Interessen, begannen bald Unterschiede zwischen lutherischen, zwinglianischen, calvinis-tischen, bucerianischen und anderen Schattierungen protestantischen Denkens erkennbar zu werden. Der grundsätzlich bestehenden konfessionellen Einheit mit anderen protestantischen Regionen folgte keine organisatorische und auch keine im Kultus. Vielerorts fühlte man sich gar zu einer strikten Entscheidung gezwungen – der Konfessionalismus begann. In der Folge wurden im Kanton die in den zwinglianischen Bekenntnisschriften formulierten Grundsätze zu einer Art geistigem Gesetzeswerk. Bern nahm den Heidelberger Katechismus von 1563 und die vom Zürcher Bullinger 1566 geschriebene zweite Helvetische Konfession an. Die zentral festgelegten Auslegungen und Regeln sollten bis zum Ende des 18. Jahrhunderts bestimmend bleiben, andere wurden verdrängt:

- Calvins Lehre von der Prädestination kam zwar in Bern an und wurde ins-besondere im Theologenstand vertreten, jedoch schien sie im Kirchenvolk keine Wirkung zu entfalten.
- 1549 vollzog man eine vollständige Trennung zwischen der bernischen Kirche und Luthers Ideen. Das lutherische Denken war zwar anfangs recht stark gewesen, doch überwog sukzessive die reformierte Lesart. So blieb es bis auf sporadische Besuche lutherischer Geistlicher bis ins 20. Jahrhundert hinein bei der Absenz des Luthertums.
- Der Konfessionalismus war auch die schwere Zeit für die Täufer, die über 200 Jahre dauern sollte. Deren mitunter radikale Ideen und eine oft weniger inhaltlich als prinzipiell motivierte Widerständigkeit gegenüber dem von den Berner Ratsherren vorgeschriebenen neuen Glauben sollten keinen Platz haben. «Schwärmern, Mystikern, Blasphemikern und Gottesleugnern» drohte im Extremfall gar die Todesstrafe.
- Katholizismus war ohnehin verboten.

Aber ewig blieben die so fixierten Strukturen nicht. So nahm Bern zum Beispiel viele Glaubensflüchtlinge aus dem Ausland auf. In den Achtzigerjahren des 17. Jahrhunderts lebten rund 800 Hugenotten (calvinistische Franzosen) in der Stadt Bern, das war ein Zehntel der damaligen Einwohnerschaft. Ab 1623 bereits durften Französisch sprechende Protestanten in der Predigerkirche feiern, die so den Namen Französische Kirche erhielt. Im 18. Jahrhundert sollten dann Einflüsse der Aufklärung die harten Positionen etwas aufweichen und sich zaghaft geistige Entfaltungsräume schaffen.

Den wohl entscheidenden Schritt auf dem Weg zu einem religiös vielfältigen Kanton stellt die kurze, aber heftige Phase der Helvetik dar. Die Verfassung der Helvetischen Republik von 1798 sah nicht nur für den Staat, sondern auch für die Kirche eine völlige Neugestaltung vor. Die reformierte Idee, nach der die einzelne Gemeinde die von Jesus gestiftete Kirche viel mehr verkörpere als die Gesamtkirche, begann man nun organisatorisch stärker zu berücksichtigen. Vor allem aber verkündete sie die Gewissens- und Kultusfreiheit (welche jedoch an den entscheidenden Stellen – in den Verfassungen der einzelnen Kantone – Jahrzehnte brauchten, bis die Umsetzung überhaupt angegangen wurde bzw. Wirkung zeigte). Im 19. Jahrhundert lockerte dann die Emanzipation der gebildeten Schichten die Bindung eines wachsenden Teils der Bevölkerung an die traditionellen religiösen Vorstellungen. Diese Entwicklung verstärkte sich infolge der beginnenden konfessionellen Durchmischung des Kantons, eine Auswirkung der neuen Grenzziehungen von 1815 sowie der sich langsam erweiternden Niederlassungsfreiheit.

Die Bundesverfassung von 1848 überliess jedoch das Kirchenwesen dann weitgehend der Zuständigkeit der Kantone. In reformierten Kantonen, die zunehmend von Liberalen regiert wurden, erfolgte eine gewisse Distanzierung des Staates von der Kirche. Dies wirkte sich in einer Verselbstständigung der Kirchgemeinden (analog zur Entwicklung der politischen Gemeinden) wie auch in einer Demokratisierung der Kirchenorganisation selbst (nach dem Vorbild der Staatsordnung) aus. So wurde aus der einst von einer konfessionell verpflichteten Obrigkeit geleiteten Staatskirche eine den demokratischen Ordnungsprinzipien entsprechende Landeskirche, welcher der Staat eine gewisse Autonomie zuerkannte. Diese Zeit war in Bern zum einen innerkirchlich von erbitterten Streitigkeiten zwischen liberalen und konservativen Kräften und zum anderen ausserkirchlich durch das Erblühen erster freikirchlicher Gemeinschaften (→ FEG) gekennzeichnet.

Statt des Berner Rates verwaltete die Kirche sich seit 1853 selbst: Die Synode, das Kirchenparlament trat erstmalig zusammen. 1868 wurde in Kirche und Theologie die Lehrfreiheit proklamiert. Das öffentliche Glaubensbekenntnis verlor seine Verbindlichkeit und wurde aus der Liturgie gestrichen. In der zweiten Hälfte des 19. Jahrhunderts entstanden dann eine Vielzahl von innerkirchlichen Gruppen und Vereinen, die eine enorme karitative, kommunikative und kulturelle Wirkung entfalten sollten. Sie ermöglichten es der Kirche, auf die nun rasant einsetzenden Entwicklungen der industriellen Revolution, des Tourismus, der Bevölkerungswanderung und -vermehrung flexibel zu reagieren. 1946 gab sich die Kirche ihre heute gültige Verfassung, auf dieser beruhen alle weiteren Erlasse.

Die Reformierte Landeskirche heute

Die Kirche ist theologisch gesehen pluralistisch. Und sie ist zwar de jure selbstständig, aber ekklesiologisch gesehen nicht vollständig: Sie versteht sich als Teil der weltweiten Kirche Christi und ist darauf angewiesen, missionarisch und ökumenisch mit anderen Kirchen zusammenzuwirken. Es herrscht in ihr ein theologisch-wissenschaftliches Bibelverständnis vor. Die Kirche ist ökumenisch offen, ja sie definiert sich als «Offene Such- und Weggemeinschaft».

Die kantonale Kirche des reformierten Bekenntnisses heisst heute «Reformierte Kirchen Bern-Jura-Solothurn». Der Begriff «Kirchen» wird absichtlich im Plural genutzt, denn es handelt sich um einen sog. Synodalverband. Dieser besteht aus der Berner Kantonalkirche, aus der reformierten Kantonalkirche des Kantons Jura (deren drei Gemeinden haben sich 1979 der Berner Landeskirche angeschlossen) und aus acht reformierten Kirchgemeinden im oberen Teil des Kantons Solothurn (diese hatten es 2001 in einer Volksabstimmung abgelehnt, zur Solothurner Kantonalkirche zu wechseln). Die Berner Reformierte Landeskirche stimmt geografisch also nicht mit dem Kantonsterritorium überein.

Die Kirche umfasst insgesamt 217 Gemeinden in 21 Bezirken. Insgesamt zählen – gemäss Volkszählung 2000 – die Reformierten Kirchen Bern-Jura-Solothurn 655 300 Mitglieder (1990: 744 000). Davon leben etwa 607 000 im Kanton, das sind 67 Prozent der Kantonsbevölkerung. Im Kanton Bern befinden sich ausserdem drei sog. Gesamtkirchgemeinden (Bern, Biel und Thun). Die acht Gemeinden im Kanton Solothurn haben 40 700 Mitglieder und die drei im Kanton Jura 7300. Eine besondere Beziehung besteht zu Freiburger Reformierten: Die dortigen Gemeinden Ferenbalm, Kerzers und Murten gehören sowohl der reformierten Kirche von Freiburg als auch der von Bern-Jura-Solothurn an.

Der Kanton Bern ist der am stärksten reformierte Schweizer Kanton überhaupt, jedoch ist ein Rückgang der Kirchenmitglieder – in absoluten Zahlen wie auch anteilig – zu verzeichnen. In der Stadt Bern sind die Reformierten inzwischen eine Minderheit von 47 Prozent der Einwohnerschaft. Das ist auf die starke Zuwanderung Andersgläubiger, auf Austritte und «Nichteintritte» bei den nachwachsenden Generationen sowie auf die Abwanderung von Kirchenmitgliedern in stadtferne Regionen zurückzuführen.

Die Reformierte Landeskirche ist eine selbstständige öffentlichrechtliche Landeskirche. Sie wird von einer Synode geleitet, einem Parlament, das aus 200 Delegierten besteht und zweimal jährlich zu einer zweitägigen Session im Berner Rathaus zusammentritt. Die Synode entscheidet – neben den Gemeinden – über alle inneren Angelegenheiten. Sie wählt als oberstes Leitungs- und Aufsichtsorgan den siebenköpfigen Synodalrat. Dieser ist verantwortlich für die Finanzverwaltung des Verbandes, er berät und unterstützt die Pfarrer, die anderen Mitarbeiter der Kirchgemeinden, kirchlichen Bezirke und des Synodalverbandes, und er nimmt zu gesellschaftlichen Fragen öffentlich Stellung. Ihm unterstellt sind als Verwaltung die Kirchenkanzlei und die Zentralen Dienste. Über äussere Angelegenheiten wie Gebietsumschreibungen von Kirchgemeinden oder die Anzahl Pfarrstellen (Pfarrer sind Angestellte des Kantons) entscheidet nach einem Gesetz über die Landeskirchen von 1945 der Kanton Bern (in den Kantonen Solothurn und Jura herrschen andere Verhältnisse). Die Finanzierung der Kirche erfolgt zum grössten Teil durch die Kirchensteuer; der Staat zieht diese für die Kirche ein. Aus diesem Posten stammen rund 90 Prozent der Einnahmen. Ein weiterer Finanzposten – speziell für die Besoldung der Pfarrer – besteht in dem verstaatlichten Kirchengut. Das Jahresbudget der Kirche beträgt reichlich 20 Millionen Franken. Alle Rechnungen sind öffentlich zugänglich.

Die Pfarrer – und seit 1954 auch Pfarrerinnen – sind theologisch ausgebildet, bei den meisten geschah dies an der Universität Bern. Zudem haben sie ein Lernvikariat absolviert. Insgesamt tun in der Landeskirche 467 ordinierte Pfarrer Dienst (nicht alle bekleiden eine volle Stelle). Neben den Pfarrpersonen und fachlichen Mitarbeitern ruht das kirchliche Leben zu einem grossen Teil auf den Schultern Tausender freiwilliger Mitarbeiter in den Gemeinden. Unter ihnen sind die meisten Frauen.

Mitglied der Kirche werden die meisten ihrer Angehörigen durch Geburt. Paradoxerweise kann sogar als Mitglied zählen, wer nicht getauft ist, wenn er nur in ihr geboren ist. Getauft wird in der Regel im Säuglingsalter, doch soll der Einzelne durch die Konfirmation (etwa im Alter von 14 Jahren) eine bewusste Entscheidung für den Glauben und die Kirche treffen. Dieser Entscheidung geht eine Kirchliche Unterweisung (KUW) in Form des von Pfarrpersonen bzw.

Vikaren und Katecheten veranstalteten Unterrichts voran. Der Unterricht wird inhaltlich von der Kirche verantwortet, findet aber auch in den Räumen und Stundenplänen der öffentlichen Schulen statt.

Das Herzstück des kirchlichen Lebens ist die Gemeinde. Die Kirchgemeinde vereinigt die auf ihrem Gebiet wohnenden Mitglieder der reformierten Kirche. (Eine Ausnahme stellt die stadtbernische Paroisse française dar, zu der die frankophonen Kirchenmitglieder aus dem ganzen Stadtgebiet und aus rund 20 umliegenden Ortschaften gehören.) Die lokale Kirchgemeinde hat eine ähnliche Struktur wie eine Einwohnergemeinde und geniesst weitgehende Autonomie. Ein aus Laien bestehender Kirchgemeinderat – Pfarrer nehmen an den Sitzungen beratend teil – verwaltet sie, gewählt wird dieser Rat von der Kirchgemeindeversammlung. Die Gemeinde ist es auch, die Pfarrerinnen oder Pfarrer anstellt, allerdings hat die Kirchenleitung ein Mitbestimmungsrecht.

Mittelpunkt des Gemeindelebens ist der sonntägliche Gottesdienst. Neben diesem Hauptgottesdienst finden Kasualienfeiern (Taufe, Hochzeit, Beerdigung), besondere Gottesdienste zu speziellen Anlässen sowie Kinder- und Jugendgottesdienste oder Gottesdienste in Altersruhesitzen statt. Die Gemeinden sind sehr frei in der Ansetzung und Ausgestaltung der gottesdienstlichen Handlungen. Viele Kirchenmitglieder besuchen den Gottesdienst nur selten, die meisten kommen zu den grossen Festen Weihnachten und Ostern bzw. zu Kasualien.

In den Gemeinden wird eine Vielzahl weiterer gemeindlicher Aktivitäten veranstaltet: Mitglieder und Angestellte engagieren sich zum Beispiel in der Sozialdiakonie, in der Kirchenmusik (viele Kirchgebäude verfügen über Orgeln), leiten Kindergruppen für verschiedene Altersstufen, führen Beratungen und Betreuungen für Paare, Senioren, Jugendliche usw. durch, betreuen Flüchtlinge, helfen Bedürftigen und vieles anderes mehr. Häufig sind es Kirchgemeinden, die speziell im ländlichen Raum durch Jassveranstaltungen, Volkstanz und Wanderungen die Menschen – Kirchenmitglieder wie auch andere – zusammenbringen. Zusammenfassend kann gesagt werden, dass ohne die vielfältigen Aktivitäten der lokalen Gemeinden kulturelles Leben an sehr vielen Orten kaum stattfinden würde.

Zentrale Dienste und gesamtkirchliche Einrichtungen

Gehen auch die meisten Impulse im Leben der Kirche von den Gemeinden aus, so hat doch die Leitung eine wichtige Funktion, wenn es um gemeindeübergreifende Angelegenheiten geht. Etwa 100 Menschen sind mit der Verwaltung der Gesamtkirche beschäftigt und betreuen sechs Bereiche: Zentrale Dienste,

Gemeindedienste und Bildung, OeME-Migration, Sozial-Diakonie, Katechetik und Theologie.

- Die Zentralen Dienste erledigen die Gesamtverwaltung, kümmern sich also um das Personal-, Finanz- und Rechnungswesen, die Informatik und die Übersetzungen (die Kirche ist zweisprachig). Sie beraten in derartigen Angelegenheiten auch lokale Kirchgemeinden.

- Der Bereich Gemeindedienste und Bildung veranstaltet Kurse, Seminare, Fortbildungen, Informationsveranstaltungen und Beratungen aller Art. Er ist die unterstützende Einrichtung für die Gemeinden auf dem inhaltlichen Gebiet.

- Vom Bereich Sozial-Diakonie werden seelsorgerische, diakonische und sozialpolitische Aufgaben ausgeführt bzw. koordiniert. Er sorgt für die Weiterbildung damit befasster Gemeindemitarbeiter und kooperiert mit anderen sozialen und karitativen Organisationen.

- Unter den Begriffen Ökumene, Mission, Entwicklungszusammenarbeit und Migration sind Aktivitäten zusammengefasst, die sich mit den Beziehungen zu anderen Kirchen, ökumenischen Organisationen und anderen Religionen beschäftigen. Hier wird die Entwicklungszusammenarbeit koordiniert und die Arbeit mit Migranten. Eine eigene Missionseinrichtung unterhält die Reformierte Landeskirche nicht, doch kooperiert sie mit der mission 21 und dem Département missionnaire. Über die schweizweiten Hilfsorganisationen Hilfswerk der Evangelischen Kirchen Schweiz HEKS und Brot für Alle BfA ist sie international karitativ tätig.

- Die kirchliche Unterweisung von Kindern und Jugendlichen geschieht in den Gemeinden, der zentrale Bereich Katechetik unterstützt diese mit Medien, Aus- und Fortbildungen und mit Beratungsdienstleistungen.

- Im Bereich Theologie werden theologische Stellungnahmen und Entscheidungsgrundlagen für die Kirchenleitung und die Gemeinden erarbeitet. Die Mitarbeiter beobachten auch die religiöse und weltanschauliche Landschaft des Kirchengebiets und erteilen Informationen darüber. Ebenso sind sie an der praktischen Aus- und Weiterbildung der Pfarrer beteiligt.

Zur theologischen Fakultät der Universität Bern bestehen ständige Beziehungen. Diese ist für die reformierte Kirche von zentraler und übergreifender Bedeutung (auch werdende Theologen aus anderen Kantonen studieren hier), doch ist sie eine selbstständige Einrichtung an der Universität. Die Fakultät begann als Predigerschule bereits kurz nach der Reformation und bildete den Grundstein der später gegründeten Universität Bern.

Die Reformierte Landeskirche als Gesamtkirche unterhält zudem an verschiedenen Orten kostenlose Eheberatungsstellen und verfügt über Fachleute für Gehörlosen-, Spital-, Gefängnis- und Armee-Seelsorge. Mittels Kreisschreiben, einer monatlichen Mitteilung des Synodalrates an alle Mitarbeiter und Kirchgemeinderäte, wird kirchenintern kommuniziert. Die Monatszeitung «saemann» (www.saemann.ch, ca. 290 000 Stück) stellt so etwas wie die öffentliche Kirchenzeitung dar. Der «saemann» erscheint bereits seit den 80er-Jahren des 19. Jahrhunderts. Im Jahre 2008 integrierte sich der «saemann» in die Monatszeitung «reformiert». Viele Gemeinden geben zudem einen eigenen Gemeindebrief heraus.

Ökumene

Ist die Kirche als Religionsgemeinschaft auch in Glaubensdingen eindeutig bestimmt, so weist sie doch organisatorisch und theologisch eine innerkirchliche Pluralität auf – eine relativ junge Entwicklung und ein eher seltenes Phänomen.

Die Reformierten Kirchen Bern-Jura-Solothurn sind Mitglied des 1920 gegründeten Schweizerischen Evangelischen Kirchenbundes SEK. Dessen Sitz befindet sich in Bern. Über diesen Zusammenschluss trägt sie die Hilfswerke HEKS und BfA mit. Die Kirche wirkt mit in der Arbeitsgemeinschaft der Kirchen im Kanton Bern (AKB) und im Jura in der Communauté de travail des églises chrétiennes du Canton du Jura (CTECJ). Sie ist über die SEK Mitglied im 1875 gegründeten Reformierten Weltbund (RWB) und im Ökumenischen Rat der Kirchen (ÖRK).

Einige lokale Kirchgemeinden sind Mitglieder der jeweiligen lokalen Evangelischen Allianz EA, die Gesamtkirche ist es nicht.

Die Reformierte Landeskirche ist auch im interreligiösen Dialog über die Grenzen des Christentums hinaus sehr aktiv und unterstützt mitunter nicht christliche Religionsgemeinschaften bei ihren Integrationsbemühungen.

Kontakt

Kirchenkanzlei/Synodalrat, Bürenstrasse 12, Postfach, 3000 Bern 23, Tel.: 031 370 28 28
www.refbejuso.ch, www.bernerkirchen.ch, www.sek-feps.ch

Evangelische Kommunitäten und Gemeinschaften

Klosterähnliche evangelische Gemeinschaften sind in der Öffentlichkeit nur wenig bekannt, mit Ausnahme vielleicht der Diakonissen. Das liegt daran, dass die Reformation mit den Klöstern gründlich aufgeräumt hatte; der Gedanke, durch gute Werke die Erlösung zu erlangen, wie er im katholischen Mönchtum vertreten wurde, war ja radikal verneint worden.

Doch der klösterliche Lebensstil: in Gemeinschaft und eindeutigen Regeln unterworfen, konsequent Jesus nachfolgen und den Menschen dienen, der blieb für viele Menschen attraktiv. Wie dies zu leben ist, geben die sog. Evangelischen Räte (aus dem Evangelium entnommene Ratschläge) vor: Armut, Keuschheit und Gehorsam. Die Armut wird heute als Anspruchslosigkeit und Gütergemeinschaft formuliert, der Begriff Keuschheit ist in dem Wort Ehelosigkeit verborgen. Für die Nonnen und Mönche der vorreformatorischen Zeit bedeutete Gehorsam in hohem Masse Gehorsam gegenüber der kirchlichen Obrigkeit; im neu aufgelebten evangelischen Ordenswesen wird er dagegen als Versprechen gegenüber Gott und der Gemeinschaft formuliert – der wohl markanteste Unterschied zwischen den beiden Traditionen.

Auch evangelische Ordensleute verpflichten sich auf Lebenszeit. Doch neben der mehrjährigen Probezeit, die überall obligatorisch ist, bieten viele Gemeinschaften auch eine Mitgliedschaft auf Zeit an – in der man allerdings Gast bleibt. Das «Ora et Labora», das «Beten und Arbeiten» der alten Orden ist auch für die neuen der Leitspruch: Alle gehen sie speziellen Tätigkeiten nach und verdienen damit im Wesentlichen ihren Unterhalt selbst.

Kommunitäten gibt es, wie gesagt, sehr vielfältig im Katholizismus und in der Orthodoxie sowie manchmal auch im freikirchlichen Bereich, wie zum Beispiel die Diakonissen von Chrischona oder das Diakoniewerk Bethanien Zürich (Methodisten) zeigen. Gemeinschaften wie die in Grandchamp oder Taizé werden von Angehörigen verschiedener Bekenntnisse getragen. Die hier beschriebenen Gemeinschaften stehen fast alle den Reformierten Landeskirchen nahe, in der Regel sind die Brüder und Schwestern dort Gemeindeglieder. Jedoch ist die Stellung der Gemeinschaft oft mit einem Sonderstatus versehen. Häufig bestehen auch Beziehungen zu Freikirchen, und gerade jüngere Gemeinschaften thematisieren eine exakte konfessionelle Zuordnung kaum noch.

Im Verständnis dieses Buches sind die Evangelischen Kommunitäten eigentlich keine eigenständigen Religionsgemeinschaften; aber sie sind besondere religiöse Gemeinschaften – daher dieser eigenständige Artikel.

Christusträger Communität Schweiz

Das Zentrum der Bruder- und Schwesternschaft steht in Darmstadt, Deutschland. Anfang der 1960er-Jahre war sie dort als christliche Wohn- und Lebensgemeinschaft aus einer Jugendgruppe entstanden. Anfang der Siebzigerjahre kamen einige Brüder nach Kleinbasel, von wo aus 1976 die Gründung eines Schweizer Zweigvereines erfolgte, der das Weingut Ralligen (ehemals ein Gut der Augustiner von Interlaken) am Thunersee erwarb. Dort leben heute sechs Brüder entsprechend den Regeln der Gemeinschaft, sie führen das Haus als Tagungs- und Einkehrzentrum.

Kontakt

Gut Ralligen, 3658 Merligen, Tel.: 033 252 20 30
www.christustraeger-bruderschaft.org

Diakonissenhaus Bern

Die Bewegung der Diakonissen ist der älteste Zweig des evangelischen Gemeinschaftslebens, er entstand in den 1830er-Jahren u. a. in Deutschland. Die Berner Diakonissenschaft geht auf die Bernburgerin Sophie v. Wurstemberger (1809–78) zurück. 1844 begründete sie – nachdem sie ein Erweckungserlebnis gehabt und Reisen nach England zu anderen Diakonissen-ähnlichen Gemeinschaften unternommen hatte – ein Krankenasyl in der Aarbergergasse. Sie fand schnell Mitwirkende, darunter auch ausgebildete Mediziner. Und Frauen folgten ihr, hatte doch ihr Lebensstil neben seiner intensiven Christlichkeit trotz der Entbehrungen eine Anziehungskraft auf diese, da er eine sinnvolle Beschäftigung und – auch ohne standesgemässe Heirat – öffentliches Ansehen bot. Das Werk wuchs schnell und wurde zu einer bedeutenden karitativen Institution. Der Höhepunkt war 1934 erreicht, als 1058 Schwestern in

164 Stationen Dienst taten. Es umfasst heute, als Stiftung organisiert, das 1888 gegründete Salem-Spital, Heime für Betagte und Pflegebedürftige und eine Berufsschule für Gesundheits- und Krankenpflege mit 270 Auszubildenden. Es gibt eine Drogenarbeit, Programme für Arbeitslose und Einrichtungen für Tagungsanlässe. In Bern und im hauseigenen Hotel Orviedo in Spiez sind Stille Tage und Retraiten für Interessierte möglich.

Allerdings ist der Stand der Diakonissen von Überalterung gekennzeichnet. So wurden im Laufe der Zeit immer mehr Fachkräfte mittels Arbeitsvertrag beschäftigt (heute rund 500). Die Schwesternschaft zählt heute reichlich 100 Köpfe, zuzüglich ca. zehn Schwestern von Siloah (s. u.). Die meisten von ihnen geniessen heute ihren Ruhestand, und sie alle leben auf dem Gelände des Diakonissenhauses am Aarehang gegenüber der Berner Altstadt.

Kontakt

Schänzlistrasse 43, 3013 Bern, Tel.: 031 337 77 00
www.dhbern.ch

Evangelische Marienschwestern

Die Gemeinschaft, zu der heute rund 200 Schwestern und seit jüngerer Zeit auch ein Dutzend Kanaan-Brüder gehören, entstand 1944 im kriegszerstörten Darmstadt. Dort befindet sich der Hauptsitz bis heute, doch gibt es Zweigniederlassungen – so auch in der Schweiz. Die Kanaan-Brüder führen ein Haus Deo Gloria in Hemberg SG, und im Kanton Bern gibt es zwei Kapellen im Oberland. In Aeschiried steht seit 1962 die Lobpreiskapelle, im Kiental die Ehre-Gottes-Kapelle seit 1964. Anlass für ihre Errichtung war die Ergriffenheit der Gründerin von der Schönheit der Bergwelt. Seither werden die Kapellen jeweils im Sommer geöffnet und von Schwestern oder Freunden betreut. Jeweils am Sonntagnachmittag finden dort Lobpreis-Gottesdienste statt. Und auf den schönsten Aussichtspunkten der Schweiz und weltweit stehen heute von der Gemeinschaft angebrachte Lobpreistafeln.

Schwesterngemeinschaft Diakonissenhaus Siloah

Die Gemeinschaft geht auf einen Prediger einer Freien Evangelischen Gemeinschaft, Hans Fröhlich (1876–1966) zurück. 1917 eröffnete er in Ennenda GL ein Diakonissenhaus. Schon 1918 wurde in Gümligen bei Bern das Erholungsheim Lindenhof gekauft und später sukzessive ausgebaut. Durch den Strukturwandel wurden die medizinischen Bereiche ausgegliedert, es blieb 1990 nur noch das Mutterhaus übrig. Ende 2005 zogen die verbliebenen Siloah-Schwestern, welche sich schon 2002 mit den Berner Diakonissen (s. o.) zusammengeschlossen hatten, in deren Mutterhaus. Auf dem Gümliger Areal wird weiterhin ein kleiner Unterkunftsbetrieb unterhalten, die Kapelle wird heute von einer freikirchlichen Gemeinschaft genutzt.

Kontakt

c/o Diakonissenhaus Bern

Steppenblüte Communität der Schwestern

Die Gemeinschaft entstand durch das missionarische Wirken der Christusträger (s. o.) in Basel. Es bildeten sich eine Schwesternschaft und eine Familiengemeinschaft, Letztere hat allerdings nicht überdauert. In Basel werden bis heute eine geschützte Werkstatt und das Steppenblüte-Lädeli zugunsten der Dritten Welt weitergeführt, die Schwesternschaft selbst ist jedoch 1993 auf die Grimmialp im Diemtigtal gezogen. Dort führen die momentan vier Schwestern in einem ehemaligen Kurhotel ein Gästehaus.

Kontakt

Grimmialp, 3757 Schwenden, Tel.: 033 684 80 00
www.steppenbluete-grimmialp.ch

Wenn auch nicht im Kanton Bern beheimatet, sollen jedoch noch weitere Gemeinschaften Erwähnung finden, da sie in den Kanton hineinwirken:

Communauté de Taizé: Sie ist die wohl berühmteste evangelische Ordensgemeinschaft (www.taize.fr) – auch wenn sie von vielen für eine katholische gehalten wird. Doch Frère Roger (Roger Schutz, 1915–2005), der legendäre Gründer, blieb lebenslang seinem protestantischen Bekenntnis treu. Sein

Anliegen war die Ökumene, weshalb wohl bei kaum einer Gemeinschaft der denominationelle Hintergrund so unwichtig ist wie bei dieser. Die Communauté im Burgund wurde berühmt durch ihre Jugendtreffen und ihre Musik. In Bern kommen einmal monatlich Taizé-Freunde und -Pilger in der Nydegg-Kirche zusammen, um die Vision durch Gesänge, aber auch durch eine Stille Zeit für den hiesigen Alltag zu bewahren. Auch an vielen anderen Orten, insbesondere in Kirchgemeinden, finden gelegentlich oder regelmässig Taizé-Gebete statt. «Taizé» ist heute ein populäres Stichwort oder sogar ein Inbegriff für ökumenische Spiritualität geworden.

Die **Communauté Don Camillo** entstand 1977 in Basel und lebt heute am Südfuss des Jura. Ganz bewusst orientiert sie sich an der augenzwinkernd entworfenen Roman- und Filmfigur. Die Kommunität, bestehend aus Männern, Frauen und Familien, betreibt das ehemalige Rittergut Montmirail als Wohnheim und Gästehaus. Die → Herrnhuter Brüdergemeine führte dieses zuvor während 222 Jahren als Internatsschule für höhere Töchter. 1988 übergaben sie die Häuser im Baurecht an die Kommunität. Beide Organisationen arbeiten bis heute zusammen. Bekannt wurde die Gemeinschaft durch die Mitwirkung an der Expo02 in Biel. Montmirail, 2075 Thielle-Wavre NE, Tel.: 032 756 90 00, www.montmirail-doncamillo.ch

Die Diakonissen des **Diakonissenhauses Riehen** (www.diakonissen-riehen.ch) mit Sitz in Baselland betreiben in Spiez das Ferien- und Einkehrhaus Annaheim.

Wenn man das Thema «christliche Lebensgemeinschaften» etwas grosszügiger angeht, zeigt sich ein Fülle von Gruppen und Initiativen, die – ohne jetzt die Tradition der Klöster sonderlich zu betonen – in Wohnungen und Häusern allein aus dem Willen heraus, Christus gemeinsam zu folgen, Wohngemeinschaften bilden. Ein Informationsknoten namens www.commonlife.ch, der in Spiegel bei Bern beheimatet ist, zählt allein für den Raum Bern über zehn derartige Gruppen auf.

Freikirchen und unabhängige christliche Religionsgemeinschaften mit protestantischem Hintergrund

Freikirchlich sein heisst, als christliche Gemeinde unabhängig von Staat und Staatskirche bzw. fern einer obrigkeitsnahen Kirche zu sein. Freikirchen kann es nur geben, wo Landes-, Territorial- oder staatsnahe Kirchen bestehen. Es handelt sich also um einen Terminus technicus, der streng genommen im Kanton Bern auf alle Kirchen ausser die drei Landeskirchen zutrifft. Es fielen sogar hiesige Anglikaner und Orthodoxe unter diesen Begriff, da sie hierzulande unabhängige Vereine bilden – obwohl sie in ihrer Heimat staatsnahe Volkskirchen sind. Jedoch findet im katholischen oder orthodoxen Rahmen dieser Begriff keine Anwendung; das Phänomen Freikirchlichkeit besteht vor dem Hintergrund der Reformation. In den USA wären sogar alle Kirchen Freikirchen, da es keine Staatskirche gibt – was den Begriff dort sinnlos macht.

Auf der inhaltlich-theologischen Ebene kann festgehalten werden, dass Freikirchen ein entschiedeneres Christentum zu vertreten beanspruchen. Freikirchen sind gekennzeichnet durch die Forderung nach einer individuellen Bekehrung zu Jesus Christus und – mehrheitlich, aber nicht immer! – durch Biblizismus, die absolute Autorität und die wörtliche Auslegung der Bibel. Gelang es den sich so berufen fühlenden Christen nicht, ihre angestammte Kirche dahin gehend zu formen, gründeten sie «freie» Gemeinden oder Kirchen. Heute wird bei Freikirchen darauf verwiesen, dass sie freiwillige Kirchen sind, denen man bewusst und nicht etwa durch Geburt beitritt. Aus diesem Grunde zählen freikirchliche Gemeinschaften als Mitglieder oft nur diejenigen Erwachsenen, die in ihrem Sinne getauft sind und aktiv am Gemeindeleben teilnehmen.

Freikirchlichkeit bedeutet selbst in Bern, wo die Reformierte Landeskirche eng mit dem Staat verbunden war und ist, nicht unbedingt eine totale Differenz zu dieser. Viele freie Christen lehnten die Landeskirche nicht total ab, und oft gab und gibt es Vertreter der Landeskirchen, die mit Freikirchen sympathisierten. Spätestens mit der Evangelischen Gesellschaft (1831) gab es eine Organisation, die zwar nominell innerhalb der Landeskirche bestand, aber theologisch und rituell Autonomie pflegte und permanent die Hand zu anderen «Separatisten» ausstreckte. Heute sind Doppelmitgliedschaften in der Reformierte Landeskirche und in einer freikirchlichen Gemeinde nicht selten, was bei Mitgliederzählungen zu Problemen führt.

Unterschiede zwischen verschiedenen Freikirchen gibt es viele: in der Zuordnung zu einer bestimmten Traditionen (täuferisch, pietistisch, evangelikal, charismatisch … s. u.); in den Aktionsschwerpunkten: zum Beispiel Mission nach aussen oder Beschränkung auf das eigene Gemeinschaftsleben; beim Thema Kontakt zum Katholizismus oder dessen Ablehnung; in der Frage politischer Rückzug oder Versuche des gesellschaftlichen Gestaltens; in der Form des Gemeinde- und Kirchenaufbaus als strenge Hierarchie oder als minimale, nur informelle Verbundenheit der Gläubigen usw.

Das Phänomen «Freikirchen» ist in verschiedenen Regionen aus verschiedenen Ansätzen erwachsen. In England, von wo aus «free churches» eine weltweite Wirkung entfalten sollten, geht es auf calvinistisch-puritanische und später auf methodistische Ideen zurück. Im Kanton Bern ist der Beginn der Freikirchlichkeit mit dem Täuferwesen verbunden. Im Laufe der Zeit sollten sich in der Region verschiedene Strömungen freikirchlicher Religiosität ausbreiten, die sehr verschiedene Hintergründe haben. Der Überblick im Folgenden stellt zugleich historische Prozesse, inhaltliche Schwerpunkte und zentrale Begriffe vor. Anzumerken ist, dass nur wenige Freikirchen sich exklusiv einer dieser Traditionen zuordnen lassen.

Bewegungen und Ideen, die die heutige Freikirchenlandschaft prägen

Das Täuferwesen

Der Name «Täufer» leitet sich von der Idee ab, nur Erwachsene zu taufen. Sie wurden auch Wiedertäufer (Anabaptisten) genannt, weil sie die bereits am (unmündigen) Kleinkind vollzogene Taufe nicht anerkannten und sie deshalb – nach dem bewussten Bekenntnis des Täuflings – wiederholten. Das war seinerzeit ein ungeheurer Affront gegenüber der amtlichen Pfarrerschaft. Mit dieser Idee, die 1525 in Zwinglis Umfeld auftauchte, war eine Vorstellung von Kirche als reiner Gemeinschaft der entschieden und wahrhaft Gläubigen verbunden. Vorbild war die biblisch bezeugte Urgemeinde. Für die schweizerischen Täufer waren besonders die 1527 verfassten Schleitheimer Artikel bedeutsam. In diesem Bekenntnis formulierten sie ihr Konzept einer einzig der Heiligen Schrift verpflichteten Gemeinschaft. Die «Besserung des Lebens» sollte in kleinen, von der Welt abgesonderten und gewaltfreien Gemeinschaften geschehen. Als Ämter waren Prediger, Älteste, Diener usw. vorgesehen. Sie grenzten sich damit deutlich von der Volkskirche ab und konstituierten so die erste Freikirche. In der Eidgenossenschaft gab es im 16. Jahrhundert Täufer in den Kantonen Basel, Bern, Graubünden, Schaffhausen, Solothurn, St.Gallen und Zürich. Inzwischen hat sich hier für diese traditionellen Täufer der aus Holland stammende Name «Mennoniten» durchgesetzt.

Täuferische Vorstellungen drangen schnell nach Bern, schon 1525 (also noch vor der offiziellen Reformation!) beschäftigten sie den Rat. Ein 1527 beschlossenes Täufermandat verbot den Täufern das Agieren im Lande. Dennoch bestanden in der Frühphase noch nicht einmal grosse theologische Differenzen, und die bernische Staatskirche führte immer wieder Täufergespräche durch, öffentliche theologische Dispute. Doch im Zeitalter des schweizerischen Konfessionalismus ab ca. 1545, das dadurch gekennzeichnet war, dass auf einem Staatsterritorium nur eine Konfession geduldet war, wurden die Täufer heftig verfolgt. Das Problem der weltlichen Obrigkeit – und in Bern war nun einmal die Kirche eng mit dieser verbunden – mit den Täufern bestand darin, dass diese sich staatsfern verhielten: Sie verweigerten Eide, Waffen (und damit die Wehrpflicht) und die geforderte Ehrerbietung gegenüber Ämtern und ihren Inhabern. Die Verbindung von Kirche und staatlicher Herrschaft wollten die Täufer schon gar nicht dulden. Denn, abgeleitet aus Mat. 20,24–28, könne, wer über andere herrscht, kein wirklicher Christ sein. Durch ihr individualisiertes Christentum wurden sie automatisch zu Staatsfeinden – obwohl sie oft ordentlich Steuern und den Zehnten an den amtskirchlichen Ortspfarrer entrichteten und auch sozialrevolutionären Utopien meistens fernstanden. Gefängnis, Folter, Güterkonfiskation, Verbannung und Hinrichtung (in Bern bis 1571, in Zürich bis 1614, in Rheinfelden noch 1626) trieben die Täufer immer mehr in die Isolation und in die Auswanderung. Nur an wenigen Orten, zum Beispiel im Emmental und im Jura, blieben täuferische Gemeinschaften bestehen.

Das Täuferwesen sollte um die Mitte des 18. Jahrhunderts fast völlig verschwinden. Die Unterstützung durch die holländischen Mennoniten, die Aufklärung und die Französische Revolution brachten dann einige Erleichterung. Später sorgten der Pietismus und die Erweckungen wieder für ein Anwachsen der Gemeinschaft. Laut Volkszählung 2000 zählen sich heute knapp 5800 Schweizer zur täuferischen Tradition.

Trotz (bzw. auch wegen: So wurden sie über die ganze Welt verstreut) der Verfolgung verbreitete sich die Täuferbewegung nicht nur in der Schweiz, sondern quer durch Europa bis nach Russland und später nach Nord- und Südamerika. Sie sollte sogar ausserhalb Kontinentaleuropas die grösste Wirkung entfalten: Zum einen gibt es heute dank missionarischer Tätigkeit weltweit Mennoniten. Zur täuferischen Tradition zählen neben diesen auch die Evangelischen Täufergemeinden (Neutäufer). Und v. a. über die Baptisten ist die Idee einer Bekenntnis-, das heisst Erwachsenentaufe in sehr vielen späteren Freikirchen zentral.

Das Jahr 2007 wurde im Kanton Bern zu einem Gedenkjahr über die Täufer bestimmt. Unter dem Leitmotiv «Die Wahrheit solt bezüget werden» (Berner Synodus 1532) wurden Geschichte und Gegenwart des Täufertums, insbesondere aus dem Emmental, aufgearbeitet. Die Trägerschaft für das Gesamtprojekt hatte der Verein Pro Emmental. Das Koordinationskomitee bestand aus Mitgliedern der Mennonitengemeinden, der Evangelischen Täufergemeinden, der Reformierten Landeskirche sowie Historikern und weiteren Personen. Eine Ringvorlesung an der Universität Bern, diverse Gesprächsrunden und Vorträge sowie Ausstellungen, Ausflüge und ein internationales Symposium standen auf dem Programm.

Pietismus

Die durch die Täufer gesetzten freikirchlichen Anfänge wurden durch den Aufbruch des Pietismus erneuert. Pietismus ist keine Schweizer Erfindung und auch kaum eine eigene Theologie oder gar Kirche, Pietismus ist eine Idee und ein Lebensstil. Die Bewegung entstand an verschiedenen Orten in Deutschland. Einer der Gründerväter, Philipp Jacob Spener (1635–1705), wollte eine Gemeinschaft der intensiv Glaubenden und stützte sich dabei auf Luthers Ideen vom «ecclesiola in ecclesia», dem Kirchlein (der wahren Frommen) innerhalb der Kirche. Er begann 1670 in Frankfurt am Main private Erbauungsstunden abzuhalten, collegia pietatis genannt. In der Schrift Pia Desideria (1675) forderte er die persönliche «Umkehr zu Gott» in einem neutestamentlichen Sinne. Die praktizierte «Herzensfrömmigkeit» wurde stark betont, Spener griff hierfür mystische Ideen und Praktiken auf. Der Pietismus war stark individualistisch geprägt, institutionelle Überlegungen wurden kaum angestellt. So konnte er, obwohl durchaus als Protest gegen eine amtskirchliche Orthodoxie gedacht, weitgehend in der Kirche verbleiben. Erfolg und Anerkennung erwuchsen pietistischen Kreisen auch aus dem sozialen Engagement, durch welches sie die christliche Nächstenliebe lebten.

Eine Gemeinschaft, die den lutherischen Pietismus bewahrt und in der ganzen Welt verbreitet hat, sind die Herrnhuter.

Im späten 18. Jahrhundert verlor der Pietismus an Anziehungskraft, er wurde ein Phänomen der «Stillen im Lande». Aber er wirkte im Untergrund weiter, während in den Kirchen die rationalistische, von der Aufklärung beeinflusste Theologie immer mehr Verbreitung fand.

Die Heimberger Brüder

Eher eine Fussnote im Vergleich zu den anderen Strömungen, dafür aber eine lokale, sind die Heimberger Brüder, benannt nach dem Städtchen nördlich von Thun. Dort gründeten drei Männer im Jahre 1740 eine Bruderschaft, deren Merkmale die Anrede «Bruder und Schwester», der Bruderkuss und spontane Versammlungen («Dorfstündlein») waren. In ihren Gottesdiensten waren Berichte über eigene religiöse Erlebnisse zentral. Schnell entstanden im Simmental, Saanenland, Frutigtal, in Thun und Umgebung weitere Versammlungen. Sie alle trafen sich jährlich beim sog. Bruderdorf in Heimberg.

Die Heimberger waren weniger ein Ergebnis theologischer Überlegungen als eher ein organisatorischer Sonderbund, der der Obrigkeit misstraute und ein intensiveres Glaubensleben anstrebte. Ihnen war die Kirche egal, unter ihnen gab es Mitglieder wie auch Ablehner derselben. Im Wesentlichen waren die Heimberger gehorsam gegen die Obrigkeit.

In der zweiten Hälfte des 18. Jahrhunderts wollten die Herrnhuter die Heimberger anwerben, was 1784 zu einem Schisma in der Bruderschaft führte. Im 19. Jahrhundert löste sich die Bewegung allmählich auf; zum Teil fand sie Anschluss an die Evangelische Gesellschaft in Bern. Indirektes Erbe der Heimberger ist heute die Christliche Gemeinde Heimberg.

Die Heimberger blieben ein lokales Phänomen, da sie keine ausstrahlende Theologie hatten und auch an Mission nicht interessiert waren. Ihr radikaler Zweig waren die Antonianischen Brüder. Die Antonianer gingen auf Anton Unternährer (1759–1824) zurück; dieser hatte Visionen und hielt sich für einen besonderen Propheten, später gar für Jesus. Diese Bewegung löste sich jedoch schnell auf.

Erweckung/Erweckungsbewegungen

Der Begriff «Erweckung» ist ein eher technischer Begriff, er benennt verschiedene Erneuerungen im europäischen und nordamerikanischen Protestantismus (selten erreichten Erweckungen auch kath. Gemeinden) des 18. und 19. Jahrhunderts. In den USA hat es im 19. Jahrhundert drei grosse Erweckungsbewegungen gegeben, welche neue christliche Strömungen hervorbrachten. Erweckungen in angelsächsischen Ländern haben durch ihren zeitlichen Vorsprung und bedeutungsmässigen Vorrang Vorbildcharakter für die Schweiz. Die wohl wichtigste Erweckung für die Schweiz war jene vom Anfang des 19. Jahrhunderts. Als Gegenreaktion auf den Einfluss aufklärerischen Denkens nennt man sie auch Neupietismus, weil sie aus pietistischen Kreisen entstand. Sie betonte die zentralen Wahrheiten der Bibel, insbesondere den stellvertretenden Tod Christi für die Sünden der Menschen als einzigen Weg zurück zu Gott und zum ewigen Leben. In der Praxis verbinden sich Bekenntnisbereitschaft und Betonung des individuellen Glaubenslebens zu einer sozial und missionarisch ausgerichteten Frömmigkeit. Die Bewegung hatte in der Schweiz zwei Ausgangspunkte: Basel und Genf.

Eine massgebliche Rolle spielte die sog. Christentumsgesellschaft, welche 1780 in Basel gegründet worden war. Von der Stadt ausgehend, entstand ein internationales Netzwerk, dessen erklärtes Ziel es war, traditionelle Glaubenslehren zu stärken. Aus der Christentumsgesellschaft ging eine Reihe von missionarischen und karitativen Organisationen hervor, die heute wohl wichtigste ist die 1840 entstandene Pilgermission St. Chrischona.

Auch in der französischen Schweiz bewirkten zu jener Zeit pietistisches Erbe und methodistische Einflüsse eine breite Erweckung, den sog. Réveil. In Genf hatten zuvor schon Persönlichkeiten wie Spener, Zinzendorf und v. Krüdener Spuren hinterlassen. Ab 1810 wandten sich dann verschiedene erweckliche Aufbrüche, zum Teil durch ausländische Einflüsse inspiriert, gegen das rationalistische, klerikal geprägte offizielle Christentum. Anders als in Basel waren in Genf die Fronten zur amtlichen Kirche scharf gezogen. So mancher oppositionelle Theologe, der keine Anstellung mehr fand, bekam dann in den unabhängigen Gemeinden, bei Evangelisationskampagnen und in einer unabhängigen, 1832 gegründeten Predigerschule eine neue Beschäftigung. 1849 schlossen sich die separierten Gemeinden zur Eglise libre zusammen. Die Genfer Staatsregierung griff nicht in die Konflikte ein. Vom Réveil gingen Impulse nach Frankreich und sogar bis in die Niederlande und nach England aus – und natürlich auch in die Nachbarkantone.

Um 1820 kam der Réveil nach Bern. Seine Anhänger gründeten 1828 eine eigene Gemeinschaft, die Eglise de Dieu. Im Zusammenhang damit ist die wohl wichtigste Person in der Berner Erweckung, Carl von Rodt, zu nennen. In Bern wurde ausserdem aus demselben Antrieb heraus 1831 eine Evangelische Gesellschaft in der reformierten Landeskirche ins Leben gerufen; aus dieser wurde später das Evangelische Gemeinschaftswerk.

Im Gegensatz zu England, Schottland, Frankreich und der Romandie war die Erweckungsbewegung in Deutschland stärker innerkirchlich geprägt. Da die deutschen Landeskirchen offener für Neues waren, kam es weniger zu Separationen. Die Deutschschweiz stand unter beiden Einflüssen. Daher gab es hier einerseits dissident-freikirchliche und anderseits innerkirchlich wirkende Kräfte der Erweckung. Die seit Mitte des 19. Jahrhunderts liberalere politische Situation, die zunehmenden Missionsaktivitäten amerikanischer Denominationen wie auch die sich stürmisch verbessernden Medien sorgten dafür, dass seit jener Zeit ständig mehr Freikirchen entstanden. Im 20. Jahrhundert verhärteten sich dann in der Deutschschweiz die theologischen Fronten, sodass letztlich v. a. Freikirchen Träger der erwecklichen Bewegungen wurden. Doch in allen diesen Strömungen – ob innerhalb oder ausserhalb der Amtskirchen – gab es Parallelen in Bezug auf die theologische Begründung, die Motivation, die sozialen Aufgaben und die gesellschaftliche Verankerung. Beispielgebend ist der britische Evangelikalismus.

Evangelikalismus

Dieser Begriff ist heute in aller Munde für ein strenges, konservatives und politisches Christentum; doch trifft das das Phänomen nicht ganz. Als Strömung im Protestantismus entstand der Evangelikalismus im 19. Jahrhundert. Das Wort «evangelical» stand anfangs nur für die Anhänger der anglikanischen Low Church, welche Impulse vom Methodismus aufgenommen hatten. Das Wort wird übrigens kaum als Selbstbezeichnung verwendet, häufig sprechen die darunter zusammengefassten Gruppen von sich selbst als «evangelisch», «bibeltreu» oder schlicht als «christlich».

Zentral ist für Evangelikale die Vorstellung, ein Christ müsse eine persönliche direkte Beziehung zu Jesus Christus haben. Die Aufnahme dieser Beziehung geschieht in einem Bekehrungserlebnis, der individuellen «Wiedergeburt» (nach Joh. 3,3), das so zum zentralen Dreh- und Angelpunkt des Lebens («Lebensübergabe an Christus») wird. In der Folge gilt der Gläubige allerdings nicht als endgültig errettet, sondern er muss sich in seiner weiteren Lebensführung konsequent nach biblischen Vorgaben richten. Er hat dabei die Gemeinde zur Seite, doch zugleich sieht er sich einer Welt gegenüber, die nicht diesen Regeln folgt und daher bekehrt werden muss – das gilt für Nichtchristen, aber auch für die «lauen» Kirchenmitglieder. Die Bibel ist die alleinige Richtschnur für das Leben, sie gilt als von Gott offenbart und als irrtumslos wahr. Ob sie verbal inspiriert ist, wird in der Bewegung unterschiedlich gesehen.

178

Der Evangelikalismus hatte grossen Erfolg, man schätzt, dass heute rund 150 Millionen Menschen weltweit evangelikale Christen sind. Hauptsächlich leben und wirken Evangelikale in den USA. In der Schweiz rechnet man rund 3 bis 4 Prozent der Bevölkerung dem evangelikalen Spektrum zu, mit leicht steigender Tendenz. Längst haben evangelikale Vorstellungen denominationale Grenzen überschritten, man findet sie in baptistischen, methodistischen, pfingstlichen und auch reformiert-landeskirchlichen Kreisen. «Evangelikal» ist zu einer Art Standardbegriff für entschiedenes Christentum geworden und wird inzwischen sogar als generelle Kategorie für alle Freikirchen benutzt.

Evangelikale engagieren sich stark in der Mission. Berühmtheit erlangten Grossevangelisten wie zum Beispiel der amerikanische Fernsehprediger Billy Graham (der in den Fünfzigerjahren auch 12 000 Menschen im Berner Fussballstadion versammelte). Zur Erreichung der Ziele werden eine Vielzahl Organisationen und Missionswerke gegründet. Eine zentrale Leitung gibt es nicht. Mitte des 19. Jahrhunderts entstand die heute weltweit vertretene Evangelische Allianz (EA) in England (s. u.). Hundert Jahre später, 1974, wurde mit der Lausanner Verpflichtung auch in der Schweiz ein weltweit wirksames Dokument erarbeitet, welches die Glaubensvorstellung der Evangelikalen klar formuliert.

Pfingstbewegung

«Pfingsten» ist ein Begriff, der – der Apostelgeschichte des NT entnommen – einen Gründungsakt der Urkirche benennt, nämlich eine Zusammenkunft der Apostel, und auf die wundersamen Geschehnisse verweist, die es dabei gegeben habe. Derartige Ereignisse, so die Pfingstler, geschehen heute wieder, und ihr erneutes Auftreten Mitte des 19. Jahrhunderts stellt den Beginn der Pfingstbewegung dar. Der Geist Gottes wirke heute wieder bzw. immer noch, aber verstärkt. Historische Wurzeln der Pfingstbewegung finden sich in christlichen Strömungen und in diversen Heilungsbewegungen, die um 1850 aufkamen (zum Beispiel New Thought). Es entwickelte sich damals eine Theologie, nach der durch intensives Gebet und die Bitte um die biblisch bezeugte Gabe der Krankenheilung durch den Heiligen Geist diese tatsächlich eintreten soll. Weitere «geistgewirkte Gaben» («Charismata», nach Röm. 12, 1. Kor. 12 und Apg. 2.1–4) bilden einen wichtigen Fokus der pfingstlichen (andere Formulierung: «pfingstlerischen») Theologie und des Gemeindelebens. Die «Ausgiessung des Heiligen Geistes» verleihe die Autorität, die verschiedenen biblisch bezeugten Ämter in der Gemeinde auszuüben. Das Spektrum pfingstlicher Religiosität reicht heute von einer geregelten Kirchlichkeit bis zur enthusiastischen Ekstase Einzelner und ganzer Gruppen.

Im Vordergrund steht die emotionale Begegnung mit Gott. Nach Bekehrung und Wiedergeburt ist besonders die zweite Taufe, die im Heiligen Geist, entscheidend. Ob sie zeitgleich oder versetzt zur Wasser-Taufe erfolgt, ob sie von Glossolalien (tranceartiges «Reden in Zungen», in unverständlichen Sprachen) begleitet ist, durch diese gar bezeugt sein muss, wird unterschiedlich gesehen.

Der Beginn der eigentlichen Pfingstbewegung waren Massenerlebnisse des Heiligen Geistes in Kansas (1901), Wales (1904) und Los Angeles (1906). In Windeseile verbreitet sich die Bewegung zuerst in den USA und dann in Europa. Überall sollen sich Wunder und Massenbekehrungen ereignet haben. Lange sind Pfingstler von anderen Denominationen misstrauisch beobachtet oder sogar abgelehnt worden; das hat ihren Erfolg jedoch nicht aufhalten können. Heute bestehen weltweit pfingstliche Kirchen, die Zahl der so geprägten Christen wird auf bis zu 500 Millionen geschätzt. In der Schweizer Kirchen- und Freikirchenlandschaft waren die Pfingstler lange Aussenseiter. Das oft enthusiastische Glaubensleben und die direkte Berufung auf die Geisteskraft Gottes stiessen auf Befremden; theologisch folgen wollten viele, insbesondere die Evangelikalen, den Pfingstlern nicht. Bis in die zweite Hälfte des 20. Jahrhunderts dauerte es, bis es zu einer Anerkennung kam. Heute dagegen ist eine Annäherung, ja stellenweise sogar eine Verschmelzung von Evangelikalismus und Pfingstlertum zu beobachten. Verbände der pfingstlichen Freikirchen im Lande sind zum Beispiel die VFMG, die Schweizer Pfingstmission (SPM) und die FELPS. Manche dieser (und anderer Verbände) verfügen fast schon über Kirchenstrukturen, andere sind sehr lose Netzwerke. Die Pfingstbewegung ist eng mit der Charismatik verbunden.

(Neo-)Charismatik

Die charismatische Bewegung hat sich aus der Pfingstbewegung entwickelt und betont ebenfalls die Geistesgaben («Charismen/Charismata»), weshalb auch vom Neu-Pfingstlertum gesprochen wird. Im Unterschied zur Pfingstbewegung wird die Erfüllung mit dem Heiligen Geist in der Regel nicht als einmaliges Ereignis, sondern als Prozess verstanden. Grundlage der Bewegung ist die als irrtumsfrei geltende Bibel. Entscheidend ist der Glaube an die Präsenz und Erfahrbarkeit des Heiligen Geistes. Die Gaben sind, wie im 1. Kor. 12–14 beschrieben, das Reden in Zungen, Heilung, Prophetie und die «Unterscheidung der Geister» samt Fähigkeit zur Austreibung. Neben einer (unterschiedlich ausgeprägten) Naherwartung der Wiederkunft Christi ist die charismatische Bewegung oft durch dämonologische Vorstellungen gekennzeichnet. Dem Wirken Satans setzt sie einen von Gebeten getragenen Kampf entgegen.

Der Eintritt in eine charismatische Gemeinde sollte durch einen bewussten Akt, die persönliche Entscheidung für ein auf Jesus ausgerichtetes Leben, geschehen. Es ist ein Anliegen, möglichst viele Menschen zu Jesus zu bekehren. Die Bewegung begann in den 1960er-Jahren in den USA und verdankt ihre schnelle Verbreitung v. a. dem massiven Einsatz moderner Medien. Seit jener Zeit ist sie auch in Europa erfolgreich. Besonders grosse Verbreitung erfuhr sie aber in Teilen Asiens, Afrikas und Lateinamerikas, wo sie an Praxisformen der einheimischen Religiosität anknüpfen konnte, deren erlebnisreiches Ritualwesen mitunter Ähnlichkeiten zu Erlebnissen des Heiligen Geistes aufweisen. Typisch für die charismatische Frömmigkeit ist die Event-Kultur: Gottesdienste sind Ereignisse, gekennzeichnet durch Musik und die Einbeziehung aller Beteiligten. Höhepunkte können kollektiv auftretende tranceähnliche Zustände sein. Manche interpretieren diese als direkte Manifestationen des Heiligen Geistes, andere sehen in ihnen menschliche Phänomene, Reaktionen auf die emotional tief greifende Begegnung mit Gott. Phänomene dieser Art führen mitunter zu einem weltweiten religiösen Massentourismus, wie der sog. Toronto-Segen 1992 zeigte. Mit der auf psychische und physische Erlebnisse ausgerichteten religiösen Praxis trifft die Charismatik den Geschmack einer – zumindest im westlichen Kontext – an den Medien geschulten Anhängerschaft. Die formale Modernität wird aber von einer evangelikal-konservativen Weltsicht und Werthaltung begleitet.

Die Bewegung entwickelt sich in zwei Richtungen: Einerseits blieb sie in den Kirchen. Sie überschritt die Grenzen der Konfessionen und wirkt als sog. Charismatische Erneuerung auch in der römisch-katholischen Kirche. Andererseits ist sie eine Gemeindegründungsbewegung, die viele neue Kirchen hervorgebracht hat, welche sich als charismatisch, pfingstlich-charismatisch oder evangelikal-charismatisch verstehen. Darüber hinaus wirken charismatische Ansätze in den verschiedensten christlichen Projekten, Initiativen und Netzwerken. Zentrale Leitungsinstanzen existieren dagegen nicht.

Heutige Situation

Bis heute kommen – insbesondere aus den USA, doch auch immer stärker aus der sog. Dritten Welt – ständig neue Impulse und Ideen ins Land, die die freikirchliche Szene befruchten. So hat sich ein eigenes Milieu entwickelt. Es ist von verschiedensten Gründen abhängig, ob diese Einflüsse eine bestimmte Gemeinde erneuern, sie verändern, spalten oder zu völlig neuen Gründungen führen. Darüber gibt es heftige Debatten in der Freikirchenszene. Manche interpretieren Gemeindegründungen als Mode und fatale Zersplitterung der Kräfte, wobei kein Wachstum mehr stattfinde. Andere befürworten gerade die Vielfalt, da so mehr Menschen entsprechend ihren Interessen und Stilen erreicht würden. Die Unübersichtlichkeit hat auch dazu geführt, dass die Grenzen zwischen den verschiedenen Freikirchen und zum innerkirchlichen Bereich der Landeskirchen unschärfer geworden sind: Manchmal ist keine einheitliche Meinung darüber zu erlangen, ob ein bestimmtes Phänomen, eine Initiative oder eine Gruppe nun in der Landeskirche ist oder nicht.

Freikirchlich sein heisst nicht, sich von jeglicher übergeordneten Organisation fernzuhalten. Viele freikirchliche Gemeinden sind heute in Verbänden organisiert, die in der Regel auf ihre spezifische theologische Linie und ihre historische Tradition zurückzuführen sind. Und viele beteiligen sich an Zusammenschlüssen, die ganz pragmatisch zu bestimmten Zwecken gegründet wurden (Mission, Medien, sozial-karitative Zwecke usw.). Denn Freikirchen sind wegen ihrer geringen Grösse oft auf ihr Kernanliegen, die Gemeinde konzentriert; wenn sie mehr leisten wollen, gründen sie professionelle Strukturen. Sie sind in dem Artikel → Überkonfessionelle Werke, Zusammenschlüsse und Aktionen – Überblick dargestellt.

Speziell zu erwähnen sind die Dachverbände freikirchlicher Organisationen.

Der wohl wichtigste ist die Evangelische Allianz (EA). Die Organisation wurde 1846 von Vertretern von über 50 Kirchen in London gegründet, um die zersplitterte evangelische Christenheit zu vermehrter Zusammenarbeit zu ermutigen. Heute gibt es in 122 Ländern nationale Evangelische Allianzen, sie vertreten schätzungsweise 300 Millionen Christen. In der Schweiz ist als nationaler Verband die Schweizerische Evangelische Allianz (SEA) mit Sitz in Zürich präsent. In ihr sind überzeugte evangelische Christen aus Freikirchen, aber auch aus Landeskirchen miteinander verbunden; in Zahlen: Menschen aus 90 Organisationen und rund 550 evangelischen Kirchen und Freikirchen in über 80 lokalen EA-Sektionen der Deutschschweiz und der Romandie. Kenner schätzen die Basis der Schweizerischen Allianz auf bis zu 250 000 Personen. Die SEA bietet ein Beziehungsnetz und eine Infrastruktur. Dazu gehören zwölf ständige Arbeitsgemeinschaften mit besonderen Aufgaben wie Theologie, Jugendfragen, Medienarbeit, Literatur, Mission und Sozialarbeit in der Dritten Welt; Letzteres wird insbesondere durch das eigene Hilfswerk Tear Fund geleistet. An die Öffentlichkeit tritt die SEA vorwiegend durch die eigene Nachrichtenagentur idea und die unregelmässig erscheinende Zeitschrift «4telstunde für Jesus» (Auflage 500 000) oder mit Grossevents wie den jährlichen Allianz-Gebetswochen und den sog. Christustagen. Der Vorstand der SEA trifft sich jährlich zweimal mit dem Vorstand des Verbandes evangelischer Freikirchen und Gemeinden in der Schweiz (s. u.). Beide Institutionen führen auch gemeinsame Projekte durch.

In der Deutschschweiz ist der Verband evangelischer Freikirchen und Gemeinden der Schweiz (VFG) zu nennen. Der Verband wurde 1919 als juristischer Arm durch die Evangelische Allianz gegründet, heute gehören ihm 14 Dach-Organisationen an. Der VFG fördert die Zusammenarbeit unter ihnen und vertritt sie in gemeinsamen Anliegen gegenüber Staat und Öffentlichkeit. Mitglieder sind:

- BewegungPlus
- Bund der Evangelischen Gemeinden (BEG)
- Bund der Evangelischen Täufergemeinden (ETG)
- Bund Freier Evangelischer Gemeinden (FEG)
- Bund Schweizer Baptistengemeinden
- Chrischona Schweiz
- Evangelisches Gemeinschaftswerk (EGW)
- Evangelisch-methodistische Kirche (EMK)
- Freie Charismatische Gemeinden der Schweiz
- Heilsarmee
- Konferenz der Mennoniten der Schweiz (Alttäufer)
- Schweizerische Pfingstmission (SPM)
- Vereinigung Freier Missionsgemeinden (VFMG)
- Vineyard-Gemeinden

Im Jahre 2005 hat der VFG im Kanton Bern für einen Teil seiner Mitglieder ein Gesuch für eine gemeinsame öffentlichrechtliche Anerkennung gestellt, also eine Gleichstellung mit den Landeskirchen. Die Freikirchen betrachten sich als «dritte christliche Kraft» im Lande. Sie wollen kein Geld vom Staat, doch für ihren Religionsunterricht staatliche Räume mitbenutzen und Seelsorge in Spitälern und Anstalten leisten sowie als gemeinnützige Organisationen Steuerbefreiung erlangen. Das Ansinnen wurde 2007 vom Berner Rat zurückgewiesen.

In der französischen Schweiz – und damit auch im französischen Teil des Kantons Bern – wird das freikirchliche Netz der Evangelischen Allianz durch das Réseau évangélique repräsentiert.

Zum Weiterlesen

Geldbach, E.: Freikirchen. Erbe, Gestalt und Wirkung, Göttingen 2005

Jung, F.: Die deutsche evangelikale Bewegung. Grundlinien ihrer Geschichte und Theologie, Frankfurt am Main 1992

Dellsperger, R./Lavater, H. R. (Hrsg.): Die Wahrheit ist untödlich. Berner Täufer in Geschichte und Gegenwart, Bern 2007

Hollenweger, W. J.: Charismatisch-pfingstliches Christentum, Göttingen 1997

www.lifenet.ch, www.jesus.ch, www.erf.ch, www.topchrétien.ch, www.sonntag.ch, www.anabaptism.org, www.freikirchen.ch, www.each.ch

Action Biblique (AB)

Der Gründer der Gemeinschaft, Hugh Edward Alexander (1884–1957), war zwar geborener Schotte, lebte aber im französischen Sprachraum. Er hatte an einer Bibelschule in Glasgow studiert und die Waliser (Wales in GB) Erweckung vom Anfang des 20. Jahrhunderts miterlebt. 1906 zog er nach Genf und begann, Kinder- und Erwachsenen-Evangelisation zu betreiben. 1914 rief er die Zeitschrift «Le Témoin» ins Leben und gründete die Alliance Biblique, die 1925 in Action Biblique umbenannt wurde. Ausserdem gründete er 1919 die Bibelschule Le Roc, die seit 1928 ihren Sitz in Cologny hat. Der heutige Name lautet Institut Biblique de Genève, dort werden Jahres- und Mehrjahreskurse in französischer Sprache durchgeführt.

Als wichtiger Zweig der Action Biblique übersetzt und druckt die Genfer Bibelgesellschaft (entstanden unter dem Namen Depot der Heiligen Schriften) Bibeln in verschiedenen Sprachen. Speziell der II. Weltkrieg, als im besetzten Frankreich keine Bibeln aus England eingeführt werden konnten wie zuvor, führte zu einem Ausbau dieser Institution. Heute werden das Wort Gottes und andere bibeltreue Literatur durch sog. Häuser der Bibel verbreitet, die in der Schweiz in Zürich, Basel und Genf zu finden sind. Die Organisation Haus der Bibel ist zwar in der AB entstanden, stellt heute aber ein eigenständiges Werk dar.

Aus all diesen Anfängen erwuchsen schnell Gemeinden, ab 1926 auch im Ausland. Die AB versteht sich heute als ein weltweites Missionswerk mit Gemeinden in der Schweiz (bes. im welschen Teil), in Frankreich, Italien, Portugal, Brasilien, Bolivien und an der Elfenbeinküste.

Alexander veröffentlichte zahlreiche Bücher und Broschüren und verfasste über 500 Kirchenlieder. Er wollte keine neue Denomination gründen, wandte sich aber entschieden gegen die moderne bibelkritische Theologie und die liberale Ausrichtung des offiziellen Theologieunterrichts. Er verlangte eine wortgetreue Schriftauslegung. Dementsprechend bekennt sich heute die AB zur wortwörtlichen Inspiration der Bibel in einem evangelikalen Sinne. Bekehrung und Wiedergeburt seien der einzige Weg zu Gott. Die Taufe und das Abendmahl, welches in den Gemeinden regelmässig gefeiert wird, sind für Menschen bestimmt, die sich zu Jesus Christus bekennen. Exklusivität für Mitglieder der AB besteht dabei nicht. Die Taufe geschieht durch Untertauchen, aber die Mitgliedschaft ist nicht von der Taufe abhängig, sondern von der Zustimmung zu den Grundsätzen der AB. Neumitglieder werden in einem speziellen Gottesdienst aufgenommen. 1925 hatte Alexander die theologische Ausrichtung im Handbuch der Action Biblique präzisiert, zugleich setzte er ein Leitungsgremium ein und schuf ein Gebetszirkular als Grundlage für die Fürbitte. Damit war die AB von einem Missionswerk zu einer Freikirche geworden. Mitglieder unterzeichnen die Grundsätze des Handbuchs. Zur Vertiefung der Lehre der AB dient ein sog. Biblisches Lehrprogramm CREDO (Verlag Haus der Bibel). Von den Mitgliedern wird ein aktiver Einsatz in der Gemeinde erwartet. Den biblischen Zehnten zu geben, ist empfohlen, wird aber nicht kontrolliert. Der Vorstand verwaltet das Geld und legt eine offene Jahresrechnung vor. Der grössere Teil des Geldes wird für Gebäude und Personal verwendet, ein Teil geht an den Dachverband AB-Schweiz und an die Mission.

Gemeinden der AB bestehen heute in der Schweiz in Basel, Gümligen (Gemeinde Bern), Genf Servette, La Chaux-de-Fonds, Le Locle, Meinier, Monthey, Moutier, Neuchâtel, Onex, Renens, St.Imier, Vevey, Yverdon und Zürich. Ihnen gehören formal etwa 800 Menschen an, zu den Gottesdiensten kommen aber mehr. Eine Bieler Gemeinde wurde 2006 aufgelöst. Zur Jugendarbeit in den jeweiligen Gemeinden kommt eine überregionale Jugendarbeit mit Lagern und speziellen Anlässen.

Zentral herausgegeben, erscheint alle zwei Monate die Zeitschrift «ABConnect» in Deutsch und Französisch. In zwei Ferienhäusern der AB in Isenfluh bei Lauterbrunnen und in Pradella bei Scuol GR werden Bibelwochen, Ferienlager und Wochenendfreizeiten abgehalten. Eine Zusammenarbeit der AB mit evangelikal gesinnten Gemeinden und Missionen geschieht punktuell. Doch bestehen auch Vorbehalte: zur Evangelischen Allianz (wegen der pfingstlich-charismatischen Bewegung) und zur AGCK (v. a. wegen der römisch-katholischen Kirche und deren Taufverständnis, Ekklesiologie und Soteriologie).

Jede Gemeinde ist ein Verein nach dem ZGB. Für geistliche Belange ist der Ältestenrat (nur aus Männern bestehend) zuständig, für Organisatorisches und Geschäftliches der Vorstand (Männer und Frauen). Der vollamtliche Pfarrer ist gleichzeitig Ältester. Grundsätzlich gilt das allgemeine Priestertum aller Gläubigen, Frauen predigen jedoch nicht. Als Beispiel für eine Gemeinde sei auf die Gemeinde Bern in Gümligen eingegangen: Sie entstand etwa 1932 als Hausbibelkreis. Seit sie nach Jahren im Berner Stadtbach-Quartier im Jahre 2005 nach Gümligen gezügelt ist, feiert sie nun jeden Sonntag um 10.00 Uhr in der Kapelle im Siloah ihren Gottesdienst. Rund 100 Menschen gehören der Gemeinde an, zu den Gottesdiensten kommen bis zu 140. Die Kinder werden derweil in Kinderhort und Sonntagschule betreut. Zusätzlich gibt es wöchentlich Gebetsstunden, alle zwei Wochen Hauskreise und Bibelseminare sowie einen Jugendbibelunterricht für alle ab zwölf. Regelmässig finden Anlässe für Senioren und ein Frauentreff statt. Die Jungschar hat den Namen Bärenfels, der Teenieclub heisst Timeout.

Kontakt

Worbstrasse 328, 3073 Gümligen, Tel.: 031 958 15 15
www.action-biblique.ch, www.ab-bern.ch, www.hausderbibel-zh.ch,
www.ibg.cc

Altevangelische Täufergemeinden (Mennoniten)
(Mary Ann Miller)

Die Anfänge des Täufertums gehen auf die Reformationszeit zurück. In mehreren Gegenden entstanden im 16. Jahrhundert verschiedene Ausprägungen. «Schweizer Brüder» nennt man speziell die Täufer der Schweiz und des süddeutschen Raumes. Den Anfang der Glaubensbewegung der Schweizer Täufer markiert eine (Wieder-)Taufe von Erwachsenen, die im Januar 1525 von Anhängern Zwinglis in Zürich durchgeführt wurde.

Um eine namentliche Verbindung mit dem gewaltsamen «Täuferreich» in Münster (D) zu vermeiden, bezeichneten viele Täufer sich zunehmend als «Mennoniten», nach dem niederländischen Täuferältesten Menno Simons (1496–1561).

Ihre Glaubensschwerpunkte brachten den Täufern heftige Repression seitens der Obrigkeit ein. Zu ihren Überzeugungen gehörte die Glaubenstaufe für

Erwachsene, welche den Wert der Freiwilligkeit von Glauben und Kirchenmitgliedschaft ausdrückt. Diese so entstehende «Freikirche» sollte von der Obrigkeit und dem Staat unabhängig sein. Auch die Verweigerung von Eid und Kriegdienst wurde von der Obrigkeit als eine nicht tolerierbare Bedrohung der sozialen Ordnung und ihrer Autorität angesehen.

Die Verfolgung durch die Obrigkeit des Kantons Bern war dauerhaft und gut organisiert, in der Zeit von 1658 bis 1743 sogar durch eine spezielle sog. Täuferkammer. Die Methoden umfassten Bekehrungsversuche, Verhaftungen, Bussen, Güterkonfiskation, Landesverweisungen, Brandmarkungen und den Einsatz als Galeerenruderer. Ein Zeugnis dieses Vorgehens ist die Kirche von Schwarzenegg, die hauptsächlich aus eingezogenen Geldern von Täufern erstellt wurde. Nach offiziellen Quellen hat es im Kanton Bern mehr als 40 Hinrichtungen gegeben. Die letzte bernische Exekution wurde an Hans Haslibacher von Sumiswald im Jahre 1571 in Bern vollzogen. In den ländlichen Gebieten, besonders im Emmental, wo die Obrigkeit weniger Zugang und Übersicht hatte, fand die Täuferbewegung am längsten Halt. Ende des Dreissigjährigen Krieges aber zogen viele Täufer ins Elsass und in die Pfalz, wo sie von der dortigen Obrigkeit zum Aufbau des Landes geduldet wurden. Diese wie auch spätere Auswanderungen wurden zum Teil durch die Unterstützung durch niederländische Mennoniten überhaupt erst möglich. Viele der Ausgewanderten zogen später in die Niederlande und von dort nach Nordamerika.

Um 1693 kam es zu einer Spaltung in den schweizerischen Täufergemeinden, welche sich bis in die Gemeinden im Elsass und in Süddeutschland zog. Jakob Amman, ein Ältester der Täufergemeinden im Elsass, zog durch die Gemeinden in seiner ursprüngliche Heimat im Oberland und im Emmental, um für eine Rückkehr zu einer konsequenteren Glaubenspraxis und Gemeindedisziplin zu werben. Ammans Ideen stiessen im Emmental, und v. a. bei dem Ältesten Hans Reist, auf Widerstand. Nachdem beide Parteien einander gegenseitig von der Gemeinde ausgeschlossen hatten, kam es zu einer Spaltung, die bis heute existiert. Die Mehrheit der Gruppe die sich Amman anschloss, ist in den folgenden Jahrzehnten zuerst ins Elsass und in die Niederlande und später noch in die USA ausgewandert – man kennt sie heute unter dem Namen Amische. Amischgemeinden sind heute oft durch ihre Ablehnung jeglicher Technologie, wegen ihrer einfachen Kleider sowie durch die Erhaltung des deutschen Dialekts gekennzeichnet. Sie sind – mit ungefähr 200 000 Mitgliedern – fast ausschliesslich in Nordamerika vertreten, in Europa gibt es keine Gemeinden.

Aufgrund der Auswanderung und missionarischer Betätigungen gibt es heute in rund 50 Ländern Mennonitengemeinden mit insgesamt etwa 1,3 Millionen Mitgliedern. Die 1925 gegründete Mennonitische Weltkonferenz (MWK) umfasst über 80 Verbände dieser verschiedenen Gemeinden auf sechs Kontinenten.

Die nicht ausgewanderten Mennoniten in der Schweiz hatten in den nächsten Jahrhunderten immer wieder Konfrontationen mit der Obrigkeit durchzustehen. Auch nach der offiziellen Duldung durch den Staat im Laufe des 19. Jahrhunderts kam es immer noch, besonders wegen der Militärfrage, zu Repressionen. Eine durchgehende Präsenz im Kanton Bern zeigt einzig die Gemeinde in Langnau im Emmental, die als Gründungsdatum das Jahr 1527 angibt. Inzwischen sind aber wieder neue Gemeinden entstanden. Nach dem II. Weltkrieg fanden die allgemeinen Veränderungen in der Gesellschaft auch in Mennonitengemeinden ihren Ausdruck. Dies äusserte sich u. a. durch eine zunehmende Zusammenarbeit mit anderen Kirchen und der beginnenden Öffnung kirchlicher Funktionen für Frauen.

Heute besteht ein Zusammenschluss der im Land existierenden Gemeinden in der Konferenz der Mennoniten in der Schweiz (KMS). Ihr gehören 14 Gemeinden mit ungefähr 2500 getauften Mitgliedern an. Als Dachverband fördert die KMS die folgenden Institutionen: Ein Ältestenrat gibt Ausarbeitungen zu theologischen Fragen heraus. Die Mennonitische Jugendkommission der Schweiz (MJKS) unterstützt die Jugendarbeit und bietet Lager, Wochenenden und Treffen für Kinder, Teenager und Jugendliche an. Ein Friedenskomitee unterstützt Zivildienstleistende und die Friedensarbeit. Die Schweizerische Mennonitische Mission arbeitet zusammen mit anderen Missionsorganisationen in Afrika, Südamerika, Asien, und Osteuropa. Die Zeitschrift «Perspektive» berichtet alle 14 Tage über Aktuelles in den Schweizer Mennonitengemeinden. Der Schweizer Verein für Täufergeschichte gibt jährlich die akademische Zeitschrift «Mennonitica Helvetica» heraus. Ein Archiv in der Kapelle Jeanguisboden (Tramelan) wird unterhalten, mit Bibeln, Dokumenten und Gegenständen aus der 450-jährigen Glaubensgeschichte der Täufer.

Das Theologische Seminar Bienenberg in Liestal (www.bienenberg.ch) bietet mehrere Programme und Seminare an sowie Bachelor- und Master-Abschlüsse. Der Trägerkreis des Ausbildungs- und Tagungszentrums Bienenberg besteht aus deutschen, französischen, amerikanischen und schweizerischen Mennoniten und seit den Neunzigerjahren auch aus den Evangelischen Täufergemeinden der Schweiz (ETG). Ungefähr die Hälfte der Studierenden stammt aus nicht täuferischen Freikirchen und Landeskirchen.

Die Vereinigung Memoria Mennonitica wurde 2005 gegründet mit der Zielsetzung «das täuferisch-mennonitische Kulturgut zu bewahren und zur Geltung zu bringen.» Zu diesem Zweck hat sie bestehende Archive zu pflegen, private Sammlungen aufzunehmen und zu sichern, gute Arbeitsbedingungen für Forschende zu schaffen und das Kulturgut einer breiten Öffentlichkeit zugänglich zu machen. Die Vereinigung setzt sich aus Mitgliedern der Archivkommission der KMS, des Schweizer Vereins für Täufergeschichte, des Ausbildungs- und Tagungszentrum Bienenberg sowie Privatpersonen zusammen.

Der Kanton Bern ist immer noch bzw. schon wieder das Zentrum mennonitischen Lebens im Land. Acht Gemeinden mit mehr als 1500 Mitgliedern bestehen im Kanton, davon die meisten in der Jura-Region. Die deutschsprachigen Gemeinden sind die Alttäufergemeinde Emmental in Langnau mit rund 350, die Evangelische Mennonitengemeinde (Alttäufer) Bern mit rund 130 und die Mennonitengemeinde Brügg mit etwa 50 Angehörigen. Französischsprachige Gemeinden (teilweise unter dem Namen Eglise évangélique mennonite) bestehen in Tavannes (125 Mitglieder), Vallon de St.Imier (40), La Chaux-d'Abel (50), im Petit-Val Moron (240) und in Sonnenberg (540 Angehörige). Die drei letztgenannten Gemeinden sind zweisprachig, die beiden grossen im Petit-Val und Sonnenberg verfügen über mehrere Adressen bzw. Treffpunkte.

Kontakt

Sekretariat: D. Bühler, Vacheries-Bruniers 16H, 2723 Mont-Tramelan,
Tel.: 032 487 54 87
www.memoriamennonitica.ch, www.menno.ch, www.anabaptism.org

Anglikanische Kirche/Church of England/ Englisch-bischöfliche Kirche

Als eigenständige Kirche entstand die anglikanische 1534, als König Heinrich VIII. sie aus politischen und persönlichen Gründen aus dem Verbund mit Rom löste und sich selbst zu ihrem Oberhaupt erklärte. Die Church of England versteht sich heute als katholische Kirche. De facto ist sie theologisch jedoch mit der Übernahme der Rechtfertigungslehre, der autoritativen Stellung der Bibel und spätestens seit der Einführung des «Book of Common Prayer» in den Jahren 1549–1571 eine reformierte. Dennoch behielt sie viele altgläubige Elemente, zum Beispiel die apostolischen Sukzession und die dreistufige Amtsstruktur (ohne Zölibatspflicht, und seit 1994 ist auch die Frauenordination möglich) bei. Das rief eine von Calvins Ideen gespeiste innerkirchliche Opposition auf den Plan, die eine konsequentere Umsetzung der Neuerungen und die Trennung vom Staat verlangte. Das theologische Ergebnis, die «via media» zwischen Katholizismus und Reformation, lässt sich gut am Umgang mit den Sakramenten erkennen: Als heilsnotwendig gelten offiziell zwei: Taufe und Abendmahl (ohne Vorstellung einer Wandlung), doch die anderen fünf werden auch praktiziert. Die radikal protestantischen «Puritaner», wie man sie wegen ihres strengen Lebensstils nannte, wurden, nachdem sie die Kirche vorübergehend sogar dominieren konnten, ab 1660 teilweise verfolgt, sie wanderten in grosser Zahl in die Kolonien aus. In den USA sollten sie viele Freikirchen des kongregationalistischen und presbyterianischen Typs begründen. Die Church of England, bis heute unangefochten die Volkskirche Englands und in einer zentralen, eng mit Staat und Krone verbundenen Position, brachte seit dem 18. Jahrhundert immer wieder Erweckungs- und Erneuerungsbewegungen hervor. Aus der von Laien getragenen und sozial sehr aktiven «Low Church» sollte sich der Evangelikalismus speisen. Die «High Church» betonte das Ritual und die Tradition, was sie der Röm.-kath. Kirche wieder nahebrachte. Manche der Erweckten fühlten sich nicht mehr heimisch in ihrer Kirche, sie begründeten neue Religionsgemeinschaften wie die Darbysten («Brüderbewegung») und den Methodismus.

Die Kirche ist heute weltweit präsent, ihre 38 Landeskirchen und Provinzen sind aber meist eigenständig. Sie kommen nur bei den alle zehn Jahre stattfindenden Lambeth-Konferenzen zusammen. Die Church of England ist die Mutterkirche, in anderen angelsächsischen Ländern agieren die Kirchen meist unter Namen wie «Church of …» oder «Episcopal Church». Insgesamt sind rund 70 Millionen Menschen, in Grossbritannien etwa 42 Millionen, anglikanisch. Die

Kirche hat keinen Exklusivitätsanspruch, sie ist ökumenisch und missionarisch aktiv und pflegt enge Beziehungen zur Orthodoxie und zur christkatholischen Kirche.

Schweiz und Bern

Der offiziellen englischen Kirche misstraute man in Bern lange, da sie – obwohl Rom fernstehend – bischöflich geleitet war und katholische Kultformen pflegte. Obendrein verfolgte sie gelegentlich die reformierten Glaubensbrüder. Nur in ihrer presbyterianischen Phase unter Oliver Cromwell stand man sich nahe, um 1655 wollten die Berner sogar eine Kirchen-Union mit England schliessen.

In Basel gab es schon 1550 anglikanische Gottesdienste, sie blieben aber Episode; in Zürich begannen Gemeindeaktivitäten 1844. Engländer als Christen eigener Façon fielen in Bern zuerst in der Gestalt strenggläubiger Calvinisten (also nicht Anglikaner) auf, die in der zweiten Hälfte des 17. Jahrhunderts aus ihrer Heimat geflohen waren. Die Gründung einer Gemeinde der offiziellen englischen Kirche erfolgte erst etwa 1830, genau weiss man es nicht. Sporadisch fanden seit 1846 Gottesdienste in der Kapelle des Burgerspitals statt, und ab etwa 1850 finanzierten Hoteliers einen ständigen Kaplan in der Region. Nach mehreren Versuchen, eine Kirche zu erwerben, erbaute man sich selbst in den Jahren 1906–1908 die St.-Ursula-Kirche im Kirchenfeld (der Name bezieht sich zugleich absichtlich auf das Berner Wappentier).

Die Schweizer Anglikanische Kirche gehört zur Diözese «Gibraltar in Europa». Sie verfügt im Land über neun fixe Pfarreien und insgesamt ca. 25 Versammlungen, von denen viele sich in Touristenzentren befinden. Zu Anfang des 20. Jahrhunderts zählte man sogar rund 150 Zentren. Heute gibt es gesamtschweizerisch etwa 1000 eingeschriebene Mitglieder.

Eine offizielle Mitgliedschaft besteht in Bern nicht. 300 bis 400 Menschen werden als zugehörig zur Berner Gemeinde gezählt, zum Sonntagsgottesdienst erscheinen bis zu 120. Zum geistlichen Leben tragen zudem diverse Hauskreise bei. Ganz im Zeichen der ökumenischen Offenheit finden in der Gemeinde heute Menschen aus ca. 35 Nationen und 17 Konfessionen eine geistige Heimat; man versteht sich als Kirche aller Englischsprachigen. Dabei hat nur etwa die Hälfte der Gemeindeglieder Englisch als Muttersprache. Die Berner Kirche betreut im Kanton noch Gläubige in Thun, wo man als Gast der Reformierten Landeskirche im «Pavillon» Gottesdienste feiert; ausserdem versorgt man Gläubige in Neuchâtel und gelegentlich in Freiburg und Solothurn. In Kandersteg, Interlaken, Mürren und Wengen werden saisonal Gottesdienstversammlungen abgehalten. Die Berner Gemeinde veröffentlicht einen Gemeindebrief und führt Aktionen im und um das Pfarrhaus durch wie zum Beispiel Herbst- und Weihnachtsbasare.

Auch ist eine ganze Reihe von eigenständigen christlichen Gemeinden in St.Ursula zu Gast, so zum Beispiel lutherische Skandinavier, reformierte Russisch-orthodoxe und diverse Freikirchen.

Kontakt

Kirche St.Ursula, Jubiläumsplatz 2, 3005 Bern, Tel.: 031 352 85 67
www.anglican.ch/berne, www.europe.anglican.org

Assemblée chrétienne de Bienne (ACB)
(Carole Berthoud)

Bei dieser Versammlung handelt es sich um eine freikirchliche Gruppe, die hauptsächlich aus Afrikanern, vornehmlich aus der Republik Kongo stammend, besteht. Bereits seit 1992 hatten sich einige von ihnen informell zum gemeinsamen Gebet getroffen. Im Jahr 2000 wurde die Kirche offiziell gegründet und ein eigener Gebetsraum gemietet. Die Gemeinde zählt heute 80 bis 100 Personen. Die Umgangssprache ist französisch, zudem werden einige Lieder in afrikanischen Sprachen gesungen.

Die Gemeinde trifft sich an jedem Sonntagnachmittag zum Gottesdienst. Am Mittwochabend gibt es ein Gebetstreffen. Für den Nachwuchs wird ein Bibelunterricht veranstaltet. Ab und an führt die Gemeinde kleine Evangelisationsveranstaltungen durch. Die Verantwortlichen und Priester der Gemeinde arbeiten ehrenamtlich, die Miete des Raumes sowie andere Ausgaben werden durch Spenden gedeckt.

Kontakt

Rue centrale 63B, 2502 Biel, Tel.: 032 331 31 18
acbienne@bluewin.ch

192

Assemblée chrétienne La Tanne

Die sich schlicht «Christliche Gemeinde» nennende freikirchliche Gemeinschaft nahe Tavannes ging in den 1960er-Jahren aus einem Hauskreis hervor. In ihrer Tradition ist sie pfingstlich und die Ausprägung ist charismatisch. Heute gehören der Gemeinde etwa 400 Menschen (inkl. Kinder) an, hinzuzuzählen wären ausserdem rund 50 Freunde. Organisiert ist sie als eingetragener Verein. Alle Kosten bestreitet die Gemeinde selbst, vieles wird durch die engagierte Mithilfe der Gemeindeglieder geleistet.

Die Gemeinde wird von neun Ältesten und drei Helfern betreut. Neben den sonntäglichen Gottesdiensten treffen sich die Mitglieder einmal wöchentlich in 13 Hauskreisen. Für alle sind spezielle wöchentliche Gebetsanliegen organisiert, gelegentlich gibt es eine 24-stündige Gebetskette. Zum Gemeindeleben gehören ausserdem eine Band, ein Chor, die Jugend- und Kinderarbeit sowie Seniorentreffen. Viele Aktivitäten finden in Zusammenarbeit mit anderen Gemeinden statt, ausserdem treten die Musikgruppen bei öffentlichen Evangelisationen oder auch einmal in Spitälern auf.

Die Gemeinde ist Mitglied im Verband der Freien Charismatischen Gemeinden der Schweiz FCGS. Über die Leiterschaftstreffen der FCGS besteht u. a. eine Verbindung zur → Neutestamentlichen Gemeinde Bern, ausserdem ist La Tanne dadurch eingebunden in den Schweizerischen Verband evangelischer Freikirchen und Gemeinden VFG. Zudem ist sie Mitglied im Réseau évangélique und unterstützt mehrere Missionswerke.

Kontakt

2720 La Tanne, Tel.: 032 481 49 10
www.latanne.com

Association chrétienne des nations réunies: le shabbat
(Carole Berthoud)

Die heute etwa 20 Menschen umfassende Gemeinschaft wurde 1999 gegründet. Ihre Mitglieder stammen vorwiegend aus Afrika, aber auch aus dem Maghreb, aus Frankreich, Deutschland und der Schweiz. Die Umgangssprachen sind daher Französisch und Englisch.

Die Gemeinde versteht es als ihr Anliegen, gläubige Schweizer und Migranten zusammenzubringen. Man beruft sich dabei auf das Gebot der christlichen Nächstenliebe und darauf, dass bei aller Verschiedenheit daran gearbeitet werden soll, Respekt und Solidarität füreinander zu entwickeln. Zudem soll die Schweizer Bevölkerung eine christliche Erweckung erfahren.

Jeden Sonntag wird der Gottesdienst gefeiert. Es gibt zudem Bibelstunden, Glaubensheilungen und ein gemeinsames Agapemahl. Eine Musikgruppe singt Gospels und übt kleine Theaterstücke ein.

Kontakt

Rue des Tanneurs 31, 2502 Biel, Tel.: 078 735 68 13
princessemarzetta@hotmail.com

Baptisten-Gemeinden des BBG und der AEEBLF

Die sog. Puritaner, strenggläubige Protestanten, waren in ihrer englischen Heimat Ende des 16. Jahrhunderts mit der Anglikanischen Kirche in Konflikt geraten. Viele mussten deshalb das Land verlassen. Unter denen, die nach Holland flohen, war der Prediger John Smyth. Ausschliesslich am biblischen Wort orientiert, kam er zu der Auffassung, dass zur Gemeinde Christi nur gehören könne, wer «den von Gott gewirkten Glauben an Jesus Christus persönlich angenommen und bekannt» habe. Diese Vorstellung ähnelt sehr der der Täufer. Und von Mennoniten, mit denen Smyth Kontakt hatte, übernahm er vermutlich die Praxis der Glaubenstaufe durch Untertauchen. Rückkehrer nach England erhielten deshalb dort den – eigentlich abwertend gemeinten – Namen Baptisten. Viele Baptisten wanderten in die amerikanischen Kolonien aus (erste Gemeinde 1638 in Rhode Island), wo sie sich bei deren Aufbau und später bei der Entwicklung der Vereinigten Staaten engagierten. U. a. traten sie entschieden für die Glaubens- und Versammlungsfreiheit und dadurch für eine strikte Trennung von Staat und Kirche ein. In den USA gehören die Baptisten heute zu den grössten Bekenntnisgruppen. Weltweit zählen heute etwa 150 Millionen Menschen (Getaufte plus Angehörige und Freunde) zum baptistischen Zweig des Christentums, über 200 ihrer Kirchen sind in der 1905 gegründeten Baptist World Alliance zusammengeschlossen.

Schweiz

In die Schweiz kam der Baptismus von Deutschland her, dort, in Hamburg, hatte der zuvor in England lebende J. G. Oncken im Jahre 1834 die erste Gemeinde gegründet. Derselbe Oncken kam bei seinen Missionsreisen auch in die Schweiz und gründete 1847 in Ebnat-Kappel die erste Gemeinde im Land. Diese existiert heute nicht mehr, aber die zwei Jahre später in Zürich gegründete Gemeinde blieb bestehen. Schnell entstanden weitere Gemeinden in der Deutschschweiz, und 1923 schlossen sie sich zum Bund der Baptistengemeinden (BBG) zusammen. Dieser Verband umfasst heute zehn Gemeinden. Daneben treffen sich an verschiedenen Orten einige fremdsprachige baptistische Migrantengemeinden. Nur eine Baptistengemeinde dieses Bundes besteht im Kanton Bern. Dazu kommen etwa ein halbes Dutzend Gemeindegründungsprojekte (keines im Kanton), unterstützt durch die Organisation Seed. Insgesamt gehören etwa 1200 getaufte Glieder den Gemeinden des BBG an. Seit 1949 bestand in Rüschlikon mit dem Baptist Theological Seminary eine Bildungsstätte von internationalem Ruf, die jedoch 1995 nach Prag verlegt wurde.

In der Westschweiz bestehen zehn weitere, französischsprachige baptistische Gemeinden in der AEEBLF (Association Evangélique d'Eglises Baptistes de Langue Française), einem 1921 gegründeten Verband, der mit der BBG assoziiert ist. Ihre Gründung erfolgte von Frankreich aus, beginnend 1872 in Tramelan. Im Kanton Bern gibt es heute AEEBLF-Gemeinden in Biel, Court, Malleray, Moutier und Tramelan. Ihr Verband orientiert sich stark nach Frankreich, wo schon 1820 eine erste Baptistengemeinde entstanden war (als erste auf dem Kontinent überhaupt nach der kurzlebigen Amsterdamer Urgemeinde), also noch vor den deutschen. Dem Schweizer Verband gehörten im Jahre 2000 etwa 500 Vollmitglieder an.

Zu den Gemeinden der beiden Verbände kommen noch vier weitere unabhängige welsche Baptistengemeinden hinzu; von denen besteht jedoch keine im Kanton Bern.

Baptistische Gemeinden sind kongregationalistisch organisiert, also in allen Belangen autonom. Die Verbände stellen nur pragmatische Organisationen dar. Jede Einzelgemeinde ist als Verein organisiert, wird von einem Vorstand geleitet und finanziert sich einzig durch Spenden. Bei ihrer Arbeit orientieren sich Baptisten an der Bibel, sie wird aber nicht wortwörtlich angewandt, sondern wenn nötig unter «dem Massstab der Liebe und des Respekts zu Gott und den Menschen» ausgelegt. Jeder Mensch gilt als befähigt zu Erkenntnis und Nachfolge, jedoch bedarf er auf Dauer der Gemeinde, da Begabungen unterschiedlich sind. Kirchliche Ämter (Älteste, Diakone, Pastoren) gestalten sich wie jene der biblischen Urgemeinde, ihre demokratische Vergabe soll sich an den Fähigkeiten der (potenziellen) Inhaber orientieren. Frauen sind im BBG in allen Belangen den Männern gleichgestellt.

Baptisten missionieren intensiv und weltweit, die Schweizer Baptisten unterstützen diese Missionswerke. Im Inland unterstützt der Verband die Jugendarbeit der Gemeinden (u. a. unterhält der BBG ein Jugendhaus im Toggenburg) und die missionarischen Aktivitäten der einzelnen Gemeinden. Als deutsche Verbandszeitschrift erscheint zweimonatlich «Der Gemeindebote».

Bern

Oncken besuchte 1847 auch Bern, doch erst ab 1870 kam es zu regelmässigen baptistischen Versammlungen, wobei die Gemeinde Zürich Unterstützung leistete. Ab 1892 wirkte ein Basler Baptistenprediger in der Stadt, und 1899 wurde die Baptistengemeinde Bern offiziell gegründet. Sie bestand jedoch nur bis 1904. In den Jahren 1924 bis 1937 wurde die Berner Baptisten-Arbeit erneut aufgenommen, diesmal von der (heute nicht mehr existierenden) Baptistengemeinde Murten aus. Erst nach dem Zweiten Weltkrieg kam es zu einem nachhaltigen Aufbau. Wiederum mit der Unterstützung aus Zürich wurden ab 1957 Gottesdienste gefeiert, und Bern wurde eine Station des Schweizerischen Baptistenbundes. 1968 fand sogar der Baptistische Weltjugendkongress in Bern statt. Ab 1969 hatten die Berner Baptisten am Läuferplatz im Berchtoldhaus der reformierten Nydegg-Kirchgemeinde eine Bleibe. Dort wurde am 10. Juni 1973 die heutige Baptistengemeinde Bern neu gegründet. Als 1999 das Hochwasser diesen Ort zerstörte, fanden die Berner Baptisten gastliche Aufnahme in den Räumlichkeiten der → Evangelischen Täufergemeinde (ETG) im Mattenhof-Quartier, wo sie bis heute sind. Die Gemeinde hat jetzt knapp 70 Mitglieder; rund 150 Menschen stehen ihr freundschaftlich nahe. Etwa 40 Erwachsene und zehn Kinder und Jugendliche besuchen regelmässig die Gottesdienste. Diese sind jedermann frei zugänglich. Mitglied der Gemeinde kann werden, wer aufgrund eines persönlichen Glaubensbekenntnisses getauft ist. Doppelmitgliedschaften sind prinzipiell nicht ausgeschlossen, jedoch nicht erwünscht. Es ist angestrebt, dass nur aktive Gottesdienstbesucher Mitglieder sind. Die Gottesdienstsprache ist Deutsch. Auch einzelne Ausländer frequentieren die Gemeinde. Die Gottesdienste finden jeweils sonntags 17.00 Uhr statt; während dieser Zeit ist eine Betreuung des Nachwuchses organisiert: Hort und Sonntagstreff für Kinder und kirchlicher Unterricht für Jugendliche. Eine Jugendgruppe, die noch zu anderen Zeiten zusammenkommt, besteht daneben ebenfalls. Für das Glaubensleben von grosser Wichtigkeit sind ausserdem verschiedene Hauskreise. Alle zwei Monate erscheinten150 Exemplare eines Gemeindebriefs. Die Gemeinde ist ökumenisch eingebunden, u. a. wirkt sie in der AKiB und in der EA mit.

Kontakt

Konsumstrasse 21, 3007, Tel.: 031 971 06 46
www.baptisten-bern.ch, www.baptisten.ch, www.associationbaptisme.com

Berean Evangelische Kirche

Die Berean-Gemeinde (der Name bezieht sich auf des Ort Beröa in Apg. 17) besteht in dieser Form nur in Bern. Es handelt sich um eine Gemeinde von Äthiopiern und Eritreern. Trotz der Verschiedenheit in Nationalität, Stammeshintergrund und teilweise auch Sprache haben sie beschlossen, als Gottesdienstsprache das Amharische zu nutzen. Für Gäste bieten sie einen Übersetzungsdienst in Englisch, Französisch und Deutsch an.

Entstanden ist die evangelikale Gemeinde mit gemässigt charismatischen Elementen im Frühjahr 2003, als sich eine Reihe von Mitgliedern aus theologischen Gründen vom Berner → Kingdom Life Center trennten. Heute gehören der formal als e.V. organisierten Berean-Gemeinde offiziell 37 Personen an, dem Umfeld sind etwa noch einmal so viele zuzurechnen.

Die Berner Gemeinde hat ein Einzugsgebiet, das bis über Biel, Spiez und Freiburg hinausreicht. In Basel und Lugano bestehen ausserdem mit ihr verbundene Hauskreise. Zu anderen protestantischen Äthiopier-Gemeinden in Zürich, Genf und Lausanne bestehen freundschaftliche Beziehungen. Ordentliche Gottesdienste feiert die Berean-Gemeinde nur in Bern. Die Gemeinde ist bereits seit Sommer 2003 Gast in einer Kirche in Spiegel (reformierte Kirchgemeinde Köniz) bei Bern, wo sie jeweils am Sonntagnachmittag einen Gemeindesaal für den Gottesdienst nutzt. Einmal im Monat wird dabei das Abendmahl gefeiert. Zusätzlich findet am Mittwochabend ein Bibelstudium statt. Weil eine grössere Zahl der Mitglieder in Biel lebt, wird dort ebenfalls gemeinsam die Bibel studiert, jeweils am Dienstagabend. Fast alle Gemeindemitglieder sind in Gruppen aktiv, wie zum Beispiel dem Chor, einer Gebetsgruppe, einer Besuchsgruppe, die zum Beispiel Kranken mit Gebeten beisteht, und einer kleinen Gruppe, die gelegentlich auf den Strassen missioniert. Alle finanziellen Aufwendungen werden durch die Spenden der Mitglieder bestritten, über die Finanzen gibt der Vereinsvorstand zweimal jährlich Rechenschaft. Wegen der minimalen finanziellen Ausstattung kann der Pastor der Gemeinde sein Amt nur ehrenamtlich ausüben; einzig Reisekosten können ihm erstattet werden. Theologische Ausbildungen hat der Pastor – meist in Form von Fern- und Abendkursen – am Theologischen Seminar der Mekane Yesus Kirche in Addis Abeba (Äthiopien), an der Ben Jones University, Greenville (USA), und an der Bibelschule in Hasliberg Hohenfluh absolviert.

Kontakt

c/o Ref. Kirchgemeinde Spiegel, Spiegelstrasse, 3098 Spiegel b. Bern

Bern International Evangelical Church (BIEC)

Englischsprachige Christen begründeten im Dezember 1998 die Bern Christian Fellowship (BCF), die Kirche BIEC selbst entstand daraus 2001. Da ihr Menschen aus verschiedenen Ländern und mit unterschiedlichem kirchlichem Hintergrund angehören, bezeichnet sich die Gemeinde als interdenominational. Grundsätzlich ist sie jedoch evangelikal ausgerichtet. Sie sieht sich als eine christliche Gemeinde, die für Ausländer ein Zuhause ausserhalb ihrer Heimat anbietet. Zugleich sollen dort auch Schweizer, die aus verschiedenen Gründen eine Englisch sprechende Gemeinde suchen, offene Türen finden.

Die Gemeinschaft ist als Verein organisiert, institutionell autonom und als Untermieter in der Kapelle der → FEG zu Gast, wo jeden Sonntag um 17.00 Uhr der Gottesdienst auf Englisch stattfindet. Neben der FEG halfen bei der Errichtung auch Mitglieder der französischen → EEL (FEG) und einer in Lausanne beheimateten internationalen englischen Kirche. Immer wieder nutzte die Gemeinde ausserdem Räume im Hotel Kreuz. Die BIEC ist seit 2006 Mitglied der lokalen Evangelischen Allianz.

Die Zahl der Mitglieder ist starken Schwankungen ausgesetzt, da viele Gottesdienstbesucher nicht dauerhaft in der Region leben. Mitglied im Verein kann werden, wer die Glaubensgrundsätze teilt und die Vision der Gemeinde; der Aufnahme geht ein Gespräch mit den Leitern voraus. Die Gemeinde bietet eine Teenagergruppe, eine Sonntagsschule und eine Kinderbetreuung während des Gottesdienstes an. Neben den Gottesdiensten finden wöchentlich Kleingruppentreffen statt.

Kontakt

c/o FEG, Zeughausgasse 35, 3011 Bern
www.biec.ch

BewegungPlus – Freikirche mit Charisma

Die BewegungPlus – Freikirche mit Charisma (kurz Bplus) ist ein Verband von Freikirchen in der deutschen Schweiz. Er umfasst 4000 bis 5000 Menschen in 32 lokalen Kirchen und ist der zweitgrösste pfingstlich ausgerichtete Gemeindeverband im Land. Der ältere, bis Ende 2000 gültige und bis heute bekannte Name des Verbandes war Gemeinde für Urchristentum (GfU), weshalb man von Mitgliedern oft als «Urchristen» sprach. Da das jedoch zunehmend Irritation auslöste und es inhaltliche Neuorientierungen gegeben hatte, wurde er geändert.

Die Wurzeln der Vereinigung liegen im Berner Oberland. In Rüti bei Riggisberg hatte ab 1927 der pensionierte deutsche Pfarrer Chr. Drollinger Bibelwochen abgehalten. Geleitet war er von dem Wunsch, geistliche Erfahrungen zu vertiefen und dem christlichen Leben eine neue Qualität zu geben. Und so kam neben Predigten, Bibelarbeiten und persönlichen Erlebnisberichten den sog. «geistlichen Gaben» («Charismen») eine wichtige Rolle bei diesen Veranstaltungen zu. Heilungen an Leib und Seele sollen häufig vorgekommen sein. Die Teilnehmer kamen aus der Reformierten Landeskirche und aus Freikirchen. Bei den oft mehrere Stunden dauernden Gottesdiensten haben manche von ihnen ein Lebenswende erfahren, was zu einem intensiveren Glaubensleben führte: Es entstanden «Stubenkirchen», ganzjährige kleine Hausversammlungen. 1933 schlossen sich einige dieser Hauskirchen der «Drollinger-Sekte», wie damals viele sagten, zur GfU zusammen. Der Name verwies auf das Bestreben der Gläubigen, direkt an die frühen Christen anzuknüpfen. In der Anfangszeit kam es trotz der Widerstände aus landeskirchlichen Kreisen zu einem schnellen Wachstum, insbesondere im Emmental. 1936 begegnete der Apothekergehilfe J. Widmer aus Bern, ein methodistischer Laienprediger, Drollinger. In der Folge versuchte er, den Dienst in seiner Kirche entsprechend den neuen Erfahrungen zu gestalten, was bald zu seinem Ausschluss führte. Daraufhin gründete er 1938 die GfU-Kirche in Signau. Er verlegte sich ausserdem aufs Bücherschreiben, wobei Heilung sein zentrales Thema war – sowohl medizinisch, wo er eigenwillige Vorstellungen hatte, als auch im Sinne einer Errettung von dämonischen Einflüssen.

Sein Heilungs- und Dämonenverständnis sollte, wie auch prophetische Gaben, lange eine zentrale Rolle in der GfU spielen und führte zu einer Sonderstellung der Gemeinschaft im freikirchlichen Spektrum. Eine andere zentrale Figur, die eher systematisierend wirkte, war der Berner Theologe R. Willenegger. 1947 wurden Schritte zu einem strukturierten Gemeindebau unternommen. Ab 1956 kam es zu Zusammenschlüssen mit Kirchen im Welschland, wo die Eglise Apostolique Evangélique Romandie (EAER) entstand. Diese Gruppe von mittlerweile zehn Kirchen (eine davon in Frankreich, aber keine im Kanton Bern) trat jedoch 1999 aus sprachlichen und strukturellen Gründen wieder aus der GfU aus, wobei aber weiterhin freundschaftliche Beziehungen bestehen.

Seit den 60er-Jahren liessen die Sonderentwicklungen in der GfU langsam nach, stattdessen wurde stärker mit anderen Freikirchen, insbesondere solchen pfingstlicher Prägung zusammengearbeitet. 1974 beteiligte sich die GfU an der Bildung des Bundes Pfingstlerischer Freikirchen BPF. In den Siebzigerjahren begann man, sich mit jugendlichen Randgruppen zu beschäftigen. Es entstanden sozialdiakonische Werke, teilweise in Kooperation mit anderen Gemeinschaften. In Trubschachen und Signau wurde 1979 die Stiftung Hilfe Für Dich gegründet, die jungen Erwachsenen bei der Wiedereingliederung hilft. Wohngemeinschaften in Basel und Münchenstein werden vom 1981 gebildeten Verein Zem Wäg betreut, und die Eggstei, eine Gassenarbeit, gründete man 1987 zusammen mit anderen Gemeinden in Burgdorf.

Das Wort Bewegung im neuen Namen deutet an, dass sich die Gemeinschaft weiter auf einem Entwicklungsweg sieht. Ihr theologisches Selbstverständnis wurde etwa zur selben Zeit wie der neue Name in einem detaillierten Glaubensbekenntnis niedergelegt, welches auch zu vielen aktuellen Themen Stellung bezieht. In der Bewegung gilt die Bibel als Richtschnur für das Leben, sie wird allerdings nicht wortwörtlich verstanden. Von Gott inspiriert und grundsätzlich wahr bedürfe sie dennoch mitunter der Auslegung. So haben heute zum Beispiel Männer und Frauen – seit einem Entscheid im Jahre 2000 und nach langen Debatten – die gleichen Rechte und Möglichkeiten, alle Funktionen zu übernehmen. Die Gottesdienste dauern noch immer vergleichsweise lange, sie werden mit viel Gesang und Musik durchgeführt. Als pfingstlich-charismatische Bewegung erwarten Bplus-Gemeinden das sichtbare Wirken des Heiligen Geistes in den Gottesdiensten. Dieses kann jedoch verschiedene Formen annehmen. Das «Reden in Zungen» kommt dabei nicht mehr so häufig vor wie früher; «Geistgewirkte Heilungen» geschehen noch immer gelegentlich. Den missionarischen Auftrag will man durch die Gründung und Förderung von

Lokalkirchen nach dem Vorbild der Bibel wahrnehmen, aber missionarischer Dienst wird auch so verstanden, dass jeder Einzelne in seinem Alltag die Erlebnisse mit dem Glauben an den Nächsten weitergeben soll. Als Kirche sieht sich Bplus nicht exklusiv, sondern zusammen mit anderen als Bestandteil der Einheit des Christentums; die Bplus ist Mitglied der EA.

Heute ist Bplus als nationaler Verein organisiert, zugleich sind die lokalen Kirchen selbstständige Vereine. Alle zusammen haben sie einen Jahresetat von rund sieben Millionen Franken. Im Jahr 2000 waren 35 Personen bei der Bplus angestellt. Der internationale Zweig MissionPlus (Büro in Thun) unterstützt Projekte in mehr als einem Dutzend Entwicklungsländern. Ein InstitutPlus in Liestal BL ist für die Schulung der Kirchenmitarbeiter zuständig. Ein Factory genannter Bereich (Sitz ist Burgdorf) bildet junge Menschen ein Jahr lang zu Generalisten für Gemeindearbeit aus. Bei YouthPlus (ebenfalls in Burgdorf) werden Mitarbeiter speziell für die Kinder- und Jugendarbeit geschult. Eine alle zwei Monate erscheinende Gemeinschaftszeitschrift heisst «Online» und hat eine Auflage von 3100 Stück. 1958 wurde durch eine eigens gegründete und formal unabhängige Genossenschaft das Parkhotel in Gunten am Thunersee gekauft, das seither als Tagungs- und Ausbildungszentrum genutzt wird und zugleich einen öffentlichen Gästebetrieb unterhält. Diese Genossenschaft unterhält auch das Altersheim Des Alpes in Merligen. Die Bplus finanziert sich einzig durch Spenden der Mitglieder. Als Richtlinie dafür ist der biblische Zehnte angegeben, kontrolliert wird das aber nicht.

Der Ursprung der BewegungPlus liegt im Kanton Bern, ihre zentralen Einrichtungen befinden auch sich fast alle hier, und ebenso die Hälfte der zugehörigen Gemeinden (momentan 16). Diese haben mitunter einen anderen Namen; in Bern ist zum Beispiel das Christliche Lebenszentrum CLZ Bern eine Gemeinde des Bplus-Verbandes.

Kontakt

Sekretariat Bplus, Begegnungszentrum Grabengut, Grabenstrasse 8A, Postfach 2073, 3601 Thun, Tel.: 033 223 11 80
www.bewegungplus.ch

Bund Protestantischer Kirchgemeinden Ungarischer Sprache in der Schweiz/Svájci Magyarnyelvű Protestáns Gyülekezetek Szövetsége

Dieser Bund besteht seit 1980. In ihm sind Gemeinden verschiedener protestantischer – vorwiegend reformierter und lutherischer – Ausrichtungen zusammengeschlossen. Sie sind wiederum eingebettet in die weltweite Gemeinschaft protestantischer Ungarn. Zugleich bestehen ökumenische und freundschaftliche Beziehungen zu anderen Kirchen. Fast alle Mitglieder in der Schweiz sind zugleich Mitglieder der Reformierten oder mitunter auch der Römisch-katholischen Landeskirchen. Bundesgemeinden gibt es heute in Basel, Luzern, Baden, Zürich und St.Gallen; im Kanton Bern bestehen Gemeinden in Bern und – als ein Berner Ableger – in Biel. Zwei ungarische Gemeinden in Genf und Lausanne sind unabhängig. Dem Bund gehören offiziell knapp 600 Mitglieder an, die Zahl schwankt jedoch.

Die Protestantische Kirchgemeinde Ungarischer Sprache Bern besteht seit dem 13. Juni 1954. Lange Zeit war sie ein direkter Teil der Reformierten Landeskirche, daher unterhält sie bis heute enge Verbindung zu dieser. Freundschaftlich wird auch mit der → Evangelisch-lutherischen Kirche Bern kooperiert, in deren Räumen man sich auch trifft. Ausserdem bestehen Beziehungen zur ungarischsprachigen römisch-katholischen Mission und zu diversen ungarischen Vereinen.

Rund 150 Menschen gehören der Berner Gemeinde an bzw. sind ihr eng verbunden. Zu den zweimal monatlich stattfindenden Gottesdiensten kommen regelmässig etwa 30 bis 40 Personen zusammen. An grossen Feiertagen wie Weihnachten oder Ostern sind es mehr. Ebenfalls zweimal monatlich werden Bibelstunden und Jugendgruppentreffen abgehalten. Im ökumenischen Rahmen feiert die Gemeinde drei ungarische Feiertage resp. Gedenktage: den 20. August im Gedenken an König Stefan, den Staatsgründer; den 23. Oktober und den 15. März wegen der Aufstände und Befreiungskämpfe 1956 und 1848/49.

Die Gemeinde ist organisiert wie eine landeskirchliche Gemeinde mit einem Kirchgemeinderat, bestehend aus fünf Personen inkl. Präsident. Juristisch ist sie als Verein verfasst. Die meisten der ungarischen Gemeinden in der Schweiz werden von einem einzigen Pfarrer versorgt (der in Uetendorf lebt und daher viel reisen muss). Die Kosten werden durch Spenden der Mitglieder gedeckt (und in den Kantonen Zürich, Basel, St.Gallen und Luzern auch durch Zuschüsse von den Reformierten Landeskirchen).

Die Gemeinde kümmert sich um die Seelsorge für die reformierten und lutherischen ungarischen Christen und hilft Menschen, die neu aus Ungarn in die Region kommen, bei der Integration. Viele kommen als Arbeitnehmer oder aus familiären Gründen, zunehmend sind es aber auch ungarische Studierende an der Universität Bern.

Die Bieler Gemeinde ist eine Art Diaspora der Berner Gemeinde. Formal gibt es keine eigenständige Gemeinde und daher auch kein Gründungsdatum. Die Grösse beläuft sich auf etwa 30 Mitglieder.

Kontakt

c/o A. Jonas, Gesellschaftsstrasse 30, 3012 Bern
www.protestans.ch

Bund Freier Evangelischer Gemeinden (FEG) in der Schweiz

Die Worte «frei» und «evangelisch» sind im deutschen Raum weit verbreitet als allgemeine Benennungen für Freikirchen, was leicht zu Verwechslungen führt. Denn die konkret FEG benannten Gemeinden haben auch ihre spezifische Tradition. Für diese spielt Bern eine besondere Rolle.

Die Berner FEG

Im allgemeinen Sinne «freikirchlich» denkende und agierende Menschen gab es in der Region schon lange (→ Freikirchen – Einleitung). Aber erst der neupietistische Aufbruch Anfang des 19. Jahrhunderts führte zu einer erkennbaren organisierten Gemeinschaft (wobei die letztlich Freikirchlichen eine Minderheit gegenüber jenen Erweckten darstellten, die damals in der Landeskirche blieben, → EGW). Im Vorfeld bewirkte der Schotte Robert Haldane (1764–1842) die Erweckungsbewegung v. a. im Westen der Schweiz. Durch ihn entstand 1816 als erste derartige Gemeinde die Eglise indépendante in Genf. Grundsätzliche theologische Differenzen gab es weniger, doch lehnten die Erweckten Liberalismus und Rationalismus in der offiziellen Theologie ab. Und sie sahen ein Problem in der Staatsnähe der Kirche.

Bern erhielt Impulse von diesem «Genfer Réveil». Der Bernburger Carl von Rodt (1805–1561) trat 1829 aus Glaubensgründen aus der Berner Landeskirche aus und der örtlichen, durch den Réveil 1828 inspirierten Eglise de Dieu bei. Diese Gemeinde wurde durch die Obrigkeit aber rasch verboten und von

Rodt aus Stadt und Kanton verbannt. Er reiste daraufhin viel, traf verschiedene Erweckte und gelangte auch nach Genf. Die 1831 beschlossene liberalere Verfassung Berns ermöglichte ihm die Rückkehr und gab auch unabhängigen christlichen Gemeinschaften etwas Raum. Von Rodt übernahm die Leitung der Reste der Eglise. Dieser Aufbruch war erfolgreich, die Berner Gemeinde wurde zur ersten Freikirche der Stadt und zur Keimzelle weiterer Gründungen. Um 1830 schon war in Basel eine Gemeinde entstanden, und 1837 wurde in St.Gallen die erste in der Ostschweiz gegründet. In kurzer Zeit kamen in Schaffhausen, Zürich, Glarus und Thurgau weitere Gemeinden dazu.

Von Bern aus wurden bald FEGs in Burgdorf und Thun gegründet; um 1850 gab es im Kanton schon Gemeinden in Bern, Thun, Steffisburg, Münsingen und im Emmental. Rund um diese entstanden Dutzende Versammlungsorte. Viele von ihnen waren nur kurzlebig, ein Teil besteht heute noch als Zweiggemeinde oder als Hauskreis-Versammlungsort. Die Gemeinde in Thun zum Beispiel wurde erst 1859 zur richtigen Gemeinde mit eigenem Vorstand. Aus der Versammlung in Münsingen wurde 1848 eine Gemeinde, die heute noch besteht. Andere Aussenstationen hielten sich sehr lange als solche. So war die FEG Belp über 90 Jahre lang eine Aussenstation der FEG Münsingen und zuletzt eine solche der FEG Muri/Gümligen, bis sie 1994 eigenständig wurde.

Carl von Rodts eigene Gemeinde in Bern wuchs, sodass sie 1836 in die heutige Amtshausgasse umzog. Ab 1861 verfügte sie über eine Kapelle nahe der heutigen Nationalbank, und seit 1897 nutzt sie die eigene Kapelle in der Zeughausgasse 35. Die Gemeinde unterhielt damals eine grosse Sonntagsschule. Durch die Mitarbeit des Notars E. Blösch kamen zeitweise 400 bis 500 Kinder dorthin. Carl von Rodt gab 1834 die erste Auflage des Liederbuchs Zions-Harfe heraus. Das Vorwort der dritten Auflage von 1861 enthält auch die Grundlage eines Bundes freier oder unabhängiger evangelischer Gemeinden. Die Bezeichnung freie evangelische Gemeinde war damals noch eher ein Gattungsbegriff und hatte noch nicht die engere Bedeutung einer eigenen Denomination.

Die FEG richtete sich in Kirchenverständnis und Gemeindeaufbau nach den englischen Kongregationalisten, das heisst, die Gemeinden sind unabhängig und der Prediger ist der Gemeinde unterstellt; Geistliche wie auch Laien können kirchliche Aufgaben übernehmen. Verpflichtungen einer weltlichen oder religiösen Obrigkeit gegenüber gab es nicht – ein revolutionäres Verständnis im ständischen und restaurativen Bern jener Zeit.

Mitglied wird man heute wie damals freiwillig nach einem persönlichen Bekenntnis zu Jesus Christus. Taufen werden – bei Erwachsenen – ebenfalls durchgeführt, dann meist mit völligem Untertauchen. Andere Taufen werden anerkannt. Der Mittelpunkt des Gemeindelebens war und ist der Gottesdienst, der am Sonntag um 9.00 Uhr stattfindet. Daneben gab und gibt es zur Glaubensstärkung eine Sonntagsschule für Kinder, Biblischen Unterricht für Teenager, Jungschar, Teenieclub, eine Jugendgruppe und Bibelstunden für Erwachsene. Für diese sind ausserdem Alphalive-Kurse und Hauskreise eingerichtet. In Berns Altstadt fällt die FEG auch durch die Buchhandlung Vivace auf. Die FEG versteht sich nicht als exklusiv, ihre Veranstaltungen sind offen für alle Menschen. Sie ist auch Mitglied in der lokalen EA.

Am 23. April 2004 feierten die FEG Bern ihr 175-jähriges Bestehen (eigentlich war es das 176-jährige, aber man zählte bis anhin falsch), u. a. mit einer Podiumsdiskussion über die Einheit und Verschiedenheit der (protestantischen) Kirchen.

In der Kapelle der FEG finden die Gottesdienste der frankophonen Schwestergemeinde → Eglise Evangélique Libre de Berne (EEL) und in englischer Sprache derjenige der → Berne International Evangelical Church (BIEC) statt.

Bund Freier Evangelischer Gemeinden in der Schweiz

Von Rodt wusste um die Eigenständigkeit seines Ansatzes, auch sah er manches in den Landeskirchen, das er für «widergöttlich» hielt. Gleichzeitig versuchte er jedoch, seine Bewegung offenzuhalten. Besonders mit der 1831 entstandenen Evangelischen Gesellschaft (an deren Gründung er sogar beteiligt war), die die pietistische Erweckung in der Landeskirche (→ EGW) lebte, pflegte er Beziehungen. Auch unter Freikirchlern warb er für Zusammenschlüsse. In London war er von der Zusammenarbeit der Christen über denominationelle Grenzen hinweg beeindruckt gewesen. Da ihm die Gemeinschaft der Gläubigen wichtig war (wenn auch nicht um jeden Preis), versuchte er 1839, die sog. Dissidentengemeinden mit der Evangelischen Gesellschaft zu vereinigen. Jedoch betrachteten dieses Vorhaben sowohl die kirchliche Obrigkeit als auch entschiedene Dissidenten mit Misstrauen; die Fusion scheiterte. Doch gab es weiterhin fruchtbare Kooperationen: Die freie Gemeinde in Bern gründete in Zusammenarbeit mit der Evangelischen Gesellschaft verschiedene Schulen (Freies Gymnasium, Lehrerseminar Muristalden, Mädchenschule), damit v. a. Kinder aus armen Verhältnissen zu einer Ausbildung kommen konnten.

1834 schloss sich die Berner FEG mit vorwiegend französischsprachigen Gemeinden in Waadt, Neuenburg, Genf, Piemont und Frankreich zu einem freikirchlichen Gemeindeverband zusammen. Er bestand aus bis zu 45 Gemeinden. Von Rodt redigierte dessen Zeitschrift bis zum Ende des Verbandes (und des

Blattes) im Jahre 1848. Er war auch auf dem Lande eine Integrationsfigur, predigte er doch in vielen Versammlungen – speziell in jenen, die von Bern aus gegründet worden waren. Durch dieses Beziehungsgeflecht entstand mit der Zeit ein festerer Bund. Mutmasslich ist die Bezeichnung «verbundene freie evangelische Gemeinden des Kantons Bern» erstmalig im Kassenbericht von 1838 erwähnt. Denn die Gemeinden hatten eine gemeinsame Kasse eingerichtet, aus der die Prediger bezahlt wurden. Um 1847 zählten diese freien Gemeinden zusammen etwa 500 Mitglieder. Das Verhältnis zueinander war nicht fest geregelt. 1890 trennten sich die Landgemeinden jedoch von der stadtbernischen Ursprungsgemeinde. Dieser Riss konnte erst 1910/11 mit der Gründung des heutigen, noch weiter darüber hinausgreifenden Verbandes beseitigt werden. Dieser Bund Freier Evangelischer Gemeinden in der Schweiz, kurz FEG Schweiz oder Bund FEG genannt, ist ein Gemeindeverband in der Rechtsform eines gemeinnützigen Vereins. Er umfasst heute 70 eigenständige Bundes- und 20 befreundete Gemeinden in der deutschen Schweiz. Ihm gehören über 7000 eingeschriebene Mitglieder an, schätzungsweise 12 000 Menschen besuchen die Gottesdienste. Die Gemeinden konzentrieren sich im Tal der Aare, um Zürich und im Nordosten des Landes. Im Kanton Bern gibt es momentan 13 Verbands-Gemeinden. Das Sekretariat hatte seinen Sitz lange in Niederhünigen nahe Bern, heute befindet es sich in Pfäffikon ZH. Finanziert wird der Verband vorwiegend durch Spenden, Legate sowie durch die Mitgliederbeiträge der Bundesgemeinden. Die einzelnen Gemeinden regeln ihre Finanzen selbst. Kirchensteuer wird nicht erhoben.

Knapp 100 Pastoren, Jugendverantwortliche und Gemeindehelferinnen und -helfer wirken in den Gemeinden. Sehr viel Arbeit geschieht ehrenamtlich. Der Bund FEG unterstützt die Lokalgemeinden in geistlicher, personeller und administrativer Hinsicht durch Arbeitsgruppen und etwa zehn angestellte Fachkräfte. Er fördert die Beziehungen unter den Gemeinden durch regionale Kontakte, diverse Anlässe (zum Beispiel den Begegnungstag Contact) sowie durch Informationen wie zum Beispiel durch die Verbandszeitschrift «Impuls» (elfmal pro Jahr), die Missionszeitschrift «Vision» sowie das Internet.

In «unerreichten Regionen» der Schweiz und Europas sollen neue Gemeinden entstehen. Dafür wurden die Inlandmission Vision Schweiz und die europäische Mission Vision Europa gegründet. Ihre Einsatzländer sind Frankreich, Italien, Österreich, Polen und Spanien. Darüber hinaus fördert der Bund FEG die Weltmission, wofür er mit der Schweizer Allianz Mission (SAM) kooperiert. Mitglieder von FEG-Gemeinden – oft Familien – gehen mithilfe dieser Organisation zeitweilig oder dauerhaft auf Missionseinsätze ins Ausland. Dem Bund FEG sind zwei Sozialwerke angegliedert: das Sonderschulheim Tabor in Aeschi bei Spiez und das Alters- und Pflegeheim Salem in Ennenda.

Wichtige Angelegenheiten der FEG Schweiz werden durch das oberstes Organ, die Delegiertenkonferenz entschieden. Dazu gehören die Wahlen in die Bundesleitung, die Wahl des Bundesvorsitzenden, die Budgetkontrolle und die Aufnahme weiterer Gemeinden. Die Delegiertenkonferenz findet zweimal jährlich statt und bildet sich aus Vertretern der Gemeinden und Werke sowie den angestellten Mitarbeitern aus Bund und Gemeinden. Die Bundesleitung besteht aus bis zu neun Personen, die für verschiedene Aufgabenbereiche verantwortlich sind.

Eine weltweite Dachorganisation ist der Internationale Bund Freier Evangelischer Gemeinden (IFFEC). Sein Vorläufer formierte sich bereits Ende des 19. Jahrhunderts. Nach mehren Vorläuferkonferenzen ab 1934 gründete er sich 1948 mit einer Konferenz in Bern. In ihm sind heute 34 nationale Bünde von FEGn zusammengeschlossen, vorwiegend in Europa sowie in Nord- und Südamerika; der Hauptsitz befindet sich in Stockholm.

Kontakt

FEG Bern: Zeughausgasse 35/39, 3011 Bern, Tel.: 031 312 26 93
www.feg-bern.ch
Bund FEG Schweiz, Witzbergstrasse 7, 8330 Pfäffikon, Tel.: 043 288 62 20
www.feg.ch

Chrischona-Gemeinden Schweiz

1840 gründete der pietistisch geprägte Chr. F. Spittler (1782–1867) eine kleine missionarische Schule auf dem Dinkelberg in Bettingen bei Basel und benannte sie nach dem dort stehenden Wallfahrtskirchlein. Diese Pilgermission (PM) St.Chrischona sollte junge Männer theologisch ausbilden, sodass sie als Missionare in die Welt geschickt werden konnten. Das Projekt trug schnell Früchte und wuchs zu einem internationalen Verband heran. C. H. Rappard, Spittlers Nachfolger, machte die PM zur ersten Evangelistenschule, das heisst zur ersten nichtakademischen theologischen Ausbildungsstätte im deutschen Raum. Er lenkte den Fokus stärker auf die Zielgruppe der reformierten Christen, denen er die Ideen der Erweckungs- und Heiligungsbewegung nahebringen wollte. 1909 entstand – revolutionär für die Zeit – die Bibelschule für Töchter. Auf St.Chrischona haben seither rund 3800 Männer und 2200 Frauen eine Ausbildung erhalten. Bis heute ist der Kernauftrag der Pilgermission das Theologische Seminar St.Chrischona (tsc). Zurzeit sind knapp 150 Studierende eingeschrieben, ca. 125 im Vollstudium und 25 in Teilzeit- und Sonderprogrammen.

Wenige Jahre nach der Gründung der Schule entstanden durch Absolventen im Thurgau und in Graubünden die ersten Gemeinden.

Der Gemeindearbeit und dem tsc wurden mit der Zeit Ferien-, Jugend-, Pflege- und Altersheime (in der Schweiz, Frankreich und Deutschland) angegliedert. Den Gemeinden stehen ausserdem zentrale Dienste für Jugendarbeit, Biblische Seelsorge und Lebensberatung (BSL), Gemeindeberatung oder Medien zur Verfügung. 1925 wurde das Diakonissen-Mutterhaus St.Chrischona gegründet. Die Diakonissen arbeiten in der Alten- und Krankenpflege, in Hauswirtschaftsschulen und in einer Altenpflegeschule.

Für Spittler waren Pilgermissionare zugleich Büchermissionare. Schon er selbst wäre gerne mit Pferd und Wagen nach Frankreich gereist, um dort Bibeln und evangelistische Schriften zu verteilen. So gründete er eine Traktat- und Literaturarbeit sowie einen Verlag und eine Buchhandlung. 1861 wurde auf St.Chrischona eine Buchdruckerei eröffnet, die u. a. die Bücher des Spittler-Verlages und später auch Bibelausgaben herstellte. Auch heute ist die Pilgermission in der Literaturarbeit aktiv. In der Schweiz übernimmt dies der Brunnen Verlag Basel (gegr. 1921 in Basel, Sitz ist heute Basel und Giessen). Der Verlag publiziert im Jahr etwa 30 Titel, die er über seine Verlagsauslieferung und die elf Brunnen-Bibel-Panorama-Filialen anbietet. Der Name geht aus dem Zusammenschluss mit der Firma Bibelpanorama im Jahre 1998 hervor. Damals wurden seine drei Bibelpanorama-Filialen mit den Buchhandlungen des Brunnen Verlags fusioniert. Die Schwerpunkte der Verlagsproduktion liegen im Bereich Lebenshilfe/Seelsorge, Jugendbuch, Erzählung, Sachbuch sowie der modernen Bibelübersetzung «Hoffnung Für Alle». Im Kanton Bern gibt es Läden in Biel, Interlaken und Langnau. Im Jahr 2006 gehörten insgesamt 15 eigene Filialen, zwei Beteiligungen und 14 Franchise-Partner zum Unternehmen.

1878 liess Rappard erstmals eine eigene Monatszeitschrift der PM erscheinen, bis 1989 betitelt als «Glaubensbote», dann als «Chrischona-Magazin» und sein 2006 als «Chrischona-Panorama».

Schon Spittler lag das christliche Zeugnis gegenüber den Juden sehr am Herzen, er gründete einen speziellen Missionsverein dafür. In dieser Tradition entsteht im Jahr 1968 als Zweig der PM die Arbeitsgemeinschaft für das messianische Zeugnis an Israel (amzi), welche sich der Förderung des messianischen

Glaubens (das heisst des Glaubens an Jesus Christus unter Menschen jüdischer Religion) widmet.

Der religiöse Zweig der PM finanziert sich ausschliesslich durch Spenden und der sozialkaritative Zweig durch Erträge aus den Dienstleistungen.

Die Gemeinden

Die Chrischona-Gemeinden verstanden sich zuerst als Gemeinschaften in der Landeskirche und in Ergänzung zu ihr. Doch seit den 1930er-Jahren entwickelte sich der Schweizer Zweig zur Freikirche. Bis dahin besuchten ihre Mitglieder die Sonntagsgottesdienste der Landeskirchen und feierten eigene Gottesdienste zu anderen Zeiten. Nun gingen die Schweizer Gemeinden dazu über, eigene Gottesdienste zu feiern und Taufe und Abendmahl selbst zu spenden. In Deutschland blieben die Chrischona-Gemeinden dagegen Gemeinschaften innerhalb der evangelischen Kirchen, sodass Chrischona heute ein eigenartiges Doppelgesicht trägt: als Gemeinschaftswerk und Freikirche zugleich. Der Weg zur Freikirche in der Schweiz beruhte aber nicht auf theologischem Wollen, sondern auf sozialen Abläufen.

Chrischona-Gemeinden entstanden ab 1869 in der Schweiz, ab 1875 in Deutschland und später in Frankreich (1913), im südlichen Afrika (1966) und in Luxemburg (1992). Ihre Gesamtzahl liegt heute bei rund 200. In Deutschland sind es rund 70, in der Schweiz rund 100. Eine Spezialität von Chrischona sind deutschsprachige Missionen in den Städten des Welschlandes und des Tessin (Missione Popolare Evangelica nel Ticino).

In der Schweiz sind die einzelnen Gemeinden nicht selbstständig, sondern seit 1997 Teil des Gemeindevereins Schweiz. Dieser Verein wiederum ist Mitglied des Verbandes der Pilgermission St.Chrischona. Er besitzt die Liegenschaften der Einzelgemeinden und nimmt die Anstellung der Prediger unter Mitspracherecht der jeweiligen Gemeinden vor. Rund 150 Prediger, Jugendpastoren und Gemeindemitarbeiter sowie weitere Mitarbeiter im administrativen Bereich sind voll- oder teilzeitlich tätig. Über den Gemeindeverein laufen die Spenden der Mitglieder, er nimmt auch die Besoldung der Prediger vor. Früher ist nur ein kleinerer Teil der regelmässigen Gottesdienstbesucher als Mitglied dem Verein beigetreten, in den vergangenen Jahren zeichnete sich jedoch die Tendenz ab, dass immer mehr Menschen formal Mitglied werden. Im Land zählen sich im Jahre 2006 rund 7600 eingetragene Mitglieder zu Chrischona, doch deutlich mehr Menschen besuchen die Gottesdienste.

Der Verband gibt nicht nur organisatorisch, sondern auch lehrmässig die Richtung vor. Die Pilgermission St.Chrischona anerkennt die altkirchlichen und reformatorischen Bekenntnisse und vertritt das Bekenntnis der Evangelischen Allianz und die Lausanner Erklärung, hat also weitgehend ein evangelikales Glaubensverständnis. In den Gemeinden gilt das allgemeine Priestertum der Gläubigen, es gibt kein starres Verständnis der Ämter. In der Möglichkeit von Frauen, massgeblich mitzuwirken, unterscheiden sich die Gemeinden, je nachdem, wie konservativ sie sind. Frauen können das tsc absolvieren und in der Regel auch predigen. Es werden Frauen als hauptamtliche Mitarbeiterinnen angestellt, allerdings ohne ihnen die alleinige geistliche Leitungsverantwortung zu übertragen. Sie können ohne Einschränkungen in alle Gremien gewählt werden. Über die Form und mit welcher Bezeichnung entscheiden die Ländervereine.

Die Mitgliedschaft in den Gemeinden ist unabhängig von der Taufe, das heisst, die Kinder- wie die Erwachsenentaufe wird anerkannt. Für die Mitgliedschaft genügt es, wenn jemand als bewusster, auf der Bibel fundierter Christ leben will und sich persönlich zum christlichen Glauben bekennt. Die Gemeindeleitung prüft die Ernsthaftigkeit des Interessenten.

Die Leitlinien für die Chrischona-Gemeindearbeit in der Schweiz nennen als ersten Punkt: «Gemeinden des Chrischona-Werkes sind familiär.» Kleingruppen, in denen familiäres Beisammensein gelebt wird, sind wichtig. Auf schnelle Evangelisationsstrategien wird verzichtet, stattdessen setzt man auf organisches Wachstum insbesondere durch mitmenschliche Beziehungen. Speziell junge Familien sind angesprochen, und der Anteil der Kinder unter 16 Jahren unter den Gottesdienstbesuchern beträgt rund ein Drittel.

Auf lokaler und nationaler Ebene arbeitet Chrischona mit den verschiedensten Denominationen zusammen und ist Mitglied der Schweizerischen Evangelischen Allianz (SEA). Besonders eng ist die Zusammenarbeit mit dem → Bund Freier Evangelischer Gemeinden (FEG) und der → Vereinigung Freier Missionsgemeinden (VFMG). Diese beiden Verbände beteiligen sich auch am tsc. Die Lehrunterschiede der Pilgermission zu ihnen sind gering, nur in den Organisationsstrukturen unterscheiden sie sich stärker. Zur Pfingst- und zur Charismatischen Bewegung gibt es durch die gemeinsame evangelikale Ausrichtung Verbindungen, aber auch lehrmässige Unterschiede, wie zum Beispiel in der von diesen vertretenen Lehre einer von der Wiedergeburt getrennten Geistestaufe und im «Ruhen im Geiste»; die Geistliche Kriegführung wird abgelehnt.

Eine Zusammenarbeit mit der katholischen Kirche ist für die Pilgermission St.Chrischona dagegen völlig ausgeschlossen. Auch der Ökumenische Rat der Kirchen wird abgelehnt.

Bei der grossen Dichte von Chrischona-Gemeinden im Lande ist es erstaunlich, dass es im Kanton Bern nur sehr wenige gibt, nämlich drei: Interlaken, Thun und Ins.

Geschäftsstelle der Chrischona-Gemeinden Schweiz, Hauentalstrasse 138, 8200 Schaffhausen, Tel.: 052 630 20 70
www.chrischona.ch, www.chrischona.org

Christian Science/Kirche Christi Wissenschafter/ Christliche Wissenschaft

Mary Baker Eddy (1821–1910) litt in jungen Jahren an Krankheiten und erlebte metaphysische Heilungen. Durch eine 1866 beim Bibellesen erfolgte Spontanheilung kam sie zu der Annahme, speziell die christliche Lehre könne völlige Heilung ermöglichen. 1875 schrieb sie ihr Hauptwerk «Wissenschaft und Gesundheit mit Schlüssel zur Heiligen Schrift». Das Buch (1912 in Deutsch erschienen) gilt den Anhängern als göttlich inspiriert und wird von ihnen nicht kritisiert oder gar verändert. M. B. Eddy ist eine Prophetengestalt. Im Jahr darauf gründete sie in Boston eine Gemeinschaft, die – nach verschiedenen Schwierigkeiten – 1892 als sog. Mutterkirche mit eigener Kirchenordnung erneut entstand.

Heute existieren in 70 Ländern ca. 2000 sich selbst verwaltende Zweigkirchen. Daneben gibt es viele Vereine, die notwendige Organisationsstruktur sowie eine eigene Verlagsgesellschaft. Zu den Publikationen zählen die angesehene Bostoner Tageszeitung «Christian Science Monitor» (gegr. 1908) und der «Christian Science Herold». Die Gemeinschaft macht kaum für sich Werbung, in unseren Breiten beschränkt sie sich meist auf Aushänge in Schaukästen.

Die Christian-Science-Lehre will das Christentum wissenschaftlich erfassen, «Religion und Medizin mit göttlichen Wesensmerkmalen und Inhalten erfüllen». Sie geht davon aus, dass die biblischen, durch Jesus und die Apostel vorgenommenen Heilungen keine Metaphern oder einmaligen Wunder sind. Das Wissen um ihre Realität jedoch sei im 3. Jahrhundert verloren gegangen, aber durch die Reformatoren zum Teil wiederentdeckt worden: Zwingli habe sich durch Gebete von der Pest befreit. Daher verortet sich Christian Science selbst im protestantischen Spektrum und verwendet im Deutschen die Luther-Bibel.

Gott wird nahezu unpersönlich gedacht als Geist, omnipräsente Kraft, allumfassende Wahrheit, als «Vater-Mutter» oder als «Wissenschaft aller Wissenschaften»; es kann nichts geben, was ausserhalb von Gott steht. Der Geist ist das einzig reale, die Materie ist nichts. Das höchste Ziel ist die universelle Erlösung von jeder Form des Bösen, das Heilen von Krankheiten durch das Gebet ist ein wichtiger Bestandteil davon. Da Gott gut ist und der Mensch sein vollkommenes Abbild, ist das Schlechte – zum Beispiel Krankheit – nicht real. Probleme sind einzig Probleme der Vorstellung, des falschen Denkens und schwachen Glaubens. Letztlich lassen sie sich beseitigen, indem man richtig glaubt. Freude, gestiftet von Gott, gilt als eigentlicher Zustand des Menschen, Negatives ist nur ein Zerrbild der positiven geistigen Realität, hervorgerufen durch die aufs Materielle gerichteten Sinne. Die von der Gemeinschaft berichteten Gebetsheilungen gelten nicht als spektakuläre «Wunder», sondern als logische Ergebnisse wissenschaftlichen Vorgehens. Den Begriff «Magie» lehnt man strikt ab – denn nicht das Wort wirke, sondern allein Gott. Der vormals sehr strenge Geist-Materie-Dualismus wird heute stellenweise weniger radikal gesehen.

Die Gemeinschaft mit dem Selbstverständnis als (exklusive) Kirche hat keine Sakramente, denn eine Taufe mit Wasser wäre materiell und rein äusserlich. Taufe und Abendmahl werden spiritualisiert und als permanentes innerliches Erleben aufgefasst. In den sonntäglichen Gottesdiensten wird nicht gepredigt und nicht gebetet, sondern von zwei sog. Lesern aus der Bibel und aus Wissenschaft und Gesundheit rezitiert. In Mittwochsversammlungen trägt man Heilungszeugnisse vor. Zweimal pro Jahr gibt es Kommunionsgottesdienste, einmal Dankgottesdienste. Zu Hause wird meditiert und täglich nach vorgegebenen Plänen in den Schriften gelesen. Letzteres ist zentral und soll systematisch erfolgen, weshalb jede Kirche Leseräume unterhält, die – ebenso wie die Veranstaltungen – öffentlich zugänglich sind. Jede Zweigkirche und Gruppe wird von einem fünfköpfigen Vereinsvorstand organisiert. Alle Funktionen stehen Männern und Frauen offen, hauptamtliche Geistliche kennt die Gemeinschaft nicht, doch der Heilungsdienst wird oft vollzeitlich ausgeübt. Ausgaben finanziert man durch Spenden, Kollekten und Erbschaften. Wer sich berufen fühlt, kann sich zum sog. Praktiker der Christlichen Wissenschaft (früher Ausüber genannt) ausbilden lassen. Wird man daraufhin im «Christian Science Journal» offiziell verzeichnet, kann man Hilfesuchenden – auch Nichtmitgliedern – heilend zur Seite stehen. Heilung erfolgt, indem für die Patienten gebetet wird, dazu müssen diese nicht anwesend sein.

Kritisch wird es, wenn – wie 1902 im Oberaargau geschehen – einzig auf diese Heilungsmethode gesetzt und vom Arztbesuch abgeraten wird (was ausdrücklich vorgeschlagen ist); damals starben drei Frauen. Seit die Medizin deutliche Fortschritte verzeichnet, Gebetsheilungen auch in anderen Kirchen (zum Beispiel charismatischen) vorgenommen werden und andere alternative Heilungssysteme aufgekommen sind, lässt die Anziehungskraft der Christian Science und speziell des Praktikerstandes nach. Amteten 1936 weltweit noch über 11 000 Ausüber, so sind es heute nur noch 1900; waren 1956 allein in Bern 22 Praktiker tätig, so sind es heute noch etwa 15 in der ganzen Schweiz.

Die Gemeinschaft war lange als «Sekte» verschrien, heute wird die Opposition zu und von den Kirchen kaum noch betont, wobei Unterschiede aber bleiben. Grundeinspruch der Kirchen ist, dass die Schöpfung – und damit die Materie – falsch beurteilt werde. Weitere Unterschiede bestehen in der Christologie, da in Christian Science zum Beispiel der einmalige und vorbildliche Mensch Jesus als getrennt vom Titel Christus, welcher eine vollkommene Idee Gottes sei, verstanden wird.

Bern

Christian Science verfügt heute über etwa 25 Zweigkirchen und örtliche Vereinigungen im Land, fünf davon im Kanton Bern. Sie tauchte zu Beginn des 20. Jahrhunderts in Bern auf (1907 in Basel und Zürich). Die Kirche fand schnell Zuspruch, weil sie das moderne Thema Gesundheit in den Mittelpunkt stellte, es aber nicht materialistisch anging. Insbesondere höhere Schichten wandten sich ihr zu; das vornehme Auftreten wurde durch die in den Jahren 1926–1927 erbaute imposante First Church of Christ, Scientist am Helvetiaplatz noch unterstrichen. Die optimistische Philosophie, die das Selbstbewusstsein stärken und anwenden will, war sehr zeitgemäss. Seit 1912 bestand die Kirche in Bern als Verein. Seit 1914 verlangte sie den Austritt aus der Landeskirche von denjenigen, die den Ausüber-Kurs machen wollen. Im Jahr 1927 wurde dann die Berner Ortsgruppe offiziell als Zweigkirche errichtet.

Mitgliederzahlen gibt Christian Science generell nicht bekannt, diese dürften auch schwer zu bestimmen sein, da sie viele Freunde und Anhänger hat, die ihr nicht offiziell angehören. Die lokalen Gemeinden sind nach Vereinsrecht organisiert und weitgehend autonom. Je nach Grösse gelten sie als Kirche oder als Vereinigung.

Neben Bern gibt es Gruppen noch in Biel, Thun, Langenthal und Moutier. Die Bieler Kirche, die ebenfalls einen Lesesaal betreibt, hält ihre Veranstaltungen abwechselnd in Deutsch und Französisch ab. Auch in Thun besteht eine Kirche mit Lesesaal. In Langenthal existiert eine Vereinigung mit Lesesaal, ebenso wie in Moutier. An allen Orten gibt es Gottesdienste mit Sonntagsschulen.

Ökumenische Beteiligungen bestehen auch heute nicht, zaghafte dahin gehende Aufbrüche gibt es aber. Doch als in den Neunzigerjahren die CS-Gemeinde Biel versuchte, mit den Landeskirchen bzw. der Evangelischen Allianz zusammenzuarbeiten, haben diese das Ansinnen abgelehnt.

Kontakt

Bern: Helvetiaplatz 6, 3005 Bern
Biel: Florastrasse 28, 2502 Biel
Thun: Niesenstrasse 5, 3600 Thun
www.tfccs.com, www.spirituality.com, www.cskom.de, www.christian-science.de

Christliches Zentrum Thalgut (ehem. Gemeinde entschiedener Christen)

Beim Christlichen Zentrum Thalgut (CZT) handelt es sich um eine unabhängige Freikirche, die Anfang der 1960er-Jahre aus einer Gebetsgruppe im Thalgut, Gerzensee, hervorging. Ihr Hintergrund ist die charismatische Erweckungsbewegung im pfingstlichen Bereich. Nachdem ein erstes Versammlungslokal schnell zu klein geworden war, errichtete die Gemeinschaft 1962 einen Saal mit 140 Plätzen. Durch einen holländischen Evangelisten wurde 1966 eine erste Leiterschaft, bestehend aus Gemeindeleiter, Ältesten und Diakonen eingesetzt; dadurch wurde die Gruppe zu einer Gemeinde nach neutestamentlichem Muster strukturiert. Die geistliche Leitung erfolgt heute durch Menschen, die – im üblichen charismatischen Verständnis – zu bestimmten Ämtern durch die Gaben des Heiligen Geistes berufen sind.

Durch die in der Folge entfalteten Evangelisationsaktivitäten – damals unter dem Namen Glaubenszentrum Gemeinde entschiedener Christen, Thalgut – wuchs die Gemeinde kontinuierlich, sodass der Saal zu klein wurde. Im Jahre 1980 wurde daher am anderen Ufer der Aare das neue Gemeindezentrum eröffnet, das 2004 noch erweitert worden ist. Die Gemeinde trägt heute den Namen Christliches Zentrum Thalgut. Etwa 350 Menschen zählen sich dazu, darunter viele Kinder. Sie werden betreut von fest und teilzeitlich Angestellten, rund 60 Freiwillige helfen. Die Gemeinde ist – eine eher ungewöhnliche Rechtsform – als Stiftung organisiert und als gemeinnützig anerkannt.

Jeden Sonntagmorgen findet der Gottesdienst statt, einmal im Monat mit Abendmahl. Dazu kommen Gebetszeiten im Zentrum. Zentral für die Vertiefung des Glaubens sind neben den sonntäglichen Versammlungen die Hauszellen, von denen es in der Umgebung über 20 gibt. Jeder Angehörige der Gemeinschaft sollte mit einer solchen Zelle verbunden sein.

Das CZT verfügt neben diesem Kern des religiösen Lebens über viele Aspekte und Einrichtungen: Schon die Räume des Gebäudes selbst sind vielfältig nutzbar, bis hin zur Cafeteria. Im Zentrum finden Treffen der Jugendgruppen, die Kinderbetreuung während der Gottesdienste und die christliche Schulung des Nachwuchses statt. Verschiedene Kurse werden je nach Bedürfnis abgehalten. U. a. gibt es solche für Jüngerschaft und Leitungsdienste, Ausbildungen für den Gemeindeaufbau, Ehevorbereitungskurse, Family Focus, Kurse für Musik und Gesang usw. Entsprechend den Möglichkeiten werden vom sozialen Zweig Betagte betreut, Unselbstständige in Familien aufgenommen oder wenn möglich in Wohngemeinschaften integriert.

Die Gemeinde hat als ausdrückliches Ziel auch die Gründung von neuen Gemeinden formuliert, was durch innere und äussere Mission geschehen soll. So ist zum Beispiel in Wien inzwischen eine Tochtergemeinde entstanden. Weitere Missionsorte sind Bulgarien, China, Brasilien, die Philippinen und Israel. Mit Letzterem fühlt man sich besonders verbunden.

Das CZT gehört dem Verband der Freien Charismatischen Gemeinden Schweiz FCGS an und dadurch auch dem VFG. In diesem Rahmen und im Rahmen der Evangelischen Allianz wird mit anderen Gemeinden kooperiert.

Kontakt

Sägebachweg 1, 3114 Wichtrach, Tel.: 031 781 18 35
www.czt.ch

Christliche Gehörlosen-Gemeinschaft (CGG Bern-Thun)

Die CGG ist ein Verband mit momentan fünf Lokalgruppen. Ihm gehören rund 70 Menschen fest an. Für Abonnenten erscheint seit 1997 viermal im Jahr die

Zeitschrift «Gemeinschaft». Im Kanton Bern bestehen zwei der Lokalgruppen, eine Gemeinde in der Stadt Bern und eine in Thun. Letztere trug den Namen Steffisburg, bis sie im Jahre 2006 nach Thun verlegt wurde.

Jede Ortsgemeinde feiert etwa zehn Gottesdienste pro Jahr. Das Programm jeder Lokalgruppe ist grundsätzlich jedoch autonom bestimmt. Die eigenen Gottesdienste werden mit Übersetzungen in die Gebärdensprache oder als spezielle Gehörlosengottesdienste gestaltet. Daneben bestehen an verschiedenen Orten Hauskreise. Ausserdem gibt es gesamtschweizerische Veranstaltungen wie zum Beispiel seit 1991 den Bibeltreff (Name bis 2005: Bibelschule) für Gehörlose in Aarau. Einmal monatlich werden dabei Inhalte aus der Bibel wie auch Wissen über sie gehörlosengerecht vermittelt. Andere zentrale Anlässe sind Osterlager, Weihnachtsgottesdienste und die Vereinsversammlungen.

Die CGG unterhält bzw. unterstützt eine Gehörlosenschule in Bolivien. Diese ist durchaus missionarisch ausgerichtet, sie lehrt aber auch die Gehörlosenkommunikation und sonstige schulische Inhalte.

Theologisch ist der Verband nicht festgelegt, wenn er auch eher im freikirchlichen Spektrum anzusiedeln ist. Es wird aber auch mit andern Gruppen, zum Beispiel mit katholischen und reformierten Gehörlosenseelsorgern, zusammengearbeitet. Inwieweit durch den Gaststatus in den einzelnen Ortsgemeinden eine bestimmte Theologie dominiert, ist unterschiedlich. Im Kanton Bern ist die Gemeinde Thun (seit Februar 2006) bei der BewegungPlus zu Gast, die Berner Gemeinde bei einer Pfingstgemeinde (SPM).

Kontakt

Bern: c/o Pfingstgemeinde, Pavillonweg 13, 3012 Bern
Thun: c/o BewegungPlus, Grabenstrasse 8A, 3600 Thun
www.cgg.deaf.ch

Christliche Gemeinde Heimberg

Diese Heimberger Gemeinde führt ihre Wurzeln bis zu den Täufern des 16. Jahrhunderts zurück. Tatsächlich lassen sich freikirchliche Aktivitäten in Heimberg so lange zurückverfolgen, wenn sie auch – u. a. wegen obrigkeitlichen Drucks – erst spät, um die Wende zum 18. Jahrhundert organisierte Formen annahmen. Um 1740 entstanden die sog. Heimberger Brüder, als vier Männer, inspiriert von einem Pfarrer aus Oberdiessbach, eine pietistische Brüdergemeinde gründeten. Das «Dorfen» (Dorfstündlein) bildete eine erste Zelle, wo man sich über religiöse Fragen austauschte, betete, sang und Zeugnis gab. Die Brüder schlossen Kontakt mit erweckten Gläubigen im Berner Oberland und in benachbarten Orten. Sie verstanden es, ihre religiösen Ideen zu verwirklichen und zu verbreiten, ohne Zusammenstösse mit den Behörden zu provozieren, die ihre Tätigkeit sehr kritisch überwachten. Die Heimberger wollten die Behörden nicht reizen, verhielten sich zurückhaltend und nutzten die knappen Freiräume. So wurden sie nicht verfolgt und erhielten später sogar eine Art Duldung. Damit beanspruchten die Heimberger Brüder für sich als Erste im Bernbiet erfolgreich eine minimale Glaubens- und Gewissensfreiheit, fast hundert Jahre, bevor diese in der Bundesverfassung gewährleistet wurde. Das lebendige Christentum der Heimberger führte dazu, dass später das Lamm Gottes zu ihrem Gemeindewappen wurde. Der Einfluss der Brüder ging nach 1831, dem Gründungsjahr der Evangelischen Gesellschaft in Bern, stark zurück; denn viele Brüder traten zu dieser über.

Die fortgesetzt freikirchlich Gesinnten in Heimberg trafen sich jedoch weiter autonom, und ab 1880 gab es Anfänge einer FEG im Ort. Im Postbüro wurden durch eine Familie Versammlungen und Bibelstunden abgehalten. 1903 schloss sich Heimberg der FEG Thun an, weil mit der neuen Bahnlinie eine gute Verbindung hergestellt war. Der damalige Posthalter hatte schon als junger Mann Bibelstunden und Sonntagsschule gehalten. Er gründete einen Chor; die Arbeit blühte in den 20er- und 30er-Jahren. Als das Postzimmer nicht mehr gross genug war, konnte eine Töpferwerkstatt gemietet und als Predigerlokal eingerichtet werden. 1924 erbauten drei Glaubensgenossen mit eigenen Mitteln die Kapelle in der Dornhalde, die bis 1999 genutzt wurde und heute noch dort steht. Zu dieser Zeit gingen viele Heimberger in der Dornhalde zur Sonntagsschule. Die Gemeinde wurde während vieler Jahre von Thun aus betreut, doch war der Wunsch nach Selbstständigkeit aufgekommen. So wurde die FEG Heimberg am 31. Oktober 1992 als eigenständige Gemeinde in den Bund FEG aufgenommen.

Mitte der Achtzigerjahre war die Alte Garde der FEG-Mitglieder praktisch ausgestorben, doch fanden gleichzeitig einige jüngere Familien zur Gemeinde. Eine Jungschararbeit entstand, die in der Jugendgruppe ihre Fortsetzung fand. Die meisten heute aktiven Mitarbeiter fanden damals dadurch in diese Gemeinde, sodass diese jüngeren Gläubigen also keinen traditionellen FEG-Hintergrund haben. Es entstand eine «Offenheit für das Wirken des Heiligen Geistes», man näherte sich dem charismatischen Spektrum. Auch die Zusammenarbeit mit der regionalen Erneuerungs- und Erweckungsbewegung Frisches

Wasser förderte das. Dadurch, dass die Gemeindeleitung sich nicht nur Verwaltungsaufgaben widmete, sondern sie mehr und mehr die geistliche Verantwortung übernahm, konnte eine sanfte Reform weg von der programmorientierten Gemeinde hin zu einer Gemeinde auf Hauszellenbasis eingeleitet werden. Im Herbst 1999 wurde die erste Zellgruppe ins Leben gerufen, andere folgten. Nach 75 Jahren verliess die FEG Heimberg 1999 die Kapelle an der Dornhaldenstrasse 62 und zügelte in das Winterhalden-Quartier in ein Industriegebäude, das zum Gemeindezentrum umgebaut wurde.

Während vieler Jahre bestand v. a. in der Jugendarbeit eine gute Zusammenarbeit zwischen FEG Heimberg und Landeskirche, speziell in der Lagerarbeit half man sich gegenseitig aus. Nach Problemen in der Landeskirche erneuerte sich deren Jugendarbeit im Jahre 1997 durch das EGW. Beide Seiten legten 1999 ihre Jugendarbeit zusammen in der gemeinsamen Jugendgruppe Phosphor. (Inzwischen besteht auch eine Teenagergruppe Phos4-teens und eine Jungschar; ebenso wird ein biblischer Unterricht für Schüler der 7. bis 9. Klasse veranstaltet.) Aus dieser Zusammenarbeit von EGW und FEG entstand die Vision einer neuen, gemeinsamen Gemeinde. Am 1. Juli 2004 wurde die Arbeit des EGW und die FEG vereint unter dem Namen Christliche Gemeinde Heimberg. Ein gleichnamiger Verein dient als juristischer Arm. Die Gemeinde löste sich von den bisherigen Denominationen ab und blieb seither unabhängig. Es gibt weiterhin Kontakte zu anderen Kirchen und eine Zusammenarbeit dort, wo es sinnvoll erscheint. Eine Doppelmitgliedschaft ist möglich, wird aber nicht empfohlen. Mit dem Kirchgemeinderat der reformierten Gemeinde Heimberg trifft man sich regelmässig, manchmal werden sogar gemeinsame Gottesdienste gefeiert. Die Christliche Gemeinde Heimberg ist zudem Mitglied in der Evangelischen Allianz in der Sektion Thun.

Die durchschnittlich recht junge Gemeinde – ihr gehören heute etwa 120 Personen an – pflegt moderne Formen des Gottesdienstes und des Gemeindelebens. Im Unterschied zu vielen evangelikalen Gemeinden stehen Frauen hier nach dem Prinzip der «gabenorientierten Mitarbeiterschaft» alle Ämter offen. Die Leitung obliegt einem Kernteam, darunter zwei Pastoren.

Alle zwei Wochen werden Sonntagsgottesdienste veranstaltet, parallel dazu finden Kindergottesdienste für verschiedene Altersgruppen statt. Des Weiteren gibt es Schulungen und Seminare, eine Ehe- und Familienarbeit und eine Seniorenarbeit, möglichst mit eigenen Hauskreisen. Gemeindegründung ist ein wichtiges Anliegen im Rahmen des missionarischen Auftrags. Die Gemeinde unterstützt Hilfsprojekte wie die von ihren Mitgliedern aufgebaute Operation Rescue in Äthiopien (sie ermöglicht verwaisten Kindern eine Familienintegration und den Schulbesuch) und die Gehörlosenschule Salt in Jordanien. Alle Aufwendungen und Aktivitäten werden durch freiwillige Beiträge und Spenden finanziert.

Kontakt

c/o Zentrum Winterhalde, Winterhaldenstrasse 15, 3627 Heimberg,
Tel.: 033 437 54 74
www.cgheimberg.ch

Christliche Hausgemeinde Herzogenbuchsee

Es handelt sich um eine seit 1988 bestehende Gemeinde, die bis heute einen eher familiären Charakter bewahrt hat. Die Gemeinde, die sich in der evangelikalen und charismatischen Christlichkeit verortet, ist in keine grössere Struktur eingebunden und auch selbst nur informell organisiert. Ihr gehören insgesamt rund 30 Menschen an. Eine formale Mitgliedschaft gibt es nicht. Diese besteht eher in der persönlichen Beziehung zu Jesus Christus und dem Wunsch, bei dieser Gemeinde dabei zu sein. Auch die finanziellen Belange sind unbürokratisch geregelt.

Gemeinsam feiert man jeden Sonntag in einem gemieteten Raum den Gottesdienst. Zusätzlich treffen sich die meisten Mitglieder einmal wöchentlich in Kleingruppen in Privathäusern. Etwa zweimal im Monat wird eine gemeinsame Gebetsstunde veranstaltet.

Die Gemeinde unterhält freundschaftliche Beziehungen zu anderen freikirchlichen Gemeinden in der Region.

Christliche Vereinigung Methernitha

Die Gemeinschaft ist ein Gewächs des Emmentals, bis auf verstreut lebende Anhänger besteht sie nur an ihrem Zentrum in Linden bei Oberdiessbach. Dort wurde sie in den Fünfzigerjahren von Paul Baumann (geb. 1917) gegründet. Baumann kam ursprünglich aus dem → Evangelischen Brüderverein. Er erhielt nur eine grundlegende Bildung, jedoch war er handwerklich sehr geschickt und naturverbunden. Und er hatte Visionen. In ihnen ging es um einen konsequenten christlichen Weg; und Baumann sagt, er habe durch die Visionen zur Bibel gefunden. Doch viele lehnten seine Botschaften ab, da diese ein sehr eigenes Gepräge hatten; zum Beispiel sprachen verschiedene Wesen aus Baumann, der in solchen Momenten einen völligen Persönlichkeitswechsel zeigte. Doch gab es auch begeisterte Zuhörer, und so entstand eine Gemeinschaft. Heute gehören zum engern Kreis von Methernitha rund 150 Menschen. Hatte sich die Gemeinschaft schon von Anfang an etwas abgesondert und war sie wegen Baumanns Visionen und der zentralen Rolle, die ihm und seinen Ansichten intern zukam, ohnehin isoliert, so kam sie endgültig in Verruf, als Baumann 1976 des Kindesmissbrauchs überführt wurde. Er hatte dafür eine sechsjährige Haftstrafe zu verbüssen. Nach seiner Entlassung wurde er wieder der Leiter bei Methernitha.

Schon seit etwa 1960 muss man zwischen der christlichen Vereinigung und der Genossenschaft Methernitha unterscheiden, und die Gemeinschaft betont diesen Unterschied auch. Diese Zweige überschneiden sich personell stark, sie sind aber nicht identisch. Der Freundeskreis, der nach christlichen Grundsätzen leben wollte (dazu gehört auch der Verzicht auf Alkohol und Tabak), gründete damals den genossenschaftlichen Zweig, um diesem Leben eine ökonomische Grundlage zu geben. Nicht alle Mitglieder der christlichen Gemeinschaft sind Mitglieder der Genossenschaft, und die Genossenschaftsangehörigen haben zwar die christlichen Grundsätze zu akzeptieren, müssen sich aber nicht in die Glaubensgemeinschaft einbinden. Manche sind zum Beispiel auch Glieder der Reformierten Landeskirche. Zurzeit leben circa 140 Personen in der Genossenschaft Methernitha, davon arbeiten alle arbeitsfähigen, ca. 90, in den verschiedenen Betrieben. Doch die Anhängerschaft überaltert langsam. Die Genossenschaft sichert für die Mitglieder die Lebensunterhaltskosten, die materielle Unterstützung in Notzeiten, bei Krankheit, Arbeitsunfähigkeit und im Alter. Dazu betreibt sie neben gewerblich-industriellen Betrieben (Präzisionsmechanik, Apparatebau, Blumengärtnerei und Schreinerei) und einer Bäckerei auch eine Grossküche sowie einen Haus- und Pflegedienst.

Die Glaubensgemeinschaft Methernitha ist dagegen nicht organisiert, sie hat – auch wenn Baumann eine wichtige Figur ist – keinen Leiter, keine kodifizierte einheitliche Lehre, erhebt keine Beiträge, treibt keine Werbung und veranstaltet weder Versammlungen noch öffentliche Kundgebungen. Sie unterhält in Linden einen Tempel genannten Raum, den zu nutzen jedoch jedem nach eigenen Vorstellungen freisteht. Sie praktizieren eine Art Tatchristentum. Manche betonen mystische Ideen, andere achten eher auf die lebensnahe Umsetzung christlicher Gebote und Gesetze. Die Visionen von Paul Baumann spielen für die Gemeinschaft keine massgebende Rolle mehr. Methernitha erhebt keinen Ausschliesslichkeitsanspruch, das heisst, sie akzeptiert auch andere Glaubensrichtungen und Kirchen.

Speziell an Methernitha ist die betonte Nähe zur Natur und der «Einklang mit der Schöpfung». In Linden ist ein spezieller Moosgarten, ein Park für Spaziergänge und Meditationen eingerichtet; Wanderungen haben eine grosse Bedeutung. Desgleichen wurden naturnahe Grundstücke im Tal, im Wald, im Gebirge und am See gekauft, um «die Natur, sich selbst und den Erschaffer des Ganzen ungestört in der Stille und Konzentration zu erforschen». Es gibt eine Abteilung für Forschung und Entwicklung, die «der Natur die Wunder ablauschen» und sie nutzbar machen will. Man geht davon aus, dass die akademische Wissenschaft zu begrenzt ist. So betreibt Methernitha ein kleines Wasserkraftwerk und Solaranlagen. Bekannt wurde insbesondere die Thestatika, eine mysteriöse «Freie-Energie»-Maschine, deren Prototypen in Linden angeblich kontinuierlich ansehnliche Mengen elektrischer Energie aus dem Nichts erzeugen. In esoterischen und alternativ-wissenschaftlichen Kreisen hat die Thestatika einige Resonanz erzeugt. Dazu kommt ein Interesse an alternativmedizinischen Praktiken, was der Gemeinschaft ebenfalls Erfolge, zum Beispiel bei Angehörigen des Gesundheitswesens einbrachte.

Einige kirchliche Kritiker werfen Methernitha magisches Denken und Spiritismus vor, andere dagegen sehen keine grösseren Besonderheiten und bezeichnen sie – entsprechend ihrem Selbstbild – als überkonfessionelle christliche Gruppe. Behörden und die Dorfverwaltung von Linden sehen in Methernitha zwar eine besondere Gemeinschaft, aber keinen Grund zu negativen Aussagen; auch die anfängliche Isolation der Gemeinschaft habe abgenommen.

Kontakt

www.methernitha.com

Christliche Versammlungen («Exklusive Brüder»)

Mit dem Namen «Brüderbewegung» werden zusammenfassend Gemeinschaften bezeichnet, die sich alle auf eine bestimmte Erweckungsbewegung des frühen 19. Jahrhunderts in England und Irland zurückführen lassen. Der anglikanische Geistliche John N. Darby (1800–1882) unterstützte damals Gläubige in der jungen Aufbruchsbewegung. Er legte anhand der Bibel dar, dass die Kirche nicht eine menschliche Organisation sei. Vielmehr sei sie die Gesamtheit aller Gläubigen mit Jesus als Haupt; zugleich stehe sie für die örtlichen Zeugnisse (Versammlungen). Seine Vorstellung von einer von menschlichen Zutaten und Institutionen befreiten Kirche führte letztlich zu einer eigenen christlichen Tradition, weshalb Aussenstehende für diese Gruppen den Namen «Darbysten» etablierten.

Darby unternahm viele Reisen, und so kam seine Auslegung der Heiligen Schrift in den 30er-Jahren auf den europäischen Kontinent. 1837 und 1840–1843 weilte er in der Westschweiz, wo er sich u. a. mit der Übersetzung der Bibel befasste. Aus diesem Grund gibt es bis heute mehr Christliche Versammlungen in der frankophonen als in der deutschsprachigen Schweiz.

In Fragen der Kirchenzucht und der Art des Kontaktes zur Aussenwelt gab es in den 1840er-Jahren eine Spaltung in «offene» und «exklusive» Brüder. Die «exklusiven» oder «geschlossenen» Brüder halten sich bis heute streng an das Wort Gottes in Darbys Auslegung und benutzen die Elberfelder Bibel (in der nicht revidierten Version), eine deutschsprachige Bibel, welche 1855 herausgegeben wurde und die sich nach Meinung der Brüder genau an den Urtext hält. Heute bilden die beiden Richtungen die Hauptströme der Brüderbewegung, wobei die «exklusiven Brüder» auch unter der Bezeichnung «Christliche Versammlung» bekannt sind. Daneben sind andere Gemeinschaften in der Region, die darbystisch-brüderische Wurzeln haben, die ➞ VEFG («Homberger Brüder») und die ➞ Gemeinde in Thun.

Die Brüder predigen die Besinnung auf die Bibel, die als irrtumslos angesehen wird und die die alleinige Richtschnur für das Leben darstellt. Sie verstehen sich als wiedergeborene Christen und Glieder am Leib Christi (1. Kor. 12,27), die sich als Gemeinde, wie sie ca. im Jahre 30 durch den Heiligen Geist gegründet wurde, versammeln. Die Gemeinde steht allen Christen offen, die wiedergeboren sind, ein biblisches Leben nach Röm. 12,1–2 führen und «keine Irrlehren vertreten». Besondere Lehrinhalte, Verpflichtung auf bestimmte Statuten oder auch nur Namen für die einzelnen Gemeinden werden abgelehnt. Die Brüder der Christlichen Versammlungen sehen sich nach Joh. 17,14 ausserhalb der Gesellschaft, denn sie wollen keine «bewusste Gemeinschaft mit bekanntem Bösen». Allerdings besteht kein Exklusivitätsanspruch auf das Heil. Darby betonte die Trennung der wahren Gläubigen von der verderbten kirchlichen Organisation, die Einheit der reinen Gemeinde und die Verwirklichung des allgemeinen Priestertums ohne jede institutionelle Struktur.

Wichtig ist das Abendmahl, das als Gedächtnismahl verstanden wird. Es wird erwartet, dass sich möglichst alle zum gemeinsamen Brotbrechen (gem. 1. Kor. 10,15–17 und 11,23–24) am Tisch des Herrn versammeln. Das Abendmahl ist kein Sakrament. Alle Zusammenkünfte sind frei zugänglich, doch setzt die Teilnahme am Brotbrechen die Anerkennung der biblischen Grundsätze voraus. Getauft – durch Untertauchen – wird erst nach einer bewussten Entscheidung für Gott, wobei im frankophonen Bereich auch Kinder getauft werden können, was als Hinführen zur geistlichen Familie verstanden wird. Mitgliederzahlen der Christlichen Versammlungen lassen sich nur schwer angeben, da die Brüder keine eigentliche Mitgliedschaft kennen und Zählungen ablehnen. Die Versammlungen werden von Laien gestaltet, denn eine Unterscheidung von Laien und Geistlichen gilt als unbiblisch; Ämter seien durch den Heiligen Geist vermittelt. Die Brüder treffen sich in schmucklosen Räumen, damit nichts von der Kommunikation mit Gott ablenkt. Es werden Lieder gesungen und Gebete gesprochen, und die Brüder sind aufgerufen, aus der Schrift zu lesen und sie für die Belehrung und Erbauung zu nutzen. Dabei sitzen die Männer – nur diese ergreifen das Wort – getrennt von den Frauen. Die Finanzierung erfolgt durch Spenden. Bei den Brüdern spielt Mission eine bedeutende Rolle (Afrika, Südamerika). Die Christlichen Versammlungen beteiligen sich nicht an der Ökumene.

Die ersten exklusiven Brüdergemeinden in Deutschland entstanden 1843 in Württemberg und im Rheinland, auch die Gemeinde in Bern-Gümligen führt ihren Anfang etwa auf diese Zeit zurück. Aussenstehende schätzen die Zahl der exklusiven Versammlungen in der Schweiz heute auf bis zu 75 mit rund 2000 Menschen. Die Gemeinden sehen sich allein Gott gegenüber verantwortlich. Sie anerkennen aber – als «örtliche Zeugnisse der Versammlung Gottes» – gegenseitig Beschlüsse in Fragen der Zulassung zum Brotbrechen und zur Zucht, sie sind also nicht völlig autonom. Sie vernetzen sich durch regionale und landesweite Konferenzen und durch gegenseitige Besuche. Ein Informationsknoten ist der Beröa-Verlag in Zürich, dort erscheinen die Zeitschriften «Halte fest» und «Friedenstaube».

An folgenden Orten im Kanton Bern kommen Christen auf dieser Grundlage zusammen (formale Strukturen bestehen dabei nicht): Bern-Gümligen, Bützberg, Huttwil, Scharnachtal und Hofstetten sowie, französischsprachig, St. Imier, Tramelan und Biel. Die Gemeinden umfassen einige Dutzend Menschen (in Gümligen zum Beispiel rund 30 Erwachsene). Sie treffen sich in der Regel

wöchentlich zum Gottesdienst (Anbetung und Brotbrechen), zur Wortver-
kündigung, zur Wortbetrachtung und zum Gebet. Mitunter werden Sonntagsschulen und Bibellager für Kinder und Jugendliche organisiert. Diakonie findet
auf persönlicher Basis statt. Die Gemeinden engagieren sich – je nach Möglichkeiten – in der Verbreitung christlicher Literatur und in der Unterstützung von
Missionswerken im In- und Ausland.

Kontakt

Worbstrasse 312b, 3073 Gümligen

Die Gemeinde in Thun

Gemeinden in dieser Tradition sind auch unter Namen wie «Ortsgemeinde» oder
«Local Church» bekannt. Ein Charakteristikum, welches auch die schlichten
Namen erklärt, ist das aus der Bibel abgeleitete Prinzip, dass es an einem Ort nur
eine christliche Gemeinde gibt bzw. geben soll. «Die Spaltung unter Christen
in verschiedene Kirchen, Gruppen und Organisationen stehen dem Wesen und
Wort Gottes entgegen. Das Neue Testament kennt keine Trennung in katholisch,
evangelisch, baptistisch, charismatisch etc., sondern nur jeweils eine Gemeinde
in den erwähnten Orten, und nach dem Ort richtete sich auch die Bezeichnung:
die Gemeinde in Ephesus, die Gemeinde in Korinth, die Gemeinde in Jerusalem.» Aus demselben Grund gebe es keine übergemeindlichen Hierarchien,
sondern nur die intensiv gepflegte Gemeinschaft unter den Gemeinden. Auch
die Mitgliedschaft ist nicht formell geregelt: «Wenn jemand an Jesus Christus
glaubt und von neuem geboren ist, ist er ein Glied des Leibes Christi und gehört
zur Gemeinde am Ort.»

Die Ortsgemeinden betrachten sich nicht als neue Strömung im Christentum, sondern als Wiederherstellung der urchristlichen Traditionen. Schon
die Reformatoren hätten am Kleriker-Laien-System gerüttelt und beispielhaft
habe es die Brüderbewegung zu Beginn des 19. Jahrhunderts überwunden. Das
von der Gemeinde in Thun vertretene Prinzip «ein Ort – eine Gemeinde» geht in
dieser Form konkret auf den chinesischen, durch Brüderbewegung und manch
andere Theologie beeinflussten Prediger Watchman Nee (Nee To-Sheng, 1903–
1972) zurück. Als Gründer sieht die Gemeinde ihn aber nicht an. Nee hatte in
China Hunderte Gemeinden gegründet, die – teils aus theologischen Überle-

gungen, teils wegen Repressionen – als Haus- und Ortsgemeinden völlig unabhängig waren. Wegen seines Engagements starb er schliesslich im Gefängnis. Einer seiner Partner, Witness Lee, trieb die Organisiertheit dieser Gruppen in eine denominationelle Enge und errichtete von den USA aus ein zentralistisches System, das bald als «sektiererisch» in die Kritik geriet. Die Gemeinde in Thun wie auch ihre Partnergemeinden betonen klar, mit diesen jüngeren Tendenzen nichts zu tun zu haben.

Die Gemeinde in Thun bezeichnet die Bibel als einzigen Massstab. «Das Wort Gottes spielt eine sehr zentrale Rolle, nicht nur als Leitlinie, sondern auch als Speise, Stärkung und Ermutigung. Nur durch intensive Beschäftigung mit dem Wort Gottes und Treue gegenüber dem, was Gott im Wort zeigt, ist es möglich, in die geistlichen Wirklichkeiten hineinzukommen.» Als Ziele nennt sie, «das reiche, lebendige Wort Gottes zu verkündigen, wie es uns die Heilige Schrift zeigt, damit die Gläubigen genährt werden, um wachsen zu können und zur Reife zu gelangen, und die Gemeinde in jeder Stadt aufzubauen, damit die Gläubigen auf praktische und sichtbare Weise zu einem korporativen Ausdruck Christi werden.»

In der Schweiz gibt es noch Gemeinden in Zürich, Basel, Neuchâtel, Lausanne und Genf. Insgesamt gehören ihnen etwa 300 bis 350 Menschen an. Die Gemeinde-Bewegung ist in Europa, Amerika und Asien vertreten; die Zahl derer, die regelmässig ihre Versammlungen besuchen, beträgt einige 10 000 (die durch Witness Lee geprägte Tradition ist dabei nicht berücksichtigt). Im Kanton Bern hat die Gemeinschaft ihren Anfang ungefähr 1988 in der Stadt Bern, wo sie heute jedoch nicht mehr präsent ist. Etwa im Jahr 1998 haben die Versammlungen in Thun begonnen. Zurzeit nehmen etwa 15 bis 20 Personen regelmässig daran teil. Jede Woche gibt es jetzt die sog. Sonntagsversammlung in einem gemieteten Gewerberaum. An jedem Dienstagabend wird eine Gebetsversammlung abgehalten. Manchmal organisiert man – nach Absprache – Hausversammlungen. Die Beschäftigung mit dem Wort Gottes ist ein wichtiger Teil des täglichen Lebens, auch ausserhalb der Versammlungen. Jeglicher finanzieller Aufwand wird einzig durch freiwillige Gaben bestritten.

Kontakt

Gewerbestrasse 15/4. Stock, 3600 Thun
www.gemeinde-thun.ch

Eglise Arbre de Vie

Diese Kirche, die aus einer Gemeinde in Bern besteht, wurde im Jahre 2002 gegründet. Heute gehören ihr insgesamt rund 120 Menschen an, zwischen 20 und 70 kommen zu den Veranstaltungen. Die theologische Ausrichtung ist pfingstlich.

Die Gemeinde ist als Verein im Handelsregister eingetragen, geleitet von einem Vorstand und mit dem beschlussfassenden Organ der Mitgliederversammlung. Sie setzt sich vorwiegend aus Afrikanern zusammen, aber auch Menschen aus anderen Regionen gehören ihr an. Der Einzugskreis ist Bern und Umgebung, aber selbst in Genf und Zürich wohnende Menschen kommen ab und an zu den Gottesdiensten nach Bern. Umgangs- und Gottesdienstsprachen sind Französisch und Englisch, leitende Personen lernen momentan auch Deutsch.

Von der Gründung bis 2005 war die Gemeinde in der römisch-katholischen Kirche St.Marien an der Wylerstrasse zu Hause, später kurz in der reformierten Johanneskirche. Seit August 2006 nutzt sie einen selbst ausgebauten und geschmückten Raum im Gewerbegebiet Galgenfeld. Alle Kosten, auch die für den einen Angestellten, den Pastor, werden durch Mitgliederbeiträge und Spenden gedeckt. Die anderen Arbeiten geschehen ehrenamtlich.

Die zentrale Veranstaltung ist der Gottesdienst am Sonntag um 10.00 Uhr. Am Mittwochabend findet ein Treffen statt, bei dem für die Kranken, Armen und Schwachen gebetet wird. Freitags treffen sich Gläubige am Abend zum Bibelstudium und am Samstag kommt die Vorbereitungsgruppe für den Gottesdienst zusammen. Dabei übt auch die Musikgruppe: Chor und Band spielen beim Gottesdienst eine wichtige Rolle. Es ist ein Übersetzungsdienst für die Gottesdienste organisiert sowie einen Kinderhütedienst für diese Zeit. Daneben gibt es private Gebetsgruppen.

Die Gemeinde hat Ambitionen, die in dem Masse, wie die Möglichkeiten dafür entstehen, verfolgt werden sollen. Vom Verein formulierte Zwecke sind: «Organisation von Verkündungskampagnen, um das Evangelium Männern, Frauen und Kindern aller Herkunft zu vermitteln; Angebot von christlichen, moralischen und staatsbürgerlichen Kursen; Förderung von sozialen Aktivitäten; Einsatz für die Verbesserung der Lage von Drogensüchtigen, Witwen, Waisenkindern, Kranken, hilflosen Kindern, Analphabeten usw.»

Den missionarischen Dienst leisten einige Mitglieder momentan, indem sie in Hospitälern und Altenheimen das christliche Gespräch suchen. Sobald die Deutschkenntnisse robuster sind, will man sich auch in der Strassenmission versuchen.

Die Gemeinde Arbre de Vie sieht sich als Teil der Christenheit. Sie unterhält Kontakte zur Reformierten Landeskirche, insbesondere zur Paroisse française, und zur Vineyard-Gemeinschaft.

Tel.: 031 931 69 90

Eglise Evangélique de la Fraternité Chrétienne (EEFC)

Die Eglise geht auf das Engagement von Charles de Siebenthal (1902–1966) zurück. Dieser, ein Pastor einer unabhängigen französischen protestantischen Kirche, kam in den Dreissigerjahren nach Yverdon-les-Bains. Nachdem er eine Weile eine Bibel-Studiengruppe geleitet hatte, gründete er zusammen mit Gleichgesinnten 1936 eine Art christliches Hilfswerk für Menschen in Not. Zugleich entstand eine freikirchliche Gemeinde. 1942 wurde ein Genesungsheim namens Morija eröffnet, dieses bildet bis heute das Herz der Eglise. Ab 1972 konnte der Gebäudekomplex ausgebaut werden, u. a. auch mit einer Buchhandlung (der einzigen christlichen im Ort) und einem Mehrzweckraum. Morija, als Stiftung organisiert, hat heute in der ganzen frankophonen Schweiz einen guten Ruf als christliches Hilfswerk.

Aus dieser Muttergemeinde ist inzwischen ein kleiner Verband namens Eglise Evangélique de la Fraternité Chrétienne (EEFC) erwachsen. Er besteht aus sechs Versammlungen in Lausanne, Neuenburg, Orbe, Porrentruy, Yverdon und im Kanton Bern in Moutier. Eine Zeit lang bestanden auch zwei Gemeinden in Frankreich. Die EEFC entsendet Missionare nach Burkina Faso, Frankreich, Rumänien und in den Nahen Osten. Die Gemeinde Porrentruy hat 1996 mit der Action Puits ein eigenes missionarisches und Hilfswerk errichtet.

Die Gemeinschaft betrachtet die Bibel als unfehlbare Grundlage des Glaubens und sieht sich nicht als exklusive Heilsgemeinschaft. Sie versteht sich als evangelische Gemeinschaft bzw. als Werk und legt Wert auf gute Beziehungen zu anderen Christen. Unter anderem ist die EEFC Mitglied in der Evangelischen Allianz. Die Theologie ist pfingstlich.

Die Gemeinde in Moutier feiert an jedem Sonntag den Gottesdienst mit Abendmahl. Am Freitagabend wird eine Bibelstunde veranstaltet. Regelmässig trifft sich zudem ein Hauskreis namens Shalom.

Gemeinde Moutier: c/o Pasteur J. Quiquerez, rue Chantemerle 98z, 2905 Courtedoux, Tel.: 032 466 10 55
www.fraternite-chretienne.ch

Eglise Evangélique de Réveil de Bienne (EERB), Chapelle de l'Eau Vive

Die EER geht zurück auf einen Schweizer Evangelisten, der seinerseits von unterschiedlichen pfingstlichen Quellen beeinflusst war (die EER ist also nicht zu verwechseln mit dem Genfer Réveil). Arthur Maret, so sein Name, ein 1911 geborener Fahrradmechaniker, traf 1930 bei einer Erweckungsveranstaltung in Mont-Pèlerin auf den englischen Evangelisten Douglas Scott. Dieser war im Auftrag von George Jeffreys unterwegs, der in den Zwanzigerjahren in England eine Pfingstkirche namens Elim gegründet und wichtige Impulse vom → Foursquare Gospel bekommen hatte.

Marets Begegnung mit Scott führte dazu, dass er selbst zu missionieren begann. Seine Reisen führten ihn durch das ganze französischsprachige Europa. Nach der Rückkehr begann er hierzulande Gemeinden zu gründen. Als erste entstand 1935 diejenige in Genf. Die Aktivitäten blieben auf den welschen Raum beschränkt, waren dort aber durchaus erfolgreich: Heute besteht der Schweizer Verband der EER (Verwaltungssitz ist Genf) aus 18 Gemeinden mit schätzungsweise 2500 Menschen. Die EER ist in Frankreich, Belgien und der Schweiz verbreitet und umfasst nach eigenen Angaben insgesamt rund 10 000 Menschen.

EER brachte 1949 Radio-Réveil/Radio-Erweckung hervor, eine Missionsaktivität, die heute als unabhängige Organisation besteht und über Radio Monte Carlo sendet.

Im Kanton Bern existiert nur eine Gemeinde, die EERB/Chapelle de l'Eau Vive in Biel. Es hatte in der Stadt bereits längere Zeit Treffen von Anhängern dieser Richtung gegeben, bevor 1966 der erste Pastor berufen und die Gemeinde formell gegründet wurde. Organisiert ist sie als eingetragener Verein, und da sie als gemeinnützig eingestuft wurde, ist sie steuerbefreit. Finanziert wird sie einzig durch Spenden. Die Leitung obliegt einem Kirchenrat, zusammengesetzt aus Ältesten, dem Pfarrer und den Diakonen; in den Rat können auch Frauen gewählt werden. Heute gehören der Gemeinde – Freunde mitgezählt – etwa 160 Menschen an. Offiziell aufgenommen wird nur, wer über 16-jährig, wiedergeboren, «mit Wasser und dem heiligen Geist» getauft ist und dessen Antrag die Hauptversammlung annimmt.

Die Gemeinde feiert an jedem Sonntag den Gottesdienst mit Abendmahl. Im Gottesdienst kommt die pfingstliche Zungenrede vor, sie stellt jedoch nicht den Mittelpunkt dar. Für die Kinder wird eine altersspezifische Einführung in die Bibel veranstaltet. Die EER tauft nur Erwachsene, die so ihre bewusste Wahl, Jesus als Erretter anzunehmen, bezeugen. Mitunter geben Eltern vor der Versammlung ihren Willen kund, ihre Kinder im Sinne einer christlichen Ethik zu erziehen. Es bestehen mehrere Hauskreise, und viele Mitglieder treffen sich regelmässig zum Bibelstudium. Ab und an werden Kurse, Seminare und gemeinsame Ausflüge organisiert.

Die EER de Bienne nimmt an Aktionen und Gesprächen mit anderen christlichen Gruppen teil. Zudem ist die Gemeinde im Réseau évangelique (Evangelische Allianz in der Romandie) Mitglied und im Bund Pfingstlicher Freikirchen.

Kontakt

Faubourg du Jura 9, 2502 Biel, Tel.: 032 322 65 67
www.eerbienne.ch

Evangelische Täufergemeinden (ETG) (ehem. Neutäufer bzw. Evangelisch Taufgesinnte)
(Mary Ann Miller)

Die Anfänge der Evangelischen Täufergemeinden, früher Neutäufer genannt, liegen in den Erweckungsbewegungen des 19. Jahrhunderts. Die Gemeinschaft wurde von Samuel Heinrich Fröhlich (1803–1857), geboren in Brugg, gegründet. Nach dem Theologiestudium war er 1828 zum Pfarrverweser der Kirchgemeinde Leutwil am Hallwilersee ernannt worden. Der von Erweckung und Mennoniten beeinflusste Fröhlich wurde aber schon nach zwei Jahren wegen seiner von den Lehren der aargauischen Kirchenbehörden abweichenden Predigten wieder aus dem Amt entlassen. Die Evangelischen Täufergemeinden sehen heute eine Versammlung am Palmsonntag 1832 mit 38 Menschen, die sich von ihm taufen liessen und das Abendmahl nahmen, als ihre Geburtsstunde an. In den nächsten 25 Jahren gründete Fröhlich Gemeinden in den Kantonen Aargau, Bern, Neuenburg, St.Gallen, Thurgau und Zürich und in Süddeutschland. Laut ETG gab es zum Zeitpunkt seines Todes um die 30 Gemeinden. Wegen seiner Evangelisation wurde er mehrmals aus Kantonen ausgewiesen. Dazu kam, dass seine Ehe nicht in der Staatskirche geschlossen worden war und in der Schweiz nicht anerkannt wurde. Die letzten 14 Jahre seines Lebens verbrachte Fröhlich in Strassburg.

Die meisten ETG-Mitglieder kamen aus den Landeskirchen; die mit mennonitischem Hintergrund (→ Altevangelische Täufergemeinden) waren in der

Minderheit. Durch Fröhlich gegründete Gemeinden entstanden nämlich hauptsächlich in Gebieten, wo im 19. Jahrhundert wegen Repression und Auswanderung keine Mennonitengemeinden mehr bestanden. Insofern kann man die ETG nur begrenzt als Abspaltung der Mennoniten bezeichnen. Dennoch verstehen sie sich selbst als Teil der Täuferbewegung. Tatsächlich zur Spaltung in einer Mennonitengemeinde kam es nur in Langnau, die als einzige Mennonitengemeinde eine durchgehende Präsenz aufweist. Als Fröhlich 1832 nach Langnau zu diesen Mennoniten kam, fanden seine Ideen bei manchen Anklang. Um 1835 kam es daher bei ihnen zu einer Trennung. Die neue Langnauer ETG kam ungefähr je zur Hälfte aus der Reformierten Landeskirche und den Mennoniten. Vor Ort wurden sie Neutäufer genannt und offiziell nahmen sie den Namen Gemeinschaft Evangelischer Taufgesinnter an.

Bald gab es auch ausserhalb des schweizerischen und des süddeutschen Raums Gemeinden, mit denen die ETG Beziehungen pflegte. Bereits 1840 evangelisierten zwei ungarische Männer nach einem Kontakt mit Fröhlich in ihrer Heimat. In der zweiten Hälfte des 19. Jahrhunderts wanderten viele Mitglieder nach den USA aus. Zu dieser Zeit entstanden auch in Argentinien und Brasilien Gemeinden. In Osteuropa werden die Gemeinden Nazarener genannt, in Nordamerika Apostolic Christian Church, in Südamerika Iglesia Nazarena Apostolica Christiana.

Zwischen 1890 und 1910 kam es zu einer Spaltung. Das Verhältnis der Glaubensgemeinschaft zur Welt wurde durch einen Streit um das Barttragen der Männer kristallisiert. Ein Teil der ausgewanderten Neutäufer nahm Kontakt mit nordamerikanischen Amischen (Mennoniten) auf und wurde vor Ort manchmal New Amish genannt. Die Amischen sahen im Schnurrbart ein Symbol des Militärs und legten daher fest, dass man keinen tragen sollte. Wegen unterschiedlicher Meinungen zur Bartfrage gab es Konflikte zwischen den Gemeinden und Neueinsiedlern aus Europa. Trotz vier internationaler Brüderversammlungen und eines beträchtlichen Briefverkehrs konnte man sich nicht einigen. In Nordamerika blieb die Partei, die keine Schnurrbärte trug, bei dem Namen Apostolic Christian Church of America. Diejenigen, die Bärte zuliessen, nannten sich Apostolic Christian Church (Nazarene). In der Schweiz gab es die Spaltung auch, und die zwei Parteien (➜ Gemeinschaft der Evangelisch Taufgesinnten) gehen bis heute getrennte Wege. Die Gemeinden, die sich später zum Bund ETG zusammenschlossen, gehörten zur weltoffeneren Gruppe mit einer weniger strengen Haltung.

Glaube

Die ETG benennt vier theologische Wurzeln. Die erste ist die evangelisch-reformierte Tradition, insbesondere die Schwerpunkte «allein die Schrift, allein die Gnade, allein der Glaube.» Die zweite Wurzel liegt in der Erweckungsbewegung mit ihrer Betonung der Mission und Evangelisation und der persönlichen Bekehrung. Theologische Gelehrsamkeit war ihnen eher fremd, die liberale Theologie ihrer Zeit lehnten sie ab. Als dritte Wurzel bezeichnen sie die Mennoniten. Von daher kommt ihr Verständnis einer sichtbaren, obrigkeits-unabhängigen Kirche, der man durch freiwillige Glaubenstaufe beitritt, sowie die Wehrlosigkeit. Als vierte nennen sie die Tauftheologie Fröhlichs, welche die Erwachsenentaufe – durch Untertauchen – zusammen mit Glaube und Busse als nötig für den «heiligen Wandel» ansieht. Fröhlichs Missionsbewusstsein entwickelte sich nach seinem Tod zu einem Standpunkt, welcher den «vorbildlichen Wandel» der Mitglieder v. a. an ihrer Missionsaktivität festmacht.

Bis etwa zum Zweiten Weltkrieg hielt man sich eng an Fröhlichs Lehren. Die Gemeindezucht war streng, Personen, die Mitglied werden wollten, wurden über die Authentizität ihrer «Umkehr» und «Busse» geprüft. In der Verweigerung des Militärdienstes sowie in der Distanzierung zur Obrigkeit waren die Neutäufer konsequent. Durch eine gewisse Absonderung von der Welt waren die Gemeindemitglieder eng miteinander verbunden, das gesellschaftliche Leben fand meist innerhalb der Gemeinde statt. Das Abendmahl durfte nur von getauften Mitgliedern genommen werden. Hier drückt sich die klare Linie aus, die die Kernmitglieder von den «Freunden», welche die Gemeinden besuchten, schied.

Schweiz und Bern

Westeuropäische Gemeinden der Evangelisch Taufgesinnten haben sich 1985 im Bund der Evangelischen Täufergemeinden ETG zusammengeschlossen. Die einzelnen ETG-Gemeinden sind autonom und vertreten teilweise unterschiedliche Meinungen in Theologie und Praxis. Die ETG sieht die Zeit nach dem Zweiten Weltkrieg als Zeit des Wandels. In einem Umfeld der wachsenden Toleranz sind sie heute weniger von Absonderung geprägt, sie sehen sich eher als integrierte Individuen, die sich zum Gottesdienst treffen. Die Gemeinden haben sich gegenüber anderen Denominationen geöffnet. So werden zum Beispiel Abendmahl und Taufen nicht mehr «geschlossen» gefeiert und stehen auch Gläubigen anderer Gemeinden offen. Heute hat der Bund ETG etwa 2500 Mitglieder in neun Gemeinden in Deutschland und 22 in der Schweiz, davon vier im Kanton Bern. Insgesamt umfassen diese – sie befinden sich in Bern, Chaindon, Diessbach und Langnau – einige hundert Menschen; nicht alle führen formelle Mitgliederlisten.

In den letzten Jahrzehnten festigten sich die Tätigkeiten in Jugendbetreuung und Evangelisation. Lehrer werden theologisch ausgebildet und in manchen Gemeinden ruht die Mitarbeit nicht mehr einzig auf Freiwilligkeit, sondern auf voll- oder teilzeitig Angestellten. Unter anderem fördert die ETG die Weiterbildung auf allen Stufen und die Ferienlagerarbeit für Kinder und Teenies in der Schweiz und Deutschland, zudem unterhält sie fünf Alters- und Pflegeheime. 1921 wurde mit der Genossenschaft HILFE ein sozial-karitatives Hilfswerk gegründet, und seit 1955 unterstützt ein evangelischer Missionsdienst Missionare im Ausland. Vom Verlag ETG wird sechsmal im Jahr die Zeitschrift «ETG Unterwegs» herausgegeben. Der Verlag publiziert diverse Schriften, Bücher und Prospekte sowie das Gesangsbuch «Zionsharfe».

Auch im Gegensatz zu früher nehmen Mitglieder heute teil an öffentlichen und politischen Ämtern. Seit der Zivildienst in der Schweiz möglich ist, empfiehlt der Bund ETG dessen Ableistung. Seit 1990 ist der Bund ETG Mitglied des Verbandes der evangelischen Freikirchen und Gemeinschaften in der Schweiz (VFG). Die meisten ETG-Gemeinden arbeiten lokal in der Evangelischen Allianz mit. Seit ca. 1970 werden wieder vermehrt Beziehungen zu den Mennoniten gepflegt. Die wachsenden Kontakte führten dazu, dass die ETG 1999 in den Trägerkreis des (täuferisch-mennonitischen) Theologischen Seminars Bienenberg eingetreten sind.

Kontakt

ETG Bern, Konsumstrasse 21, 3007 Bern, Tel.: 031 384 80 90
Eglise Evangélique Néobaptiste de Chaindon, route de Chaindon 38,
2732 Reconvilier, Tel.: 032 481 23 72
ETG Diessbach, Dorfstrasse 59, 3264 Diessbach, Tel.: 032 353 70 50
ETG Langnau-Giebel, Giebelfeld 619d, 3552 Bärau, Tel.: 034 402 16 00
www.etg.ch, www.apostolicchristian.org, www.eenc.ch

Evangelischer Brüderverein

Der Evangelische Brüderverein (EBV) ist eine im Kanton Bern entstandene evangelikale Gemeinschaft, die durch ihren strengen und eigentümlichen Biblizismus Verwunderung und auch Ablehnung hervorgerufen hat.

Im späten 19. Jahrhundert hatten im Kanton verschiedene Erweckungs- und Heilungsprediger gewirkt. Einer, der durch sie von Trunksucht geheilt wurde, war Fritz Berger (1868–1950). 1899 hatte er ein Bekehrungserlebnis und war daraufhin dem Blauen Kreuz beigetreten. Diesen Impuls wollte er nun verstärken. Die Entstehung des Evangelischen Brüdervereins beruht nicht so sehr auf dem Versuch einer Gemeindegründung als vielmehr auf den Anliegen, Menschen zu Jesus zu führen und Suchtmittel zu bekämpfen. Aus diesem Grund wurde von Berger – der sich inzwischen vom Blauen Kreuz getrennt hatte – und Gleichgesinnten 1909 im Emmental ein eigener Verein Dürrgraben des Freien Blauen Kreuzes gegründet. 1914 benannte man sich um in Evangelischer Brüderverein. In Deutschland gibt es seit 1932 eine vom hiesigen EBV unabhängige Gemeinde mit gleichem Namen, zu der allerdings Beziehungen bestehen. Der Sitz des schweizerischen EBV befindet sich heute in Herbligen.

Lehre und Praxis

Anliegen der Gemeinschaft ist es, «dass sich die Botschaft des Wortes Gottes im Leben jedes Einzelnen auswirken kann». Die alleinige Basis stellt die Bibel dar, wobei Auslegungen und persönliche Erfahrungen Bergers lange Zeit von grosser Wichtigkeit waren. Notwendig für die Errettung ist die individuelle Umkehr zu Gott. Auf eine echte Bekehrung antworte Gott mit der Wiedergeburt; der Mensch habe sich aber weiterhin um ein sündloses Leben zu bemühen. Der EBV praktiziert die Kindereinsegnung, die Glaubenstaufe und das Abendmahl. Anfangs gab es keine Taufen im EBV, erst mit der Mission in nicht christlichen Regionen entstand eine eigene Taufpraxis.

Die Gottesdienste der Ortsgemeinden heissen Versammlungen; sie werden, so vorhanden, von Evangelisten geleitet, andernfalls von Ältesten oder nebenamtlichen sog. Wortverkündern. Etwa 30 Evangelisten und Missionare im Heimatdienst sind fest angestellt. Sie sind im Gegensatz zu den meisten anderen Kirchen den Gemeinden nicht fest zugeteilt, sondern kommen rotierend zum Einsatz. Versammlungen finden in der Regel am Sonntag statt; an vielen Orten aber auch an einem Wochentagsabend. In manchen Versammlungen gibt es Chöre. Die lokalen Gemeinden werden jeweils von Ältesten betreut und unterstehen der gesamtschweizerischen Leitung. Der EBV ist nach Vereinsrecht verfasst; höchstes Gremium ist der Brüderrat. Er setzt sich zusammen aus Vertretern der Versammlungsplätze, den Evangelisten, den Missionaren, die sich in der Schweiz aufhalten, und Mitgliedern der verschiedenen Fachkommissionen. Die Vereinsgeschäfte werden von einem Komitee (Vorstand) geführt. Die Wahl der Komiteemitglieder erfolgt durch den Brüderrat. Der Verkündigungsdienst ist Männern vorbehalten.

Streng in seiner Bibelauslegung, steht der Brüderverein der Ökumene ablehnend gegenüber. Dennoch ist es Angehörigen möglich, gleichzeitig in anderen Kirchen Mitglied zu sein, wovon jedoch der EBV – zumindest bei liberalen Kirchen wie der Reformierten Landeskirche – abrät. Tatsächlich gehört der EBV zu jenen Gemeinschaften, denen die Aussenwelt zum Teil mit Misstrauen begegnet: Die Bibelauslegung wird als fundamentalistisch kritisiert, dazu kamen noch eigene rigorose Ideen des bis vor Kurzem fast prophetenhaft verehrten Fritz Berger. So gab es viele Vorschriften zur Lebensführung, die den EBV nicht nur theologisch, sondern auch kulturell stark konservativ prägten. Die Gemeinschaft schottete sich stark von der Umgebung ab, die Frauen fielen durch altmodische Kleidung und einheitlich lange Haare auf.

Gegenwart

Der EBV war anfangs schnell gewachsen. In den Fünfzigerjahren gab es über 200 Versammlungsplätze. In den Sechzigerjahren kam es zu Richtungsstreitigkeiten und 1967 zur Spaltung. Der progressivere Teil konstituierte die → Vereinigung Freier Missionsgemeinden, der Herbliger EBV verblieb in der eher konservativen Sichtweise. Erst in jüngster Zeit erfolgen kulturelle Anpassungen an die Gegenwart.

Heute bestehen v. a. im Oberland, im Tal der Aare und im Mittelland, aber auch im Jura und über den Röstigraben hinaus (mit den Assemblées évangéliques des Frères) Gemeinden des EBV. Es handelt sich um 45 sog. Versammlungskreise mit zum Teil ein oder zwei Aussenplätzen. Etwa die Hälfte der Kreise befindet sich im Kanton Bern. Über die Zahl der Mitglieder gibt es keine Auskünfte, diese werden nicht gezählt oder erfasst. Als zugehörig gilt, «wer aus Gott geboren ist (in Jesus Christus neues Leben empfangen hat) und sich zum Evangelischen Brüderverein zählt». Man versammelt sich meist in eigenen Vereinshäusern, auf den Aussenplätzen auch in Privathäusern. Die zentrale Festhalle des EBV in Steffisburg bietet etwa 4500 Menschen Platz. Anlässe finden je nach Grösse und Möglichkeit der Ortsgemeinden zwischen einmal monatlich und dreimal wöchentlich statt. Finanziert wird alles durch freiwilligen Spenden und Kollekten.

Neben den regelmässigen Gottesdiensten in den Versammlungen werden Bibelkurse durchgeführt und ein Fernkurs für Jüngerschaft. Biblische Grundlagen werden durch Seminare, Freizeiten und Lager für Jugendliche, Alleinstehende, Ehepaare und ältere Leute zielgruppengerecht vertieft. Für die Praxis der

Mitglieder sind die sog. Konferenzen wichtig, bei welchen sich die Angehörigen des Brüdervereins begegnen. Die jährliche Jugendkonferenz zum Beispiel hatte im Jahre 2006 knapp 1000 Teilnehmer. Für die Helfer in der Gemeinde werden Ältestenschulungen, Dirigenten- und Jugendleiterkurse durchgeführt.

Die Evangelisation ist ein wichtiges Anliegen des EBV; spezielle, jeweils bis zu einer Woche dauernde Evangelisationsaktionen finden regelmässig und überall in der Schweiz statt.

1950 wurde eine eigene Missionsarbeit gegründet, nachdem man zuvor andere Missionswerke unterstützt hatte. Heute hat der EBV dadurch Missionsgemeinden in Papua Neuguinea (seit 1954), Österreich, Rumänien, England und Kanada, ferner sind Missionare in Bolivien, Ghana und Südostasien im Einsatz. War die Mission in Papua Neuguinea anfangs sozial-karitativ geprägt, konzentriert sie sich inzwischen auf die Verkündigung. Ein eigenständiger Zweig für Osteuropa ist die Evangelische Brüderhilfe/Ostmission. Der Zweig Verbreitung Christlicher Schriften dient der Schriftenmission und hat seinen Sitz in Biel. Es geht auf die Initiative eines Christen zurück, der schon in den Dreissigerjahren nach Osteuropa Material sandte. In den Siebzigerjahren kam es zum Kontakt und letztlich zur Eingliederung in den EBV. Der Verein agiert vielsprachig, gerade auch in Sprachen der nicht christlichen Dritten Welt (insbesondere Afrika). Seit 2000 ist ein Missionsehepaar des EBV in Ghana mit der Verbreitung seiner Schriften beschäftigt. Schriften werden aber auch an andere Institutionen abgegeben. Seit 1950 unterhält der EBV auch eine eigene Missionsschule in Herbligen, die seit 1962 als Internat geführt wird. In jeweils zwei Jahren wird dort eine vollzeitige Ausbildung zum Missionar vermittelt.

Der EBV unterhält Alten- und Pflegeheime in Thun, Gwatt, Steffisburg und Winterthur, eingerichtet in den Sechziger- und Siebzigerjahren, mit rund 100 Bewohnern. Meistens, aber nicht ausschliesslich, sind das Mitglieder des EBV. In Herbligen besteht ausserdem ein Seminar- und Freizeithaus.

Für die Mitglieder erscheint monatlich das Gemeindeblatt «Friedensbotschaft» («Message de Paix», Auflage rund 13 000), für die Kinder «Der Schäflihirt», ebenfalls monatlich. Die alle zwei Monate unter dem Namen «Akzente fürs Leben» herausgegebenen Traktate richten sich eher an Aussenstehende. Diese und weitere Medien werden in einer eigenen Druckerei in Herbligen vorbereitet und zum Teil produziert, darunter auch ein eigenes Liederbuch «Singet fröhlich mit Gott». Die Schriften werden verschickt oder im zum EBV gehörenden Christlichen Bücherladen in Steffisburg vertrieben. Die EBV-Gemeinde in Malleray unterhält auch eine christliche Buchhandlung.

EBV, Wydibühlstrasse 22, 3671 Herblingen
www.ebv.ch

Evangelisches Gemeinschaftswerk (EGW)

Der heutige Name dieser Organisation, wie auch ihre aktuelle Struktur, ist erst in jungen Jahren gewählt worden, gegründet wurde ihre Vorgängerorganisation aber schon 1831 als Evangelische Gesellschaft. Es handelt sich beim EGW um ein eigenständiges Werk innerhalb der Reformierten Landeskirche. In so manchen Aspekten ähnelt es allerdings auch einer Freikirche: in der Autonomie, in der im Vergleich zur Landeskirche strengeren theologischen Ausrichtung und darin, dass die Mitglieder ihm durch Beitritt und nicht durch Geburt angehören.

Die Gründung im Jahr 1831 fällt in die Zeit der pietistischen Erweckung. Damals machte sich Unmut breit über liberale Tendenzen in der kirchlichen Theologie. Im Hause der blinden Elisabeth Kohler in Bern versammelten sich immer wieder entschiedene Christen, darunter Patrizier, Pfarrer, Theologiestudenten und Männer vom Lande. Sie wollten den modernen Ideen die «reine Lehre des Evangeliums» entgegenhalten, waren sich aber zugleich darin einig, nicht – wie Glaubensgenossen im Genfer Réveil – eine eigene Kirche zu gründen. So entstand am 3. September 1831 die Evangelische Gesellschaft innerhalb der Reformierten Landeskirche. Manche verliessen die Gesellschaft schnell wieder, da ihnen die Neuerungen (bzw. das Bewahren) nicht eindeutig genug waren, und begründeten doch noch eine freikirchliche Gemeinde, die → FEG.

Der Evangelischen Gesellschaft stand ein erfolgreicher Aufstieg bevor. Es wurden Hilfsvereine ins Leben gerufen, in denen der Glaube vertieft und Gläubige durch Bibelstunden, Gebets- und Missionsveranstaltungen gesammelt wurden. Reiseprediger erreichten auch abgelegene Orte, und so gab es bald rund 20 derartige Vereine im Kanton. Neben diesen Glaubensaktivitäten engagierten sich die Mitglieder der Gesellschaft im Schulwesen und in der Diakonie. Sie gründeten (bzw. begründeten zusammen mit anderen) das Freie Gymnasium, die Neue Mädchenschule und das Lehrerseminar Muristalden. 1888 wurde die bereits vielerorts geleistete Krankenpflege im Salem-Spital professionalisiert.

Nachdem einige Konflikte mit der Obrigkeit ausgestanden waren, sorgten Missionare für eine neue Welle pietistischer Erweckungen im südlichen Kantonsteil. Die Arbeit der Gesellschaft hatte eine breite Basis. Überall wurden Vereinshäuser gebaut, Säle bereit- und Evangelisten angestellt. Die Zionskapelle in der Nägeligasse (heute Ort der «stami», der Stadtmission Bern des EGW) ist ein Zeugnis dieser Epoche.

Die Arbeit mit Laienpredigern hatte allerdings auch zur Folge, dass verschiedene Strömungen und Frömmigkeitsbewegungen der damaligen Zeit auch in der Gemeinschaft auftraten und ihre Spuren hinterliessen. So wurden auch in der Evangelischen Gesellschaft die Ideen der Pfingst- und der Heiligungsbewegung und solche des Perfektionismus aufgriffen. Eine Folge war 1908 die Abspaltung des Verbandes Landeskirchlicher Gemeinschaften (die Spaltung erfolgte nur von der Evangelischen Gesellschaft, nicht aber von der Landeskirche). Sie wurde 1996 in einer Feier im Berner Münster überwunden. Die beiden Gemeinschaften heissen heute zusammen Evangelisches Gemeinschaftswerk.

Das EGW als Dachorganisation wie auch die einzelnen Gemeinden sehen ihren Zweck darin, den Glauben von Christen zu bilden, zu vertiefen, das Wort Gottes zu verbreiten und christlichen Dienst auszuüben. Einzelne Bezirke organisieren dafür Alphalive-Kurse, Evangelisationen und zentrale Jugendanlässe. Viele Werke bestehen für die Diakonie (zum Beispiel das Behindertenwohnheim Haus Sunneschyn), das Hotelwesen (zum Beispiel Hotel Edelweiss in Wengen) und Tagungszentren. Gemeinsam mit anderen Konfessionen wird die Telefonseelsorge der Dargebotenen Hand betrieben. Ein weiterer Zweig ist die Arbeit des Berchtold-Haller-Verlages, der u. a. AT und NT in Berner Mundart herausgibt.

Vorrangig wird die Glaubensarbeit als Binnenmission gesehen, eine äussere Mission ist nicht institutionalisiert. Dennoch sind von sich aus rund 100 Mitglieder von EGW-Gemeinden als Missionare anderer Werke weltweit unterwegs.

Die Leitung des EGW obliegt der Delegiertenversammlung, die sich aus 120 Teilnehmern zusammensetzt und zweimal jährlich tagt, und einem zwölfköpfigen Leitungsgremium. In allen Bereichen sind Frauen gleichberechtigt. Die juristische Form des Werkes ist der Verein. Finanziert wird alles durch Spenden. Das EGW zeigt seine Einbindung in die Landeskirche dadurch, dass es sich regelmässig mit dem Synodalrat trifft. Es ist übrigens bis heute ein Prozess im Gange, in dem über Nähe und Distanz gegenüber der Landeskirche sehr unterschiedliche Meinungen geäussert werden. Das EGW ist Mitglied im Verband evangelischer Freikirchen und Gemeinden VFG. Mit vielen anderen Gemeinschaften gibt es – v.a. auf Leitungsebene – Zusammenkünfte, eine konstante ökumenische Einbindung besteht allerdings nicht. Bis Ende 2006 hatte das EGW mit all seinen zentralen Diensten am Turnweg im Breitenrain-Viertel residiert, dann ist es nach Worblaufen gezügelt. In der Zentrale arbeiten Teams für Jugendarbeit, die Redaktion des Monatsblattes «Wort u Wärch», die Medienstelle des EGW und der Berchtold-Haller-Verlag.

Die hauptsächliche Tätigkeit des EWG findet allerdings in den einzelnen Gemeinden statt. Sie feiern am Sonntag die Gottesdienste, und in ihnen werden die Sakramente gespendet. Jede Gemeinde hat spezielle Einrichtungen für verschiedene Altersgruppen. Die Gemeinden befinden sich fast ausschliesslich im Kanton Bern. Ihnen gehören etwa 4400 Menschen an. Eine formale Mitgliedschaft ist ab 16 Jahren möglich. Die meisten EGW-Mitglieder, aber nicht alle, sind zugleich Mitglied der Reformierten Landeskirche; Doppelmitgliedschaften mit anderen Freikirchen kommen ebenso vor.

Das Gesamtwerk ist aufgeteilt in 37 Bezirke und drei spezielle Gemeindeprojekte. Die Tätigkeit der Bezirke besteht hauptsächlich in Verkündigung, Gemeinschaft, Kinder- und Jugendarbeit sowie missionarischen und diakonischen Aufgaben. Die einzelnen Bezirke und Gemeinden können recht unterschiedliche Schwerpunkte setzen. Manche profilieren sich in der Jugendarbeit, andere bauen dauerhafte Kooperationen mit anderen Freikirchen auf, dritte schaffen und unterhalten eine bedeutende Hilfseinrichtung für psychisch labile Menschen, die nächsten errichten eine weithin anerkannte Kirchenmusik, wieder andere setzen Impulse in der christlichen Schulbildung oder der Bildung von Hauskirchengemeinden.

Kontakt

Längackerweg 18, Postfach 101, 3048 Worblaufen
www.egw.ch

Evangelisch-Lutherische Kirchen

Die Evangelisch-Lutherischen Kirchen beziehen sich auf die Theologie und das Kirchenverständnis Martin Luthers (1483–1546). Dessen Thesen richteten sich gegen «Werkgerechtigkeit» im Katholizismus und ganz besonders gegen den Ablasshandel. Nach Luther kann kein gutes Werk die Seele retten, sondern «sola fides» – nur der Glaube. Die Bibel allein ist das gültige Wort Gottes («sola scriptura»). Der Mensch kommuniziert über das Gebet mit Gott, was dem Priesterstand seine traditionelle Mittlerfunktion absprach. Luthers Theologie wurde 1530 von Philipp Melanchthon (1497–1560) in der Confessio Augustana systematisiert und ausformuliert. Darin wird die Rechtfertigung als unabhängig vom menschlichen Tun gefasst. Dem Menschen werden seine Sünden vergeben «um Christi willen, der durch seinen Tod für unsere Sünden Genugtuung geleistet hat». Der Glaube daran sei für Gott ausreichend, der daraufhin die Rettung des Menschen «sola gratia» – allein aus Gnade – bewirke. Kirche als Institution und Priester sind nicht heilsnotwendig. Die irdische Kirche wird zur Institution der Vermittlung des Gotteswortes und zur Stärkung des Glaubens. Das Priesteramt wird verworfen, dennoch gibt es weiterhin das Bischofsamt. Das lutherische Bischofsamt hat jedoch nur kirchenrechtliche Bedeutung, heilswirksam ist es nicht.

Luther lehnte die Heiligenverehrung ab, doch sind Bilder in Kirchen erlaubt, und der lutherische Gottesdienst hat Ähnlichkeit mit der katholischen Messe. Von den Sakramenten blieben nur Taufe und Abendmahl als heilsnotwendig übrig. Im Streit mit anderen Reformatoren um die Bedeutung des Abendmahls vertrat Luther eine «Inkarnationstheologie», nach der Christus während der Eucharistie leibhaftig «in, mit und unter» Brot und Wein zugegen ist («Konsubstanziation»). Die Taufe wird als Kindertaufe vollzogen. Sie gilt als Zeichen des Bundes mit Gott. Die Annahme des Glaubens geschieht bewusst bei der Konfirmation, die jedoch keinen sakramentalen Charakter hat.

Luther lehnte schwärmerische Tendenzen sowie jede Art der politischen Radikalisierung der Reformation ab. Indem er sich gegen das Täufertum und die aufständischen Bauern wandte und gleichzeitig das Kirchenregiment der Landesfürsten befürwortete, schuf er die Grundlagen für eine Reformation «von oben». So bildete die lutherische Konfession schon ab dem 16. Jahrhundert Staats- und Landeskirchen, zum Beispiel in Teilen Deutschlands, in Skandinavien, im Baltikum und in Siebenbürgen. Erst unter dem Einfluss des Pietismus und durch die Auswanderung nach Amerika entstanden ab dem 18. Jahrhundert lutherische Freikirchen. Eine weitere lutherisch geprägte Kirche, die ein eigenes, zeitweise auch sehr obrigkeitskritisches und damit stärker freikirchliches Gepräge hat, sind die → Herrnhuter. Die Mission verbreitete das Luthertum auch in Afrika, Asien und Südamerika. Seit 1947 gibt es den Lutherischen Weltbund (LWB) mit Sitz in Genf. Ihm gehören ca. 140 lutherische Kirchen in 78 Ländern mit mehr als 66 Millionen Mitgliedern an.

Der Protestantismus in der Schweiz ist stärker durch Zwingli und Calvin geprägt. Zum Zerwürfnis zwischen Zwingli und Luther kam es in der Frage des Abendmahls. So ist es zu erklären, dass das lutherische Bekenntnis in der Schweiz ausschliesslich in Gemeinden mit Migrationshintergrund auftaucht, wenn dieser auch wegen der kulturellen Nähe kaum zu bemerken ist. Einzelne skandinavische und deutsche Lutheraner gab es in der Schweiz und in der Region Bern schon seit der Reformation, allerdings besuchten sie die reformierten Gottesdienste und organisierten sich nicht. 1707 entstand eine lutherische Gemeinde in Genf mit einem eigenen Pfarrer, der ab und an auch in Bern Gottesdienste feierte, später leistete diesen Dienst gelegentlich auch ein Zürcher Pfarrer. Seit Mitte des 19. Jahrhunderts gab es lutherische Gottesdienste in Basel und Zürich und sporadisch auch an anderen Orten. In der Leuenberger Konkordie von 1973 haben die Kirchen der Reformation festgestellt, dass ihre theologischen Meinungsverschiedenheiten keine kirchentrennende Bedeutung haben. Seitdem gilt die volle Kirchengemeinschaft von Reformierten und Lutheranern. In den lutherischen Kirchen in der Schweiz sind Frauen in allen Belangen gleichberechtigt.

Heute bilden deutsche und skandinavische Lutheraner die beiden grossen Gruppen im lutherischen Bekenntnis in der Schweiz; auch die beiden lutherischen Kirchenorganisationen im Kanton Bern (ELKB und Svenska Kyrkan) haben diesen Hintergrund.

Evangelisch-Lutherische Kirche Bern ELKB

1956 wurde wegen der starken Zunahme der Lutheraner in der Region ein eigener Pfarrer angestellt. Zuvor waren die Berner von Genf aus betreut worden. 1961 wurde die Gemeinde formal unabhängig von der Genfer Muttergemeinde. Seit damals hat die Evangelisch-Lutherische Kirche Bern ELKB eigene Pfarrer, die meist aus den lutherisch geprägten Landeskirchen Deutschlands kommen. Aber auch ein finnischer Pfarrer arbeitete Anfang der 90er-Jahre in der Gemeinde. Lange Jahre unterstützte die Evangelische Kirche Deutschlands (EKD) die ELKB bei der Anstellung der Pfarrer und auch finanziell.

Die ELKB, die heute rund 1300 Mitglieder zählt, fühlt sich für die Lutheraner in den Kantonen Bern, Freiburg und Neuenburg zuständig. 1978 wurde zwischen ihr und der Reformierten Landeskirche ein Grundlagenvertrag geschlossen. Die Mitglieder der lutherischen Gemeinde sind in der Regel auch Mitglieder der Reformierten Landeskirche und zahlen Kirchensteuer (zumindest im Kanton Bern). Der Vertrag empfiehlt den reformierten Kirchgemeinden, einen finanziellen Beitrag an die ELKB zu geben, das heisst einen Teil ihrer Steuereinnahmen weiterzuleiten.

Die Berner Lutheraner feiern ihre Gottesdienste in der Antonierkirche (auch Antonierhaus genannt) in der Postgasse. Das Gebäude ist von der Stadt Bern gemietet. Die Gemeindeglieder und die Gottesdienstbesucher sind zumeist in ihren lutherischen Heimatkirchen in Deutschland, Finnland, Norwegen, Schweden, den Niederlanden, der Slowakei, Tschechien, Ungarn und anderswo aufgewachsen. Viele sind eingebürgert. Schweizer kommen durch Heirat in die Gemeinde oder weil ihnen der Gottesdienst, der mehr liturgische Elemente enthält, und das Angebot der Kirche zusagen. Neben lutherischen Gottesdiensten in deutscher Sprache, die jeden Sonntagvormittag abgehalten werden (alle zwei Wochen mit Abendmahl), finden auch solche in schwedischer, finnischer und norwegischer Sprache statt. Das Antonierhaus ist für alle Gruppen Gemeindehaus. Die Gemeinde beschäftigt einen Pfarrer. Daneben werden noch der Organist und die Reinigungskraft bezahlt, alle anderen Aufgaben leisten Gemeindemitglieder ehrenamtlich. Die Leitung hat ein Kirchenvorstand mit dem Pfarrer zusammen inne. Der Vorstand gibt sechsmal im Jahr das «Lutherische Gemeindeblatt» heraus. Zum Gemeindeleben gehören noch der Konfirmandenunterricht, Ausflüge, ein Musizierkreis, Gespräche zur Bibel, ein Hobbykreis und der Adventsbasar.

Eine zweite Predigtstelle gibt es seit 1971 in Thun. Dort findet an jedem dritten Sonntag im Monat ein lutherischer Gottesdienst in der christkatholischen Göttibachkirche statt. Einmal monatlich wird in Thun zum Bibelgespräch eingeladen.

In der Ökumene ist die ELKB stark engagiert: Jedes Jahr feiert sie einen Gottesdienst mit einer reformierten Kirchgemeinde im Umkreis von Bern. Ebenfalls wird je einmal pro Jahr ein gemeinsamer zweisprachiger Abendmahlsgottesdienst mit der Schwedischen Gemeinde (s.u.) und der Protestantischen Gemeinde ungarischer Sprache gefeiert. Zur Tradition gehören auch der gemeinsame Reformationsgottesdienst im Berner Münster und ein Gottesdienst in der Antonierkirche, bei dem der Präsident des Synodalrates der Reformierten Kirchen Bern-Jura-Solothurn predigt.

Die Berner Kirche ist mit den übrigen lutherischen Kirchen in der Schweiz in Basel, Genf (deutsche und englischsprachige Gemeinde), Zürich und im Fürstentum Liechtenstein im Bund Evangelisch-Lutherischer Kirchen in der Schweiz und im Fürstentum Liechtenstein (BELK) zusammengeschlossen. Der Bund hat rund 5000 Angehörige, die Berner Gemeinde trat ihm 1979 bei. Parallel dazu besteht als Hilfswerk der BELK der Martin-Luther-Bund. Dieser ist ein Verein nach schweizerischem Recht mit Sitz in Zürich. Mitglieder sind die Kirchen in

Basel, Bern, Vaduz FL, Zürich, der Schwedische Regionalverband und mehr als 100 Einzelmitglieder.

Kontakt

Postgasse 62, 3011 Bern, Tel.: 031 312 13 91
www.luther-bern.ch
BELK: www.luther-schweiz.ch

Schwedische Kirche in Bern/Svenska kyrkan i Bern

Die erste schwedische Kirchgemeinde in der Schweiz entstand 1961; vorher hatte es nur sporadisch Gottesdienste gegeben. Die Kirche besteht heute aus fünf Gemeinden im ganzen Land, zu denen jeweils noch Aussenstellen gehören. Die Kirche schätzt, dass ihr bis zu 7000 Menschen zugerechnet werden können. Insgesamt werden diese von zwei Pfarrern betreut, die in Zürich und in Lausanne stationiert sind. Der Pfarrer in Lausanne ist zuständig für Lausanne, Genf, Bern und Aussenstellen; der Pfarrer in Zürich betreut Zürich/Zug, Basel und die übrigen Aussenstellen.

Die Verwaltung der Schwedischen Kirche in der Schweiz erfolgt durch die Schwedische Auslandskirche SKUT – Svenska kyrkan i utlandet. Diese betreut rund 40 Gemeinden in 25 Ländern. Die SKUT ist übrigens aus der schwedischen Seemannskirche hervorgegangen. In Schweden war die lutherische Kirche bis Januar 2000 Staatskirche. Die Schwedische Kirche in der Schweiz steht unter der Oberaufsicht der regionalen Delegiertenversammlung und den darin vertretenen Mitgliedern der geschäftsführenden Kommission der SKUT. Die gesamte Auslandkirche ist dem Bistum Visby (Gotland) zugeordnet.

Die schwedische lutherische Gemeinde in Bern ist in den 1960er-Jahren entstanden und wurde 1968 offiziell gegründet. Anfangs war sie mehr in der anglikanischen Kirche St. Ursula beheimatet, später hat sich der Schwerpunkt in das Antonierhaus verlagert. Bis heute finden aber die Gottesdienste, die in Bern einmal monatlich abgehalten werden, abwechselnd in den beiden Kirchen statt. Das Berner Pastoralgebiet umfasst die Kantone Bern, Solothurn und Jura sowie die deutschsprachigen Teile von Freiburg. Die SKUT gibt einige finanzielle Unterstützung, doch beruht das Gemeindeleben vorwiegend auf dem freiwilligen Einsatz der Mitglieder. Das Adressenverzeichnis der Gemeinde umfasst rund 260 Haushalte.

Der Kirchgemeinderat bildet den Vorstand der Gemeinde und ist ihr ausführendes Organ. Neben den gewählten Mitgliedern ist der zuständige Pfarrer der Regionalkirche Mitglied des örtlichen Kirchgemeinderates. Für alle schwedischen Gemeinden in der Schweiz wird viermal pro Jahr ein gemeinsamer Rundbrief herausgegeben. Einmal jährlich, bei der Delegiertenversammlung, treffen sich Mitglieder aus allen schwedischen Gemeinden in der Schweiz. Ein Vertreter von SKUT und ein bei dieser Gelegenheit anreisender Bischof nehmen teil. Gemeinsam wird dann ein Festgottesdienst gefeiert.

Die schwedische Kirche in der Schweiz bemüht sich um intensive Kontakte und die Zusammenarbeit mit anderen christlichen Kirchen und Gemeinschaften in der Region. Viele schwedische Lutheraner sind als Doppelmitglieder in der reformierten Kirche angemeldet. Zudem feiern die Evangelisch-Lutherische Kirche Bern und die Schwedische Kirche Bern einmal jährlich einen gemeinsamen Gottesdienst. Die Möglichkeit, sich im lutherischen Sinne konfirmieren zu lassen innerhalb der Schwedischen Kirche gibt es in Lausanne oder Zürich.

Jedes zweite Jahr findet in Bern ein Weihnachtsbasar, veranstaltet von der Gemeinde, statt. Auch der schwedische Nationalfeiertag wird im Rahmen der Kirche gefeiert sowie vor Weihnachten das Fest der Lucia mit dem traditionellen Lichterumzug.

Kontakt

Eglise Suédoise, Av. de Cour 32, 1007 Lausanne, Tel.: 021 728 00 96
www.svenskakyrkan.se, http://skut.svenskakyrkan.se/schweiz/

- In der Region leben auch lutherische Finnen, die jedoch keine eigene Gemeinde bilden. Sie gehören den jeweils vor Ort (Basel, Bern, Zürich) bestehenden lutherischen Gemeinden an. Von diesen erhalten sie auch Mittel und Räume für ihre Arbeit. So erscheint im «Lutherischen Gemeindeblatt» der ELKB immer eine Seite auf Finnisch, ebenso in Zürich. Die Finnischen Gemeindemitglieder bilden in der Gesamtschweiz eine sog. Finnenpastoration mit einem eigenen (Laien-)Vorstand; einen eigenen finnischen Pastor gibt es nicht.
- Lutheraner aus Norwegen und Dänemark sind regional nicht organisiert. Dänische Gottesdienste finden in Bern gelegentlich in der anglikanischen Kirche St. Ursula statt, ein norwegischer Gottesdienst ein- oder zweimal im Jahr in der Antonierkirche. Andere Nationen spielen im Bereich der lutherischen Kirchen in der Schweiz keine eigenständige Rolle; lutherische Tschechen und Slowaken zum Beispiel sind individuell Gemeindemitglieder.

Evangelisch-methodistische Kirche in der Schweiz (EMK)

Methodismus ist der Sammelbegriff für eine aus der ➙ Anglikanischen Kirche hervorgegangene Tradition. Es ist nicht einfach, das Spezifikum zu benennen, denn der Methodismus ist intern vielgestaltig – bis in die einzelnen Gemeinden hinein – und nicht auf ein bestimmtes Bekenntnis fixiert. Ebenso wenig versteht er sich als exklusiv. Aus diesem Grund und wegen historischer Prozesse treten Methodisten in 74 einzelnen und teilweise recht unterschiedlichen Kirchenkörpern auf. Weltweit gibt es über 70 Millionen Methodisten.

Geschichte

Die Begründer des Methodismus, John (1703–1791) und Charles Wesley (1707–1788) wollten eigentlich ihre Kirche von innen reformieren. Beide Brüder wurden anglikanische Geistliche und blieben es ihr Leben lang. Doch schon als Studenten hatten sie eine Gruppe gebildet, um das Glaubensleben zu intensivieren. Da sie das «mit Methode» taten, bespöttelte man sie als Methodisten. Erst als sie in den Dreissigerjahren dem Pietismus der Herrnhuter Prägung und der lutherischen Rechtfertigungslehre begegneten und nachdem beide ein Erweckungserlebnis gehabt hatten, begannen sie, eine spezifische Religiosität auszubilden, die von ihnen selbst methodistisch genannt wurde. Sie war gekennzeichnet von Predigten, die auf Erweckung, Bekehrung und Heiligung gerichtet waren; ihr Ziel bestand darin, die Menschen zurück zu Jesus zu bringen. Die Arbeit stützte sich in hohem Masse auf Laien, wandte sich v. a. an die sozialen Unterschichten und fand grossteils als Strassenevangelisation statt. Die etablierte Kirche reagierte ablehnend, und da die Wesleys die Menschen zu Gruppen versammelten und die beginnende Missionsarbeit Institutionen erforderlich machte, entstand – unbeabsichtigt – eine Freikirche. Methodistische Ideen verbreiteten sich rasch in England und in Nordamerika, wo sich der Ansatz, mit Laien als Predigern zu arbeiten, als besonders erfolgreich erwies. Nach der Unabhängigkeit 1776 entstand in den USA eine eigene methodistische Organisation, die formal 1784 als Methodist Episcopal Church (Bischöfliche Methodistenkirche) gegründet wurde. In den folgenden Jahrzehnten kam es in Amerika zu diversen Abspaltungen und Neugründungen. In England dauerte der Prozess der Formierung einer Kirche wesentlich länger, erst Ende des 19. Jahrhunderts wurde hier die Wesleyanische Methodistenkirche (ohne Bischofsamt) gegründet. Nach jahrelangen Bemühungen gelang 1968 ein Zusammenschluss verschiedener methodistischer Kirchen zur United Methodist Church (UMC), zu der auch die EMK gehört. Die UMC ist Teil und grösstes Mitglied des seit 1951 bestehenden Weltrates Methodistischer Kirchen.

Ökumene ist den Methodisten ein grosses Anliegen. Selbst theologisch offen, werden sie daher gerne als Brückenbauer angefragt. Die UMC ist Mitglied im Ökumenischen Rat der Kirchen (ÖRK) und führt Gespräche mit der Röm.-kath. Kirche und dem Lutherischen Weltbund. Im Jahre 2006 unterzeichnete der Methodistische Weltrat die 1999 von den beiden vorgenannten erarbeitete Gemeinsame Erklärung zur Rechtfertigungslehre.

Glaube und Ritus

Der methodistische Glauben versteht sich nicht als eigene Konfession, sondern als Reform- und Erweckungsbewegung. Die Heilige Schrift steht als Quelle und Norm im Zentrum. Sie wird jedoch mit Vernunft und aus Erfahrung und Tradition heraus gelesen. Von den Wesleys ausgewählte Glaubensartikel, Standard-Predigten und ihre Anmerkungen zum NT gelten als Richtlinien, haben aber keinen verbindlichen Charakter.

Grundlegend für die methodistischen Kirchen ist ein Konzept vom Menschen und seinem Heil auf Basis der lutherischen Lehre von der «Rechtfertigung im Glauben». Der Gläubige habe jedoch nach Annahme des Glaubens die Möglichkeit und die Pflicht, mit Busse, Bekehrung und Glauben das Verhältnis zu Gott auch selbst aktiv mitzubestimmen, sein Leben also fortwährend «zu heiligen». Dabei soll er danach streben, die «lebensverändernde Erfahrung der Gnade» zu machen. Im Methodismus werden die Erwachsenen- und die Kindstaufe praktiziert, letzterer schliesst sich ein späteres öffentliches Bekenntnis des Glaubens an. Das Abendmahl gilt als Sakrament und wird in verschiedenen Formen gefeiert. Neben den beiden Sakramenten Taufe und Abendmahl zählen die Bibel, der Gottesdienst, das Gebet, das Fasten und die Gemeinschaft zu den Gnadenmitteln. Bedeutsam ist das sich aus der Verflechtung von Rechtfertigung und Heiligung ergebende soziale Engagement. Daraus erwuchs das social gospel (soziales Bekenntnis), welches viele karitative Einrichtungen hervorgebracht hat. Zur Glaubensstärkung werden Kleingruppen, sog. Klassen gebildet. Sie bestehen als Seelsorgegruppen in vielen Gemeinden, den kleinsten kirchenrechtlichen Einheiten. Laienprediger müssen Schulungen absolvieren und Prüfungen ablegen, dann werden sie für den Dienst beauftragt. Pastoren werden (bei episkopalen Methodisten) durch den Bischof bestätigt. In der methodistischen Kirche, die synodal organisiert ist, sind Gremien paritätisch mit Pastoren und Laien besetzt. In den letzten Jahrzehnten haben immer mehr methodistische Kirchen (die Schweizer 1956) alle Ämter den Frauen zugänglich gemacht.

Schweiz und Bern

1840 wurde in Lausanne durch die Wesleyan Church die erste methodistische Gemeinde der Schweiz gegründet. 1856 nahmen episkopale Methodisten ihre Arbeit in Lausanne und Zürich auf. 1866 schliesslich gründete die Evangelische Gemeinschaft (auch Albrechtsbrüder genannt; eine von Deutschen 1803 in Amerika gegr. methodistische Gemeinschaft; nicht zu verwechseln mit dem EGW) in Bern ihre erste Gemeinde. So hat auch die heutige EMK der Schweiz analog zur UMC ihre Wurzeln in mehreren methodistischen Bewegungen. Die bischöflichen Methodisten zählten um 1880 etwa 300 Mitglieder im Kanton Bern. In der Stadt Bern gab es bereits 1885 eine Methodistenkapelle in der Laupenstrasse, die jedoch 1970 abgebrochen wurde. 1909 gab es im Lande bereits 104 methodistische Gemeinden. Um die Wende vom 19. zum 20. Jahrhundert schlossen sich die Wesleyaner und die Bischöflichen Methodisten zusammen. Die daraus hervorgegangene Methodistenkirche bildete nach der Vereinigung mit der Evangelischen Gemeinschaft 1972 die heutige EMK mit 133 Gemeinden (im Kanton Bern 37). Sie werden von rund 140 Pastoren und Mitarbeitern betreut. Als Mitglieder gelten jene Männer und Frauen, die ein öffentliches Bekenntnis abgelegt haben und die getauft sind. Daneben gibt es auch «Freunde» der EMK, die am Gemeindeleben teilnehmen, aber kein Bekenntnis abgelegt haben. 2003 gab es in der Schweiz über 7000 Mitglieder, ca. 3000 Kirchenkinder plus 4500 Freunde. Im Kanton Bern waren es 2100 Mitglieder, 1000 Kirchenkinder und rund 1400 Freunde. Doppelmitgliedschaften zu anderen Kirchen sind häufig. Die EMK in der Schweiz ist als gesamtschweizerischer Verein organisiert und hat ihren Verwaltungssitz in Zürich. Dort erscheint auch monatlich die Zeitschrift «Kirche + Welt», die an alle Mitglieder und Freunde versendet wird (Auflage rund 7500). Alle Gemeinden erstellen ausserdem einen Gemeindebrief, der Bezirk Bern zum Beispiel publiziert alle zwei Monate das «bezirksfenster».

Die EMK gliedert sich in Bezirke (mit verschiedenen Gemeinden) welche zu einem Distrikt gehören. Mehrere Distrikte bilden dann eine Jährliche Konferenz. Die EMK in der Schweiz bildet zusammen mit den Kirchen in Frankreich und Nordafrika (Algerien/Tunesien) die Jährliche Konferenz Schweiz/Frankreich. Verschiedene Konferenzen bilden eine Zentralkonferenz, von denen es in Europa vier gibt. Die EMK in der Schweiz gehört zur Zentralkonferenz von

Mittel- und Südeuropa. Weltweit gibt es neben der der UMC in Amerika sieben Zentralkonferenzen, welche sich alle vier Jahre zum höchsten Gremium, der Generalkonferenz treffen. In Europa besteht ausserdem ein Europäischer Rat methodistischer Kirchen.

Die Finanzierung erfolgt durch Kollekten, Spenden und Stiftungen. Die schweizerischen methodistischen Diakoniewerke sind juristisch selbstständige Körperschaften, werden aber von den Gemeinden durch freiwillige Mitarbeit unterstützt. Es handelt sich um zwei Spitäler, acht Alters- und Pflegeheime, zwei Wohngemeinschaften, ein Kindertagesheim und drei Hotels, darunter die Backpacker-Villa Sonnenhof in Interlaken. Waren es in der Anfangszeit Missionare aus Deutschland und Amerika, welche den Methodismus in der Schweiz aufbauten, gingen schon bald schweizerische Missionare ihrerseits in die Welt. Heute arbeiten rund zehn Schweizer Männer und Frauen im Dienst der äusseren Mission in Argentinien, Kongo, Zimbabwe, Algerien, Kambodscha und in der Ukraine.

Im Kanton Bern ist die EMK Mitglied in der AKB. Die EMK Schweiz ist Mitglied des Schweizerischen Evangelischen Kirchenbundes, der Arbeitsgemeinschaft christlicher Kirchen in der Schweiz, dem Verband freikirchlicher Gemeinschaften und der SEA. Auf europäischer Ebene gehört die EMK zur KEK (Konferenz europäischer Kirchen) und zur GEKE (Gemeinschaft evangelischer Kirchen in Europa; ehem. Leuenberger Konkordie).

Kontakt

EMK in der Schweiz, Badenerstrasse 69, Postfach, 8026 Zürich,
Tel.: 044 299 30 80
www.meth.ch
Berner Distrikt, Distriktsvorsteher M. Bach, Weyerstrasse 22, 3084 Wabern,
Tel.: 031 961 28 13

Familiengemeinde Langenthal/Rhema Ministerial Association International

Die Familiengemeinde Langenthal geht, wie der Name schon sagt, auf die Initiative einer einzelnen Familie zurück. Da die Gemeinde seit ihrer Gründung 1999 gewachsen ist, wird der Name heute dahin gehend verstanden, dass man als ganze Gemeinde eine Familie ist. Die Gründer sind im protestantischen Christentum evangelikaler Prägung aufgewachsen und waren von Jugend an darin engagiert. Durch ihre Aus- und Fortbildung in der Zoe-Bibel-Schule in Zürich und im Rhema Bible Training Center in Tulsa/Oklahoma (USA) entstand die heutige theologische Prägung nach der Wort-des-Glaubens-Theologie.

Diese geht auf William Kenyon (1867–1948) und besonders auf Kenneth E. Hagin (1917–2003), den Gründer von Rhema, zurück. Sie entspricht im Wesentlichen evangelikalen und pfingstlichen Lehren, doch finden sich darin auch Ähnlichkeiten zum sog. Positiven Denken, wobei jedoch die Begründung eine andere ist: Nicht die eigenen Gedanken entfalten die positive Wirkung, sondern Gott. Die Familiengemeinde schreibt: «Das Erlösungswerk Christi beinhaltet auch körperliche und innere Heilung, die uns Christen zusteht und die wir wie die Erlösung durch Glauben empfangen können (Jes. 53,4-5/ Mt. 8.17/ Apg. 10,38/ 1. Petr. 2,24). Markus 11,24: Alles was ihr im Gebet verlangt, glaubet, dass ihr es empfangen habt, so wird es euch zuteil werden.» Das gesprochene Wort soll danach eine schöpferische Wirkung haben, ganz wie Gott die Schöpfung sprechend hervorgebracht hat. Jeder gläubige Christ habe Anteil an der Schöpfungskraft des «Rhema» genannten Wortes. Doch wird nicht um das Gewünschte – zum Beispiel Heilung – gebeten (dafür gebetet), sondern es gilt bereits als geschehen und eingetreten. Durch ein Bekennen müsse die Realität nur sichtbar werden. Voraussetzung für eine erfolgreiche Proklamation ist allerdings der Glaube; nur ein im Glauben gesprochenes Wort trage schöpferische Kraft (deshalb der Name Wort-des-Glaubens-Bewegung bzw. Positive Confession Movement). Diese Ansicht führt zu Problemen bei der Deutung eventuell ausbleibender Erfolge. Die WdG-Bewegung hat einige Kritik auf sich gezogen, auch manch pfingstlicher Christ hält die Lehre für theologisch nicht gut gesichert.

Hagin begann seinen Predigtdienst 1934 in Texas und baute sein Werk sukzessive aus. Heute ist es ein grosses internationales Missionswerk mit Medienstationen, Verlagen und einem Ausbildungswerk in inzwischen 13 Ländern.

Die Familiengemeinde Langenthal gehört heute, da das Gründerehepaar ordinierte Geistliche der Rhema Ministerial Association International (RMAI) sind, diesem Verbund an. Grundsätzlich ist sie in ihren Belangen autonom, doch berichten die Leiter jährlich über ihre Arbeit nach Tulsa, um die Anerkennung zu behalten.

Zentral für das Gemeindeleben ist der Gottesdienst am Sonntagvormittag. Dazu kommen Gebetszeiten am Mittwoch um 19.00 Uhr, der anschliessende

Bibelabend versteht sich als Seminar zur Glaubensvertiefung. Weitere Kurse, zum Beispiel auch für Deutsch als Fremdsprache, werden gelegentlich veranstaltet. Für die Gottesdienstbesucher ist eine Kinderbetreuung organisiert. An die Öffentlichkeit tritt die Gemeinde manchmal mit kleinen Missionseinsätzen. Die Kooperation mit anderen Gemeinden erfolgt punktuell im Rahmen der lokalen Evangelischen Allianz.

Kontakt

Bleienbachstrasse 8, 4901 Langenthal, Tel.: 062-923 24 14
www.familiengemeinde.ch, www.rhema.org

Fédération d'Eglises et Communautés du Plein Evangile (FECPE) Orvin und Moutier

Bei der FECPE handelt es sich um ein recht junges Netzwerk pfingstlich geprägter Freikirchen in der frankophonen Schweiz. Der Verband entstand 1990, als mehrere pfingstliche Gemeinden den Wunsch verspürten, in dem pfingstlichen Dachverband FELPS vertreten zu sein. Da dieser jedoch nur Netzwerkstrukturen aufnimmt, nicht aber Einzelgemeinden, musste also ein solches Netzwerk gegründet werden – die FECPE. Über die FECPE sind ihre heute elf Mitgliedergemeinden (mit insgesamt ca. 600 Angehörigen) Mitglieder in der FELPS. Die FECPE-Gemeinden veranstalten etwa fünf Leitertreffen pro Jahr und jeweils an Himmelfahrt eine Zusammenkunft aller Mitglieder. Ansonsten sind die Gemeinden weitgehend autonom, und sie unterhalten viele Kontakte zu anderen christlichen Gemeinschaften.

Im Kanton Bern gibt es zwei Gemeinden dieses Verbandes, von denen diejenige in Orvin auf eine imposante Geschichte zurückblicken kann.

Die in Orvin lebende Fanny Ferrat hatte Ende der 1880er-Jahre intensive Erlebnisse der Begegnung mit Gott. 1899 gründete sie eine Gemeinde namens Béthel, verbunden mit einem Haus gleichen Namens, das sich auch damals schon stark der sozialen Arbeit verschrieben hatte. Ab den 1950er-Jahren konnte das Béthel sukzessive erweitert werden. Zu seiner Struktur gehören heute ein Altersheim, eine biblische Schulungseinrichtung (ibeto, gegr. 1988) und eine Ferienunterkunft. Aus einer Gebetsgruppe, die in dem Heim bestand, erwuchs neues geistliches Leben: Um 1980 erweiterte sich diese Gruppe, und insbesondere jüngere Menschen wurden nun erreicht. So konnte 1986 die Eglise du Plein Evangile d'Orvin gegründet werden, sozusagen als Neugründung von Fanny Ferrats Werk. Diese Gemeinde ist heute als eingetragener Verein organisiert und steuerbefreit. Sie trifft sich seither im Untergeschoss des Altersheims. Ihr gehören im Sommer 2007 rund 55 Erwachsene und 40 Kinder an. Gottesdienst wird an drei Sonntagen und einem Freitag pro Monat gefeiert, zudem gibt es einige Familien- bzw. Gebetsgruppen. Die Gemeinde unterhält Gruppen für Kinder und Jugendliche, für Mütter und für Senioren, und sie unterstützt einige Missionare im Ausland. Auch eine etwa 30-köpfige Scouts-Gruppe gibt es.

Die Eglise du Plein Evangile in Malleray entstand etwa 1992; sie umfasst rund 50 Erwachsene und Kinder.

Kontakt

Eglise du Plein Evangile d'Orvin, Le Crêt 2, 2534 Orvin, Tel.: 032 358 19 75
www.epeo.ch, www.ekklesia.ch/bethel, www.ibeto.ch
Eglise du Plein Evangile Malleray, Rue Principale 2–4, 2735 Malleray-Bévilard, Tel.: 032 491 67 12

Fédération romande d'Eglises évangéliques FREE

Der Anfang 2007 gegründete Verband FREE umfasst 48 Gemeinden mit etwa 5000 Mitgliedern, er ist damit der grösste Freikirchenverband in der Romandie. Sieben der Gemeinden bestehen im Kanton Bern, wobei einzig die Stadtberner EEL (s. u.) sich in der deutschsprachigen Diaspora befindet. Im Gegensatz zum jungen Verband FREE mit seinem geringen Alter haben die in diese Neugründung eingegangenen Freikirchen und Organisationen eine bedeutende Geschichte.

- Die Vereinigung der Assemblées et Eglises évangéliques en Suisse romande (AESR) geht als auf den Genfer Réveil zurück, es handelt sich um den ältesten derartigen Verband in der frankophonen Schweiz. Am Beginn steht im Jahre 1817 eine kleine unabhängige Genfer Gemeinde. Zehn Jahre später waren es im Welschland bereits etwa ein Dutzend und zum Teil recht grosse Gemeinden. Zu den Gründungen kam es, weil insbesondere Studierende der Theologie, durch die Erweckung angeregt, die ihrer Meinung nach zu liberale akademische Theologie ihrer Landeskirchen nicht akzeptieren wollten. Sie hielten private Bibelstudien ab und tauschten sich mit Gleichgesinnten aus. In der Folge wurde einigen die Aufnahme in den Kirchendienst verwehrt, und auch einige bestellte Pastoren, die den Réveil unterstützt hatten, verloren ihre Anstellung. So blieb den Erweckten nicht anderes übrig, als unabhängige Gemeinden zu gründen. Aus dieser Quelle ging sukzessive eine Organisation hervor und schliesslich die AESR. Am Ende umfasste die Organisation 37 Gemeinden mit rund 3500 Mitgliedern; die Gemeinden befanden sich meist in Genf, im Waadtland und im Jura. Mit dem Missionswerk Service missionnaire évangélique (SME) war der Verband auch in Übersee, speziell im frankophonen Afrika aktiv.

- Ein anderer Verband französischsprachiger freikirchlicher Gemeinden, der seine Wurzeln ebenfalls im Genfer Réveil hat, war die Fédération des Eglises Evangéliques Libres (FEEL). Im Laufe seiner Geschichte hatte dieser Verband zudem einige Impulse von John N. Darby aufgenommen, ohne jedoch zur Brüderbewegung zu gehören. Die FEEL war vorwiegend im Kanton Neuenburg angesiedelt, im Kanton Bern gab es FEEL-Gemeinden in der Stadt Bern, in Reconvilier und in Tavannes.

Eine Kooperation der beiden Verbände hatte bereits seit 1997 bestanden, und im Herbst 2006 beschloss man die Fusion, die dann zum 1. Januar 2007 vollzogen wurde. Einen bedeutenden Teil seiner Infrastruktur erhält der neue Verband von der sehr viel grösseren AESR. Auch deren Zeitschrift «Vivre» dient nun als Organ des neuen Verbandes.

Wegen der Grösse und der historischen sowie lokalen Bedeutung soll hier auf zwei der kantonalen FREE-Gemeinden, die in Bern und in Biel, detaillierter eingegangen werden. Die anderen Kirchen des Verbandes im Kanton sind die Eglise évangélique de Tramelan, die Eglise évangélique libre de Reconvilier, die Eglise évangélique libre de Tavannes, die Assemblée évangélique les Brues in Corgémont und die Eglise évangélique L' Abri in La Neuveville.

Eglise Evangélique Libre de Berne (EEL)

Im Laufe der Jahre gab es organisatorische Veränderungen der Berner → FEG. Die entscheidende Trennung erfolgte von der französischsprachigen Schwestergemeinde Eglise Evangélique Libre de Berne (EEL). Die Berner FEG war von Beginn (ca. 1829) an zweisprachig gewesen. Wie Carl von Rodt waren viele Mitglieder der Urgemeinde Leute, die nach der Aufhebung der Verbannung nach

Bern zurückgekehrt waren. Auch weil viele Versammlungsbesucher Mitglied der Eglise de Dieu waren, war die Sprache Französisch. Und der Leiter vor von Rodt war ein waadtländischer Evangelist. Während langer Jahre fand am Sonntagmorgen jeweils der französische und am Nachmittag der – im Laufe der Zeit immer besser besuchte – deutsche Gottesdienst statt. 1885 erfolgte eine Teilung der Gemeinde, wobei die «Franzosen» weiterhin an der gemeinsam aufgebauten Infrastruktur partizipierten. Sie sind heute ebenfalls Besitzer der erst nach dieser Trennung errichteten Zions-Kapelle.

Jeden Sonntag um Viertel vor elf feiern sie dort ihren Gottesdienst; daneben gibt es Hauskreise. Zweimal monatlich wird das Abendmahl gefeiert, wobei die Teilnahme jedem Menschen offensteht. In der Gemeinde werden auf Wunsch (Erwachsenen-)Taufen durch Untertauchen vollzogen, die Taufen anderer Kirchen sind anerkannt.

Die EEL ist eine kosmopolitische Gemeinde, zu der frankophone Berner sowie viele nur temporär in der Region lebende Fremde gehören wie Diplomaten, Studierende, Asylanten, Flüchtlinge usw. Daher geht das Gemeindeleben über den Gottesdienst hinaus, es stellt für viele Menschen auch eine Art Familienleben, einen Ort der Freundschaft, der Gastlichkeit und der Unterstützung dar. Die Gemeinde setzt sich zum einen aus festen Mitgliedern zusammen, die auf einer Liste erfasst sind. Verpflichtungen entstehen aus dieser Mitgliedschaft nicht. Viele Menschen nehmen aber auch nur als Freunde teil und sind keine formalen Mitglieder. Alle zusammen tragen sie die Gemeinde durch freiwillige Spenden.

Die Berner Gemeinde hatte sich 1978 dem Verband der FEEL angeschlossen. Daher gehört sie heute zur FREE.

Eglise Evangélique des Ecluses (EEE)

Die Bieler «Kirche an den Schleusen» entstand 1883. Bekannt war sie lange Zeit unter dem Namen Plaenke, denn an der Rue de Plaenke traf sich seit 1895 ein damals noch kleines Grüppchen von Bieler Christen, denen die Theologie der Landeskirche nicht genügte. Dieser Saal sollte für die Gemeinde lange ausreichen. Doch in den 1980er-Jahren setzte ein Wachstum ein. Zudem war lange Zeit alles von Laien und ehrenamtlich geleistet worden, doch seit 1977 tat ein Pfarrer erst halbtags und später vollzeitig Dienst. Nach längerer Suche fand man Räume bei der PTT, die man mieten konnte. Kurz darauf setzten Kaufverhandlungen ein, und 1997 konnten die Gemeinderäume nach Erwerb und Umbau offiziell unter dem neuen Namen Eglise Evangélique des Ecluses neu eröffnet werden.

Die Bieler Gemeinde war bereits lange Zeit Mitglied der AESR und ist heute somit in der FREE. Die Gemeinde gehört zudem dem lokalen Réseau évangélique an.

Die Theologie ist bibeltreu. Zugleich ist die EEE bemüht, zu Behörden wie auch zu anderen Christen gute Beziehungen zu unterhalten. Alle Veranstaltungen stehen Gästen offen. Heute nehmen etwa 150 bis 200 Menschen am Gottesdienst am Sonntagvormittag teil. Im Gottesdienst spielen Musik und Gesang eine wichtige Rolle, charismatische Elemente kommen ebenfalls vor.

Kontakt

www.aesr.ch

EEL de Berne, Zeughausgasse 35/39, 3011 Bern, Tel.: 031 312 21 36

www.eelb.ch

EEE de Bienne, Rue J. Stämpfli 3, 2502 Biel, Tel.: 032 342 51 26

www.eee.ch

Freikirche der Siebenten-Tags-Adventisten (STA) – Deutschschweizerische Vereinigung

Die Mitte des 19. Jahrhunderts entstandenen Siebenten-Tags-Adventisten (STA) wurden von manchen Kirchen wegen Besonderheiten in der Lehre lange als «Sekte» abgelehnt. Seit einigen Jahren gibt es jedoch Annäherungen, die STA sind inzwischen weitgehend als Freikirche anerkannt.

Geschichte

Immer wieder in der Geschichte des Christentums gab und gibt es – meist in Krisenzeiten – Bewegungen, die die nah bevorstehende Wiederkehr Christi (Advent = Ankunft) und das damit verbundene Ende der Welt betonen. Sie stellen sich gegen das Christentum ihrer Mitmenschen und der etablierten Kirchen, bei denen diese in der frühen Kirche einmal sehr starke Naherwartung erloschen oder unwichtig geworden ist. Im 18. und 19. Jahrhundert wurde der Protestantismus in Nordamerika und Europa wiederholt von Erweckungen ergriffen, oft begleitet von verstärkter Adventerwartung. Gestützt auf biblische Prophezeiungen, wurden von manchen gar konkrete Daten für diesen «zweiten Advent» errechnet. In den

USA entwickelte sich eine Massenbewegung um den Baptistenprediger William Miller (1782–1849), der unter Berufung auf das Buch Daniel dieses Ereignis für das Jahr 1844 vorausgesagt hatte. Nach dem Ausbleiben zerbrach die Millerbewegung, doch gingen aus ihr neue adventistische Gruppen hervor. Die heute grösste unter ihnen stellen die STA dar. Entscheidend für die Organisation dieser Adventisten war das Wirken von James (1821–1881) und Ellen Gould White (1827–1915). Ellen G. White hatte Visionen, mit denen sie die adventistische Auslegung der biblischen Lehre festigte und die Anhänger bestärkte. Für die STA sind ihre Schriften heute «eine fortwirkende, bevollmächtigte Stimme der Wahrheit». Sie heben aber auch hervor, dass die Bibel der Massstab ist, an dem alle Lehre und Erfahrung geprüft werden muss. 1863 schlossen sich die Gemeinden durch die Gründung der Generalkonferenz in Battle Creek/Michigan zusammen; dies gilt als das eigentliche Gründungsdatum der Freikirche der STA. Von Beginn an missionierte sie intensiv – anfangs v. a. unter Christen, später mehr im ausserchristlichen Raum – durch die Aussendung von Predigern und besonders durch Literatur. Heute sind die STA in 202 Ländern vertreten und umfassen 15 Millionen getaufte Kirchenmitglieder sowie weitere 15 Millionen Kinder, Jugendliche und Freunde in 60 000 Gemeinden, die von 15 000 Pastoren betreut werden (Zahlen von Ende 2006). Zuwächse (Verdoppelung der Mitgliederzahl seit 1990!) gibt es derzeit besonders in Afrika, Asien und Lateinamerika.

Die Gemeinschaft der STA ist hierarchisch gegliedert: Örtliche Gemeinden sind in Vereinigungen zusammengefasst, die Vereinigungen in Unionen, welche wiederum auf weltweit 13 sog. Divisionen aufgeteilt sind. Die Euro-Afrika-Division (EUD), zu der die Schweizer Gemeinden gehören, hat ihren Sitz übrigens an der Berner Schosshaldenstrasse. Höchste Verwaltungs- und Rechtsinstanz ist die Generalkonferenz mit Sitz in Silver Spring/Maryland (USA). Oberstes verfassungsgebendes Organ ist die Vollversammlung der Generalkonferenz (Weltsynode), die alle fünf Jahre stattfindet. Von ihr erlassene Beschlüsse sind verbindlich. Ausgebildete Prediger (für die Schweiz relevante Schulen befinden sich in Deutschland, Österreich und Frankreich) werden den Ortsgemeinden von der zuständigen Vereinigung zugeteilt. Alle Ämter (bis auf wenige administrative Einschränkungen) sind Männern wie Frauen zugänglich. Adventisten kennen kein Kirchensteuersystem; die Finanzierung erfolgt durch den freiwilligen Zehnten und durch Spenden. Die Gemeinschaft führt zahlreiche Krankenhäuser und Sanitätsstationen, mehrere Gesundkost-Fabriken und ein Bildungswerk mit rund 7000 Schulen und Hochschulen. Die Weltmission der STA verbreitet adventistische Literatur in 361 Sprachen.

Glaube und Ritus

Die Freikirche der STA kennt kein eigenes verbindliches Bekenntnis, sie hat jedoch 28 Glaubensüberzeugungen formuliert, um darzustellen, wie sie die biblischen Aussagen und Lehren versteht. Anpassungen oder eine Neufassung dieser Überzeugungen sind anlässlich einer Weltsynode möglich. Die wichtigsten Merkmale der Gemeinschaft verrät bereits ihr Name: das Einhalten des Ruhetags am biblischen siebten Tag, am Samstag (Sabbat-Ruhe, drittes bzw. viertes Gebot). Diese Differenz zum sonst üblichen Sonntag war eine der Bruchstellen zu anderen Kirchen. Radikale Abspaltungen von den STA werfen anderen Christen deshalb heute noch vor, mit der «Hure Babylon» aus der Johannes-Offenbarung identisch zu sein. Das zweite Kennzeichen adventistischen Glaubens ist die baldige Wiederkehr, also die zweite Ankunft (Advent) Christi. Die STA halten diesen Glauben aufrecht, ohne jedoch ein genaues Datum anzugeben. Jesus Christus ist der Mensch gewordene Gott, der den Erlösungstod gestorben ist, den Versöhnungsdienst im Himmel 1844 begonnen hat und bald wieder sichtbar auf die Erde kommen wird, um sein Reich zu errichten. Diejenigen, die an ihn glauben, erwartet das ewige Leben mit Gott und auf einer erneuerten Erde. Eine weitere Besonderheit besteht darin, dass Adventisten glauben, die Seele der nicht erretteten Menschen werde nicht ewig verdammt sein, sondern sterben. Grundsätzlich jedoch betrachten sie wie andere Christen auch die Bibel als unfehlbare Offenbarung Gottes und daher als Richtschnur.

Die Aufnahme in die Kirche geschieht mit der Erwachsenentaufe durch vollständiges Untertauchen (Erwachsenentaufen anderer Kirchen werden anerkannt). Dieser Akt wird als symbolische Wiedergeburt verstanden, der Täufling beginne mit seinem Glauben an Jesus ein neues Leben. Jeweils am Sabbat findet der Gemeindegottesdienst statt. Neben dem Predigtteil gehören dazu Gebetsstunde und Bibelgespräch. Vierteljährlich wird das Abendmahl (mit Traubensaft und ungesäuertem Brot) gefeiert, an dem alle gläubigen Christen teilnehmen können. Ihm geht der Dienst der Fusswaschung voraus: Als Zeichen der Demut waschen sich die Teilnehmer dabei paarweise gegenseitig die Füsse. Die Einzelgemeinden führen ein Gemeindeleben, das um die Gottesdienste kreist und je nach Möglichkeiten durch Feste, Hauskreise und andere Aktivitäten ausgestaltet wird. Viel Wert wird auf die Beteiligung aller gelegt, da die Gemeinde als Lebensgemeinschaft verstanden wird. Häufig trifft man sich im Anschluss an den Gottesdienst zum gemeinschaftlichen Essen, darüber hinaus gibt es Ausflüge und musikalische Arbeit. Die den STA sehr wichtige Kinder- und Jugendarbeit umfasst neben schulischem Religionsunterricht auch wöchentliche Jugendstunden, Pfadis und Jugendreisen.

Der Missionseifer der STA gründet sich auf den Missionsbefehl nach Mt. 28,19 und ihre Deutung der dreifachen Engelsbotschaft aus Offb. 14,6–13. Danach verstehen sie sich als Endzeitgemeinde, die von Gott den Auftrag erhalten hat, die Menschen zum Glauben an Jesus, zur Einhaltung seiner Gebote und zur Abkehr von falschen Lehren aufzurufen. Die Verpflichtung zur Gesunderhaltung lässt die Mitglieder Tabak, Alkohol und Drogen meiden; viele Adventisten sind Vegetarier.

Obwohl die Lehre der STA Unterschiede zu anderen Konfessionen aufweist, nehmen zwischenkirchlichen Kontakte zu. Für ihre Koordination gibt es einen eigenen Beauftragten. Eine Doppelmitgliedschaft mit anderen Kirchen ist aber nicht möglich. Die Organisationen – von Ortsgemeinden bis zu grösseren Verbänden – kooperieren jedoch mit anderen, wenn die konfessionelle Identität gewahrt bleibt. In der Schweiz sind die Adventisten in den Arbeitsgemeinschaften christlicher Kirchen in den Kantonen Aargau, Baselland, Basel-Stadt, Schaffhausen und Zürich sowie in Winterthur vertreten. Die Freikirche ist Mitglied der Schweizerischen Bibelgesellschaft. Die Annäherung an andere Christen ist auch daran erkennbar, dass die beiden Schweizer Websites der STA zwar vorwiegend auf adventistische Einrichtungen weiterverlinken, aber auch andere christliche Web-Inhalte erreichbar machen.

Schweiz und Bern

In der Schweiz wirkte ab 1865 der aus Polen stammende Missionar Michael Czechowski. Durch ihn entstand 1867 die erste Gemeinde in Tramelan. Ab 1874 war John N. Andrews in Basel sehr erfolgreich. 1883 entstand in Biel eine Gemeinde. 1885 schon gab es in zehn Gemeinden 224 (getaufte) Mitglieder. 1884 wurde in Biel die Schweizer Konferenz gegründet. Heute bestehen im Kanton Bern Gemeinden und Standorte in Bern, Krattigen, Thun, Überstorf, Burgdorf, Lotzwil, Biel und La Neuveville. Ihnen gehören etwa 630 getaufte Mitglieder an, dazu kommen noch einmal rund 800 Kinder, Jugendliche und Freunde. Die Gemeinden im Kanton Bern gehören organisatorisch zur Deutschschweizer Vereinigung (DSV, einschliesslich Liechtenstein) mit Sitz in Zürich. Zusammen mit der Fédération des Eglises Adventistes de la Suisse Romande et du Tessin mit Sitz in Renens VD (bis 1976 Lausanne) bilden sie die Schweizer Union (gegr. 1929), die rechtlich als Verein konstituiert ist. Im ganzen Land gibt es 4319 getaufte Mitglieder in 49 Gemeinden und fünf Gruppen. Zur DSV in Zürich gehören das Internationale Bibelstudien-Institut (IBSI), das Religionspädagogische Institut (RPI) und die Privatschule A bis Z. Auch die Jugend- und

Pfadfinderarbeit in der deutschen Schweiz wird von Zürich aus koordiniert. Im Kanton Bern ansässige zentrale Einrichtungen sind der Advent-Verlag in Krattigen am Thunersee, das Alters- und Pflegeheim Oertlimatt am selben Ort und das Jugendhaus in St.Stephan.

Der als Nachrichtenagentur tätige Adventistische Pressedienst APD, der neben Tagesmeldungen auch die APD-Informationen herausgibt, hat seinen Sitz in Basel. Die Gemeindezeitschrift ADVENTECHO für alle deutschsprachigen Länder erscheint monatlich in Lüneburg (Deutschland).

Neben einer eigenen Gesundheitsabteilung fördert die Freikirche im für sie wichtigen Gesundheitssektor auch den 1955 gegründeten Verein Liga Leben und Gesundheit (LLG). Im selben Bereich sind im Welschland das medizinisch-soziale Zentrum Le Flon in Oron-la-Ville VD und die Librarie Vie & Santé in Renens aktiv. Das weitweite adventistische Hilfswerk ADRA International, eine NGO, die allen Menschen hilft, ist im Lande als ADRA Schweiz, Adventistische Entwicklungs- und Katastrophenhilfe, mit Sitz in Lentigny FR, ansässig. ADRA Schweiz ist ein Partnerwerk der Schweizer Glückskette und von der ZEWO zertifiziert. Als Laienorganisationen bestehen im Lande der Schweizerische Arbeitskreis adventistischer Frauen – SARA und der Verein Adventistischer Geschäftsleute (ASI). Die Kirche unterstützt den Einsatz für die Religionsfreiheit der ihr nahestehenden 1946 gegründeten Internationalen Vereinigung zur Verteidigung und Förderung der Religionsfreiheit (AIDLR), einer NGO mit Sitz in Bern.

Kontakt

Deutschschweizerische Vereinigung der Freikirche der Siebenten-Tags-Adventisten DSV, Gubelstrasse 23, Postfach 5126, 8050 Zürich,
Tel.: 044 315 65 00
www.stanet.ch
Advent-Gemeinde Bern, Thunstrasse 69, 3006 Bern, Tel.: 031 351 02 98
www.stanet.ch/Bern
www.fsr.ch

Gemeinde Bern der Vereinigung Apostolischer Christen VAC Schweiz

1954 ist in Zofingen (AG) die VAC aus der → Neuapostolischen Kirche (NAK) hervorgegangen, und 1955 entstand die Apostolische Gemeinschaft e.V. in Düsseldorf (D) aus derselben Quelle. Sie sind damit Organisationen der sog. Freien Apostelgemeinden. Der Problempunkt war das Verständnis des Apostelamtes und insbesondere die 1951 vom NAK-Stammapostel verkündete Lehre, Jesu Wiederkehr werde noch zu seinen Lebzeiten geschehen. Obwohl dieses Dogma 1960 durch den Tod des Stammapostels widerlegt wurde, blieb der Bruch bestehen. Die aus diesen Konflikten in verschiedenen Ländern in Australien, Europa und Südafrika entstandenen Gemeinschaften schlossen sich 1956 zur Vereinigung der Apostel der Apostolischen Gemeinden zusammen. Im Laufe der Zeit wurden theologische Neuorientierungen vorgenommen, sodass die VAC Schweiz heute eher eine (charismatische) Freikirche ist und nicht mehr eine Gemeinschaft mit einer apostolischen Sonderlehre. Diese Entwicklung ist auch an der seit 2004 bestehenden Mitgliedschaft in der Evangelischen Allianz erkennbar. Die VAC besitzt kein exklusives Kirchenverständnis. Die Gemeinden sind heute ökumenisch aktiv und kooperieren in verschiedenen Belangen mit anderen Christen. Es finden seit dem Jahr 2000 auch wieder Gespräche mit der NAK statt.

Insgesamt gibt es heute neun Apostel in dem weltweiten Gemeinschaftsverband; einer von ihnen leitet jeweils die Konferenzen, er ist aber kein «Stammapostel». Die «gabenorientierte Mitarbeiterschaft» kennt die «biblisch bezeugten Dienstgaben» der Apostel, Propheten, Evangelisten, Hirten und Lehrer, der Ältesten, Priester und Diakone. Die einzelne Gemeinde wird durch ein Team aus Frauen und Männern geleitet. Neuerdings sind kirchliche Ämter auf jeder Ebene für Frauen zugänglich, aber noch nicht praktisch besetzt.

Weltweit hat der Verband ca. 50 000 Mitglieder (davon allein ca. 25 000 in Australien) in rund 160 Gemeinden. Ende 2005 hatte der VAC Schweiz insgesamt 623 Mitglieder (1954, als zwei Schweizer Apostel und viele Mitglieder aus der NAK ausgeschlossen wurden, zählte diese Gruppe rund 1500 Menschen). Gemeinden bestehen in Bern, Grenchen, Kölliken, Lenzburg, Lugano, Luzern, Olten-Trimbach, Radolfzell, Reinach, Zofingen-Oftringen, Zürich und – aufgelöst zu Ende 2007 – St.Gallen. Der Verwaltungssitz des nationalen Kirchenvorstehers ist Trimbach. Bis 1991 betreute die VAC Schweiz auch die kleine Gemeinschaft Apostolischer Christen in Frankreich. Die einzelnen Gemeinden bieten

– je nach Möglichkeiten und Bedürfnis – Seelsorge, Kinder-, Jugend-, Familienarbeit und Seniorenbetreuung an und unterstützen karitative und mildtätige Aktionen und Organisationen. Monatlich erscheint das Mitteilungsblatt «Der Herold», herausgegeben zusammen mit anderen apostolischen Gemeinschaften in Deutschland, Frankreich und Holland. Im Sommer 2004 wurde gemeinsam in Zofingen das 50-jährige Gründungsjubiläum der Kirche gefeiert. Wie bereits angedeutet, ist ein Rückgang der Mitgliederzahlen zu beobachten. Zum Beispiel musste ein Kinderlager der VAC Schweiz, das im Oktober 2006 in Achseten BE hätte stattfinden sollen, mangels Anmeldungen abgesagt werden.

Das Gemeindelokal der Berner Gemeinde befindet sich seit 1989 an der Brunngasse in der Altstadt. Zuvor bestand es in der Brunngasshalde, in der Effingerstrasse im Theorielokal einer Fahrschule und am Bollwerk. Gottesdienste finden an jedem zweiten und vierten Sonntag des Monats um 9.30 Uhr statt, in den Wochen dazwischen werden sie in Grenchen (Christliche Gemeinde Jetzt) abgehalten. Es gibt die traditionelle Liturgie oder Gesprächsgottesdienste, an denen sich die Gläubigen mit ihren Charismen (Gaben) beteiligen. Das Abendmahl wird als Gedächtnismahl verstanden. Die Taufe wird auch Kindern gespendet, wobei der Wille und das Glaubensbekenntnis der Eltern ausschlaggebend sind. Auch die für die Apostolischen typische «Versiegelung» wird zelebriert; sie «feiert den Heiligen Geist, der zu Pfingsten ausgegossen wurde. Durch diesen Geist handelt Gott am Menschen, indem er ihn befähigt, Christus als seinen Herrn zu erkennen und im Glauben zu wachsen.»

In den Siebziger- und Achtzigerjahren war die Berner Gemeinde sehr aktiv: Es gab Gottesdienste mit Chor und Flötenmusik, Sonntagsschulen, Treffen zu Glaubensgesprächen, Ausflüge und Spielnachmittage. Die Mitgliederzahl schwankte in den letzten Jahren durch Zu- und Wegzüge stark; heute erscheinen in Bern durchschnittlich zehn Gottesdienstbesucher. Als Mitglieder werden etwa 20 Menschen gezählt. Seit 2003 gehören Gläubige aus der Westschweiz zur Gemeinde, weshalb der Gottesdienst abwechselnd in Deutsch und Französisch abgehalten wird. Manche Gemeinden orientieren sich für die Finanzierung am biblischen Zehnten, in Bern beträgt der Jahresbeitrag 200 Franken, dazu kommen freiwillige Spenden.

Kontakt

Gemeindelokal, Brunngasse 36, 3011 Bern, c/o W. Roth, Tel.: 062 751 52 15
www.apostolisch.ch, www.united-apostolic.org

Gemeinde Seestrasse/Verein Lazarus

Die Gemeinde Seestrasse und der Verein Lazarus in Thun gehen auf das Engagement von Personen zurück, die – zum Teil in schwierigen Situationen – Gottes Zuspruch erfahren haben. Drogenprävention und charismatisch geprägte Christlichkeit gehen seither Hand in Hand.

Anfang der Siebzigerjahre hat W. Graf ein Offenbarungserlebnis. In der Folge ruft er in seinem Heimatort im Scharnachtal einen Hauskreis ins Leben – der Keim der Gemeinde Seestrasse. Die zweite Schlüsselgestalt ist E. Reber, der – durch Drogen in Schwierigkeiten geraten – 1983 ein Jesuserlebnis hatte und seither clean ist. Kurz darauf schliesst er sich Grafs Hauskreis an. Zusätzlich hat Reber Prophetien und Visionen, die seither in der Gemeinde eine wichtige Rolle spielen. Mit diesen Gaben, die auch Heilungserlebnisse umfassen, bestreitet er öffentliche Veranstaltungen in und ausserhalb der Thuner Gemeinde (Motto: «übernatürlich natürlich Gott erleben»). Der Kreis wächst und beginnt, einzelne Veranstaltungen in halböffentlichen Räumen wie zum Beispiel in der «Baracke» der Thuner Markus-Kirche und im Gwatt-Zentrum abzuhalten. Ab Mitte der Achtzigerjahre gibt es regelmässig Sonntagsgottesdienste, zusätzlich wird eine schnell wachsende Sonntagsschule für den Nachwuchs eingerichtet. Mitte der Neunzigerjahre beginnt man, Kinder- und Jugend-Sommerlager zu veranstalten. Ende der Achtzigerjahre kommen schon rund 40 Personen zum Gottesdienst, es werden Räumlichkeiten im Coop-Freizeit-Center in Thun gemietet. Seit 1994 finden alle Veranstaltungen in der Halle 21 im Thuner Selve-Areal (Scheibenstrasse) statt. Bei der Gemeinde Seestrasse gibt es keine formelle Mitgliedschaft; an den Gottesdiensten nehmen heute rund 200 Menschen teil. Daneben trifft man sich in Hauskreisen.

Im Jahre 1989 stellen die Initiatoren die Drogenarbeit auf rechtliche Füsse, indem sie den Verein Lazarus gründen (heute rund 30 Mitglieder) und das Haus Lazarus einrichten. Ende 2001 zieht das Haus Lazarus nach Goldiwil, es besteht dort seither als begleitete Wohngemeinschaft, in der Menschen in schwierigen Lebenssituationen Aufnahme erhalten. Damit verbunden ist das Arbeitskollektiv Lazarus, in dem Hausbewohner und auch Externe eine Beschäftigung erhalten, über die sie sich wieder in die Gesellschaft integrieren können. Insbesondere wird – in Kooperation mit einer ortsansässigen Firma – Gartenbauarbeit geleistet. Der Verein Lazarus ist heute als christliches sozialdiakonisches Werk eine rechtlich anerkannte gemeinnützige Institution. Als einen weiteren praktischen Arm der Drogenprävention haben Gemeinde und Verein die (nicht gewinnorientierte) Konzertagentur Lazarus Live ins Leben gerufen. Diese organisiert Konzerte mit Bands aus dem In- und Ausland und richtet ihre Angebote an ein Publikum aus Thun und im Einzugsgebiet Oberland/Emmental. Alle Konzerte finden auf christlicher Basis und unter dem Motto «No drugs!» statt. Die Agentur managt auch die Prophetie- und Heilungs-Events Rebers.

Zwischen 1991 und 2003 veranstaltete die Gemeinde Seestrasse zusammen mit der jungen Evangelischen Allianz Events unter dem Namen Lords Meeting. Anfangs geschah das in der Stadtkirche, nach 2002, als der Gemeindekirchenrat sich von der theologischen Ausrichtung und der «suggestiven Atmosphäre» distanziert hatte, in der Halle 21.

1992 bereits war die Gemeinde Seestrasse der Evangelischen Allianz Thun beigetreten.

Ein Jahr später begann die Zusammenarbeit mit dem Missionswerk Kingdom Ministries in Bulgarien und Russland, danach auch in Indien. Ebenfalls dem missionarischen Impuls dient die 1994 übernommene Evangelische Buchhandlung Thun, die 2005 – fusioniert mit der Christlichen Bücherstube Thun – unter dem Namen Libresso am Rathausplatz neu eröffnet wurde.

1996 schliesst sich die Gemeinde – zusammen mit dem Gwatt-Zentrum (Initiator) und weiteren Gemeinden und Werken – der Bewegung Frisches Wasser an, durch die – «inspiriert vom aktuellen Wirken Gottes in anderen Kontinenten» – die «Heilungsgabe Gottes» noch stärker verbreitet werden soll.

Seit einigen Jahren gibt es die siebenköpfige Bandformation purpur, die inzwischen professionelles Niveau erreicht hat und seit 2002 auch die Anbetungszeiten an den Prophetie- und Heilungsveranstaltungen begleitet.

Kontakt

Büro, Winterhaldestrasse 12, 3627 Heimberg, Tel.: 033 438 32 30
www.lazarus.ch, www.kministries.ch

Gemeinde von Christen (GvC) Bern

Die Freikirche Gemeinde von Christen GvC entstand Anfang der 60er-Jahre in Winterthur. Damals predigte dort der 1936 in Bern geborene Evangelist Charles Reichenbach. Sein besonderes Anliegen neben der Evangelisation war – und ist bis heute – Israel und seine besondere Rolle in Gottes Plan. Dafür gründete er u. a. auch 1968 das Unternehmen Biblischer Reisedienst und die Zeitschrift «Freund/Shalom».

Anfangs trafen sich nur wenige Menschen im Barockhüüsli im Stadtgarten. Doch das änderte sich langsam, und durch das ständige Wachstum waren im Laufe der Zeit mehrere Umzüge nötig. Ab 1999 nutzte die inzwischen auf mehrere Hundert Menschen angewachsene Gemeinde das Müliareal, und nach dem Stadtquartier gab sie sich den heutigen Namen GvC Chile Hegi. Einige Jahre nutzte sie dann sogar ein ausgemustertes Zelt des Zirkus Monti, bis sie im Sommer 2006 die selbst errichtete Parkarena Winterthur beziehen konnte. Die GvC Chile Hegi ist zu einer der grössten freikirchlichen Gemeinden in der Stadt geworden; in ihren Räumen – die auch von Aussenstehende gemietet werden können – bietet sie eine Vielzahl von Veranstaltungen und Kursen an. Neben den Gottesdiensten, an denen bis zu 1000 Menschen teilnehmen, bilden insbesondere die über 90 Kleingruppen das Rückgrat des religiösen Lebens.

Die Winterthurer Gemeinde hat im Laufe der Zeit neue Impulse aufgenommen, die über Reichenbachs Ansatz hinausgehen. Die Israel-Prophetie spielt in der Chile Hegi keine zentrale Rolle; dennoch ist die Gemeinde mit Ch. Reichenbach weiterhin freundschaftlich verbunden, und er predigt dort noch immer mehrere Male im Jahr. Stattdessen ist die Gemeinde stärker von modernen evangelistischen Ansätzen geprägt, wie sie zum Beispiel von Willow Creek her kamen. Die Evangelisation wurde sehr wichtig und wird systematisch und manchmal auch unkonventionell begangen, und die Gemeinde begann, sich um Randständige zu kümmern (heute in der Stiftung Quellenhof institutionalisiert). Moderne Formen der Anbetung bestimmen den Gottesdienst und zeitigen Erfolge gerade bei der jungen Generation.

Winterthur ist zur Muttergemeinde eines kleinen GvC-Gemeindeverbundes geworden. Direkte Tochtergemeinden sind Bassersdorf ZH und Wil SG, weitere Gemeinden bestehen in St.Gallen, Zürich, Schaffhausen und Bern (eine Gemeinde in Basel gehört nicht mehr dazu). Die meisten der anderen Gemeinden sind allerdings eher traditionell geprägt. Auf den deutschen Evangelisten H. Zaiss (1889–1958) geht ein in Deutschland bestehender Gemeindeverband namens Ecclesia – Gemeinde von Christen zurück, mit dem die schweizerischen GvC Kontakte halten, die jedoch nicht identisch sind.

Der Verband wird gesamtschweizerisch vom Ältestenrat geleitet, der sich regelmässig trifft und von Charles Reichenbach präsidiert wird. Jede Gemeinde verfügt ihrerseits über eine Gemeindeleitung. Nicht alle Gemeinden haben einen eigenen Pastor. Stellung und Amt von Frauen in den Gemeinden sind nicht statuarisch festgelegt. Die Finanzierung erfolgt durch Kollekten und Spenden.

Die GvC verstehen sich innerhalb des freikirchlichen Spektrums als verkündigungsbezogene Wortgemeinde; charismatische Gaben werden akzeptiert, stehen aber nicht im Vordergrund. In der Glaubenspraxis bestehen Besonderheiten in der Glaubenstaufe und beim Predigtamt durch Laien. Einige, aber nicht alle Gemeinden sind Mitglied der Evangelischen Allianz.

Eingeschriebene Mitglieder gibt es nicht. Jeder, der eine persönliche Beziehung zu Jesus hat und regelmässig die Gottesdienste besucht, wird als zugehörig betrachtet. Verbindlichkeit ist jedoch gewünscht und wird über Hauskreise auch hergestellt. Die Glaubenstaufe ist ein Angebot, aber nicht Bedingung. Die Winterthurer Gemeinde verlangt vor einer Aufnahme jedoch den Besuch eines zweiteiligen sog. Visionskurses.

Die Berner GvC-Gemeinde entstand 1986. Für längere Zeit traf sie sich im Hotel Kreuz, heute hat sie ihr Domizil bei den Methodisten in der Nägeligasse gefunden. Etwa 80 Menschen gehören zur Gemeinde, wobei es keine eingeschriebene Mitgliedschaft gibt. Die Gemeinde ist Mitglied der lokalen Evangelischen Allianz. Sie veranstaltet etwa zwei Treffen pro Woche, darunter den Gottesdienst am Sonntagabend. Dazu kommen Gebetstreffen, Vorträge und Seminare. Ch. Reichenbach predigt regelmässig in Bern, auch hält er weiterhin Vorträge zu seinem Thema.

Kontakt

GvC, c/o Nägeligasse 4a, 3011 Bern
www.gvc-bern.ch, www.gvc.ch, www.freund.ch

Gemeinden Christi

Die Gemeinden Christi bilden – historisch unter dem Namen Churches of Christ von den USA ausgehend – einen losen Verband, der sich in der Organisation am NT orientiert: Es gibt keine überregionale Struktur, jede Gemeinde ist unabhängig (Kongregationalismus). So können die einzelnen Gemeinden sich auch deutlich unterscheiden. Die Gemeinschaften – bzw. die spezielle sie leitende Gemeindeidee – waren im 19. Jahrhundert aus der Erweckung des Restoration Movement hervorgegangen, doch erst 1906 entstanden sie als erkennbarer Gemeindekörper nachdem es eine Spaltung in der Bewegung gegeben hatte.

Das Ziel war es, die christliche Urgemeinde wieder zu errichten. Die Ausrichtung der meisten Gemeinden ist bis heute sehr konservativ und biblizistisch, das heisst, die als irrtumslos verstandene Bibel allein ist Richtschnur für das Leben. Manche Schweizer Gemeinden sind allerdings relativ liberal. Jede Gemeinde soll von Ältesten geleitet werden, welche als «Hirten» die Verantwortung tragen; die Verkündigung wird von «Evangelisten» durchgeführt. Sollte es in einer Gemeinde weitere Tätigkeiten auszuführen geben, können dafür «Diakone» eingesetzt werden. Lehr- und Leitungsämter sind Frauen nicht zugänglich. Um Glied der Gemeinde zu werden, ist die Umkehr im Glauben und die Taufe nötig, welche durch Untertauchen – zur Vergebung der Sünden und zum Empfang des Geistes – geschieht. Sie wird nur als Erwachsenentaufe praktiziert; der Taufe von unmündigen Kindern stehen die Gemeinden Christi ablehnend gegenüber, entsprechend fern stehen sie auch den diese praktizierenden Kirchen. Generell sind Kontakte zu anderen Kirchen kaum vorhanden: Man nimmt nicht an der Ökumene teil und feiert nicht einmal die üblichen kirchlichen Feste. Jedoch unterstützen die Gemeinden Christi die Teilnahme am öffentlichen Leben und fördern soziales Engagement im Rahmen ihrer Möglichkeiten.

Schätzungsweise gibt es heute weit über 1000 Gemeinden Christi weltweit; eigenen Vermutungen zufolge sollen bis zu 10 Millionen Menschen dieser Bewegung angehören. Im deutschsprachigen Raum sind es rund 40 Gemeinden. Deutsche Gemeinden Christi publizieren die monatliche Zeitschrift «Das Feste Fundament»; eine Veröffentlichung der Zürcher Gemeinde sind im Internet abrufbare Radiosendungen namens «Vorzeitpfade». In der Schweiz gibt es neun Gemeinden Christi, zwei davon im Kanton Bern (Stadt Bern und Thun).

Sie gehen auf amerikanische Evangelisten zurück, die in den Fünfzigerjahren in Zürich zu wirken begannen. Die Berner Gemeinde entstand 1958, sie hat heute rund 50 Teilnehmer, die Thuner 1975, ihr gehören heute rund 30 Menschen an. Formale Mitgliederlisten werden allerdings nicht geführt.

In den Gemeinden finden an jedem Sonntagvormittag Anbetung genannte Gottesdienste statt, sie bestehen aus den Elementen Gebet, Abendmahl, Predigt und Gesang (nur a capella, da das NT keine Instrumente erwähnt). Am Mittwoch gibt es eine gemeinschaftliche «Bibelbetrachtung». Zu den Gemeindeaktivitäten gehören ausserdem diverse Haus- und Gebetskreise, Frauen- und Jugendgruppen, gemeinsames Singen und Freizeiten.

Nachdem die Schweizer Gemeinden anfangs auf finanzielle Unterstützung aus den USA angewiesen waren, erhalten seit den Neunzigerjahren nur noch zwei Gemeinden derartige Hilfe. Auch die Prediger, die teil- oder vollzeitig beschäftigt sind, kamen früher aus den USA, diese Ämter haben inzwischen Schweizer übernommen.

Gemeinde Christi Bern, Könizstrasse 13, 3008 Bern, Tel.: 031 381 33 51
Gemeinde Christi Thun, Pestalozzistrasse 2a, 3600 Thun, Tel.: 033 223 34 48
www.gemeinde-christi.ch, www.gemeinde-christi.de, www.vorzeitpfade.net

Gemeinschaft der Evangelisch Taufgesinnten

In den ➜ Evangelischen Täufergemeinden ETG («Neutäufer», «Fröhlichianer») gab es am Beginn des 20. Jahrhunderts einen Streit um ein Detail: den Oberlippenbart. Für viele der nach strengen Regeln lebenden Gläubigen war dieser ein Symbol des Militärs und daher abzulehnen. Unter den Schweizer Mitgliedern diskutierte man intensiv, doch die in Amerika lebenden waren zum Teil noch rigoroser: Gerade aus Osteuropa eingewanderte Glaubensbrüder, bei denen diese Manneszier traditionell war, mussten sich von der Gemeinde buchstäblich blossstellen lassen. Die hitzige Diskussion kam nach Bern, und im Jahre 1902 entstand in der Stadtberner ETG und sogar zwischen zwei leiblichen Brüdern in ihrer Führung der Bruch. Seither trafen sich die «Vertragsamen», die mit dem Bart leben konnten, im Mattenhof und die rigoristischen «Unvertragsamen» in der Junkerngasse. Auf die harte Linie schwenkten schnell auch Gemeinden in anderen Orten ein, sodass die gesamte ETG betroffen war. Beide Richtungen verwendeten jedoch weiterhin denselben Namen: Gemeinden Evangelisch Taufgesinnter. Ein Kontakt zwischen den beiden gleichnamigen Gemeinschaften war zumindest im deutschen Sprachraum nicht mehr möglich. Die «vertragsame» Richtung begann in den 70er-Jahren, ihren Namen zu ändern; u. a. um sich von den rigoristischen Neutäufern zu unterscheiden. Sie wurde 1990 offiziell zur Evangelischen Täufergemeinde ETG. Die strenge Linie blieb bei dem alten Namen Evangelisch Taufgesinnte.

In der Lehre unterscheiden sich die Taufgesinnten nicht sehr von der ETG. Sie nutzen einzig die Lutherbibel und halten sich streng an die theologischen Lehren Samuel Fröhlichs. Die Gemeinden werden von Ältesten geleitet, und an den Gottesdiensten predigen Laien. Es wird einzig der sonntägliche Gottesdienst zelebriert, auch die Kinder- und Jugendarbeit ist wenig entwickelt. Alle Ämter sind Männern vorbehalten.

Beitritte gibt es fast keine, die Gemeinden erhalten ihren Bestand durch ihren Nachwuchs. Eine Glaubenstaufe erfolgt nach einem Bekenntnis und der Busse, jedoch sind längst nicht alle Mitglieder getauft. Denn nur wer streng nach den Gesetzen lebt, kann diesen Stand erreichen. Die Getauften sitzen im Gottesdienst etwas separiert von den anderen, die die Taufe noch anstreben. Mitglieder der Gemeinschaft sind an ihrem konservativen Kleidungsstil erkennbar, Frauen tragen lange Röcke und lange, jedoch hochgesteckte Haare, und die Männer haben natürlich keinen Oberlippenbart. Die Taufgesinnten betreiben keinerlei Mission, sie pflegen nur die notwendigen Kontakte zur Aussenwelt und gar keine zu anderen Kirchen. Man betrachtet sich als exklusiv in der Wahrheit. Zugleich waren und sind sehr kinderreiche Familien häufig, wodurch sich die Mitgliederzahl anscheinend stabil hält und alle Generationen darin vertreten sind. Obwohl viele Menschen die Gemeinschaft verlassen und nur selten jemand von aussen aufgenommen wird, gibt es genügend Nachwuchs. Wurde die Anhängerzahl im Lande in den 70er-Jahren insgesamt auf 600 bis 800 geschätzt und gingen Beobachter in den Neunzigern von einem Rückgang aus, so schätzen Anfang 2007 Kenner der Gruppe den Mitgliederbestand auf rund 400 allein für den Kanton Bern.

Gemeinschaften der Taufgesinnten gibt es in der Schweiz vorwiegend im Kanton Bern, es bestehen aber auch welche in anderen Mittellandkantonen. Gemeinden im Kanton befinden sich in Busswil b. Büren, in Bärau, in Eriswil, in Lützelflüh, in Steffisburg und in Münsingen, wohin sich etwa im Jahre 1967 die Berner Gemeinde verlagert hatte.

Generation Postmodern Church (GPMC)

Im Jahre 1998 wird in der Pfingstgemeinde Thun (→ SPM) die Idee formuliert, im benachbarten Uetendorf eine neue Gemeinde zu gründen. Es entstehen diverse Kleingruppen («Zellgruppen») und ein Familiengottesdienst; ein Name für diese Aktivitäten lautet Puzzle Church Uetendorf. Auch im Rollorama, einer Jugend- und Sporteinrichtung unter teilweise freikirchlicher Trägerschaft in Thun, entstand in jener Zeit bei einigen die Vorstellung, den christlichen Glauben in Kleingruppen zu leben. 1999 erwuchs aus diesen Initiativen in Thun die GPMC. Die Freikirche, eigentlich eher ein Netzwerk von Hauskirchen, ist als Verein organisiert und bestreitet alle ihre Kosten aus Spenden.

Die GPMC hat keine feste Mitgliederzahl, da derartige fixe Strukturmerk-
male – ebenso wie Ämterhierarchien – nicht für wichtig erachtet werden.
Zum grossen monatlichen Gottesdienst, Interface genannt, kommen etwa 200
Erwachsene zusammen und rund 100 Kinder, die währenddessen speziell betreut
werden. Interface findet jeweils am ersten Sonntag im Monat in der Halle 21 an
der Scheibenstrasse 21 in Thun statt.

Die meisten GPMC-Mitglieder sind zudem in sog. Livegrooves eingebunden,
kleine Haus- bzw. Jüngerschaftskirchen aus zwei bis 15 Personen. Das Ziel eines
Livegrooves ist es, «mit Menschen Jüngerschaft zu leben» und sie damit zu befähigen, neue Livegrooves zu gründen. Livegrooves finden wöchentlich in den
Wohnungen der Teilnehmer statt und beinhalten meist eine gemeinsame Mahlzeit, Worship (Anbetung), Lehre, Gebet und persönlichen Austausch. Die Livegrooves bilden somit das eigentliche Zentrum des Gemeindelebens.

Weitere Initiativen der Kirche sind die Vernetzung der Gruppen und die Mission. Das Churchplanting (Gemeindegründungen) wird als das Hauptanliegen
der GPMC bezeichnet. Deshalb ist das C-Team, das Churchplanting-Team,
zugleich der Vorstand des Vereins GPMC. D-Team steht für «Diakonische Leiterschaft»; es handelt sich dabei um mit verschiedenen Gaben versehene Menschen (gemäss 1. Tim. 3.8 ff), die in enger Kooperation verschiedene spezielle
Leitungstätigkeiten ausführen. Ein Council genannter Personenkreis, zu dem
auch Menschen aus anderen Gemeinschaften gehören können, übt die apostolische, das heisst eine geistlich beratende Funktion aus. In der GPMC sind alle
Funktionen beiden Geschlechtern zugänglich.

Die Gemeinde veranstaltet neben den Gottesdiensten eine monatliche Jesus
Night (Gebetsnacht), spezielle Gebetstreffen, Kids Train bzw. Family Train
genannte Treffen und Kurse für Kinder und Familien, Aus- und Fortbildungen
für Leiter (Zyklotron und Katalysator genannt), Alphalive- und Ehe-Kurse
u. v. a. m. Vieles davon ist übergemeindlich ausgerichtet, und oft werden Aktionen auch in Kooperation mit anderen Gemeinden organisiert und getragen.
Alle Veranstaltungen der GPMC sind öffentlich. Man ist sehr bestrebt, mit
anderen Christen zusammen den Glauben zu erleben und zu arbeiten; man
diene schliesslich dem Reich Gottes und nicht einer speziellen Institution. Die
jüngste Initiative in diese Richtung ist das «Aussendungshaus» in Thierachern,
das zusammen mit der Ekklesia Frutigen (→ Freie Missionsgemeinden, VFMG)
und dem Missionswerk Vision 200 aufgebaut wurde und Anfang 2008 seinen
Dienst aufnahm. Ab Juni 2008 sollen dort Menschen, die als Wohngemeinschaft in dem Haus leben, ein Jahr lang in apostolischen Fragen geschult und

danach für drei Jahre als Gemeindegründer ausgesandt werden, vorwiegend in die «unerreichten Gebiete Europas».

Die GPMC-Kirche ist in die Sektion Thun der Evangelischen Allianz einge-bunden, auch mit der Reformierten Landeskirche gibt es Kontakte. Mitglieder der GPMC werden zudem ermutigt, nicht nur für die Gemeinschaft oder das christliche Glaubensleben aktiv zu sein, sondern sich auch in allgemeine gesell-schaftliche Belange im Sinne der christlichen Nächstenliebe einzubringen.

Kontakt

Scheibenstrasse 3, 3600 Thun, Tel.: 033 221 48 92
www.gpmc.ch, www.aussendungshaus.ch

Harvest Church Net

Der Name Harvest Church (HC) steht für ein junges Netzwerk von Hausge-meinden. Ihr Kernanliegen ist «die innige Liebesbeziehung jedes Einzelnen und als Gruppe mit Jesus (so wie sie eindrücklich im Hohelied zum Ausdruck kommt) und die transparente, von Liebe geprägte Gemeinschaft untereinander, die mehr und mehr den Alltag und die Freizeit mit einbezieht und zunehmend in gemeinsamem Wohnen ihren Ausdruck findet». Ihre Art der Gottesbegeg-nung kann als charismatisch bezeichnet werden. Durch intensive Evangelisation solle die Reformation zu Ende gebracht werden bzw. die Schweiz eine «neue Reformation der Liebe» erleben.

Der Gründer der HC hatte als CVJM-Gruppenleiter gearbeitet und gemeinsam mit seiner Frau bei Campus für Christus eine Missionsausbildung absolviert. Nach einem längeren Aufenthalt in Kanada, wo sie für die → Vineyard-Gemein-schaft gearbeitet hatten, kehrten sie nach Winterthur zurück, wo sie unter dem Dach der Vineyard eine Gemeinde führten. Da sie sich jedoch mehr der Landes-kirche verbunden fühlten, lockerten sich die Bande zu Vineyard, und Ende 1999 wurde eine eigene Gemeinde errichtet – die Stiftung Harvest Church Winterthur. Die regionale Gemeinde ist von der Struktur her eine eigenständige Freikirche: Alle sakramentalen Handlungen werden in der Harvest Church angeboten und auch die Finanzen (den Zehnten zu geben wird empfohlen) sind autark geregelt. Dennoch legt man Wert darauf, Bestandteil der Landeskirche zu sein. Mit der Verfassung der Zürcher Reformierten Landeskirche haben sich die Leiter konstruktiv auseinandergesetzt. Die HC Winterthur ist Mitglied in der Evangelischen Allianz.

Die Gemeinschaft hatte anfangs etwa 50 Mitglieder, wuchs seither kontinuierlich und ist heute das Zentrum eines ganzen Netzwerks namens Harvest Church Net, das sich von der Ostschweiz über das Mittelland bis in die Romandie erstreckt. Inzwischen kommen zu den einmal monatlich stattfindenden Gottesdiensten des Gesamtnetzwerks, Celebration genannt, über 400 Menschen zusammen. Lange fanden diese in Sennhof bei Winterthur statt, heute wird dafür die kleine Reithalle in Winterthur genutzt. Die Winterthurer HC ist bis heute die mit Abstand grösste Gemeinde des Verbandes.

Das Harvest Church Net ist regional unterteilt und besteht aus zahlreichen lokalen «House Churches» (Hauskirchen), denen jeweils etwa zehn Menschen angehören. Die Regionen (das heisst die Zusammenschlüsse einiger Hauskirchen aufgrund der regionalen Zusammengehörigkeit) treffen sich einmal die Woche. Die derzeitigen Regionen sind: Bern, Bischofszell, Hinwil/Wald, Kreuzlingen/Konstanz, Lausanne, Münsingen, Thun, Turbenthal, Winterthur und Zürich; sie werden von Regionalleitern geleitet. Die House Churches sind in vielen Belangen selbstständig und treffen sich mindestens einmal in der Woche.

Das HC Net sorgt für die überlokale Verbundenheit. Es ist als Stiftung organisiert, diese wird von Netzwerkleitern geführt. Die Netzwerkleiter und die Regionalleiter treffen sich vier- bis sechsmal im Jahr einen ganzen Tag zu Anbetung, Gemeinschaft und Weiterbildungen. Ein einwöchiges Sommercamp bietet dem ganzen Netzwerk die Möglichkeit, gemeinsam Zeit «vor Gott und miteinander zu verbringen». Seit 2005 bietet das HC Net auch die Möglichkeit zu einer Vollzeitschule an, die sich in ihrem Ablauf immer wieder dem aktuellen Bedarf anpasst. Um dieses Angebot möglichst vielen zugänglich zu machen, wurde es von den anfänglichen ein bis zwei Jahren auf drei Monate reduziert. Es sind geschlechtergetrennte Wohngemeinschaften organisiert, und Familien schliessen sich in dieser Zeit zum Teil mit anderen Familien zusammen. Neben Anbetung und Lehre finden Einsätze im In- und Ausland (zum Beispiel in Uganda) statt. Bedarf für eine Verkündigung wird sowohl in nicht christlichen Kulturen als auch in der Nachbarschaft gesehen, wo immer mehr Menschen den traditionellen Kirchen fernbleiben.

Seit 2003 wird – um die Betreuung der Jugend zu intensivieren und diese Zielgruppe erfolgreicher anzusprechen – generationXX organisiert, die Jugendbewegung der HC. Sie trifft sich zurzeit etwa einmal wöchentlich.

Im Kanton Bern gab es Anfang 2007 17 House Churches mit rund 100 Mit-gliedern. Schon 2006 war die Gemeinschaft im Kanton Bern bereits derart ange-wachsen, dass hier eine sog. Kids-Church Region Aaretal eingerichtet wurde – die zweite neben der in Winterthur. Einmal monatlich an einem Samstag-nachmittag kommen Kinder ab vier Jahren unter Anleitung zusammen, «um gemeinsam zu lernen, Gott zu begegnen, ihn anzubeten und zusammen zu spielen».

Kontakt

Harvest Church Net, Schulstrasse 23, 8546 Gundetswil/Islikon (bei Winterthur), Tel.: 052 369 00 77
www.harvest-net.org, www.offenetueren.ch

Hauskirche Beracha

Die Gemeinde entstand im Jahre 2000 in Wattenwil. Momentan umfasst sie rund 30 Personen. Sie ist juristisch als Verein organisiert und finanziert sich durch Spenden.

Ihre theologische Ausrichtung bezeichnet die Gemeinde als charismatisch. Das Anliegen der Gründer und Mitglieder ist «die Erneuerung und Wieder-herstellung von Gottes Lob und Anbetung». Daher ist der jeweils am Sonntag stattfindende Gottesdienst mit viel Lobpreis verbunden. Zudem gibt es an jedem Freitag einen speziellen Lobpreisabend. Die Gemeinde steht allen Menschen offen, eine Mitgliedschaft stützt sich jedoch auf Verbindlichkeit. Allen Men-schen soll geholfen werden, zum Beispiel in seelischen und sozialen Notlagen; das geschieht unentgeltlich und auch ohne Berücksichtigung der konfessio-nellen Ausrichtung.

Die Gemeinde Beracha ist autonom, allerdings beteiligt sie sich an der «Lob-preisstrasse» im Gürbetal. Dabei handelt es sich um einen losen Zusammen-schluss von (im Sommer 2007) sieben Gemeinden (neben Beracha noch das EGW Wattenwil, die Heilsarmee Gurzelen und die landeskirchlichen refor-mierten Gemeinden von Wattenwil, Seftigen, Kehrsatz und Riggisberg), die monatlich einen Gottesdienst veranstalten.

Mittlere Weite 2, 3665 Wattenwil, Tel.: 033 356 29 93, w.straubhaar@jesus.ch

Heilsarmee

Die Heilsarmee, die «Kirche auf der Strasse» mit ihrer sehr eigenen Art, das Evangelium zu predigen, will besonders denen das Christentum verkünden, die ihm fernstehen. Das sind die in ihre Alltagsdinge verstrickten Menschen in den Städten, denen die Salutisten vor den Türen der Warenhäuser ein Ständchen bringen, oder diejenigen, die auf der Strasse leben müssen, denen sie sich in aktiver Caritas zuwenden. Charakteristisch sind die militärähnliche Struktur mit Uniformen und die Auftritte in der Öffentlichkeit.

1865 gründete der Methodist William Booth (1829–1912) im Osten Londons, einem sozialen Brennpunkt, die Christliche Mission Ost-London. Ursprünglich dachte er dabei nicht an eine eigene Kirche, doch musste er bald erkennen, dass seine dynamische Bewegung das Korsett der Methodistenkirche sprengte. Dennoch blieb er theologisch dem methodistischen Denken treu. Schnell begriff er auch, dass das Evangelium allein nicht hilft, sondern dass dazu auch die praktische Lebenshilfe kommen muss. So ist seither neben der Verkündigung die soziale Hilfe das Hauptanliegen der Gemeinschaft. Die Organisation, die er für die Hilfe brauchte, organisierte er nach militärischem Vorbild und nannte sie bei ihrer offiziellen Gründung im Jahre 1878 Salvation Army. Ihr Auftreten - Uniformen, Offiziersränge für ordinierte Geistliche, Fahnen und Kapellen – wirkte für die Gemeinschaft selbst identitätsstiftend, jedoch auf die Kirche seiner Herkunft wie auch auf viele andere wohl zu befremdlich, sodass sich Gräben auftaten und die schnell wachsende Organisation zu einer eigenständigen Freikirche wurde. Zugleich bemühte sie sich aber um ein weiterhin gutes Verhältnis zu anderen Kirchen, mit denen sie als nicht sakramentale Evangelisationsbewegung ihren besonderen Auftrag wahrnehmen will, ohne Mitglieder herauszulösen. Heute ist die Heilsarmee intensiv ökumenisch eingebunden; in der Schweiz gehört sie dem Verband der evangelischen Freikirchen und Gemeinden (VFG), der Arbeitsgemeinschaft Christlicher Kirchen (AGCK), der Evangelischen Allianz und weiteren Organisationen an.

Weltweit ist die Heilsarmee heute mit rund 1,6 Millionen Mitgliedern in über 100 Ländern präsent. Wurde sie auch anfangs oft beargwöhnt und verlacht, so ist ihr Dienst heute vielerorts geschätzt und geniesst grosse Anerkennung. Die militärische Struktur hat auf die verkündeten Glaubensinhalte, die sich am methodistischen Vorbild orientieren, keinen Einfluss, hilft aber, den Dienst unter mitunter schwierigen Bedingungen zu organisieren. Die Soldaten der Heilsarmee sind Freiwillige; Offiziersränge werden von hauptamtlichen Mitarbeitern bekleidet. Die Vorstellung von der «Heiligung des Lebens», der fortwährenden Annäherung an christliche Ideale, soll von allen Mitgliedern konsequent gelebt werden, was ein Leben nach biblischen Massstäben bedeutet und zum Beispiel zum Verzicht auf Alkohol und Nikotin verpflichtet. Sakramente werden nicht als heilsnotwendig erachtet; Salutisten sind dagegen aufgefordert, bei jeder Mahlzeit des Opfers Christi zu gedenken. Die Teilnahme an Abendmahlsfeiern oder die Taufe in anderen Kirchen ist nicht untersagt.

Konsequenz in den Idealen wird daran erkennbar, dass der Beitritt nur nach einem Antrag, einer «Rekrutenzeit» und erst nach der Zustimmung der Gemeindeleitung möglich ist. Offiziere unterschreiben gar ein Gelübde, werden an Offiziersschulen ausgebildet und tun in der Regel lebenslang Dienst. Ein Offiziersrang ist mit einer Ordination zum Geistlichen verbunden. Diese findet zum Abschluss einer dreijährigen Ausbildung statt. Offiziersanwärter (Kadetten) besuchen den Unterricht am Bildungszentrum der Heilsarmee in Basel. Die Schule ist auch für ausländische Studenten offen. Derzeit studieren in Basel 20 bis 30 Kadetten.

Schweiz und Bern

1882 startete Catherine Booth, die Tochter des Heilsarmee-Gründers, und ihr Mann Arthur S. Gibbon die Heilsarmee-Arbeit in Genf (im Mai 2007 konnte somit unter grosser öffentlicher Anteilnahme in Bern das 125-jährige Jubiläum gefeiert werden), ein Jahr später auch in den Kantonen Neuenburg und Waadt. Die ersten Versammlungen auf Deutsch fanden ebenfalls in Genf statt, ab 1885 dann in Schlieren und ab 1887 in Basel. Bis heute ist die Heilsarmee im welschen Landesteil überproportional vertreten, aber überhaupt nicht im Tessin. Die Anfänge waren tumultuös; es kam zu Schikanierungen, tätlichen Angriffen und Inhaftierungen. Die Salutisten wurden als Mômiers, als heuchlerische Seelenfänger betrachtet und vorübergehend sogar für illegal erklärt, bis das Bundesgericht sie 1889 als religiöse Körperschaft anerkannte. 1890 gewährte der Bundesrat ihr gar grundsätzlich seine Unterstützung, und 1894 hob er die kantonalen Ausnahmegesetze auf. Die Bewegung verbreitete sich rasch und brachte bald ihre Zeitschriften heraus: 1885 den «Kriegsruf», 1889 das französische Pendant «Le Cri de Guerre»; diese Verteilzeitung wurde inzwischen in «Trialog» bzw. «Espoir» umbenannt. Die Schweizer Heilsarmee veröffentlicht ausserdem seit 1967 alle zwei Wochen die Zeitung «Salutist/Le Salutiste». Diese Zeitschrift für Salutisten und Freunde trägt seit 2005 den Titel «dialog/dialogue» und erscheint monatlich.

1896 entstand ein Wohnheim in Zürich, 1899 eines in Genf und 1903 ein Heim für ehemalige Gefangene in Köniz; dazu kamen Landwirtschaftsbetriebe in Saint-Aubin und Waldkirch. 1904 leitete die Heilsarmee schon acht Sozialdienstzentren in der Schweiz. Heute sind es knapp 50 Sozialinstitutionen (Alters-, Kinder-, Frauen- und Männerwohnheime, Ferienheime) sieben Sozialberatungsstellen und 14 Durchgangsheime.

Nachdem die Schweiz zunächst vom Hauptquartier in Paris abhängig war, wurde sie 1901 zu einem selbstständigen Territorium mit dem nationalen Hauptquartier in Bern, welches heute auch für Ungarn und Österreich zuständig ist. Schon 1895 hatte es eine erste Zusammenkunft in der Stadt gegeben. 1915 wurde am selben Ort ein Wohngebäude gekauft, und heute besteht dort auch das Heilsarmee-Museum. Bis 1941 waren die sog. Territorialleiter Briten, Holländer oder Schweden, seither sind es häufig Schweizer. Grundsätzlich wird der Territorialleiter vom General am internationalen Hauptsitz in London eingesetzt. Alle Ämter und Funktionen, auch die des Generals, können auch von Frauen eingenommen werden.

Die Gleichheit aller Menschen ist ein zentraler Grundsatz für die Heilsarmee, gerade aus ihm heraus geschieht das karitative Engagement. Dennoch gibt es zielgruppenspezifische Angebote. Die Schweizer Frauengruppe zum Beispiel, anfänglich Heimbund genannt, wurde 1923 gegründet und umfasste 1980 mehr als 4000 Frauen in 140 Sektionen. Es gibt eine vielfältige Jugendarbeit, die aus Projekten mit Namen wie Alive, Basics und Lift-off, aus Jugendgottesdiensten, Sportlagern, Sonntagsschulen, aus KidsSong und Jungscharen besteht – lokal wie auch national. Ein Gesprächs- und Betreuungsdienst besucht Strafgefangene in Haftanstalten und unterstützt ihre Angehörigen. Die Salutisten betreiben im Land knapp 30 Brockenstuben (im Kanton Bern sind es fünf), damit verbunden ist ein Arbeitsprogramm namens REHA, das Langzeitarbeitslosen und Jugendlichen einen Wiedereinstieg in die Arbeitswelt ermöglichen will.

Einnahmen aus den Brockenstuben werden für soziale Projekte im In- und Ausland eingesetzt. Weitere Einnahmen werden durch staatliche Subventionen und Pensionsgelder für die Sozialheime generiert. Jeweils in der vorweihnachtlichen Zeit wird die Topfi, die Topfkollekte zur Unterstützung der Heilsarmee-

Arbeit durchgeführt. Dazu kommen Spenden von Mitgliedern und Aussenstehenden sowie Legate. Die Schweizer Heilsarmee stützt ihre vielfältigen Tätigkeiten auf drei Rechtsträger: Die Stiftung Heilsarmee Schweiz, die Genossenschaft Heilsarmee Sozialwerk und die Heilsarmee Immo AG. Viele der rund 1400 Mitarbeiter in Verwaltung und Sozialwerk sind nicht Mitglied der Heilsarmee.

Die explizit religiöse Seite der Heilsarmee, ihr kirchlicher Zweig, manifestiert sich in den einzelnen Gemeinden, Korps genannt. Die rund 4500 Mitglieder in der Schweiz leben ihren Glauben in über 70 Korps; ein Drittel davon im französischsprachigen Landesteil. Die Division Bern (die Schweiz umfasst vier Divisionen), zu der auch Solothurn gehört, besteht aus 17 Korps und hat rund 1200 Mitglieder. Versammlungsorte gibt es noch mehr, nämlich 34. Sehr viele Mitglieder der Heilsarmee gehören zugleich einer Landeskirche an.

Kontakt

Hauptquartier, Laupenstrasse 5, 3001 Bern, Tel.: 031 388 05 91
www.heilsarmee.ch

Herrnhuter Brüder-Unität – Sozietät Bern

Die Herrnhuter sind neben den Waldensern die bekanntesten vorreformatorischen Protestanten, das heisst, ihr Ursprung als von Rom unabhängige Gemeinschaft reicht noch vor Luther zurück. Allerdings haben sie ein explizit lutherisches Gepräge angenommen, sodass sie heute als lutherische Freikirche bezeichnet werden können.

Ihr Beginn ist in Böhmen, im Wirken des Reformators Jan Hus zu finden. Sein Tod auf dem Scheiterhaufen auf dem Konstanzer Konzil 1415 löste die Hussitenkriege aus. Die Reste der unterlegenen Aufständischen bildeten in Abgeschiedenheit ab 1457 die «Gemeinschaft der Brüder des Gesetzes Christi» («Unitas Fratrum»). Die Idee der völligen Gleichheit aller Menschen führte zu der noch heute gebräuchlichen Anrede «Bruder» und «Schwester». Sie wurden weiter verfolgt und, als sie die ihnen 1648 im Westfälischen Frieden aufgezwungene Rekatholisierung ablehnten, fast vernichtet. Verstreute Reste besannen sich durch Einflüsse des lutherischen Pietismus auf ihre Wurzeln, und viele der so erweckten «Böhmischen» oder «Erneuerten Brüder» sammelten sich ab 1722 im Südosten Deutschlands. Dort, auf seinem Gut in Herrnhut in der Lausitz, bot ihnen Graf N. L. Zinzendorf Siedlungsraum, wodurch die Brüder den Namen «Herrnhuter Brüdergemeine» (ohne «d») oder kurz «Zinzendorfer» bekamen. Sie konnten dort in Frieden in einer Art Kommune leben. Eine Herauslösung der Mitglieder aus den Landeskirchen hatten sie nicht zum Ziel, jedoch bildeten sich – obwohl kein eigenes Bekenntnis bestand und bis heute nicht besteht – eigene Liturgien und Rituale und ab einem bestimmten Moment auch eigene Ämter (meist Laienämter). Spätestens mit der Einsetzung eines eigenen Bischofs und mit eigenen Ordinationen war die Freikirche konstituiert. Als solche erkannte sie der damals sehr tolerante Preussische Staat im Jahre 1742 auch an. Zu den protestantischen Kirchen, insbesondere zu denen der lutherischen Richtung blieb das enge Verhältnis bestehen; Doppelmitgliedschaften sind möglich und kommen oft vor. Die Struktur als Freikirche hat also eher traditionelle als theologische Gründe.

Heute gehören der Gemeinschaft (die ausserhalb des deutschen Sprachraums eher als «Moravian Church»/«Eglise morave» bekannt ist) rund 825 000 Menschen in 30 Ländern an, über die Hälfte davon in Afrika. In Europa leben Herrnhuter vorwiegend in Deutschland und den Niederlanden. Ihre Kirche ist in 19 Provinzen unterteilt, die Schweiz gehört zur «Europäisch-festländischen». Von Beginn an entfalteten die Herrnhuter mit ihrem weltzugewandten Pietismus starke karitative und ab 1732 missionarische Aktivitäten. Sie betreiben Krankenhäuser, Altersheime, Handwerksbetriebe, Schulen und ein Missionswerk. Die seit 1731 jährlich (heute in 45 Sprachen) herausgegebenen «Herrnhuter Losungen» gehören zu den am weitesten verbreiteten Andachtsbüchern. Ausserdem bemühen sich die Herrnhuter bei aller missionarischen und erwecklichen Aktivität sehr um das Gespräch zwischen den Konfessionen und Religionen. So sind sie auch gern und oft bei anderen Kirchen zu Gast und bieten ihrerseits, wenn es die Möglichkeiten zulassen, anderen Gemeinden Raum (in Basel zum Beispiel der schwedisch-lutherischen Gemeinde).

Schweiz und Bern

Sendboten der Herrnhuter wie F. W. Biefer predigten schon früh in der Schweiz, und ab 1739 bildeten sich in Bern, Basel, Aarau und Zürich «Sozietäten» genannte Versammlungen. Diese blieben jedoch immer innerhalb der Kirchen. Zinzendorf besuchte die Schweiz mehrfach, besonders ein 1741 erfolgter Aufenthalt in Genf, bei dem er Kontakte zu Geistlichen und zur Universität knüpfte, hatte eine nachhaltige Wirkung. Die Gründung einer Gemeinde in Montmirail (Gem.

Thielle-Wavre) scheiterte allerdings. In den reformierten Gebieten der Schweiz war die Zahl der Freunde der Herrnhuter beachtlich, auch so mancher Geistlicher der Amtskirchen schloss sich ihnen an. In Bern wie anderswo betreuten von Zinzendorf gesandte Diaspora-Arbeiter die Gemeinden, unter ihrer Leitung und meist im Einverständnis mit den Ortspfarrern wurden Versammlungen abgehalten, bei denen frei gebetet, gesungen, aus den «Gemein-Nachrichten» und den Schriften Zinzendorfs gelesen wurde. Man informierte sich über das Leben in Herrnhut und über Aktuelles aus der Mission. Die Ideen Zinzendorfs und der Herrnhuter spielten später eine Rolle für die Erweckungsbewegungen des 18. und 19. Jahrhunderts sowie für die Basler Mission. In Montmirail wurde 1766 ein Institut für Mädchen gegründet (bestand bis 1988), in Lausanne 1837 eines für Knaben. Berner Herrnhuter nahmen 1784 einen Teil der Heimberger Brüder bei sich auf. 1880 pachteten die Berner Herrnhuter einen Teil der religiös aufgegebenen und als Lager genutzten Predigerkirche, in deren Kirchenschiff bereits seit 1623 Französisch sprechende Protestanten beteten (daher «Französische Kirche»). Ende des 19. Jahrhunderts gab es im Kanton Herrnhuter Gemeinden in Bern und in Uetendorf. Es bestanden viele Doppelmitgliedschaften, was eine befruchtende Wirkung in der Landeskirche hatte.

Ende des 20. Jahrhunderts zählte die Herrnhuter Brüder-Unität in der Schweiz 350 bis 400 Mitglieder. Montmirail ist heute Sitz der evangelischen Kommunität Don Camillo, einer Lebensgemeinschaft nach dem Vorbild des Herrnhuter Guts. Die Herrnhuter Mission (HM) der Schweiz ist Mitglied des Verbandes Mission 21 mit Sitz in Basel.

Sozietäten, also Ortsgemeinden, gibt es in Basel (dort besteht mit dem Zinzendorfhaus auch so etwas wie ein nationales Zentrum), Bern, Zürich, Menziken und in Magden im Welschland. Die Gemeinden sind als Vereine mit den üblichen Strukturen organisiert. Ein ordinierter Pfarrer (alle Ämter sind beiden Geschlechtern zugänglich) verwaltet die Sakramente. Heute ist die Zugehörigkeit zu einer in die Ökumene eingebundenen Kirche sogar Bedingung für die Mitgliedschaft bei den Herrnhutern; die meisten sind Mitglieder der reformierten Kirche. Die Finanzierung erfolgt durch Mitgliederbeiträge, deren Höhe sich an den Sätzen der Kirchensteuern orientiert, dazu kommen Spenden und Kollekten. Letztere werden meist speziell zur Unterstützung der Mission eingesammelt. Die Einnahmen dienen sonst v. a. dazu, den Pfarrerlohn zu bezahlen und Räumlichkeiten zu mieten oder zu unterhalten. In den Gemeinden findet jeden Sonntag ein Gottesdienst statt. Daneben gibt es Gesprächsgruppen. Besondere Anlässe werden in den Festzeiten des Kirchenjahres organisiert.

Die Berner Herrnhuter – eine kleine Gemeinde mit rund 40 Mitgliedern und vielleicht 80 Freunden – haben sich trotz ihrer geringen Grösse einen Namen gemacht, indem sie von Beginn an das «Haus der Religionen» unterstützen. Im Jahre 2000 hatte die Gemeinde in Kooperation mit der Reformierten Landeskirche das «Herrnhuter Projekt» in Weyermannshaus begründet, um im sozial und kulturell sehr gemischten Bezirk integrierend zu wirken. Ende desselben Jahres beauftragte der Verein «Runder Tisch der Religionen» das Projekt, die Arbeiten am «Haus der Religionen» weiterzuentwickeln. Der 2002 gegründete Verein «Haus der Religionen» wird seither vom Herrnhuter Projekt geschäftlich geführt.

Kontakt

Versammlungsort Le Cap, Predigergasse 3, 3011 Bern
Herrnhuter Projekt, Burgunderstrasse 107, 3018 Bern Tel.: 031 992 02 48
www.ebu.de

HilfsZentrum Universal Bern/Centre d'Accueil Universel der Universal Kirche vom Reich Gottes/Igreja Universal do Reino de Deus

Die Kirche mit dem Symbol der weissen Taube vor rotem Herzen entstand 1977 in Rio de Janeiro auf Initiative von Edir Macedo. Die Igreja Universal do Reina de Deus ist im charismatischen Spektrum beheimatet; Geistliche zum Beispiel werden an ihrer «vom Heiligen Geist gegebenen Gabe» erkannt und ins Amt eingesetzt. Zugleich ist die Kirche der – von manch anderen Kirchen kritisierten – Wort-des-Glaubens-Theologie verbunden. Diese entstand aus dem New Thought, woher zum Beispiel auch die Christian Science kommt. Die grundlegende Idee ist die der Herrschaft des Gedankens über den Körper, die Vorstellung, dass die geistige Welt das eigentliche Sein darstellt, während die mit den Sinnen wahrnehmbare Welt nur Schein ist. Leitend ist hier Mk. 9,23. Den übernatürlichen Glauben zur Wirksamkeit bringt die Kraft des Wortes, dieses schafft Realitäten. Gott und Christus zu folgen, garantiert danach Gesundheit und Wohlstand, bedarf jedoch permanenter Anstrengungen. Der «rechte Glaube» hat positive Folgen, wie ein glückliches Familienleben, Wohlstand und Gesundheit.

Mitglied der Igreja wird man durch die Geisttaufe. Es gibt auch eine an Erwachsenen vollzogene Taufe mit Wasser, die aber eher als Reinigungsakt von Sünden gilt und wiederholt werden kann. Ein Mitglied soll sündenfrei leben und intensiv beten. Problemen im Leben wird mit Bitten an Jesus und Dämonenaustreibungen begegnet. Mitgliedschaft und Teilnahme an den Gottesdiensten stehen allen Menschen offen, andere Taufen werden auch anerkannt. Regelmässig gibt es ein gemeinsames Abendmahl, wobei das Brot den Leib Christi und für die Teilnehmer körperliche Gesundheit symbolisiert und der Wein für geistiges Wohl steht. Mission beschränkt sich auf das Verteilen von Flyern und Einladungen zu den Gottesdiensten.

Die Igreja verfügt über eine dreistufige Ämterhierarchie (Arbeiter, Geistliche, Bischöfe) mit Edir Macedo an der Spitze. In Brasilien, wo ihr sehr viele Menschen angehören, betreibt sie rund 3000 Tempel und ein Medienimperium. Sie ist inzwischen in rund 90 Ländern verbreitet und hat insgesamt zehn Millionen Angehörige.

In der Schweiz besteht ein starkes Gewicht der französischsprachigen Landesteile, es gibt inzwischen aber auch eine grosse Gemeinde in Zürich. Insgesamt gibt es fünf Gemeinden: Genf, Lausanne, Lugano, Zürich und – seit 2006 – Bern. Bis heute gehören der Kirche aber vorwiegend Brasilianer an, ebenso einige Portugiesen und Afrikaner. Doch der Anteil anders sprechender Menschen steigt, die Gemeinden wachsen. Sie umfassen etwa 600 bis 700 Menschen. Landesweit ist die Kirche als Verein im Handelsregister eingetragen; die Finanzierung erfolgt einzig durch Spenden. Die Kirche tritt in der Schweiz v. a. als Hilfsangebot auf, was sich auch in den Namen der Zentren – «HilfsZentrum, Centre d'Accueil, Centro d'Aiuto» – ausdrückt. Es gibt ausserdem ein Sorgentelefon.

In Zürich und Genf finden täglich Gottesdienste, Bibelstunden, Gebetskreise usw. statt. In kleineren Gemeinden wie Bern (rund 50 Angehörige) trifft man sich nur einmal wöchentlich am Dienstagabend. Die Hilfen bestehen aus Gebeten und Seelsorgegesprächen, ebenso werden die Hände aufgelegt, um Geister auszutreiben und Krankheiten zu heilen. Die Berner Gemeinde nutzt einen Kellerraum im Länggassquartier, den sie selbst ausgebaut hat; zuvor hatte sie sich einige Male im Restaurant Mappamondo versammelt.

Kontakt

Seidenweg 5, 3012 Bern, Tel.: 022 731 41 47
www.hilfszentrum.ch, www.centredaccueil.org

International Christian Fellowship ICF

Ursprünglich wurde diese Freikirche 1990 in Zürich unter dem Namen Studio ICF als Lobpreis-Gottesdienstangebot gegründet. Sie konzentrierte sich auf Ausländer und verstand sich nicht als Kirche oder Gemeinde. Man traf sich damals in der St.-Anna-Kapelle der Evangelischen Gesellschaft des Kantons Zürich. Weitere Gründungs- und Aufbauimpulse erhielt sie von → Newlife und der Willow-Creek-Bewegung. 1996 formte sie sich nach einigen Problemen, Umzügen und Umstrukturierungen als ICF-Church zur eigenständigen Freikirche aus. Inzwischen hat sich die icf-zürich (die Kleinschreibung gehört zum Stil) zu einer regelrechten Trendkirche entwickelt. Durch die mit auffälligen Elementen angereicherten Gottesdienste – Rockmusik, Multimedialität, Laser- und Lichtshow, Barbetrieb – und Promis aus der Zürcher Jeunesse dorée wuchs sie schnell. 2003 war sie so gross geworden, dass sie im Maag-Areal eine eigene sog. celebrationhall (mit Seminarräumen für eine Vielfalt von Kursen) beziehen konnte. An den Feiern zum zehnjährigen Bestehen der Zürcher Kirche im Mai 2006 nehmen 3500 Menschen teil. Tochtergemeinden von Ausländern erhalten heute Übersetzungen ins Englische und ins Spanische, eine icf-media gmbh besorgt die Produktion und den Vertrieb von Medien; weitere spezielle, auch unternehmerische Aktivitäten, die teils von Freiwilligen, teils professionell geleistet werden, bestehen.

So existiert heute eine freikirchliche Struktur mit eigener Identität, Organisation und Theologie, die aber offen ist: Die Lehre ist evangelikal mit charismatischen Elementen, die aber nicht den Kern bilden. Die Kirche sieht sich im missionarischen Dienst, jeder ist aufgefordert, den Glauben aktiv weiterzugeben. Jeder Gläubige bezeugt seinen Glauben nach Möglichkeit in seinem persönlichen Umfeld. Wöchentliche Treffen nennen sich smallgroup; sie bilden ein Herzstück des Gemeindelebens. In ihnen soll vertieft werden, was an den oft sehr grossen Sonntagsgottesdiensten nur erlebt wird. Sie dienen dem gemeinsamen intensiven Gebet, der Lehre, dem Abendmahl und der persönlichen Integration in die Gemeinde. Eine formale Mitgliedschaft gibt es in den icf's nicht.

Auch Jugendliche sollen für Jesus begeistert werden, weshalb es spezielle Angebote für jüngere Generationen gibt. Mit youthplanet und groundzero bestehen Jugendarbeitskreise, zwänzger sind Aktivitäten speziell für Twens. (In den verschiedenen Zweigkirchen können diese Aktivitäten verschiedene Namen haben.) Das gezielte Ansprechen von jungen Leuten und die emotionalen und intensiven Aktivitäten und Beziehungen haben der Gemeinschaft auch misstrauische Aufmerksamkeit eingebracht.

Durch freundschaftliche Beziehungen werden isf's und andere Kirchen gegründet. Mit icf-unlimited hat die icf-zürich einen organisatorischen Arm entwickelt, um das eigene Konzept zu exportieren. Das hatte Erfolg: icf-Kirchen bestehen heute mehr als 20 in der Schweiz und 13 weitere in Europa, die meisten davon in Deutschland. Alles wird durch Spenden finanziert, die Gabe des Zehnten wird gelehrt, aber nicht kontrolliert.

Im Kanton Bern gibt es vier icf-Kirchen:
- icf Bern begann 1998 als achtköpfige Gruppe, die von Erfahrungen bei icf-zürich inspiriert war. Heute ist die Berner Gemeinde eine der grossen kirchlichen Bewegungen der Stadt, an den Gottesdiensten nehmen 400 bis 500 Besucher pro Woche teil. Ein Team von ca. 30 Personen organisiert, koordiniert und leitet die verschiedenen Anlässe. In Bern gibt es zwei Gottesdienste, einen um 10.30 Uhr und einen um 19.30 Uhr. Diese, on stage genannt, sind für alle Altersstufen gedacht. Für die 15- bis 20-Jährigen findet zusätzlich freitags im N4 an der Nägeligasse ein spezieller Event mit Namen youthplanet statt.

Am Sonntagmorgen ist für Kinder bis zwölf der chinderexpress organisiert. Veranstaltungsorte sind das Theater National und das N4 sowie das Office.

- In Biel befindet sich die icf-Gemeinde in der Murtenstrasse 7, sie mietet dort zeitweise Räume. Immer freitags findet die youthplanet-celebration statt. Unter der Woche gibt es smallgroups-Treffen zur Intensivierung des Glaubens und des Gemeindelebens.

- Im Emmental begann die icf im Frühjahr 2001 nach Besuchen in der Zürcher Mutterkirche. Im Herbst desselben Jahres fanden die ersten Gottesdienste statt. Da das Emmental ein ländlicher Raum ist, wurde anfangs keine zentrale Kirche eingerichtet, stattdessen mietete man sich Räume, wie zum Beispiel die Kupferschmiede in Langnau. Organisationsknoten ist ein Büro in Hasle-Rüegsau, wo seit 2005 mit dem Postoffice ein eigener, der nun zentrale Gottesdienstraum besteht. Nach Anfangsschwierigkeiten gibt es seit Mitte 2004 eine kontinuierliche Kirchenarbeit. An ihr nehmen rund 100, bei Ereignissen auch über 200 Menschen teil. Zusätzlich bestehen an verschiedenen Orten Kleingruppen, die von ca. 100 Menschen besucht werden.

- Die icf-Kirche in Thun versammelt sich im Hotel Freienhof. Mit regelmässig stattfindenden sog. VIP-Gottesdiensten will die Thuner Gemeinde vor allem kirchenferne Menschen erreichen.

Alle Gemeinden veranstalten – je nach Möglichkeiten – spezielle Anlässe wie altersspezifische Ausflüge, Wochenenden, Beratungen und sogar Sportangebote. Einen Schritt weiter ist inzwischen die Mutterkirche in Zürich, die seit 2006 einen sozialdiakonischen Arm namens ACTS in Form einer Stiftung begründet hat. Die Einrichtung bringt das Evangelium zu Menschen am Rand der Gesellschaft – insbesondere zu bedürftigen Familien –, unterstützt diese und arbeitet dabei auch mit Ämtern und Behörden zusammen.

Auf der religiösen Ebene konzentriert sich die icf auf die eigene Gemeindearbeit und auf die Mission; eine Zusammenarbeit mit der Evangelischen Allianz oder anderen Kirchen und Organisationen besteht nicht, wofür aber technisch-organisatorische und nicht etwa theologisch-prinzipielle Gründe genannt sind.

Kontakt

icf Office, Hardstrasse 219, 8005 Zürich, Tel.: 043 366 76 76
icf Bern, Office, Monbijoustrasse 6, 3011 Bern, Tel.: 031 380 84 24
www.icf.ch, www.icf-bern.ch, www.icf-biel.ch, www.icf-emmental.ch,
www.icf-thun.ch

International Church of the Foursquare Gospel (ICFG)

Die drei kantonalen zur Foursquare-Gospel-Bewegung gehörenden Gemeinden sind jung, die Bewegung selbst dagegen entstand schon vor vielen Jahrzehnten. Sie geht auf eine ungewöhnliche Frau, die amerikanische Evangelistin Aimee Semple McPherson (1890–1944) zurück. Im methodistischen Millieu aufgewachsen, hatte sie mit 17 Jahren ein Bekehrungserlebnis, daraufhin wurde sie – wie viele respektvoll sagen – zur wohl grössten weiblichen Führerin der Pfingstbewegung. Sie führte ein bewegtes Leben, welches sie u. a. um 1910 auf Mission nach China führte und drei Ehen eingehen liess. Ihre in den Zwanzigerjahren v. a. in Kalifornien abgehaltenen glühenden Predigten führten Menschenmassen zusammen, es wird von Wunderheilungen berichtet und von intensiven Erlebnissen des Heiligen Geistes. Sie verkündete das «vierfache Evangelium» (foursquare Gospel), das sich auf eine Hesekiel-Vision bezieht und Jesus als Erretter, Täufer mit dem Heiligen Geist, Heiler und kommenden König verkündet. Im bereits 1918 in Los Angeles aufgeschlagenen Hauptquartier formulierte sie 1922 die Lehre aus; ein Jahr darauf eröffnete sie mit dem Angelus Temple (5500 Sitzplätze) ein beeindruckendes Gotteshaus. Sie gründete eine Radiostation, eine Bibelhochschule, und 1927 fanden 127 lokale Kirchengemeinden aus den Vereinigten Staaten sich unter dem gemeinsamen Namen International Church of the Foursquare Gospel ICFG zusammen.

Heute hat die ICFG in 150 Ländern etwa 5,5 Millionen Anhänger in ca. 50 000 Gemeinden und Treffpunkten. Nach Europa kam die Bewegung erstmals 1920 (nach Griechenland), halten konnte sie sich dort aber nicht. Von England aus wurde 1937 in Stuttgart eine mit der ICFG verbundene Biblische Glaubens-Gemeinde BGG hervorgebracht. Erst nach dem Krieg setzten wieder zaghafte Missionsversuche ein, die jedoch erst ab den Siebzigerjahren substanziell wurden. Im Jahre 2001 wurde die Fellowship of Foursquare Churches in Europe (FEFC) organisiert, ein Rat der Kirchenleiter. Zurzeit bestehen auf dem Kontinent 187 Kirchen in 30 Ländern, sie haben etwa 12 000 Anhänger; 2010 soll es in allen europäischen Ländern Foursquare-Gemeinden geben. Das Sekretariat des Netzwerkes der FEFC befindet sich in Frankfurt am Main.

In der Schweiz gibt es heute neun Kirchen, die zum ICFG-Verband gehören, mit rund 650 Mitgliedern. Ein sog. Beziehungsnetz namens Foursquare-suisse wurde gebildet, das einmal pro Jahr eine zentrale Versammlung sowie Seminare und Leiterschaftstreffen abhält. Die Gemeinden im Kanton Bern heissen Delta Bern in Bern, Quelle in Kehrsatz und Riverland in Münsingen. Die Schweizer Gemeinden entstanden in der Regel erst vor kurzer Zeit und zum Teil auch ausserhalb von ICFG/FEFC. Sie traten dem Verband später bei, was auf die theologische Nähe, aber auch auf die Verbundenheit und Betreuung der Pastoren zurückgeführt wird. Die Zugehörigkeit zu Foursquare wird als verbindlich betrachtet.

- Delta Bern entstand als ein Verein Anfang 1997, aus dem Wunsch einiger Menschen heraus, als frische Gemeinde neu anzufangen. Der Gründer, M. Nowak, war zu jenem Zeitpunkt bereits ausgebildeter Theologe (STH Riehen) und hatte in anderen freikirchlichen Gemeinden gearbeitet. Der Name der Gemeinde ist von den Deltamündungen von Flussläufen inspiriert, er soll anzeigen, dass man zwar einen gemeinsamen Ort hat, aber in vielen verschiedenen Kleingruppen und Aktivitäten an verschiedenen Orten wirken will. So gibt es zum einen etwa zehn kleine Zellgruppen (Hauskreise, auch Träff genannt), zum anderen die von allen gemeinsam gefeierten Gottesdienste und auch Parties, Freizeitcamps usw. Die Arbeit mit Kindern ist inzwischen über die Gemeinde hinausgewachsen, einmal jährlich wird in Kooperation mit einer Schule in Spiegel ein öffentliches einwöchiges Feriencamp organisiert. Die Gottesdienste werden jeweils am Samstagnachmittag in der anglikanischen St.-Ursula-Kirche im Kirchenfeld gefeiert. Delta Bern ist Mitglied der lokalen Evangelischen Allianz.

  M. Nowak ist einer der Begründer der Schweizer Foursquare-Bewegung. Von Bern aus wurden inzwischen auch drei Tochtergemeinden gegründet. Seit 2001 ist er zugleich der Repräsentant für das in Polen entstehende Foursquare-Netzwerk.

- Die Quelle (in Kehrsatz) ist eine als gemeinnütziger Verein organisierte Gemeinde. Sie feiert ihre Gottesdienste im Zentrum Rössli. Fast täglich finden Veranstaltungen statt wie zum Beispiel verschiedene Kurse, Treffen des Nachwuchses (4Kids, 4Teens, 4Uth) usw. In einem Createria genannten Bereich werden künstlerische Fähigkeiten entwickelt, der Bereich Mission pflegt die Beziehungen zu Missionsgemeinden in Italien, Albanien, Kambodscha und China.

- Riverland in Münsingen ist eher ein Gemeindegründungsprojekt als eine Gemeinde. Seit Anfang 2001 organisiert eine Familie den Zyschtigs-Träff (alle zwei Wochen) zum gemeinsamen Bibellesen, Diskutieren und zur Glaubensvertiefung. Über die ausführliche Homepage wird ausserdem ein Kursangebot namens Riverland-Journey vermittelt. Im virtuellen Raum wird seit 2006 eine Art Webchurch präsentiert, als Versuch einer anderen Art von Gemeinde. Die Familie pflegt daneben Kontakte mit anderen christlichen

Gemeinden und mit Foursquare-Aktivitäten auf dem Balkan. Den Namen hat sich das Projekt nach einem allegorischen Fluss im Buch der Offenbarung gegeben.

Kontakt

Delta Bern, Luisenstrasse 45, 3005 Bern, Tel.: 031 350 10 40
www.delta-bern.ch,
Quelle Kehrsatz, Bernstrasse 70, 3122 Kehrsatz, Tel.: 031 961 00 54
www.quelleonline.ch,
Riverland, c/o Th. Zahnd, Eichenweg 21, 3110 Münsingen, Tel.: 031 721 90 91
www.riverland.ch, www.foursquare-europe.org, www.foursquare-suisse.ch

J'y crois Bienne

J'y crois ist eine sehr jugendlich (Altersdurchschnitt 18 Jahre) ausgerichtete Freikirche in Biel. Etwa 100 bis 150 Menschen aus der Stadt und der Umgebung gehören ihr an. Die Treffen mit Fürbitte, Lobpreis und Diskussionen finden jeden Freitagabend statt und dauern oft bis tief in die Nacht. Musik und ein lockerer Stil werden dabei mit der evangelikalen Botschaft verbunden. Die Ausrichtung ist charismatisch. Inspiration holt man sich zum Beispiel von der Hillsong-Organisation.

Das Selbstverständnis ist das einer missionarischen Kirche. Die Zielgruppe ist die Jugend, speziell solche Menschen, die mit Drogen, Delinquenz und anderen Problemen zu kämpfen haben. Jeden ersten Donnerstag im Monat geht die Gemeinde noch immer zum Missionieren auf die Strasse. Oft predigen die Anhänger in der Nähe von Discos. Die Strassenevangelisationen sorgten und sorgen für Bekanntheit und Zulauf, auch durch Taufen im Bielersee erregte die Gemeinde einiges Aufsehen.

J'y crois hat ihre Wurzeln in den späten 1960er-Jahren. Aus einem Kern von anfangs vier Personen wuchs sukzessive eine eigenständige Gemeinschaft heran, die zum grossen Teil aus Jugendlichen zweier Kirchgemeinden der Reformierten Landeskirche bestand. Trotz dieser De-facto-Abtrennung hält sie aber weiterhin zu vielen anderen Gemeinden – auch der Landeskirche – Kontakte, und sie kooperiert von Zeit zu Zeit mit dem Réseau évangélique (EA), Sektion Biel.

Kontakt
Postfach 787, Rue des Prés 151, 2500 Biel, Tel.: 032 365 17 49
www.jycrois.com

Jesus Freaks

Anfang der Neunzigerjahre trafen sich in Hamburg einige junge Christen, die mit den Verehrungsformen der etablierten Kirchen nicht viel anfangen konnten. Dennoch hatten sie «Bock auf Jesus». Drei Menschen begannen mit einem formlosen Gebet, und es hinterliess eine nachhaltige Wirkung. Die Gebetstreffen wurden wiederholt, und auch andere Teilnehmer spürten die «Gegenwart von Gott, dass es uns alle umhaute». Heute werden sogar Wunder von diesen Treffen berichtet. Durch schlichtes Fortführen etablierte sich ein regelmässiger Gebetstreffpunkt mit einem eigenen Lebensstil. Immer mehr Menschen kamen zu den «Jesus-Abhäng-Abenden», sodass die Wohnung des Gründers bald nicht mehr angemessen war. In einem Café, das daraufhin regelmässig genutzt wurde, kamen 1994 schon etwa 200 Menschen zusammen. Inzwischen wurden dort sogar Taufen und Hochzeiten organisiert. Schnell breitete sich die Idee aus, und auch international erfolgten positive Reaktionen aus verschiedenen Jugendszenen und aufgeschlossenen christlichen Kreisen. (In den 1960er- und 1970er-Jahren gab es gleichartige und -namige Gruppen bereits in Kalifornien, zu diesen bestehen aber keine direkten Beziehungen.) Um die Arbeit noch bewältigen und koordinieren zu können, wurde 1994 der Verein Jesus Freaks International in Hamburg gegründet. Inzwischen gibt es – vorwiegend in Deutschland und Westeuropa – über 100 Gemeinden der Jesus Freaks. Zentrales Ereignis ist das jährliche Freakstock-Festival, das über 8000 meist jugendliche Christen auf dem Boxberg beim thüringischen Gotha versammelt.

In Bern wurden ebenfalls Mitte der Neunzigerjahre Leute auf die Jesus Freaks aufmerksam. Aber erst nach einigen Kontakten im Internet, beim Freakstock und durch den Besuch eines Hamburger Leiters in Bern wurde für den November 2001 ein erster Abhängabend in der Stadt angesetzt. In kurzer Zeit wuchs der Kern der Gruppe auf etwa zwölf Personen an, das Engagement konnte unter dem Namen Jesusfreaks 3000 auf Dauer gestellt werden.

Der Hintergrund der Jesus Freaks liegt in der neocharismatischen Erweckung, doch feste Regeln für Glaube und Anbetung gibt es nicht. Man will einfach den Raum bieten, Jesus direkt zu erfahren und ihm zu folgen: «Mier gloube, dass är sich im bsundere Mass de Verstossene und Arme, wo usserhalb vo dr Wärtnorm vo üsere Gsellschaft stöh, zuegwändet het. Als Jesus Freaks wei mier so läbe, wie Jesus das vorgläbt het. Jede cha so cho, wie är isch, egal weli soziale Hindergründ är het. … Üsi Vision isch es, dass i üsem Land, i Europa und überall uf der ganze Wält, üsi Generation für Jesus ufsteit, wüll für sie es kompromissloses Läbe mit Jesus ds coolschte, heftigschte, intensivschte und spannendschte überhoupt isch. Die Jesus-Bewegig wott Lüt ermuetige, ihri eigene Gmeinde ds starte, mit ihrem Back-ground, ihrem Stil und ihrne Kulture.»

Die Berner Jesus Freaks treffen sich jeweils am ersten Mittwoch des Monats zu einem Gottesdienst. Der Raum dafür, das Eleven, wird ihnen von der Stadtmission in der Nägeligasse 11 zur Verfügung gestellt. Zu den Gottesdiensten, an denen rund 25 Menschen teilnehmen, kommen auch Jesus Freaks aus Biel, Neuenburg und anderen Orten angereist. Daher werden sie immer zweisprachig abgehalten. Für die musikalische Untermalung sorgt eine eigene Band namens KOFR. Ein weiteres, ebenfalls monatliches Treffen ist der Abhängabend in der Postgasse bei der Heilsarmee.

Eine der Berner Aktivistinnen der ersten Stunde hat inzwischen die Jesus Freaks Biel aufgebaut. Die Stadt ist heute der Knotenpunkt der JF-Arbeit in der Westschweiz. Für die Gottesdienste wird jeweils das Café Passepartout gemietet. Neben den beiden kantonalen Gruppen gibt es dauerhaft institutionalisierte Jesus Freaks noch in St.Gallen und im Tessin.

Kontakt

www.jesusfreaks.ch

Katholisch-Apostolische Gemeinden

Eine Erweckung am Beginn des 19. Jahrhunderts, die insbesondere von Anglikanern und schottischen Protestanten ausging, wollte eine Erneuerung der Kirche nach dem Vorbild der urchristlichen Gemeinde initiieren. Die seit 1826 stattfindenden gemischtkonfessionellen Albury-Konferenzen waren dafür von grosser Bedeutung. Besonders der Londoner Geistliche Edward Irving (1792–1834) war in der Öffentlichkeit sehr bekannt, sein Name sollte später durch Aussenstehende und gegen seinen Willen zur Benennung der Bewegung als «Irvingianer» führen. Zweck der Bewegung war es, dass für die Gegenwart wieder Apostel ihren Dienst versehen sollten. Und so wurden zwischen 1832 und 1835 zwölf Männer «auf einem prophetischen Wege zu diesem Amt berufen». Keinesfalls war geplant, eine neue Kirche oder Kirchenabteilung zu gründen; die Apostel sollten sich stattdessen überall über den Zustand der Christenheit informieren. Das Bild, das sie bei ihren Reisen erhielten, zeigte eine tiefe Zerrissenheit. Die apostolische Bewegung wollte da als einigende Kraft dagegenwirken. In den Schriften der Apostel wird eine urchristliche Gemeindestruktur als Modell für eine katholische (allgemeine, einige) und apostolische Kirche aller Christen vorgeschlagen. Die Resonanz war nicht sonderlich gross, ja viele der so Engagierten wurden sogar aus ihren jeweiligen Kirchen ausgeschlossen. Doch gingen aus dieser Initiative die katholisch-apostolischen Gemeinden hervor, die sich – trotz der (aufgezwungenen) formellen Eigenständigkeit – nie als eigenständige Kirche betrachteten. Dem Ableben der ersten drei Apostel im Jahre 1855 folgten keine prophetischen Neuberufungen. Dennoch gab es um die Wende zum 20. Jahrhundert weltweit rund 1000 katholisch-apostolische Gemeinden mit geschätzten 60 000 Mitgliedern. Aber mit dem Tod des letzten Apostels im Jahre 1901 erlebte die Gemeinschaft einen Rückgang. Denn das Apostelamt wurde verstanden als eines, das mit ganz besonderen Vollmachten ausgestattet ist. In der Hierarchie der Gemeinschaft stand der Apostel an der Spitze, nur ein Apostel konnte Bischöfe und Priester weihen. Und nur Amtspersonen können die beiden Sakramente der Taufe und des Abendmahls und die spezielle sakramentale Handlung der Versiegelung (Spende des Heiligen Geistes) ausführen.

1961 starb der letzte Bischof der Bewegung, 1971 der letzte Priester. Mit dem fortlaufenden Entschlafen der Amtsträger wurden sukzessive alle wichtigen kirchlichen Handlungen innerhalb der Bewegung verunmöglicht; in den Gemeinden gibt es nun keine Ämterweihen, Taufen, Heiraten und Versiegelungen mehr. Es bestehen heute nur noch Laiengemeinden, und diese befinden sich in der «Zeit der Stille». Für sakramentale Handlungen besuchen die Mitglieder Gemeinden anderer Kirchen. Da die Gemeinschaft von der Erwartung der nahen Wiederkehr Christi erfüllt ist und da ohnehin die Einheit aller Gläubigen in der einen Kirche Christi vertreten wird, stellt ihr faktisches Aussterben für sie kein prinzipielles Problem dar.

Die Bewegung der Katholisch-Apostolischen war sehr folgenreich, sie brachte eine eigene Erneuerungstradition im Christentum hervor, die das Charakteristikum der neuen Apostel auszeichnet (in Bern zum Beispiel → Neuapostolische Kirche, → Vereinigung Apostolischer Christen). Die Katholisch-Apostolischen erlebten nach Bitten um den Heiligen Geist schon um 1830 dessen

Gaben (Krankenheilungen, Weissagungen, Zungenreden etc.); ähnliche Phänomene sollten dann im 20. Jahrhundert in der Pfingstbewegung und der Charismatik auftreten.

Schweiz und Bern

Die erste Gemeinde in der Schweiz entstand im Jahre 1849, und schnell folgten weitere Gründungen. Heute bestehen im Land aber nur noch wenige Gemeinden; Aussenstehende schätzen ihre Zahl auf acht oder neun mit schätzungsweise 200 Mitgliedern. Die wohl grösste Gemeinde trifft sich in der 1895 errichteten Kirche in Zürich.

Auch im Kanton Bern fand die Bewegung, die in der Schweiz von jenem 1901 verstorbenen Apostel namens Woodhouse betreut wurde, schnell Anhänger. Um 1867 erbauten sie an der heutigen Monbijoustrasse 22 eine Kapelle. Diese brannte 1895 ab, die Kapellenstrasse hat von ihr ihren Namen. Der Nachfolgebau steht im Kirchenfeld an der Helvetiastrasse. Die Gemeinde hatte nur bis in die 1950er-Jahre einen Priester. Seither beten Laien im Wechsel mit den Anwesenden an jedem Sonntag und an Feiertagen den Bussdienst, auch Litaneidienst genannt. Taufe, Konfirmation, Hochzeit und Begräbnis werden in der reformierten Kirche empfangen. Getragen wird die Gemeinde von einem Verein. Die Berner Gemeinde wie auch alle anderen sind autonom, ihre Einkünfte bestreiten sie durch freiwillige Zuwendungen der Mitglieder. Eine Teilnahme an den Gottesdiensten steht jedermann offen. Weitere Zusammenkünfte im Kanton Bern gibt bzw. gab es in Bowil, bei Walkrigen, in Münsingen und in Langenthal.

Ökumenische Beziehungen bestehen keine, die Berner Gemeindemitglieder sind aber in der Regel Mitglieder der Reformierten Landeskirche. Die «Zeit der Stille» wird auch so verstanden, dass die Katholisch-Apostolischen in keiner Weise mehr nach aussen treten.

Kingdom Life Center (KLC) Bern

Das Kingdom Life Center in Bern ist eine etwa 20-köpfige Gruppe meist äthiopischer Christen. Organisiert sind sie als Gemeinde nur informell, doch zugleich bestehen weitere KLC-Gemeinden in Basel, Genf, Lausanne, Luzern, Neuenburg und Zürich. Schweizweit betreuen drei reisende Pastoren diese Gemeinden, die insgesamt 120 Erwachsene und viele Kinder umfassen. Es bestehen freundschaftliche Beziehungen zu weiteren Gruppen wie zum Beispiel zur Freien Evangelischen Kirche Reinach, zur David Generation Geneva und zur Organisation Congress WBN (C-WBN). Diese entstand 1993 als christliches World Breakthrough Network in der Karibik durch den Prediger Noel Woodroffe. Heute ist C-WBN zu einem weltweiten Netz mit religiösen, sozialen, ökologischen, politischen und Entwicklungshilfeaspekten angewachsen. Die Berner Gemeinde ist speziell verbunden mit dem Kingdom Community Network, dem religiösen Aspekt von C-WBN, welcher Heute hunderte Gemeinden weltweit umfasst.

Es handelt sich bei KLC um eine Gruppierung, die ihre theologischen Impulse «aus der Bibel und durch den Heiligen Geist» erhält. Die Berner Gruppe besteht seit etwa 2001, wobei sie auf ältere äthiopisch-protestantische Gemeinschaften zurückgeht. Es hatte im Laufe der Zeit verschiedene Umstrukturierungen gegeben.

Heute trifft sich die Berner KLC-Gruppe an jedem Sonntagnachmittag in der anglikanischen St.-Ursula-Kirche im Kirchenfeld zum Gottesdienst. Dabei kommen mitunter auch Medienaufzeichnungen von Seminaren zum Einsatz. Ausserdem wird an jedem Mittwochabend ein Hauskreis veranstaltet. Alle Schweizer Angehörigen (bzw. diejenigen, die es organisieren können), treffen einmal im Vierteljahr zu einem gemeinsamen Gottesdienst zusammen. Das Gemeindeleben wird von Ältesten organisiert, die praktischen Arbeiten leisten Freiwillige, und die finanziellen Aufwendungen können durch die Spenden der Gemeindemitglieder bestritten werden.

Kontakt

c/o E. Tadesse, Pestalozzistrasse 83b, 3600 Thun, Tel.: 033 534 30 41
www.congresswbn.org, www.kcnetwork.org

Koreanische Evangelische Kirchgemeinde Bern

Die in Bern lebenden Koreaner treffen sich bereits seit 1977 in einer eigenen Gemeinde. Dieser gehören heute rund 80 Menschen an. Die Gemeinde feiert regelmässig Sonntagsgottesdienste und hält wöchentlich eine Bibelstunde ab.

Zusammen mit zwei weiteren Gemeinden koreanischer Christen in Zürich und Genf bildet die Berner Gemeinde den als Verein verfassten Bund Protestantischer Kirchgemeinden koreanischer Sprache in der Schweiz. Jedes Jahr im Mai treffen sich Mitglieder aller drei Gemeinden in Beatenberg zu einem Bibelseminar. Zudem wird in jedem Sommer ein Feldgottesdienst gefeiert.

Die Berner Gemeinde wie auch der Bund umgreifen verschiedene protestantische Richtungen, was auch in den Aussenbeziehungen kenntlich wird: Ihre Koordination geschieht durch den Schweizerischen Evangelischen Kirchenbund SEK und durch die Mission 21. Untergekommen ist die Berner Gemeinde beim → Evangelischen Gemeinschaftswerk EGW an der Brunnmattstrasse 50.

Kontakt

c/o Frau Chung Kim, Lindachstrasse 27, 3038 Kirchlindach, Tel.: 031 829 31 00

L'Eglise Evangélique Vietnamienne en Suisse/ Vietnamesische Evangelische Gemeinde in Biel
(Carole Berthoud)

Die Gemeinde wurde Anfang der 1980er-Jahre in Biel gegründet. Ihr Gründer ist ein aus Vietnam geflohener Pfarrer. Das Christentum war durch die französischen Kolonialherren in seiner katholischen Variante und später durch Missionare und die Amerikaner auch in verschiedenen protestantischen Bekenntnissen nach Vietnam gekommen.

Die Bieler Vietnamesen sind seit Langem bei der reformierten Pauluskirche zu Gast, es bestehen aber keine besonders engen Beziehungen zwischen den Gemeinden. Regelmässig besuchen heute etwa 30 Vietnamesen die Gottesdienste, die an den meisten Sonntagen am Nachmittag stattfinden. Bei grösseren Festen wie zum Beispiel Weihnachten kommen auch einige nicht christliche Vietnamesen in die Kirche, dann funktioniert die Gemeinde als allgemeiner Treffpunkt für die Vietnamesen aus der Region. In der Gemeinde wird Vietnamesisch und Französisch gesprochen.

Die Bieler Gemeinde organisiert Begegnungen und Konferenzen mit anderen vietnamesischen evangelischen Gemeinden in der Schweiz und darüber hinaus. In der Deutschschweiz gibt es einen zweiten evangelischen Pfarrer, ein weiterer lebt – inzwischen pensioniert – in Lausanne. Der Pfarrer der Bieler Gemeinde reist jedes dritte Wochenende im Monat nach Winterthur, wo er dann mit den dortigen Vietnamesen am Sonntag den Gottesdienst feiert und am Samstag den Jugendlichen Bibelunterricht erteilt.

Kontakt

c/o Tien Thai Son, Crêt de Fleur 1, 2503 Biel, Tel.: 032 342 64 81

Landeskirchliche Gemeinschaft Jahu

Die Geschichte der Jahu begann 1974 mit einer Gruppe von acht Konfirmanden der Reformierten Landeskirche um den Bieler Pfarrer Markus Jakob. Der Name «Jahu» steht für das Jabärghuus, den ursprünglichen Treffpunkt am Beaulieuweg in Biel-Mett. Ausserdem findet sich die Formel «jahu», eine hebräische Silbe, als Version des Gottesnamens Jahwe in biblischen Personennamen.

Die Gruppe wuchs recht schnell und nahm Kontakt mit dem internationalen Missionswerk Jugend mit einer Mission (JmeM) auf. Viele Mitglieder besuchten daraufhin eine sog. Jüngerschaftsschule und weiterführende Schulungen bei JmeM. Aus der Jahu selbst ging in den 1980er-Jahren die Ortsgruppe JmeM-Biel/Wiler hervor, und bis heute besteht eine enge Kooperation zwischen den Organisationen. Auch zu anderen Gemeinschaften gibt es Verbindungen, insbesondere seit Anfang der Neunzigerjahre zu Kingdom Ministries International. Im Laufe der Zeit entstanden bei Jahu die Tanzgruppe IRIS, der Treffpunkt Passepartout, die Musikgruppe Capstone und vieles mehr.

Mit der Pensionierung von Pfarrer Jakob veränderte sich die Beziehung der Jahu zur Reformierten Landeskirche Biel-Mett. Seit 1996 ist die Jahu eine vom Synodalrat des Kantons Bern anerkannte selbstständige Gemeinschaft. Sie ist als Verein organisiert und hat zurzeit gegen 300 Gottesdienstbesucher. Die Gemeinde versteht sich als Lebens- und Weggemeinschaft. Wichtig ist für sie die sog. Reich-Gottes-Theologie: Die Dreiheit von Gottes Herrschaft, die in «Länge», «Breite» und «Tiefe» verstanden wird als die Dimension der Geschichte, als Hoheit Gottes über alle Lebensbereiche und als Versöhnung jedes Einzelnen durch Jesus Christus. Mittelpunkt des Gemeindelebens ist der Gottesdienst am Sonntagvormittag. Einmal pro Monat ist der Gottesdienst speziell auf Familien ausgerichtet, und einmal findet er am Samstagabend statt. Eine grosse Bedeutung haben auch die sog. Lebensgruppen, das sind Kleingruppen, die die Gottesdienste gemeinsam verarbeiten und im Leben Halt und Unterstützung geben sollen. Für die Gruppen ist das Bild der Seilschaft gebräuchlich. Man sollte einer solchen Gruppe möglichst verbindlich angehören.

Begann Jahu auch als Jugendgruppe, das heisst als Gemeinde einer Generation, so ist sie heute generationenübergreifend. In ihr spielen Familie und Bildung eine grosse Rolle, und es wird viel für den Nachwuchs getan. In einer sog. Master's Commission sollen junge Leute in einem einjährigen Kurs auf ihre Berufung zur Transformation der Gesellschaft vorbereitet werden. Mit der Schulko-operative Biel hat Jahu ein über die Gemeinde hinausreichendes Programm einer Privatschule auf christlicher Basis entworfen. Sie stehe jedoch nicht für einen Rückzug aus der Gesellschaft. Gegen 100 Kinder besuchen die Schulkooperative und den dazugehörigen Kindergarten. Das an die Gemeinde angegliederte Institut für Biblische Reformen IBR will «Christen ausrüsten, damit sie Salz und Licht sein können». Der Kurs Strategisches Lebenstraining SLT ist eine berufsbegleitende Weiterbildung mit dem Schwerpunkt Jüngerschaft, Weltanschauung und Berufungs-Finden. Die Schule für biblische Geschäftsprinzipien, kurz SBG, vermittelt Unternehmern biblische Prinzipien. Der dritte Bereich im IBR ist die Unterstützung von Eltern in der Erziehung ihrer Kinder.

Mission betrachtet Jahu als wichtigen Teil ihrer Geschichte und als Verpflichtung für die Zukunft. Einige Gemeindeglieder arbeiten in Missionswerken mit, speziell bei Kingdom Ministries. Ziel ist es, eine engere Verbindung mit einer Gemeinde oder Missionsarbeit auf jedem Kontinent zu haben. Wo bereits vorhanden, werden diese mit Finanzen und Arbeitskraft unterstützt.

Kontakt

Jakobstrasse 56, 2504 Biel, Tel.: 032 342 33 73
www.jahu.info, www.ibrnet.ch

LCM – Life Changing Ministries

Life Changing Ministries ist ein Gemeindeprojekt aus Spiez, gegründet wurde es im Jahre 2003. Juristisch verfasst ist es heute als Verein, aber die eigentliche Organisation von LCM ist eher informell: Sie orientiert sich an dem in der Bibel zu findenden «fünffältigen Dienst».

Die Gemeinschaft sieht sich im Dienst des Evangeliums und will den Einzelnen nicht nur in eine lebendige Beziehung zu Jesus Christus führen, sondern auch in die Berufung als Christ – und das Prinzip der Jüngerschaft und Nachfolge soll den Menschen den Weg dazu weisen. Eine lokale Gemeinde wird LifeCom genannt. Im Leben der Gemeinde spielen Lehre, Anbetung und Gebet, das Abendmahl und die Gaben des Geistes (Charismen) die entscheidende Rolle.

Es ist ein Ziel von LCM, lokale Gemeinden zu gründen und «Menschen für ihren Dienst zuzubereiten». Über die Grösse der Vereinigung gibt es keine Angaben, da zum einen das Projekt im Wachsen und Wandel begriffen sei und zum anderen Qualität mehr bedeute als Quantität. Eine Doppelmitgliedschaft wird als kontraproduktiv betrachtet, allerdings gibt es bei LCM gar keine formale Mitgliedschaft. Dennoch soll, wer dabei ist, eine gewisse Verbindlichkeit gegenüber der Gemeinschaft mitbringen. Grundvoraussetzung ist die Bejahung eines neuen Lebens in Christus. Da sich die Menschen auf dem Weg zu Jesus befinden, liegt LCM die «Charakterbildung in Christus» sehr am Herzen. In einem Trainingscenter werden interne Kurse zur Weiterbildung in «Jüngerschaft, Gaben und Berufung» veranstaltet.

Ein eigenes Home-Schooling namens SOTS (School of the Spirit) ist ins Leben gerufen worden, um Kindern nebst dem Kognitiven auch ein Leben im «schöpferischen, kreativen Geist Gottes» zu ermöglichen. Dieses Home-Schooling-Modell ist von der Schuldirektion und der Gemeinde Spiez anerkannt worden.

Seit der Gründung sind von LCM öffentliche Tage der Begegnung organisiert worden. Ausserdem engagiert sich die Gemeinschaft bei SPIEZaktiv, dem Ortsmarketing der Stadt. Alle Kosten von LCM werden durch Spenden gedeckt.

Kontakt

Verein LCM, Thunstrasse 51c, 3700 Spiez, Tel.: 033 654 59 11
www.lcmnet.ch

Le Centre Mamré
(Carole Berthoud)

Die freikirchliche Gemeinde Le Centre Mamré wurde 2004 von vier Frauen aus der Elfenbeinküste gegründet. Sie vereint heute etwa 20 aktive Mitglieder und Gläubige, hauptsächlich afrikanischer Herkunft. Es werden Gottesdienste an jedem Sonntagnachmittag, einmal pro Woche Bibelunterricht sowie Gebetsheilungen, Evangelisationskampagnen und sog. Seelenheilungen durchgeführt. Die Mitglieder, speziell Frauen und Kinder, werden auf spiritueller, materieller und moralischer Ebene unterstützt und begleitet. In Zusammenarbeit mit anderen Freikirchen führt die Vereinigung auch Konzerte und Seminare zu christlichen Themen durch. Ausserdem unterstützt sie Frauenprojekte in afrikanischen Ländern, namentlich in der Elfenbeinküste. Die Umgangssprache ist Französisch.

Kontakt

Rue de la Poste 16, 2504 Biel, Tel.: 078 644 85 28,
E-Mail: centre.mamre@gmail.com

Lighthouse Chapel International (LCI) Berne

Die Lighthouse Chapel (Leuchtturm-Kapelle) International ist eine in über 35 Ländern vertretene Freikirche, die insbesondere in Afrika stark wächst. Gegründet wurde sie 1985 als Gebetskreis von dem Medizinstudenten Dag Heward-Mills in Ghana. Mit grosser Energie machte dieser im Laufe der Zeit eine sog. Mega-Church aus seiner lokalen Gemeinde, und sukzessive entstanden Ableger. Nachdem der Laie sich von einem Geistlichen in London hat ordinieren lassen, bekleidet Heward-Mills heute für seine Kirche das Amt des Bischofs. Die Theologie der LCI ist evangelikal und charismatisch; die Kirche pflegt eine charakteristische Doppelstruktur mit Mega-Churches – Grossgemeinden mit Events – auf der einen Seite und familiären Hauskreisen für die persönliche Begegnung auf der anderen: «Large enough to include you, and small enough to know you.»

Die Gründung neuer Gemeinden ist eines der zentralen Anliegen der LCI, auch in europäischen Ländern. Denn die LCI will mehr sein als nur eine landsmannschaftliche Gemeinde, die den Zusammenhalt fern der afrikanischen Heimat gewährt. Gerade den Menschen in Europa, von denen Heward-Mills annimmt, dass sie weitgehend dem Christentum fernstehen, soll das Evangelium verkündet werden. Und so begann er 1992 mit Gemeindegründungen in Europa. Sein erstes Ziel war die Schweiz, von wo seine Grosseltern als Missionare aus Basel nach Ghana gegangen waren. In jenem Jahr entstand die erste Gemeinde in Genf, kurz darauf folgten weitere. Gelegentlich – besonders im Sommer – gehen auch in Bern Gemeindemitglieder zum «Outreach» auf die Strasse und laden mit Flugblättern und Gesprächen in ihre Gottesdienste ein. Doch das Ziel der Remissionierung Europas ist für die LCI noch weit entfernt:

Der grösste Teil der hiesigen Gemeindemitglieder sind Afrikaner. Nur sehr wenige Schweizer – in der Regel durch familiäre Verbindungen zur Gemeinde gekommen – nehmen an den Gottesdiensten teil, die noch immer auf Englisch abgehalten werden.

Heute bestehen in der Schweiz Gemeinden in Baden, Basel, Bern, Genf, Lausanne, Luzern, Neuchâtel, Olten, St.Gallen, Winterthur sowie in Zürich im Stauffacher und in Wallisellen (welche die grösste mit über 400 Mitgliedern ist). Eine Gemeinde, die einmal in Biel bestand und sich dort im Hotel Metropol traf, wurde nach drei Jahren wieder aufgelöst und mit Bern fusioniert. Von der Schweiz aus wird ausserdem noch eine Gemeinde im deutschen Freiburg betreut. In der Schweiz tun insgesamt 23 Geistliche Dienst, wovon allerdings die meisten Laien sind. Nur Ordinierte können zum Beispiel Menschen verheiraten. Durch die Fusion von Bern und Biel ist die hiesige Gemeinde in der glücklichen Lage, über drei geistliche Betreuer zu verfügen. Diese versehen ihre Tätigkeit nebenberuflich. Männer und Frauen sind in der LCI auf allen Ebenen gleichberechtigt.

Die Gemeinde in Bern wurde 1996 gegründet. Anfangs traf sie sich in einer Privatwohnung nahe dem Zieglerspital. Heute finden die sonntäglichen Gottesdienste, zu denen etwa 50 Personen (darunter sehr viele Kinder) zusammenkommen, im Tanzlokal Tango Sur neben der UniTobler statt. Ein weiterer Gottesdienst am Mittwochabend wird von drei oder auch 15 Menschen besucht. Er wird, wie auch das Gebetstreffen am Freitagabend und die Proben der Musiker am Samstag, in den Räumen des Evangelischen Gemeinschaftswerks (EGW) in der Brunnmattstrasse abgehalten. Neben diesen Treffen gibt es verschiedene Hauskreise sowie unregelmässige Frauen- und Männertreffen. Die Gemeinde hat nur informelle Strukturen, ihre Unkosten deckt sie mit Kollekten. Krankenbesuche und weitere gegenseitige Hilfe werden spontan organisiert. Ausserdem treffen sich die Schweizer LCI-Mitglieder einmal jährlich zu einem gemeinsamen Camp in Enneten.

Besonders gepflegt werden in der ganzen LCI die Musik und der Gospel-Gesang. Die Berner Gemeinde hat einen kleinen Chor, der bei den Gottesdiensten auftritt. Musiker aus allen Schweizer Gemeinden veranstalten jährlich im Sommer ein kleines Gospel-Festival am Seeufer in Lausanne.

Kontakt

www.lighthousechapel.org

Menschenfreundliche Versammlung/ Philantropisches Werk

Der Gründer der Gemeinschaft, der Schweizer Alexander Freytag (1870–1947), war von 1898 bis 1920 Mitglied der → Zeugen Jehovas, deren Büro in Genf er zeitweise leitete. Für 1914 hatten die ZJ das Anbrechen des endzeitlichen «Tausendjährigen Reiches» angekündigt. Das Nichteintreten führte zu einer Krise in der Gemeinschaft, und Freytag hatte diese Bedeutung des Datums ohnehin abgelehnt. So kam es mit dem seit 1916 die ZJ leitenden F. Rutherford zu einem grundlegenden Zerwürfnis und um 1919/20 zum endgültigen Bruch. Seit dieser Zeit besteht das Philantropische Werk. Freytag schrieb in der Folge die drei Bücher «Die Göttliche Offenbarung», «Die Botschaft an die Menschheit» und «Das ewige Leben» sowie verschiedene Broschüren. Für die «Menschenfreunde» gilt er als «Sendbote» und als «Engel des Herrn» bzw. als «Prophet am Ende der Zeiten». Seine Schriften haben eine sehr zentrale Stellung im Leben der Gemeinschaft, sie werden fast häufiger herangezogen und zitiert als die Bibel. Es wird geschätzt, dass der Vereinigung heute weltweit rund 20 000 Menschen angehören. Vielerorts ist jedoch eine Überalterung und ein deutlicher Rückgang der Mitglieder zu bemerken. Ein Kongress wie jener 1946 in Paris, an dem 14 000 Menschenfreunde teilnahmen, wäre heute unmöglich.

In der Lehre sind viele Vorstellungen der ZJ erkennbar, dazu kamen Freytags eigene. Im Mittelpunkt steht, wie der Name zum Ausdruck bringt, die Nächstenliebe: Sie ist das «Weltallgesetz», das den Menschen von Gott gegeben wurde. Das Einhalten dieses Gesetzes durch alle Menschen werde zum Paradies auf Erden führen. Eigentlich sei der Mensch für das ewige Leben geschaffen, doch verführt durch Satan, seien die Sünde und damit der Tod in die Welt gekommen. Inzwischen droht gar die Apokalypse. Sie sei jedoch nicht Bestandteil von Gottes Plan, sondern menschengemacht. Eine Umstellung des Lebens sei nun dringend notwendig. Wer sich auf diesen Weg begibt, erlebe jetzt schon eine bessere Gesundheit und ein längeres Leben; Heilung ist möglich. Doch erst nach dem Wiederkommen Christi entstehen ein neuer Himmel und eine neue Erde. Im Himmel werde dann die «kleine Herde» von 144 000 Auserwählten leben, und eine sehr viel grössere Schar Erretteter könne das ewige Paradies erlangen. Die Seele der anderen stirbt, die Lehre von der ewiger Strafe, Hölle und Qual sei falsch. Aus diesen Vorstellung ergibt sich eine Lebenspraxis, zu der u. a. Vegetarismus (empfohlen, aber nicht Pflicht) und Pazifismus gehören. In den Gemeinden können Frauen ebenso wie Männer predigen und leiten. Die

Gesellschaft versuchte, auf sog. «Versuchsstationen», kommuneartigen kleinen Siedlungen, ein altruistisch-gemeinschaftliches Leben zu verwirklichen und damit das angekündigte Reich Gottes einzuüben. Heute gibt es weltweit etwa ein Dutzend solcher Stationen. Verbindungen zu anderen Religionsgemeinschaften gibt es übrigens fast nicht.

Das Zentrum der Gemeinschaft befindet sich in Cartigny bei Genf, ein weiteres Zentrum ist in Frankfurt am Main. Insgesamt lebt man recht zurückgezogen. Gelegentlich wird an der Haustür missioniert, dabei bekommen die Menschen oft eine Ausgabe der Zeitschriften überreicht. Diese – «Der Anzeiger des Reiches der Gerechtigkeit» (halbmonatlich in sieben Sprachen) und die wöchentliche «Zeitung für Alle» – werden wie auch die Buch-Publikationen vom Verlag Der Engel des Herrn besorgt. Alle Kosten deckt man durch Spenden und Unkostenbeiträge.

In der Schweiz bestehen etwa ein Dutzend örtliche Versammlungen, Zahlen über Mitglieder oder Teilnehmer gibt es nicht. Es gibt praktisch keinen Nachwuchs und daher seit Jahrzehnten ein Zurückgehen der Aktivitäten (im Unterschied zum Beispiel zu Italien, wo ein Wachstum stattfindet). Im Kanton Bern bestehen heute nur noch Gruppen in Bern und in Thun, wobei Thun nur noch privaten Charakter hat. Die Berner Gruppe besteht schon seit Anfang der 20er-Jahre. Damals war sie recht gross und verfügte über Räume in der Nägeligasse und der Kramgasse. Nach einem Intermezzo in der Länggasse am Falkenplatz nutzt sie jetzt seit den 60er-Jahren ein Versammlungslokal beim Ostring. Die Gruppe besteht nur noch aus maximal zehn, meist betagten Personen. Allerdings gibt es in und um Bern allein über 100 Abonnenten der Zeitschriften. Die Versammlungen finden jeweils am Donnerstagabend statt. Auch am Sonntag gab es einmal vormittags und abends Zusammenkünfte. Eine Versammlung besteht aus einem einleitenden Lied aus dem eigenen Gesangbuch. Danach wird die aktuelle Ausgabe der «Zeitung für Alle» studiert. Im Anschluss werden Zeugnisse abgelegt. Nach dem abschliessenden Lied gehen alle heim. Lange Jahrzehnte gab es einen in Zürich ansässigen Prediger für die deutsche Schweiz, der auch einmal monatlich Bern besuchte. Seit dessen Ableben leitet ein örtlicher Ältester die Gruppe. Besondere Feste kennt die Gemeinschaft nicht, jedoch gibt es grössere Zusammenkünfte. Frankophone Schweizer treffen sich mit anderen Französischsprechenden jährlich in Lausanne und in Lyon; Italienischsprachige haben einen Kongress in Turin, und die Deutschsprachigen reisen zweimal jährlich zu Kongressen nach Stuttgart.

Giacomettistrasse 8, 3006 Bern, Tel.: 031 352 88 65
Menschenfreundliche Gesellschaft, Le Château, 1236 Cartigny,
Tel.: 022 756 12 08

Missionswerk Bern

Am Beginn dieser kleinen und autonomen freikirchlichen Gemeinschaft stand
die Not einer Frau, die unter Depressionen litt. Gemeinsam mit zwei Schwestern begann sie intensiv um Hilfe zu beten. Tatsächlich erlebte sie eine dauerhafte Heilung. Die Gebetsstunden wurden beibehalten, und im Laufe der Zeit
stiessen immer mehr Menschen dazu. Stück für Stück entwickelte sich ein regel-
rechtes Gemeindeleben. Inzwischen kommen zu den immer am Sonntagvormittag abgehaltenen Gottesdiensten etwa 100 Menschen zusammen.

Letztlich wurde die Gemeinde unter dem Namen Missionswerk Bern dann
formell gegründet. Sie ist heute ein eingetragener gemeinnütziger Verein. Eine
formale Mitgliedschaft gibt es nicht, wer sich persönlich für Christus entschieden
hat, kann an allen Aktivitäten teilnehmen. Die eventuelle Mitgliedschaft in einer
anderen Kirche stellt kein Problem dar. Die religiöse Struktur folgt dem neutestamentlichen Vorbild: Älteste, Pastoren, Diakone; der Verein hat die Ämter
Vorstand, Mitgliederversammlung, Kassierer und Kontrollstelle. Frauen sind in
allen Positionen den Männern gleichgestellt.

Die wichtigste Aktivität des Missionswerkes ist der Gottesdienst. Parallel
dazu findet eine Kinderstunde statt. An jedem Dienstagabend wird gemeinsam
die Bibel ausgelegt und am Freitag findet ein Bibel- und Gebetsabend statt.

Der Gottesdienst wird von einem Chor und einer Musikgruppe umrahmt.
In der Gemeinschaft wird auf Musik viel Wert gelegt: So gibt es einen Kinder-
chor, einen Männerchor und einen gemischten Chor, ein Quartett und weitere
Musikgruppen. Regelmässig wird die Musik aufgenommen; sie kann – wie auch
Aufzeichnungen von den Gottesdiensten – auf Tonträgern erworben werden.
Der Verein unterhält eine eigene kleine Musikschule.

Es wird eine seelsorgerliche Beratung angeboten, die allen Menschen
offensteht. Mit Gebet und Betreuung werden Hilfsbedürftige begleitet, in Not-
fällen kann auch eine finanzielle Unterstützung gewährt werden. Wegen der
geringen Grösse ist diese Aktivität nicht institutionalisiert, ebenso wenig die

Mission: Die Mitglieder legen einfach in ihrem persönlichen Umfeld Zeugnis ab.

Manchmal veranstaltet die Gemeinschaft Seminare zu bestimmten Themen, auch auswärtige Referenten werden dazu eingeladen. Es gibt Bibelwochen, Ferienlager für die Kinder und Freizeiten. Alle Aktivitäten werden durch die Kollekten und Spenden finanziert.

Kontakt

Kirchenrain 17, 3173 Oberwangen, Tel.: 031 981 26 41
www.missionswerkbern.ch

Missionswerk Mitternachtsruf – Gemeinde Bern

Das Missionswerk Mitternachtsruf mit Sitz in Dübendorf geht auf den aus Holland stammenden Evangelisten Wim Malgo (1922–1992) zurück. Er lebte seit den Vierzigerjahren in der Schweiz und besuchte – bereits durch die Eltern erwecklich geprägt – von 1947–1949 die Bibelschule in Beatenberg. Nachdem er als ordinierter Verkündiger und freier Evangelist, in der Zeltmission, in Kirchen, Freikirchen und öffentlichen Sälen gearbeitet hatte, gründete er 1955 sein eigenes Werk in Zürich.

Der Name «Mitternachtsruf» bezieht sich auf Mt. 25,6. Malgos Anliegen, welches er bis an sein Lebensende mit grosser Energie verfolgte, war der Aufruf an die Christenheit, sich auf die in Kürze bevorstehende Rückkehr Christi vorzubereiten. Charakteristisch für Malgo wie auch für seine Nachfolger – darunter mehrere seiner Kinder – ist, dass die aktuelle Weltsituation anhand biblischer Aussagen gedeutet wird. Die Bibel gilt im Urtext als göttlich inspiriert und unfehlbar, in ihren Worten seien Prophezeiungen für die Gegenwart enthalten. Im Mittelpunkt von Malgos Auslegungen steht Jesus Christus; eine charakteristische Färbung bringt allerdings die Betonung Israels hinein: Aufgrund von Röm. 9–11 wird davon ausgegangen, dass das Volk Israel vom Herrn nicht verworfen wurde, und die Gründung des Staates Israel sei ein deutliches Zeichen für die biblische Endzeit. 1969 wurde Malgo der Verein Beth Shalom übertragen, der mittlerweile in das Missionswerk integriert ist. Durch das Monatsmagazin «Nachrichten aus Israel» (Auflage rund 50 000 in versch. Sprachen) wird versucht, diesen Aspekt der Prophetie hervorzuheben. Malgo sah in verschiedenen politischen Entwicklungen (Sechstagekrieg, Prager Frühling, Europäisches Zusammenwachsen usw.) Zeichen für den Endkampf weltlicher bzw. satanischer Mächte gegen das auserwählte Volk. Israel sei bedingungslos zu unterstützen. Im Unterschied zu manch anderen Evangelikalen lehnte er die Mission der Juden allerdings ab, sie würden den Messias noch rechtzeitig von selbst annehmen.

Alle Christen werden dazu aufgerufen, jetzt umzukehren und sich in einem evangelikalen Sinne um die Heiligung des Lebens zu kümmern. Noch vor dem Anbruch der Apokalypse würden die wahrhaft Gläubigen entrückt. Dieses Errettungswerk, der Anfang vom Ende der Welt, stehe unmittelbar bevor. Eine ganze Reihe von Lebensvorschriften wurden dafür der Bibel entnommen, sogar die Ablehnung des Hosentragens («Männerkleider») für Frauen; inzwischen werden derartige Bestimmungen allerdings differenzierter vorgenommen. Die pfingstlich-charismatische Ausrichtung des Christentums, deren Aufschwung manch anderer als positives Zeichen der Endzeit begrüsst, wird von Malgo dagegen distanziert betrachtet. Ein engagierter Einsatz für Israel sei für Christen unabdingbar. Das Missionswerk unterhält sogar einen Reisedienst dorthin und das Hotel Beth-Shalom in Haifa. Jährlich wird ausserdem ein Kongress über das «prophetische Wort» in Jerusalem abgehalten.

Das Missionswerk Mitternachtsruf sieht sich als überkonfessionelle Einrichtung, und trotz der speziellen Ausrichtung hat es keinen exklusiven Charakter. Obwohl nicht Mitglied der Evangelischen Allianz, kooperiert es mit vielen evangelikalen Organisationen. Es will v. a. die biblische Botschaft verbreiten und bedient sich dazu des Radios, der Druckerpresse, des Internets und evangelistischer Einsätze. 1956 wurde die erste Radiosendung ausgestrahlt (heute 16 000 Stunden pro Jahr). Ebenfalls im Jahr 1956 nahm Malgo die Herausgabe der Monatszeitschrift «Mitternachtsruf» auf. Das Blatt erscheint heute mit einer Auflage von über 100 000 Exemplaren in neun Sprachen. Der Verlag Mitternachtsruf publiziert nebst etlichen Büchern von W. Malgo auch solche des heutigen Hauptverkündigers N. Lieth sowie von anderen Autoren aus dem evangelikalen Spektrum.

Schon bald nach der Gründung entstanden Zweigstellen in Deutschland, Holland, Österreich und den USA. 1961 wurde eine Überseemission gegründet, die seither in Südamerika als Radio- und Schriftenmission sowie durch die Arbeit mit Kindern in Schulen und Internaten tätig ist. Seit dem Fall des Eisernen Vorhangs sind Arbeitszweige in Ungarn (dort steht eine grosse Druckerei), Rumänien und der Ukraine entstanden. Der Schwerpunkt der Arbeit in diesen Ländern ist die Literaturverbreitung.

Schon recht schnell, nachdem das Werk seinen Dienst aufgenommen hatte, bildeten sich aus Menschen, die von der Verkündigung Wim Malgos angesprochen waren, lokale Kreise, die sich da und dort zu Gemeinden entwickelten: Das Werk wurde zur (Frei-)Kirche. Die lokale Gemeinschaft in Zürich zum Beispiel wurde im Jahr 1973 offiziell als Mitternachtsrufgemeinde Zürich konstituiert. Sie führt seither jeden Sonntagmorgen Gottesdienste durch, tauft und teilt das Abendmahl aus. Für ihren Bedarf, aber auch zur Durchführung von Kongressen erbaute das Missionswerk 1978 in Dübendorf die Zionshalle. Heute besuchen dort rund 700 Menschen den Sonntagsgottesdienst.

Während sich das Missionswerk durch Medienverkäufe und Spenden finanziert, sind die Gemeinden auf die Gaben der Anhänger angewiesen. Den Zehnten zu geben, wird empfohlen.

Frauen sind in den Dienst in vielfältiger Weise eingebunden, allerdings ist es ihnen unter Verweis auf die Bibel nicht gestattet, in den Gemeinden eine leitende Stellung einzunehmen.

Durch das Wirken W. Malgos, der zu Beginn seiner Tätigkeit in Thun wohnte, entstand in Bern ein Bibel- und Gebetskreis, der sich in den Sechzigerjahren zu einer Versammlung entwickelte. Die Gemeinde Bern trägt heute, analog zum Hauptwerk, den Namen Missionswerk Mitternachtsruf. In Thun finden heute einmal monatlich Abendversammlungen statt. Eine feste Mitgliedschaft besteht nicht, doch besuchen etwa 100 Menschen regelmässig die Berner Gottesdienste. Diese werden jeden Sonntag im Hotel Kreuz in der Zeughausgasse gefeiert. Ein wichtiges Ereignis ausserhalb der sonntäglichen Versammlungen ist die seit Jahrzehnten stattfindende Bettagstagung in Bern. An ihr nehmen bis zu 800 Menschen teil. Sie umfasst jeweils zwei Vorträge, umrahmt von Liedern der beiden Chöre des Hauptwerks.

Kontakt

Ringwiesenstrasse 12a, 8600 Dübendorf, Tel.: 044 952 14 14
www.mitternachtsruf.ch
Gemeinde Bern: c/o E. Ramseyer, Gryphenübeliweg 8, 3006 Bern,
Tel.: 031 352 72 63

Namenlose

Die Benennung als «Namenlose» ist eine Verlegenheitslösung, denn diese Bewegung hat überhaupt keinen Namen. Die Anhänger nennen sich schlicht Christen und lehnen eine Selbstbenennung unter Berufung auf die Bibel (1. Kor. 1,10 ff.) ab, ebenso wie sie keine feste Organisation haben und keine Mitgliederverzeichnisse oder Aufzeichnungen der eigenen Geschichte führen. Sie sehen ihren Beginn einfach mit dem Wirken Christi im Heiligen Land gegeben.

Konkret handelt es sich um eine evangelikale Erweckung, die, getragen durch William Irvine und andere, Ende des 19. Jahrhunderts in Irland entstanden ist. In ihr ist ein vergleichsweise strenges und gesetzliches Christentum verbunden mit einer informellen Organisation, die zum einen auf kleine familiäre Hauskreise setzt und zum anderen auf reisende «Evangeliumsboten». Die Bewegung ist international verbreitet, die Zahl der Anhänger wird auf bis zu 60 000 geschätzt. Die Gemeinschaft ist über Länder- und Kantonsgrenzen hinweg vernetzt; die Beziehungen beruhen auf persönlichen Bekanntschaften und den Boten.

Eine zentrale Bibelstelle ist die Aussendungsrede Jesu (Mt. 10, Mk. 6). Hier wird die Anweisung gegeben, wie das Evangelium zu verkünden ist. Die Boten müssen «arm und heimatlos» sein, das heisst, sie tun ihre Arbeit nicht für Lohn. Zudem sind Boten meistens unverheiratet. Praktisch bedeutet das, dass sie eine Zeit lang in einem Gebiet wirken und dann in ein anderes versetzt werden. Da leben sie bei Angehörigen der Gemeinschaft oder mieten eine Wohnung. Die regionale Verteilung organisiert in jedem Land ein zentraler Koordinator. Für ihren Lebensunterhalt kommen die örtlichen Gemeinden auf. Es sind stets zwei Boten beieinander, denn Jesus habe je «zwei und zwei» (Mk. 6,7) ausgeschickt. Neben den männlichen Boten gibt es auch weibliche; sie können diese Aufgabe übernehmen, weil in der Apostelgeschichte zu lesen ist, dass die Töchter des Philippus weissagten. Grundsätzlich ist die Frau jedoch dem Manne unterstellt. In der Schweiz sind etwa 20 Boten unterwegs.

Am Sonntagmorgen treffen sich die «kleinen Gemeinden», so nennt man die dauerhaften Hauskreise, unter der Leitung eines Ältesten. Ist ein Bote anwesend, hat er die Leitung. Diese Versammlungen finden «in Häusern» statt (Apg. 2,46), das heisst in der Wohnung eines Mitglieds. Dabei legen die Mitglieder Zeugnis ab. Sie berichten, was ihnen beim Lesen der Bibel aufgegangen ist und wie sie «in die Wahrheit» gekommen sind. Zu diesen Versammlungen gehört auch ein Abendmahl, welches Nichtmitglieder nicht erhalten. Die Zahl dieser Versammlungen in der Schweiz beträgt etwa 50, rund 500 Menschen gehören ihnen an.

Die Boten veranstalten öffentliche Bibelvorträge in gemieteten Lokalen, manchmal auch in Kirchgemeindehäusern. Auf diese Weise tritt die Gemeinschaft an die Öffentlichkeit, und mehrere Hauskreise kommen zusammen. Diese Versammlungen bestehen aus einem freien gemeinsamen Gebet sowie aus Predigten und Bibelauslegungen. Es wird auch gesungen, und dies aus einem eigenen Gesangbuch. Ausserdem finden jährlich Konferenzen statt, die mehrere Tage dauern und an denen möglichst alle Mitglieder in einem Land oder einer grösseren Region teilnehmen sollten. Orte dafür sind Villigen AG, Donneloye VD und Wahlendorf nördlich von Bern.

In der Gemeinschaft betrachtet man sich als die wahren Christen, da man «ganz nach der Bibel gehe». Andere Christen seien vom rechten Weg abgekommen, weshalb es keine Beziehungen zu andern Gemeinschaften gibt. Wer sich den Namenlosen anschliesst, komme «in die Wahrheit» und soll aus der Landeskirche austreten. In dieser exklusiven Selbstverortung sei die Gemeinschaft, so amtskirchliche Kritiker, «sektenhaft». Kritik rief auch die konservative kulturelle Einstellung hervor: Die Frömmigkeit ist sehr streng und ernst. Es wird darauf geachtet, dass sich Frauen anständig und sittsam, das heisst zum Beispiel nicht in Hosen, kleiden. Auf Radio und Fernsehen sollte verzichtet werden.

Kontakt

c/o Fam. Hegg, 3046 Wahlendorf, Tel.: 031 829 28 71

Neuapostolische Kirche (NAK)

Die um den Engländer Edward Irving (1792–1834) entstandenen → Katholisch-Apostolischen Gemeinschaften konnten nicht die von ihnen gewünschte Erneuerung in den Kirchen der Welt auslösen, die sie zum Ziel hatten. Doch ihre Idee, dass in der Gegenwart wieder Apostel wirken sollten, sowie der erweckliche Impuls trugen durchaus Früchte. Den Grundsatz der «irwingianischen» Erneuerungsbewegung, dass die damals berufenen zwölf Apostel eine einmalige Erscheinung gewesen seien, teilten nicht alle ihrer Anhänger. In einigen holländischen und norddeutschen Gemeinden kam es Anfang der Sechzigerjahre des 19. Jahrhunderts zur prophetischen Berufung neuer Apostel. Eine Abtrennung von den klassischen Apostolischen erfolgte, und 1863 konstituierte sich die Urzelle der Neuapostolischen Kirche (dieser Name wurde allerdings erst

1930 offiziell eingeführt). Unter der Führung des Apostels F. Krebs (1832–1907) erfolgte ein lehrmässiger und organisatorischer Zusammenschluss. Durch die Einführung des Amtes des Stammapostels als Leiter der Gemeinschaft im Jahre 1897 entstand eine zentralistische Struktur, und etwa zur selben Zeit wurde ein exklusives Selbstverständnis formuliert: Aus einer Erneuerungsbewegung in allen Konfessionen war eine neue Kirche entstanden. Bei ihrer Gründung gab es nur wenige Apostel, heute sind es über 350. Rund elf Millionen Menschen in 70 000 Gemeinden gehören der NAK an. Ein enormes Wachstum findet wegen der intensiven Mission v. a. in Ländern der sog. Dritten Welt statt, durch die Zuwächse dort hat sich die Gesamtmitgliederzahl in zehn Jahren mehr als verdoppelt. Allein in Indien, Kongo und Sambia gibt es fast fünf Millionen Mitglieder, bei denen allein knapp 100 Apostel wirken.

Oberster Leiter und oberste geistliche Autorität der Kirche ist der Stammapostel; seine Stellung wird verglichen mit der Position, die Petrus im Kreis der Apostel innehatte. Sein Stammsitz befindet sich heute in Zürich. Die Struktur der NAK International gliedert sich in 18 Bezirksapostelbereiche, welche von Bezirksaposteln geleitet werden. Die Bereiche bestehen wiederum aus mehreren Gebietskirchen. Unterbezirke unterstehen Aposteln. Auf regionaler Ebene wirken Bischöfe, Bezirksälteste und Bezirksevangelisten. Die Ämter werden, bis auf wenige Ausnahmen, ehrenamtlich geführt; auch kann jeder Mann in eines berufen werden, da keine theologische Ausbildung dafür vonnöten ist (Laienämter). Alle Ämter werden von der höheren Ebene bestimmt. In den einzelnen Gemeinden wirken die von den Aposteln beauftragten Hirten, Evangelisten oder Priester. Diese Gemeindevorsteher werden ggf. von weiteren Priestern sowie Diakonen unterstützt. Frauen können keine sakramentalen Handlungen ausführen und werden nicht zu Amtsträgern ordiniert.

Glaube und Ritus

Die NAK versteht sich als christliche Kirche gleich den apostolischen Gemeinden der frühen Christenheit. Glaubensgrundlage ist die Heilige Schrift (im deutschsprachigen Raum die Luther-Bibel-Ausgabe von 1984), daneben hat auch das «zeitgemäss geistgewirkte Wort» grosse Bedeutung für die Lehre. Jesu Rückkehr wird in naher Zukunft erwartet, und die Kirche sieht ihre Aufgabe darin, die gläubigen Menschen zu sammeln und auf dieses Ereignis, welches als Entrückung der wahrhaft Gläubigen verstanden wird, vorzubereiten. Erst nach dem Tausendjährigen Friedensreich erfolgt dann die «Zweite Auferstehung», bei der allen jemals lebenden Menschen Gnade und Erlösung angeboten werden.

Die NAK kennt drei Sakramente: Die Heilige Wassertaufe, welche die Erbsünde abwäscht, den Täufling in die Gemeinschaft aufnimmt und Gottes Gnade vermittelt, kann auch Kindern gespendet werden. Die Taufen anderer Kirchen werden anerkannt. Das Heilige Abendmahl vermittelt mehr als nur das Gedächtnis an den Opfertod Jesu. Der Mensch «nimmt das Wesen Jesu in sich auf und erhält neue Kraft, alles zu überwinden, was dem ewigen Heil der Seele hinderlich sein könnte». Das Sakrament der Heiligen Versiegelung übermittle die Gabe des Heiligen Geistes. Wassertaufe und Versiegelung zusammen bilden die «Wiedergeburt aus Wasser und Geist», durch sie werde der Empfangende «Glied am Leib Christi und Erbe der zukünftigen Herrlichkeit». Ein weiterer spezieller Punkt ist das sog. Entschlafenenwesen. Dabei werden, ausgehend von der Idee der Unsterblichkeit der Seele, dreimal jährlich in besonderen Gottesdiensten Verstorbenen stellvertretend die Sakramente verabreicht.

Die Versiegelung (durch Handauflegen; auch bei Kindern möglich) kann nur ein Apostel spenden, die NAK erhält dadurch einen exklusiven Charakter. Das Apostelamt und seine Sakramente werden als unumgehbar betrachtet, was zur gegenseitigen Ablehnung von NAK und allen anderen Kirchen geführt und die NAK in die «Sektenecke» gerückt hat. In jüngster Zeit weichen die verhärteten Fronten jedoch auf und Konsultationen haben gegenseitige Anerkennungen bei bestimmten Themen erbracht.

Zentrum des kirchlichen Lebens ist die Gemeinde. Die Gemeindeglieder sprechen sich mit Bruder und Schwester an, insbesondere dann, wenn sie durch den Empfang des Heiligen Geistes in die «Gotteskindschaft» eingetreten sind. Der sonntägliche Gottesdienst ist der Mittelpunkt des Gemeindelebens. Er ist oft von Chorgesang und Orchestermusik begleitet. Kinder nehmen am Gottesdienst teil, wo immer möglich ist für sie jedoch ein eigenes Betreuungsprogramm organisiert. Für die christliche Erziehung sorgen die Vorsonntagsschule für die kleinen und die Sonntagsschule für die etwas älteren Kinder. Zehn- bis 13-Jährige erhalten einmal wöchentlich Religionsunterricht, die älteren werden durch den Konfirmandenunterricht auf die Religionsmündigkeit vorbereitet. Für Jugendliche sind vielerorts speziell ausgebildete Jugendpriester tätig. Ausserdem gibt es Jugendgottesdienste, Jugendausflüge, Jugendabende sowie – auf musikalische Betätigung wird viel Wert gelegt – Jugendchor und -orchester. Spezielle Aktivitäten, vorwiegend durch Gemeindemitglieder gestaltet, gibt es auch für Senioren. Zum Gemeindeleben gehören ausserdem Gemeindefeste und -ausflüge. Seelsorge wird sowohl durch Amtsträger als auch durch andere Gemeindemitglieder geleistet.

Alle Kosten der NAK deckt man durch sog. Opfer und Spenden. Bei den regelmässigen Gaben gilt der biblische Zehnte als Orientierungspunkt, die Gabenhöhe wird jedoch nicht kontrolliert. Beim einmal jährlich erbrachten «Dankopfer» (an Erntedank) wird Geld für spezielle karitative Zwecke gesammelt.

Schweiz und Bern

Als erster Anhänger der neuapostolischen Lehre kam 1893 ein norddeutscher Arbeitsmigrant nach Zürich. Aus dem um ihn entstandenen Kreis wurde zwei Jahre später die erste Gemeinde in Zürich-Hottingen. 1905 gab es bereits so viele Gemeinden, dass ein eigener Bezirk Schweiz-Baden eingerichtet wurde. 1940 hatte die NAK im Lande bereits 20 000 Mitglieder in 191 Gemeinden, die in allen Regionen bestanden. In den Siebzigerjahren erreichte die Kirche die Mitgliederzahl von rund 35 000, die seither etwa gleich bleibt. Die heute 220 Gemeinden werden von zwei Aposteln und vier Bischöfen geleitet, an ihrer Spitze steht ein für die Schweiz zuständiger Bezirksapostel. Im Kanton Bern gehören der NAK etwa 6600 Menschen in 44 Kirchen an. Darunter sind auch einige fremdsprachige Gemeinden.

Die Neuapostolische Kirche Schweiz hat eine zweifache Organisationsstruktur: Zum einen folgt sie der o. g. kirchlichen Hierarchie. Zum anderen ist sie privatrechtlich organisiert und als Verein im Handelsregister des Kantons Zürich eingetragen. Oberstes Organ des Vereins NAK Schweiz ist die Delegiertenversammlung. Diese wählt den Vorstand und den Kirchenpräsidenten für jeweils ein Jahr. In Zürich besteht eine Verwaltung, welche die seelsorgerischen Aktivitäten in der Schweiz und in weiteren 13 Ländern Süd- und Osteuropas administrativ unterstützt. Im Land bestehen ausserdem zwei Stiftungen: Die Gemeinnützige Stiftung der Neuapostolischen Kirche Schweiz fördert soziale und humanitäre Projekte in der Schweiz, in Italien, Spanien sowie in ehemaligen Ostblock- und Drittweltländern, zum Beispiel Not- und Überlebenshilfe in kriegs- und katastrophengeschädigten Gebieten. Und die Missionsstiftung der Neuapostolischen Kirche Schweiz unterstützt die Verbreitung des neuapostolischen Glaubens im Ausland. Die zentrale Zeitschrift für die Schweizer wie für alle deutschsprachigen Mitglieder heisst «Unsere Familie», sie erscheint 14-täglich im kircheneigenen Verlag Friedrich Bischoff (Frankfurt am Main).

Die NAK beteiligt sich nicht an ökumenischen Gottesdiensten, verschliesst sich jedoch der Teilnahme an ökumenischen Veranstaltungen wie zum Beispiel Advents- oder Weihnachtsfeiern nicht. Seit einiger Zeit finden Gespräche auf nationaler und internationaler Ebene statt. Im Kanton Bern arbeitet die NAK im Status eines Gastes sogar in der ökumenischen AKB mit.

Kontakt

NAK Schweiz, Kasinostrasse 10, Postfach 1365, 8032 Zürich, Tel.: 043 268 38 38
www.nak.ch

neue gemeinde Biglen (ngB)

Die ngB in Biglen ist eine Tochter der ➙ Neutestamentlichen Gemeinde (NTG) in Bern und teilt mit dieser die theologische Ausrichtung auf ein charismatisches Christentum. Die freikirchliche Gemeinde betrachtet es als ihr zentrales Anliegen, die christliche Gemeinde nach biblischen Grundsätzen zu bauen und den Glauben praktisch zu leben.

Zehn Jahre, nachdem in Bern 1981 die NTG gegründet worden war, entstanden im Emmental, in Biglen und in Bigelbach zwei Hauskreise. Daraus entstand dann langsam eine eigenständige Gemeinde, die vorerst monatlich nur einen Abendgottesdienst abhielt. Dazu wurde die leer stehende Kapelle Schafroth der Methodistenkirche genutzt. Als man im Jahr 1995 zu einem wöchentlichen Turnus kam und offiziell eine Leiterschaft eingesetzt wurde, entliess die Berner NTG die ngB in die Selbstständigkeit. Die Gemeinde wuchs und baute sukzessive ein vielfältiges Gemeindeleben auf. Heute gehören rund 90 Menschen dazu, davon ein Drittel Kinder. Schon lange war der Platz in der Kapelle zu klein geworden. Im Jahr 2002 konnte im Dorf Biglen das Restaurant Kreuz gekauft und zum «zentrum kreuz» umgebaut werden. Im grossen Saal werden nun die Gottesdienste gefeiert. Verschiedene Räume stehen für die Kinderbetreuung und die Jugendarbeit zur Verfügung. Die Infrastruktur macht es möglich, nach den Gottesdiensten noch ein Mittagessen anzubieten. Das «zentrum kreuz» wird auch für Schulungen und Kurse genutzt und auch für solche Anlässe vermietet. Die Bar und die Kegelbahn ergänzen die Möglichkeiten zu gemütlichem Zusammensein. Im Gebäude befinden sich zudem zwei Wohnungen.

Jeden Sonntag wird um 10.00 Uhr der Gottesdienst gefeiert. Dazu gehören eine lebensnahe Predigt, persönliche Berichte, Musik und Lobpreis. Dienstags findet monatlich ein Gebetsabend statt. Daneben gibt es Frauen- und Männertreffen, Musikteams, Kleingruppen und verschiedene Hauskreise. Ausserdem werden persönliche Seelsorge und Beratungen für verschiedene Lebenssituationen angeboten. Parallel zu den Gottesdiensten findet ein altersgerechtes Kinderprogramm statt. Die Jugendarbeit ausserhalb der Sonntage teilt sich auf in Jungschar, Teenieclub und eine Gruppe für junge Erwachsene. In Lützelflüh führte die ngB mit dem «Jochgruppenhaus» zwölf Jahre lang ein christliches Therapiehaus für Menschen mit psychischen Problemen; diese Arbeit wurde 2006 aber aufgegeben.

Regelmässig informiert ein Gemeindeblatt über die Angebote und das Programm. Die Gemeindeleitung liegt beim Gemeindeleiter und dem Leitungsteam. Aufgaben werden nach den Fähigkeiten und Interessen der Gemeindemitglieder vergeben; jeweilige Begabungen werden gefördert. Juristisch ist die ngB ein Verein mit Sitz in Biglen. Man kann Mitglied der Gemeinde werden, ohne dem Verein beizutreten. Dazugehört, wer verbindlich dabei sein will, die Gemeindevision akzeptiert, dies kommuniziert und bereit ist, seine Adresse für die Adressliste zu geben. In der Regel sind die Leute zuerst einige Zeit Besucher. Alle finanziellen Verpflichtungen werden durch Spenden der Mitglieder und Freunde getragen.

Die neue gemeinde Biglen ist eine evangelische Freikirche im Sinne des Glaubensbekenntnisses der Evangelischen Allianz und des Verbandes evangelischer Freikirchen und Gemeinden in der Schweiz (VFG). Beim Letzteren ist sie seit Frühling 2001 Mitglied. Ebenso beim Verband der Freien Charismatischen Gemeinden Schweiz (FCGS). Die ngB pflegt die Zusammenarbeit mit Freikirchen der Region. Es gibt einen internationalen Austausch mit verschiedenen christlichen Projekten.

Kontakt

3507 Biglen, Tel.: 034 461 00 48
www.bern-ost.ch (Link «Organisationen», Link «Religiöse Organisationen»)

Neues Land

Das Neue Land versteht sich als verbunden mit der Reformierten Landeskirche, dies wird v. a. mit Herkunft und Mitgliedschaft der Neues-Land-Angehörigen begründet. Grosse Eigenständigkeit hat es, weil es organisatorisch und finanziell völlig autonom ist. Die Gründer waren von der Idee geleitet, «neuen Wein in neue Schläuche» zu füllen. Deshalb und auch weil es Amtsträger der Landeskirche gibt, die die Unterschiede für bedeutend halten, wird das Neue Land hier separat betrachtet.

Theologisch bestehen keine allzu grossen Unterschiede zur Landeskirche, jedoch vertritt das Neue Land in einem evangelikalen Sinne ein entschiedeneres Christentum. Die «Neuländer» orientieren sich stärker an den Täufern als an der landeskirchlichen Theologie. Ausserdem ist der Einzelne in einem stärkeren Masse im Gemeindeleben und im missionarischen Anliegen aktiv, als dies bei landeskirchlichen Gemeinden der Fall ist.

Das Netzwerk von heute sieben Gemeinden (sechs davon im Kanton Bern, eine in Riehen BL) ging Ende der Achtzigerjahre aus einem Gebetskreis in Grünenmatt im Emmental hervor. Der Name bezieht sich auf Jer. 31,22. Anfang der Neunzigerjahre kamen kurz hintereinander die anderen Gemeinden dazu; in der Regel gingen sie aus örtlichen Jugendarbeits- oder Hauskreisen landeskirchlicher Gemeinden hervor. Das deutlich formulierte Ziel ist es, «Menschen für eine hingegebene Nachfolge Jesu zu gewinnen». Zuvorderst zielt das auf Kirchenmitglieder, die keinen Gottesdienst besuchen, die in keiner Kleingruppe beheimatet sind und deren Christsein ohne Bedeutung bleibt für ihren Alltag. Und das seien vorwiegend junge Menschen, auf die sich das Neue Land entsprechend stark ausrichtet.

Die Strukturen der einzelnen Gemeinden können sich unterscheiden. Es gibt verschiedene kleine Gruppen für die Erwachsenenbildung, zum Beispiel werden Alphalive-Kurse organisiert, in Klein- und Zellgruppen geschieht Austausch und persönliche Ermutigung. Grundsätzlich versteht man sich als Mitarbeitergemeinde, die Einzelnen sollen ihre Gaben und Talente entsprechend ihren Möglichkeiten einbringen. Das selbstständige Arbeiten in Teams (zum Beispiel für Kindergottesdienste, Jugendarbeit, Lobpreis usw.) wird gefördert. Für die Qualifizierung der Leiter sorgt das Neue Land selbst, die meisten Schulungen werden zentral durch das Neue Land Schwarzenburg (nls) organisiert. Die Leitung der einzelnen Gemeinden erfolgt durch die Leiter der einzelnen Teams, die sich in der Regel um das Leiterehepaar gruppieren.

Vielerorts können die Neues-Land-Gemeinden landeskirchliche Räume nutzen, sie ergänzen so deren Angebot. Andererseits erregen sie dadurch, dass sie sakramentale Handlungen selbstständig ausführen und ebenso den biblischen Unterricht, wodurch eine grosse Eigenständigkeit und Parallelstruktur entsteht, die Befürchtung, dass NL-Mitglieder der Landeskirche entfremdet werden könnten.

Ein Event, das jüngst weit über das Neue Land hinaus Wirkung entfaltete, war das «Openair Trachselwald», ein christliches Musik-Festival, das im September 2007 Rahmen des Täuferjahres ausgerichtet wurde.

Kontakt

Neues Land Schweiz, Lützelflühstrasse, 3452 Grünenmatt, Tel.: 034 431 11 18
www.neuesland.ch

Neutestamentliche Gemeinde (NTG) Bern-Liebefeld

Zur Gründung der NTG in Jahre 1981 führten mehrere Wege. Einen stellt die Person D. Mosers dar, der heute noch der Pastor der Berner Gemeinde ist. Aufgewachsen im Evangelischen Brüderverein, leitete er Anfang der Siebzigerjahre während des Studiums eine Studentenbibelgruppe an der Universität Basel. Von 1972–1982 war er angestellter Mitarbeiter der Vereinigten Bibelgruppen VBG an der Universität Bern und an anderen Schulen. Zu jener Zeit kam es in Basel und Bern zu einem allgemeinen charismatischen Aufbruch. 1981 trat die zweite Wurzel der NTG hinzu, die Theologie von Robert Ewing (1926–2001), einem charismatischen Prediger aus Waco/Texas. Sie enthält zum Beispiel spezifische Vorstellungen über den Gemeindeaufbau («5-facher Dienst»): Dieses Modell sieht sog. Apostel, Propheten, Evangelisten, Hirten, Lehrer, Älteste und Diakone vor. Die fünf Erstgenannten begleiten, über den Rahmen der einzelnen Gemeinden hinausgehend, die Ortsgemeinden. Die NTG vertritt im Wesentlichen ein charismatisches Christentum. In den Gottesdiensten treten oft die sog. Geistesgaben auf: Es gibt den Zungengesang, Prophetien und den Heilungsdienst. Auch ein Befreiungsdienst, die Austreibung von Dämonen, ist im Rahmen der Seelsorge möglich.

Die junge Berner NTG wurde vorerst nach ihrem Gründungsort Gemeinde am Langmauerweg genannt. Als diese Lokalität zu klein wurde, begann sie sich in den Räumen des Restaurants Mappamondo in der Länggasse zu treffen. Doch wuchs der Wunsch nach einem eigenen Gemeindelokal, und 1992 konnte sich die Gemeinde in den Vidmar-Hallen in Köniz einmieten. Dort erbaute man ein Gemeindelokal mit Saal, Cafeteria und diversen Nebenräumen, und dort feiert die NTG heute jeden Sonntagvormittag den Gottesdienst. Die NTG Bern ist eine multikulturelle Gemeinde. Simultan werden Übersetzungen ins Englische,

Französische und Türkische erstellt. Die Lobpreis-Lieder, die – von zwei Bands dargeboten – fester Bestandteil des modern gestalteten Gottesdienstes sind, singt sie auf Deutsch, Berndeutsch, Englisch, Französisch und einzelne auf Italienisch, Türkisch und Spanisch. Einen weiteren Gottesdienst gibt es jeweils am Dienstagabend. Zum religiösen Leben gehören ausserdem sog. Zellgruppen; auch sie gibt es in verschiedenen Sprachen und auch als spezielle Jugend- und Frauengruppen. Daneben treffen sich die Gläubigen in Hauskreisen. Zur Glaubensvertiefung wird ausserdem empfohlen sog. Zweier-Gebetstreffen zu bilden.

Die Leitung der NTG Bern besteht aus einem Ältestenteam, ergänzt durch die Leiter der einzelnen Bereiche. D. Moser amtet als Leiter der Berner Gemeinde. Dazu kommen zwei bis vier angestellte Mitarbeiter. In der Regel ehrenamtlich arbeiten die Diakone und Dienstleiter in den verschiedensten Bereichen wie Sonntagsschule, Frauen-, Kinder- und Jugendarbeit, Übersetzungsdienst und Lobpreis. Nicht alle Leitungs- und Lehrfunktionen sind Frauen zugänglich. Die NTG umfasst heute ungefähr 180 erwachsene Gemeindebesucher und 70 Kinder. Eine formale Mitgliedschaft gibt es nicht.

Im Laufe der Zeit sind von der Berner NTG aus weitere Gemeinden im In- und Ausland gegründet worden, so eine NTG Thun (inzwischen aufgelöst), die NTG Thörigen (inzwischen mit einer Pfingstgemeinde fusioniert) und die → neue gemeinde Biglen (ngB). Diese und weitere Gemeinden sind miteinander im Verband der Freien Charismatischen Gemeinden Schweiz (FCGS) verbunden; dieser ist im VFG (Verband evangelischer Freikirchen und Gemeinden in der Schweiz) Mitglied. Der Zusammenhalt zwischen den Gemeinden wird durch persönliche Beziehungen der Leiterschaft, durch den 5-fachen Dienst und durch gemeinsame Schulungen und Konferenzen gewährleistet.

Kontakt

Könizstrasse 161, 3097 Bern, Tel.: 031 972 02 21
www.ntg.ch

new life – Evangelische Gemeinde Bern

Das new life Bern entstand Anfang der Siebzigerjahre in der Stadt Bern als christliche Jugendbewegung und wandte sich v. a. Menschen aus der Drogenszene und anderen Randgruppen zu. Der Name steht für das neue Leben, welches Gott schenkt. Inzwischen ist die Gemeinschaft zu einer eigenständigen evangelikalen Freikirche gewachsen. Viele der ursprünglichen Jugendlichen haben inzwischen geheiratet und Familien gegründet. Der Altersdurchschnitt liegt heute um die Mitte 30.

Die Kinder- und Jugendarbeit ist ein wichtiger Bestandteil der Gemeinde, viele Mitarbeiter – ehrenamtliche und Teilzeitangestellte – engagieren sich darin. Als Gefässe dafür dienen Kindergruppen unter dem Namen freescore für Teenies und Klick-ii für junge Erwachsene.

Gemeinsam feiert die Gemeinde den sonntäglichen Gottesdienst, entweder in der Kulturhalle 12 (morgens) oder im Gemeindesaal auf dem Von-Roll-Areal (abends). Den Morgen- und den Abendgottesdienst besuchen insgesamt rund 200 Erwachsene.

Zur praktischen Vertiefung des Glaubens dienen Kleingruppen. Die Kleingruppen sind das eigentliche «Herz der Gemeinde», und jedes Gemeindemitglied soll möglichst in eine eingebunden sein. Werte, die in den Gruppen eingeübt werden, lassen sich mit dem Begriff «Wachstum» beschreiben: «nach oben: Gottes Ehre suchen und IHN von Herzen anbeten; nach innen: mit anderen Menschen im christlichen Glauben zusammen unterwegs sein; nach aussen: Menschen, die dem Evangelium fremd sind, Christus näher bringen.» Ein wichtiges Anliegen ist also die Mission. Aus der Geschichte der new-life-Jugendbewegung sind viele aus der Gemeinde heraus in die Mission weltweit gegangen und dort zum Teil immer noch tätig.

Als Gemeinde wird new life vollständig durch Spenden von den Gemeindemitgliedern finanziert. Es gibt keine offizielle Mitgliedschaft im Sinne eines Vereinsbeitritts. Man gehört dazu, indem man sich engagiert. Das new life ist als Verein organisiert, der sich formal nur aus den Mitgliedern der Gemeindeleitung zusammensetzt. Die Gemeindeleitung besteht aus den angestellten und ehrenamtlichen Mitarbeitern (mit den verschiedenen Ressortverantwortungen), die von der Gemeinde bestätigt werden müssen. Der Gemeindeleiter ist primus inter pares, Entscheidungen werden im Team getroffen.

Die Berner new life ist Mitglied der Evangelischen Allianz. Ausserdem gehört die Gemeinde einem 1970 gegründeten Verband Bund Evangelischer Gemeinden – New Life International (BEG/NLI) an. Dieser Bund umfasst sechs new-life-Gemeinden, die sich vorwiegend im Mittelland befinden (keine weitere im Kanton), und einige Werke. Das Berner new life versteht sich als Brücke zwischen charismatischen und evangelikalen Gemeinden und hat freundschaftliche Beziehungen nach allen Seiten.

Fabrikstrasse 2a, 3012 Bern, Tel.: 031 300 37 37
www.newlifebern.ch, www.freescore.ch, www.beg-nli.ch

Neutestamentliche Gemeinde Philadelphia (NGP) Zollikofen

Die Gemeinde mit dem Namen Philadelphia, die sich nach Vorgaben des NTs aufgebaut hat, besteht seit etwa 1991. Sie ging damals aus der Gemeinschaft → Sammlung und Sendung hervor. Im Vergleich zu jener betont Philadelphia stärker die charismatischen Gaben. Ein weiterer Unterschied besteht darin, dass für Philadelphia die Arbeit mit Kindern und Jugendlichen einen deutlichen Schwerpunkt bildet. Deshalb wird die christliche Familie besonders gefördert und in ihrem Erziehungsauftrag unterstützt.

Aufgebaut sein nach neutestamentlichen Vorgaben heisst, dass die Ämter entsprechend der Begabung bekleidet werden. Es gibt also Prediger, Älteste als Leiter usw., es werden «geistgewirkte Gaben» wie Prophetie, Auslegung der Schrift, Heilungsdienst, Zungenreden u. a. ausgeübt. Den apostolischen Dienst nimmt die Gemeinde wahr, indem «von Gott beauftragte Christen» aus aller Welt in der Gemeinde lehren und Zeugnis geben.

Der Hauptgottesdienst findet jeweils am Sonntagvormittag in einem gemieteten Gewerberaum statt. Parallel dazu gibt es die Sonntagsschule (in zwei Altersstufen). Am Freitagabend wird ein Gemeindeabend mit Bibel-Lehre und Abendmahl veranstaltet. Anfang Juli jeden Jahres fährt die ganze Gemeinde gemeinsam für eine Woche in die Ferien, um intensiv Lobpreis, Predigt, Lehre und Freizeit zu geniessen. Formale Hauskreise bestehen momentan nicht, stattdessen feiern die Familien Hausandachten. Insgesamt gehören der Gemeinde rund 50 Personen an, darunter sehr viele Kinder und Jugendliche. Eine regulierte Mitgliedschaft gibt es allerdings nicht.

Die Kinder- und Jugendarbeit wird von der pfingstlichen Jungendbewegung Good Guardians geprägt. Diese unterstützt die Jugendarbeit durch Leiterkurse und regionale, nationale und internationale Camps. Jeden zweiten Samstagnachmittag trifft sich die so betreute Jungschar, zu welcher auch nicht zur Gemeinde gehörende Kinder eingeladen sind.

Publikationen hat die Philadelphia-Gemeinde ausser der Homepage nicht. Sie unterstützt Gemeinden in Rumänien und Indien und das internationale Missionswerk JmeM (Jugend mit einer Mission); sie sendet Mitarbeiter in das nationale Leiterteam von Good Guardians, in das Missionswerk Andonia und in die JmeM.

Die Gemeinde Philadelphia arbeitet bewusst nicht mit der Landeskirche und ihr angeschlossenen Organisationen zusammen. In der Aussenwelt agieren die Mitglieder missionarisch an ihren Arbeitsplätzen und in persönlichen Beziehungen. Der Schwerpunkt der Aktivitäten liegt auf der gegenseitigen Anteilnahme, Ermunterung und praktischen Hilfe in der Gemeinde (nach Apg. 2,42 ff).

Die neutestamentliche Gemeinde Philadelphia ist eine unabhängige Gemeinde, die einzig in Zollikofen besteht. Sie unterhält Beziehungen zu Gleichgesinnten, zum Beispiel ist die Gemeinde über das lose Netzwerk der Freien Evangelisch-Charismatischen Gemeinden mit anderen, theologisch ähnlich verorteten Gemeinden verbunden.

Kontakt

Bernstrasse 171, 3052 Zollikofen
www.ggzollikofen.ch (via Good Guardians Zollikofen)

Philadelphia Missionary Church (PMC)

Die Philadelphia Missionary Church (PMC) ist ein pfingstlich-charismatisch geprägter freikirchlicher Gemeindeverband in der Schweiz. Die erste, bis heute grösste und noch immer zentrale Gemeinde ist die in Bern. Sie wurde 1989 von elf Tamilen gegründet, unter ihnen der heutige Leiter, «Pastor Paul». Dieser war 1982 als Flüchtling in die Schweiz gekommen und hatte einige Zeit darauf das Christentum kennengelernt.

Heute gibt es Gemeinden und Treffen an 18 Orten in der Schweiz. Insgesamt gehören über 600 Menschen zur PMC, dabei sind die Nichtgetauften (zum Beispiel Kinder) noch nicht mitgezählt. Nahezu alle Mitglieder sind Tamilen, nur einige wenige Angehörige sind Inder oder zum Beispiel Schweizer Frauen, die tamilische Männer geheiratet haben. Ein Beitritt steht aber jedem getauften und gläubigen Christen offen. Betreut werden diese Gemeinden durch neun Pastoren und zwölf Älteste, die auch predigen. Die Gemeinschaft, die als Verein eingetragen ist, bestreitet ihre Unterhaltskosten einzig durch die Spenden der Mitglieder.

Wegen der Sprache – es wird fast ausschliesslich Tamil gesprochen – bestehen kaum tiefer gehende Kontakte oder gar Kooperationen mit anderen christlichen Gemeinden. Für die Zukunft sind Zusammenkünfte geplant. Man hat aber insofern Kontakte, als die meisten PMC-Gemeinden nicht über eigene Räume verfügen, sondern für die Veranstaltungen Unterschlupf bei anderen Kirchen finden, in der Regel solchen aus dem pfingstlichen Spektrum. Die Basler Gemeinde zum Beispiel trifft sich bei der BewegungPlus, die Bieler bei der Schweizer Pfingstmission SPM. Inzwischen sind auch Ablegergemeinden in anderen Ländern entstanden.

Die Stadtberner Gemeinde ist die grösste Gemeinde, in ihr versammelt sich der grösste Teil der rund 100 PMC-Mitglieder im Kanton Bern. Lange Zeit kamen die Berner in fremden Räumen zusammen, bis sie am 23. September 1998 eine grosse Lagerhalle an der Sulgeneckstrasse mieten konnten. Diese wurde sukzessive ausgebaut und im Mai 2007 offiziell als Kirche und Kirchenzentrum für die Schweiz eingeweiht. Jeden Sonntag findet der Gottesdienst statt, bestehend aus Worship-Gesängen, einer Predigt und Zeugnisgaben einzelner Mitglieder. Am letzten Samstag im Monat wird in Bern das Abendmahl gefeiert; das ist eine Art zentraler Akt der PMC, und es versammeln sich dazu Mitglieder aus allen 18 Gemeinden. Einmal im Monat wird ausserdem ein Fastengebet mit Fastenbrechen zelebriert. Es kann auch mal spezielle Gottesdienste mit Gastpredigern aus Indien oder Sri Lanka geben. Die Berner Gemeinde unterhält ausserdem eine kleine Biblio-, Audio- und Videothek.

In Biel und Thun, den beiden anderen Gemeinden im Kanton Bern, wie auch in allen anderen Gemeinden finden auch an jedem Wochenende Gottesdienste oder einmal pro Woche Gebetstreffen statt. Weitere Aktivitäten gibt es dort aber nur in beschränktem Masse.

Grössere Gemeinden wie Bern und Basel haben verschiedene spezielle Gruppen, zum Beispiel Zellgruppen, Frauengebetsgruppen, in denen auch Frauen predigen können, Gruppen für die Musik bei den Gottesdiensten usw. Einige Mitglieder und die seelsorgenden Pastoren und Ältesten engagieren sich durch Besuche bei Kranken. Wenn es möglich ist, leisten die PMC-Mitglieder auch eine Witwen- und Waisenhilfe für Sri Lanka.

Kontakt

Sulgeneckstrasse 58, 3005 Bern

Philippus Hausgemeindebewegung Bern
(vernetzte Hauskirchen)

In die charismatische Bewegung wurden durch Zellgruppen-Bildungen in verschiedenen Varianten immer wieder lebendige Impulse gegeben. Eine Gemeinde feiert also zusammen Gottesdienst und daneben treffen sich die Mitglieder noch daheim, sodass jeder in einer Kleingruppe (Hauskreis, Zelle, cellgroup o. Ä.) auf familiäre Weise aufgehoben ist. Besonders ausgeprägt ist dieses Modell in der sog. Hauskirchen (HK)-Bewegung: Hier wird die Kleingruppe zur eigentlichen Gemeinde. In den USA kennt man das als Organic-Church- oder Emerging-Church-Bewegung, in Europa ist diese Bewegung allerdings eher klein. Einer ihrer Vordenker, W. Simson, sieht im Christentum einen Lebensstil, nicht eine Serie von Veranstaltungen, die von Funktionsträgern in ritualisierter Form in Sakralbauten abgehalten werden. In einer Art dritter Reformation müsse nun das Christentum «von den Kirchen-Häusern zurück in die Haus-Kirchen» kommen, wo es ja auch begonnen habe. Ein Vorteil liege darin, dass diese kleinen, nachbarschaftlichen «Do-it-yorself-Kirchen» sich in konkreten sozialen Schichten zusammenfinden und dort gut ausbreiten können.

Nach diesem Verständnis liegt eine Hauskirche vor, wenn 1) sich eine Gruppe von Christen als Gemeinde versteht und nicht nur als Zelle, Hauskreis oder als vorübergehend. In einer HK werden die Sakramente, also Abendmahl (als gemeinschaftliche Mahlzeit) und Taufe gespendet. Auch soll Eindeutigkeit in der Zugehörigkeit bestehen; wenn 2) ein Hausvater ähnlich dem biblischen Ältesten vorhanden ist, der ordentlich und anerkannt leitet. Nach Eph. 4,11 können die Ämter der Apostel, Propheten, Evangelisten, Hirten und Lehrer («fünffältiger Dienst») als vom Heiligen Geist gegeben (und keinesfalls institutionalisiert!) ausgeübt werden; wenn 3) die Gemeinschaft an eine grössere Kirche angeschlossen ist und sich nicht absondert; wenn 4) gemeinsame Kasse, also ein kollektives Leben über die Zusammenkunft hinaus besteht oder zumindest angestrebt ist; wenn 5) die Gemeinschaft sich multiplizieren will, also a) nicht nur wachsen, sondern sich auch wieder teilen, und b) missionarisch aktiv die Botschaft nach aussen tragen will.

In der Regel feiern die Hausgemeinden ihren wöchentlichen Gottesdienst – zu Hause. Gebet, Lehrgespräch und Mahlzeiten charakterisieren ein solches Treffen. Die grössere Einheit wird dadurch gewährleistet, dass sich die Hauskirchen einer Region periodisch zu Grossgottesdiensten (Celebrations) zusammenfinden, City-Churches bilden, die sich jeweils nach ihrer Stadt oder Region benennen. Die Familienatmosphäre der Hauskirche und der sog- und identitätserzeugende Grossevent sollen sich ergänzen.

In der Region Bern hat die Bewegung – so man denn einen konkreten Anfangspunkt fixieren will – 1998 als Projekt des → Evangelischen Gemeinschaftswerks EGW begonnen, mit dem auch heute noch freundschaftliche Beziehungen bestehen. Eine vergleichbare Initiative ist das Lifeshare-Network im Zürcher Oberland. Auch die Thuner → GPMC ist als Hauskirche in der Bewegung entstanden, wuchs jedoch inzwischen über den Rahmen einer HK hinaus. W. Simson vermutet in der Schweiz Hunderte Hauskirchen. Momentan bestehen unter dem Namen Philippus drei Netze von Hausgemeinden im Raum Bern, die miteinander im Kontakt stehen. Als zugehörig werden insgesamt rund 150 Menschen gezählt, die manchmal zugleich in der Landeskirche Mitglieder sind. Formelle Mitgliedschaften gibt es bei den Hausgemeinden nicht. Momentan werden vier Gesamtgottesdienste pro Jahr gefeiert, dazu kommen einmal monatlich sog. Netz-Gottesdienste und einige Lehrveranstaltungen.

Wer sich einer Hausgemeinde anschliessen will, kann das jederzeit tun, wobei – um die Übereinstimmung der Werte festzustellen – eine Art Probezeit vereinbart wird. Finanzielle Vorschriften gibt es nicht; da die Kosten recht niedrig sind, genügt, was die Angehörigen geben. Die Glaubensüberzeugungen der Philippus-HK ähneln denen des EGW. Die einzelnen Gemeinden werden von sog. geistlichen Eltern geleitet, Netzleiter organisieren die Netze.

Die Philippus-Netze sind Teil der Evangelischen Allianz Bern und haben Beziehungen zu vielen verschiedenen Gruppen, Kirchen und Personen. Eine grosse Flexibilität zeichnet die Hausgemeinden und Netze aus, Veränderungen in diesem Geflecht sind häufig.

Kontakt

www.philippus-hg.ch, www.hauskirchen.ch, www.zweioderdrei.net

Predigtsaal Langenthal
(Simon Kuert)

Im Predigtsaal an der unteren Marktgasse in Langenthal trifft sich eine zurückgezogene Gruppe von evangelischen Christen. Bekannt sind sie auch unter dem Namen «Lüscherianer». Es handelt sich dabei um Anhänger von Pfarrer Albert

Lüscher, der von 1930–1942 in Langenthal als Pfarrer der Reformierten Landeskirche wirkte und in dieser Zeit eine kirchliche Auseinandersetzung provozierte. Pfarrer Lüscher wurde 1930 als Vertreter der «Positiven» nach Langenthal gewählt, und das, nachdem vorher während 60 Jahren die Geistlichen im Sinne des eher liberalen Kulturprotestantismus am Ort gewirkt hatten. Pfarrer Lüscher verstand sich als Werkzeug Gottes und fühlte sich für die Bekehrung der durch die liberale Theologie geprägten Langenthaler verantwortlich. Seine Verkündigung basiert einerseits auf der Verbalinspirationslehre, andererseits auf einer klassischen Bekehrungstheologie, die zur traditionellen Volkskirchlichkeit in Spannung stand. In seiner Predigtsammlung «Lichtherrlichkeit im Dunkel der Welt» (1964) steht: «Das heutige Christentum, die heutige christliche Kirche ist nicht der Ausweis dafür, dass der einzelne Jesu Eigentum ist. Vielmehr ist es so, dass das Christentum genauso Welt ist wie jeder Unglaube. Denn …: Nicht die Zugehörigkeit zu einer Kirche oder Freikirche oder Gemeinschaft ist vor der heiligen Majestät Gottes massgebend, sondern die Wiedergeburt … Und nun achtet mit besonderer Schärfe auf die Tatsache, dass heute unter dem Stichwort Ökumene sich die Kirchen, Freikirchen und Gemeinschaften zur ‹Einheit› zusammenschliessen, zu jener Einheit, die dem Antichristen den Weg bereitet.» Pfarrer Lüscher wurde 1942 nach einem äusserst heftig geführten Wahlkampf, bei einer für kirchliche Verhältnisse ausserordentlich hohen Stimmbeteiligung von 65 Prozent, mit 2458 Nein- gegen 572 Ja-Stimmen abgewählt. Während die einen der unterliegenden Anhänger von Pfarrer Lüscher die Versammlung im Predigtsaal gründeten, schlossen sich die andern der Freien Evangelischen Gemeinde (→ Bund Freier Evangelischer Gemeinden) an.

Nach 1942 zählten die Predigtsaalleute über 200 Anhänger, heute trifft sich noch eine Gruppe von zehn bis 20 Personen. Nachwuchs gibt es nicht. Die Versammlungsteilnehmer sind sehr zurückhaltend und vermeiden den Kontakt zu andern christlichen Gemeinschaften in Langenthal. Im Zentrum der Versammlungen steht die Lektüre der Predigten von Pfarrer Lüscher, die vom Pflug-Verlag herausgegeben werden. Mittels Tonträgern werden Predigten auch gehört. Der Verlag hat zum Ziel, das Erbe von Pfarrer Lüscher zu erhalten; der Inhaber ist aktives Mitglied der Predigtsaal-Gemeinschaft und bemüht sich auch um die Aufarbeitung des Langenthaler Kirchenstreits.

Kontakt

Predigtsaal, Marktgasse 1, 4900 Langenthal, c/o Pflug-Verlag, H. Jordi, Melchnaustrasse 57d, 4900 Langenthal

Religiöse Gesellschaft der Freunde in der Schweiz (Quäker), Berner Gruppe

Die Quäker gehören zu den ältesten Freikirchen. Dabei verstehen sie sich als Gemeinschaft Gleichgesinnter – ohne verbindliches Glaubensbekenntnis. Obwohl sie zahlenmässig zu den kleinen Gemeinschaften zählen (rund 200 000 Mitglieder weltweit), ist ihre kulturelle Bedeutung nicht zu unterschätzen.

Das Quäkertum entstand im 17. Jahrhundert in England. Begründer war George Fox (1624–91), der, unzufrieden mit der Kirche und beeinflusst vom damaligen Puritanismus und mystischen Ideen, einen eigenen Weg zu Gott suchte und ihn 1645 durch ein Offenbarungserlebnis auch fand. Zur gleichen Zeit hatten sich in Holland und England Gruppen von Seekers (Suchenden) gebildet. Einige von ihnen wurden die ersten Anhänger des seit 1647 als Wanderprediger aktiven Fox. Ab 1652 schlossen sie sich zu Gemeinden zusammen und errichteten dank der Unterstützung von Margaret Fell, der Frau eines nordenglischen Parlamentariers, eine organisatorische Basis. Sie nannten sich zunächst «Kinder des Lichts» (nach Joh. 12,36), da sie bei ihren Erlebnissen der Gottesbegegnung häufig Lichterscheinungen wahrnahmen und den inneren Kern des Menschen in Lichtmetaphern beschrieben; später nannten sie sich, nach Joh. 15,15, einfach «Freunde». Gerade in der Anfangszeit erfolgten die Andachten sehr enthusiastisch, und da Gläubige dabei mitunter ins Beben gerieten, verspottete man sie als Quäker (to quake = zittern, beben). Später übernahmen sie diesen Namen.

Ihre kritische Haltung gegenüber Kirche und Gesellschaft führte schnell zu Konflikten. Vor allem wegen der Weigerung, Eide, Wehr- und Kriegsdienst zu leisten und überhaupt der Verweigerung jeder Form von Gewalt wurden die Quäker verfolgt. Der Druck liess die Gemeinschaft sogar wachsen, zwang aber viele zugleich zur Auswanderung. William Penn (1644–1718) schuf in Amerika 1681 als Zufluchtsstätte für die Verfolgten und andere nicht kirchliche Christen einen eigenen Quäkerstaat, Pennsylvania. Die Hauptstadt wurde nach dem Ideal der Brüderlichkeit benannt: Philadelphia. Erweckungsbewegungen im 18. und 19. Jahrhundert belebten das Quäkertum wieder, das sich zwischenzeitlich stark in die Innerlichkeit zurückgezogen hatte. Neue Gruppen entstanden vorwiegend in den USA. Es kam auch zu einer Teilung: Neben einer universalistisch-liberalen Richtung, die sich v. a. in Europa und im Osten der USA behauptete, entstand eine evangelikale Strömung im amerikanischen Mittelwesten.

Der Schwerpunkt des Wirkens der Quäker verlagerte sich zunehmend ins Soziale, wo sie eine enorme Wirkung erzielen sollten. Sie setzten sich für die

Befreiung der Sklaven, die Abschaffung der Todesstrafe, für Gefängnisreformen und eine menschenwürdige Behandlung von Geisteskranken ein. Englische und amerikanische Quäker erwarben nach den Weltkriegen in Europa Verdienste mit der Quäkerspeisung für hungernde Kinder. Um diese Aktionen durchführen zu können, waren Hilfsorganisationen geschaffen worden, von denen zwei 1947 gemeinsam den Friedensnobelpreis erhielten. Daneben gab und gibt es Missionsbestrebungen der evangelikalen Quäker, die mittlerweile – entgegen ursprünglichen Intentionen – in Ostafrika und Südamerika zur Entstehung von Quäkerkirchen mit formalen Ämtern geführt haben. Heute versuchen die Freunde als NGO bei der UNO und der EU Einfluss zu nehmen, sie unterstützen Entwicklungshilfe- und Bildungsprogramme in der Dritten Welt und engagieren sich bei Versuchen zur gewaltfreien Konfliktlösung.

Glaube und Ritus

Es gibt keine verbindliche Lehre im Quäkertum. Quäkersein ist geprägt von der Erfahrung und der daraus abgeleiteten Überzeugung, dass in jedem Menschen ein «inneres Licht» oder «etwas von Gott» ist. Darin wurzelt die Idee der Gleichwertigkeit aller Menschen, was zu Toleranz gegenüber Andersdenkenden führt. Daher sind in der Gemeinschaft von Anfang an auch alle Tätigkeiten beiden Geschlechtern zugänglich.

Für viele Quäker, aber nicht für alle, ist das Wirken Jesu der entscheidende Ansatz ihrer religiösen Erfahrung. Die Erfahrung des Lichts könne aber auch ausserhalb des christlichen Erlösungsverständnisses gefunden werden. In der universalistisch-liberalen Richtung spielen daher zum Beispiel auch Gandhis Ideen – und insbesondere seine Gewaltlosigkeit – genauso eine Rolle wie etwa buddhistische Konzepte.

George Fox vertrat, dass das «inneren Licht» oder der «innere Christus» in jedem Menschen sei. Darauf müsse man achten und sich transformieren lassen. Um sich ganz auf ihren individuellen Weg zu Gott konzentrieren zu können, verzichten Quäker bei der Andacht auf Kulthandlungen und Predigt und betrachten das ganze Leben als Sakrament. Die Freunde versammeln sich einfach für eine «Stunde der Stille in Gemeinschaft vor Gott». Noch heute gibt es keine Leitung dieser schweigenden Zusammenkünfte, sondern jeder, der sich dazu inspiriert fühlt, ist gehalten, während der Andacht seine Erfahrungen mitzuteilen. Versammlungen können überall stattfinden, spezielle Räume sind nicht notwendig.

Mitglieder können nur Erwachsene werden. Ämter wie das des Schreibers werden nur ehrenamtlich und auf Zeit vergeben. Jeweils ein Schreiber leitet die örtlichen Gemeinschaften. Von Mitgliedern wird erwartet, dass sie zwei Prozent ihres Einkommens spenden, je zur Hälfte für die Gemeinschaft und für Hilfsorganisationen. Der einzige internationale Zusammenschluss ist das 1937 gegründete Weltkomitee der Freunde für gegenseitige Beratung, das alle drei Jahre zusammentritt, aber keine übergeordnete Funktion ausübt.

Schweiz und Bern

In der Schweiz begann die Präsenz der Quäker – im Vergleich zu Deutschland, wo es schon im 17. Jahrhundert Gemeinden gab – erst spät, nämlich nach dem I. Weltkrieg. Die erste Gruppe entstand 1920 in Genf. Drei Jahre später eröffneten britische und amerikanische Freunde dort das Maison Quaker. Dieses Zentrum wurde, neben New York, nach dem II. Weltkrieg eines der beiden Quäker-Büros bei der UNO. Die Genfer Gruppe ist die grösste in der Schweiz und die einzige, die organisatorisch den traditionellen Quäker-Strukturen entspricht. Insbesondere Anhänger der Zivildienstbewegung (gegründet durch den Quäker Pierre Ceresole, 1879–1945), aber auch der religiösen Sozialisten (Leonhard Ragaz, Hélène Monastier) kamen Anfang der Zwanzigerjahre in Berührung mit quäkerischen Ideen. Einige hatten Woodbrooke besucht, ein Studienzentrum der Quäker in Birmingham. Durch diese Impulse entstanden noch vor dem II. Weltkrieg Gruppen in Basel, Bern, Lausanne, Neuchâtel und Zürich. Später kamen Biel und Romanshorn dazu, und heute gibt es sieben Gruppen im Land (Genf, Lausanne, La Chaux-de-Fonds, Bern, Basel, Zürich und Romanshorn).

Die Schweizer Quäker trafen sich erstmals 1934 in Bern, betreut von der Londoner Jahresversammlung. Im November 1939 wurden sie als Regionale Versammlung anerkannt. Ein unabhängiges Schweizer Jahrestreffen wurde erstmals 1947 abgehalten. Viele Schweizer Quäker sind gleichzeitig Mitglied in anderen Kirchen – ein Doppelstatus, der sonst eher selten ist. Heute sind in der Religiösen Gesellschaft der Freunde in der Schweiz ungefähr 120 Personen eingeschrieben, davon etwa 60 als Mitglieder. Recht häufig ist bei diesen ein angelsächsischer Hintergrund. Jahrestreffen finden an Pfingsten in Aeschi bei Spiez im Berner Oberland statt. Die Schweizer Quäker geben dreimal jährlich die Zeitschrift «Entre-Amis» heraus. Entsprechend ihren Möglichkeiten unterstützen sie Projekte karitativer, kultureller oder friedenskommunikativer Art, speziell in Nahost und Afrika.

Die Berner Gruppe mit rund 15 Mitgliedern hält ihre Sonntagsandacht einmal monatlich im Reformierten Forum der Universität Bern an der Länggassstrasse 41 in Bern ab.

Kontakt

c/o E. Hutchison, Tel.: 031 351 73 47
www.swiss-quakers.ch, www.quaeker.org

Revival Fellowship Schweiz

Die Revival Fellowship ist eine weltweit vertretene Vereinigung von rund 70 lokalen Gemeinden. Nach eigenen Angaben liegt die Mitgliedschaft im fünfstelligen Bereich. Als Revival Fellowship entstand die Gemeinschaft 1990 in Australien, wo sie aus den seit 1958 bestehenden Revival Centers hervorging. Tatsächlich befinden sich bis heute die allermeisten Gemeinden dieser Organisationen in Australien.

Die Gruppe in Bern – es ist die einzige in der Schweiz – wurde im Jahre 2001 gegründet. Ihr gehören momentan sechs Personen an. Unter dem Namen Revival Center Schweiz ist sie als Verein registriert und gemeinnützig tätig. Die Finanzierung erfolgt über den freiwilligen Zehnten, Spenden und Vermächtnisse.

Der Zweck des Vereins ist es, das Evangelium zu verkünden. Das geschieht zum einen im persönlichen Nahbereich: durch Gespräche mit Freunden, am Arbeitsplatz usw. Zum anderen evangelisiert die Gruppe auf der Strasse. Dazu wird alle ein bis zwei Monate ein sog. Prophecy Outreach Bern veranstaltet, in der Regel auf dem Kornhausplatz. Ein weiterer wichtiger Aspekt sind die regelmässigen Versammlungen. Jeweils am Sonntag und am Mittwoch gibt es Treffen, zu denen auch öffentlich eingeladen wird. Bei den Treffen wird gemeinsam gebetet und ein Gespräch über die Bibel geführt, sonntags wird das Abendmahl gefeiert. Die «Gaben des Geistes» wie das Zungenreden und die Geistheilung durch Handauflegen sind Bestandteil. Als Vorlage dient der 1. Korintherbrief.

Das Glaubensverständnis der Revival Fellowship ist sehr rigoristisch, nach eigenen Worten «schwarz-weiss gemäss der Bibel». Die Gemeinschaft (allgemein, nicht die Schweizer Gruppe) hat deshalb auch schon negative Aufmerksamkeit auf sich gezogen: Die Gruppenhierarchie setze die Mitglieder einer starken Kontrolle aus, die Betonung der nahen Endzeit schaffe einen massiven Druck. Die Gemeinschaft grenzt sich von anderen christlichen Organisationen stark ab, eine Doppelmitgliedschaft ist nicht erwünscht. Die Bibel als reines offenbartes Wort Gottes genüge als Orientierung.

Schaufelweg 1, 3098 Schliern bei Köniz, Tel: 031 972 22 21
www.revivalfellowship.ch

Sammlung und Sendung

Die Gemeinde entstand 1972 innerhalb der Reformierten Landeskirche in Zollikofen; 1985 hat sie sich aus dieser herausgelöst und ist eine autonome Gemeinde
geworden. Theologisch ist S & S bis heute offengeblieben (auch sind Doppelmitgliedschaften kein Problem): Die Gemeinde betrachtet es als ihre Berufung,
«für Mühselige und Beladene da zu sein.» Beziehungen seien wichtiger als Programme. Als evangelikal würde sie sich nicht bezeichnen, auch steht die Mission nicht im Mittelpunkt; geistgewirkte Gaben (Charismen) sind möglich, aber
nicht zentral. Wegen unterschiedlicher Auffassungen über den Gemeindeaufbau
kam es Mitte der 90er-Jahre zu einer Trennung in der damals etwa 120 Erwachsene zählenden Sammlung und Sendung (→ Neutestamentliche Gemeinde Philadelphia NGP Zollikofen).

Von Anfang an war der Gedanke, Hausgemeinden zu bilden bzw. zu stärken,
wichtig. Heute verfügt Sammlung und Sendung über fünf Hausgemeinden, drei
in Zollikofen, eine in Bern und eine in Münchenbuchsee; ihnen gehören die
meisten der heute ca. 50 S & S-Mitglieder an. Die Hausgemeinden treffen sich
wöchentlich, in ihnen wird «das Leben geteilt». Es ist ein Anliegen, die Viel-
fältigkeit der menschlichen Existenz zu widerspiegeln und nicht zielgruppen-
spezifisch zu sein. Zum Beispiel wird auch versucht, Menschen in schwierigen
– sozialen wie psychischen – Umständen zu versorgen, was in eher kleinen Hauskreisen besser gelingen kann. Aus diesem Anliegen heraus ist in zwei Mehrfa-
milienhäusern auch eine Wohngemeinschaft entstanden. Momentan sind ausserdem öffentliche Gebetszellen organisiert, eine Kinderbetreuung während der
Gottesdienste sowie ein Männer-Treffen alle zwei Monate. Der wöchentliche
Sonntagsgottesdienst mit Abendmahl findet in einem Kinosaal statt, den die
Gemeinde günstig mieten konnte. Einmal monatlich wird der Sonntagsgottesdienst in den Hausgemeinden abgehalten. Eine Jugendgruppe bestand einmal,
als die Zahl der Jugendlichen noch höher war.

Die Gemeinde kennt keine schriftlich fixierte Mitgliedschaft, massgebend sei
das Herzens-Engagement. Männer und Frauen sind in der Gemeinde gleich-

berechtigt. Für den Predigtdienst werden manchmal auswärtige Redner eingeladen. Die monatlichen Mitarbeitertreffen stehen allen Interessierten offen. Einzig zur Abwicklung juristischer Angelegenheiten besteht ein eingetragener Verein. Die Gemeinde hatte einmal einen vollzeitig Angestellten beschäftigt, dieses Modell wurde jedoch wieder aufgegeben. Alle Arbeit wird durch Freiwillige geleistet, Kosten entstehen so also nur wenige. Von dem Geld, welches einzig durch die Gaben der Mitglieder in die Kasse kommt, kann daher ein Teil an diakonische Werke weitergegeben werden. Über alle Aktivitäten informiert das alle zwei Monate herausgegebene Informationsblatt.

In den Räumen von S & S trifft sich seit etwa 2003 die Zollikofner Gemeinde der tamilischen ➝ The Christian Fellowship (TCF). Zu anderen christlichen Gemeinschaften und auch zur Landeskirche bestehen freundschaftliche Beziehungen, die Gemeinde Sammlung und Sendung gehört allerdings keinem Dachverband oder Zusammenschluss an.

Kontakt

Kreuzstrasse 7, 3052 Zollikofen, Tel.: 031 911 21 80

Schweizerische Pfingstmission (SPM)

Die pfingstliche Variante des Christentums breitete sich Anfang des 20. Jahrhunderts rasend schnell aus. Sie kam zu jener Zeit auch in die Schweiz und fand vielerorts Gehör und Gefolgschaft. Schon 1907 nahmen erste Gemeinden Gestalt an, als zwei norwegische Missionarinnen in Zürich predigten und eine Monatszeitschrift namens «Die Verheissung des Vaters» gegründet wurde. 1919 fand in Zürich eine Konferenz statt, zu der auch internationale Führungspersönlichkeiten der Pfingstbewegung anreisten. Daraus gingen um 1921 erste übergemeindliche Strukturen hervor. 1926 gab es bereits über 50 Gemeinden im Land, und 1935 wurde die SPM als Gemeindeverband mit angegliederter Missionsgesellschaft gegründet. Der Verband der SPM setzt sich heute aus rund 60 autonomen christlichen Gemeinden zusammen

Seit mehreren Jahrzehnten gibt es auch eine Zusammenarbeit mit anderen pfingstlich geprägten Gemeinden, Verbänden und Werken. Zum Beispiel hat die SPM kein eigenes Ausbildungswerk, doch wurden Geistliche von 1964 bis 1994 zusammen mit der Gemeinde für Urchristentum GfU ausgebildet. Seit Anfang

2000 ist das Zürcher evangelikale Institut für Gemeindebau und Weltmission IGW involviert. «Die Verheissung des Vaters» wurde 1969 mit den Zeitschriften anderer Pfingstgemeinden im deutschsprachigen Raum fusioniert und erscheint seither mit dem Namen «Wort & Geist» (Redaktionssitz Hannover/Erzhausen). An diesem Zeitschriftenprojekt war auch der 1920 gegründete Verband der Freien Christengemeinschaft der Schweiz FCGS beteiligt, der 1993 aufgelöst wurde. Viele seiner Mitgliedsgemeinden schlossen sich damals der SPM an. Die meisten SPM-Gemeinden wirken ausserdem in der lokalen Evangelischen Allianz mit.

Der Verband SPM repräsentiert heute Gemeinden vorwiegend im Mittelland, das heisst nahezu ausschliesslich in der Deutschschweiz. Rund 9000 Menschen (gezählt sind nur getaufte Erwachsene) gehören ihnen an. Zwei freikirchliche Gemeinden im Ausland (in Frankreich und in Österreich) sind dem Verband ebenfalls angeschlossen. Die SPM-Geschäftsstelle befindet sich in Aarau; ein Hotel namens Seeblick über dem Vierwaldstättersee dient (seit 1972) als zentraler Tagungsort. In einem Verein namens Youthnet ist die Nachwuchsarbeit für rund 5000 Kinder und Jugendliche institutionalisiert; allerdings veranstaltet auch jede einzelne Gemeinde Jungschararbeit, Jugendgottesdienste usw. Die wohl bekannteste SPM-Gemeinde ist das Christliche Zentrum Buchegg in Zürich. Es ist die vermutlich grösste Schweizer Freikirche und hat an jedem Sonntag rund 3000 Besucher in mehreren Gottesdiensten. Die einzelnen Gemeinden sind in der Regel als Vereine konstituiert, ihre Finanzierung bestreiten sie durch Mitgliederbeiträge und Spenden. Die Vereine werden entsprechend den dafür gültigen juristischen Regeln geführt, die geistliche Arbeit leisten ordinierte Pastoren, Pastoralassistenten, Älteste und Diakone. Dazu kommen – in der Regel ehrenamtliche – Hauszellenleiter, Zonenleiter, Jugendleiter, Kindermitarbeiter, Musikverantwortliche usw. Die Mitgliedschaft in anderen religiösen Organisationen (zum Beispiel einer Landeskirche) ist nicht verboten, wird aber nicht empfohlen.

Zwei Schwerpunkte prägen die Arbeit der SPM: Aufbau und Pflege der Ortsgemeinden und Mission. Missionsaktivitäten im Ausland gibt es insbesondere in Kambodscha, Lesotho, Zentralafrika, Peru sowie in Ost- und Südeuropa; viele Missionstätigkeiten sind zentral organisiert.

Die SPM hat ein einfaches Glaubensbekenntnis mit 13 Punkten, welche für die Mitgliedsgemeinden verbindlich gelten. Kernpunkte sind: «Bekehrung und Wiedergeburt: Jeder Mensch lebt geistlich gesehen entweder im Reich der Finsternis oder im Reich des Lichts. Jeder Mensch ist Sünder und kann nur durch die

Bekehrung (freie Entscheidung für Jesus Christus) und die Wiedergeburt (Sicherheit der Erlösung durch den Heiligen Geist) Christ werden. Die Taufe wird als sichtbarer Ausdruck der Bekehrung an Menschen vollzogen. Der Glaube geht der Taufe immer voraus. Die Geistestaufe ist eine Kraftausrüstung durch den Heiligen Geist. Jeder Christ hat die Verantwortung, im Prozess der Heiligung zu stehen und sich von Gottes Wort und Gottes Geist verändern zu lassen. Jeder Christ ist als Glied am Leib Jesu begabt und soll mit seiner Begabung aktiv am Leib, am Aufbau der Gemeinde, an Evangelisation und Mission beteiligt sein.» Die Pfingstgemeinden sind Freiwilligkeitsgemeinden. Neben Glaubensentscheidung und Wassertaufe ist auch der Besuch eines Mitgliedschaftskurses vorausgesetzt. Ein Ausschluss kann erfolgen, wenn man über längere Zeit nicht aktiv am Gemeindeleben teilnimmt. Neben den Gemeindegottesdiensten pflegt jeder Gläubige eine sog. Stille Zeit, bei der er allein die Bibel liest und betet.

Die vielfältige Zusammensetzung der SPM ist auch daran erkennbar, dass die Gemeinden recht unterschiedliche Hintergründe haben und auch im Verband ihre Eigenheiten wahren.

Die Gemeinden – im Kanton Bern zwölf an der Zahl mit insgesamt rund 2000 (getauften) Mitgliedern – tragen zum Beispiel unterschiedliche Namen, die nicht immer die pfingstliche Tradition oder die Zugehörigkeit zum SPM-Verband erkennen lassen. Häufig ist der Name Pfingstgemeinde (zum Beispiel Pfingstgemeinde Frutigen, ehemals Markussaalgemeinde), doch manche heissen Christliches Zentrum oder Freie Christengemeinde; und die Bieler Gemeinde heisst zum Beispiel Evangelische Mission Biel. Verwirrend ist, dass manche Namen (bzw. Namensbestandteile) nicht exklusiv sind, sondern auch von anderen Gemeinschaften – auch nicht pfingstlichen – geführt werden oder wurden.

Beispielgemeinden aus dem Kanton Bern:
- Die Pfingstgemeinde («Pfimi») Bern gehört zum Urgestein der Schweizerischen Pfingstbewegung und der SPM (wie auch die Gemeinde Thun). Schon seit 1910 fanden in Bern private Gebetsveranstaltungen statt, die 1918 zu ersten Gottesdiensten in einem Saal an der Genfergasse führten. In den Folgejahren traf man sich – bei wachsender Teilnahme – im Restaurant Apollo in der Länggasse, im Saal zur Webernzunft an der Gerechtigkeitsgasse, im Hotel Dupont im Kirchenfeld und in einem Saal an der Kramgasse. Doch erst mit dem Bezug des Mauerrainsaales 1937 war die Gemeinde so weit stabilisiert, dass ein kontinuierlicher Aufbau geschehen konnte. 1967 kaufte die Pfimi Bern ein Haus an der Monbijoustrasse, welches für 30

Jahre als Zuhause diente. 1997 wurde dann das heutige Gemeindezentrum Holenackerstrasse 32 eingeweiht. In dieser ganzen Zeit wuchs die Gemeinde von 20 auf rund 750 Mitglieder (sie ist damit die grösste kantonale SPM-Gemeinde). Sie treffen sich – neben den Gottesdiensten – u. a. noch in rund 50 Hauskreisen. Die Pfimi Bern hat im Sommer 2006 mit dem Projekt christliche schule bern begonnen, welches Schülern verschiedener Altersstufen «Lernziele gemäss Lehrplan des Kantons Bern unter Berücksichtigung der christlichen Grundhaltung der Schule» vermittelt.

- Das christliche zentrum forsthaus czf in der Fabrikstrasse 12, eine der öffentlich aktivsten Freikirchen in der Stadt Bern, entstand dagegen erst in den 70er-Jahren und trug damals den Namen Freie Christengemeinde Bern. Sie trat der SPM erst 1995 bei. Im Jahre 2001 hat sie sich theologisch neu ausgerichtet, umbenannt und ist ausserdem umgezogen. Reichlich 100 Menschen gehören heute dieser Gemeinde an.

Kontakt

Geschäftsstelle der SPM/Generalsekretariat, Bleichemattstrasse 2, PSF 3841, 5001 Aarau, Tel.: 062 832 20 10
www.pfingstmission.ch, www.youthnet.ch, www.wort-und-geist.de

Source de vie
(Carole Berthoud)

Die Gemeinde Source de vie in Biel wurde im Jahr 2003 von einer aus der Demokratischen Republik Kongo stammenden Migrantin gegründet. Die heute rund 50 Mitglieder stammen zumeist aus afrikanischen Ländern, doch sind unter ihnen auch einige Schweizer und Italiener. Die Umgangssprache ist Französisch, Gottesdienste werden aber – wenn nötig – auch ins Deutsche übersetzt.

Die Gemeinde ist zu Gast bei → Neues Land Biel. In deren Räumen feiert sie an jedem Sonntagnachmittag den Gottesdienst. An jedem Donnerstag wird am Abend ein Bibelunterricht veranstaltet. Wenn Bedarf besteht, werden weitere Bibelseminare, gemeinsame Gebete und auch Gebetsheilungen durchgeführt. Sie können ausserhalb der fixen Zeiten auf Anfrage organisiert werden.

Kontakt
c/o Neues Land Biel, Kontrollstrasse 12, 2503 Biel, Tel.: 032 322 26 66,
eesdv@yahoo.fr

The Christian Fellowship (TCF)

Die Abkürzung TCF kann auch als Tamil Christian Fellowship gelesen werden.
Das weist bereits auf den Ursprung der Gemeinschaft hin: Es handelt sich um
eine Gründung von Tamilen. TCF entstand 1992. Dabei half die Missionsver-
einigung MEOS Svizzera, eine 1963 von Freikirchlern gegründete Mission für
Ausländer in der Schweiz (anfangs speziell Italiener) mit Sitz in Zürich. Das Ziel
war und ist die Verbreitung des Christentums unter in der Schweiz lebenden
Tamilen. Weil inzwischen auch andere Bevölkerungsgruppen angesprochen
werden, wurde der Name 2005 in The Christian Fellowship geändert.

Gründer, Leiter und einziger Pastor der TCF ist der tamilische Flüchtling
A. Joseph. Ursprünglich katholisch erzogen, hatte er in der Schweiz das protestantische Christentum kennengelernt und sich 1988 taufen lassen. Mit Unterstützung der MEOS machte er seinen Wunsch wahr, unter Tamilen und Sin-
ghalesen zu evangelisieren, was auch gelang. Die TCF umfasst heute rund 120
Menschen in sechs Gemeinden – drei davon im Kanton Bern –, die zum Teil
bei anderen Freikirchen zu Gast sind. In Zürich, Lausanne und Thun finden an
jedem Wochenende Gottesdienste statt, in den anderen Orten einmal monatlich. Die Zürcher Gemeinde betreibt inzwischen auch eine kleine Jugendarbeit.

Die Thuner Gemeinde trifft sich in der Andreaskapelle der Schweizerischen
Pfingstmission (SPM). Der Ort wird von den Tamilen gemietet; doch inzwischen finden ab und an auch gemeinsame Gottesdienste mit der SPM-Gemeinde
statt. Die Gruppe entstand um 1995 und traf sich zuerst in Frutigen, erst später
wechselte sie nach Thun. Die zweite kantonale Gemeinde, die seit 2004 im ober-
aargauischen Huttwil ein eigenes kleines Zentrum namens International Christian Center betreibt, begann etwa im Jahre 2000 in Langenthal. Eine weitere
Gruppe trifft sich in Zollikofen in den Räumen von Sammlung und Sendung.
Die Gemeinden sind bisher noch recht klein; neben den Sonntagsgottesdiensten
gibt es daher höchstens wöchentliche Gebetstreffen und Bibelstudien. Die ganze
Arbeit der TCF wird durch Spenden finanziert. Die TCF ist ausserdem damit

beschäftigt, unter Tamilen in Indien und Sri Lanka zu missionieren. In Madurai in Südindien entsteht zurzeit eine eigene Kirche.

Ihre theologische Ausrichtung bezeichnet die Gemeinschaft als evangelikal; charismatische Gaben werden anerkannt, sie sind im Gottesdienst aber nicht zentral.

Kontakt

Huttwil: International Christian Centre, Oberdorfstrasse 7, 4950 Huttwil, Tel.: 033 823 53 46
Thun: c/o Andreaskapelle (SPM), Frutigenstrasse 45, 3600 Thun, Tel.: 033 823 5346
Zollikofen: c/o Sammlung und Sendung, Kreuzstrasse 7, 3052 Zollikofen, Rev. Antony Joseph, Postfach 113, 8051 Zürich, Tel.: 043 299 57 30
www.tcfinternational.com, www.tamiltv.ch

Verband der Evangelisch Freikirchlichen Gemeinden (VEFG) («Homberger Brüder»)

Die «Homberger Brüder» führen ihre Geschichte bis in die frühe Täuferbewegung zurück. Ihr theologisches Profil und den Namen «Brüder» gewannen sie jedoch erst im Gefolge der sog. Brüderbewegung: Diese ging aus einer Erweckung in England und Irland in den 1820er-Jahren hervor. Nach ihrer zentralen Figur, dem ehem. anglikanischen Geistlichen John N. Darby (1800–1882), wurden die Brüder, wie sie sich einfach selbst nannten, bald als «Darbysten» bekannt. In Fragen der Kirchenzucht und der Art des Kontaktes zur Aussenwelt kam es in den 40er-Jahren zu einer Spaltung in die «offenen» und die «exklusiven» Brüder (→ Christliche Versammlungen). Beide Bewegungen kamen auch die Schweiz, der strenge Zweig durch Besuche Darbys 1837 in der welschen Schweiz früher als der liberale.

Doch zur eigentlichen Gründung der heute EFG genannten Gemeinschaften sollte es erst zu Beginn des 20. Jahrhunderts kommen, und bewirkt wurde sie eher durch die Ideen der «offenen» Brüder. Es war die Zeit, in der eine massive Erweckungsbewegung in der Region auch noch andere freikirchliche Gemeinschaften hervorbrachte. In Homberg oberhalb von Thun – einer damals auch im kirchlichen Sinne sehr abgelegenen Gegend – kam es im Jahre 1900 nach der Evangelisation eines Berner Predigers namens Stucki zu einem erwecklichen Aufbruch. Um 1905 hatte dieser eine gewisse Breite erreicht, insbesondere in den Kreisen der kleinen lokalen Gesangsvereine. 1907 gab es bereits eine ordentliche Versammlung in einer Wohnung, die bald auf einen benachbarten Saal und auf Nebengebäude ausweichen musste, weil sie immer mehr anwuchs. 1949 wurde in dem Haus ein grösserer Saal mit Taufgelegenheit eingebaut, wo heute noch die Zusammenkünfte der Homberger stattfinden. Von dort aus drangen Nachrichten in benachbarte Gemeinden. So entstanden nach und nach Versammlungen in Goldiwil, Schwanden, Ringoldswil, Meiersmaad, Heiligenschwendi und noch in einer Anzahl anderer Kreise.

Heute gehören dem daraus hervorgegangenen Verband der Evangelisch Freikirchlichen Gemeinden Schweiz VEFG zehn Gemeinden an. Sechs befinden sich im Kanton Bern, zwei im Aargau, eine in Basel und eine in St. Gallen. Der Verband wird von einem Brüderrat aus Delegierten der Gemeinden geleitet und versteht sich als Arbeitsgemeinschaft für Aufgaben, die besser auf einer breiteren Basis erledigt werden können. Die Gemeinden bleiben darin jedoch autonom.

Die Brüderbewegung wird geleitet von der Idee, die Menschen zur Umkehr und zum entschiedenen Christ-Sein zu bewegen. Die offenen Brüder achten sehr auf die Glaubenshaltung des Einzelnen. Die Glaubenstaufe ist das Zeichen der Zugehörigkeit zur Kirche Christi; zur Gemeinde gehört, wer sich zugehörig fühlt und dies durch eine aktive Teilnahme am Gemeindeleben unterstreicht. Dabei kennen die EFG keine Mitgliedschaft im eigentlichen Sinne. Zur Gemeinde Thun gehören zum Beispiel rund 300 Menschen, zur Muttergemeinde in Homberg etwa 70. Kirchliche Strukturen lehnen sie ab, was damals zu einer Abwendung von den etablierten Kirchen geführt hat, sonst unterscheiden sich Lehre und Praxis wenig von anderen evangelikalen Gemeinschaften. Wichtig und zentral ist das gemeinsame Zusammensein am Tisch des Herrn. Jeden Sonntag gibt es einen Gottesdienst, der in der Regel aus Anbetung und Predigt besteht. Nur Männer können predigen. Etwa einmal monatlich wird das Abendmahl gefeiert. Die Kinder werden zu der Zeit getrennt betreut und bekommen kindgerecht biblische Inhalte vermittelt. Wo nötig, gibt es Strukturen für die Betreuung der Jugendlichen (Bern zum Beispiel unterhält die Jugendarbeit 4u) und der Senioren. Es gibt – auch unterschiedlich ausgeprägt – besondere Anlässe für Frauen, besondere Gebetsanlässe, Kursabende oder gemeinsame Ausflüge. Wichtig für die Glaubensvertiefung sind die Hauskreise. Einzelne Gemeinden sind Mitglieder der lokalen Evangelischen Allianz ihrer Region.

Kontakt
VEFG c/o Verein EFG-Homberg, Pension Post, 3622 Homberg
www.efg-homberg.ch, www.efgbern.ch, www.efg-thun.ch, www.4ubern.ch

Vereinigung Jehovas Zeugen der Schweiz

Die ersten Zeugen waren ein adventistisch geprägter US-amerikanischer Bibel-
kreis um Charles T. Russell (1852–1916). Viele Adventisten erwarteten die sichtbare Wiederkunft Christi für das Jahr 1874. Russell übernahm die chronologische
Deutung, vertrat jedoch die Auffassung, dass die Wiederkehr vorerst unsichtbar
stattfinden werde. So blieb die Naherwartung des Weltendes auch nach jenem
Datum bestimmend für die entstehende Gemeinschaft. 1879 gründete Russell
die Zeitschrift «Zion's Watch Tower and Herald of Christ's Presence» (heute:
«The Watch Tower»/«Der Wachtturm»). Sie verkündete die Lehren der «Ernsten
Bibelforscher», wie sie Anfang des 20. Jahrhunderts (im deutschen Sprachraum)
genannt wurden. Im Mittelpunkt standen die Betonung des Opfers Christi und
seine unsichtbare königliche Gegenwart. 1881 gründete Russell die heute als
Wachtturm Bibel- und Traktat-Gesellschaft bekannte religiöse Verlagsanstalt.
Der Hauptsitz befindet sich seit 1909 in Brooklyn/New York. Noch immer verstand man sich eher als Missionswerk denn als eigenständige Religionsgemeinschaft. Russells Nachfolger wurde 1917 Joseph F. Rutherford (1869–1942). Er
machte aus der Bewegung eine straff geführte, sich als «theokratisch» (von Gott
geführt) verstehende Organisation; Kritiker sehen darin de facto einen Unfehl-
barkeitsanspruch. Die Leitende Körperschaft und alle anderen «Gesalbten»
bezeichnen sich als Kanal, durch den Gott seinen Zeugen Anweisungen und
biblische Anleitung zukommen lässt. Lehren anderer Kirchen werden, wenn die
Zeugen sie als nicht biblisch, sondern nur in der Tradition begründet ansehen,
abgelehnt; zum Beispiel die Vorstellung der Dreieinigkeit. Nachdem die für 1925
gehegte Erwartung für den Anbruch des Tausendjährigen Reiches Gottes sich
nicht erfüllt hatte, wurde diese Erwartung auf eine unbestimmte, aber stets nahe
Zukunft verschoben. Der Name Jehovas Zeugen wurde 1931 angenommen. Insbesondere seit dem Zweiten Weltkrieg verbreiteten sie sich in der ganzen Welt.
Seit dem Jahr 2001 sind die religiöse Leitung und die rechtliche Leitung der Ver-
lagstätigkeiten getrennt. Seit Januar 2006 erfolgen deshalb Korrespondenzen
religiösen Inhalts auch in der Schweiz nicht mehr durch die Wachtturm-Gesell-

schaft, sondern im Namen der Vereinigung Jehovas Zeugen. Gab es Anfang der Sechzigerjahre weltweit rund eine Million Mitglieder, so sind es Anfang 2007 über 6,5 Millionen aktive Zeugen, die, weil sie alle zur Mission aufgerufen sind, als Verkündiger bezeichnet werden. Sie wirken in 235 Ländern und Territorien. Weitere rund neun Millionen Menschen können als Freunde bezeichnet werden, weil sie gelegentlich Zusammenkünfte der Zeugen besuchen. Anfang 2007 wird die Zahl der Ortsgemeinden, Versammlungen genannt, mit 100 000 angegeben. Literatur der Gemeinschaft ist in über 400 Sprachen erhältlich. Seit den politischen Umbrüchen im ehemaligen Ostblock sind Jehovas Zeugen dort nicht mehr verboten und daher verstärkt aktiv.

Glaube und Ritus

Die Zeugen Jehovas bezeichnen ihre Lehre als «wahres Christentum» und lehnen andere Religionen als falsche oder verfälschte Wege zu Gott ab. Deshalb gibt es keine institutionellen Kontakte zu diesen. Die Bibel gilt als von Gott inspiriert und hat autoritative Kraft. Eine historisch-kritische Bibelinterpretation wird abgelehnt, wenn sie «in der Bibel nur noch Menschenwort» sieht. Eigene Bibel-Auslegungen erfolgen im Sinne einer «harmonisierenden Interpretation» in der Überzeugung, dass alle biblischen Aussagen, weil vom göttlichen Autor «inspiriert», fehler- und widerspruchsfrei seien. Jehovas Zeugen haben ab 1950 eine eigene Bibelübersetzung herausgegeben, die sog. Neue-Welt-Übersetzung der Heiligen Schriften. Sie liegt heute in fast 50 Sprachen vor (auf Deutsch seit 1961). Sie lässt gelegentlich die eigenen Auslegungen, zum Beispiel die Ablehnung der Dreieinigkeit oder des Wortes «Kreuz» (statt dessen «Marterpfahl»), erkennen. Eine Besonderheit ist auch, dass der hebräische Gottesname JHWH konsequent mit «Jehova» wiedergegeben ist. Im Glauben zentral ist die Vorstellung, dass die von Satan regierte gegenwärtige Welt im nahen Harmagedon (Offb. 16,16), dem Endkampf zwischen Gott und dem Bösen, enden und so eine neue, paradiesische Welt unter Gottes Herrschaft beginnen wird. Nur Menschen, die, wie die Zeugen Jehovas, Gott im Sinne urchristlicher Lehren und Tugenden gehorsam sind, werden am Leben bleiben. Nach dem Weltgericht regieren 144 000 Gesalbte (Offb. 7,4) mit Christus im Himmel, während die restlichen Geretteten und zahllose Auferstandene ein glückliches Leben auf der erneuerten Erde führen werden.

Ein Zeuge Jehovas wird man durch bewusste Entscheidung, die mit einer Taufe (durch Untertauchen) bestätigt wird. Getauft werden nur Erwachsene und urteilsfähige Heranwachsende. Nur die eigene Taufe wird anerkannt, Doppelmitgliedschaften sind nicht möglich. Alle Lebensregeln werden durch biblische Prinzipien begründet. Dazu gehört – neben hohen Familienwerten und der Ablehnung von Drogen – auch die konsequente Ablehnung von Fremdbluttransfusionen; sie orientiert sich an dem biblischen Gebot, «sich des Blutes zu enthalten» (Apg. 15,28-29). Es gibt bei Jehovas Zeugen nur einen festlichen Gedenktag: das jährliche «Gedächtnismahl» oder «Abendmahl des Herrn» (am Ostertermin). Von den Symbolen, Brot und Wein, nehmen nur die «Gesalbten»; die grosse Mehrheit der rund 17 Millionen Besucher sind «glaubensvolle Beobachter». Als Feste können auch die regionalen Kongresse betrachtet werden. Kirchliche Feiertage wie Weihnachten und Ostern werden «wegen ihres heidnischen Hintergrundes» als unbiblisch abgelehnt; Geburtstage und staatliche Feiertage werden nicht gefeiert, da sie biblisch nicht begründbar seien.

Die Organisation der Zeugen Jehovas ist hierarchisch und orientiert sich an den Strukturen urchristlicher Gemeinden. An der Spitze steht ein Komitee von Ältesten, die Leitende Körperschaft, die das höchste Lehramt innehat. Die einzelnen Gemeinden mit durchschnittlich 70 Mitgliedern pro Versammlung kommen im sog. Königreichssaal zusammen. Rund 20 Versammlungen bilden einen Kreis, der von einem reisenden Ältesten (Kreisaufseher genannt) betreut wird. Mehrere Kreise bilden einen Bezirk, in dem analog Lehr- und Pastoralaufgaben von einem reisenden Bezirksaufseher wahrgenommen werden. Die Oberaufsicht in einem Land führt ein Zweigkomitee (in der Schweiz aus fünf Mitgliedern bestehend, mit Sitz in Thun). Etwa einmal jährlich werden die Landeszentralen von einem Zonenaufseher inspiziert, der ein Mitglied oder Sonderbeauftragter der Leitenden Körperschaft ist. Innerhalb der Gemeinde leiten Älteste, das heisst Männer, die die für das Amt von der Bibel vorgegebenen Qualifikationen (1. Tim. 3,1 ff.) erfüllen, die gottesdienstlichen Zusammenkünfte, halten Vorträge (Predigten) und leiten das Bibelstudium. Auch organisieren sie das Evangelisierungswerk, den sog. Predigtdienst. In ein Rechtskomitee/Comité de discipline religieuse berufen, haben sie Mitgliedern, denen Verstösse gegen die Verhaltensprinzipien unterlaufen, pastoralen Beistand zu bieten oder, im Extremfall, über deren Ausschluss zu entscheiden. Zu Ausgeschlossenen soll der Kontakt möglichst gemieden werden, selbst wenn das Familienbande betrifft. Die Ernennung zu einem Amt erfolgt durch das Zweigkomitee, das seinerseits von der Leitenden Körperschaft bestimmt wird. Die Gemeinschaft finanziert sich durch Spenden, deren Höhe nicht vorgegeben ist, und Schenkungen bzw. letztwillige Verfügungen.

Die Mitglieder evangelisieren von Tür zu Tür, was sie zu einer Charakterfigur in unserer Kultur hat werden lassen, ebenso wie die Strassenmission mithilfe der Wachtturm-Literatur. Über den erbrachten Zeitaufwand führen sie Buch, die darüber wie auch über anderes Zählbares gesammelten Zahlen veröffentlicht die Gemeinschaft jährlich in eindrucksvollen Statistiken. Dreimal pro Woche finden Gottesdienste statt: Am Wochenende hört die Versammlung eine Predigt und bespricht anschliessend einen biblischen Studienartikel aus dem «Wachtturm»; unter der Woche findet eine Schulung für die Evangelisation statt («Predigtdienstschule», «Dienstzusammenkunft»). Die Gemeinschaft schickt ausserdem Missionare in die ganze Welt. In der Landeszentrale, Bethel, Haus Gottes genannt, einer klosterähnlichen Wohn- und Arbeitsstätte von Freiwilligen, werden administrative Aufgaben wahrgenommen sowie Druckerzeugnisse produziert und verschickt. Die zentrale Produktionsstätte für den deutschen Sprachraum befindet sich in Selters bei Frankfurt am Main.

Schweiz und Bern

1891 bereist Russell die Welt und kommt auch in die Schweiz. Hier findet er interessierte Zuhörer. Doch erst um etwa 1900 setzen systematische Missionsbemühungen ein, v. a. durch den Amerikaschweizer A. Weber. Insbesondere das «Fotodrama der Schöpfung» erregt Aufsehen – ein mit Bildern, Ton- und Filmaufnahmen gestalteter Überblick über die «biblische Geschichte» von der Schöpfung bis hin zum wiederhergestellten Paradies. Die für die damaligen Verhältnisse pionierhafte Produktion kann als Vorgeschmack auf den bis heute kultivierten Einsatz moderner Medien durch die Zeugen Jehovas gesehen werden. Bald nach 1900 folgen erste Gemeindegründungen im Jura, aber auch im Raum Bern und Thun, nebst anderen Schweizer Städten. Die Zeugen kennt man damals als Ernste Bibelforscher, Übernamen sind auch Millenniumsbrüder oder Tagesanbrüchler. Aufsehen erregend ziehen sie sich strikt von der Kirche zurück, zum Beispiel verlangen einige, aus dem Taufverzeichnis gestrichen zu werden. 1903 wird in Yverdon ein erstes Schweizer Zweigbüro eröffnet, ein zweites entsteht in Zürich-Höngg. Eine deutsche Ausgabe des «Wachtturms» wird schon seit 1897 in Deutschland produziert und kann nun beim Zürcher Büro bezogen werden. Die beiden Zweigstellen werden 1925 zu einem einzigen Büro in Bern an der Allmendstrasse 39 zusammengelegt. Es wirkt bis 1940 auch als Zentraleuropäisches Büro. 1931 wird in Bern aus juristischen Erwägungen heraus die Vereinigung Jehovas Zeugen der Schweiz gegründet. Schon während des Ersten Weltkriegs entwickelt sich die für die Zeugen typische entschiedene Verweigerungshaltung zum Militär. Im Zweiten Weltkrieg verweigern die meisten von ihnen Eid und Waffendienst, was Repressionen auslöst. Das Berner Druckerei- und Bürogebäude wird 1940 durchsucht, ebenso ein von der Gemeinschaft betriebenes Flüchtlingsheim. Jegliche Kontakte zur Zentrale in den USA brechen kriegsbedingt ab, der «Wachtturm» erscheint bis Kriegsende nur noch als maschinengeschriebene Notausgaben, da die Gemeinschaft für diese Zeitschrift die Zensur verweigert. Die Nachkriegszeit ist dann von einem kontinuierlichen Ausbau der Strukturen gekennzeichnet. Die Berner Druckerei kann den wachsenden Bedarf der von hier aus belieferten Nachbarländer nicht mehr decken. Die Schweizer Zentrale zieht daher 1970 nach Thun in einen grösseren Neubau, wo sie mit verdoppelter Druckleistung jeden Monat Millionen Zeitschriften produziert. Infolge des Wachstums werden in Italien und Spanien schliesslich eigene Druckereien errichtet, weshalb der Druck in Thun 1994 weitgehend eingestellt wird. Seither erhalten die Schweizer Zeugen den Grossteil der Literatur aus Selters.

Anfang 2007 gibt es in der Schweiz knapp 290 Versammlungen und etwa 18 000 Verkündiger. An den Kongressen nehmen bis zu 25 000 Menschen teil. Um 1995 sind etwa 40 Prozent der Zeugen Zuwanderer aus Italien und Spanien. Deren zunehmende Rückkehr in die Heimat ist ein Faktor der statistischen Stagnation der letzten Jahre. Im Kanton Bern gibt es etwa 1600 aktive Zeugen Jehovas, davon rund 1200 in 25 deutschsprachigen Gemeinden. Sozial fallen laut Volkszählung der hohe Anteil an Verheirateten und die geringe Anzahl Geschiedener auf. Die landesweite Vereinigung der Zeugen Jehovas wie auch die örtlichen Vereine sind als religiöse Vereinigungen weitgehend steuerbefreit. Eine darüber hinausgehende staatliche Anerkennung, wie sie zum Beispiel in Deutschland (Bundesland Berlin) nach jahrelangem Rechtsstreit erfochten wurde, wird zurzeit nicht angestrebt.

Kontakt

Postfach 225, Ulmenweg 45, 3604 Thun, Tel.: 033 334 61 11
www.watchtower.org, www.jehovaszeugen.de

Vereinigung Freier Missionsgemeinden (FMG/VFMG)

Unter diesem Namen hat sich der offenere Flügel des → Evangelischen Brüdervereins (EBV) 1967 in einem schmerzhaften Trennungsprozess verselbstständigt; die VFMG bildet heute einen Bund evangelikaler freikirchlicher Gemeinden, die unter dem Namen Freie Missionsgemeinden (FMG) auftreten.

Die schon kurz nach dem Tode des EBV-Gründers F. Berger im Jahre 1950 erkennbaren Differenzen zwischen einem konservativen und einem offeneren Flügel verstärkten sich laufend. Der offene Flügel wollte an der allgemeinen Entwicklung des Evangelikalismus teilhaben und in der Formulierung ihrer Glaubensauffassungen und -erfahrungen über Berger hinausgehen. Der Gemeindeaufbau sollte nach neutestamentlichem Vorbild gestaltet werden, die Einzelgemeinde selbstständiger agieren und Mission aktiv betrieben werden. Während der Sechzigerjahre sammelte sich die offene Richtung um einen der Evangelisten aus dem Leitungskreis des EBV. Sein Ziel war die Umgestaltung der hierarchischen Organisation in einen modernen Bund autonomer evangelikaler Gemeinden und der Aufbau einer zeitgemässen Kinder- und Jugendarbeit. Die Auseinandersetzungen in der Leitung des EBV führten zum Rücktritt des Evangelisten von seinem Amt und zum Austritt aus dem Verein. In kürzester Zeit folgten ihm andere Funktionsträger und mit ihnen eine Reihe von Gemeinden. Am 1. November 1967 konstituierten sich dann die rund 20 abgespalteten Gemeinschaften zur VFMG, welche heute eine biblische Lehre ohne wesentliche Besonderheiten vertritt, Bergers perfektionistische Auffassung fallengelassen hat und stattdessen die von ihm abgelehnte Lehre der Heiligung des Lebens als lebenslangen, durch den Heiligen Geist gewirkten Prozess vertritt. Die VFMG hat, bei aller Autonomie der Gemeinden, ein für alle verbindliches Bekenntnis. Als Christen gelten alle Wiedergeborenen, unabhängig von ihrer Gemeindezugehörigkeit. In jüngster Zeit erfolgte eine Öffnung gegenüber anderen pfingstlichen und charismatischen Auslegungen.

Das Missionsanliegen, welches schon im neuen, selbst gewählten Namen zu Ausdruck gebracht ist, wird seit Beginn erfolgreich umgesetzt. Tatsächlich sind in der Schweiz viele Gemeinden entstanden, es gibt heute 46 – v. a. im Mittelland – und allein 22 im Kanton Bern. Den Gemeinden des Verbandes gehören heute etwa 4000 Menschen an. Ausserhalb des Landes wird Missionsarbeit in den mehrheitlich katholischen Ländern Frankreich, Italien und Österreich geleistet. So entstanden dort neue Gemeinden, für die wiederum übergemeindliche Netzwerke eingerichtet werden. VFMG-Missionare engagieren sich auch in christlichen Buchläden, im Aufbau einer Jungschararbeit, in der Leitung von christlichen Grossfamilien oder in der Leitung übergemeindlicher Organisationen in den verschiedenen Ländern.

Die Schweizer VFMG ist ein Verein gemäss dem Schweizer Zivilgesetzbuch, Mitglieder sind die ansonsten selbstständigen Gemeinden, die ebenfalls nach dem ZGB organisiert sind. Eine Delegiertenversammlung (früher: Ältestenrat) ist das oberste Organ. Das Sekretariat leistet administrative Unterstützung und ist u. a. auch für die Personaladministration verantwortlich. Der Verein unter der Leitung eines Vorstehers bietet den Gemeinden im Bereich der Kinder- und Jugendarbeit und der Aus- und Weiterbildung zentrale Dienste an, welche auf diese Weise effizienter organisiert werden können. Zur VFMG gehören zwei Liegenschaften: Das Hotel Friedegg (1974 gekauft) in Aeschi dient als zentrale Tagungsstätte, und im Alters- und Pflegeheim Wydenhof in Rubigen (1976 gekauft) mit rund 45 Bewohnern verbringen alte Menschen (nicht nur aus den FMG) den Lebensabend.

Die französischsprachigen Gemeinden in der Romandie bilden einen eigenen teilautonomen Bereich in der VFMG.

Das anfängliche, noch vom EBV übernommene Reiseprediger-System wurde ab Mitte der 80er-Jahre sukzessive umgestellt und die Prediger einzelnen Gemeinden zugeteilt. Für kleinere und finanziell schwächere Gemeinden organisiert das Sekretariat einen Austausch von Predigern v. a. für die Predigtdienste am Sonntag. Für die Übernahme eines solchen Amtes wird in der Regel eine mindestens dreijährige Ausbildung an einer Bibelschule oder einer Theologischen Hochschule vorausgesetzt; die Verband selbst verfügt aber über keine eigene Predigerausbildung. Die Ämter des Predigers oder des Ältesten einer Ortsgemeinde sind Männern vorbehalten.

Die meisten Gemeinden haben ein breites Angebot: Gottesdienste, Bibel- und Gebetsabende, Evangelisationen resp. Glaubenskurse, Hauskreise, Seminare zu verschiedenen Themen, Seelsorge, Beratungen etc. Es gibt spezielle Veranstaltungen für Senioren, Frauen- und Männermeetings, Familienarbeit sowie Kinder- und Jugendtreffs. Alle Veranstaltungen sind offen für Besucher; wer in einer Gemeinde Mitglied werden will, muss sein Einverständnis mit den Statuten, v. a. den darin enthaltenen Glaubensgrundlagen, bekunden. In der Kinder- und Jugendarbeit werden Sonntagsschule resp. Kidstreff, Jungschararbeit, Kinder- und Jugendlager, Glaubenskurse für Teenager und spezielle Kinderevangelisationen angeboten. Zur Unterstützung der Kinder- und Jugendarbeit wird mit befreundeten Verbänden und Werken die Zeitschrift «forum kind – forum jugend» herausgegeben. Die VFMG ist auch Mitglied des Trägerkreises des BESJ (Bund evangelikaler Schweizer Jungscharen).

«Christus im Brennpunkt» heisst die VFMG-Zeitschrift, die elfmal im Jahr erscheint.

Seit 1987 ist der VFMG Mitglied des Verbandes evangelischer Freikirchen und Gemeinden in der Schweiz (VFG). Ausserdem arbeitet er heute mit den

Freien Evangelischen Gemeinden (FEG) und der Pilgermission St.Chrischona zusammen. Einzelne Gemeinden sind oft in der örtlichen Evangelischen Allianz aktiv.

Kontakt

Sekretariat der VFMG, Worbstrasse 36, 3113 Rubigen, Tel.: 031 722 15 45
www.vfmg.ch

Vineyard-Bewegung

Vineyard ist eine Organisation, von der nur bedingt als von einer eigenständigen Kirche gesprochen werden kann. Die Berner Gemeinde betont zum Beispiel ihre Zugehörigkeit zur Reformierten Landeskirche. Sie ist jedoch derart profiliert, hat die Verbindung zur internationalen Vineyard-Freikirche und ist – auch überregional – selbstständig organisiert, dass ein eigener Artikel angemessen ist.

Die Bewegung wurde 1978 in den USA durch John Wimber gegründet. Die erste Gemeinde war die Anaheim Vineyard Christian Fellowship in Kalifornien. Wimber war der erste Pastor und der langjährige Leiter der schnell wachsenden Bewegung. Sein Tod 1997 löste eine Krise aus, doch seit B. Waggoner im Jahr 2000 Leiter wurde, wächst Vineyard wieder. Der Vereinigung der Vineyard-Kirchen – ein eher lockerer Verband ohne Weisungsbefugnis – gehören heute 1000 Gemeinden auf der ganzen Welt an, davon rund 50 im deutschsprachigen Raum.

Die Schweizer Gemeinden sind jede für sich eingetragene Vereine, sie finanzieren sich allein durch Spenden. Formell gehören den Vereinen nur wenige Menschen an. Zur Gemeinde werden aber alle gezählt, die eine «Herzensverwandtschaft» spüren; Doppelmitgliedschaften sind somit kein Problem. Die gelebte Ökumene ist ein wichtiges Anliegen, zum Beispiel sind viele Vineyard-Gemeinden Mitglied in der örtlichen Evangelischen Allianz.

Der theologische Standpunkt ist reformatorisch und evangelikal. Charismatischen Gaben wird grosse Bedeutung beigemessen, Prophetie ist zum Beispiel ein zentrales Element. Andere Geistesgaben wie Heilung, Austreibung der Geister und das Erfülltwerden mit dem Heiligen Geist sind Bestandteil der Lehre. Als um 1994 der charismatische Toronto-Segen für Aufsehen sorgte, war die Berner Gemeinde einer der Orte, von dem aus diese Ereignisse – auch publizistisch unterstützt – ausstrahlten. Vineyard steht den Landeskirchen insbesondere dort nahe (neben den formalen Zugehörigkeiten der einzelnen Mitglieder), wo in diesen die Charismatische Erneuerung wirkt. Zum Beispiel sind etwa zehn Prozent der Berner Vineyard-Angehörigen dem charismatischen Spektrum zuzurechnende Katholiken.

Ein weiteres wichtiges Anliegen ist die Gemeindegründung. In der Schweiz bestehen zurzeit 18 Vineyard-Gemeinden (plus viele weitere Aktivitäten), die zum grossen Teil von Bern aus gegründet wurden.

Wegen der Bedeutung von Vineyard Bern soll dieser hier mehr Platz eingeräumt werden: Die Entstehung der Gemeinde wird in das Jahr 1981/82 datiert, weshalb 2006 auch der 25. Geburtstag mit einer grossen Party gefeiert wurde. In jener Zeit entstand um das Ehepaar Bühlmann ein Hauskreis, der sich Agape-Gemeinschaft nannte. Übrigens waren die Bühlmanns zuvor u. a. von einem indischen Heilungsevangelisten inspiriert worden. 1983 bekam die Gruppe Kontakt mit der Charismatischen Erneuerung und formierte sich neu unter dem neuen Namen Basileia (griech.: Herrschaft Gottes) als Laienbewegung innerhalb der reformierten Kirche. Mit dem Umzug in die Johanneskirche im Breitenrain begann ein starkes Wachstum. Ab 1986 entwickelte sich eine enge Beziehung zur Vineyard-Bewegung, und 1991 predigte John Wimber in Bern. In zwei theologischen Schwerpunkten zeigte sich die Übereinstimmung. Einerseits im Verständnis von Anbetung und der damit zusammenhängenden Entwicklung eines zeitgemässen Musikstils, andererseits im Verständnis des Reiches Gottes und dem daraus wachsenden Wunsch, die Werke Jesu auch heute zu tun. 1994 schloss sich Basileia offiziell der weltweiten Vineyard-Bewegung an – das war der Beginn von Vineyard im deutschsprachigen Raum. Der Berner Gemeindeleiter M. Bühlmann wurde und ist bis heute (Ende 2006) Koordinator der Vineyard D-A-CH, dem Netzwerk für Deutschland, Österreich und die Schweiz.

Geleitet wird die Berner Gemeinde von einem Team; einige Menschen sind vollzeitig angestellt. Es gibt aber generell keine festen Ämter, sondern nur Funktionen, die gemäss Begabung ausgeübt werden.

Die Basileia Vineyard Bern feierte ihre Gottesdienste lange in der Französischen Kirche in der Innenstadt. Ab 2005 war sie – auf der Suche nach einem neuen Domizil – beim EGW in der Nägeligasse zu Gast. Rückgrat des Gemeindelebens sind neben den Gottesdiensten die Klein- und Gebetsgruppen, in denen zu verbindlichen Beziehungen ermutigt wird. Es gibt etwa 80 von ihnen. In sog. Housechurches feiern diese Hauskreise auch kleine Gottesdienste und intensivieren das Wachstum. Die Nachwuchspflege geschieht in altersspezifischen

Gottesdiensten für Vinkids, pre-teens (in Kooperation mit new life), Teens und Jugend. Für Erwachsene organisiert Vineyard Bern Alphalife-Kurse sowie viele weitere Schulungen, Fortbildungen und Kurse zu speziellen Themen. Lebenshilfe in Form von Beratungen beim Wachstum im Glauben und bei Problemen bietet das Family Life Center. Sozial tätig ist Vineyard Bern durch eine Diakonie namens DaN – Dienst am Nächsten, die Flüchtlinge mit Kleidung, Deutschkursen, Lebensmitteln usw. unterstützt. Unter dem Motto free wird Evangelisation in der Nachbarschaft betrieben. Bern gibt alle zwei Monate die Zeitschrift «erlebt» heraus, in den Monaten dazwischen wird mit «inside» eine Art Gemeindebrief versandt.

Aufgrund jahrelanger Flüchtlingsarbeit bestehen heute Partnerschaften mit Vineyards in Angola, Kongo, Kenja, Togo, Ghana und Indien, auch unterstützt die Berner Gemeinde MAVE (Mouvement Africain des Vignes en Europe), einen Zusammenschluss afrikanischer Vineyards in der Schweiz, Deutschland, Frankreich und den Niederlanden. Auch in Bern sind seit den 90er-Jahren afrikanische Vineyard-Anhänger organisiert; sie haben einen eigenen Gemeindeableger in der frankophonen La-Vigne-Gemeinde.

Insgesamt zählen sich zu Vineyard Bern etwa 1300 Menschen, die Gemeinde ist eine der grössten im Lande. Weitere Vineyard-Gemeinden im Kanton bestehen in Biel, Burgdorf, Thun (ehem. Basileia Thun), Langenthal und Langnau.

Ein spezielles, aus dem karitativen Engagement gewachsenes Projekt ist die Basivilla: Seit etwa Mitte der 90er-Jahre existiert diese mit Vineyard verbundene Lebensgemeinschaft in Ostermundigen. Über 20 Menschen leben dort in mehreren Wohngemeinschaften zusammen.

Kontakt

Vineyard Bern, Zeughausgasse 14, 3011 Bern, Tel: 031 327 11 77
www.vineyard-bern.ch, www.vineyard.ch, www.vineyard-burgdorf.ch,
www.vineyard-biel.ch, www.lavine.ch

Waldenserkirche/Chiesa evangelica riformata di lingua italiana Berna

Die «Waldenser» sind die wohl älteste Kirche, die als reformiert bzw. protestantisch bezeichnet werden kann, es gab sie schon dreieinhalb Jahrhunderte vor Luthers Thesen. Ihr Name geht auf den Lyoner Kaufmann Petrus Valdes zurück, der sich unter dem Eindruck des Gleichnisses vom Jüngling Alexius (Mt. 19,16-26) zum Ideal der Armut verpflichtete. Mit Freunden, sie sich ihm anschlossen, sorgte er für die Armen. Er predigte jedoch auch (in seiner Muttersprache) und wandte sich gegen Missstände in der Kirche. Diese reagierte im Jahre 1184 mit der Exkommunikation. Seine Ideen bzw. die lose Gemeinschaft der «Pauperes Christi» hatte sich zu der Zeit bereits verbreitet, insbesondere in Südfrankreich. Die folgenden Jahrhunderte waren von zum Teil heftigen Verfolgungen gekennzeichnet, die im Jahre 1487 gar in einem «Waldenserkreuzzug» gipfelten. Trotz allem konnten sich die inzwischen in räumlich wie auch theologisch verschiedene Gruppen zerteilte Gemeinschaft erhalten, am erfolgreichsten in den Tälern des Piemont, wo bis heute ihr Hauptverbreitungsgebiet ist.

Zwar sahen sich die Waldenser anfangs als Teil der katholischen Kirche, doch lehnten sie die Lehre des Fegefeuers, die Marien- und Heiligenverehrung sowie Fürbitten für Verstorbene ab. Bei ihnen stand eine ethische Sittenlehre im Vordergrund: Aufforderung zu tätiger Liebe, Lüge wurde als Todsünde verstanden, jeder Eid abgelehnt, es galt ein unbedingter Pazifismus, man pflegte die Bibelkenntnis und das regelmässige Stundengebet. Mit der römischen Kirche behielten sie die Siebenzahl der Sakramente, die Transsubstanziationslehre (Verwandlung von Brot und Wein beim Abendmahl), die Seligkeit durch Glaube und Werke und die Unterscheidung von Priestern und Laien bei. Die lombardischen Waldenser hatten einen weiteren Armutsbegriff als die französischen, der die Arbeit nicht ausschloss und der mit eigener Lehr- und Ordnungstradition (Bischöfe, Presbyter, Diakone, jährliche Synoden) zu einer Art Gegenkirche führte. Diese Tradition hat sich bis heute gehalten.

Nach der Reformation näherten sich die Waldenser der neuen Theologie an, ja sie übernahmen 1532 durch einen Synodalbeschluss die zwinglianisch-calvinistische Lehre ganz formal. Dadurch wurden sie offiziell zu einer reformierten Kirche; vom Katholizismus trennten sie sich völlig. Die Wanderprediger wurden durch ständige Pastoren ersetzt; es galten nur noch zwei Sakramente (Taufe und Abendmahl/Beichte), der Zölibat wurde aufgehoben, Eigentum erlaubt und Kirchengebäude errichtet.

Heute gibt es weltweit rund 50 000 Waldenser, davon lebt die Hälfte in Italien. Im lombardischen Torre Pellice findet jedes Jahr eine Synode statt, die die Tavola, das vorsitzende Komitee bestimmt. In Rom besteht eine Fakultät zur Pfarrer-Ausbildung.

Die italienische Waldenserkirche ist heute ökumenisch sehr aktiv. Sie gehört dem ÖRK an und hat sich 1967 einem Bund Evangelischer Kirchen in Italien angeschlossen, der auch noch Methodisten, Lutheraner und Baptisten umfasst. Mitunter wird in einzelnen Aufgaben auch mit der Heilsarmee und Pfingstlern zusammengearbeitet.

Das Wappen der Waldenser zeigt eine brennende Kerze und den Spruch «Lux lucet in tenebris» (Das Licht leuchtet in der Finsternis; nach Joh.1,5).

Schweiz

In südliche und westliche Gebiete der Schweiz waren lange und immer wieder Waldenser eingesickert. Als es 1655 in Frankreich zu heftigen Verfolgungen kam, flohen rund 10 000 von ihnen in die Schweiz. Viele kehrten später wieder zurück, mussten aber nach 1685 erneut fliehen. So kam die Eidgenossenschaft – insbesondere natürlich die reformierte – langsam zu einer beachtlichen Waldenser-Bevölkerung, wenn auch manche nach Deutschland weiterzogen.

Heute gibt es im Lande rund 15 Gemeinden mit ca. 500 Mitgliedern, davon die Hälfte in der italienischen Schweiz. Sie sind zusammengeschlossen in der Conferenza delle chiese evangeliche di lingua italiana in Svizzera, einem Zusammenschluss, der allerdings verschieden-konfessionell reformierte Kirchen umfasst, insbesondere im Tessin und im italienischen Graubünden; Waldenser sind unter ihnen eher die Minderheit. Die Vereinigung gibt für ihre Mitglieder die Kirchenzeitschrift «Voce Evangelica» (seit 1939, heute elfmal jährlich) heraus und betreut die gleichnamige Schweizer Homepage. Unter dem Namen Waldenserkomitee in der Deutschen Schweiz besteht seit 1978 ein eingetragener Verein, der die Unterstützung der Waldenserkirche und ihrer Werke in Italien und Südamerika bezweckt. Mitglieder sind die von den evangelisch-reformierten Kantonalkirchen der deutschen Schweiz bezeichneten Vertreter (ausgenommen Kanton Bern).

Bern

Seit der Zeit der grossen Einwanderung von italienischen Gastarbeitern sowie von Bundesbeamten aus den italienischsprachigen Gebieten des Landes gibt es in Bern eine italienischsprachige reformierte Gemeinde, die Chiesa evangelica riformata di lingua italiana Berna. Sie war organisatorisch direkt dem Synodalverband der reformierten Kirche angegliedert. Mit einer innerkirchlichen Reform wurde die Chiesa verselbstständigt und ist heute ein Verein.

Italienischsprachige Reformierte und Waldenser sind auch in Bern nicht das Gleiche. Viele italienischsprachige Berner Reformierte stammen aus den italienischsprachigen Gebieten des Kantons Graubünden oder aus dem Tessin; Waldenser bilden in der Berner Chiesa eher die Ausnahme.

Von einer grossen Gemeinde mit vielfältigen Aktivitäten wie vierzehntäglichen Gottesdiensten, wöchentlichen Treffen der Frauengruppe, Bibelzirkeln, Basaren, Vorträgen zu kirchlichen und nicht kirchlichen Themen, Theateraufführungen (der Basler Gemeinde) und Ausflügen ist die Chiesa zu einer kleinen Gemeinde geschrumpft. Die Chiesa verfügte einst über eine eigene Pfarrstelle, eine diakonische Mitarbeiterin sowie eigene Lokalitäten. Heute wird sie ehrenamtlich betreut. Grund für den Mitgliederschwund sind Rückwanderungen, die Überalterung sowie die Tatsache, dass die junge Generation der Secondos assimiliert und in anderen, deutschsprachigen Kirchgemeinden engagiert ist.

Die Chiesa feiert heute einmal im Monat Gottesdienste im CAP (Saal Manuel) oder dem Chor der Französischen Kirche. Die Frauengruppe trifft sich immer noch wöchentlich. Zu den grossen kirchlichen Feiertagen finden auch gesellige Anlässe statt. Soweit es möglich ist, organisiert die Chiesa einen jährlichen Ausflug.

Der Verein Bernische Waldenserhilfe besteht seit 1955 und ist unabhängig vom Waldenserkomitee. Auch er wirkt über einen grossen Freundeskreis und durch die Nähe zu Kirchgemeinden unterstützend für die weltweite Gemeinschaft der Waldenser. Als Schwerpunkte gehen Spenden an die Waldenserfakultät in Rom zugunsten Stipendien, Literaturbeschaffung und Beiträge an die Gehälter der Professoren. Ein weiterer Spendeschwerpunkt gilt dem Collegio in Torre Pellice und dessen Schülern.

Zusammenfassend muss gesagt werden, dass die Zukunft der italienischsprachigen Gemeinde in Bern – und damit auch die der waldensischen Gemeinde – aus den oben erwähnten Gründen ungewiss ist.

Kontakt

Pfarrer: W. Dedi, Nussbaumstrasse 44, 3006 Bern, Tel. 031 331 78 55,
Präsident: H. Guthauser-Bietenhard, Brückfeldstrasse 27, Postfach 654,
3000 Bern 9, Tel.: 031 301 74 54, hguthauser@bluewin.ch
www.voceevangelica.ch, www.chiesavaldense.org
www.ref-so.ch/waldenserkomitee

Orthodoxe Ostkirchen

Wie die römisch-katholische und die christkatholische Kirche stützen sich auch die orthodoxen Kirchen, die oft schlicht «Ostkirchen» genannt werden, auf das Glaubensbekenntnis von Nizäa-Konstantinopel. Im Verständnis der Ost-Christen meint orthodox «rechtgläubig» und die «rechte Form der Verehrung». Die orthodoxen Kirchen verbindet ein starkes Zusammengehörigkeitsgefühl. Oft werden die orthodoxen Ostkirchen und die → altorientalischen Kirchen in einem Zusammenhang genannt, hier jedoch sollen sie getrennt betrachtet werden.

Geschichte

Viele Briefpartner, an die die Schreiben des Apostels Paulus gingen, lebten in Gegenden, die heute orthodox sind oder dies lange waren. Schnell breitete sich damals der christliche Glaube in der Bevölkerung aus, und frühe Theologen begannen, doxologische (den Glauben betreffende) Fragen und rituelle Feinheiten zu durchdenken. Alle wesentlichen theologischen Entscheidungen, die das frühe Christentum hinsichtlich des Selbstverständnisses als Kirche und des Welt- und Gottesbildes kanonisierte, wurden im Osten (östliches Mittelmeer) beschlossen. Zu dieser Zeit bildete die Christenheit eine fast umfassende Einheit, geprägt wurde sie durch die griechische, später byzantinische Kultur. Doch die vier wichtigsten Patriarchen in der östlichen Hälfte des Römischen Reichs beobachteten die wachsende Macht ihres fünften und einzigen westlichen Kollegen, des Bischofs von Rom, mit Misstrauen, und manche Streitigkeiten des 4. und 5. Jahrhunderts entwickelten sich zu Machtkämpfen. Die ersten Spaltungen traten auf. Die Kirchen der orthodoxen Patriarchate von Jerusalem, Alexandria, Antiochia und Konstantinopel sind heute nur noch eine kleine Minderheit in ihrer Heimat, entweder, weil nach der chalzedonesischen Spaltung (451) die meisten Christen sich den «Abtrünnigen» anschlossen, die dann zu den altorientalischen Kirchen wurden, oder weil fast alle Bewohner der Region heute muslimischen Glaubens sind.

Mehr und mehr wandten sich die beiden Hälften der nach der chalzedonensischen Spaltung verbliebenen Kirche, die in Konstantinopel/Byzanz im Osten und die in den jungen Nachfolgestaaten Westroms, voneinander ab. Man bewegte sich theologisch auseinander, wie der Filioque-Streit zeigt, die Frage, ob der Heilige Geist nur von Gottvater oder auch von seinem Sohn ausgeht. Im Jahre 1054 scheiterten Gespräche zwischen den Parteien endgültig, der Patriarch von Konstantinopel und der römische Legat, der Gesandte des Papstes, exkommunizierten sich gegenseitig: Das Grosse Schisma war da. (Dieser Kirchenbann wurde am 7. Dezember 1965 wieder aufgehoben.) Und seit Langem konkurrieren die Ost- und die Westkirchen aufs Schärfste miteinander, wenn es um Einflussmöglichkeiten an den Grenzen zwischen beiden Gebieten geht.

Trotz der Vernichtung des byzantinischen Reiches und des Endes des dortigen Kaisertums bestand die Kirche in der Region fort, die muslimischen Eroberer gestatteten ihr meistens Freiheit in Religionsdingen. Die orthodoxe Form des Christentums war seit den Missionen von Kyrill und Method im 9. Jahrhundert nach Norden und Osten vorgedrungen und erlebte auf dem Balkan und in Russland eine neue Blüte. Mit dem russischen Zaren trat auch wieder ein weltlicher Erbwalter der Cäsaren (Moskau als «Drittes Rom») als Schutzmacht der Christenheit auf. So dominiert dort – bis auf den heftigen 70-jährigen Einschnitt des Kommunismus – die Orthodoxie unangefochten bis heute. Sie ist also heute nicht nur von der griechischen Kultur, sondern auch slawisch geprägt. In den osmanisch besetzten Gebieten war es v. a. die Kirche, die die Kultur der Völker bewahrte; Historiker gehen davon aus, dass es nationale Identitäten sonst so nicht mehr gäbe. Eine besondere Leistung erbrachten dabei die Mönche; die klösterliche Kultur hat im orthodoxen Osten einen höheren Stellenwert als in jedem anderen christlichen Bekenntnis.

Da die einzelnen Kirchen ihre Gründung auf einen der Apostel oder auf durch diese legitimierte Missionare zurückführen und weil sie sich als im apostolischen Glauben stehend betrachten, beanspruchen sie für sich die Bezeichnung «apostolisch». Sie verstehen sich als Verwalter des «reinen Erbes der Alten Kirche». Sie sind von ihrer Tradition her häufig – aber nicht immer – Nationalkirchen, da sie innerhalb der Grenzen der Verwaltungseinheiten im Römischen Reich entstanden und somit die Metropolen des Reiches automatisch zu Metropolen der Kirche wurden. Jeweilige historische Entwicklungen haben dann zu selbstständigen regionalen Hierarchien geführt, die sich der örtlichen Kultur, v. a. im Hinblick auf die Sprache, angepasst haben. Eine zentrale Instanz wie der Papst ist der Orthodoxie fremd. Die dezentrale Vielfalt wird nicht als ein Mangel gesehen, Verschmelzung nicht angestrebt. Häufig sprechen Orthodoxe einfach von der orthodoxen Kirche im Singular und meinen alle gemeinsam. Tatsächlich halten sie untereinander weitgehend die Eucharistiegemeinschaft, sie haben die gleichen Gottesdienstformen und das gleiche Kirchenrecht. 150 bis 400 Millionen Menschen – je nachdem, wie in den einzelnen Regionen und Institutionen gezählt wird – gehören heute den östlich-orthodoxen Kirchen an. Die Kirchen, etwa 14 an der Zahl – die genaue Zahl ist, je nach kirchenrechtlichem Status, nicht ganz klar –, sind jeweils selbstständig, mit einem Patriarchen, Metropoliten oder Erzbischof an der Spitze («autokephal» = sich selbst Oberhaupt). Zwei weitere Kirchen sind nur «autonom», was bedeutet, dass die von ihnen selbst bestimmten Patriarchen durch Konstantinopel bestätigt werden müssen. Es existieren noch weitere Kirchen des orthodoxen Ritus, sie sind jedoch keine vollen Gemeinschaftsmitglieder und es besteht keine Kirchengemeinschaft («nicht kanonische Kirchen»).

Eine Ausnahmestellung unter den Kirchenoberhäuptern hat der Patriarch von Konstantinopel inne, seit dem Jahre 587 trägt er den Titel «Ökumenischer Patriarch». Sein eigenes Bistum ist eigentlich klein, und auf seinem Territorium sind die Christen eine Minderheit unter den Muslimen. Jedoch unterstellen sich ihm viele Auslandschristen (zum Beispiel alle griechisch-orthodoxen ausserhalb Griechenlands und die Russisch-Orthodoxe Auslandskirche), und der Inhaber dieses Bischofsstuhls hat die Stellung des Ehrenoberhaupts der gesamten Orthodoxie inne: Als Primus inter pares verfügt er zwar über keine Machtbefugnis, er wird aber in liturgischen Aufzählungen immer als Erster genannt, und bestimmte Angelegenheiten muss er bestätigen, damit sie wirksam werden können.

In der Orthodoxie gilt eigentlich ein strenges Territorialprinzip, das heisst, jede Region untersteht klar einem Bischof. Durch Migration sind jedoch in allen Kirchen neue Gemeinden ausserhalb dieser Territorien entstanden, und heute unterstehen viele Gebiete auf der Welt – ausserhalb der traditionellen Gebiete Osteuropas – sogar mehreren Bischöfen, da für die Emigrantengemeinden neue Bistümer geschaffen bzw. alte ausgedehnt wurden. Die Schweiz gehört so zu Bistümern mehrerer orthodoxer Kirchen, zugleich ist sie ein eigenes Bistum des Ökumenischen Patriarchats.

Lange Zeit gab es nur wenige (offizielle) Kontakte zwischen den Kirchen des Ostens und des Westens. Erst in den Zwanzigerjahren des 20. Jahrhunderts und verstärkt seit dem II. Vatikanischen Konzil der Röm.-kath. Kirche (1962–1965) gibt es wieder Verständigungsbemühungen. Auch beteiligen sich die Ostkirchen – wenn auch vorsichtig – am ökumenischen Dialog, zum Beispiel im Ökumenischen Weltkirchenrat. Ganz praktisch ökumenisch ist das Leben der Orthodoxen in der Schweiz: Sie besuchen sich häufig gegenseitig. Gerade für das alltägliche Glaubensleben ist es bei den nur wenigen und verstreuten Gottesdienstorten für Angehörige einer Tradition wertvoll, in der Nähe die Kirche

einer anderen orthodoxen Tradition zu wissen und sie, dank der Eucharistiegemeinschaft, auch besuchen zu dürfen.

Glaube und Ritus

Grundlage des Glaubens ist die Offenbarung Gottes, die sich in der Bibel (AT
und NT) und in der «Heiligen Tradition», dem fortlaufenden Leben und Handeln der Kirche findet. Das Glaubensbekenntnis ist das von Nicäa und Konstantinopel aus den Jahren 325 und 381. Es bezeugt – neben anderem – die Dreieinigkeit Gottes und die «Wesenseinheit» Christi. Die Orthodoxie stützt sich in
diesen Aussagen auf die Beschlüsse der sieben ökumenischen Konzilien. Kern
der Glaubensausübung ist der Eucharistiegottesdienst, der in der Orthodoxie
«Göttliche» oder «Heilige Liturgie» heisst. Die Kirche ist Gemeinde im litur-
gisch-eucharistischen Sinne, das heisst, in der Versammlung zur Eucharistie
stellt sich die Kirche in einer Fülle und Vollkommenheit dar, die Raum und
Zeit übergreift und die Gläubigen mit Christus verbindet. In der Teilhabe an
den Sakramenten und am Leben der Kirche hat der einzelne Mensch Teil an
Gottes Herrlichkeit, er erlangt «Vergöttlichung» (Theosis). Die Orthodoxie war
immer bemüht, den einzelnen Menschen zu formen und so in die Welt hin-
einzuwirken, statt durch eine theoretische Ethik. Sie greift auf Gottesdienstformen aus dem 4. bis 6. Jahrhundert zurück, wobei viel gesungen, aber kein
Instrument verwendet wird. Bei der Göttlichen Liturgie wird das «Mysterium
der Eucharistie» (Hl. Abendmahl) in beiderlei Gestalt vollzogen, das heisst in
Brot und Wein, für alle Gläubigen. Dabei verwandele der Heilige Geist Brot
und Wein in Fleisch und Blut Christi, der im Katholizismus gebrauchte Begriff
«Transsubstanziation» wird dafür aber vermieden. Es gibt ausserdem Morgen-
und Abendgottesdienste sowie Stundengebete. Die Eucharistie kann nur ein
geweihter Priester oder Bischof spenden, ein Laie nicht. Jeder in der orthodoxen Kirche Getaufte, schon vom Kleinkindalter an, kann sie empfangen.
In einigen Kirchen geschieht das nur wenige Male im Jahr, in anderen in fast
jedem Gottesdienst. Zuvor sollte der Gläubige gebeichtet und gefastet haben.
Es gibt viele Fastengebote, v. a. für die Zeit vor den grossen Festen. Das wichtigste Fest ist Ostern, gefolgt von Weihnachten. Die Predigt ist fester Bestandteil
der Liturgie, spielt aber eine im Vergleich zum Protestantismus untergeordnete
Rolle. Sie kann auch von Laien gehalten werden. Eine gemeinschaftliche Eucharistie mit nicht orthodoxen – dazu zählen auch die altorientalischen – Christen
ist nicht möglich.

Grundsätzlich gilt das gesamte Handeln der Kirche als heilig und heilswirksam. Die orthodoxe Kirche kennt aber, neben der Eucharistie (1.), sechs
weitere Sakramenthandlungen, wobei der Begriff «Sakrament» nicht gebraucht
wird; man spricht von «Mysterien»: Kurz nach der Geburt wird jeder Mensch
durch dreimaliges Untertauchen im Namen des Vaters, des Sohnes und des Heiligen Geistes getauft (2.). Eine Erwachsenentaufe ist möglich, geschieht, da nur
wenig missioniert wird, aber nur selten. Katholische Taufen sind anerkannt, protestantische nicht. Unmittelbar nach der Taufe wird die Salbung (3.) zur «Stärkung» bzw. als Zeichen für den «Empfang des Heiligen Geistes» erteilt. Das
entspricht der Firmung oder Konfirmation westlicher Kirchen. Die Ehe (4.) ist
heilig. Eine Befreiung von Sünden geschieht durch die Busse (5.), die nach einer
persönlichen Beichte von einem Priester erteilt wird. Kranke werden mit einem
heiligen Öl (6.) gesalbt. Jeden Freitag, in einigen Kirchen nur in der Karwoche,
erhalten alle Gläubigen diese Krankensalbung. Das Mysterium, das nur Geistliche erhalten (7.), ist die Chirontonie (Weihe), die es in den drei Stufen Diakon,
Priester und Bischof gibt. Zum Dienst als Lektor, Kantor und Subdiakon wird
man durch Handauflegung berufen.

Viele Personen werden als heilig verehrt, wobei an erster Stelle Jesus Christus
steht, dem – als zweiter Person der Trinität und damit Gott selbst – allein «Anbetung» zukommt. Die Jungfrau Maria, die «Gottesgebärerin» (Theotokos), wird als
«Erste unter den Menschen» verehrt und angerufen, ebenso Engel, Apostel und
Märtyrer. Jede Kirche feiert ausserdem eigene Heilige und Ereignisse aus ihrer
Geschichte. Ein Charakteristikum der orthodoxen Kirchen ist es, dass Ikonen
(eikon = Bild) von diesen Personen und von biblischen Szenen als verehrungs-
würdig gelten. Ikonen selbst besitzen zwar durchaus Heiligkeit (einzelne werden
sogar als wundertätig angesehen), aber grundsätzlich verweisen sie nur auf das
Abgebildete, das «Urbild», dem die Verehrung eigentlich zukommt. Ein Kru-
zifix, das heisst die Darstellung des Gekreuzigten, kennt die Orthodoxie zwar,
nutzt es jedoch nicht so häufig wie die Röm.-kath. Kirche. In mehreren Traditionen ist die Kreuzesform verändert, es gibt zwei weitere kleine Querbalken, die
den (Spott-)Zettel (vgl. Mat. 27,37) und die Fussstütze symbolisieren.

Ein orthodoxes Kirchengebäude soll den Tempel im zukünftigen, im himmlischen Jerusalem abbilden. Kirchenbauten gibt es in verschiedenen Formen;
häufig ist der Grundriss des griechischen Kreuzes mit vier gleich langen
Armen (Kirchenschiffen) und einem Dachaufbau als Kreuzkuppel. Der Altar-
raum ist durch eine Ikonostase, eine Bilderwand, vom Rest der Kirche abge-
trennt und meist verschlossen. In ihm steht im Zentrum der Altar, daneben

ein Tisch für die Vorbereitung der liturgischen Gaben. Die Kirchen der Orthodoxie fallen durch grosse Pracht und reichen Schmuck auf. Das resultiert aus dem Bemühen, den Kirchenraum der Schönheit Gottes und seiner Schöpfung nachzubilden. Auch Reliquien, sterbliche Überreste von Heiligen, werden verehrt. In der Schweiz verfügen orthodoxe Christen nur über wenige entsprechend ihrer Tradition errichtete Kirchengebäude. Da sie oft bei reformierten oder katholischen Gemeinden zu Gast sind oder ein von diesen aufgegebenes Kirchengebäude übernehmen, müssen sie architektonisch und einrichtungstechnisch Kompromisse machen.

In der Orthodoxie gehört zum kirchlichen Amt die apostolische Sukzession. Ein Bischof ist der höchste Würdenträger in der Hierarchie, jeweils einer pro Nationalkirche erhält die besondere Würde, als Patriarch die jeweilige Gemeinschaft zu leiten. Wichtige Entscheidungen werden jedoch synodal, das heisst durch eine Versammlung aller Bischöfe getroffen. In den Gemeinden tun Priester Dienst, unterstützt werden sie dabei von Diakonen und Laien. Priester und Diakone in allen orthodoxen Kirchen müssen verheiratet oder im Mönchsstand sein. Mönche und Mönchspriester (Mönche, die zum Priester geweiht sind) erkennt man am besonderen Ornat. Nur Mönche oder verwitwete Priester können für das Bischofsamt gewählt werden, da sie von allen irdischen Bindungen frei sein sollen. Das Priestertum ist Männern vorbehalten. Da in vielen Schweizer Kirchgemeinden die Finanz- und Personaldecke dünn ist, kommt es gelegentlich vor, dass ein Laie sich zum Priester weihen lässt. Er führt das Amt dann neben seinem Beruf und seinem familiären Leben. Andersherum ergreifen mitunter auch ursprüngliche Priester einen weltlichen Beruf zum Lebensunterhalt.

Einige orthodoxe Kirchen, zum Beispiel die Jerusalemer, die russische, die serbische und der Berg Athos, benutzen noch immer den julianischen Kalender, der momentan 13 Tage hinter dem hierzulande gebräuchlichen gregorianischen zurückbleibt. Einige andere Kirchen haben sich dem Westen in den Zwanzigerjahren des 20. Jahrhunderts in einer Kalenderreform angepasst. Häufig ist eine Mischform, in der alltäglich nach dem gregorianischen Kalender gerechnet wird, die Platzierung der Feiertage jedoch dem julianischen Kalender folgt. Natürlich rechnen wohl alle Schweizer Orthodoxen im Alltag gregorianisch, aber es kann sein, dass in grösseren Städten orthodoxe religiöse Feste mehrmals stattfinden, je nachdem, welchen Kalender jede der lokalen orthodoxen Gemeinden (bzw. ihre Mutterkirchen) für ihre Feste nutzt.

Schweiz

Die erste orthodoxe Gemeinde der Schweiz wurde 1816 in Bern durch russische Diplomaten, Gesandte und frühe Touristen gegründet. Eine weitere, ebenfalls russische Pfarrei entstand 1854 in Genf. Am Beginn des 20. Jahrhunderts verstärkte sich der Zustrom, wobei es v. a. Flüchtlinge waren: Russen nach der Oktoberrevolution 1917, Griechen nach ihrer Vertreibung aus Kleinasien nach 1921 usw. Seither kam es zu einer massenhaften Präsenz insbesondere durch die Arbeitsmigration. Vorwiegend durch Griechen und Jugoslawen (meist Serben) stieg die Zahl der Orthodoxen in der Schweiz zwischen 1960 und 2000 von 5800 auf 132 000 (darin sind die Angehörigen der → altorientalischen Kirchen mitgezählt; es gab keine feinere konfessionelle Unterscheidung in der Volkszählung 2000, aus der diese Zahl stammt). Da in vielen Traditionen noch immer jeder Geborene getauft und als Angehöriger der Kirche gezählt wird, sagt diese Zahl aber nichts über die tatsächlich religiösen oder gar kirchlich aktiven Menschen aus.

Die Gruppe der Orthodoxen lebt recht unauffällig im Land, was u. a. daran liegt, dass sie landsmannschaftlich aufgesplittert ist. Kulturell bleibt jede Gemeinschaft weitgehend für sich; daran ändert auch – zumindest soweit es um eine äussere Wirksamkeit geht – die orthodoxe Eucharistiegemeinschaft nichts. Da sich die Gemeinden ausschliesslich durch die Spenden ihrer Mitglieder finanzieren – welche häufig auch noch Angehörige in der alten Heimat unterstützen – genügt das Geld meist nur für die Aufrechterhaltung des Notwendigsten. Grosse Aktivitäten nach aussen, in die Schweizer Gesellschaft hinein, sind so nicht möglich, und sie werden meist in den Gemeinden auch nicht als notwendig erachtet. Die meisten Gemeinden sind als Vereine organisiert, erheben Mitgliederbeiträge und erfüllen neben der religiösen noch eine wichtige kulturelle Funktion. Oft haben sie den Charakter eines Heimatvereins.

Die griechischen Schweizer Orthodoxen unterstehen heute dem Ökumenischen Patriarchen von Konstantinopel, das Land bildet ein eigenständiges Erzbistum mit Sitz in Genf-Chambésy. Allerdings unterstehen ihm auch noch Rumänisch und Arabisch sowie Französisch sprechende orthodoxe Christen, insgesamt steht er im Lande zwölf Gemeinden vor. Bei den anderen Nationalkirchen unterstehen die Angehörigen entweder direkt dem Patriarchen der Heimat oder mehr oder weniger gross zugeschnittenen internationalen Diözesen, sodass der für sie zuständige Bischof häufig im Ausland lebt.

In der Schweiz und anderswo bestehen enge Beziehungen zwischen den Orthodoxen und der christkatholischen Kirche, besonders im Bildungsbereich gibt es eine lange Geschichte der Verbundenheit. Heute allerdings studieren orthodoxe Christen an den theologischen Fakultäten aller Konfessionen. Das Interesse der universitären Theologie am Osten schlägt sich auch in zwei Zeitschriften nieder: «Glaube in der 2. Welt» (Zürich) und «Internationale Kirchliche Zeitschrift» (Bern). Tatsächlich bestehen inzwischen enge Kontakte zwischen den Konfessionen. Die römisch-katholisch/orthodoxe Gesprächskommission setzt sich aus je sechs Vertretern der Röm.-kath. und verschiedener Ostkirchen zusammen sowie aus Beobachtern von reformierter, syrischer, armenischer, koptischer und christkatholischer Seite. Besonders Fragen wie Mischehen, Kinder daraus, Religionsunterricht oder Probleme der Seelsorge konnten so oft einer Lösung zugeführt werden.

Die Immigrationssituation – nur selten konvertiert ein Schweizer zum orthodoxen Glauben – bringt Probleme mit sich. Einige werden pragmatisch gelöst: So mancher liturgische Chor singt ausserhalb der Gottesdienste auch volkstümliche Lieder. Andere sind schwieriger zu bewältigen, wie zum Beispiel die Seelsorge für die oft sehr verstreut lebenden Gemeindemitglieder. Der Wechsel von der ersten zur zweiten Einwanderungsgeneration bringt es mit sich, dass die Gottesdienste, die für die einen traditionell, also in Griechisch, Kirchenslawisch, Syrisch-Aramäisch oder Malayalam gehalten sind, für die Jungen unzugänglich werden. In der Westschweiz sind inzwischen viele Gemeinden auf Französisch umgeschwenkt.

Kontakt

Ökumenisches Zentrum, route de Ferney 150, 1211 Genf (Mitarbeiter aus verschiedenen orth. Kirchen)
www.orthodoxie.ch

Zum Weiterlesen

Basdekis, A.: Die Orthodoxe Kirche. Eine Handreichung für nicht-orthodoxe und orthodoxe Christen und Kirchen, Frankfurt am Main 2001

Benz, E.: Geist und Leben der Ostkirche, München (3. Aufl.) 1988

Diedrich, H.-C. (Hrsg.): Das Glaubensleben der Ostkirche. Eine Einführung in Geschichte, Gottesdienst und Frömmigkeit der orthodoxen Kirchen, München 1988

Döpmann, H.-D.: Die orthodoxen Kirchen, Berlin 1991

Gemeinde «Hl. Kyrill und Methodius» der serbisch-orthodoxen Kirche

Die Serben wurden seit dem 7. Jahrhundert missioniert, und zwar – anders als die Nachbarn im heutigen Kroatien – nicht von Rom, sondern von Byzanz aus. Die Kirche des 1171 entstandenen selbstständigen Serbenstaates erlangte 1219 die Autokephalie. Die Gründerfigur jener Zeit ist der heute als heilig verehrte Sava; sein Fest feiert die Kirche Ende Januar. Im 14. Jahrhundert geriet die Region unter türkische Herrschaft, die Kirche war offiziell bis ins 16. Jahrhundert aufgelöst. Sie überstand jedoch die insgesamt mehr als 500-jährige Besatzung und wirkte über diese Zeitspanne kulturerhaltend. 1879 wurde Serbien unabhängig, und es entstand die Metropolie von Belgrad. Die faschistische Diktatur, zeitgleich mit der Besetzung durch deutsche Truppen, daran anschliessend die kommunistische Herrschaft Titos, ökonomische Probleme und schliesslich der Zerfall Jugoslawiens, verbunden mit einem Bürgerkrieg, sorgen seit Jahrzehnten für einen hohen Emigrationsdruck.

Schweiz und Bern

Einige wenige Serben kamen bereits Anfang des 20. Jahrhunderts in die Schweiz, insbesondere der Ausbildung wegen. Im Laufe der Zeit studierten 43 Serben Theologie bei den Christkatholiken an der Universität Bern. Mit dem Namen Serbisch-Orthodoxe Kirchgemeinde Heilige Dreifaltigkeit in der Schweiz gründete sich 1969 eine gesamtschweizerische serbische Kirche, ihr Sitz befand sich in Bern. Die Christkatholiken waren es auch, die im Dezember desselben Jahres eine orthodoxe Priesterweihe in ihrer Peter-und-Paul-Kirche vornehmen liessen, das heisst, zugereisten serbischen Priestern diesen Akt unter ihrem Dach gestatteten. Bei der schwierigen Aufbausituation – durch eine feindliche Politik der kommunistischen Heimatregierung noch erschwert – halfen die drei Landeskirchen. Sukzessive entstanden ein Chor, karitative Strukturen, eine immer stärker werdende Kulturarbeit und vorübergehend auch eine Kirchenzeitung. Im Laufe der Zeit konnten weitere Priester einreisen, sodass die Gemeinden in anderen Städten, welche vorher nur sporadisch von Bern aus versorgt werden konnten, eine eigene Betreuung bekamen. 1973 verlegte man den Gemeindesitz aus pragmatischen Gründen nach Zürich. Die Zahl der Serben stieg schnell weiter. Die Gesamtgemeinde wurde 1994 in vier Einzelgemeinden aufgeteilt, wofür zuvorderst technische und politische Gründe – auch im Zusammenhang mit dem Bürgerkrieg – angeführt werden. Heute bestehen im Land acht serbisch-orthodoxe Kirchgemeinden. Diese unterstehen dem Bistum Mitteleuropa mit Sitz im deutschen Hildesheim-Himmelsthür, welches den gesamten deutschsprachigen Raum betreut. Es leben schätzungsweise bis zu 100 000 Serben in der Schweiz; die Kirche zählt 50 000 bis 60 000 Angehörige und ist damit die drittgrösste Kirche im Land. Momentan entstehen daher weitere Gemeinden. Sämtliche Aufwendungen finanziert die Kirche über freiwillige Mitgliederbeiträge und Spenden. In Zürich verfügte die serbische Kirche über ihr erstes eigenes Gotteshaus, die 2001 von den Christkatholiken für 99 Jahre gemietete und nach orthodoxen Regeln umgebaute Kirche Heilige Dreifaltigkeit (vormals Elisabethenkirche). Inzwischen wurden in Zürich noch eine ehemalige neuapostolische Kirche gekauft und in St.Gallen ein Zweckbau gemietet; beide wurden bzw. werden als orthodoxen Kirchen eingerichtet. Die Berner Gemeinde hat im Jahre 2006 die Genehmigung erhalten, eine eigene Kirche auf der Aemmenmatte in Belp zu errichten.

Die Serben sind ökumenisch aktiv und zum Beispiel Mitglied in den ökumenischen Verbänden ACK, AKB und AKiB. Die Berner Kirchgemeinde beteiligt sich am Projekt Dialog der Kulturen.

Die Gemeinde besteht aus den Gläubigen der Kantone Bern, Neuenburg, Jura und teilweise Solothurn und Freiburg. Geleitet ist sie von einer demokratisch gewählten Kirchenleitung, die auch den Pfarrer wählt. Der jetzige Priester arbeitet an der Berner Christkatholischen Fakultät an seiner Dissertation. Die Gottesdienste werden in Bern in der Krypta der christkatholischen Peter-und-Paul-Kirche gefeiert; in Solothurn organisiert die Berner Gemeinde Gottesdienste in der christkatholischen Franziskanerkirche. Einmal im Monat finden auch Gottesdienste in Freiburg und in Neuenburg statt. Die Sprache dabei ist meistens Serbisch, wenn gewünscht auch Deutsch (zum Beispiel bei Taufe, Trauung, Predigt). Ein Pfarrer und ein Lektor betreuen die Gemeinde seelsorgerisch; zwei- bis dreimal im Jahr werden Pastoralbriefe veröffentlicht. Religionsunterricht findet regelmässig in den Kirchen Bern und Solothurn, daneben auch in Interlaken, Thun und Solothurn im Rahmen des Serbisch-Zusatzunterrichts statt. Zur Gemeinde gehört u. a. der Serbische Verein christlicher Frauen Kolo Srpskih sestara, daneben gibt es viele Aktivitäten wie Kindertreffs, Berufsberatungen, gemeinsames Musizieren usw.

Kontakt

Postfach 7846, 3001 Bern, Tel.: 031 301 88 63
www.spcobern.ch, www.serbische-diozese.org

Gemeinde «Dreifaltigkeit» der russisch-orthodoxen Kirche (im Ausland)

Die russische Kirche ist die grösste in der orthodoxen Familie, die genaue Zahl ihrer Mitglieder ist wegen der Zersplitterung über die Nachfolgestaaten der Sowjetunion aber nicht genau zu ermitteln. Die geschätzten Zahlen schwanken zwischen 40 und 160 Millionen. In Westeuropa spielt sie schon seit über 100 Jahren eine wichtige Rolle. Die Situation dieser Gemeinschaft ist eine besonders verwirrende: Es gab bzw. gibt (mindestens) zwei russische Orthodoxe Kirchen!

Geschichte

Die Kirchengeschichte Russlands begann, als Grossfürst Vladimir von Kiew im Jahre 988 die Taufe annahm. 1449 erhielt die Kirche die Selbstständigkeit, Jonas wurde ihr erster Metropolit mit Sitz in Kiew. 1589 bekam sie den Rang eines eigenen Patriarchats. In der Zeit der Tatareneinfälle mussten die Russen und ihre Kirche schwere Verluste hinnehmen, auch die festungsähnlichen Klöster schützten sie nicht vor Brandschatzungen. Die Bevölkerung und der Klerus wichen nach Norden aus, und in jener Zeit verlagerte sich das Zentrum über Zwischenstationen nach Moskau. Die russische Kirche versuchte zu Zeiten des Kommunismus, ihre Identität zu bewahren. Der Patriarch in Moskau erkannte die neuen Machthaber an, eine Entwicklung, die von vielen Exilanten nicht akzeptiert wurde. In der Folgezeit wurde die Kirche in Russland ins Abseits, fast in den Untergrund gedrängt, und unter der Herrschaft Stalins gab es blutige Verfolgungen. Kleriker wurden deportiert, Kirchengut enteignet und umgenutzt. Seit den 40er-Jahren entspannte sich die Lage etwas, doch erst am Ende der Sowjetunion, genauer seit 1988 konnte die Kirche wieder zu altem Glanz aufsteigen. Seither stattet sie der russische Staat mit vielen Privilegien aus.

Im Ausland waren schon lange russische Kirchengemeinden entstanden, so zum Beispiel 1702 in Wien und 1718 in Berlin. Meist geschah das an Orten, die entweder mit diplomatischen Einrichtungen ausgestattet waren oder die als Kurorte anziehend waren für die russische Oberschicht. Nachdem zu Beginn des 20. Jahrhunderts formale Kirchenstrukturen auf ganz Europa ausgedehnt worden waren, zerstörten die Revolutionswirren diese wieder. Zu jener Zeit entschied auf Weisung des Kirchenoberhaupts eine Reihe von nicht in Russland befindlichen kirchlichen Würdenträgern, eine sich selbst verwaltende Synode zu bilden. Diese ging erst nach Konstantinopel und 1924 nach Karlowatz in Serbien, wo die sich als freier Teil der russischen Orthodoxie verstehenden Kleriker im

Jahre 1927 eine selbstständig verwaltete Kirche, die Russisch-Orthodoxe Kirche im Ausland (ROKA) gründeten. Heute befindet sich der Leitungssitz in New York. Während die Mutterkirche unter den Einfluss der Kommunisten geriet, machte sich die Auslandskirche vollkommen unabhängig von ihr. Sie übernahm die Oberhoheit über fast alle russisch-orthodoxen Gemeinden ausserhalb des sowjetischen Einflussbereichs und unterstellte sich dem ökumenischen Patriarchen von Konstantinopel.

So ist es zu erklären, dass es heute zwar viele russische orthodoxe Gemeinden weltweit und auch in der Schweiz gibt, jedoch für lange Zeit nur wenige zur Russisch-Orthodoxen Kirche (Moskauer Patriarchat) gehörten. In der Schweiz war das nur eine Gemeinde in Zürich. Die anderen gehörten zur Auslandskirche. Nach längeren Vorgesprächen konnte aber im Jahre 2007 in der Moskauer Christ-Erlöser-Kathedrale die Spaltung für beendet erkärt werden. Momentan wachsen die Kirchen weltweit wieder zusammen, wobei die ROKA autonome interne Strukturen behält.

Schweiz und Bern

Erste russische Gemeinden waren schon im 19. Jahrhundert entstanden. In Bern war 1816 gar die erste schweizerische orthodoxe Kirchengemeinde überhaupt von Russen gegründet worden; diese zog aber etwa 1850 nach Genf um. Die Zahl der Russen wuchs plötzlich schnell an, als nach der Revolution viele in die Schweiz flohen, oft hoch gebildete Bürger und Vertreter des Adels. Dass die so zusammengesetzten Kirchengemeinden nichts mit dem kommunistischen Russland zu tun haben wollten, ist naheliegend. Heute gibt es russisch-orthodoxe Gemeinden in Zürich, Basel, Bern, Dompierre, Genf, Payerne und Vevey; bis auf eine gehören sie alle zur Auslandskirche. Eine Zürcher Gemeinde, formal 1933 gegründet, zeigt beispielhaft, dass die Grenzen nicht immer klar waren: Sie gehörte bei der Gründung zur Auslandskirche, wechselte dann unter die Jurisdiktion des Ökumenischen Patriarchen und kam in den 60er-Jahren zum Moskauer Patriarchat. Parallel zu dieser bestand eine zweite Gemeinde in Zürich, eindeutig der ROKA zugehörig.

In Bern finden die Gottesdienste in der Krypta der Lutherischen Kirchgemeinde (Antonierkirche) statt. Die Sprache der Gottesdienste ist Kirchenslawisch.

Kontakt

Postgasse 62, Postfach 6701, 3001 Bern
www.rocor.net

Gemeinde «Heiliger Seraphim» der Russischen Apostolischen Orthodoxen Kirche (AOK)

Bei dieser Kirche handelt es sich um eine – in eigenen Worten – Katakomben-kirche in der Tradition der russischen Orthodoxie. Sie wurde formell im Jahre 2000 in Moskau gegründet, jedoch verfügt sie über Vorläufer dissidenter russischer Kirchlichkeit, die viele Jahrzehnte zurückreichen. Die AOK schöpft zum einen aus der russisch-orthodoxen Tradition. Aus der Sicht der traditionellen Orthodoxie stellt die AOK jedoch eine nicht kanonische Gemeinschaft dar; sie ist also von dieser nicht anerkannt. Da sie mit der offiziellen Kirche nicht koope-rieren kann, hat sie die apostolische Sukzession von einer ukrainischen ortho-doxen Kirche bekommen (das heisst, ihre Kleriker werden dort geweiht). Ein anderer Impuls sind allerdings auch Vorstellungen, die aus verschiedenen pro-testantischen Strömungen kommen, wie zum Beispiel die Betonung einer per-sönlichen Beziehung zu Gott. Zugleich gibt es eine traditionelle Hierarchie bis zum Bischofsamt, allerdings ohne Patriarchen; Leitungsorgan ist die Synode. Diese Ansätze alternativer Religiosität werden nicht nur von der Kirche des Moskauer Patriarchats, sondern auch vom russischen Staat abgelehnt.

Einige Modernismen kennzeichnen – neben den vielen traditionellen ortho-doxen Elementen – die AOK, zum Beispiel ist den Gemeinden die Wahl der Got-tesdienstsprache freigestellt, die Gottesdienste werden durch moderne christliche Gesänge ergänzt, und es gibt freie liturgische Gebete. Es werden ökumenische Kontakte gepflegt, was sich auch in der Schweiz bei den Gottesdienstorten zeigt: Die Berner Gemeinde feiert die Göttliche Liturgie jeden Sonntag um 14.00 Uhr bei den Anglikanern am Berner Jubiläumsplatz. Mit diesen wurde auch schon einige Male zusammen die Eucharistie gefeiert. Die Zürcher Gemeinde feiert an jedem Montag in einer reformierten Kirche. Von der Schweiz aus wird auch eine kleine Gemeinde in Konstanz einmal monatlich betreut.

Der Pfarrer der Berner Gemeinde lebt seit vielen Jahren in der Schweiz. Von 1999 bis 2005 war er Mitarbeiter der MEOS, einer in Zürich angesiedelten frei-kirchlichen Missionsorganisation für Ausländer. Ab dem Jahr 2000 hat er in St.Petersburg und Moskau ein theologisches Fernstudium absolviert, an dessen Ende im Januar 2004 die Ordination zum Priester der AOK stand. Der Berner Priester ist heute zugleich Bischof seiner Kirche, sein Bistum erstreckt sich über ganz Westeuropa

Die Berner Gemeinde befindet sich noch in der Aufbauphase. Um 1998 war sie aus einem Russisch sprechenden Hauskreis hervorgegangen, eine formelle

Gemeinde der AOK ist sie seit 2004. Die Gottesdienste werden vorwiegend in modernem Russisch abgehalten. Gezielt sind sie als niedrigschwelliges Angebot für hiesige Russen gedacht; zugleich sollen darin Impulse des protestantischen Christentums vermittelt werden. An den Weihnachts- und den Ostergottesdiensten nehmen inzwischen etwa 50 Menschen teil, eine formelle Mitgliedschaft gibt es übrigens nicht. Die Kosten werden durch Spenden gedeckt.

Die Seelsorge wird in der Muttersprache durchgeführt, ein besonderes Augenmerk ist auf die Probleme gemischtkultureller und -konfessioneller Ehen gerichtet. Daneben besteht ein eigenes Frauentreffen. Als Anlass für vertiefende geistliche Gespräche werden gelegentlich Filme vorgeführt. Der Berner Priester hat ein Projekt namens Theologische St.-Paulus-Akademie gestartet: Damit sollen Interessierten theologische Vorlesungen, auf Medien aufgezeichnet, zugänglich gemacht werden. Zu Weiterbildungskursen gruppiert und gratis angeboten, ist das Angebot auf die Schulung von Missionaren und Katecheten ausgerichtet. In einem ersten Turnus (Sommer 2005) haben sich zwanzig Personen angemeldet, darunter orthodoxe Christen und auch Angehörige anderer Denominationen.

Kontakt

c/o S. Sawinych, Postfach 6409, 3001 Bern, Tel.: 031 951 96 57

Gemeinde «St. Georg» (Bern und Freiburg) der rumänisch-orthodoxen Kirche

Schon der Apostel Andreas missionierte im Gebiet des heutigen Rumänien. Aber erst im 14. und 15. Jahrhundert entstanden dort drei Metropolien, die dem Patriarchen von Konstantinopel unterstanden. Im 16. Jahrhundert wurde, bei Beibehaltung des byzantinischen Ritus, Rumänisch zur Liturgiesprache. Autokephalie erlangte die orthodoxe Kirche des rumänischen Volkes erst 1885, nachdem dieses knapp zehn Jahre zuvor unabhängig geworden war. 1925 erhielt das Kirchenoberhaupt den Rang eines Patriarchen. Sein Sitz ist heute in Bukarest. Über 85 Prozent der rumänischen Bevölkerung sind orthodoxen Glaubens, mit fast 20 Millionen Mitgliedern ist die rumänische die zweitgrösste orthodoxe Kirche. Im Mai 1999 besuchte der Papst Johannes Paul II. Rumänien, es war der erste

Besuch eines röm.-kath. Oberhaupts in einem orthodoxen Land. Im Jahre 2002 erfolgte ein Gegenbesuch des rumänischen Patriarchen.

Schweiz und Bern

Die rumänisch-orthodoxe Kirche ist in Deutschland schon seit 1865 präsent, ein Fürst stiftete damals die Stourdza-Kapelle in Baden-Baden. In der Schweiz fanden erste rumänische Gottesdienste aber erst 1974 in Genf statt. Insgesamt sind die Rumänen und ihre Kirche im frankophonen Landesteil überproportional vertreten. Die rumänische Kirche hat heute neun Gemeinden mit etwa einem Dutzend Gottesdienstorten in allen Teilen des Landes. Es gibt zwei weitere Gemeinden mit einem besonderen Status. Alle unterstehen der rumänisch-orthodoxen Metropolie für Mittel- und Westeuropa mit Sitz in Paris. Je nach Bedarf werden die Gottesdienste auf Rumänisch, Deutsch oder Französisch abgehalten.

In der Stadt Bern werden Gottesdienste seit 2004 gefeiert, dem offiziellen Gründungsjahr der Gemeinde. Es gab bereits früher religiöse Aktivitäten von Rumänen, sie schliefen aber ein. Die heutige Gemeinde besteht auch noch am Gottesdienstort Freiburg. In Bern hat sie rund 40 Gottesdienst-Teilnehmer, in Freiburg sind es etwa 20 – vorwiegend Studierende. Ihre Betreuung wird durch einen Priester und einen Diakon geleistet. Der Priester ist auch noch für die Basler Gemeinde zuständig.

Das religiöse Leben findet in der katholischen Kapelle des Insel-Spitals statt. Die Heilige Liturgie wird an jedem ersten und dritten Sonntag des Monats gefeiert, eine Vesper jeden zweiten und vierten Freitag. Nach der Vesper wird die Katechese durchgeführt. Die Gemeinde trägt dafür Sorge, dass in Bern in jeder Woche eine religiöse Feier stattfinden kann; das religiöse Leben hat sich gerade erst konsolidiert und soll weiter ausgebaut werden. Religiöse Feste, deren Zeitpunkte bis Pfingsten traditionell nach dem julianischen Kalender und für den Rest des Kirchenjahres nach dem gregorianischen berechnet werden, finden noch zusätzlich statt. Die Kosten der Gemeinde sind recht gering, da die Ämter zum grossen Teil nebenberuflich geführt sind, viele Freiwillige mitarbeiten und die Miete der Kapelle einen symbolischen Betrag kaum übersteigt. Die Finanzen werden durch Spenden und gelegentliche kleine Zuschüsse von der Kirche aufgebracht.

Kontakt

Pfarrer L. Precup, rue du Pouget 4, 2800 Delémont, Tel.: 032 422 69 93
www.biserica.ch, www.biserica-berna-Freiburg.ch

Gottesdienstgemeinschaft «Eintritt der Mutter Gottes in den Tempel» der griechisch-orthodoxen Kirche

Griechenland, das zur Zeitenwende zum Römischen Reich gehörte, spielt schon im NT eine wichtige Rolle: Der Apostel Paulus missionierte dort, bekämpfte das «Heidentum» und belehrte die jungen christlichen Gemeinden. Später prägen grosse Klöster die Landschaft und das religiöse Leben. Der Patriarch in der Kaiserstadt Konstantinopel war die oberste Instanz in Glaubensdingen. Daran änderte sich auch nichts, als das Reich verfiel und 1453 die Türken Konstantinopel und Griechenland eroberten. Der Patriarch blieb, wenn auch staatlicher Willkür ausgesetzt, in vielen Rechten, und die Bevölkerung konnte weiter die traditionelle Religion ausüben. Allerdings kam es immer wieder zu Repressionen. 1830 befreite sich das heutige Griechenland von der türkischen Besatzung. Auch die Kirche wollte nicht mehr unter dem Einfluss des unter türkischer Herrschaft verbliebenen Patriarchen von Konstantinopel stehen. 1850 gewährte dieser den Griechen nach zähen Verhandlungen die Autokephalie. Während der grausamen Kämpfe mit der Türkei in den Jahren 1921/22 verloren die Kirche und der Staat Griechenland grosse Gebiete, gewannen aber anderswo auch Territorien hinzu, grosse Bevölkerungswanderungen waren die Folge. Die Kirche wird heute synodal geleitet. Das heisst, eine Versammlung der Bischöfe beschliesst über den Weg, wobei dem Erzbischof von Athen eine Leitungsfunktion zukommt. Das orthodoxe Christentum ist de facto Staatsreligion in Griechenland (ca. 97 Prozent der Bevölkerung sind orthodox), es herrscht allerdings Religionsfreiheit. Von den rund 17 Millionen Griechisch-Orthodoxen leben heute etwa fünf Millionen im Ausland.

Eine Besonderheit auf dem Territorium des griechischen Staates ist die Mönchsrepublik Athos, die formal politisch unabhängig ist und geistlich dem Ökumenischen Patriarchen von Konstantinopel untersteht. Viele religiöse Dinge klären die 20 Klöster – zum grossen Teil in griechischer Tradition, doch auch solche anderer orthodoxer Kirchen – selbst.

Schweiz und Bern

Schon im 18. Jahrhundert kamen Griechen in die Schweiz. Anfang des 20. Jahrhunderts entstand eine Gemeinde in Lausanne, die 1925/6 auch eine eigene Kirche einrichtete, nachdem Griechen aus Kleinasien in die Schweiz geflohen waren. Doch erst in den Fünfzigerjahren setzte mit dem Beginn der Arbeitsmigration ein grosser Zustrom ein – nun vorwiegend in die Deutschschweiz.

Die Mitgliederzahl der Griechischen Kirche wird heute mit 13 000 angegeben. Das Verhältnis zwischen der Synode von Griechenland und dem ökumenischen Patriarchen von Konstantinopel ist dahin gehend geklärt, dass Erstere der Kirche in Griechenland vorsteht und der Zweite allen orthodoxen Gemeinden von Griechen im Ausland, so auch in der Schweiz. Das Land (inklusive Liechtenstein) bildet seit 1982 eine eigene Metropolie des Patriarchats von Konstantinopel; der Sitz des Erzbischofs ist Chambésy bei Genf. Griechisch-orthodoxe Kirchen, Gemeinden und Gottesdienstorte bestehen in Basel, Bern, Freiburg, Genf, Lausanne, Lugano, Luzern, Olten, St.Gallen, Solothurn und in Zürich.

In Bern besteht eine sog. Griechische Gemeinde, wobei es sich hierbei nicht um eine religiöse Gemeinschaft handelt. Es ist eine Interessenorganisation im Ausland lebender Griechen, die sich um Kontakte zu Behörden, um Kulturarbeit, Sprachunterricht und Ähnliches kümmert. Dieser Verein hat nominell 150 Angehörige, insgesamt stehen aber gut 1000 Griechen mit ihm in Kontakt. Im Kanton Bern gibt es keine Strukturen der griechischen Kirche. Allerdings werden etwa acht- bis zehnmal im Jahr Gottesdienste gefeiert. Dazu reist ein Priester aus Genf an, die Griechische Gemeinde leistet eine formale Unterstützung. Der Gottesdienstort ist die reformierte Kapelle des Inselspitals; das ist auf eine Initiative griechischer Mitarbeiter des Spitals zurückzuführen. Die sich so konstituierende Kirchengemeinde beruft sich auf die Mutter Gottes. Sonstige religiöse Aktivitäten von Griechen finden privat statt, oder die Gläubigen reisen zu einer ordentlichen Gemeinde in einer anderen Stadt.

Kontakt

Metropolie der Schweiz, 282 route de Lausanne, Chambésy, Genève,
Tel.: 022 758 18 33
www.patriarchate.com, www.dioceseorthodoxe.org

Vorchalzedonensische bzw. altorientalische Kirchen

Das vierte ökumenische Konzil von Chalzedon im Jahre 451 sorgte für die Abtrennung der heute «altorientalisch» genannten Kirchen, denn sie wollten den dort beschlossenen dogmatischen Formeln nicht zustimmen, bzw. die Armenier konnten das wegen Abwesenheit nicht. Die Altorientalen erkennen also nur zwei Konzilien an (so die ostsyrische bzw. assyrische Kirche, auch «nestorianische» genannt) oder drei (so die armenische, die westsyrische «Jakobitische» Kirche – damit verbunden sind die indischen sog. Thomas-Christen – und die koptische sowie die mit ihr verbundene äthiopische Kirche). Diese Kirchen werden daher auch als «non-chalzedonensisch» bezeichnet.

Die Kirchen haben einen engen Bezug zu ihren Heimatregionen, sie sind jedoch nicht die einzigen christlichen Gemeinschaften im Nahen Osten. Denn als sie aus der christlichen Gemeinschaft hervorgingen, schlossen sich ihnen nicht alle Bewohner ihrer Region an. In den folgenden Jahrhunderten kam es zu weiteren Kirchenspaltungen, zu Unionen mit der Röm.-kath. Kirche und zu diversen Neugründungen. Politische Veränderungen, interne Streitigkeiten und die häufige Diasporasituation führten dazu, dass heute im Nahen und Mittleren Osten eine Vielzahl konkurrierender Kirchen existieren, die wenige Tausend oder mehrere Millionen Angehörige haben können. Zum Beispiel gibt es allein fünf Patriarchen von Antiochia. Insgesamt ist das Christentum in der Region unter Druck und auf dem Rückzug.

Geschichte

Entstanden sind die altorientalischen Kirchen an den östlichen Rändern des Römischen Reiches. Das Christentum hatte sich im ganzen Mittelmeerraum verbreitet, wobei im Osten schon im 2. Jahrhundert Missionare die Grenzen des Reiches überschritten und nach Persien und darüber hinaus vordrangen. Neben Rom, bzw. lange bevor dieses theologisch wichtig wurde, waren in Antiochia und Alexandria, später in Konstantinopel und Jerusalem mächtige Patriarchate (Bischofssitze mit grossem theologischem Gewicht) entstanden, in denen sich die Gelehrten insbesondere mit dem Mysterium um die göttlichen und menschlichen Wesenseigenschaften ihres Erlösers beschäftigten. Zusätzlich zu den Glaubensfragen gab es aber auch handfeste Machtinteressen, die immer wieder zu Streitigkeiten führten. Auf mehreren Synoden und Konzilien wurde debattiert und um Einigkeit gerungen. Erschwerend kam hinzu, dass in Rom der Papst einen Primatsanspruch zu entwickeln begann, der Patriarch der Kaiserstadt Konstantinopel (→ Orthodoxe Ostkirchen – Einleitung) jedoch wegen der Nähe zum Kaiser die grössere Wirksamkeit entfalten konnte.

Im Jahre 431, auf dem dritten Konzil, verdammten die in Ephesos versammelten Bischöfe und Patriarchen die Lehre des in Syrien und Persien wirkenden Nestorius. Sein Erbe ist die Apostolische Katholische Assyrische Kirche des Ostens («Nestorianer»). Waren sich in Ephesos Nestorius' Gegner noch einig, brach 20 Jahre später die gleiche Streitfrage noch einmal auf. Eine Einigung konnte nicht erzielt werden, die Kirche zerbrach. Auf das Konzil folgten harsche Aktionen wie die Deportation unbotmässiger Bischöfe durch den Kaiser und Bündnisvereinbarungen mit Feinden des Kaisers durch Vertreter der verfemten Lehrmeinungen. Dann wurden die betreffenden Gebiete erst durch die Perser und später durch die muslimischen Araber erobert. Dass dadurch weitere Gesprächsversuche vereitelt und die Spaltungen zementiert waren, wird heute als tragisch angesehen. Die christologischen Streitpunkte konnten übrigens in den letzten Jahren nach einer 1500-jähriger Gesprächspause im theologischen Dialog bereinigt werden.

In allen betroffenen Regionen entstanden nun kirchliche Parallelstrukturen, denn es war immer nur ein Teil der Bevölkerung, der sich der von Rom und Konstantinopel (die damals ja noch eine Gemeinschaft bildeten) abweichenden Lehrmeinung anschloss. Fast überall gewannen diese autonomen Kirchen unter der muslimischen Oberhoheit eine Vorrangstellung. Entweder weil sie, wie in Ägypten, die übergrosse Mehrheit der Christen repräsentierten oder weil die sich mit dem Papst in Rom und dem Kaiser in Konstantinopel verbunden fühlenden Gläubigen den muslimischen Herrschern als Agenten dieser feindlichen Mächte galten und daher härter unterdrückt wurden. Erst nach dem Zerfall des Osmanischen Reiches zu Beginn des 20. Jahrhunderts konnten wieder ordentliche Beziehungen zwischen der vor-chalzedonensischen Orthodoxie und dem Westen aufgenommen werden. Heute sind alle altorientalischen Kirchen ökumenisch aktiv.

Glaube und Ritus

Es bestehen viele Ähnlichkeiten mit der römisch-katholischen und den orthodoxen Ostkirchen, da die Trennung v. a. aus historisch-politischen und weniger aus theologischen Gründen erfolgte (auch wenn diese offiziell als Ursachen gelten). Die Bibel ist die Basis des Glaubens, wobei neben dem AT und dem NT auch einzelne apokryphe Schriften herangezogen werden, die aber meist nicht kanonisiert sind. Weitere Bezugspunkte bilden die Tradition, das heisst Entscheidungen von Kirchenvätern, die Kirchenorganisation, die Gottesdienstpraxis und die Kunst. Exegetische Bibelinterpretationen und historisch-kritische Arbeit finden statt, spielen in der Praxis aber kaum eine Rolle. Ausserordentlich wichtig ist bei allen altorientalischen Kirchen die Liturgie. Im Mittelpunkt steht die Eucharistie, wobei in Brot und Wein die mystische Realexistenz von Fleisch und Blut Christi proklamiert wird. Den Ablauf bilden die Vorbereitung des Abendmahls mit einer Altarreinigung, eine Lesung aus den Evangelien und letztlich die Eucharistie selbst. Die sakramentalen Gaben werden den Gläubigen in beiderlei Gestalt verabreicht, das heisst, sie nehmen Brot und Wein zu sich. Neben diesem wichtigsten Sakrament (1.) gibt es sechs weitere: Ein junger Mensch wird (2.) getauft und erhält (3.) schon kurz danach eine Myron-Salbung mit heiligem Öl, statt erst im höheren Alter die Firmung oder Konfirmation. Als Sakramente zählen auch (4.) die Busse, (5.) die Ehe, (6.) die Salbung für Kranke und Sterbende und (7.) die Priesterweihe. Auch die Feiertage sind nahezu die gleichen, wobei es regionale und kalendarische Unterschiede gibt. Es wird häufig und lange gefastet. Einige Kirchen des Orients benutzen eigene Kalender, besonders häufig den julianischen.

Das Gottesbild besteht in der Dreieinigkeit von Vater, Sohn und Heiligem Geist. Christus ist eine Person, in der seine göttliche und seine menschliche Natur «unvermischt und ungetrennt» vereinigt sind. Hierbei stützen sich die Kirchen auf das Glaubensbekenntnis von Nicäa aus dem Jahre 325. Grosse Verehrung geniesst die Gottesmutter Maria.

In allen Kirchen gibt es komplexe Hierarchien, an deren Spitze Bischöfe stehen, die von einem Patriarchen angeführt werden. Alle Kirchen sind «autokephal» (sich selbst Oberhaupt), da sie bei all ihren Angelegenheiten nicht auf aussenstehende religiöse Instanzen angewiesen sind. Das hierarchische System beruht auf einer monastischen Tradition in allen Kirchen, wobei besonders die Kopten ein umfangreiches Klosterleben bewahrt bzw. wieder aufgerichtet haben.

Schweiz

Die Zählung der Angehörigen dieser Kirchen gestaltet sich schwierig – sowohl in ihrer Heimat als auch in der Schweiz, denn fast immer stellen sie eine Minderheit in der jeweiligen Nationalität dar, die nicht eigens erfasst wird (eine Ausnahme stellen die Armenier dar, die eine Nationalkirche mit Bevölkerungsmehrheit sind). Sie bilden aber sicherlich nur einen recht kleinen Teil der 132 000 im Jahre 2000 in der Schweiz gezählten «orthodoxen Christen».

Über kirchliche Strukturen verfügen im Lande die Kopten, die Armenier und die Syrer, die anderen Gläubigen werden vom Ausland aus betreut. Altorientalen sind noch mehr als die Orthodoxen des Ostens auf ökumenische Hilfe angewiesen, da die Zahl ihrer Bekenner meist kleiner ist und die Bedrängnisse in den Heimatländern eine Unterstützung von dort fast unmöglich machen. Eine «praktische Ökumene von unten» ist in der Schweiz recht häufig: Viele altorientalische, östlich-orthodoxe und katholische – speziell unierte – Christen besuchen sich gegenseitig.

Auf zwei Gruppen, die in der Schweiz präsent, aber in Bern formal nicht vertreten sind, soll hier kurz eingegangen werden:

- Möglicherweise die erste bemerkbare Gruppe im Land waren die Armenier, von denen zuerst nach den osmanischen Massakern 1894 und noch einmal nach dem Massenmord von 1915 viele als Flüchtlinge ins Land kamen. Heute leben 2000 bis 5000 Armenier in der Schweiz, sie verfügen über ausgebaute Kirchenstrukturen. Es gibt nur zwei Pfarreien, aber mehr Gemeinden. Im Kanton Bern leben aber nur etwa zehn Familien, religiöse Aktivitäten gibt es bestenfalls bei Hausfesten.

- Die altorientalischen syro-malabarischen Christen Südindiens – in der Regel sind es Tamilen – bilden einen bedeutenden Anteil der in der Schweiz lebenden Tamilen. Sie verfügen über zwei Gemeinden, eine in Zürich und eine in Basel. Die Berner Angehörigen dieser Kirche reisen zu den Gottesdiensten an diese Orte. Nur einmal fand in Bern ein Gottesdienst dieser Christen statt, sie waren dafür zu Gast in einer reformierten Kirchgemeinde. Eine Gemeindegründung ist für Bern allerdings im Gespräch. Für die unierten Syro-Malabaren (→ Römisch-katholische Kirche) besteht eine gottesdienstliche Betreuung unter dem Dach einer römisch-katholischen Gemeinde.

«Bern Abune/Saint Tekle Haimanot School» der äthiopisch-orthodoxen Tewahedo-Kirche in der Schweiz

Die Gründung der Kirche führen ihre Mitglieder auf den Apostel Philippus zurück, dessen Taufe äthiopischer Reisender in Apg. 8,26–40 vermerkt ist. Vermutlich syrische Mönche, die im 2. oder 3. Jahrhundert ins afrikanische Binnenland vordrangen, missionierten dort erfolgreich. Kontakte zum jüdischen Kulturkreis hatte es zuvor schon gegeben (Erzählung über die Königin von Saba, König Salomon und ihren gemeinsamen Sohn Menelik, den ersten der 225 Kaiser von Äthiopien), und so fiel die christliche Lehre auf fruchtbaren Boden. Eine ganze Reihe von religiösen Regeln in der Kirche weist auf jüdische Traditionen hin. So gelten dieselben Speise- und Reinheitsregeln, ein wichtiges Gerät auf dem Altar ist eine Nachbildung der Bundeslade bzw. der Gesetzestafeln, Tabot genannt, und die Beschneidung der Knaben wird auch durchgeführt. Der Name «Tewahedo» bedeutet «vereint» und verweist auf die eine Natur Christi (Monophysitismus) – jene Lehre, welche 451 beim Konzil von Chalzedon von der Mehrheit der Kirchen in dieser Form verworfen wurde.

Von etwa 358 bis 1974 war das Christentum Staatsreligion im Äthiopischen Kaiserreich. Die geografische Lage ist dafür verantwortlich, dass eine enge Anbindung an die → koptische Kirche bestand: Die Kopten Ägyptens waren nach dem Aufstieg des Islam der einzige Kontakt zur christlichen Welt. Mit dem wachsenden Einfluss der muslimischen Araber in der Region begann ein Zustand der Isolation, in dem jedoch die Kirche und Äthiopien die Eigenständigkeit bewahren konnten. Seit dem 16. Jahrhundert gab es Missionsanstrengungen anderer Kirchen, anfangs von katholischen Portugiesen – eine mit Rom unierte Kirche entstand 1930 – und seit dem 19. Jahrhundert von protestantischer Seite. 1959 endete die Oberhoheit des koptischen Patriarchen, der bis dahin die Patriarchen der Äthiopier ausgewählt und geweiht hatte. In Zeiten der kommunistischen Militärdiktatur seit 1974 und aufgrund des anschliessenden Bürgerkrieges, der mit der Teilung des Landes 1993 endete, flohen viele Menschen aus der Region. Bis heute sorgen ethnisch, politisch und wirtschaftlich bedingte Unruhen für einen starken Migrationsdruck. Die Teilung des Landes brachte zudem die eritreisch-orthodoxe Tewahedo-Kirche hervor. Die Zahl der äthiopisch-orthodoxen Christen (in beiden Kirchen zusammen) beträgt bis zu 40 Millionen.

Schweiz und Bern

Die Äthiopier in der Schweiz haben nur langsam begonnen, Kirchenstrukturen zu errichten. Eine Art Hauptsitz befindet sich schon seit des 1970er-Jahren in Genf, eine weitere Gemeinde gibt es in Lausanne. Einen Bischof gibt es in der Schweiz nicht, dies ist aber gewünscht. Das Zentrum in der deutschen Schweiz bildet die Kirche Debre Genet Kidist Mariam in Opfikon bei Glattbrugg.

In und um Bern trafen sich äthiopische Christen lange Zeit nur privat. Langsam erwuchs daraus eine Art Sonntagsschule, und sukzessive entwickelte sich ein Gemeindeleben. Am 18. September 2004 haben sie dann eine Gemeinde gegründet. Diese war etwa zwei Jahre zu Gast bei der reformierten Kirche in Zollikofen. Seit Sommer 2006 treffen sich die Äthiopier nun etwa 14-täglich in der reformierten Petrus-Kirche in Bern. Insgesamt umfasst die Gemeinde vielleicht 100 Menschen, rund 30 bis 40 versammeln sich regelmässig. Jeden zweiten Samstag wird am Nachmittag der Gottesdienst mit Abendmahl gefeiert. Viele Gläubige treffen sich zum gemeinsamen Bibellesen. Ein Priester reist dafür entweder aus Genf oder Lausanne an, oder er wird von einem Berner Gemeindemitglied vertreten. Etwa zweimal im Jahr wird ein grosser Gottesdienst zelebriert, bei dem dann Taufen, Hochzeiten, Heilungsgebete u.a. gefeiert werden. Die Gemeinde feiert zudem zusammen Feste wie Weihnachten, Ostern und Epiphanias sowie äthiopische Feste wie Neujahr und Meskel (Auffinden des Kreuzes). Der Festkalender der Kirche kennt sehr viele Anlässe.

Die Gemeinde ist als Verein organisiert und bestreitet ihre Kosten durch Mitgliederbeiträge und Spenden. Manchmal wird auch traditionelles äthiopisch-christliches Kunsthandwerk verkauft.

Kontakt

c/o Petrus-Kirche, Brunnadernstrasse 40, 3006 Bern; Kontaktperson: A. Hunegnaw, Lätternweg 46, 3052 Zollikofen, Tel.: 031 911 02 92
www.ethiopianorthodox.org, www.tewahedo.ch, www.ethiopiafirst.com

Koptisch-orthodoxe Kirchengemeinde Biel

Papst Shenuda III. ist der 117. Patriarch auf dem Thron des Hl. Markus von Alexandria. Seit dem 11. Jahrhundert befindet sich sein Sitz allerdings in Kairo. Er gilt als Nachfolger des Apostels Markus, der vermutlich im Jahre 68 in Ägypten den Märtyrertod erlitten hat. Die Kopten haben eine der ältesten christlichen Traditionen, und sie sehen sich auch als die kulturellen Erben der Pharaonen. Tatsächlich geht ihre Sprache auf das pharaonische Ägyptisch zurück, das erst vor einigen Jahrhunderten vom Arabischen verdrängt wurde. «Kopte» bedeutet nichts anderes als «Ägypter». Historische Quellen weisen für das Ende des 2. Jahrhunderts eine blühende, wenn auch von blutigen Verfolgungen heimgesuchte Kirche am Nil nach. Die Patriarchen von Alexandria waren damals denen von Rom und Antiochia ebenbürtig und erarbeiteten eine ausgefeilte Theologie. Ein Erbe der ägyptischen Kirche, das sich in der gesamten christlichen Welt verbreiten sollte, ist das Klosterwesen. In den Wüsten abseits der Städte entstanden im 3. Jahrhundert die ersten Einsiedeleien, aus denen sich später Gemeinschaftssiedlungen von Asketen entwickelten. Von Pachomius, einem um 347 gestorbenen und heute als heilig verehrten Anführer einer solchen Gemeinschaft, sind die ersten Regeln für das Zusammenleben von Mönchen überliefert. Noch heute sind die zurzeit 19 Klöster das Herz der Kirche, alle höheren Würdenträger sind Mönche. Nach dem Bruch von Chalzedon im Jahre 451 errichteten die Ägypter eine selbstständige Kirche. Mit der Eroberung ihres Landes durch die Araber im Jahre 642 wurden sie von den Entwicklungen der anderen Christen abgeschnitten. Erst in den Fünfzigerjahren des 20. Jahrhunderts konnte ein Verfall der Kirche gestoppt werden, und seither wurden zum Beispiel einige der alten Klöster mit jungen Mönchen und Nonnen wieder gegründet. Seit 1948 finden auch wieder ökumenische Gespräche mit anderen Konfessionen statt.

Heute machen die nach eigenen Angaben zwölf Millionen Kopten die stärkste Bevölkerungsminderheit in Ägypten aus, wo sie offiziell gleichberechtigt sind. Allerdings ist das Zusammenleben getrübt durch den immer stärker werdenden Druck islamistischer Kräfte.

Schweiz und Bern

Um das Jahr 300 war die Thebäische Legion des Römischen Heeres, rekrutiert aus 6000 Ägyptern, in die Gegend der heutigen Schweiz versetzt worden. Unter ihnen waren auch Christen, die Legende sagt sogar, dass die Legion vollständig aus Christen bestand. Viele von ihnen starben als Märtyrer, da sie den Kaiserkult nicht ausüben wollten: Ihr Kommandant Mauritius ist heiliggesprochen und u. a. in St.Moritz verewigt; Exuperantius, Felix und Regula, Figuren aus demselben Kontext, sind die Stadtheiligen von Zürich.

Im Jahre 1962 begann ein theologischer Dialog zwischen der ägyptischen Kirche und dem reformierten Zürich. Eine grössere Zahl von Ägyptern kam erst mit den Arbeitsmigrationen der Sechzigerjahre ins Land; heute leben in der ganzen Schweiz rund 800 bis 1000 Kopten. Doch lange blieb es bei privat organisierten Bibelstunden und sehr seltenen, nur aus Anlass der Durchreise eines Geistlichen möglichen Gottesdiensten. Erst 1983/84 konnte ein eigens dafür berufener Priester seinen Dienst im Land aufnehmen. Ein formeller Verein (BGB) der Koptischen Gemeinde der Schweiz wurde 1994 gegründet.

Die Schweizer Kirche wird von Bischof Damian vom Kloster St.Markus in Höxter-Brenkhausen (Deutschland) geleitet. Die grössten Schweizer Gemeinden gibt es heute in Zürich und Genf (Vernier), dies sind die Zentren der beiden mit je einem Priester besetzten Pfarreien. Weitere, kleinere Gemeinden bestehen in Yverdon, Lausanne, Basel und Biel. Tessiner Kopten werden von Mailand aus betreut. Die Genfer Gemeinde – sie entstand um 1986 – verfügt seit 2005 über eine eigene Kirche, diese wurde von Papst Shenuda III. persönlich geweiht. Die Zürcher Kopten – ihre Gemeinde besteht seit 1981 und ist die älteste im Land – konnten zum April 2006 eine ehemalige katholische Kapelle in Dietlikon ZH übernehmen. Der frankophone Priester ist verheiratet, in der deutschen Schweiz betreut ein Mönchspriester die Kopten. Er geniesst die Gastfreundschaft der Röm.-kath. Kirche und lebt im Kloster Einsiedeln. Für die Gottesdienste reist er zu den verschiedenen Gemeinden, auch in Einsiedeln selbst gibt es gelegentlich koptische Gottesdienste. Der Priester der deutschen Gemeinde ist interreligiös sehr aktiv: Er vertritt die Koptische Kirche im AGCK Zürich, im Forum der Religionen und bei IRAS-COTIS.

Seit etwa 1995 gibt es im Kanton Bern regelmässige Gemeindeaktivitäten, allerdings ausschliesslich in der Stadt Biel. Seither ist auch dort die Gemeinde zu Gast bei der Röm.-kath. Kirche. Inzwischen sucht sie nach einem eigenen Domizil. Die Gemeinde wird von Laien organisiert. Heute gehören ihr ca. 70 Personen an. Von diesen lebt nur ein Teil in Biel, die anderen reisen aus der näheren und weiteren Umgebung an. Nach Biel kommt der Priester zweimal im Monat, um jeweils am Freitagabend und am Samstagmorgen für die Gemeinde da zu sein. Nach dem samstäglichen Gottesdienst nimmt die Gemeinde zusammen das Agape-Mahl ein, ausserdem findet bei dieser Gelegenheit eine Schule für Kinder und Erwachsene statt.

Kontakt

c/o Röm.-kath. Pfarramt St.Maria, Juravorstadt 47, 2502 Biel
Abouna Cedrack El-Anba Bishoy, Kloster Einsiedeln, 8840 Einsiedeln
www.coptic-churches.ch

Syrisch-orthodoxe Kirche
(Yildiz Helena Ünver)

Die syrischen Christen sind ihrer Abstammung nach Aramäer. Ihre Sprache ist das zur Familie der semitischen Sprachen gehörende Aramäische (Syrische), «die Sprache Jesu», das heute noch in den Gottesdiensten und mancherorts in Syrien auch noch im Alltag Verwendung findet. Das Siedlungsgebiet der syrisch-orthodoxen Christen im Nahen Osten sind das südost-anatolische Bergland des Tur'Abdin (Berg der Knechte) und die angrenzenden Gebiete in der Türkei, in Syrien und im Irak, aber auch in geringerem Masse der Libanon und für kleine Gruppen der Iran, Israel und Jordanien. Die grösste Zahl der syrisch-orthodoxen Christen lebt in Syrien.

Die Syrisch-orthodoxe Kirche sieht ihren Ursprung im Jahr 42, als der Apostel Petrus den Bischofssitz in Antiochien (heute Antakya/Türkei) begründete. Dort, in der damaligen Hauptstadt Syriens, blieb der Hauptsitz der Kirche bis 518. Danach wurde er wegen Verfolgungen immer wieder verlegt, bis er 1959 nach Damaskus kam, wo sich das geistliche Zentrum der Kirche jetzt befindet. Der gegenwärtige Patriarch Mor Ignatius Zakka I. Iwas (im Amt seit 1980) gilt als 122. Nachfolger des Heiligen Petrus in der apostolischen Sukzession der Patriarchen von Antiochien. Die Organisation der Kirche wurde von Jakob Baradai um das Jahr 542 definiert, womit die Trennung zwischen Byzantinisch-(Griechisch)-Orthodoxer und Syrisch-Orthodoxer Kirche manifestiert war. Seither wurde sie auch Jakobitische Kirche genannt, ein heute nicht mehr verwendeter Name. Die Syrische Kirche hat weltweit 20 Metropolitensitze und 103 Diözesen mit mehr als fünf Millionen Gläubigen (davon sind etwa zwei Millionen südindische Thomas-Christen). Ein grosser Teil der Gläubigen hat auf der Flucht vor Verfolgung in westlichen Ländern eine neue Heimat gefunden. Mehr als 250 000 Syrer leben heute in Europa, davon mehr als 85 000 in Deutschland und rund 110 000 in Schweden.

In der Schweiz leben Syrer seit den 1960er-Jahren. Die erste Gemeinde wurde in Oberentfelden AG um 1972 gegründet. Im Jahr 2004 zählte man ca. 1000 syrisch-orthodoxe Familien in der Schweiz, was – wegen der Grösse der Familien – eine geschätzte Zahl von mehreren Tausend syrisch-orthodoxen Christen zulässt. Davon stammen 70 bis 80 Prozent aus der Türkei, der Rest kommt aus Irak, Syrien und dem Libanon. 95 Prozent sind inzwischen eingebürgert. Fünf Pfarrer und drei Mönche betreuen die Gemeinden. Der für die Schweiz zuständige Bischof ist Mor Dionysius Isa Gürbüz; seine Diözese erstreckt sich über

Österreich und die Schweiz. Seit 1996 darf die syrisch-orthodoxe Kirche das ehemalige Kapuzinerkloster in Arth im Kanton Schwyz ihr Eigen nennen (offiziell geweiht am 20. Juni 1999). Drei Mönche und einige Nonnen leben dort. Ausserdem unterrichten dort Sprach- und andere Lehrer. In dem Kloster mit dem syrischen Namen Mor Avgin sollen die Kinder der hiesigen Aramäer ihre Schrift und Sprache, aber auch liturgische Gesänge erlernen. Es kommen Kinder von überall her, vorwiegend für Ferienkurse. Gelegentlich weilt auch der Bischof im Kloster und zelebriert Weihungen.

Im Kanton Bern gehören etwa 35 Haushalte der Kirche an, sie leben fast alle in Worb. Die meisten stammen aus dem Tur'Abdin, einige wenige Familien auch aus dem Irak. Für diese Gemeinde wird an jedem vierten Sonntag von einem angereisten Pfarrer ein Gottesdienst abgehalten. Die Gemeinde hält gut zusammen, ihre Mitglieder haben an jedem Samstagabend die Möglichkeit, sich in einem speziell für sie gemieteten Raum zu treffen. Da wird dann geplaudert, Musik gehört und gespielt.

Kontakt

Antioch-Stiftung Kloster St.Avgin, Klosterstrasse 10, 6415 Arth, Tel.: 041 855 12 70

Überkonfessionelle Werke, Zusammen-schlüsse und Aktionen – Überblick

Derartige Einrichtungen, die insbesondere für Freikirchen grosse Bedeutung haben, sind nicht als Kirchen oder Gemeinden im vollen Sinne anzusehen, sondern sie sind Unternehmungen und Zusammenschlüsse engagierter Christen oder ganzer Gemeinden und Kirchen. Als Religionsgemeinschaften im eigentlichen Sinne gelten sie nicht und verstehen sie sich auch nicht. Meist wurden sie geschaffen, um speziellen Zielen zu dienen. Sie nennen sich daher selbst auch «Ergänzungswerke» als Ergänzungen zu den eigentlichen Gemeinden. Die Zwecke können sein: Mission, sozial-karitative Dienste, Lobbying, Ausbildung, Kulturarbeit, Medienarbeit, praktische Tätigkeiten wie zum Beispiel die, Organisationsstrukturen und -abläufe in einzelnen Gemeinden zu verbessern und übergemeindliche Aufgaben erfüllen oder ihre Erfüllung zu unterstützen usw. Da die klassischen Kirchen sich zum Teil exklusiv verstehen und/oder dank ihrer Grösse und Etabliertheit über derartige Einrichtungen intern selbst verfügen, nehmen sie an diesen Werken nur vergleichsweise wenig teil. Da also somit die Freikirchen hauptsächlich Initiatoren, Träger und Nutzer der Werke sind, prägt v. a. ihre Theologie in ihren verschiedenen Ausprägungen (→ Freikirchen – Einleitung) diese Organisationen.

Den Werken ist hier ein Extraartikel gewidmet, weil zumindest einige von ihnen recht bekannt sind und weil sie einen erheblichen Beitrag zur Gestaltung der religiösen Landschaft des Kantons Bern leisten. Übrigens können manche dieser Organisationen und Werke mitunter auch explizit kirchliche Dienste leisten, wie zum Beispiel Gottesdienste, Abendmahle oder gar Taufen abhalten und somit doch wieder zu einer Art Kirche auswachsen. Mehrere Freikirchen haben diesen Weg hinter sich, andere stehen auf der Grenze und können streng genommen weder der einen noch der anderen Kategorie eindeutig zugeordnet werden.

Viele der hier genannten Organisationen sind formal im Kanton gar nicht ansässig, jedoch erstreckt sich ihr Aktionsradius über das ganze Land oder sogar die ganze Welt, also auch nach Bern. Gerade bei professionellen Anbietern dürfen Kantons- und oft auch Konfessionsgrenzen schon aus ökonomischen Gründen keine Rolle spielen.

Dachverbände und Zusammenschlüsse

Dachverbände und Zusammenschlüsse von Gemeinden sind die bereits in →
Christentum – Einleitung aufgeführten ökumenischen Organisationen wie der
ÖRK und die **AKB**, und die im Zusammenhang mit den → Freikirchen – Einleitung genannten Organisationen wie die **Evangelische Allianz EA** und der **Verband der Freikirchen und Gemeinden VFG**. Ebenso zu nennen wären die einzelnen Freikirchen-Verbände. Auch örtlich gibt es derartige – mehr oder weniger
fest organisierte – Zusammenschlüsse, zum Beispiel örtliche ökumenische Netze
oder auch die **lokalen Sektionen der Evangelischen Allianz**. Andere Beispiele
sind **Frisches Wasser** in der Region Thun oder die **Lobpreisstrasse** (www.lobpreisstrasse.org) im Gürbetal. Gerade derartige Zusammenschlüsse sind es, die
durch Veranstaltungen und Events Religion in die Öffentlichkeit tragen, wie
etwa durch sog. Christusmärsche oder Christustage (zum Beispiel 1980, 84 und
88 im Berner Eisstadion durchgeführt, der letzte war 2004 in Basel) oder durch
(lokal)politische Initiativen. Mitunter werden für politische Initiativen oder für
Events auch **temporäre Organisationen** gegründet. Andere Aktionen sind zwar
dauerhaft und haben auch markante Namen, sind jedoch organisatorisch virtuell, da sie als **Initiativen** von verschiedenen Gemeinschaften getragen werden.
Nennen kann man zum Beispiel das **Gebet für die Schweiz** (www.gebet.ch), die
24-Stunden-Gebetsinitiative namens **www.24-7.ch** (lokal: **Bätt für Bärn**, www.
bern24×7.ch) u. v. a. m.

Institutionen zur Glaubensvertiefung und Evangelisation

Solche Institutionen gibt es sehr viele, sowohl lokal als auch global. Einige sind
derart nahe an der strukturellen, theologischen und rituellen Eigenständigkeit,
dass sie selbst schon fast Kirchen bilden. Dieser Bereich ist besonders stark ausgeprägt, da Evangelisation – noch vor Gemeindegründung – das mit Abstand
wichtigste Anliegen im freikirchlichen Bereich ist. Die Grenze zwischen Mission
im In- und Ausland, Entwicklungshilfe, Fundraising und Information über die
eigene Arbeit ist dabei fliessend; die Schwerpunkte sind unterschiedlich. Viele
Missionsaktivitäten sind in der **Arbeitsgemeinschaft Evangelischer Missionsgesellschaften AEM** (www.aem.ch), einer Arbeitsgemeinschaft der SEA, miteinander vernetzt.

Die wohl bekannteste und grösste derartige Organisation ist die **CEVI** (www.
cevi.ch), der nationale Ableger der 1855 gegründeten weltweiten Christlichen
Vereine Junger Frauen und Männer, **YWCA** (www.worldywca.org) und **YMCA**
(www.ymca.int). Diese Verbände haben rund 70 Millionen Mitglieder. Es han

delt sich um «christliche, ökumenische Freiwilligenbewegungen mit besonderem Schwerpunkt und echter Beteiligung von jungen Menschen» mit dem Ziel, «das christliche Ideal des Aufbaus einer menschlichen Gemeinschaft, in der Gerechtigkeit, Liebe, Frieden und Versöhnung herrschen, damit die gesamte Schöpfung an der Lebensfülle teilhat», umzusetzen. **CEVI Schweiz** hat 16 000 Mitglieder in sieben Regionen mit Hunderten Gruppen. Örtliche Leiter der CEVI können einer landeskirchlichen Gemeinde, einer Freikirche oder einem Werk verbunden sein und die Ortsgruppe dementsprechend prägen. Zunehmend treten auch kath. Jugendliche einer CVJM-Ortsgruppe bei. Von den acht gesamtschweizerischen Arbeitsgebieten gibt es im Kanton Bern zwei Feriendestinationen: das **CVJM Zentrum Hasliberg** (www.cvjm-zentrum.ch) mit einem Kurs- und Seminarangebot für Glaubens- und Lebensfragen, Einrichtungen für Gruppen- und Familienferien usw. sowie das **Jugendhaus Alpenblick** in Wengen (www.cevi.ch/~wengen). Die Kette **Villa Yoyo** (www.cevi.ch/~villa-yoyo), «Lebens-, Lern- und Spielplätze für Kinder», unterhält in Bern eine Villa Yoyo und in Biel eine Projektgruppe. Die CEVI Region Bern (www.ceviregion-bern.ch, Magazin «cevitrine») umfasst 2400 Aktive in 90 Gruppen mit lokalen Angeboten wie Jungschar, Ten Sing, Sport, Clubs für Kreative, Weiterbildungen, Vorträgen… YMCA heisst in Biel **Union Chrétiennes de Jeunes gens**.

Campus für Christus CfC (www.cfc.ch), in der Schweiz 1973 gegründet, versteht sich als überkonfessionelle Schulungs- und Missionsbewegung; in der deutschen Schweiz ist CfC durch die **Aktion Neues Leben**, die **Frühstückstreffen für Frauen** sowie die Schulungskonferenzen **EXPLO** bekannt. **Agape International** ist der Auslandsdienst von CfC. Weitere Projekte sind **Campus Live, campus generation, Schülertreff, Athlets in Action AiA, Crescendo, Evangelische Dienste, Institut Koinonia, History's Handfull, Tim Team, Family Life** und das **Jesus-Film Team**. Wohl am populärsten sind jedoch die von CfC veranstalteten **Alphalive**-Glaubenskurse (www.alphalive.ch), die – ausgehend von ihrer Erfindung 1997 (mit Vorläufern seit den 1970ern) in der anglikanischen Holy Trinity Brompton Church in London – inzwischen weltweit stattfinden. Ziel ist es, Menschen, die dem Glauben fernstehen, diesen (wieder) nahezubringen. Kurse haben – in freikirchlichen wie zunehmend auch in landeskirchlichen Gemeinden – inzwischen an über 500 Orten in der Schweiz stattgefunden, ca. 55 000 Menschen sollen sie bisher absolviert haben. 2007 gab es erstmals ein schweizweites «Alphalive-Znacht», an dem sich über 100 Gemeinden beteiligt haben.

Die **Vereinigten Bibelgruppen in Schule, Universität und Beruf VBG** (www.bibelgruppen.ch), gegr. 1949, verstehen sich als erweckliche und missionarische Bewegung; sie pflegen zum CVJM und zur EA gute Beziehungen und stehen je nach Gruppe näher bei einer Landeskirche, einer Freikirche oder einer einzelnen Gemeinde. Das Büro befindet sich in Zürich, die Informations- und Pressestelle in Oberdiessbach. Die VBG verfügen über diverse Fachgruppen, veranstalten Tagungen und Anlässe für verschiedene Gruppen, geben die Zeitschrift «Bausteine» heraus und unterhalten zwei Kurs- und Ferienzentren im Tessin. An der Universität Bern gibt es eine **Bibelgruppe für Studierende**.

Die **Bible Study Fellowship International** (www.bsfinternational.org) bietet speziell Frauen ein Bibelstudium in englischer Sprache an. Die BSFI wurde 1958 in den USA gegründete und ist heute auf allen Kontinenten vertreten. In der Schweiz bestehen Gruppen in Zürich, Bern und Basel. Die Strukturen sind von der Mutterorganisation vorgegeben. Eine Mitgliedschaft gibt es nicht, sondern nur die Teilnahme an den Studien.

Jugend mit einer Mission JmeM (www.jmem.ch) ist der lokale Zweig des 1960 in den USA gegründeten Missionswerkes **Youth With A Mission (YWAM**, präsent heute in 140 Ländern). In der Schweiz begann JmeM 1969 in Lausanne mit einer **School of Evangelism**. Heute gibt es JmeM an sechs Orten im Land. Aktivitäten im Kanton Bern sind das JmeM-Zentrum in Einigen und **x-plore** in Heimberg. Unter dem Namen **University of the Nations (UofN**, www.uofn.edu) und **Schule für Biblische Christliche Weltanschauung** bietet JmeM in über 70 Ländern Kurse an, um «alle Bereiche des Lebens mit sinnvollen Werten zu beeinflussen» und junge Menschen zu Multiplikatoren für Mission zu machen.

Wiler bei Bern beherbergt das europäische Zentrum von **King's Kids** (www.kingskids.ch), dem 1987 gegründeten Kinder-Zweig der JmeM. Das Netzwerk unterstützt lokale Kinder- und Jugendarbeiten (im Kanton Bern zwischen fünf und zehn) durch Kommunikationshilfen, Events und Ausbildungen für die Leiter. In Wiler werden Sommer-Camps organisiert oder auch sog. **Teenie-Praise-Nights**, zu denen bis zu 2000 Kinder und Jugendliche kommen.

Kingdom Ministries (www.kingdomministries.ch) ist ein lokales Projekt aus Heimberg bei Thun. Das Ziel sind Mission und Evangelisation weltweit. Es wird vorwiegend von Freikirchen aus der Region und dem Mittelland getragen.

Hour of Power Schweiz (www.hourofpower.ch) ist ein Informationsknoten, der die geistliche Inspiration von Robert Schuller (Chrystal Cathedral in Kalifornien), verbreitet. Die Schweizer Betreiber des Netzes, das nach eigenen Angaben schon 3000 Angehörige im Land hat, sitzen in Münsingen. Schullers Gottesdienste sind am Sonntagmorgen im TV zu empfangen, für die Sendezeit sammelt Hour of Power Spenden.

SRS/pro Sportler (www.srsonline.ch, www.c-ways.ch), eine Anfang der 1980er-Jahre ins Leben gerufene Aktion, will im Sport und durch den Sport christliche Werte vermitteln. Sportler, Trainer und Verantwortliche werden betreut, beraten, vernetzt und im Gebet begleitet. Es gibt diverse Regionalgruppen und eigene Sportangebote. Regelmässig finden **Sports life**-Gottesdienst-Events statt. Der Sitz von SRS ist Steffisburg.

Evangelisation Explosiv EE (www.evangelisation-explosiv.org), gegründet 2001, veranstaltet Leiterschulungen und 13-Wochen-Schulungen sowie Kids-EE-Kurse. Sie bieten dazu ein Konzept, das «das feinste Ausbildungs- und Lehrmaterial enthält, um gläubige Menschen zu persönlicher Evangelisation, gesunder Jüngerschaft und gesundem Wachstum zu befähigen». Standorte gibt es bei verschiedenen freikirchlichen Gemeinden und Werken, etwa 15 vorwiegend in der deutschen Schweiz, drei davon im Kanton Bern.

Der **Marburger Kreis Schweiz** (www.marburger-kreis.de) ist ein Ableger einer deutschen Organisation von Menschen, die «den christlichen Glauben im Alltag leben». Auch andere sollen «die Chance bekommen, Antworten auf ihre Lebensfragen zu erhalten, konkrete Hilfen zu erfahren und einen Sinn in ihrem Leben zu finden». Dazu gibt es Veranstaltungen wie zum Beispiel die Konferenz **«Leben oder gelebt werden»** und die Jugendarbeit **crossover**, die Skilager in Adelboden organisiert. Das Schweizer Büro befindet sich in Schönbühl.

Der **Bibellesebund** (www.bibellesebund.ch) begann 1867 in England, um in der Sommerzeit am Strand Kindern die Bibel näherzubringen – ein damals völlig neuer Ansatz. Der Bund dehnte sich in 130 Länder aus und kam in den 1920ern in den Berner Jura. In den örtlichen Gruppen liest jeweils ein Leiter mit Kindern in der Bibel. Die Organisation arbeitet mit Landes- und Freikirchen zusammen und veranstaltet Kinder-, Teenager-, Jugend und Familienarbeit, Schülertreffs, Ferienlager und Kurse. Sie gibt Zeitschriften, Bücher und Arbeitsmaterial heraus, unterhält zwei Ferienhäuser und tourt mit dem **Bibelmobil** über die Lande.

Die Burgdorfer **Disciples of Christ** (www.d-o-c.ch) sind eine 1999 entstandene Gruppe von Bikern, die gemeinsam ihren Glauben an Jesus und die Liebe zu Motorrädern leben und zeigen. Die DoC-Bikers arbeiten mit der **Bikerchurch** zusammen, einem überkonfessionellen Netzwerk europäischer christlicher Bikerclubs. Gemeinsam werden Töff-Gottesdienste durchgeführt und wird an Biker-Treffen teilgenommen. Dabei wird oft die Bikerbibel verteilt, ein Neues Testament in Gegenwartssprache, verbunden mit Bekenntnissen von Motorradfahrern.

Das **Janz Team** begann 1944 als missionarisches Musik-Quartett in Kanada. Nach grossen Erfolgen auf einer Evangelisations-Tour im deutschsprachigen Europa wurde das Team 1954 offiziell gegründet. Das Werk hat heute rund 200 Mitarbeiter weltweit. In Riehen bei Basel hat das Schweizer Büro seinen Sitz, in Delémont wird ein christlicher Buchladen betrieben. Im Berner Oberland steht in Adelboden das Ferienheim **Chalet Janz Team** (www.chalet-janz-team.ch).

Die **Gideons International** (www.gideons.ch), gegr. 1899 in den USA, verstehen sich als «verlängerter Missionsarm der Kirchen und Gemeinden». Die über 250 000 Mitglieder in 180 Ländern verteilen Bibeln. 1908 begannen sie damit in Hotels, seither kamen Spitäler, Gefängnisse, Arztpraxen, Schiffe und Flugzeuge dazu. Heute platzieren sie nach eigenen Angaben jährlich über 63 Millionen Neue Testamente und Bibeln, das macht rund 120 pro Minute. Der Druck wird durch Spenden finanziert. Im Kanton Bern gibt es drei Gideons-Gruppen in Bern und je eine in Interlaken, Langenthal, Thun und Biel, in der Schweiz sind es ca. 40.

Die **Internationale Vereinigung christlicher Geschäftsleute IVCG** (www. ivcg.ch) «verbindet Menschen mit Verantwortung». Gegründet 1957 in der Schweiz und in Deutschland, tritt sie mit Vorträgen und Kongressen zu den Themen Wirtschaft und christliche Werte an die Öffentlichkeit. Im Lande gibt es heute knapp 20 Gruppen, im Kanton Bern sind es zwei.

SIM Serving in Mission (www.sim.ch) hat als internationales Missionswerk seine Wurzeln schon im ausgehenden 19. Jahrhundert. Heute arbeiten unter diesem Dach mehrere Tausend Menschen in über 40 Ländern in verschiedensten Missions- und Hilfsaktionen. Der Schweizer Zweig mit Sitz in Biel betreut etwa 50 Missionare.

Open Doors (www.offenegrenzen.de, www.portesouvertes.ch) ist ein Hilfswerk, das unterdrückten Christen weltweit zur Seite stehen will. Gegründet wurde es 1955 von dem Holländer A. van der Bijl, dem «Schmuggler Gottes». Heute betreibt es Büros in 40 Ländern. Das Büro von Open Doors Schweiz ist in Lausanne und veranstaltet Filmvorführungen, Vorträge usw., wo immer dafür – vorwiegend in Kirchgemeinden – Räume zur Verfügung gestellt werden.

Die **Kinder-Evangelisations-Bewegung KEB** (www.keb.ch) sieht ihre Aufgabe darin, nebst «direkter missionarischer Arbeit unter Kindern Christen zu unterrichten, wie sie Kindern das Evangelium so weitergeben können, dass sie es verstehen und annehmen». Die KEB kam nach dem II. Weltkrieg durch Missionare aus den USA und Kanada nach Europa, die Organisation ist heute in 153 Ländern aktiv. KEB-Schweiz entstand 1950 und hat heute mehr als zehn Mitarbeiter im Land und zehn im Ausland. Sie arbeitet in Verbindung mit Landes- und Freikirchen. Zweigstellen im Kanton gibt es in Bern und Thun.

Christus für Alle CfA (www.cfa.ch, nicht zu verwechseln mit CfaN), eine 1975 gegründete Organisation, verteilt zum Glauben einladende Schriften im ganzen Land und in Osteuropa. «Das Neue», eine von CfA herausgegebene NT-Übersetzung, wurde im Jahr 2000 sogar bei Coop und Migros verkauft.

Die **Gemeinschaft der Versöhnung** (www.gdv-cor.ch) ist eine Israel-Organisation, die versucht, Araber mit Juden zu versöhnen. Beide sollen durch die GdV Jesus als ihren Erlöser kennenlernen und Israels Rolle in Gottes Plan. Sie betreibt Wohn- und Ausbildungsprojekte, Evangelisationen und informiert mit Vorträgen über ihre Sicht der Dinge.

Frontiers (www.frontiers.ch, Büro für die Suisse romande in Biel) missioniert in islamischen Ländern und informiert in der Schweiz überall dort, wo sie eingeladen wird, über den Islam.

Das **Missionswerk MSD Medien Schriften Dienste** (www.msd-online.ch) wurde 1962 in Frutigen gegründet und produziert und vertreibt seither zu Missionszwecken die verschiedensten christlichen Medien in der ganzen Welt.

Die grosse Vielfalt der Namen wird dadurch noch gesteigert, dass manche Initiativen nur kurzlebig sind: Die Jugendallianz Thun (örtliche Jugendgruppe der EA) ging mangels Interesse ein, stattdessen soll nun JuNet Thun jungen Leuten den Glauben näherbringen; die Beatenberger Mission zur Förderung des Evangeliums in Italien war 1990 mit dem namensgebenden Interesse angetreten und ist 2003 wieder aus dem Vereinsregister verschwunden; ein Christlicher Verein für Technische Zusammenarbeit aus Sumiswald ist wie auch der Bund Partnerschaftlicher Christen Bern nur noch Historie usw.

Endgültig unüberschaubar wird es zudem durch die vielen einmaligen Missionsaktivitäten, die von verschiedensten Organisationen durchgeführt werden, welche sonst (in der Region) gar nicht in Erscheinung treten. Seien es zum Beispiel die auffälligen Auftritte des «Wundermannes» Benny Hinn (2004 in Bern), die gigantische Drucksachen-Verteilung von Christus für alle Nationen CfaN aus Deutschland, bei der 1995 tatsächlich 40 Millionen Broschüren in nahezu alle Haushalte im deutschsprachigen Raum verteilt worden sind, oder eine kleine Vortragsreihe «Was bringt die Zukunft» von Living Water Ministry im Berner Hotel Kreuz …

Medien, Buchläden, Kommunikationsinstitutionen

Die oben genannte Initiativen und Werke bringen die christliche Botschaft mit Medien, aber insbesondere durch persönlichen Einsatz unters Volk, und sie haben jeweils ein spezielles Angebot. Etwas anders gelagert sind reine Kommunikationsanstrengungen, deren Inhalte zwar auch christlich, aber meist inhaltlich und formal weiter gespannt sind. Auch die Organisation ist anders, nämlich in der Regel die eines professionellen Medienunternehmens.

Zuerst zu nennen sind Buchläden mit christlicher Ausrichtung. In Bern sind das zum Beispiel der von einem ökumenischen Verein getragene Laden **Voirol**, der als katholische Buchhandlung begonnen hatte. Ebenfalls in der Berner Innenstadt befindet sich die Buchhandlung **Vivace**, die eng mit der örtlichen FEG in Verbindung steht. In Thun gibt es die 2005 gegründete Buchhandlung **Libresso** am Rathausplatz, die aus der Fusion der Evangelischen Buchhandlung Thun mit der Christlichen Bücherstube Thun hervorgegangen ist. In Burgdorf gibt es die Buchhandlung **Volare** (eine 1997 erfolgte Übernahme von der Genossenschaft Evangelische Buchhandlung), in Tavannes ist es **Diapason**. Gleich drei Buchläden namens **Brunnen-Bibelland** unterhält Chrischona im Kanton. In Steffisburg gibt es den vom Evangelischen Brüderverein getragenen Buchladen und in Laupen das **Bücherstübli Eckstein**. Auch **Buchzeichen** in Langenthal konzentriert sich auf christliche Inhalte, ebenso wie in Frutigen der **Treffpunkt** und die **Evangelische Buchhandlung** in Interlaken. Ein immer grösserer Teil des Bücherumsatzes wird heute über das Internet geleistet, auch führen die meisten «normalen» Buchläden ebenfalls christliche Literatur, und zudem gibt es in vielen Kirchengemeinden auch Büchertische.

Das Buch ist schon ein leicht zu verbreitendes Medium, aber noch einfacher geht es mit Funk, Fernsehen und Internet. Mit www.livenet.ch ist seit Oktober 2000 die Internetplattform von SEA, VFG, VBG, CfC u. a. aufgeschaltet. Träger ist der **Verein Lifenet** mit Sitz in Matten bei Interlaken. Ebenfalls dort betrieben werden www.jesus.ch und www.revolution-one.ch; Inhalte: News aus christlicher Sicht, Magazin, Ratgeber, Job- und Kontaktanzeigen, Foren und Chats, Veranstaltungskalender, Literatur, Cyberchurch, Regio-Portale und Platz für persönliche Lebensberichte, aber auch Serverhosting und professionelle Internetarbeit usw.

Wichtige christliche Medienproduzenten und -verteiler sind Nachrichtenagenturen, wie sie als **Medienstellen** von den Landeskirchen bzw. ihren Verbänden unterhalten werden, aber auch von den Freikirchen: **idea** ist eine Agentur, die aus der SEA hervorgegangen ist und heute als eigenständige Nachrichtenagentur arbeitet; sie gibt das Magazin «idea-Spektrum» heraus. Am 15. Februar 1974 erschien die erste Ausgabe der SAFE-Nachrichten, dem Vorläufer von idea-Schweiz bzw. idea-Spektrum. Von der SEA wird durch eine eigene Medienstelle die kostenlose Verteilzeitung «4telstunde für Jesus» herausgegeben.

In der zweiten Jahreshälfte 2008 startete die Zeitschrift «Insist» (www.insist.ch, ab 2009 vier Ausgaben jährlich), herausgegeben vom Institut Insist (Geschäftsstelle in Oberdiessbach) zusammen mit der SEA und der VBG. Und dank der von Freikirchen lancierten Unterschriftenaktion «Mehr Wort Gottes am Radio und Fernsehen» 1982/83 gibt es seit 1995 im SF DRS jede Woche die Sendung **Fenster zum Sonntag**. Produziert wird diese vom **Evangeliumsrundfunk ERF** (www.erf.ch), einem in Deutschland gegründeten christlichen Sender mit einem Redaktionsbüro in Pfäffikon, und von **Alphavision AG, TV- und Videoproduktion** (www.alphavision.ch) aus Wangen b. Olten. Der ERF gestaltet zudem das Internetradio LifeChannel.

Ausbildungseinrichtungen

Ausbildungseinrichtungen der Kirchen – der Landeskirchen wie auch der Freikirchenverbände – sind in der Regel in den jeweiligen Artikeln genannt. Hier seien solche aufgeführt, die übergemeindlich agieren und meist als professionelle Bildungsinstitute geführt werden.

Das **Institut Biblique et Théologique** in Orvin bei Biel ist eine der bedeutendsten Ausbildungsstätten der pfingstlichen Christen im Lande.

Die **Bibelschule Beatenberg** (www.beatenberg.ch), gegr. 1934, gilt inzwischen als Klassiker unter den christlichen Ausbildungsstätten. Eine 1948 dort abgehaltene Missionskonferenz wurde zur Initialzündung für viele Missionsorganisationen. Schulmitarbeiter besuchen für Vorträge und Seminare auch Kirchgemeinden.

Das **Institut für Gemeindebau und Weltmission IGW** (www.igw.edu) in Zürich stellt einen wichtigen Bildungs-Knoten im Schweizerischen freikirchlichen Bereich dar. Im Kanton Bern verfügt es über eine Zweigstelle in Burgdorf namens **Studiencenter Bern**; in der Stadt Bern unterhält das IGW ein sog. **Lerncenter**. Mehrfach veranstaltete das Institut auch Tagungen.

FOCUSUISSE (www.focusuisse.ch) in Thayngen ist ein kleines Team mit dem Schwerpunkt, Gründungen und Ausbauten von Gemeinden zu befördern. Zugleich ist es der nationale Ableger von **Dawn** (www.dawneurope.net), einem Netzwerk, das «jedem Europäer in der heutigen Postmoderne einen einfachen Zugang zu einer lebendigen christlichen Kirche vermitteln» will. FOCUSUISSE sammelt Informationen über verschiedene Gemeindeformen und verbreitet sie. Mehrfach wurden auch sog. Gebetskarten erstellt, auf denen die Schweiz im Bezug auf Freikirchen und Gebetsanliegen dargestellt ist. Das Team publiziert die Zeitschriften «Freitags-Fax» und «Report».

Das **Christian Research Institute Switzerland CRIS** (www.cris.ch) mit Sitz in Zürich ging 1996 aus FOCUSUISSE hervor. Seither konzentriert sich CRIS auf das Bestehende, um es zu erforschen, während FOCUSUISSE sich der «visionären und motivierenden Arbeit» widmet.

Die Akademie für christliche Führungskräfte Schweiz AcF (www.acfschweiz.ch) in Zürich **bietet Fortbildungen an und** will die christliche Führungskultur und -kompetenz von Verantwortungs- und Entscheidungsträgern in Kirchgemeinden, christlichen Organisationen, Wirtschaft, Politik und Behörden fördern.

Lokale Bildungsaktivitäten

Im Unterricht der staatlichen Schulen hat das Christentum seinen Platz. Jedoch aus verschiedenen – auch religiösen – Gründen genügt dieses Angebot manchen Ansprüchen nicht. Privatschulen sind da eine Lösung. Im zentralen Verband Schweizerischer Privatschulen VSP mit rund 260 Schulen sind nur wenige speziell christlich ausgerichtete Schulen vertreten. Andererseits gibt es auch viele, vorwiegend kleine und besonders stark an der Bibel ausgerichtet Schulen, die dem Verband nicht angehören. Nicht berücksichtigt seien hier die vielen Sonntagsschulen und die Kirchliche Unterweisung.

Die ältesten derartigen Einrichtungen gehen auf die grosse Erweckung in den 1830er-Jahren zurück; drei davon bestehen noch heute: die NMS, das Freie Gymnasium und der Campus Muristalden.

Die **NMS Neue Mittelschule** (www.nmsbern.ch) entstand 1851 als freie evangelische Neue Mädchenschule. Heute betreibt sie in Gebäuden am Waisenhausplatz, am Aareufer und seit 1992 beim EGW in der Nägeligasse eine Volksschule, eine Fachmittelschule, ein Gymnasium und schulergänzenden Förderunterricht sowie eine Lehrerausbildung am Institut Vorstufe und Primarstufe.

Auch das **Freie Gymnasium Bern** (www.fgb.ch) entstand im 19. Jahrhundert als vom Staat unabhängige evangelische Schule. Heute ist das FBG voll in das staatliche Schulsystem integriert, hält dabei aber an der Orientierung an christlichen Grundwerten fest.

Der **Campus Muristalden** (www.muristalden.ch) begann als Lehrerausbildungsstätte. Heute ist er eine private, staatlich anerkannte und teilweise subventionierte Bildungs-Nonprofit-Organisation mit den Abteilungen Volksschule, Gymnasium, Lehrerbildung Sekstufe 1 (als Teil der staatlichen Abteilung PHBern) sowie Erwachsenenbildung. Bis 1945 pietistisch ausgerichtet, vertritt die Einrichtung heute eine «offene, liberale, nicht konfessionell gebundene, aber menschlich, ethisch, religiös, sozial und multikulturell engagierte Linie».

Das **Christliche Internat Gsteigwiler** im Berner Oberland für etwa 36 Jungen und Mädchen der Primar-, Real- und Sekundarstufe sieht sich als Ergänzung zur staatlichen Schule. Es erzieht gemäss dem «Konzept der elastischen Festigkeit» und im Verständnis der christlichen Ethik und Nächstenliebe.

Das **Jugendheim Sternen** in Weissenburg-Berg im Simmental wurde 1992 für Jugendliche mit einer gefährdeten Persönlichkeitsentwicklung gegründet. Fünf Heime (vier im Kanton Bern), zwei Schulschiffe und weitere Einrichtungen sollen Jugendlichen zur «optimalen eigenständigen Lebenstauglichkeit» verhelfen. Die Heime werden überkonfessionell, doch auf christlicher Glaubensgrundlage geführt.

Die **Bernische Schule auf biblischer Basis BSBB**, gegr. 1996 in Zollikofen, unterrichtet etwa 50 Kinder in verschiedenen Klassenstufen; täglich gibt es morgens eine Andacht und den Bibelunterricht.

Eine **Christliche Schule Oberaargau CSO** in Bannwil stand nur von 1997 bis 2002 im Handelsregister.

Die **Schulkooperative Biel** begann 1986 zusammen mit JmeM, wird heute von der Gemeinschaft Jahu getragen und nimmt auch Schüler mit einem anderen Gemeindehintergrund auf. Sie unterhält zudem einen Kindergarten und richtet Symposien für christliche Privatschulen aus.

Die jüngste christliche Schule ist die im August 2007 gestartete **Christliche Schule Bern** (CS Bern). Untergekommen ist sie bei der Pfingstgemeinde Bern, der erste Jahrgang zählte 19 Schülerinnen und Schüler.

Hilfswerke

Die reformierten Kirchen der Schweiz haben eine Reihe von gemeinsamen Werken geschaffen, ebenso die römisch-katholische und die christkatholische Kirche (vgl. dort). Viele Freikirchenverbände verfügen ebenfalls über derartige Werke. Auch ein grosser Teil der oben bereits genannten übergemeindlichen Missionswerke leistet karitative Arbeit – generell werden die christlichen Sorgen um das leibliche und das seelische Wohl meist nicht als getrennte Anliegen aufgefasst. Dieser Abschnitt widmet sich denjenigen Institutionen, bei denen das sozial-karitative Wirken den Arbeitsschwerpunkt bildet.

Mit die ersten derartigen selbstständigen Werke von Freikirchen waren die im 19. Jahrhundert entstandenen Diakonissenhäuser (➜ Evangelische Kommunitäten und Gemeinschaften). Aus dem Vereinswesen engagierter Christen gingen damals abseits der Pfarreien bzw. im Kontext mit freikirchlichen Gemeinden spezielle Hilfsorganisationen und -einrichtungen hervor.

Das **Blaue Kreuz** (www.blaueskreuz.ch) ist eine Organisation zur Suchthilfe, spezialisiert im Bereich Alkohol. Es entstand 1877 zugleich in Genf und in Bern durch zwei Pfarrer. Heute existieren über 50 nationale Blaukreuzverbände. Die Arbeit «orientiert sich an anerkannten fachlichen Konzepten und basiert auf dem christlichen Glauben». Das Blaue Kreuz im Kanton Bern hatte 2004 31 Angestellte (Geschäftsstelle, Fachstellen, Treffpunkt Azzurro, Brockenstube), 358 freiwillige Mitarbeiter, 425 Mitglieder und Solidarmitglieder sowie 4684 Freunde und Spender. Das Blaue Kreuz arbeitet heute mit einem staatlichen Leistungsauftrag und gilt als führend in Fragen der Suchtprävention.

Unter den christlichen Werken sind noch weitere Suchttherapien zu erwähnen, welche als Pionierprojekte starteten und heute meist mit einem staatlichen Leistungsauftrag arbeiten. Bedeutend sind die **Suchttherapie Bern** und die **Entzugsstation Marchstei** in Kehrsatz. Es gibt aber noch weitere, welche dem Verband **Arbeitsgemeinschaft christlicher Lebenshilfen ACL** (www.acl-ch.ch) angeschlossen sind. Bei der ACL handelt es sich um eine Vereinigung von Personen im Sozialbereich, in der Drogenhilfe und von Einrichtungen für Menschen mit psychischen Schwierigkeiten. Es sind christlich geführte Institutionen, v. a. Therapiezentren und Entzugsstationen. Die ACL versteht sich auch als diakonischer Arm der Landes- und Freikirchen. Regionale und Arbeitsgruppen veranstalten Fachtagungen, Retraiten, Sporttage, Gottesdienste, Feriencamps usw.

Oasis (www.oasis.ch) ist ein Netz von Seelsorgern, welches Menschen «Wege zu einem eigenständigen, gesunden und erfüllten Lebensstil» aufzeigen will. Die Seelsorger «sehen ihren Auftrag darin, Menschen bei der Bewältigung von Lebens- und Glaubensproblemen mit Lehre, Anleitung und vor allem Gebet zu begleiten und anzuleiten». Das geschieht anfangs über E-Mail und dann über persönliche Kontakte. Einmal jährlich gibt es einen Retreat.

ORA International Schweiz (www.ora-international.org) mit Sitz in Oberwangen ist ein Ableger des 1981 in Deutschland gegründeten christlichen Hilfswerks ORA International. Die Arbeit hat drei Schwerpunkte: Entwicklungshilfe, Katastrophenhilfe und Patenschaften. 300 ehrenamtliche Mitarbeiter arbeiten in rund 30 Ländern.

Die **Christliche Ostmission** (www.ostmission.ch), gegr. 1973 mit Sitz in Worb, leistet materielle und medizinische Hilfe in Katastrophenfällen, Not- und Aufbauhilfe und verbreitet das Evangelium. Das Schwergewicht der Tätigkeit liegt in Osteuropa und Südostasien. In der Schweiz sammelt sie Spenden, Kleidung und vermittelt Patenschaften.

World Vision (www.wvi.org, www.worldvision.ch) fällt in der Schweiz durch den Einsatz von Prominenten und TV-Spots auf. Es handelt sich dabei um eine der grössten christlichen Hilfsorganisationen, die, 1950 gegründet (in der Schweiz 1982), heute auf allen Kontinenten wirkt. WV Schweiz allein, mit 60 000 Paten und einem Spendenaufkommen von über 40 Millionen Franken, unterstützt rund 80 Projekte in 20 Ländern.

«Sonstiges»

«Sonstiges» ist wohl der einzige mögliche Titel, um Aktivitäten zusammenzufassen, die christliche Werte in speziellen Zusammenhängen zum Tragen bringen, wo man sie vielleicht nicht vermuten würde:

Der **Verband Christlicher Hotels VCH** hat allein im Berner Oberland 17 Mitglieder (in der Schweiz rund 50, in Europa 300). Er unterstützt Hotels, Pensionen, Ferien- Seminar- und Jugendunterkünfte, die in einem christlichen Sinne geführt werden. Zusammengearbeitet wird u. a. in den Bereichen PR, Werbung, Aus- und Weiterbildung. Der VCH wurde 1895 in Bern gegründet und ist die älteste Hotelgruppe Europas. VCH-Hotels sind oft Locations für Veranstaltungen von Freikirchen und christlichen Organisationen.

Verschiedene **christliche Partnerschaftsagenturen** bieten ihre Dienste an, damit gläubige Ehepartner gefunden werden können.

Einige **Unternehmen für Unterhaltungselektronik und Bühnenequipment** haben sich darauf spezialisiert, (frei)kirchliche Räumlichkeiten und Events zu beschallen und mit Multimedia auszustatten. Diverse **Mediendesigner** leisten Ähnliches für Drucksachen und Internetauftritte.

Eine **Arbeitsgemeinschaft Evangelischer Ärztinnen und Ärzte in der Schweiz AGEAS** (www.ageas.ch) will die Umsetzung christlicher Werte im medizinischen Sektor befördern. Unter anderem beschäftigt sie sich mit dem Thema Schwangerschaftsabbruch, der abgelehnt wird, und mit der alternativen Medizin, die aus der Esoterik-Ecke geholt werden soll.

Es gibt auch einen **Verein christlicher Fachleute im Rehabilitations- und Drogenbereich VCRD** (www.vcrd.ch) mit Sekretariat in Bern.

Jedes Jahr gibt es über 100 Open Airs in der Schweiz. Darunter sticht das **Big Boss Festival** in Tavannes als christlicher Anlass hervor.

Ebenfalls der Verbreitung der christlichen Botschaft auf dem musikalischen Wege verschrieben hat sich **Adonia** aus dem luzernischen Brittnau. Es handelt sich dabei um ein Verlags- und Musik-Unternehmen, das biblische Musicals inszeniert und Kinderlager veranstaltet, wo für diese gecastet und geübt wird.

Die **Agape Gemeinschaft Bern** setzt sich aus Einzelpersonen aus der Reformierten Landeskirche und Freikirchen zusammen, die ihr Wirkungsfeld in der Esoterik sehen, nicht jedoch ihre Wurzeln. Sie gehen auf Esoterikmessen (u. a. in Bern und Thun), um dort – als Gegenimpuls zu «okkulten Kräften» – mit Handauflegen und Gebeten die Heilungskraft Jesu zu zeigen.

Ebenfalls den Fokus auf Heilung legt die **Schule für Heilung** (www.sfhg.ch) im Gwattzentrum in Gwatt bei Thun. Das Zentrum hat die Vision, «Menschen in ihre wahre Identität und Vollmacht in Christus und somit in ihre Lebensberufung hinein zu begleiten, damit Gott durch sie viele ihrer Mitmenschen heilen und segnen kann». Die Angebote umfassen einen Jahreskurs an sechs Wochenenden, die «Tage der Heilung» (in der Regel im Juni), die jährliche «Gebets- und Transformationskonferenz» im Spätsommer und monatliche Heilungsgottesdienste.

Im Christentum wurzelnde neuoffenbarerische Gemeinschaften

Seit der Entstehung entwickelten sich aus den urchristlichen Anfängen heraus und neben den etablierten Kirchen und Theologien alternative Lehren, Gruppen und ganze Zweige neuer Religiosität. Meist entstanden sie, weil in bestimmten Fragen spezielle Auslegungen der christlichen Offenbarungen vertreten wurden. Eine eigene Gruppe bilden daneben Gemeinschaften, die als ihre Basis eine neue Offenbarung angeben. Die Theologien der traditionellen Kirchen gehen davon aus, dass Gottes Offenbarung in Jesus und im Zeugnis der Heiligen Schrift im Wesentlichen abgeschlossen, das heisst zur Vollendung gelangt sei. Spätere Offenbarungen seien zwar möglich – jedes persönliche Gotteserlebnis kann schliesslich als eine solche verstanden werden –, jedoch hätten sie sich an der Bibel zu orientieren und dürften ihr nicht widersprechen.

Die in diesem Kapitel zusammengefassten neuoffenbarerischen Gruppen zeichnen sich nun dadurch aus, dass sie einerseits beanspruchen, eine neue Offenbarung erlangt zu haben, und dass sie sich dennoch als wahrhaft christlich bezeichnen. In ihnen werden Aussagen von Jesus, Maria, Engeln oder Gott selbst durch Personen geäussert, die vor Kurzem gelebt haben oder noch leben. Diese Neuoffenbarungen werden von ihnen den kanonischen Offenbarungen der Bibel mehr oder weniger gleichberechtigt an die Seite gestellt. Auf dieser Basis behaupten einige dieser Gemeinschaften zudem, dass das Heil ausschliesslich innerhalb der eigenen Gruppe zu erlangen ist, da in allen anderen christlichen Gemeinschaften eben nicht die vollständige Wahrheit vorhanden sei. Diese Meinung ist jedoch nicht bei allen anzutreffen, es gibt auch einige, die eine tolerante Nachbarschaft zu den etablierten Kirchen pflegen bzw. suchen, indem sie sich zum Beispiel als Ergänzung oder Vertiefung zu diesen verstehen.

Diese Situation führte zur Schaffung einer speziellen Kategorie in diesem Handbuch, in der Gemeinschaften zusammengefasst sind, die eine deutlich erkennbare Abstammung aus der christlichen Tradition mit einer neuen Offenbarung verbinden. Die hier vorgenommene Einteilung ist den Zwängen und Notwendigkeiten eines Buchaufbaus geschuldet und damit rein pragmatisch. Die Zuweisung der Gruppen zu dieser Kategorie ist keineswegs so eindeutig, wie es den Anschein hat. Es lassen sich sowohl Gründe dafür anführen, einzelne Gruppen in andere Kategorien einzugliedern, als auch weitere Gruppen hier aufzunehmen. Durch ihre Nähe zum etablierten Christentum werden neuoffenbarerische Gruppen von der Theologie als Bedrohung oder zumindest als Konkurrenz aufgefasst. Im Sprachgebrauch der Kirchen haben sich für sie Bezeichnungen herausgebildet, die diese apologetische Haltung wiedergeben. So wurde und wird insbesondere von «Sekten» gesprochen. Gerade der Sekten-Begriff wird oft in polemischer Absicht benutzt, sodass er religionswissenschaftlich nicht als wertneutrales Einteilungskriterium religiöser Phänomene zu gebrauchen ist. Eine Bewertung neuoffenbarerischer Gruppen im Sinne kirchlich-theologischer Nachschlagwerke ist hier nicht intendiert. Anzumerken sei noch, dass an dieser Stelle nicht auf sog. spiritistische Geister-Botschaften von Verstorbenen eingegangen wird, da sie nicht von christlichen Autoritäten stammen (wobei der Übergang jedoch fliessend ist). Und verwiesen sei ebenfalls darauf, dass es auch nicht christliche Neuoffenbarungen gibt, zum Beispiel die der Baha'i, der Theosophie und vieler Neureligionen, die aber an anderer Stelle beschrieben sind.

Geistchristliche Gemeinschaft/Interessengemeinschaft Geistige Loge (GCG/IGL)

Die Geistchristliche Gemeinschaft ging 1983 aus der Geistigen Loge Zürich hervor. Diese Vereinigung war um Beatrice Brunner entstanden, die seit 1948 «in Tieftrance Botschaften aus der Geistigen Welt» zu empfangen angab. Grundsätzlich stützt sich die Lehre auf die Bibel, doch gibt es Differenzen zu den Lehren der Kirchen. So wird gesagt, dass Jesus der erstgeborene Sohn Gottes war und «den Erlösungsweg für die Menschen öffnete»; was sich, so kirchliche Repliken, von den Lehren der drei Personen des einen Gottes und der völligen Erlösung durch Christus unterscheide. Brunner und ihre Anhänger gehen zudem von wiederholten Inkarnationen eines Menschen aus. Dieser sei eine unsterbliche Seele, welche – ursprünglich göttlich –, verführt von Luzifer, das geistige Reich verlassen habe. Nun ist die Seele, ummantelt von materiellen Schalen, dazu aufgerufen, geistig an sich zu arbeiten, um in das Reich Gottvaters zurückkehren zu können. Geister aus der göttlichen Sphäre seien es, die durch Beatrice Brunner sprächen und Erläuterungen über die jenseitige Welt und Anleitungen für ein richtiges Leben geben. Die Botschaften wurden alle auf Tonband und Video aufgezeichnet.

Nach Brunners Ableben 1983 kam es zu Auseinandersetzungen in der Geistigen Loge, die daraufhin in die Vereinigungen Pro Beatrice und Geistchristliche Gemeinschaft zerfiel; nur Letztere ist im Kanton Bern präsent. Die GCG heisst «alle geistchristlich Suchenden – unabhängig ihrer politischen oder religiösen Zugehörigkeit – willkommen, an dieser geistigen Zuflucht- und Lehrstätte teilzuhaben». Zweck des Vereins sind die Pflege der Freundschaft und die Verbreitung der Lehre, die als «Lehre der Kirche Christi» verstanden wird. Die Auseinandersetzung damit wird von der GCG als ein hauptsächlich individueller Weg aufgefasst. So sei von der Geisteswelt empfohlen, sich regelmässig eine persönliche stille Stunde einzurichten, um über die Geisteslehre und über das eigene Leben nachzudenken. Daraus gewonnene Erkenntnisse sollen helfen, den Alltag besser zu verstehen und schwere Stunden im Leben zu meistern. Mit einer umfangreichen Internetseite wird inzwischen vieles von Brunners Material öffentlich zugänglich gemacht, zudem gibt die GCG die Zeitschrift «MEDIUM» heraus. Ein 2005 veröffentlichtes Buch mit dem Titel «Lebenssinn» gibt eine kurze Einführung.

Das Interesse an den Botschaften und der Vereinigung hat nachgelassen. Waren es Anfang der Achtzigerjahre über 5000 Mitglieder (in der Vorgängerorganisation insgesamt), so sind es heute in der GCG noch rund 360. Das religiöse Gemeinschaftsleben besteht hauptsächlich in den Treffen der sog. Freundeskreise. Davon gibt es sieben; zwei in Deutschland (München und Nürnberg – etwa die Hälfte der Mitglieder der GCG gehört allein diesen an) und fünf in der Schweiz, in Basel, Bern, Luzern, Winterthur und Zürich. Der Berner Kreis trifft sich nach Absprache in der Umgebung von Bern. Wegen des inzwischen hohen Alters der Mitglieder finden die Treffen eher privat und zurückgezogen statt, es ist mit ihrer Einstellung in absehbarer Zeit zu rechnen. Zusätzlich gibt es an Pfingsten und um Weihnachten in Zürich überregionale Treffen. Um Ostern treffen sich Mitglieder und Interessierte bei Weggis und im Herbst bei Kisslegg im Allgäu zu Besinnungswochenenden.

Kontakt

www.gcg.ch

Kirche Jesu Christi der Heiligen der Letzten Tage («Mormonen»)

Am Beginn dieser Kirche stehen sechs Menschen, die sich im US-Bundesstaat New York um Joseph Smith (geb. 1805) geschart hatten. Dieser berichtete 1820 von einer Vision, in der ihm als Antwort auf sein Gebet Gott Vater und Jesus Christus erschienen seien. Ihm sei auch ein Engel namens Moroni erschienen und habe ihn bezüglich weiterer heiliger Schriften belehrt, die später unter dem Namen «Das Buch Mormon» veröffentlicht wurden. Diese Schriften, auch als «Zweiter Zeuge für Jesus Christus» bezeichnet, beinhalten eine Schilderung des Erscheinens Christi auf dem amerikanischen Kontinent, wo er dann für kurze Zeit seine Lehre gepredigt habe. Dem Buch Mormon kommt für die Gemeinschaft eine zentrale Bedeutung zu; es besitzt parallel zur traditionellen Bibel Geltung.

Da die ursprüngliche palästinische Urkirche Christi («der Heiligen der ersten Tage») zusammen mit vielen Lehraussagen Jesu verloren gegangen sei, müsse sie als «Kirche Jesu Christi der Heiligen der Letzten Tage» vor seinem «Zweiten Kommen» wieder errichtet werden. So lehrte es Joseph Smith, der von seinen Anhängern aufgrund fortlaufend erhaltener Offenbarungen als «Prophet der Wiederherstellung» bezeichnet wird. Und bis heute sollen weitere Offenbarungen Gottes an die Leitung der Kirche erfolgen.

Am 6. April 1830 wurde unter Smiths Leitung die Kirche gemäss staatlicher Gesetzgebung offiziell gegründet. Es kam zu eskalierenden Konflikten zwischen der wachsenden Gemeinschaft und ihrer Umgebung. Eine permanente und immer weiter führende Flucht nach Westen begann, dabei wurde Smith 1844 in Carthage/Illinois von einer aufgebrachten Menge erschossen. Unter seinem Nachfolger, Brigham Young, siedelten sich die Überlebenden zwei Jahre danach in Utah an, einem damals noch nicht zur amerikanischen Union gehörenden Territorium, das durch die Arbeit der Gemeinschaft zum «Mormonenstaat» wurde.

Die Kirche ist heute mit fast 13 Millionen Mitgliedern in 160 Ländern präsent, vielerorts wächst sie stark. Jährlich werden – insbesondere in der sog. Dritten Welt – rund 300 000 Erwachsene getauft. In Salt Lake City/Utah sitzen ihr die dreiköpfige «Erste Präsidentschaft» und der zwölfköpfige «Apostelrat» vor. Eine zweimal jährlich dort stattfindende Generalkonferenz wird per Satellit in alle Welt übertragen, sodass fast die ganze Kirche daran teilnehmen kann.

Die Kirche hat ein exklusives Selbstbild, sie versteht sich als wiederhergestellte Urkirche Christi mit allen Ämtern und Befugnissen. Durch das Sühneopfer Christi sei die Unsterblichkeit für die gesamte Menschheit zustande gebracht worden. Der Mensch werde nur für seine eigenen Sünden bestraft, nicht für die Übertretung Adams. Alle Menschen können gerettet werden, indem sie die Gesetze und Verordnungen des Evangeliums befolgen. Diese seien erstens der Glaube an den Herrn, zweitens die Umkehr, drittens die Taufe durch Untertauchen zur Sündenvergebung und viertens das Händeauflegen zur Gabe des Heiligen Geistes.

In der Kirche tragen die Männer das Laienpriestertum. Ab zwölf Jahren kann ein Junge als Diakon amten. Jeder junge Mann ist aufgefordert, für zwei Jahre als Missionar («Elder») ins Ausland zu gehen, und seit einiger Zeit gehen auch jungen Frauen (als «Sister» bezeichnet) in den Missionsdienst. Dadurch kommt die Kirche auf die beeindruckende Zahl von 50–60 000 Missionaren. Später stehen dem jungen Mann Lehr- und Priesterämter offen. Wer als Gemeindevorsteher berufen wird, wird zum Bischof ordiniert. Alle im Rahmen einer Gemeinde erforderlichen Arbeiten werden unentgeltlich von Freiwilligen geleistet; fast alle Mitglieder haben irgendein Amt. Die Kirche finanziert sich über den Zehnten.

Das Haus des Herrn, der Tempel, spielt eine unumgehbare Rolle: Dort werden Gläubige religiös geschult (wie auch in den Gemeinde- und Hausversammlungen), in prachtvollen Becken getauft, stellvertretend werden auch «Verordnungen» für Verstorbene (ein Art Taufakt) vollzogen, und Ehepaare werden im Tempel «gesiegelt», das heisst, die Ehe wird für dieses Leben und über den Tod hinaus für alle Ewigkeit geschlossen.

Die Tempel (in der Schweiz gibt es einen, weltweit sind es zurzeit 124 und 11 weitere sind angekündigt) sind heilig und speziell geweiht. Alle Mitglieder der Kirche sind aufgefordert, sie so oft wie möglich zu besuchen, doch als Voraussetzung für den Zutritt gilt ein den Richtlinien der Kirche entsprechender Lebenswandel. Im Tempel finden auch weitere, nicht öffentliche Salbungen und Segnungen statt. Das Abendmahl mit einer Symbolik des Todes und des Sühneopfers Christi wird dagegen in den Gemeinden im Rahmen der Abendmahls- und Predigtversammlungen gesegnet und ausgeteilt.

Familienwerte stehen bei den Mormonen sehr hoch im Kurs, denn die Familie ist der Ort, wo christliche Grundsätze vermittelt werden. Ein Familienabend pro Woche dient der gemeinsamen Vertiefung des Glaubens. Als Priestertumsträger kann ein Vater seine Familie segnen. Die Vielehe, bis heute mit den Mormonen assoziiert, wird aber schon seit 1890 nicht mehr praktiziert (nur in einigen Splittergruppen, von denen die Kirche sich distanziert). Wegen ihrer

Eigenheit, sich nach 1. Kor. 15,29 stellvertretend für verstorbene Familienange-
hörige (selbst wenn diese der Kirche nicht angehörten) taufen zu lassen, führen
Mormonen genealogische Archive, die zu den besten der Welt gehören und die
auch von Nichtmormonen frequentiert werden (Familienforschung ist in der
Schweiz in mehreren Zentren möglich, auch in Zollikofen).

Drogen sind, wie auch Alkohol, Nikotin und Schwarztee, untersagt, beim
Abendmahl wird Wasser statt Wein gereicht. Die wichtigsten Feiertage sind
Ostern, Pfingsten und Weihnachten. Der 15. Mai ist ein Gedenktag für die Wiederherstellung des Aaronischen Priestertums (1829), und jeder erste Sonntag
im Monat ist ein Fastentag. Das an diesem Tag durch den Verzicht aufs Essen
gesparte Geld steht primär dem Gemeindevorsteher für die Unterstützung
bedürftiger Gemeindemitglieder zur Verfügung.

Mit weltlichen Machtstrukturen hat die Kirche kein Problem, den Glaubens-
grundsätzen entsprechend ist es recht, dem staatlichen Gesetz zu gehorchen und
für es einzutreten. Die Kirchenmitglieder kooperieren mit staatlichen Einrichtungen, oft arbeiten sie im sozial-karitativen Bereich. Auch die Missionsarbeit
der Kirche – speziell in der Dritten Welt – ist häufig medizinisch-präventiv flan-
kiert. Die Kirche unterhält ein weltweites Katastrophen-Hilfsprogramm und ein
umfangreiches Bildungswesen, darunter die anerkannte Brigham-Young-Uni-
versity in Utah und Hawaii.

Schweiz und Bern

Schon in den 1840er-Jahren zogen mehrere Familien aus dem Bernbiet wegen
dieser Lehre in die USA, und die Synode der Berner reformierten Kirche beschäftigte sich mit der «Mormonen-Sekte». 1850 ordinierte die mormonische Kirche
dann offiziell einen ersten Missionar für die Schweiz und schickte ihn nach Genf,
ein anderer begann 1851 vom Piemont aus mit seiner Arbeit. 1855 gab es bereits
acht Gemeinden im Land. 1864 bezeichnete gar der Bundesrat die Mormonen
als «Sekte», was zwar kein Kompliment, aber eine Art Anerkennung als religiöse Gemeinschaft bedeutete und so eine gewisse Rechtssicherheit darstellte.
Seither wird missioniert und an den Kirchenstrukturen gebaut. Die ersten Mitglieder im Kanton Bern hat es vermutlich 1860 gegeben. Um 1880 zählte man
schon ca. 330 Mormonen im Bernbiet, insbesondere in Bern, Langnau und im
Simmental. In Bern gaben Mormonen die Zeitschrift «Der Stern» heraus. Seit
2000 wird als Folge einer weltweiten Vereinheitlichung als offizielle Kirchenzeitschrift «Liahona» (Kompass, Wegweiser) in einer Vielzahl von Sprachen herausgegeben (mit jeweils länderspezifischen Redaktionsteilen).

Während die Mitglieder aus Europa bis Mitte des 20. Jahrhunderts meistens das Ziel verfolgten, nach Amerika auszuwandern, sind sie seit 1955 aufgefordert, in ihren Heimatländern zu bleiben. Denn in jenem Jahr konnte die Gemeinschaft ihren ersten Tempel in ganz Europa (und den neunten insgesamt) in Zollikofen nördlich von Bern einweihen. Damit war es Europäern möglich, ohne Transatlantik-Reise die Segnungen eines Tempels zu erhalten. 2005 feierte die Gemeinschaft, die nun etwa 7000 Mitglieder im Land zählt, das 50-jährige Tempeljubiläum mit der Errichtung einer Statue auf der Turmspitze, die den Posaune blasenden Engel Moroni darstellt. Heute wird der Tempel in Zollikofen auch von Kirchenmitgliedern aus Italien und dem grenznahen französischen Gebiet besucht.

Die Mormonen der Schweiz gehören heute zum Gebiet Westeuropa, dessen Leitung sich im deutschen Frankfurt am Main befindet. Juristisch ist die Gemeinschaft als Verein verfasst.

Insgesamt gibt es etwa 40 Gemeinden in der Schweiz, die in den fünf «Pfählen» (entspricht Diözesen) Genf, Lausanne, Zürich, St.Gallen und Bern organisiert sind. Der Pfahl Bern reicht bis nach Basel und umfasst im Kanton Bern sechs Gemeinden (Bern, Biel, Burgdorf, Interlaken, Thun und Zollikofen). Die Anzahl der Mitglieder im Kanton beträgt etwa 840, allein in der Stadt Bern und den Vororten sind es ca. 400.

Wie überall in der Welt werden in den einzelnen Berner Gemeinden regelmässig Abendmahlsfeiern abgehalten, versammeln sich Kinder zur Sonntagsschule und der ältere Nachwuchs in Jugendgruppen. Es gibt Priesterschaftsversammlungen für die männlichen Mitglieder, Pfadfindergruppen (Scouts) und Versammlungen des Frauenhilfsvereins.

Kontakt

Allmendstrasse 16, 3052 Zollikofen
www.mormonen.org, www.kirche-jesu-christi.ch, www.familysearch.org

Lorberkreis Thun

Jakob Lorber (1800–1864), der «Schreibknecht Gottes», war ein Offenbarer, dessen Werk heute millionenfach verbreitet ist und das sich auch in esoterischen Kreisen, insbesondere solchen, die sich mehr auf abendländische als auf fernöstliche Traditionen stützen, grosser Beliebtheit erfreut. Von kirchlichen Kreisen wird Lorber zwar misstrauisch betrachtet – speziell weil seine Offenbarungen für Anhänger teilweise gleichberechtigt neben der Bibel stehen –, aber zumindest respektiert.

Lorber, in Österreich in bäuerlichen Verhältnissen geboren, war nach einem abgebrochenen Theologiestudium als Lehrer und Musiker tätig. Er las intensiv die Bibel, dazu esoterische und mystische Autoren wie J. Böhme, J. Kerner und E. Swedenborg. Am 15. März 1840 hatte er eine erste Sprach-Vision, eine «Eingebung Gottes», und begann, «Die Haushaltung Gottes» zu schreiben. Bis zu seinem Tode widmete er sich der Niederschrift weiterer Prophetien. Es entstanden 25 Bücher über biblischen Themen, aber zum Beispiel auch über Anatomie und nicht irdische Welten. Besondere Bedeutung hat das zehnbändige Grosse Evangelium Johannis. Anhänger gründeten für die weitere Pflege der Lehre 1924 die Neusalems-Gesellschaft, die später von den Nazis verboten wurde, und den Miron-Vertrieb für von Lorber empfohlene sog. Sonnenheilmittel.

Lorber orientierte sich an der Bibel, deutete jedoch viele ihrer Aussagen gnostisch. Danach besteht die gesamte Schöpfung ursprünglich aus göttlicher Energie. Die stoffliche Welt sei ein Ergebnis des luziferischen Abfalls von Gott, wodurch die Energie «erstarrte». Gott jedoch erbarmte sich der Gefallenen und initiierte gleichzeitig die materielle Schöpfung, die letztlich wieder zu einer Vereinigung mit Gott führen werde. Jesus war der Mensch gewordene Gott. In dieser weltlichen Gestalt wies Gott der höchsten Form der materiellen Schöpfung, dem beseelten Menschen, den Weg zur Erlösung und damit zurück zu Gott. Durch allumfassende Liebe könne der Mensch einen erlösten Zustand noch zu Lebzeiten erreichen. Meist stirbt er jedoch vorher, dann werde die unsterbliche Seele «in geistigen Sphären weitergebildet». Die Anhänger betonen, dass die Lehre sowohl mit der Bibel als auch mit den Erkenntnissen der Naturwissenschaft übereinstimme bzw. die Aussagen Letzterer «geistig begründet». Sie betrachten sie als ein «übereinstimmendes, an kein Bekenntnis gebundenes Christentum» und verstehen sich nicht als Angehörige einer neuen Kirche, sondern wollen in ihren jeweiligen Kirchen wirken. Lorber-Freunde sind tolerant gegenüber anderen Religionen und akzeptieren auch andere Neuoffenbarungen. Die Kirchen sollen nicht ersetzt werden, daher finden eigentlich keine gottesdienstlichen Handlungen statt. Doch ab und an kann ein Abendmahl vollzogen werden. Aktivitäten bestehen in Zusammenkünften mit Vorträgen und Aussprachen. Es gibt gemeinsame Gebete und Meditationen. Darunter wird eine «innere Selbstbeschau», eine «stille Zeit» verstanden. Organisationsstrukturen gibt es in der Lorber-Bewegung kaum, es existieren höchstens informelle Hauskreise. Nur in Deutschland besteht eine Lorber-Gesellschaft e.V., ansässig nahe Stuttgart, sie veranstaltet gelegentlich Kongresse und Seminare. Es gibt einen Lorber-Verlag in Bietigheim-Bissingen, der auch Schriften inhaltlich ähnlich gelagerter Propheten vertreibt. Zweimonatlich erscheinen dort die Zeitschriften «Das Wort» und «Geistiges Leben». Die Gesellschaft versteht sich als überkonfessionell und vertritt keine verbindliche Lehre.

In der Schweiz besteht seit den 1980er-Jahren ein Lorber-Kreis in Luzern, der seit Ende der Neunzigerjahre mit rund vier Veranstaltungen pro Jahr auch öffentlich auftritt und dafür u. a. mit der Neuen Kirche (Swedenborg) in Zürich kooperiert. Im Kanton Bern besteht nur in Thun ein – informeller – Lorberkreis. Er existiert seit etwa 1988 und besteht aus rund 15 Personen.

Kontakt

G. Kujoth, Brüggstrasse 10, 3634 Thierachern, Tel.: 033 345 31 39, gerdkujoth@swissonline.ch, www.scfx.ch/lorber/lorberkr.htm

Universelles Leben

Durch neue Offenbarungen der 1933 geborenen Gabriele Wittek wird in der Gemeinschaft Universelles Leben (UL, bis 1984 Heimholungswerk Jesu Christi) permanent «Gottes Wort» verkündet. Wittek ist «Lehrprophetin», sie verkündet, legt aus, berät und wirkt in ihrer Mittlerfunktion als «Sprachrohr Gottes». Nachdem bei ihr 1975 eine erste «Einstrahlung» des «Geistlehrers Emanuel» eingetreten war, entstand eine Gruppe von Anhängern. Eine formale Mitgliedschaft besteht nur für den Trägerverein, nicht aber für die übrigen Anhänger, deren Zahl auf 10 000 bis 100 000 weltweit geschätzt wird. Allerdings existiert eine klare informelle Innen-Aussen-Trennung. Besonders deutlich grenzt man sich gegen die etablierten Kirchen ab. Dass im UL, besonders in den Wohngemeinschaften der Kerngemeinde, jeder für jeden verantwortlich ist, schafft eine starke Bindung und wird von Kritikern als System gegenseitiger Kontrolle interpretiert. Zentrum der Gemeinschaft ist der Raum Würzburg (D). Mit den Anhängern und den religiösen Aktivitäten konzentrieren sich dort viele der in den Bereichen Öko-Landwirtschaft, Handwerk, soziale Dienste, Medizin, Bildung und Handel unterhaltenen «Christusbetriebe». In diesen bildet die Bergpredigt die Betriebsordnung. Eine intensive weltweite Medienaktivität erfolgt durch den Verlag DAS WORT, die Zeitschriften «Das Friedensreich» und «Der Prophet», Radio Santec, im Internet, durch Plakate und Flyer u. v. m.

Die Lehre des UL enthält neben christlichen auch spiritistische und esoterische Elemente. Stark wird die unmittelbar bevorstehende Apokalypse betont; Witteks Offenbarungen erfolgen zur Vorbereitung auf diese «Wende von der alten, sündhaften Zeit zur Lichtzeit». Die Lehre ist in den Büchern «Das ist mein Wort – A und Ω» und «Der Innere Weg» fixiert. Sie wird durch Vorträge Witteks, die als Eingaben höherer Wesen gelten, erläutert.

Nach gnostisch-esoterischem Vorbild ist die Welt geistig erschaffen worden. Das Gottesbild eines unpersönlichen Allgeistes bzw. einer kosmischen Urkraft ähnelt indischen Lehren mehr als dem traditionellen christlichen Gottesverständnis. Die Materie entstand erst durch den «Sturz Satans» und einen damit einhergehenden «Energieabfall». Der Mensch ist in der Materie verhaftet, jedoch durch Christus mit dem «Erlöserfunken» ausgestattet. Christus ist der ewige und durch Wittek sprechende Gottesgeist; Jesus war seine irdische Inkarnation. Weitere durch sie sprechende Wesen sind «GOTT-VATER», «Emanuel, der Cherub der göttlichen Weisheit», «Lehrengel Liobani» für Erziehungsfragen und der Ausserirdische Mairadi. Weg und Ziel des UL ist die Errichtung der «Inneren Geist-Christus-Kirche», einer «Seelenkirche» für alle Menschen. Da das Königreich Christi im Inneren des Menschen zu finden sei, führt dorthin der «Innere Weg» der «Bewusstseinsreinigung». Der Weg ist vierteilig und besteht aus durch Meditationen erreichte «Schwingungserhöhungen». Rituale gibt es im UL fast keine, die christlich-kirchlichen werden abgelehnt. In der Lehre spielen Heilungen eine grosse Rolle, wobei von der Existenz eines individuellen wie auch kollektiven Karma ausgegangen wird. Krankheit gilt als verursacht durch «eigenes Fehlverhalten gegenüber den Gesetzen des Herrn». Eine Konzentration auf den «Inneren Heilstrom» könne, beim festen Glauben an Christus, jede Krankheit heilen. Auch Fernheilungen bietet des «Weltweite Urchristliche Gebets- und Glaubens-Heilzentrum» – ebenfalls in Würzburg – an. Eine Hauptursache für den katastrophalen Zustand der Welt sei die karmische Belastung der Menschheit durch das Töten von Tieren. Im UL gilt ein absolutes Tötungsverbot und deshalb auch eine vegetarische Lebensweise; der Tierschutz geniesst grosse Aufmerksamkeit. Es werden entsprechende Initiativen organisiert, zum Beispiel Protestmärsche zur Abschaffung der Jagd. Eine seit 2000 bestehende «Gabriele-Stiftung» kauft Land, um es zu Biotopen umzugestalten.

Da das Selbstverständnis exklusiv ist, bestehen keine ökumenischen oder interreligiösen Kontakte. Die Bibel, wie sie andere Christen verwenden, gilt als gefälscht und wird nicht verwendet. Das UL zitiert biblische Stellen, die dann aber in den neuen Offenbarungen durch «Christus erklärt, korrigiert und erläutert» sind. Es erfolgt eine scharfe und polemische Ablehnung der Kirchen, insbesondere der römisch-katholischen; der Austritt daraus wird massiv propagiert.

Kirchliche Kritiker sagen, dass die Lehre des UL der kirchlich-theologischen in allen wesentlichen Punkten widerspricht. Besonders mit kirchlichen Sektenbeauftragten und Exmitgliedern, aber auch mit öffentlichen Stellen gab es viele, oft juristisch ausgetragene Auseinandersetzungen.

Schweiz und Bern

Das UL ist seit 1985 in Zürich als Verein registriert, bereits ab 1982 gab es in der Stadt eine Kontaktadresse. Gemeinden bzw. Veranstaltungstreffpunkte bestehen heute in Aarau, Basel, Bern, Lausanne, Luzern, Rapperswil, St.Gallen, Winterthur und Urdorf bei Zürich. Der Urdorfer Treffpunkt ist das Zentrum für die Deutschschweiz, dort versammeln sich wöchentlich bis etwa 65 Menschen und zu Anlässen mehr. Der Verlag Vita Vera in Bremgarten ZH vertreibt Medien des UL «für Klardenker und Tatmenschen». Es gibt keine Kontaktlisten oder formale Mitgliedschaften, doch durch Rückmeldungen auf Plakatkampagnen und durch die mehr oder weniger regelmässigen Bezieher von Publikationen schätzt die Gemeinschaft, dass sie in der Schweiz rund 4000 Freunde hat.

In Bern trifft sich eine Gruppe seit etwa 2004 in einem jeweils stundenweise gemieteten Konferenzraum in der Altstadt. Heute kommen zwischen fünf und 15 Menschen zu den Freitagabend-Veranstaltungen. In früheren Zeiten gab es bis zu 60 regelmässige Besucher, damals bestand ein eigener Raum am Waisenhausplatz.

Immer am Freitagabend wird aus Würzburg per Telefon die Veranstaltung «Zwanglos Gott erleben – Jesus war kein Kirchgänger» in alle Welt übertragen. Es handelt sich dabei nicht um Rituale, sondern um Lesungen, Vorträge, gemeinsame Gebete usw., wobei meist nur einige Sprecher aktiv sind und am Ausstrahlungsort wie auch in den Empfängergruppen gelauscht und gelegentlich gesungen wird. In eingeleiteten stillen Momenten wird ruhig gebetet oder meditiert. Unter der Woche sind weitere Zusammenkünfte möglich – zum Beispiel Vortragsveranstaltungen oder Schulungen zu ethischen Themen –, was meist in Urdorf geschieht. Am Sonntagmorgen erfolgt die Übertragung der «Persönlichen Glaubensheilung». Einmal im Monat gibt es lebenspraktische Einführungen, zum Beispiel in die vegetarische Küche.

Ein Zettelkasten in der Berner Aarbergergasse dient v. a. dazu, das vegetarisch-christliche Anliegen zu kommunizieren. Auch auf Flugblättern und hier und da aufgehängten Plakaten geht es vorwiegend darum. Andere Kampagnen unter dem Label «revo» propagieren ein Christentum ohne Kirchen.

Kontakt

Steinackerstrasse 24, 8902 Urdorf bei Zürich, Tel.: 044 492 54 26
www.universelles-leben.org

Indische Religionen

Einführung
(Philipp Eyer)

Vereinfachend wollen wir hier von «dem Hinduismus» im Singular reden, als wäre es eine einheitliche Religion, und von «den Hindus» bei den Anhängern. Der Begriff «Hindu» ist nicht indischen Ursprungs, er wurde im 6. Jahrhundert v. Chr. von den Persern zur Beschreibung der am Sindhu (heute: Indus), einem Fluss im Nordwesten Indiens, lebenden Menschen verwendet. Seit Anfang des 19. Jahrhunderts wurde der Begriff von den Briten verwendet zur Bezeichnung nicht christlicher und nicht muslimischer Religionszugehöriger auf dem indischen Subkontinent. Die so Benannten übernahmen den Begriff nach und nach als Selbstbezeichnung, auch um sich von Christen und Muslimen abzugrenzen. Heute wird «Hinduismus» als Sammelbegriff für eine Vielzahl unterschiedlicher Traditionen und Gruppen indischer Glaubenssysteme verwendet. *Den* Hinduismus und *den* Vertreter des Hinduismus gibt es aber eigentlich in der Schweiz ebenso wenig wie in Indien. Es gab und gibt bis heute sehr grosse lokale Unterschiede. Ungefähr 900 Millionen Hindus leben heute weltweit, damit steht der Hinduismus nach Christentum und Islam zahlenmässig an dritter Stelle. Die meisten leben in Indien, viele in den Ländern Sri Lanka, Bangladesch, Nepal und Indonesien, auch in vielen westlichen Ländern sind sie zahlreich vertreten.

Da für die Schweiz besonders die in Südindien und Sri Lanka durch die Volksgruppe der Tamilen geprägte Variante des Hinduismus wichtig ist, wird sich die folgende Darstellung vorwiegend – wenn auch nicht ausschliesslich – auf diese konzentrieren.

Lehren und Riten

Der Hinduismus wird oft als eine der ältesten lebenden Religionen der Welt beschrieben. Im Unterschied zu anderen Religionen kennt er keinen Gründer und auch keinen eindeutig datierbaren Anfang. Es gab mehrere formative Phasen, wobei der Hinduismus ca. ab dem 4. nachchristlichen Jahrhundert allmählich die Form annahm, wie wir ihn heute kennen. Die Wurzeln reichen aber bis ins 12. Jahrhundert v. Chr. zurück. Es gibt auch keine eindeutige Bestimmung der sakralen Literatur und kein zentrales heiliges Buch. Es hat keine Konzilien oder sonstige Machtstrukturen gegeben, die dies hätten allgemeinverbindlich regeln können. Dennoch gibt es mehrere Schriften, die als heilig gelten und für viele Menschen verbindlich sind: die Veden, die Upanishaden, die Puranas (Legenden über Götter, Schöpfung u. dgl.), die Dharma-Sutras (Dharma-Aphorismen), die Dharma-Shastras (Regelungen religiöser und sozialer Pflichten) sowie die Epen Ramayana und Mahabharata. Die ältesten Schriften sind die vier Veden (Veda = Wissen): Rigveda, Samaveda, Yajurveda und Atharvaveda. Sie enthalten Opfersprüche und Gebetslieder, mythologische Hymnen und Zauberformeln und gelten den Gläubigen als von Ewigkeit her existierendes Wissen. Vermutlich sind sie zwischen 1200 und 500 v. Chr. entstanden. Neueren Datums (ca. 8. bis 3. Jahrhundert v. Chr.) sind die Upanishaden mit ihren philosophischen Erklärungen, zu denen auch die Lehre von der Wiedergeburt und der Weltseele gehört. Im Mahabharata und im Ramayana werden Geschichten und Heldentaten der indischen Vergangenheit erzählt. Alle Schriften sind in Sanskrit verfasst, einer Sprache, die seit etwa 400 v. Chr. nicht mehr umgangssprachlich gebraucht wird. Die religiösen Termini des Hinduismus gehen auf diese Sprache zurück, und so werden sie auch hier – wenn nicht anders gekennzeichnet – wiedergegeben. Der Begriff «Religion» kommt in dieser Sprache nicht vor, doch das Wort «Dharma» kommt unserem europäischen Begriff und Verständnis von Religion am nächsten. Dharma beschreibt zum einen ein überzeitliches Gesetz und die ewige Ordnung der ganzen Welt. Zum anderen bedeutet Dharma auch Weg oder Pflicht, die jeder Hindu gemäss seiner Kaste zu erfüllen hat. Eine zentrale religiöse Vorstellung ist, dass jeder Mensch unzählige Male wiedergeboren wurde und wird. Die Seelenwanderungslehre besagt, dass die Seele (Atman) nach dem physischen Tod immer wieder in neue Daseinsformen hineingeboren wird. Dieser Kreislauf der Wiedergeburten wird Samsara genannt. Eng damit verbunden ist die Lehre vom Karma (Tat). Sie geht davon aus, dass die Gesamtheit allen menschlichen Handelns, Verhaltens und Denkens ihre Wirkung in diesem wie auch im nächsten Leben zeigt. Nach dieser Lehre bestimmt der Mensch selbst durch sein Handeln sein zukünftiges Leben, wo er die Früchte seiner Taten ernten wird. Der Zwang zur ständigen Wiedergeburt ist mit Leid, Tod und Vergänglichkeit verbunden. Deshalb wird Moksha, die Befreiung vom Kreislauf der Wiedergeburten, angestrebt. Mehrere Wege bildeten sich im Laufe der Entwicklung des Hinduismus heraus, um Befreiung aus dem Geburtenkreislauf zu erlangen. Viele Menschen folgen dem Weg des tätigen, selbstlosen Handelns und der treuen Erfüllung der durch die Kaste auferlegten Pflichten.

Dieser Weg wird oft als Karma-Yoga bezeichnet. Eher wenige folgen dem Weg der Erkenntnis, um über Einsicht, durch Meditation und Askese die Zusammenhänge der Welt und des Kosmos zu erkennen. Dieser Weg wird Jnana-Yoga genannt. Ein dritter Weg ist der der liebenden Hingabe (Bhakti) an einen Gott, Bhakti-Yoga genannt.

Verbunden mit der Idee des Karma ist die Lehre des Kastensystems. In diesem werden unterschiedliche Gruppen entsprechend ihrer gesellschaftlichen Herkunft (Geburt, Karma) und ihrer traditionellen beruflichen Tätigkeit hierarchisch geordnet. Jede Kaste hat bestimmte religiöse und berufliche Aufgaben, Rollen und Pflichten zu erfüllen. Traditionell steht gemäss den heiligen Schriften an der Spitze der religiösen und sozialen Ordnung die Brahmanen-Kaste. Die Brahmanen sind die Ritualkundigen und haben die Schriften studiert. Ihnen allein ist es erlaubt, Tempel-Rituale durchzuführen. Die vier Hauptkasten (varnas) sind: brahman (Brahmanen, Priester), kshatriya (Adelige und Krieger), vaishya (Bauern und Kaufleute) und shudra (Handwerker und Lohnarbeiter). Jede Kaste hat unzählige, auch regional unterschiedliche Unterkasten (jatis). Man geht von 3000 bis 4000 Unterkasten im heutigen Indien aus. Ausserhalb des Systems stehen die sog. Kastenlosen oder Unberührbaren. Diese harijan, Gandhi nannte sie Kinder Gottes, gelten als unrein, da sie niedrige und religiös verunreinigende Arbeiten ausführen, sie werden von den höheren Kasten gemieden. In der Vergangenheit gab es Versuche, zum Beispiel durch Mahatma Gandhi (1869–1948) und Bhimrao Ramji Ambedkar (1891–1956), das Kastensystem und seine oft diskriminierenden Folgen aufzulösen, die jedoch wenig Erfolg hatten.

Im alltäglichen Leben in den meisten hinduistischen Traditionen steht die Verehrung der Götter im Zentrum. Das Pantheon ist riesig. Es umfasst einerseits personifizierte Götter mit menschlichen Eigenschaften, welche Bitten und Wünsche erfüllen, aber auch Strafen und Unheil, Krankheit und Tod herbeiführen können. Andererseits werden auch Steine, Pflanzen, Tiere und Naturkräfte als Formen des Göttlichen angesehen und verehrt. So gelten beispielsweise die Flüsse in Indien als heilig, der bekannteste unter ihnen ist der Ganges, der als Mata Ganga (Mutter Ganges) verehrt wird.

Im heutigen Hinduismus werden v. a. drei Haupttraditionen unterschieden: Vishnuismus, Shivaismus und Shaktismus. In der Vishnu-Tradition stehen der Gott Vishnu und seine irdischen Inkarnationen Krishna und Rama im Mittelpunkt. Diese Richtung ist besonders in Nordindien verbreitet. Im Shivaismus wird Shiva als Hauptgott verehrt, oft in Form eines Lingam, eines phallusförmigen Steins. Andere Darstellungen zeigen Shiva sowohl als Asketen wie auch als Ehemann mit seiner Frau Parvati und seinen Söhnen. Sein älterer Sohn, der elefantenköpfige Gott Ganesha ist einer der beliebtesten Götter. Er wird als der Überbringer von Glück und als Überwinder von Hindernissen verehrt. Jede Andacht beginnt mit einem Gebet an Ganesha. Der jüngere Sohn Shivas, Skanda (tamilisch: Murugan), wird besonders in Südindien und Sri Lanka verehrt. Murugan gilt als Sinnbild für Schönheit, kriegerische Stärke und als Schutzherr der tamilischen Sprache. Im Shaktismus wird Shakti, das weibliche Prinzip eines Gottes und die Kraft des Universums, verehrt. Sie tritt als Grosse Göttin in vielen Formen und Namen auf. Als Gemahlin Shivas unter dem Namen Parvati, oder als Vishnus Frau als Lakshmi oder als zerstörerische Kali oder als ungestüme Durga oder als wohlwollende und gütige Devi ... Bei den Tamilen wird sie oft unter dem Namen Amman (Mutter) verehrt. Trotz dieser Vielfalt der Götter wird von vielen Hindus die Einheit des Göttlichen hervorgehoben.

Riten zur Götterverehrung werden vor dem Schrein im eigenen Haus oder im Tempel vollzogen. Beinahe jede Familie hat einen kleinen Hausschrein und verehrt dort täglich die durch Bilder oder kleine Statuen dargestellten Götter. Der Hausaltar befindet sich meistens in einem Wandschrank, auf einem Regal in der Küche oder bei mehr Platz in einer gesonderten Ecke oder in einem eigenen Zimmer. Jeweils am Morgen und am Abend werden Andachten (Sanskrit: puja, Tamil: pucai) durchgeführt. In der Wohnung werden auch lebensbegleitende Rituale vollzogen, zu denen mitunter Priester ins Haus eingeladen werden. Zudem werden zu Hause viele individuelle Formen der Religiosität praktiziert. Viele tamilische Frauen fasten regelmässig an bestimmten Wochen-, Monats- oder Feiertagen. Die Götter und Göttinnen werden auch im Tempel verehrt, wo für die Puja allein der Priester (pujari, brahman) verantwortlich ist.

Das religiöse Leben der hindu-tamilischen Tempel in der Schweiz orientiert sich eng an den Vorlagen südindischer und srilankischer Tempel. Dabei steht die Puja, die rituelle Versorgung der geweihten Götterstatuen (Murti) durch den Priester im Zentrum. Die vorgegebene Form und Regelmässigkeit der Andacht ist dabei entscheidend. Bei der Puja vor einer Statue wird nicht die Statue ange- betet, sondern die Gottheit selbst, deren Shakti (Kraft) als in der Statue anwe- send vorgestellt wird. Ziel ist es, die Gottheit zu erfreuen und zufriedenzustellen, damit sie in Form der göttlichen Energie in die Statue strömt. Deshalb muss der Priester die Umsorgungs- und Opferzeremonien möglichst getreu den Vor- gaben zelebrieren. In den Tempeln in Indien und Sri Lanka werden täglich meh- rere Pujas durchgeführt. In den Tempeln in der Schweiz beschränken sich die

Pujas meist auf bestimmte Tage in der Woche, häufig auf Dienstage und Freitage, die als heilige Tage gelten. Ein Tempel trägt meistens den Namen derjenigen Gottheit, deren Murti im Hauptschrein verehrt wird. In den Tempeln befindet sich aber nicht nur diese eine geweihte Götterstatue, sondern mehrere. Es gibt eine Reihe von gesonderten Schreinen mit Statuen von Ganesha (Tamil: Vinayagar oder Viyanagar; beide Schreibweisen sind möglich), Murugan, Shiva oder den Figuren der Himmelskörper (Navagraha, die Neun Gestirne). Die Andacht beginnt mit dem Läuten der Glocken, das die Gottheit willkommen heissen soll. Der Priester opfert Blumen, Wasser und andere Gaben, während er Sanskritverse rezitiert. An besonderen Tagen werden die Gottheiten in kostbaren Ingredienzien gebadet und neu bekleidet. Als Erstes ist immer Ganesha an der Reihe. Die Puja wird vor jedem Schrein erneut durchgeführt und jeweils mit dem Schwenken der Kampferflamme beendet. Am Ende der Puja kommt der Priester oder ein Gehilfe zu den Gläubigen, reicht die Kampferflamme, giesst etwas süsse Milch in die hohle Hand und setzt mit Sandelholz und Gelbwurz den Tilak (Punkt) auf die Stirn der Gläubigen. Zum Schluss wird Prasad (Tamil: piracatam), die geweihte Speise, verteilt. An besonderen Festen kann Prasad auch die Form einer vollständigen Mahlzeit annehmen. Als besonders wichtig und heilsbringend gilt Darshan, der Anblick bzw. der Blickwechsel mit der Statue, da man so direkt die Gottheit erfahren und deren Shakti aufnehmen könne. Hindus, die den Tempel besuchen, sollten gemäss den Reinheitsvorschriften an diesem Tag kein Fleisch zu sich nehmen sowie geduscht und in möglichst sauberer Kleidung erscheinen. Vor dem Betreten werden die Schuhe ausgezogen. Die Menschen kommen in den Tempel, um für sich oder für andere um Hilfe zu beten, für erhaltene Hilfe zu danken und um ihre Verehrung gegenüber den Gottheiten auszudrücken. In Form von Niederwerfungen, Verneigungen oder dem Umschreiten der Schreine (stets im Uhrzeigersinn) wird der Respekt vor den Göttern ausgedrückt. Anschliessend an die Puja können die Gläubigen eine private Verehrung – bspw. zum Dank für die von der Gottheit erhaltene Hilfe oder weil sie um deren Hilfe bitten wollen – ein Arccanai auf ihren Namen oder im Namen der Familie abhalten lassen. Der Priester nennt der Gottheit Namen und Wunsch des Gläubigen, legt deren Gaben der Gottheit zu Füssen und rezitiert Sanskritverse. In verschiedenen Tempeln wird die grosse Puja am Freitag jeweils von einer Familie gesponsort, ihr Namen wird im Tempel öffentlich angeschlagen. Dasselbe gilt für die grossen Festtage.

In den hindu-tamilischen Tempeln in der Schweiz werden auch Samskaras, lebenszyklische Zeremonien wie das erste Haareschneiden, die erste feste Nahrung bei Kleinkindern oder die Pubertätszeremonie der Mädchen, gefeiert. Viele Paare vollziehen ihre Heirat im Tempel, deshalb ist beinahe in jedem Tempel ein prunkvoller Traubaldachin (manavarai) zu sehen, der auch gemietet werden kann.

Indiens vielfältige religiöse Kultur brachte zahlreiche verschiedene Festkalender und Feiertage hervor, und so gibt es fast keinen Monat, in dem nicht mehrere Feste stattfinden. Manche sind dem Lauf der Jahreszeiten und der Natur gewidmet, bei anderen werden einzelne Götter geehrt oder mythische Geschehnisse nachvollzogen. Die Festtermine bestimmen sich nach dem Mondkalender. Zu den wichtigsten Festen bei den tamilischen Hindus (auch in der Schweiz) zählen: Thaipongal (tamil.), das Erntefest im Januar; Shivratri, Shivas Nacht im Februar, bei der Shiva in Form des Lingam verehrt wird; Varudappirappu (tamil.), das Neujahrsfest im April; Vinayagar Sathurthi (tamil.), bei dem Ganeshas Geburtstag zelebriert wird; Diwali, das Lichterfest im September und Navaratri, Neun Nächte, im Oktober/November, bei dem in neun aufeinanderfolgenden Nächten für die drei Göttinnen Durga, Lakshmi und Sarasvati feierliche Verehrungen vollzogen werden. Ebenfalls im Oktober/November wird Purattaci Cani Pucai gefeiert, an vier bis fünf Samstagen wird dabei der Planetengott Saturn (Tamil: Cani) verehrt und um Wiedergutmachung begangener Verfehlungen gebeten. Anfang November feiert man das mehrere Tage dauernde Fest Skanda Sasti zu Ehren Murugans. An seinem vorletzten Tag zelebriert man Suranpur (Krieg gegen Suran), bei dem durch ein Theaterspiel im Tempel die Überwindung des Dämonen Suran durch Murugan nachvollzogen wird. Am Abend darauf ist die Heirat Murugans mit seinen zwei Frauen Valli und Devacanai Gegenstand des Festes. Gefeiert werden zusätzlich die Vollmondnächte und die Geburtstage der Götter, und jeder Tempel feiert im Sommer sein eigenes Tempelfest Thiruvila (tamil.). Bei diesen Tempelfesten trägt man die Murtis aus dem Tempel und zieht sie dann auf einem Wagen um den Tempel; in einer anderen Version tragen sie die Männer auf einer Sänfte. Das Wagenfest Terotam mit der Wagenprozession findet meistens zum Abschluss des Tempelfestes statt. Die Tempelfeste dauern zwischen zehn und 21 Tage und ziehen jeweils Gläubige aus der ganzen Schweiz an. Beim Tempelfest im Adliswiler Tempel nehmen regelmässig drei- bis viertausend Menschen teil. Für die Tempelfeste im Sommer werden Priester aus der höchsten Priesterkaste (Kurukkal) und Tempelmusiker aus Sri Lanka eingeladen. Meistens bleiben diese für drei Monate in der Schweiz und nehmen an mehreren Festen teil.

Schweiz

Die grosse Mehrheit der Hindus in der Schweiz sind Tamilen aus Sri Lanka. Seit Beginn der 1980er-Jahre herrscht in Sri Lanka ein blutiger Konflikt zwischen einer tamilischen Minderheit und der singhalesischen (und buddhistischen) Mehrheit, der bis heute mehr als 60 000 Menschenleben forderte. Seit der Konflikt 1983 eskalierte, brachten sich tamilische Flüchtlinge ins benachbarte Ausland (Indien und Malaysia), aber auch nach Europa, Nordamerika und Australien in Sicherheit. Die grösste Flüchtlingsgruppe von 250 000 Tamilen lebt heute in Kanada und den USA. In Indien sind es über 150 000. Von den 200 000 Tamilen in Europa leben in Grossbritannien 35 000, in Deutschland 65 000, in Frankreich 60 000, in Norwegen, den Niederlanden, in Schweden und in Dänemark je einige Tausend. Die Schweiz hat 42 000 Asylbewerber aufgenommen, wovon die grosse Mehrheit Tamilen sind; sie verfügt damit proportional zur einheimischen Bevölkerung über die höchste Konzentration tamilischer Flüchtlinge in Europa. Die meisten Tamilen in der Schweiz arbeiten im Tiefstlohnsektor, und viele von ihnen haben auch heute noch einen unsicheren Aufenthaltsstatus. 80 Prozent der Schweizer Tamilen sind Hindus, ca. 15 Prozent sind römisch-katholisch, drei bis fünf Prozent gehören protestantischen Kirchen an, daneben gibt es einige tamilische Muslime. Nach dieser Rechnung leben also ungefähr 32 000 tamilische Hindus im Land. Dazu kommen noch Hindus aus Indien, deren Zahl auf 7000 bis 8000 geschätzt wird. Letztere sind jedoch nicht eigenständig religiös organisiert: Sie gründeten zwar Kultur- und Sprachvereine, ein eigener Tempel besteht jedoch nicht. Im Kanton Bern leben etwa 6000 bis 8000 tamilische Flüchtlinge, von denen nach dieser Rechnung also 5000 bis 6000 Hindus sind.

Obwohl wahrscheinlich jede hinduistische Familie einen kleinen Hausschrein in der Wohnung hat und dort die Gottheiten verehrt, bestand der Wunsch nach Andachtsstätten. So haben die tamilischen Hindus seit den Achtzigerjahren religiöse Vereine gegründet und Tempel errichtet, um gemeinsam Pujas und Feste durchzuführen. Dem ersten Tempel in Basel (1986) folgten weitere in Luzern (1991), Trimbach und Chur (beide 1992), in Stabio im Tessin (1993) sowie in Bern, Zürich, Baar, Glattbrugg und Adliswil. Tempel gibt es inzwischen auch in Grenchen, Aarau, Muttenz, Lyss, Langnau, Steffisburg, Vernier und Prilly. Meistens sind es umgebauten Lager- oder Fabrikhallen, die sie beherbergen, manchmal Wohnungen. Einer der grössten und bekanntesten Tempel der Schweiz ist der in einem Industrieareal gelegene Sri-Sivasubramaniar-Tempel in Adliswil ZH. Neben den erwähnten Tempeln, die in shivaitischer Tradition stehen, existieren einige tamilische Sathya-Sai-Baba-Zentren in Zürich und im Kanton Bern. Zu Beginn des Jahres 2006 bestanden 18 Tempel unterschiedlicher Grösse in der Schweiz.

Nicht nur christliche, sondern auch hinduistische Tamilen besuchen katholische Wallfahrtskichen, in denen sie die Schwarze Madonna als Amman, als Grosse Göttin verehren und sie um Hilfe und Wunscherfüllung bitten. Beliebte Wallfahrtsorte sind daher Einsiedeln SZ, Mariastein SO, St.Josef in Köniz BE, Madonna del Sasso in Orselina TI und auch Lourdes in Frankreich.

Im Folgenden werden hinduistische Tempel erwähnt, die sich zwar nicht im Kanton Bern befinden, die jedoch für Berner Hindus von Wichtigkeit sind und von ihnen frequentiert werden:

- 1991 wurde in Trimbach SO ein religiöser Verein zur Förderung der tamilischen Kultur in der Schweiz gegründet. 1992 konnte in einer ehemaligen Lagerhalle ein Raum gemietet werden, wo dann der Sri-Manonmani-Ambal-Tempel eingerichtet wurde (Bleichestrasse 6, 4631 Trimbach). Er ist Manonmani (der tamilische Name von Parvati) geweiht. Die Göttin ist populär als Gattin Shivas, weshalb der Tempel besonders für Hochzeitszeremonien beliebt ist. Dafür reisen Gläubige aus der ganzen Schweiz an, wodurch dort bis 2006 bereits an die 2000 Hochzeiten gefeiert worden sein sollen. Im Tempel ist ein Kurukkal, ein Priester aus der höchsten Priesterkaste, mit einem festen Gehalt angestellt; dies soll der einzige Fall einer derartigen Organisation in der Schweiz sein. Neben dem Betrieb des Tempels organisiert der Trägerverein Sprach- und Tanzunterricht für tamilische Kinder.

  Der Verein plant in Trimbach den Bau eines neuen Tempels im traditionell südindischen Stil, vergleichbar dem inzwischen berühmten Sri-Kamadchi-Ampal-Tempel in Hamm (D). Dafür wurden bereits 5400 Quadratmeter in der Gewerbezone erworben. Der Tempel soll 50 Meter lang und breit und mit drei Türmen ausgestattet sein, wobei der grösste 17 Meter messen soll.

- Der Verein Thurkai Amman Alayam (Brühlstrasse 6, 2540 Grenchen SO) hat 1997 einen Tempel in der ehemaligen Lagerhalle einer Uhrenfabrik eingerichtet. Der Tempel ist der Gottheit Thurkai (Durga) geweiht. Jeden Dienstag und Freitag findet um 19.30 Uhr die Puja statt. Jeweils im Juni wird das Tempelfest mit einer öffentlicher Prozession gefeiert

- In der Schweiz gibt es mehrere Hundert tamilische Hindus, die Anhänger der Tamilin Abhirami Upasaki sind. Sie wird als Inkarnation der grossen Muttergöttin Amman und als Shakti-Medium verehrt. Die Göttin soll sich durch sie manifestieren und Rat und Heilung schenken. Zahlreiche Gläubige besuchen sie jährlich in ihrem Ashram in Dänemark. Dort hat Abhirami Upasaki mit ihrem Ehemann, einem Priester, in der Nähe von Brande Land gekauft, um einen Tempel zu erbauen. Ende 2001 trat Apirami-Amman in der Schweiz zum ersten Mal im Adliswiler Tempel auf. Die Anhänger Abhiramis feiern zweimal im Jahr besondere Feste, für die sie grosse Säle mieten.

Hindu-Tempel Burgdorf
(Philipp Eyer)

Am 18. Oktober 1996 wurde der Tempel gegründet, er befindet sich heute in einem alten Gebäude vis-à-vis der Coop-Filiale. Er beherbergt Statuen von verschiedenen Gottheiten, darunter Shiva, Parvati und Ganesha. Ebenfalls im Tempel steht ein grosses Bild von Sai Baba, der von vielen der Besucher verehrt wird; der Tempel gehört aber nicht zur → Sai-Baba-Bewegung. Jeden Freitag ab 19.00 Uhr werden gemeinsam Bhajans gesungen und die Puja durchgeführt. Regelmässig nehmen ca. 20 bis 30 Tamilen daran teil. Daneben feiern sie die allgemeinen hinduistischen Feste. Zusätzlich wird jedes Jahr im Januar/Februar in einem grossen Saal in Burgdorf ein «Hindu-Fest» mit tamilischer Musik und Tanz organisiert. Der Hindu-Tempel pflegt gute Kontakte zum Verein Tamil Saivam Sangam Zürich.

Kontakt
Saegegasse 18, 3400 Burgdorf, Tel.: 034 445 31 13

Murugan-Tempel Bern
(Philipp Eyer)

Tamilen in Bern hatten sich seit 1984 regelmässig im Quartiertreffpunkt Untermatt in Bümpliz getroffen. Dort wurden Sprach- und Nähkurse sowie Kinder- und Frauentreffs organisiert. Jeden Freitag traf man sich zur gemeinsamen Puja in einem kleinen Saal, der auch noch von anderen Gruppen genutzt wurde. Da der Wunsch nach einem eigenen Verehrungsort aufkam, begann man, nach neuen Räumlichkeiten zu suchen. Zugleich fragte man bei der Caritas um finanzielle Unterstützung für religiös-kulturelle Zwecke an, woraufhin die Tamilen und die Caritas zusammenzuarbeiten begannen. Im Rahmen des Selbsthilfeprojekts Uthayam (Tamil: Sonnenaufgang, Ein Kind wird geboren, Etwas Neues, Einen Baum pflanzen) der Caritas Schweiz und der Caritas Bern wurde der tamilischen Gemeinschaft geholfen. Die Caritas vertrat die Ansicht, dass Kultur und Religion der tamilischen Flüchtlinge zu bewahren seien, und unterstützte Initiativen, die die Errichtung eines Tempels beabsichtigten, einen bereits bestehenden Tempel in Langnau und den Aufbau von Schulen für Sprach-, Tanz- und Religionsunterricht. Es wurde v.a in der Gewerbe- und Industriezone nach einem geeigneten Objekt gesucht. An der Bümplizstrasse 21 konnte die Gruppe vorübergehend einen Raum finden, der aber viel zu klein war. Im Sommer 1993 wurde in unmittelbarer Nähe des Quartiertreffs Untermatt ein Raum gefunden, in dem ein Tempel eingerichtet werden konnte. Das Obergeschoss des neu gebauten Gewerbehauses der Firma A. Vontobel AG an der Looslistrasse 21A wurde von der Caritas in einer Art Trägerfunktion bis zum Jahre 2000 gemietet. Bei den Umbauarbeiten halfen viele freiwillig mit. Die Kosten des Tempelbaus wurden von der Gemeinde, der Caritas und durch kantonale Kirchensteuerüberschüsse gemeinsam getragen. Bereits einen Monat nach der Bewilligung der Nutzungsänderung und der kleinen Baubewilligung konnte die Einweihung stattfinden. Der Tag dafür wurde astrologisch bestimmt: der 15. Juli 1994. Es wurde extra ein Priester aus Sri Lanka eingeladen, um die Rituale zu vollziehen. Die Zeremonien dauerten 24 Tage und fanden in den Medien ein breites Echo. Hunderte von Tamilen strömten in den Tempel und nahmen an der Prozession teil. Die Stauten, die in dem 200 m² grossen Tempel ihr neues Zuhause fanden, waren in Indien angefertigt worden. Seither wurden jeden Dienstag- und Freitagabend im Tempel Pujas durchgeführt, auch fanden viele Heiraten statt.

Der am 29.11.1993 gegründete Verein Murugan-Tempel Bern wurde im Frühjahr 1995 mit überarbeiteten Statuten neu konstituiert. Der Tempelbetrieb ist seither vollständig durch den Verein organisiert. Nach Art. 60 ff. ZGB gilt er als gemeinnützig und nicht gewinnorientiert. Nach innen organisiert der Verein den Tempelbetrieb, nach aussen vertritt er die Anliegen der tamilischen Hindus, koordiniert die eigenen mit anderen, ähnlich gelagerten Aktivitäten und sucht Kontakt zu anderen religiösen Gemeinschaften. Oberstes Organ ist die Mitgliederversammlung, die die Vorstandsmitglieder und die Priester wählt. Mitglieder werden können Einzelpersonen und Familien sowie Organisationen, Institutionen, Gemeinden und Gönner. Finanziert wird der Verein durch Mitgliederbeiträge, Spenden und Schenkungen. Zehn Vorstandsmitglieder leiten heute den Verein, darunter die Priester des Tempels. Das tamilische Selbsthilfeprojekt konnte so Ende 1996 wie geplant abgeschlossen werden.

Aufgrund des auslaufenden Mietvertrages und wegen Lärmbeschwerden eines Nachbarn waren die Hindus im Jahr 2000 gezwungen, einen neuen und grösseren Standort zu suchen. Dies erwies sich als schwierig. Die Reformierte Landeskirche half bei der Suche. Schliesslich wurde neben der Kehrichtverbrennungsanlage an der Bahnstrasse eine Lagerhalle des ehemaligen Tobler-Gebäudes mit einer Fläche von 780 m^2 gefunden. Im Mai 2002 kamen drei srilankische Tempelbauspezialisten für 90 Tage eingereist, um spezielle Arbeiten beim Innenumbau vorzunehmen. Die Kosten für den Umbau der Lagerhalle beliefen sich auf 300 000 Franken und wurden zum grössten Teil durch die Spenden der tamilischen Bevölkerung im Raum Bern gedeckt. Der Tempel ist dem Gott Murugan geweiht. Murugan ist bekannt wegen seiner Schönheit und gilt als Bruder von Ganesha, der elefantenköpfigen Gottheit. Murugan wird von den Tamilen als Träger ihrer Kultur geehrt. Er ist mit einem Speer abgebildet und gilt als ewig junger und tapferer Krieger. Eine Statue von Murugan und seinen beiden Frauen Valli und Devacanai schmücken den Hauptschrein. Neben diesem gibt es Schreine für Ganesha, Shiva, Sarasvati und die Neun Gestirne. Vom 9. bis zum 12. September 2002 fand die Einweihung des Tempels statt (in Sri Lanka dauern Einweihungsrituale bis zu 45 Tage). Für die speziellen Einweihungs- und die vorangehenden Reinigungsrituale wurde ein Priester aus Sri Lanka eingeladen.

Heute werden im Tempel jeweils am Dienstag, Freitag und Samstag um 19.30 Uhr Pujas durchgeführt. Die Priester kommen aus Bern und Biel; sie haben eine feste Anstellung, doch führen sie das Priesteramt nebenbei, ohne Entlohnung aus. Am Dienstag finden sich regelmässig etwa 20 bis 30, am Freitag 40 bis 60 Menschen ein. Im Sommer sollen es mehr sein als im Winter, da es im nur schlecht beheizbaren Tempel sehr kalt sein kann. Nach jeder Puja wird gemeinsam Prasad gegessen. Zu den während des Jahres gefeierten Festen kommen 200 bis 300 Menschen zusammen, zum Tempelfest im Juni reisen sogar bis zu 1500 Gläubige aus der ganzen Schweiz an. Während dieses mehrtägigen Festes wird eine Aufsehen erregende öffentliche Prozession mit einem Prunkwagen um den Tempel durchgeführt. Immer wieder werden Heiraten im Tempel gefeiert.

Kontakt

Bahnstrasse 21, 3008 Bern, Tel.: 031 381 45 22

Saivanerikoodam
(Philipp Eyer)

Der Verein wurde 1993 von fünf tamilischen Männern aus dem Raum Bern gegründet. Ziel der Gruppe war es, mehr über ihre eigene Kultur und Religion zu erfahren. Im gleichen Jahr wurde an der Längassstrasse in Bern in einer Wohnung ein Privattempel eingerichtet und darin jeden Tag eine Puja durchgeführt. Die Mitglieder wechseln sich bei der Durchführung ab. Einmal im Monat, bei Vollmond, treffen sich Mitglieder zur Puja und anschliessend zu Gesprächen; das ist dann gleichzeitig die Generalversammlung des Vereins. Der Tempel beherbergt eine Vielzahl von Göttern und Göttinnen. Im Hauptschrein steht ein Shiva-Lingam aus Kristall, daneben Statuen von Ganesha, Murugan, Sarasvati und anderen. Saivanerikoodam war längere Zeit auch in die Leitung des Murugan-Tempels in der Berner Bahnstrasse involviert. Im Jahre 2007 trennten sich die Wege aber; zugleich verliess der Verein die Länggasse und bezog einen wesentlich grösseren Raum im (provisorischen) Heim des künftigen Hauses der Religionen (in dem zugleich auch keine Nachbarn mehr durch Lärm belästigt werden). Dort konnte der Tempel grösser gestaltet werden, und es erscheinen nun auch mehr Menschen zu den Pujas.

Gemäss eigenen Aussagen ist ein weiteres Anliegen die Stärkung der «inneren Bedeutung» des Hinduismus. So sollen auch kritische Fragen in Bezug auf die religiöse Tradition gestellt werden. Die Vereinsmitglieder sind gegen eine blinde Übernahme von Traditionen und wollen einen modernen Hinduismus leben. Zwei Mitglieder vollziehen auch verschiedene priesterliche Rituale, obwohl sie nicht der Priesterkaste angehören. Dies wird nicht von allen Tamilen anerkannt. Bei Todesfällen organisiert und vollzieht der Verein die traditionellen Totenrituale gemeinsam mit den Familienangehörigen.

Der Verein sieht sich als Vermittler zwischen den Kulturen, als Brückenbauer zwischen Tamilen und Schweizern. Neben der eigenen religiösen Praxis besteht das Ziel darin, die tamilische Kultur und Religion in die Öffentlichkeit zu bringen und somit zu deren Verständnis innerhalb der schweizerischen Gesellschaft beizutragen. In diesem Sinne werden Seminare und Referate über den Hinduismus und die tamilische Kultur und Kunst durchgeführt, auch im Rahmen von Schulbesuchen und Lehrerweiterbildungen. Des Weiteren bietet der Verein Tempelführungen durch verschiedene Schweizer Tempel an (in Bern, Zürich, Grenchen und Basel). Im Herbst 2005 wurde ein Anlass in Bümpliz organisiert, bei dem 350 tamilische Kinder an verschiedenen Wettbewerben teilgenommen haben. Es gab Zeichenwettbewerbe, Sing- und Poesieaufführungen, bei denen die Kinder ihr religiöses Wissen unter Beweis stellen konnten. Seit 2002 arbeitet der Verein eng mit der Stiftung Haus der Religionen in Bern, dem Runden Tisch der Religionen in Biel und der Ref. Landeskirche zusammen. 2004 wurde Saivanerikoodam der Förderpreis der Fachstelle für Migration der Landeskirche verliehen. Neben diesen Aktivitäten werden auch religiöse Anlässe für tamilische Kinder, Vorträge und Seminare für Tamilen organisiert. Der Verein pflegt gute Kontakte zu mehreren Tempeln in der Schweiz und im Besonderen zum Verein Saiva Tamil Sangam (c/o Arulmingu Sivan Kovil, Industriestr. 34, PSF 1009, 8152 Glattbrugg). Gemeinsam wird am Aufbau einer Dachorganisation der verschiedenen hindu-tamilischen Tempel im Land gearbeitet.

Kontakt

c/o Haus der Religionen, Schwarztorstr. 102, 3007 Bern,
saivanerikoodam@bluewin.ch

Sri-Viyanagar-Tempel-Langnau
(Philipp Eyer)

Nach Aussagen eines Tempelvorstandmitglieds und des Projektberichts der Caritas von 1995 soll der Viyanagar-Tempel in Langnau der älteste hindu-tamilische Tempel in der Schweiz sein (andere Quellen nennen einen Tempel in Basel). Bereits 1984 versammelten sich rund zwanzig tamilische Flüchtlinge jeweils am Freitag in einem kleinen Raum im damaligen Durchgangszentrum für Asylbewerber an der Langnauer Schlossstrasse. Man traf sich zur gemeinsamen Verehrung der Gottheit Viyanagar, dessen Statue von einem Flüchtling aus Zement selbst hergestellt worden war. Damals war noch kein Priester dabei. 1987 wurde die Notunterkunft geschlossen, und so musste nach einem neuen Andachtsort gesucht werden. Drei Jahre waren die tamilischen Flüchtlinge, deren Zahl immer mehr wuchs, ohne Raum, bis 1990 an der Oberfeldstrasse eine alte Schulbaracke von der Gemeinde gemietet werden konnte. In den folgenden zehn Jahren wurde dort jeweils am Freitag durch einen Priester eine Puja durchgeführt. Da die Baracke keine Kochgelegenheit bot und sich immer mehr tamilische Flüchtlinge in der Region niederliessen, suchte man nach neuen Räumlichkeiten. Im Januar 1994 gründeten die Tamilen den Verein für tamilische Kultur Emmental,

411

er erhielt wie der Murugan-Tempel Bern im Rahmen des Selbsthilfeprojektes Uthayam Unterstützung von der Caritas.

Im Jahr 1999 fand sich ein grösserer Raum mit Kochgelegenheit im zweiten Obergeschoss einer Denner-Filiale in Schärischachen, und es wurde ein Mietvertrag für zehn Jahre geschlossen. Am 1. April 1999 begann der Umbau. Dazu wurde ein Tempelbauer aus Malaysia, ein ehemaliger tamilischer Flüchtling, der auch in der Schweiz gelebt und schon den Tempel in Zug mitgestaltet hatte, engagiert. Der Umbau dauerte ein Jahr. Die Kosten von 50 000 Franken trugen die Mitglieder der Gemeinde und Personen im Umfeld. Am 7. Juli 2000 fanden die Einweihungsrituale statt, die Feierlichkeiten dauerten elf Tage. Seither wird jedes Jahr zu dieser Zeit das Tempelfest gefeiert.

Am 1. April 1999 wurde auch der Viyanagar-Tempel-Verein Schärischachen neu gegründet, der von da an für den Betrieb des Tempels zuständig war. Er besteht aus neun Vorstandsmitgliedern und zurzeit 85 passiven Mitgliedern, welche monatliche Vereinsbeiträge in Höhe von CHF 20 zahlen. Damit können der Unterhalt des Tempels und die Miete finanziert werden. Der Tempelverein übernimmt die administrativen Aufgaben, und der Priester ist zuständig für den Bereich des Religiösen. Früher leitete ein Priester aus Olten die Puja; seit 2004 reist einer aus Bern an.

Der Tempel ist dem elefantenköpfigen Gott Viyanagar (Sanskrit: Ganesha, ein anderer tamilischer Name ist Pelliyar) geweiht. Viyanagar gilt als Überwinder von Hindernissen und wird um Hilfe für das Gelingen bestimmter Vorhaben (Prüfungen, Vorstellungsgespräche …) angebetet. Daneben hat es Schreine anderer Gottheiten, wie Murugan mit seinen Gefährtinnen, Shiva und die Navagrahas, die Neun Gestirne. Jeweils am Freitag versammeln sich um 19.00 Uhr 100 bis 120 Menschen. Gemeinsam singen sie ein altes religiöses Lied in tamilischer Sprache, bevor um 19.30 Uhr die Puja beginnt. Diese dauert 45 Minuten. Danach wird gemeinsam gegessen. Jeden Freitag organisiert eine andere Familie den Anlass und übernimmt die Kosten (Beitrag an die Priester und Opfergaben wie Blumen, Kokosnüsse …). Feiertage werden wie in anderen Tempeln in der Schweiz auch gefeiert. Jeweils im Juli findet das Tempelfest statt mit einer öffentlichen Prozession.

Kontakt

Schärischachen 809a, 3552 Bärau/Langnau, Tel.: 034 402 67 15

Sri-Varasiththi-Vinayagar-Tempel Steffisburg
(Philipp Eyer)

Der Tempel, der dem Gott Vinayagar (Ganesha) gewidmet ist, wurde am 9. Juli 1998 gegründet. Dafür mietete man in einem Wohnquartier in Steffisburg einen Raum. Neben Vinayagars Schrein gibt es weitere Schreine. Von 1995 bis 1997 trafen sich die im Berner Oberland wohnenden Tamilen jeweils am Freitag in Frutigen in einer Wohnung zur gemeinsamen Puja. Damals hatte man noch keine Statue, sondern nur ein grosses Bild von Ganesha. Ein Priester war nur einmal im Monat anwesend, an den anderen Freitagen kam man ohne ihn aus. Wegen mangelnder Finanzen musste die Wohnung aufgegeben werden. Durch eine private Initiative wurde dann aber in der Region Thun ein neuer Raum gefunden. Die Raummiete wurde in den ersten drei Monaten von dieser Privatperson getragen, bis immer mehr Leute sich am Freitag im neuen Andachtsraum versammelten. Die Gemeinschaft wuchs, und es wurde Geld gesammelt, um die Miete zu zahlen und Götterstatuen aus Indien zu importieren. Für 20 000 Franken konnten die verschiedenen Murtis besorgt werden, die heute im Tempel zu finden sind. Darunter mehrere Ganesha-Statuen, Murugan mit seinen Gefährtinnen, Vairavar, Sarasvati, Sundareshvara und die Neun Gestirne.

Der Tempel ist nicht als Verein organisiert, doch ist man bestrebt, ihn in eine solche Rechtsform zu überführen. Zurzeit engagiert sich immer noch dieselbe Person sehr stark. Sie übernimmt die organisatorischen Aufgaben, und seine Tochter macht Führungen im Tempel für Schulklassen und Interessierte. Heute wird die Miete gemeinsam bezahlt. Die Mitglieder geben jeden Monat einen Beitrag von 20 Franken. Dem Hauptinitianten des Tempels liegt am Herzen, den Kontakt zur lokalen Bevölkerung und Politik zu pflegen, jährlich wird zudem Geld für wohltätige Zwecke in der Region Thun gespendet.

Jeden Freitag findet um 19.30 Uhr die Puja statt. Zwischen 30 und 50 Menschen nehmen regelmässig daran teil, darunter sind auffällig viele jungendliche Tamilen. Bei besonderen Festen treffen sich bis zu 120 Menschen im Tempel. Für die wöchentliche Puja kommt ein Priester aus Olten angereist, er ist der Sohn des Priesters des Sri-Manonmani-Ambal-Tempels in Trimbach. Er erhält dafür eine kleine Entschädigung. Jedes Jahr Anfang Juni findet das Tempelfest statt, 2004 wurde es zum ersten Mal mit einer öffentlichen Prozession durchgeführt. Der prunkvolle Wagen wurde ebenfalls in Indien angefertigt und in die Schweiz verschifft, was 12 000 Franken kostete. An das Tempelfest kamen Tamilen aus der ganzen Schweiz, etwa 1000 an der Zahl. Die Prozession führte durch das angrenzende Wohngebiet von Steffisburg und traf bei den Anwohnern auf Begeisterung. Auf der ganzen Strecke wurde der Wagen von den Frauen und Männern der Tempelgemeinde gezogen. Zum Fest 2006 wurde ein Priester aus Norwegen und Tempelmusiker aus Sri Lanka eingeladen.

Kontakt

Industrieweg 43, 3612 Steffisburg, Tel.: 033 336 54 52

Sikhismus
(Philipp Eyer)

Der Sikhismus wird oft als kleinste und jüngste Weltreligion beschrieben. Seine Wurzeln liegen in einer Zeit, als in Europa Martin Luther die Kirche reformierte. Damals lebte im heutigen Grenzgebiet zwischen Indien und Pakistan Guru Nanak (1469–1539), der als Begründer der Sikh-Religion gilt. Er wurde in dem Dorf Talwani in der Nähe von Lahore (heute Pakistan) geboren und verbrachte die ersten 30 Jahre seines Lebens zusammen mit seiner Familie, die hinduistischen Glaubens war. Zunehmend kritisierte er jedoch die religiösen Vorstellungen, Rituale und Dogmen seiner Zeit, er lehnte das Kastensystem ab und setzte sich für eine veränderte Rolle der Frauen ein. Er verstand sich als Reformer eines sinnentleerten Hinduismus und eines erstarrten Islam und lehrte, dass es keine Hindus und keine Muslime gibt, sondern nur Geschöpfe Gottes. Nanak verfolgte aber nicht das Ziel, eine neue Religion zu gründen. Er wanderte mit einem Gefährten, dem muslimischen Musiker Mardana, durchs Land und verkündete seine Botschaft in Form von Gedichten und Hymnen. Nach seinen Reisen liess er sich in Kartarpur (im heutigen Pakistan) nieder und gründete den ersten Dharamshala (Vorläufer der heutigen Gurdwara) der Gemeinschaft. Teil des Dharamshala war eine Gemeinschaftsküche, Langar genannt, in der alle Menschen unabhängig von Kaste, Beruf und Geschlecht gemeinsam essen durften. Zur damaligen Zeit war es üblich, dass Angehörige höherer Kasten jeglichen Kontakt mit «Niederkastigen» vermieden. Der Langar war somit ein Symbol gegen das Kastensystem. Wer immer heute eine Gebetsstätte der Sikhs besucht, bekommt jederzeit eine freie vegetarische Speise und Tee. Das Essen wird zumeist von freiwilligen Helfern zubereitet. Diese Tätigkeit stellt für Sikhs eine Möglichkeit des sozialen Dienstes (Seva) am Nächsten dar.

Vor seinem Tod übertrug Nanak die Guruwürde auf seinen Gefährten Angad, der der zweite in einer Reihe von zehn Gurus wurde. In dieser Zeit hatten sich die Mogulkaiser in Nordindien etabliert, um den Punjab und ganz Indien zu erobern. In der Folgezeit führte das zu blutigen Konflikten. Die neun Nachfolger Guru Nanaks entwickelten seine Lehren weiter, und zunehmend wurde die kleine Gemeinschaft zu einer religiösen und politischen Kraft in Nordindien. Guru Angad schuf die Gurmukhi-Schrift, in der die Hymnen niedergeschrieben wurden. Der dritte Guru, Amar Das, setzte sich für die Gleichstellung der Frauen ein und sprach sich gegen die Verschleierung und die Witwenverbrennung aus. Ram Das, der vierte Guru, begann mit dem Bau der Stadt Amritsar und erarbeitete Pläne für die Errichtung eines grossen Tempels in der Stadt. Der Tempel wurde dann durch Arjun Dev, den fünften Guru, realisiert. Es ist der heute weltberühmte Harimandir, besser bekannt als Goldener Tempel von Amritsar. Der Harimandir ist heiliges Zentrum und Pilgerort für alle Sikhs und er wird auch von anderen Religionsangehörigen besucht. Der Haupttempel hat vier Eingänge, welche die vier Himmelsrichtungen symbolisieren und alle Menschen aus allen Himmelsrichtungen und Religionen einladen. Arjun Dev starb infolge von Folterungen durch die Moguln. In der Zeit der folgenden Gurus verstärkten sich die Verfolgungen, und auch der neunte Guru Tegh Bahadur wurde gefoltert und hingerichtet. Der zehnte und letzte Guru, Guru Gobind Singh, begründete 1699 am Vaisakhi-Fest die Khalsa (Gemeinschaft der Reinen). Seither werden in einer Zeremonie namens Khande Di Pahul Männer und Frauen getauft und in die Gemeinschaft aufgenommen, indem ihnen Amrit, der heilige Nektar (Wasser mit Zucker) gegeben wird.

Guru Gobind Singh formte aus der einstigen Reformbewegung eine eigenständige Religion und gab seinen Anhängern eine klare Identität. Er erklärte alle Unterschiede der Geburt (Kaste) für aufgehoben und Mann und Frau als gleichberechtigt. Alle Männer erhielten den Beinamen Singh (Löwe), alle Frauen wurden Kaur (Prinzessin) genannt. Er verpflichtete alle getauften Sikhs, Amrtidhari genannt, zum Tragen der fünf Karas: Kesh (ungeschnittenes Haar, Männer dürfen auch den Bart nicht schneiden), Kangha (ein Holzkamm zum Reinigen und Kämmen der Haare), Kirpan (ein Dolch als Zeichen der Gerechtigkeit sowie der Verteidigung der Armen und Schwachen), Kachha (eine besondere Baumwollunterhose, die zur Mässigung der sexuellen Kraft beitragen soll) und Kara (ein Armreif aus Stahl, der an die Verpflichtung zur Wahrheit erinnern soll). Diese strenge und formelle Organisation half, die religiöse Identität der Gemeinschaft in einer Zeit intensiver Verfolgungen zu bewahren. Vor seinem Tod erklärte Guru Gobind Singh sich zum letzten lebenden Guru und beendete das heilige Buch Adi Granth, dessen Zusammenstellung vom fünften Guru begonnen worden war. Gobind Singh erklärte das heilige Buch zu seinem geistigen und physischen Nachfolger, zum ewigen Guru der Sikhs, und gab ihm den Namen Guru Granth Sahib (Granth = Werk oder Buch, Sahib = respektvolle Anrede). Die Sikhs glauben, dass derselbe Geist, welcher die zehn Gurus beseelte, auch dieser Schrift innewohnt. Seither wird der Guru Granth Sahib wie seine zehn menschlichen Vorgänger verehrt.

Die wiederholten Verfolgungen durch die Moguln und die Afghanen endeten erst nach dem Ende des Mogulreiches und dem Rückzug der Afghanen; die Sikhs konnten im Jahre 1799 sogar den Punjab als eigenen Staat etablieren. Dieses Reich, in dem die religiöse Toleranz nach dem Prinzip der Sikhs herrschte, bestand 50 Jahre, bis es von den Briten 1849 übernommen wurde. Der Punjab wurde 1947 bei der Unabhängigkeit Indiens aufgeteilt, in einen westlichen Teil, der im heutigen Pakistan liegt, und in einen östlichen in Nordindien. Seit der Trennung des Punjabs gab es seperatistische und extremistische Bewegungen, welche für einen unabhängigen Sikh-Staat Khalistan kämpfen. 1984 wurde der Goldene Tempel von Amritsar auf Befehl Indira Gandhis durch die indischen Streitkräfte gestürmt. Bei der Aktion kamen neben 300 Bewaffneten, die sich im Tempel versteckt hatten, auch über 1000 unschuldige Pilger ums Leben.

Heute leben in Indien mehr als 20 Millionen Sikhs, das sind etwa zwei Prozent der indischen Bevölkerung, die meisten davon im nördlichen Bundesstaat Punjab. Man schätzt, dass sich mehr als zwei Millionen Sikhs ausserhalb Indiens niedergelassen haben. Rund 600 000 leben in Grossbritannien, 500 000 in Kanada und 200 000 in den USA. In Kontinentaleuropa wird die Zahl der Sikhs auf 60 000 bis 80 000 geschätzt.

1920 wurde das Shiromani Gurdwara Prabandhak Committee (SPGC) gegründet. Es hatte ursprünglich die Aufgabe, die historischen Gurdwaras zu verwalten. Heute gilt es als eine der höchsten religiösen und politischen Autoritäten der Sikhs weltweit und leitet auch Ausbildungsinstitutionen und Spitäler. Das Komitee wird alle fünf Jahre von registrierten Wählern direkt gewählt. Der höchste Sikh wird Jathdar Sri Akal Takth Sahib genannt.

Lehren und Riten

Die Lehre der Sikhs (der Name leitet sich vom Sanskritwort Shisya = Schüler ab) ist im Guru Granth Sahib enthalten. Der Eröffnungsvers beginnt mit den Worten «ek oankar», was mit «Gott ist eins» übersetzt wird. Nanak glaubte an den einen, allmächtigen und formlosen Gott, den Schöpfer, der unerschaffen und unendlich ist. Er war überzeugt, dass man Gott weder beschreiben noch bildlich darstellen kann, und behauptete, dass der eine Gott auch der Gott ist, der unter vielen Namen von der ganzen Menschheit angebetet werde. Die Sikh-Religion verfügt über keinen exklusiven Wahrheitsanspruch. Jeder Mensch könne Gott in seinem Herzen begegnen, alle Lebewesen werden als Kinder der einen Schöpfung und als gleichwertig betrachtet. Im Sikhismus wird der Glaube, dass Gott eine irdische Form annimmt, verneint. Ein «Herabsteigen» Gottes, um sich in einem menschlichen Körper zu inkarnieren, wie es die hinduistische

Avatara-Lehre kennt, wird abgelehnt. Die Sikhs akzeptieren die Karma-Lehre und glauben an die Wiedergeburt, verstehen jedoch das Karma-Gesetz nicht streng mechanisch.

Nanak verkündete drei Grundsätze: Bete zu Gott (nam japo), arbeite auf ehrliche Art für deinen Lebensunterhalt (kirat karo) und teile mit den Anderen (vand chhako). Sikhs betonen die Notwendigkeit, Gott und alle seine Geschöpfe zu lieben und ihnen zu dienen (seva). Dieser Grundsatz wirkte sich zunächst gegen das hinduistische Kastensystem aus und gab Armen und Unterdrückten Hoffnung, die Erlösung zu erreichen. Nach Auffassung der Sikhs kann jeder Mensch die Erlösung erlangen, und zwar nicht durch den Rückzug aus der Welt, sondern durch die Ausübung der Religion im praktischen Leben. Jeder Mensch habe die Möglichkeit, die Vervollkommnung, das Einswerden mit Gott, zu erreichen. Der Sinn des Lebens liege in der Anbetung Gottes, ein Sikh soll täglich das Morgengebet japji verrichten.

Religiöse und ethische Regeln, die auf diesem Weg zur Vervollkommnung einzuhalten sind, wurden 1945 in dem Text Sikh Rahit Maryada zusammengefasst. Dieser Kodex gibt ethische Rahmenbedingen für das öffentliche und private Leben vor. Danach sind der Genuss von berauschenden Substanzen, Alkohol und Tabak sowie der Verzehr von Haram-Fleisch (nicht geschächtetem Fleisch) verboten. Ehebruch wird als Sünde gesehen, Scheidung ist nicht gestattet.

Der religiöse Versammlungsort der Sikhs heisst Gurdwara (Tor zum Licht oder zum Guru/Gott). Jeder Tempel ist bereits von Weitem am Nishan Sahib, der safranfarbenen Flagge mit dem Khanda, dem Sikh-Emblem zu erkennen, einem Kreis, darüber ein zweischneidiges Schwert, gerahmt von zwei Kirpan-Dolchen. Vor dem Betreten eines Gurdwara ziehen Besucher die Schuhe aus und bedecken ihren Kopf. Meistens besteht der Gurdwara aus zwei Bereichen: Der erste ist der Hauptraum, in dem die Gottesdienste stattfinden und wo das Heilige Buch aufgestellt ist. Beim Betreten nähert sich der Besucher dem Heiligen Buch, zeigt seine Ehrerbietung durch eine Verbeugung und nimmt auf dem Boden Platz. Der zweite Bereich ist der Langar. Dieser ist für die Verpflegung aller Gläubigen, Pilger und Besucher eingerichtet. Die Kosten übernimmt die Gemeinschaft.

Der Gottesdienst kann von jeder Sikh-Frau und jedem Sikh-Mann geleitet werden. Es gibt keine Priester, sondern nur sog. Granthis, Menschen, die den Granth Sahib öffentlich lesen. Eine spezielle Ausbildung ist nicht nötig, wichtig ist aber die korrekte Rezitationsweise. Der Gottesdienst beginnt mit Path, einer Lesung aus dem Heiligen Buch, und wird mit Kirtan, dem Singen von Hymnen in Begleitung von Instrumenten fortgesetzt. Meist werden die Ragi, die Sänger, von

Harmonium und Tabla (Trommel) begleitet. Kirtan bildet den Hauptteil des Gottesdienstes und kann mehrere Stunden dauern. Bei besonderen Anlässen oder Festen können spezielle Belehrungen und Erzählungen aus der Sikh-Geschichte folgen. Es schliesst sich Ardas an, ein gemeinsames Gebet um den Segen Gottes, für Frieden und Wohlergehen für die Menschheit, und eine Lesung aus dem Guru Granth Sahib. Zum Schluss erhalten alle Anwesenden Kara Prashad, der aus Gries, Zucker, Ghee (Butter) und Wasser zubereitet wird, und essen es gemeinsam.

Grundsätzlich betrachten die Sikhs keinen Wochentag als heilig. Doch hat es sich eingebürgert, an Sangrand, dem ersten Tag des Mondkalenders, den Gurdwara zum gemeinsamen Gottesdienst zu besuchen. Ausserhalb Indiens ist dies nur schwer möglich, und deshalb werden die Gottesdienste und Feste am Sonntag gefeiert. Im Januar 2002 beschloss das höchste Gremium der Sikhs die Einführung des Sonnenkalenders. Dies hat zur Folge, dass nun alle Feste immer am gleichen Tag des heute üblichen Kalenders gefeiert werden und nicht mehr nach dem indischen Mondkalender berechnet werden müssen. Die Fest- und Feiertage der Sikhs zentrieren sich um die zehn Gurus. Die wichtigsten sind: der Geburtstag von Guru Gobind Singh (5. Januar), Vaisakhi (14. April), das Martyrium von Guru Arjan (16. Juni), der Geburtstag von Guru Nanak (8. November) und das Martyrium von Guru Tegh Bahadur (24. November).

Schweiz und Bern

Aufgrund der bürgerkriegsähnlichen Zustände im Punjab in den Achtziger- und Neunzigerjahren und der schlechten Lage auf dem Arbeitsmarkt flüchteten und emigrierten v. a. junge Männer. Von 1984 bis Anfang der Neunzigerjahre lebten zeitweilig 3000 bis 4000 Sikhs als Asylbewerber in der Schweiz. Weil die Mehrheit der Gesuche nicht anerkannt wurden, zogen viele weiter, ein grosser Teil nach Kanada. Heute wird die Zahl der Sikhs in der Schweiz auf über 500 geschätzt. Da in der Volkszählung Sikh als eigenständige Religion nicht erfasst ist, sind genauere Angaben kaum möglich. Es ist anzunehmen, dass ihre Zahl durch viele Geburten steigt. Sikhs leben über die ganze Schweiz verteilt, in der Stadt Bern sind es rund 20.

Von 1985 bis 1990 gab es in Basel einen kleinen Gurdwara in einer Wohnung, in der jeden Sonntag Gottesdienste gefeiert wurden. Jährlich wurden zudem an verschiedenen Orten in der deutschen Schweiz Feste in gemieteten Sälen gefeiert. Die Sikhs traten damals meist unter dem Namen Sikh Sangat Schweiz (Sangat = Gemeinschaft) auf, hatten aber keine festen Strukturen.

Eine Gruppe Sikhs trafen sich ab 1988 in Gümligen. Ab 1992 wurde dann in Roggwil, in der ehemaligen Fabrik der Spinnerei Gugelmann, ein Gurdwara eingerichtet. Jeden Sonntag hielt man Gottesdienste ab. Persönliche und politische Differenzen haben dazu geführt, dass sich die Gemeinde spaltete. Es entstanden zwei Gruppen, die eine tritt jetzt unter dem Namen → Sikh-Zentrum Schweiz auf. Religiös besteht zwischen den beiden Gruppen kein Unterschied. In der Öffentlichkeit treten sie aber gesondert auf, Kontakte untereinander sind eher selten.

- Die zweite Sikh-Gemeinde nennt sich Sikh Gemeinde Schweiz Gurdwara und soll – wenn auch nicht mehr im Kanton beheimatet – hier dennoch beschrieben werden. Sie eröffnete am 26. Oktober 2002 im Industriareal in Däniken SO (Schachenstr. 39, 4658 Däniken, Tel.: 062 291 31 98, 079 414 27 01, 044 482 02 94) ihren Gurdwara in einer alten Karosseriewerkstatt. Zurzeit besteht der Gurdwara aus einem Versammlungsraum mit dem Guru Granth Sahib und dem Langar sowie Nebenräumen, die als Schlafplatz dienen. Ein weiterer Ausbau ist geplant. Der Gurdwara in Däniken ist jederzeit offen. S. Karmail Singh, von den Gläubigen Baba Ji genannt, lebt zusammen mit Kirtanmusikern dort. Alle drei Monate kommt eine neue Gruppe von Musikern aus Indien angereist. Ihr Aufenthalt sowie der Unterhalt des Gurdwara werden durch die Spenden der Gläubigen finanziert. Jeden Sonntag um 10.00 Uhr findet der Gottesdienst mit anschließendem gemeinsamem Essen statt. Die Gemeinschaft bietet Unterricht für Kinder und Jugendliche in Musik (Tabla und Harmonium), Schrift und Sprache an. In den Frühlingsferien 2003 fand das erste Jugendlager statt, bei dem Kinder Unterweisung in Religion, Kultur und Sprache erhielten.

Sikh-Zentrum Schweiz Langenthal – Gurdwara Sahib Switzerland
(Philipp Eyer)

Die Sikh Stiftung Schweiz oder Gurdwara Sahib Switzerland mit Sitz in Langenthal wurde 2001 mit der Absicht gegründet, Religion und Kultur der Sikhs in der Schweiz und im Ausland zu fördern und dazu ein Gurdwara im indischen Stil zu bauen. Die Stiftung ist unter dem Namen SIS SIKH-Stiftung (Schweiz) eingetragen und hat sechs Stiftungsratsmitglieder. Sie fungiert als Träger des einzurichtenden Zentrums.

Von Juni 2003 bis zur Einweihung des Gurdwara trafen sich die Sikhs in einem Saal im Ashoka Indian Restaurant an der Huttwilerstrasse in Lotzwil. Dort wurde jeden Sonntag um 11.00 Uhr Gottesdienst gefeiert und anschliessend gemeinsam gegessen. Jeden Sonntag kamen so zwischen 50 bis 100 Menschen zusammen, bei speziellen Feiern stieg die Zahl auf 150–200. Die Stiftung erwarb im Jahr ihrer Gründung in der Gewerbezone Dennli in Langenthal ein 730 m² grosses Grundstück neben einer Porzellanfabrik. Der erste Spatenstich fand am 25. Oktober 2002 unter Beteiligung lokaler Politiker und der Medien statt. Der Bau des zweistöckigen Gebäudes mit ornamentalen Fenstern und einer grossen sowie mehreren kleineren Kuppeln verzögerte sich immer wieder und dauerte dadurch mehr als vier Jahre. Für den Bau des schneeweissen Gebäudes wurden Kunsthandwerker aus Indien eingeflogen. Der Bau kostete CHF 1,5 Millionen und wurde durch Spenden der weltweiten Sikh-Diaspora finanziert. Am 23. September 2006 konnte das Sikh-Zentrum Schweiz dann unter grosser Medienpräsenz eröffnet werden. Die Organisatoren hatten mit Plakaten auf die Eröffnungsfeier aufmerksam gemacht und alle herzlich eingeladen. Der höchste Priester, Singh Sahib Giani Joginder Singh Ji Vedanti, der Jathedar Sri Akal Takht Sahib der SPGC, wurde aus Amritsar (Punjab) eingeflogen, um den Gurdwara einzuweihen. Die Zeremonie dauerte mehrere Tage. Nachdem an einem anderen Ort 48 Stunden ununterbrochen aus dem Heiligen Buch rezitiert worden war, brachte man dieses zum neuen Gurdwara. Mehrere Hundert Sikhs aus ganz Europa, vorwiegend Italien, Deutschland, Frankreich und England, begleiteten ihr Heiliges Buch, das auf einem farbig verzierten und mit Blumen geschmückten Kleintransporter mitgeführt wurde. Der Umzug dauerte eine Stunde, bis der Guru Granth Sahib am Zentrum ankam, wo er dann ins Innere getragen wurde. Nach der offiziellen Einweihung wurde der Nishan Sahib, die Sikh-Flagge, die jeden Gurdwara kennzeichnet, feierlich an einem Fahnenmast aufgezogen.

Der Gurdwara in Langenthal soll nach Angaben der Bauherren das einzige Gurdwara im indischen Stil in Europa (ausserhalb Englands) sein. Im Eingangsbereich gibt es eine Ablage für Schuhe sowie sanitäre Einrichtungen. Aufenthaltsräume, Toiletten und Dusche sowie eine grosse Küche mit Essraum sind im unteren Stock eingerichtet. Im ersten Stock befindet sich der 150 m² grosse Gebets- und Meditationsraum, in dem das Heilige Buch aufbewahrt wird und die Gottesdienste stattfinden.

Das Sikh-Zentrum in Langenthal sorgte in der Vergangenheit immer wieder für Schlagzeilen. Zuerst hatten sich Handwerker beklagt, nicht bezahlt worden zu sein, und im Oktober 2006 wurde einer der Hauptsponsoren des Tempels wegen des Verdachts auf Betrug verhaftet.

Neben der Betreuung des Tempels unterstützt die Stiftung auch verschiedene karitative Projekte; so wurde zum Beispiel Geld für die Tsunami-Opfer und die Erdbeben-Opfer von Pakistan gesammelt. Auch im interreligiösen Bereich ist die Stiftung aktiv. Am 30. März 2006 wurde ein interreligiöser Gottesdienst mit Gästen verschiedener Religionen veranstaltet. Unter den Gästen waren der reformierte Zürcher Pfarrer E. Sieber, Rabbi M. Leibziger von der jüdischen Gemeinde Bern sowie lokale Kirchvertreter und Politiker. Zwei Wochen später organisierte die Stiftung einen Friedensmarsch der Religionen in Bern, an dem 50 Vertreter verschiedener Religionsgemeinschaften teilgenommen haben.

Kontakt

Dennliweg 31A, 4900 Langenthal, Tel.: (Kontaktperson Karan Singh): 043 433 86 11, 078 655 69 13, masterkaransingh@khalsa.com

Neuere indischstämmige Religionsbewegungen

Die religiöse Landschaft Indiens unterlag immer wieder tief greifenden Umwälzungen und Erneuerungen. Diese wurden von aussen angeregt, wie durch die
Einwanderung verschiedener Völker, der Muslime und die europäischen Koloni-
almächte, oder sie erwuchsen aus eigenen Traditionen. So könnten Buddhismus,
Jainismus und Sikhismus, aber letztlich auch die nach der spätvedischen Phase
(ca. 4./5. Jh. v. Chr.) entstandenen Formationen, die wir heute am ehesten unter
dem Begriff Hinduismus zusammenfassen, als Reformbestrebungen der älteren,
auf die Durchführung und Auslegung der Opfer konzentrierten vedisch-brah-
manischen Religion gedeutet werden.

Im Folgenden soll es um Lehren und Gemeinschaften gehen, die entstanden, nachdem bereits europäisch-westliche Einflüsse in Indien Gewicht
bekommen hatten. Sie lassen auf die eine oder andere Art westliches Gedankengut erkennen, sei es direkt durch Übernahme und Integration in die traditionelle indische Lehre oder nur indirekt und reflexiv wie im Falle des sog.
Neohinduismus, der auch Hinduistischer Modernismus genannt wird: Im 19.
Jahrhundert kam es unter indischen Intellektuellen zu Prozessen der Neu-
strukturierung ihrer religiösen Traditionen. Motive dafür waren Abwehrver-
suche gegen westliche Einflüsse (zum Beispiel gegen christliche Missionare),
aber auch ein Interesse an denjenigen Elementen westlicher Kultur, die man
vielleicht nutzbringend integrieren konnte. Überspitzt kann auch formuliert
werden, dass dieser Neohinduismus überhaupt erst den Hinduismus entstehen liess, das heisst ein Selbstverständnis des die vielen indischen Traditionen umfassenden gesamtkulturellen und religiösen Zusammenhangs. Neu
und kennzeichnend war, dass klassische Lehren unter Zurückstellung des
Kastensystems für Nichtinder zugänglich gemacht wurden und dass internationale Missionsbestrebungen begannen, die den Hinduismus als eine
den Erfordernissen der modernen Welt gewachsene und mit den modernen
Wissenschaften im Einklang stehende universale Religion propagierten. Die
meisten neuen Bewegungen sind erkennbar in älteren religiösen Traditionen
verwurzelt, modifizieren aber deren Aussagen. Diese neuen Ansätze haben
seither in Indien beachtlichen Erfolg. Wenn behauptet wird, sog. neohindu-
istische Gruppen seien nur ein Phänomen ausserhalb Indiens, während im Land
selbst alles den traditionellen Bahnen folgt, so stimmt das nicht.

Ein besonderes Datum für den Erfolg sowohl dieser reformierten als auch traditioneller Lehren ausserhalb Indiens war das Jahr 1893, als auf dem Weltparlament der Religionen in Chicago Swami Vivekananda (1863–1902) durch eine beeindruckende Rede der erste Repräsentant des (Neo-)Hinduismus im Westen wurde. Tatsächlich entstanden daraufhin verstärkt westliche Zirkel, die – vorwiegend auf einer philosophisch-intellektuellen Ebene – religiöse indische Lehren aufnahmen. Und durch neureligiöse Gemeinschaften wie die ➝ Theosophie (Karma- und Reinkarnations-Lehre) und ➝ Mazdaznan (ethisch begründeter Vegetarismus) wurden einzelne Ideen auch ausserhalb der explizit an Indien interessierten Kreise popularisiert. In der Zwischenkriegszeit fanden Ideen aus Indien durchaus einen gewissen Niederschlag: Bücher über indische Heilige verkauften sich gut, Vegetarier propagierten ihre Ansichten auch unter Rückbezug auf Indien, und als Mahatma Gandhi 1931 die Schweiz besuchte, war sein Erfolg nicht nur auf seinen Pazifismus, sondern auch auf seine Präsenz als orientalischer Weisheitslehrer zurückzuführen. Auch die Gespräche zwischen Albert Einstein und Rabindranath Tagore erregten zu jener Zeit Aufsehen.

Aber erst in den Sechzigerjahren des 20. Jahrhunderts traten die ersten explizit religiösen Gemeinschaften im Westen auf. Es fällt auf, dass diese oft – im Gegensatz zu vielen traditionellen indischen Systemen – eine monistische (All-Einheit von Gott und Welt) oder monotheistische (Ein-Gott-Glaube) Ausprägung haben. Bei einigen dieser Bewegungen sind die indischen Wurzeln kaum noch erkennbar (zum Beispiel ➝ Eckankar). Denn sie haben zum einen den universalen Anspruch, der sie alles – auch christliche Elemente – integrieren lässt, und sie benutzen weitgehend westliche Begriffe. Zu jener Zeit sorgten diese Gruppen als sog. «Sekten» oder «Jugendreligionen» für Unruhe, sie ernteten schnell Kritik wegen obskur erscheinender Praktiken. Die kritisierten Elemente sind inzwischen in vielen Fällen gemässigter geworden oder sie fallen nicht mehr so auf. Ein grosser Teil der nachfolgend dargestellten Gruppen ist diesem Spektrum zuzurechnen. Viele derartige Gruppen im Westen bestehen mehrheitlich aus westlichen Konvertiten, andere kamen mit Immigranten aus Indien, haben kaum missioniert und sind auch heute noch fast nur in Immigranten-Kreisen vertreten.

Im Folgenden werden auch Gemeinschaften beschrieben, die sich vorwiegend dem Yoga widmen bzw. diesen Begriff sehr zentral verwenden. Dieses Thema taucht im Abschnitt Neue Religiöse Entwicklungen in dem Überblicksartikel zur ➝ Yoga-Szene noch einmal auf. Der Unterschied besteht darin, dass die hier als spezifische Gruppen beschriebenen Phänomene stärker exklusiv auftreten. Sie sind oft um einen Guru zentriert, verbinden die Lehre mit einem komplexen, stark transzendenzbezogenen Weltbild und verlangen (implizit oder explizit) ein vergleichsweise starkes Eingehen des Anhängers auf diese Punkte und die Gemeinschaft. Auch verstehen sie sich – ebenfalls unterschiedlich stark verlautbart – als exklusive Heilswege. Das unterscheidet sie von den in der «Szene» bekannten Yoga-Kursen und -Schulen, die, gerade wenn sie als Schulen für Körperpraktiken auftreten, kaum noch religiöse Bezüge in den Vordergrund stellen. Es muss allerdings festgehalten werden, dass diese Trennlinie eine unscharfe ist. Es gibt auch Gruppen, die durchaus einen Guru verehren, aber dennoch eher ein offenes Yoga anbieten und von ihren Schülern auch keine Gefolgschaft verlangen. Im Folgenden werden also nur einige Yoga-Gemeinschaften dargestellt. Es sind die, die am stärksten dem Muster der Religionsgemeinschaft im vollen Sinne des Wortes entsprechen (auch wenn sie zumeist in unserer Region kaum eine nennenswerte personale Stärke aufweisen und somit keine richtige Organisationsstruktur ausformen können).

Amma-Gruppen/Amrita-Vereinigung Schweiz

Die 1953 in Süd-Indien geborene Sudhamani Idamannel wird Mata Amritanandamayi (Mutter der unendlichen Glückseligkeit) oder einfach Amma (Mutter) genannt. Zeichen an ihr hätten schon in ihrer Kindheit auf eine mehr als normale menschliche Person hingewiesen; viele Inder sehen sie als Mahatma, als Grosse Seele an. Für Anhänger ist sie «in Einheit verwirklicht, mit dem Göttlichen vereint». Hier wird die indische Advaita-Philosophie der Nicht-Zweiheit erkennbar. Auch als Inkarnation des Gottes Krishna und der Göttin Devi wurde sie gesehen, wobei weibliche, mütterliche Qualitäten hervorgehoben sind. Da Amma als Person nicht verehrt werden will und westliche Anhänger auch anderen Vorstellungen folgen, sind die traditionellen Verehrungsformen inzwischen zurückgetreten.

Die Lehre Ammas beruht auf der Vorstellung der Einheit Gottes und der Welt. Das Geistige gilt dabei als wahrer Kern des Seins, das Sichtbare, Materielle sei Maya (Illusion). Amma tritt v. a. durch praktiziertes Bhakti (Liebe, Hingabe, Demut) in Erscheinung. Schon in jungen Jahren habe sie Leidenden ihre Wärme und Zuneigung zukommen lassen und sie zugleich materiell versorgt. Diese beiden Aspekte bestimmen auch heute ihr Tun, philosophische Studien oder gar religiös-formale Lehren sind zwar ein möglicher Aspekt für die daran interessierten, aber nicht zentral. Aus dem Engagement für die Umgebung erwuchs ein karitatives Sozialwerk. In Amritapuri gründete Amma 1981 einen Ashram und 1988 die Mata Amritanandamayi Math (MAM). Die MAM ist heute eine bei der UNO akkreditierte NGO mit angegliederten Organisationen in Deutschland, Italien, Frankreich, den USA, Japan und ca. 20 weiteren Ländern. Sie sammelt nicht nur weltweit Geld und versorgt Inder, inzwischen wirkt sie auch anderswo karitativ. Zum Beispiel wurde nach dem Wirbelsturm Katrina auch in den USA geholfen. Alle Aktivitäten finanzieren sich durch Spenden, den Vertrieb von Medien sowie den Verkauf von Produkten wie Schmuck, ayurvedischen Kräutern u. Ä. Im Ashram erscheint vierteljährlich die Zeitschrift «Matruvani» in verschiedenen Sprachen.

Ende der Siebzigerjahre begann Amma, öffentlich Satsang (Begegnung, Zusammentreffen) zu geben. Zentral bedeutet das, präsent zu sein. Satsangs beinhalten Gespräche, Gesänge und gemeinsame Meditationen. Aus Satsang-Gesprächen sind inzwischen mehrere Bücher zusammengestellt worden. Auffällig ist Ammas Satsang aber wegen der einmaligen Form des Darshan (eigentlich: Blickkontakt): Ammas Liebe äussert sich zuallererst darin, dass sie alle und jeden umarmt. Schätzungen zufolge habe sie bis Anfang 2006 bereits über 20 Millionen Menschen im Arm gehalten – auch über Indiens Kastengrenzen hinweg, was ihr die Ablehnung von Traditionalisten eintrug.

Anhänger, die Amma als Guru konzentriert folgen wollen, können Brahmacharis (Schüler im engeren Sinne) und Sannyasis (Mönche und Nonnen mit Gelübde) werden. Je nach Ausrichtung meditieren sie vorwiegend, arbeiten im Ashram und in sozialen Diensten (Seva, Karma-Yoga) oder studieren klassische Schriften. Nur wenige Menschen, vorwiegend Inder, sind aber im Mönchsstand. Grundsätzlich wird betont, dass Amma ihre Lehre nicht als religiöses Dogma versteht, die Menschen sollen bei ihren angestammten Religionen bleiben. Satsangs werden daher von Gläubigen aller Religionen besucht.

Seit Ende der Achtzigerjahre unternimmt Amma verstärkt Auslandsreisen. Ein wichtiger Ort für ihren Aufbruch in die Welt war das Zentrum der Einheit auf der Schweibenalp oberhalb von Brienz. Mitte der Achtzigerjahre hielt sie sich wiederholt dort auf, bis zu 3000 Menschen kamen schon damals dort zusammen. Heute bestehen weltweit über 20 Zweig-Ashrams und viele Bhajan- und Satsang-Gruppen. 1993 entstand in Deutschland der Verein Amrita der die Aktivitäten für den deutschen Sprachraum organisiert. In Deutschland gibt es rund 20 Gruppen, aber keinen Ashram. Die Amrita-Vereinigung (Schweiz) wurde 1995 in Zürich gegründet. Zweck dieses gemeinnützigen Vereins ist die Kooperation mit der MAM, wodurch sich Ammas Anhänger hierzulande neben ihrer spirituellen Selbstvervollkommnung auch sozial engagieren. Die Vereinigung sammelt mit Konzerten, Flohmärkten, Basaren usw. Geld für das indische Hilfswerk. Einmal pro Jahr laden die Schweizer Amma ein. Dieser Anlass, zu dem inzwischen weit über 10 000 Menschen zusammenkommen (zum Beispiel in der Eulach-Halle Winterthur), dauert in der Regel drei Tage. Die Vereinsstruktur – in der Schweiz gehören rund 30 Personen formal dazu – kümmert sich ausschliesslich um das Management. Eine sehr viel grössere, nicht zu schätzende Schar bilden die unorganisierten Freunde und Anhänger. Viele Menschen meditieren aber auch allein mit der Integrated Amrita Meditation Technique (Einführungskurse gelegentlich im esoterischen Zentrum Die Quelle, Bern). Wer sich intensiver einlassen will, kann sich auch in Satsang-Gruppen treffen. Dies sind private Initiativen und nicht formal mit der Amrita-Vereinigung verbunden. Gruppen bestehen ausser in Bern noch in Zürich, Steinmaur, Pfyn (bei Frauenfeld), Aeugst, Riehen, im französischen Biederthal nahe Basel, in Binningen und am Genfer See; spezielle Kindersatsangs werden in Basel und Zürich organisiert. Die Gruppen treffen sich zum gemeinsamen Singen, Rezitieren von Mantren und Meditieren. Auch könne durch das Zusammensein die Verbindung zu Amma vertiefend erfahrbar werden. In Bern gibt es eine ca. zehnköpfige Gruppe seit etwa 2003. Sie trifft sich jeden zweiten Samstag in einer Privatwohnung.

Kontakt

www.amma.ch, www.amma-europe.org, www.amritapuri.org

Art of Living – Sri Sri Ravi Shankar

Schon mit vier Jahren sei Sri Sri Ravi Shankar (geb. 1956 in Bangalore; nicht zu verwechseln mit dem gleichnamigen Musiker) in die Veden vertieft gewesen und habe die Bhagavad Gita auswendig gekannt. Er setzte seine Studien fort, was ihn u. a. Ende der Siebzigerjahre auch in die Schweiz führte, wo er dann zwei Jahre bei der → Transzendentalen Meditation in Seelisberg UR verbrachte. Seit 1982 lehrt er die «Kunst des Lebens – die heilende Kraft des Atems», und die Art of Living Foundation gründete er 1986.

Die Lehre ist ein auf monistischen (die All-Einheit betonende) Vorstellungen beruhendes System, das Stress auflösen und dem Menschen den Zugang zum eigenen Inneren (wieder) zugänglich machen will. Sie versteht sich nicht als religiös, die Praxis ist mit keinerlei Bekenntnis verbunden. Sie wird insofern als «spirituell» betrachtet, als sie das Essenzielle aus allen Religionen enthalte bzw. mit diesen das Wesentliche teile. Ein Leben in Frieden und Glück sei die eigentliche Bestimmung des Menschen. «Purna-Yoga, der Yoga der Stärke, Fülle, Ausführlichkeit» ist ein zusammenfassender Überbegriff. Neben der Sudarshan-Kriya genannten Atem-Technik werden darin auch Lachkurse angeboten. «Gott liebt Spass», so ein Buchtitel des Gründers. Ein anderes Element ist die Sahaj-Samadhi-Meditation. Die Atem-Praktiken sind mit einer naturwissenschaftlichen Erklärung versehen, die von einer Intoxikation der Zellen ausgeht, was Stress auslöse. Eine Reinigung der Zellen durch Sauerstoff – also mittels intensiver Atmung – sei die Lösung. Die Lehre wird in aufeinander aufbauenden Kursen und Gesprächsgruppen vermittelt sowie durch Bücher. Wer Lehre und Gemeinschaftsleben intensivieren möchte, kann (auch zeitweise) in einen Ashram, wie sie v. a. in Indien, aber auch zum Beispiel in Deutschland bestehen, eintreten.

Neben den auf individuelle Persönlichkeitsentwicklung und Selbstentfaltung zielenden Aktivitäten stellt das sukzessiv ausgebaute weltweite Seva (Dienst) das zweite Standbein der Art of Living dar, das sind – manchmal sehr grosse – Hilfsprojekte.

Für die Schweiz bedeutsam ist die deutsche Gesellschaft für Inneres Wachstum e.V.; 1995 kaufte sie im Schwarzwald das Kurhotel Bad Antogast und errichtete dort das europäische Zentrum. Seither gibt es dort Kursangebote und ein Ayurveda-Zentrum, die Ausbildung von Lehrern findet dort ebenfalls statt. Sri Sri Ravi Shankar besucht Bad Antogast regelmässig, wozu dann auch Schweizer Anhänger anreisen. 2001 war er in der Schweiz selbst zu Gast und sprach auf dem Weltwirtschaftsforum in Davos. Über 500 Menschen in der Schweiz haben inzwischen den sechsteiligen Grundkurs absolviert. Dauerhafte Gruppen bestehen in Basel, Baden, Zürich, Genf, Neuchâtel und – eingeschränkt – in Bern, ihnen gehören rund 50 Menschen an.

In Bern begannen organisierte Aktivitäten erst Ende der 90er-Jahre. Sie blieben halb privat und wurden nach rund vier Jahren wieder eingestellt. Etwa alle zwei Wochen trafen sich fünf bis zehn Menschen zu Atemübungen, Yoga und Meditationen. Es ist geplant, ähnliche Aktivitäten wieder aufzunehmen und sie dann stärker öffentlich bekannt zu machen. Auch Satsangs soll es geben und heilendes Mantra-Singen.

www.artofliving.org, www.art-of-living.ch, www.iahv.org, www.srisri.org

Datta Yoga Center Switzerland

Shri Ganapati Saccidananda Swamiji (geb. 1942), Sri Swamiji genannt, gründete 1966 den Datta Peetham Ashram in Mysore (Südindien). Als Hindu aufgewachsen, lehrt er, dass es viele Wege gibt, um das Heil zu erlangen. Allen Religionen könne deshalb gefolgt werden, man solle sogar in seiner Religion bleiben.
Im Ashram werden viele Feste gefeiert, sowohl solche aus indischen Traditionen
als auch aus anderen Religionen (zum Beispiel Weihnachten).

Swamiji vermittelt seine Lehre durch Kurse und Seminare, zum Beispiel
über Kriya-Yoga und Advaita-Vedanta, die Lehre von der Nicht-Zweiheit. In
den Ashrams bzw. im indischen Kontext ist jedoch der Tempeldienst zentral:
Alle Ashrams sind mit Tempeln für Dattatreya versehen. Diese Gottheit hat eine
Dreigestalt, die Schöpfung, Erhaltung und Zerstörung symbolisiert. Der Name
bedeute «Dem Atri als Sohn Gegebener». Die Legende besagt, dass der Weise
Atri zu Brahma, Vishnu und Shiva gebetet habe, sie mögen ihm einen Sohn
geben, der die Qualitäten von ihnen dreien vereine. Deshalb wird Dattatreya
mit drei Köpfen und sechs Armen dargestellt. Dattatreya inkarniere sich immer
dann, wenn das Dharma, die Weltordnung, zerstört zu werden droht.

In den Tempeln wie in den Häusern der Anhänger werden Pujas für Dattatreya abgehalten. Ein wichtiges Element ist Homa, eine Feuerzeremonie für
die Gottheit Agni. Gemäss Sri Swamiji sei eine Puja weder Ritual noch Religion, sondern eine Form von Yoga: Sie sei eine Handlung, «die durch die Bindung der Sinne zum inneren Sinn führt. Durch das Gegenüber der Gottheit entsteht eine Beziehung zum Du, Gefühle der Hingabe lösen die Emotionen und
können so transformiert werden. Die sich in ständiger Bewegung befindenden
Gedanken werden auf das eigene Selbst gelenkt und kommen zur Ruhe. Die mit
Andacht ausgeführten Handlungen bereiten den Boden für die innere Besinnung.» Wichtig bei den Gottesdiensten ist das Singen von Bhajans. Musik ist ein
wesentliches Mittel, mit dem Swamiji die Menschen erreichen will. Somit wurden
Konzerte ein fester Bestandteil seiner Reisen, mit seinem Team unternimmt er
monatelange Tourneen. Gleichzeitig hat er soziale Werke, verwaltet vom Datta
Peetham Trust, ins Leben gerufen, wie ein Spital im zentralen Ashram, Schulen

in Mysore und Heime für benachteiligte Frauen und für Behinderte in anderen Gebieten Indiens.

Inzwischen gibt es rund 50 Tochterashrams, viele davon in Indien. Die meisten der sich Devotees nennenden Anhänger sind noch immer Inder, die im Ausland befindlichen Zentren werden oft von indischen Diaspora-Communities (zum Beispiel in England, Trinidad, Malaysia, Kanada und den USA) getragen. Gleichzeitig bemüht der Guru sich um Menschen anderer Kulturen. Viele Länder besucht er in regelmässigen Abständen. In der Zwischenzeit haben sich dort Organisationen gebildet, in der Schweiz zum Beispiel der 1987 gegründete Verein Datta Yoga Center Switzerland. Der erste Besuch Sri Swamijis in der Schweiz hatte bereits 1976 stattgefunden. Seit der Vereinsgründung gibt es regelmässige Treffen von Menschen, die Swamijis Lehre vertiefen wollen. Zurzeit finden in drei verschiedenen Regionen Satsangs statt: in der Umgebung von Zürich, in der Ostschweiz und in Mattstetten nahe Bern. Der Verein hat rund 100 Mitglieder, etwa 250 Menschen stehen im Adressverteiler. Vereinssitz ist Zürich. Westliche Anhänger verstehen Swamijis Lehre nicht unbedingt als Religion, daher bleibt der Verein konfessionell neutral. Doch «schaffen die Datta Yoga Centers den Rahmen für die spirituelle Entwicklung.» Primärer Vereinszweck ist die Unterstützung der humanitären Projekte in Indien und die Organisation von Swamijis Besuchen und Konzerten. Zudem vertreibt er Bücher und Medien. Alle Überschüsse sowie Spenden gehen den sozialen Einrichtungen zu; Verwaltungskosten werden durch Mitgliederbeiträge getragen, sämtliche Arbeiten ehrenamtlich ausgeführt.

Im Sommer 2004 besuchte Sri Swamiji für sechs Tage die Schweiz, wobei er die meiste Zeit im Kanton Bern verbrachte. Im Gwatt-Zentrum bei Thun gab es Pujas, Kriya-Yoga-Kurse, Vorträge über Vedanta und andere Themen sowie ein Puja-Seminar. Ausserdem besuchte er das Thuner Musikinstrumentenmuseum, den Mystery-Park und gab ein Konzert in der Französischen Kirche in Bern. Im Sommer 2007 war er wieder im Lande, u. a. für ein Konzert in Interlaken.

Die Vereine organisieren zudem die Durchführung von Satsangs. Bei diesen regelmässigen Treffen (in der Schweiz meist alle zwei oder vier Wochen) werden Bhajans gesungen (dafür gibt es auch Übungsgruppen), man rezitiert Gebete und Mantras, spezielle rituelle Silben, und tauscht sich über die persönlichen Erfahrungen aus. Man liest Texte zu spirituellen Themen, und es werden auch Mitteilungen über den Datta Peetham Trust gegeben. Häufig führt man auch Pujas durch. Inwieweit der Einzelne Kriya-Yoga praktiziert (ab und an werden öffentlich Kurse angeboten), die Advaita-Vedanta-Philosophie verinnerlicht oder sich generell involviert, hängt von ihm selbst ab. Zugangsbeschränkungen gibt es keine.

Wie lange in der Region Bern bereits Menschen der Lehre Swamijis folgen, ist ebenso schwer festzustellen wie ihre Zahl. Denn meist handelt es sich um ein privates Engagement. Erst seit etwa 2005 gibt es eine fest organisierte Gruppe. Sie besteht aus zehn bis 20 Menschen und trifft sich einmal monatlich.

Kontakt

Schweikhofstrasse 91, 8925 Ebertswil, Tel.: 044 715 40 17
www.dyc.ch

Divine Light Mission/Maharaj Ji/Prem Rawat Foundation

Die Bewegung wurde 1960 von Shri Hansji Maharaj (1890–1966), der ins Rad-hasoami Satsang initiiert war, als Divine Light Mission (DLM) gegründet. Sein Sohn Prem Pal Singh Rawat (geb. 1957) leitet sie heute, er ist auch unter dem Namen Maharaj Ji bekannt. Seit Anfang der 70er-Jahre ist die DLM im Westen aktiv, während in Indien die Anhängerzahlen zurückgingen. 1975 teilte sie sich in einen indischen, die Spiritual Life Society, und einen westlichen Zweig, die DLM. Ab 1981 lautete der Name Divine United Organisation, in Europa seit 1987 Elan Vital. Mit dem alten Namen wurden auch die traditionellen indischen Ritualformen und Terminologien abgelegt.

Kern von Maharaj Jis Lehre ist «Self-Knowledge», das den «Weg zur vollstän-digen Zufriedenheit» öffne. Es ähnelt Meditationstechniken, wird aber nicht so genannt. Es gehe darum, die «Lebenskraft» in vier verschiedenen Arten zu erleben und «sich selbst in sich zu finden». Grundsätzlich ist das Erlebnis der Lebenskraft individuell, die Techniken lehren nur den Zugang. Dabei wird davon ausgegangen, dass alles Wissen bereits im Menschen vorhanden ist und nur noch erweckt zu werden braucht. Nach mehrmonatiger Vorbereitung erfolgt die eigentliche Ein-führung in die Lehre, die danach allein oder in der Gruppe weiterpraktiziert wird, wobei häufig Videos von Maharaj Ji genutzt werden. The Keys/Die Schlüssel, ein DVD-Set, kann dafür erworben werden. Die Einführung ist kostenfrei.

Nach eigenen Angaben gibt es heute in Europa einige tausend Praktizierende. Die meisten dieser «Premies» sind der Vereinigung nur locker verbunden, Ash-rams bestehen nicht (nur in Deutschland gab es einen bis 1981). Die Bewegung, die sich nicht als Religion versteht, arbeitet als informelles Netzwerk. International organisiert die Prem Rawat Foundation in Los Angeles die vielen Reisen Prem Rawats und den Vertrieb der Medien (in D: Aspire-Videoverleih, Zeitschrift «Elan News»). Die in Luzern residierende, 1983 gegründete Elan Vital Foundation leistet als eine Art Kommunikationsunternehmen dasselbe für Europa. Rituale, öffentliche oder private gruppenspezifische Feste gibt es nicht.

An etwa zehn Orten in der Schweiz soll es privat organisierte Gruppen von Meditierenden geben. Wenn Prem Rawat die Schweiz besucht, werden Räume gemietet; Werbung macht man jedoch kaum. Bis zu 500 Menschen kommen bei diesen Anlässen zusammen. Die Auftritte lassen ihn allerdings eher als politischen Berater erscheinen, religiöse Praxis gibt es dabei nicht. Einige Gruppen organisieren sporadisch Vorführungen von Prem Rawat auf Video aufgezeichneten Vorträgen bzw. von satellitengestützten Live-Übertragungen. Im Kanton Bern gibt es Anhänger, aber keine organisierten Gruppen. Öffentliche Vorführungen und Treffen fanden u. a. bereits in Biel statt.

Die DLM ist nicht identisch mit dem Divine Light Zentrum von Swami Omkarananda (1930–2000), welches in den Siebzigerjahren in Winterthur durch heftige Auseinandersetzungen mit Kritikern und Anwohnern für Aufsehen sorgte.

Kontakt

Elan Vital Foundation, Postfach 2749, 6002 Luzern, Tel.: 041 410 11 74 www.responding.de, www.maharaji.net, www.tprf.net, www.contact-info.ch, www.premiere-events.ch, www.elanvitalfoundation.com

Internationale Gesellschaft für Krishna-Bewusstsein (International Society for Krishna Consciousness, ISKCON) – Gaura Bhaktiyoga Center Bern

(Philipp Eyer, S.R.)

Eine religiöse Traditionslinie Indiens ist die Verehrung des monotheistisch vorgestellten Gottes Krishna. Schlüsseltext dafür ist die Bhagavad-Gita, ein Heldenepos aus der Mitte des ersten vorchristlichen Jahrtausends. Eine deutliche Form brachte Caitanya Mahaprabhu (1486–1534, manche Krishna-Anhänger sehen in ihm eine

Inkarnation der Gottheit) in die Lehre. Im Zuge der neohinduistischen Renaissance kam es im 19. Jahrhundert in Bengalen zu einer Erneuerung von Caitanyas Krishna-Frömmigkeit, und eine ganze Reihe von Gurus gründete Ashrams. Viele Gruppen bestehen bis heute und mehrere sind auch im Westen präsent. In einer derartigen Schule, der Gaudiya-Math, stand Srila Prabhupada (1896–1977), den sein Guru zur Mission im Westen aufgefordert hatte. Vor allem seine Bearbeitung der Bhagavad-Gita ist weit verbreitet. Er gründete 1966 in New York die ISKCON. Prabhupada fand sein Publikum nicht – wie andere Gurus vor ihm – in akademischen und künstlerischen Kreisen, sondern unter jugendlichen Hippies. Seine Lehre und die Bhakti-Yoga genannte Verehrungspraxis wurden als Gegenentwurf zum Materialismus und zum Christentum akzeptiert. Prabhupada ist unter den neohinduistischen Gurus – er selbst zog den Titel «Spiritueller Meister» vor – bis heute einer der bekanntesten, sein Missionswerk ist auch in Indien populär.

Nach Prabhupadas Ableben gab es zwar elf sog. Initiations-Gurus (heute sind es rund 70), im Vergleich zu anderen Gruppen der Krishna-Tradition hat die ISKCON heute eine recht pluralistische Struktur. Eine Gouverning Body Commission (GBC) mit 37 Mitgliedern ist ihr leitendes Organ. Finanziert wird alles durch Spenden der Mitglieder und andere Geber sowie durch die öffentliche Verteilung von Prasad (geweihte Speise) und Literatur gegen Spende. Inzwischen ist die ISKCON weltweit verbreitet, und seit der politischen Öffnung Osteuropas wächst sie v. a. dort. Weltweit wird die Anhängerschaft auf 200 000 bis 750 000 geschätzt, diese Zahl erfasst auch die Sympathisanten; die auch genannten 15 000 dürften den engeren Kern bezeichnen. ISKCON unterhält über 320 Tempel und sonstige Einrichtungen. Neben dem Verlag Bhaktivedanta Book Trust gehört dazu noch die karitative Organisation Food for Life.

Lehre und Ritus

Caitanya mass dem Chanten (Rufen, Singen) des Krishna-Namens eine wichtige Funktion bei; als Verehrungsritual wird es gegenüber der Puja oder meditativen Versenkungen bevorzugt. Durch das Chanten erwecke der Anhänger Bhakti (liebevollen Hingabe) bzw. das in ihm schlummernde «Krishna-Bewusstsein». So trete der Mensch mit Krishna selbst in Verbindung, kläre den Geist, und ausserdem sollen die Schwingungen die Umgebung positiv beeinflussen. Das Chanten ist ein äusseres Zeichen für die innere Verbindung mit der Gottheit, denn diese und ihr Name sind eins. Der Mensch soll sich aus irdischen Verstrickungen und «verhängnisvollen Gelüsten» lösen, was eine Zurückweisung materieller Dinge nach sich zieht. Da der Mensch nicht in der Lage sei, die Wahrheit über die Welt, Gott und sich selbst zu erkennen – der individuelle Verstand reiche nicht aus, ja sei sogar hinderlich dabei – ist ein Guru unumgänglich. Auch wird dem Bhakti derart grosses Shakti (Wirkungskraft) zugeschrieben, dass ein erfahrener Lehrer den Adepten heranführen muss. Die Guru-Jünger-Struktur ist – im Vergleich mit westlichen religiösen Traditionen – autoritär; der Guru darf in der Regel nicht kritisiert werden.

Wenn ein Mensch sich zur Annahme der Lehre entschliesst, sucht er sich nach eigenem Ermessen einen Guru, nimmt in einer ersten Einweihung einen Sanskritnamen an und muss vier Lebensregeln einhalten: weder Alkohol noch Drogen (darunter auch Kaffee, Tee und Nikotin), keine Glücksspiele (und sonstige Zerstreuung, die vom Krishna-Bewusstsein ablenkt), eine reglementierte Sexualität und eine vegetarische Ernährung. Entschliesst sich der Schüler zum regelmässigen Chanten, studiert er erfolgreich die heiligen Schriften, hält er die ethische Lebenspraxis ein und stimmt der Guru zu, kann eine zweite Einweihung erfolgen. Ab diesem Moment ist der Schüler «Brahmane» und darf Rituale im Tempel ausführen. Der höchste Grad ist der des Sannyasi (Asket, Mönch). Dessen Praxis, die mit einem Leben im Tempel bzw. als Sadhu (Wanderasket) verbunden ist, schreibt einen mit Meditationen, Lesungen, Chants, Lehren, Missionsgängen und praktischen Arbeiten gefüllten Tagesablauf vor. Einfache Anhänger sind dazu angehalten, diese Aktivitäten entsprechend ihren Möglichkeiten mit zu vollziehen. Besondere Feste, die auch öffentlich gefeiert werden, sind Wochenfeste, diverse Geburtstage wie die von Krishna und Srila Prabhupada sowie ein Wagenfest. Es wird auch in westlichen Städten veranstaltet – so zum Beispiel seit 1978 als Ratha-Yatra-Festival in Genf, am Zürcher Seeufer und inzwischen auch in St.Gallen und Bern.

Grundsätzlich vertreten die Krishna verehrenden Gemeinschaften ein konservatives hinduistisches Gesellschaftsbild. In Indien wird eine konsequente Kastenpolitik propagiert, wobei abweichend von der Tradition der Stand des Brahmanen nicht angeboren, sondern durch Einweihung zu erwerben ist. Die indische Gesellschaft sieht das ambivalent: Einerseits wird die Flexibilisierung der Kastenschranken meist nicht akzeptiert, andererseits sind v.a. nationalistische Kreise stolz auf die umgekehrte Mission. Ausserdem weist die Überzeugung der Gemeinschaften ein Element des klassischen brahmanischen Hindu-Glaubens auf: Inklusivismus. Andere Religionen werden dabei nicht als falsch verworfen, sondern als Verweis auf die eigenen Wahrheiten gedeutet.

Die ISKCON war die im Westen wohl am stärksten kritisierte neue religiöse Gemeinschaft. Mit ihrer auffälligen orangefarbenen Kleidung waren die «Hare-Krishnas», wie der Volksmund sie nannte, zum Synonym für «Sekte» geworden.

Es gab Vorwürfe über finanzielle Unregelmässigkeiten, sexuellen Missbrauch und illegalen Waffenbesitz – manche entsprachen den Tatsachen. Besonders in die Kritik geriet die anfängliche Praxis, sehr junge Menschen zu missionieren und eine Abschottung von Familien und Freunden zu forcieren. Seit Anfang der Neunzigerjahre bemüht man sich nun um Reformen. Die Tempelfinanzen werden inzwischen offen verwaltet und viele Angelegenheiten demokratisch beschlossen. Tempelbewohner geben nicht mehr ihren Besitz an die Gemeinschaft ab. Vor allem Neuaufnahmen betreibt man inzwischen vorsichtiger. So wird niemandem zum Abbruch von Schule oder Ausbildung geraten, bis zur Einweihung gilt eine längere Probezeit. Die Gemeinschaft ist intern pluraler geworden, negative Nachrichten gibt es schon länger keine mehr.

Schweiz und Bern

In der Schweiz wurde die ISKCON 1971 zuerst in Genf, ab 1975 auch in Zürich aktiv. Ein erster Höhepunkt im Leben der Schweizer Gemeinde war 1974 ein öffentlicher, stark beachteter Besuch Srila Prabhupadas in Genf. 1977 entstand in Düdingen FR eine Bauernhofgemeinschaft, weitere gab es in Sessa, Rancate (beide TI) und in Dole in Frankreich, nahe Basel. Derartige Höfe als Rückzugsorte für spirituelles Leben, vegetarische Selbstversorgung und als Seminarorte bestehen momentan nicht, sie sind aber wieder im Entstehen.

Der 1980 in Zürich errichtete Tempel bildet das Zentrum der Schweizer Anhänger. Auch tamilische Hindus besuchen ihn gern und heiraten sogar dort; sie haben eigens die Schweizerisch-Tamilische Krishna-Vereinigung gegründet. Rund 120 Schweizer sind Vollmitglieder der ISKCON, 300 weitere gehören zum Kern und rund 5000 bilden den Freundeskreis. Rechtsträger ist der Verein Krishna-Gemeinschaft Schweiz, der zweimonatlich den Rundbrief «Krishnas Freundeskreis» herausgibt. Ein Sankirtan-Verein Schweiz vertreibt diverse Produkte. In Locarno und Zürich bestehen bzw. bestanden Govinda-Restaurants, die auch die Funktion von Kulturzentren annehmen können. Die Entwicklung der ISKCON – in der Schweiz wie auch weltweit – ist eine weg vom exklusiven Tempelkreis hin zu einer spirituellen Gemeinschaft, die alle Lebensaspekte berührt und neben den Geweihten ein immer grösseres, mehr oder weniger stark involviertes Umfeld umfasst.

In Bern gab es zwischen 1990 und 1999 ein von ISKCON-Anhängern geführtes Restaurant namens Govinda – zuerst im Marzili, seit 1995 in der Marktgasse –, das aber geschlossen wurde. Ein kleiner Bieler Treffpunkt blieb ebenfalls Episode. Die öffentlichen Aktivitäten in der Stadt und im Kanton erloschen vorübergehend. Seit Sommer 2005 wohnen in den beiden obersten Wohnungen eines Hauses im Alleeweg sechs ISKCON-Anhänger in einer Wohngemeinschaft. Sie wollen sich in Form eines Vereines organisieren, zugleich suchen sie nach einer passenderen Immobilie im Umland der Stadt. Die Wohngemeinschaft hat einen Raum in einen Tempel umgewandelt und im Sommer 2006 aus Neem-Holz geschnitzte Murtis (Statuen der Gottheiten) aufgestellt. Spenden, die mitunter gesammelt werden, verwenden die Mitglieder für Ritualgegenstände, Räucherwerk und Kochutensilien. Für seinen Lebensunterhalt und sein Zimmer in der WG kommt jeder Bewohner selbst auf.

Die Bhakti-Sangha in Bern verfügt über einen Freundeskreis von ungefähr 50 Menschen. Jeden Dienstagabend werden Bhajan gesungen sowie ein Vortrag über religiös-philosophische Themen abgehalten. Dazu reisen oft Referenten von ausserhalb an. Wenn möglich, soll jeden Abend Bhajan gesungen, eine Puja durchgeführt und Prasad zusammen gegessen werden; das heisst, es etabliert sich ein regelmässiges Tempelleben. Vorträge finden jeweils freitagabends im Rahmen des öffentlichen Freitagsfestes statt. Zwischen zehn und 25 Menschen treffen sich dazu in der Wohngemeinschaft. Des Weiteren werden Bhajans auch in den Strassen von Bern gesungen und dabei Prasad verteilt. Die missionarischen Tätigkeiten sind in den letzten Jahren immer mehr in den Hintergrund gerückt. So werden nur noch sehr selten Bücher verkauft und Geld gesammelt. Seit 2005 findet eine Ratha-Yatra-Prozession auch in Bern statt. Die Gemeinschaftsmitglieder stehen in engem Kontakt mit dem Krishna-Tempel in Zürich, der von ihnen regelmässig besucht wird.

Kontakt

Alleeweg 5, 3006 Bern, 031 351 88 12
www.gaura-bhakti.ch, www.krishna.ch, www.iskcon.org,

Melmaruvathur Adhiparasakhti Amma Tempel Lyss/ Verein Aum Shakti
(Philipp Eyer)

Der Adhiparasakhti Amma Tempel in Lyss ist der einzige Tempel im Kanton, der in der Tradition des Melmaruvathur Adhiparasakhti Siddhar Peetam in Südindien steht. Dieser Tempel steht in ein einem Dorf namens Melmaruvathur, 92 km von Madras entfernt. Im Jahre 1971 erschien dort einem jungen Mann namens Arul Thiru Bangaru Adigalar die Muttergöttin Adhiparasakhti. Seither wird Bangaru Adigalar als lebende Inkarnation dieser Gottheit und als Orakel verehrt. Durch ihn spreche die Muttergöttin zu den Gläubigen, die aus ganz Indien anreisen um sie zu sehen und sich von ihr heilen und helfen zu lassen. Kurz nach der Erscheinung der Göttin wurde ein Tempel erbaut, in dem dienstags, freitags und sonntags sowie an Voll- und Neumonden das Orakel besucht werden kann. Der Tempel steht jedem Menschen offen, unabhängig von Herkunft, Kaste, Hautfarbe, Geschlecht oder Religion. Anders als bei anderen Tempeln in Indien ist es auch menstruierenden Frauen erlaubt, ihn zu besuchen. Die Rituale des Gottesdienstes dürfen Frauen und Männer, unabhängig von ihrer Kastenherkunft, vollziehen. Somit kann die Melmaruvathur-Adhiparasakhti-Tradition als moderne Reformbewegung innerhalb des Hinduismus gesehen werden. Als Symbol der Gleichheit tragen alle rote Kleider, wenn sie den Tempel betreten.

Der Tempel in Lyss wurde 1996 in einer ehemaligen Sägemühle eines Bauernhauses errichtet. Er besteht aus einem Raum, in dem gekocht wird und der als Garderobe für Kleider und Schuhe der Tempelbesucher dient, und einem weiteren Raum, in dem Pujas abgehalten werden. Der Tempel ist als Verein organisiert und zählt etwa 450 Mitglieder. Durch Mitgliederbeiträge werden die Unterhaltskosten usw. bezahlt. Jeweils am Donnerstag und an jedem Voll- sowie Neumondabend findet um 19.00 Uhr die Puja statt, zu der sich regelmässig zwischen 60 und 120 Personen versammeln. Auch hier sind viele Tempelbesucher rot gekleidet. Sie rezitieren während ca. einer Stunde das Moola-Mantra in tamilischer Sprache und die 1008 Namen Gottes; dazu wird ein Büchlein ausgehändigt. Die Praktizierenden suchen nicht in erster Linie ihre persönliche Erlösung, sondern wollen durch ihren Gottesdienst der gesamten Menschheit zur Befreiung und Erlösung verhelfen. Während der gemeinsamen Rezitation opfern einige der Göttin Adhiparasakhti Blumen, Kurkuma und andere Opfergaben. Zum Abschluss wird Essen an alle verteilt. Jährlich feiert man verschiedene Feste: im Januar das Neujahrsfest und das Thai Poosam, am 3. März den Geburtstag von Amma Adigalar, im April das tamilische Neujahrsfest, im Juli/August das Kadi Pooram, im Oktober das Navarathri und im Dezember Weihnachten.

Die hiesige Vereinigung ist auch unter dem Namen Aum Shakti bekannt. Im Herbst 2007 erreichte sie eine gewisse Öffentlichkeit, als ihr Projekt, einen Tempel in Belp zu errichten, an einer Immobilientransaktion scheiterte. Wäh-

rend sich der Verein in Lyss nur in einem kleinen Raum trifft, hätte der Tempel-
neubau auch weiteren Vereinsgruppen zur Verfügung stehen sollen: Geplant war
in Belp ein Kubusbau mit einer kleinen Kuppel, in dem sich einmal wöchentlich
250 bis 300 Personen treffen würden. Während der Woche hätten ausserdem
bis zu 50 Kinder in tamilischer Schrift, Sprache und Kultur unterrichtet werden
sollen. Die Angelegenheit ist noch hängig, zugleich suchen die Tamilen nach
neuen Orten zur Verwirklichung des Baus.

Kontakt

Bernstrasse 98, 3250 Lyss, Tel.: 031 859 60 75
www.sakthipeedam.org, www.sakthiolhi.org, www.omsakthi.org

Mukti Diksha/Sri Amma Bhagavan/Oneness-Movement

Diksha oder Deeksha, in jüngster Zeit auch Oneness-Experience genannt, ist
eine initiierende «Energieübertragung» durch das Auflegen der Hand auf den
Kopf des Empfangenden.

Amma (geb. 1954) und Bhagavan (geb. 1949) sind ein indisches Ehepaar.
Gemeinsam bilden sie, so die Anhänger, einen Avatar, weshalb im Singular von
Sri Amma Bhagavan die Rede ist. Avatar heisst Inkarnation, Erscheinung eines
Gottes, könne aber auch als «Genius», als besonders begabter Mensch verstanden
werden. Das Absolute verkörpere sich irdisch, im Falle von Amma und Bhagavan
werden die männlichen und weiblichen Aspekte des allumfassenden Göttlichen
erkennbar. Sri Amma Bhagavan hat bereits in den Achtzigerjahren den Ashram
Jeevashram gegründet und schulische Projekte auf den Weg gebracht. 1989 sollen
erstmals ungewöhnliche Ereignisse eingetreten und Schüler spontan zu kos-
mischem Bewusstsein gelangt sein. Es wurde nun ein System zur Verbreitung
der Oneness, der Einheit verbreitet. Im Westen war es noch völlig unbekannt, als
1991 in Südindien die Oneness-University zur Ausbildung von «Diksha-Gebern»
errichtet wurde. Angeblich sind heute 15–30 Millionen Menschen in der so begründeten Golden-Age-Bewegung verbunden. Im Jahre 2004 wurde von Sri Amma
Bhagavan ein besonderes, erleuchtendes Diksha «der Welt zugänglich gemacht».
Erleuchtung könne man nicht selbst erlangen, sie komme einfach. Allerdings
brauche es eine eröffnende Gabe, und Sri Amma Bhagavan habe mit einer besonderen Begabung bzw. Berufung eine Kette zur Verbreitung der speziellen Energie

begonnen. Durch dieses Diksha werde eine Veränderung im Hirn hervorgerufen. In einem bisher 21-tägigen, jetzt nur noch 9-tägigen Prozess kann man sich nun zum Diksha-Geber, zum Kanal der göttlichen Energie ausbilden lassen. Bis 2012 soll jeder 100 000ste Erdenmensch Diksha-Geber sein, dann werde für die ganze Menschheit eine neue Evolutionsstufe, das Zeitalter der Erleuchtung beginnen.

Wenn auch mit religiösen Zeichen verbunden – zum Beispiel mit der vedischen Feuer-Zeremonie, seit 2008 mit einem zentralen Oneness-Tempel, oder auch mit Jesus-Bildern –, wird Diksha von den Anhängern als quasi physischer Prozess verstanden und das ganze System nicht als Religion gesehen. Der Erhalt von Diksha habe auch praktische Bedeutung: Man fühle sich mit sich selbst in Kontakt, gewinne eine grössere Kreativität und Ausgeglichenheit und erlange innere Ruhe und gute Laune. Die Bewältigung von Angst und Stress fällt leichter. «Der menschliche Geist funktioniert wie eine Mauer, die uns abtrennt von unserer göttlichen Herkunft, und die deekshas machen ein Loch in diese Mauer, wonach das Absolute die Arbeit übernehmen kann, um uns zur Erleuchtung zu führen. In diesem Zustand der Erleuchtung erfährt man die Welt so, wie sie ist, das heisst ohne Interpretationen oder Urteile von unserer Seite.» Viele nehmen Diksha einfach einer wohltuenden Wirkung wegen, Mundpropaganda darüber führt zur schnellen Verbreitung.

Obwohl es schon in den frühen Neunzigerjahren erste westliche Anhänger gab, fasste die Bewegung erst etwa 2004 in unserer Region Fuss. Im Juni 2006 fand in Mailand die erste europäische Konferenz von Diksha-Gebern mit rund 300 Teilnehmern statt. Der Berner P. Steiger gehörte Anfang 2005 zu den ersten drei Schweizern, die den 21-Tage-Prozess absolviert haben. Im Spätsommer 2006 gab es bereits fünf Eingeweihte, und weitere Menschen planten diesen Schritt. Vorübergehend gab es durch Steiger Diksha-Gaben in einem Meditationsraum im Breitenrain, heute führt er es jederzeit auf Anfrage in seinem Laden für Asiatika in der Altstadt durch. Inzwischen haben schätzungsweise einige Hundert Menschen Diksha erhalten – auch mehrfach, zur erneuten Kräftigung –, es besteht aber kein oder nur ein informelles Netzwerk. Manche geben die «Energie» weiter, einige auch kommerziell, die meisten aber nehmen sie nur privat und für sich selbst. Mit einem weiteren Wachsen der Bewegung und zunehmender Popularität ist zu rechnen.

Kontakt

Goodway, Marktgasse 29, 3011 Bern, Tel.: 031 311 53 03, 078 608 57 08
www.onenessuniversity.org, www.deeksha.ch

Osho-Bewegung (Neo-Sannyas-Bewegung, Bhagwan-Bewegung)

(Ursina Wälchli, S. R.)

Osho (geb. als Rajneesh Chandra Mohan, 1931–1990), ein Philosophie-Professor, leitete 1964 sein erstes Meditationscamp und erklärte, dass er bereits 1953 die Erleuchtung erlangt habe. 1968 begann er – die Professur hatte er zuvor aufgegeben – Schüler zu initiieren. Er nannte sie Neo-Sannyasin. Im Gegensatz zu traditionellen Hindu-Sannyasin, die asketisch der Welt entsagen, sind Osho-Sannyasin weltzugewandt und aufgefordert, alles zu geniessen – doch ohne der Welt emotional anzuhängen! Wie die traditionellen trugen auch Neo-Sannyasin orange Kleidung und die Mala, eine Holzkette aus 108 Perlen, wobei ihre noch ein Osho-Bild enthielt. Jeder Sannyasin bekam einen neuen Namen. 1970 kamen die ersten westlichen Anhänger, und Osho gründete offiziell seine Bewegung Neo Sannyas International (NSI). Ab 1971 liess er sich mit Bhagwan anreden, was «der Gesegnete», «der Erhabene» oder «der das Göttliche erkannt hat» bedeutet (den Namen Osho sollte er erst 1989 annehmen). 1974 zog er nach Poona (heute: Pune), 200 km südöstlich von Bombay, wo ein Ashram als Zentrum der Bewegung entstand. Sannyasin gründeten dann in der ganzen Welt Meditationszentren. In der Schweiz waren es Ende 1979 sechs, in Deutschland sogar 29. 1981 gab Osho den Ashram auf und siedelte in den US-Bundesstaat Oregon über. Kurz vorher hatte er angekündigt, dass er keine Vorträge mehr halten und nur noch schweigend kommunizieren werde. Die einzige Person, die während dieser Phase mit ihm sprach, war seine Sekretärin Ma Anand Sheela. In Oregon sollte nun das spirituelle Experiment einer Grosskommune, Rajneeshpuram genannt, verwirklicht werden. So lebten dort bis zu 5000 Sannyasin, zu den jährlichen Weltfestivals kamen bis zu 20 000 Besucher. Oshos Aussenkontakt beschränkte sich auf das tägliche «Drive-By», wenn er mit einem Rolls-Royce an den Sannyasin vorbeifuhr, und seine Anwesenheit während der Weltfestivals. Die Kommune war hierarchisch organisiert, mit Sheela an der Spitze. Arbeit galt als die beste Meditation, persönlicher Freiraum bestand kaum. Der Rajneeshismus als neue Religion mit Katechismus, Priesterkaste und kultischen Neuerungen wurde proklamiert. In dem benachbarten Städtchen begann man juristisch gegen die Sannyasin vorzugehen. Sheela installierte daraufhin eine bewaffnete sog. Peace Force. Im Sommer 1985 kam es wegen Gerüchten über kriminelle Akte des Führungszirkels zur Krise. Zu den letztlich aufgedeckten Verbrechen gehörten Mordversuche, Abhöranlagen in Oshos Zimmer, die Vergiftung von Nahrungsmitteln und mehr. Nach viereinhalb Jahren Gefängnis lebt Sheela heute, nach einer Heirat naturalisiert, als Altenpflegerin in der Schweiz.

Osho, der inzwischen das Sprechen wieder aufgenommen hatte, bezeichnete den Rajneeshismus als Sheelas Erfindung, von der er nichts gewusst habe, und schaffte ihn sowie die orange Kleidung und die Mala ab. Gemäss eigenen Angaben wollte er durch sein Nichteingreifen seine Sannyasin zu mehr Gehorsam gegenüber seiner Lehre, die zur Eigenverantwortung aufruft, bringen. Inzwischen wurde wegen Verletzung der Einwanderungsbestimmungen gegen ihn ermittelt. Ende 1985 kam er für zwölf Tage in Haft, dann konnte er mit einer Geldstrafe die USA verlassen. Die Zeit danach erwies sich für Osho als schwierig, da ihn kein Land – auch die Schweiz hatte er gefragt – aufnehmen wollte. Im Januar 1987 traf er in seinem alten Ashram in Poona ein, der erneut zum Zentrum der Bewegung wurde, jedoch mit einer stark zurückgenommenen Organisationsstruktur. Oshos Gesundheitszustand verschlechterte sich zunehmend. Als er im Januar 1990 «seinen Körper verliess», gab es keinen Nachfolger. Die Leitung des Ashrams hat seither ein Gremium inne.

Der Ashram in Poona ist heute noch immer das Zentrum der Bewegung, die nach dem Tod des Stifters ungebrochen attraktiv ist. Es wird geschätzt, dass bis zu zwei Millionen Menschen Anhänger Oshos sind, sie machen den Ashram zum wohl grössten spirituellen Selbsterfahrungzentrum der Welt. Er wird ständig erweitert, hat sich 1992 in Osho Meditation Resort International umbenannt und heisst heute Osho Multiversity. Nach wie vor wird eine grosse Bandbreite von Meditationen, Therapiegruppen und Kursen angeboten. Alle Aktivitäten werden jeden Abend für das Evening Meeting unterbrochen, bei dem einer von Oshos Discourses, die alle auf Video erhalten sind, angeschaut wird.

Lehre und Riten

Einigkeit darüber, in welche Tradition Osho einzuordnen ist, besteht nicht. Eine solche Verwirrung war von ihm durchaus beabsichtigt: Da sind die vielen Widersprüche in seinen Lehren, ihre ungeheure Fülle sowie sein – mehr oder weniger eingestandener – Eklektizismus, die kreative Inanspruchnahme aller möglicher Lehren und Traditionen. Trotz der Inkonsistenz gibt es Grundansichten: Ziel ist das Schaffen eines «neuen Menschen» – sonst sei die Menschheit verloren. Der Unterschied zum alten Menschen bestehe darin, dass der neue sein Ego fallengelassen hat. Unter Ego wird die aufgesetzte, der Gesellschaft angepasste Persönlichkeit, das Ich-Bewusstsein verstanden. Dieses Ego schaffe eine dualistische Wahrnehmung und trenne den Menschen von Gott. Osho sah Gott als die

Grundlage allen Lebens, er sei der Welt und jedem Menschen immanent. Das Ego hindere uns daran, unsere göttliche Natur zu erkennen, sprich: die Erleuchtung zu erlangen, die das eigentliche Entwicklungsziel der Menschen sei. Um das Ego zu entlarven, müsse der Mensch bewusst werden, das heisst sich jeden Augenblick aller Handlungen, Gefühle und Motive bewusst sein. Bewusstheit sei über Meditation zu erreichen. In dieser beginnt man, die eigenen Gedanken zu beobachten und sie mit der Zeit ganz verschwinden zu lassen. So könne man zum Blick auf seine «wirkliche Natur» gelangen.

Damit der westliche Mensch überhaupt dahin finden kann, hat Osho Meditationsmethoden kreiert. Viele davon enthalten eine Katharsis, um die durch die Gesellschaft geschaffene Konditionierung aufzubrechen. Die bekanntesten sind die Dynamische Meditation und die Kundalini-Meditation. Später hat er sog. meditative Therapien hinzugefügt. Weitere Aspekte sind seine teilweise radikalen Einstellungen zu Sexualität, Tod und Religiosität. Stets betonte er das Leben «im Hier und Jetzt». Das Leben soll in seiner Totalität gelebt werden, dazu würden v.a. die Urkräfte des Lebens, Sexualität und Tod, gehören. Man solle diese beiden Bereiche bewusst ins Leben integrieren und geniessen. Sexuelle Energie sei die einzige wahre Energie, alle andere Energie sei aus ihr entstanden. Durch das Ausleben der Sexualität gelange man zum Zentrum all seiner Energie. Der unpersönliche, alles umfassende Gott, oder einfach die Existenz, sei jeden Moment neu und müsse daher auch immer neu erfahren werden. Osho wandte sich so gegen jegliche institutionalisierte Religion, da sie Gott in Schemata drücken würde. Gott könne sowieso nicht mitgeteilt werden, die einzige Referenz sei die eigene Erfahrung des Göttlichen.

Schweiz und Bern

In Deutschland existierten 1996 70 Meditationszentren, heute sind es noch ca. acht grosse und 20 bis 30 kleine. Die meisten Sannyasin praktizieren ihre Religiosität privat und, im Unterschied zu den ersten Jahren der Gemeinschaft, in nur loser Bindung. In der Schweiz ist es ähnlich. Schätzungsweise 1000 Personen sind heute eng der Osho-Bewegung zuzurechnen. Sie kommunizieren zum Beispiel über das Internet.

Konkret Osho-Bezogenes gibt es in Bern heute nur in Spuren. Längere Zeit bestand ein Zentrum in der Stadt. Von der Effingerstrasse zog es in den Breitenrain, wo es bis 1996 als Osho-WG in der Militärstrasse existierte. Heute gibt es ein Veranstaltungszentrum namens Dhyanalaya im Länggass-Quartier. Dieses sieht sich explizit in Oshos Tradition, steht aber auch anderen spirituellen Wegen offen. Osho-Freunde treffen sich dort einmal in der Woche für eine Veranstaltung, die meist aus einer gemeinsamen Meditation besteht. Von Zeit zu Zeit werden Kurse angeboten. Der Freundeskreis, dessen Adressen im Zentrum verwaltet werden, umfasst rund 100 Menschen, der engere Kern der Gruppe ca. 15 bis 20. Dazu kommen viele Gäste zu einzelnen Veranstaltungen.

Die grosse Bedeutung Oshos besteht heute v. a. darin, dass Anhänger seine Ideen weitergeben, oft ausgebaut und verbunden mit anderen Lehren aus den Bereichen Spiritualität, Psychologie u. ä. Die Verbindung von Mystik und Therapie, die heute so charakteristisch ist für die → Esoterikkultur, geht zu einem erheblichen Teil auf ihn zurück. Oshos Spuren finden sich überall: bei den indischen Namen vieler Anbieter, beim Themenkomplex Tantra und Sexualität, in der → Satsang-Szene, bei körperbetonten Therapien, die das «Verkopfte» zu überwinden trachten, bei Angeboten seiner Meditationen. Die in Deutschland von Schülern herausgegebene Zeitschrift «Connection» ist heute vielerorts erhältlich und ein wichtiges Medium der Esoterikkultur. Konkreter ist die monatlich in Köln erscheinende «Osho-Times». Ein Zürcher Verein gab 1993 die Zeitschrift «Tantra» heraus, ab 1999 unter dem Titel «Yabyum» (seit 2003 nur noch digital im Netz). Ebenso haben es Oshos Bücher heute in den normalen Buchhandel geschafft, was auf eine ungebrochene Nachfrage hinweist.

Kontakt

Dhyanalaya, Aebistrasse 7, 3012 Bern
www.osho.com, www.dhyanalaya.ch

Sahaja Yoga

Die Sahaja-Yoga-Gemeinschaft wurde durch Shri Mataji Nirmala Devi (geb. 1923) im Jahre 1970 gegründet. «Sahaja Yoga führt unser Bewusstsein jenseits des relativen Denkens, in das Reich der Wirklichkeit, welches direkt auf unserem zentralen Nervensystem wahrgenommen wird. Als Folge dieser Erfahrung, auch Selbstverwirklichung, Zweite Geburt, Taufe, Satori genannt, folgt die spirituelle Evolution ohne Anstrengung, wie ein Samen, der sich von alleine in einen grossen Baum verwandelt. Ein physisches, mentales und emotionales Gleichgewicht entwickelt sich.» Nach dieser Lehre verbindet sich dadurch der Mensch mit der Energie, die ihn geschaffen hat. Genauer gesagt: Er ist bereits von Geburt an mit ihr verbunden, sich dessen jedoch nicht bewusst. Nach dieser Vorstellung versuchten und versuchen alle Religionen, dem Menschen die Erleuchtungs- und Verbundenheitserfahrung zu vermitteln, ihn in das erleuchtete Bewusstsein zu bringen. Allerdings seien sie nicht erfolgreich dabei bzw. die darin erfolgreichen Yoga-Systeme aus Indien hätten das Wissen für eine elitäre Gruppe zurückbehalten. Nirmala Devi nun gilt für ihre Anhänger als geboren mit der Fähigkeit, dieses Bewusstsein bei jedem Einzelnen herzustellen. Sie wuchs in einer intellektuellen christlichen Familie auf, die in der indischen Befreiungsbewegung engagiert war; schon mit jungen Jahren kam sie so mit Mahatma Gandhi in Kontakt. Durch die hohe Stellung ihres Mannes bei einer UNO-Behörde verlagerte sich der Lebensmittelpunkt nach London, wo Nirmala Devi, als die Kinder aus dem Haus waren, begann, ihre Lehre öffentlich zu verbreiten: Das Sahaja Yoga sei ab diesem Moment «in die Welt gekommen» und habe «eine neue Evolutionsstufe im Bewusstsein der Menschen» eingeleitet. Nirmala Devi habe damit das siebente Chakra geöffnet, welches das Zentrum der spirituellen Integration darstellt. In jedem Menschen gebe es eine subtile Energie, Kundalini genannt, die durch drei Kanäle aufsteige und dabei sieben Chakren, sog. Energiezentren berührt. Am Scheitel des Menschen habe das siebente, das Kronenchakra seinen Platz. Steigt die Energie bis dorthin auf, komme es zu einem Gottes- oder Erleuchtungserlebnis. Tägliches Meditieren ermögliche nun die Bewusstwerdung der wahren eigenen Identität. Das Ziel ist ein Zustand des gedankenfreien Bewusstseins. Nirmala Devis erste Gruppe, die «die Selbstverwirklichung erhielt», umfasste sieben Menschen. Nach und nach verbreitete sich dann Sahaja Yoga in Europa und in den USA, seit 1989 auch in Osteuropa. Heute ist Sahaja Yoga in über 70 Ländern etabliert. Noch immer reist Nirmala Devi um die Welt und verbreitet ihre Lehre.

In der Schweiz gehören etwa 200 Personen der Gemeinschaft an. Gruppen gibt es in Genf, Lausanne, Neuchâtel, Bern, Basel, Zürich, Zug/Luzern (gemeinsamer Veranstaltungsort), Bellinzona, Locarno und gelegentlich in Lugano. Die Koordination für das Land geschieht von der französischen Schweiz aus, wo die Gemeinschaft stärker etabliert ist. Die PR für den deutschsprachigen Raum wird in Österreich gemacht. In Bern nehmen regelmässig drei bis vier Personen an der Meditation teil. Einführungen und Fortsetzungskurse finden jeden Dienstagabend in der Villa Stucki an der Seftigenstrasse gegen Spende statt.

Kontakt

Tel.: 031 889 17 34, 076 330 56 59
www.sahajayoga.ch

Sai-Baba-Bewegung
(Philipp Eyer, S. R.)

Sathya Sai Baba (Wahrheit, göttliche/-r Mutter/Vater), geb. 1926 als Sathyana-rayana Raju in Südindien, soll schon früh Wunder vollbracht haben. Anhänger verehren ihn als Avatar, als Herabkunft bzw. Inkarnation einer Gottheit. Er gilt als bekanntester Guru Indiens, weltweit wird seine Anhängerschaft auf mehrere Millionen geschätzt. Berühmtheit erlangte er insbesondere durch Materialisati-onswunder, zum Beispiel von Schmuckstücken und Vibuti (heiliger Asche). Die Zentrale der 1968 gegründeten Sathya-Sai-Organisation (SSO, www.sathyasai. ch) ist sein Ashram in Puttaparthi nahe Bangalore. Um diesen gruppieren sich vom Sri Sathya Sai Trust unterhaltene soziale und medizinische Einrichtungen. In Indien wird Sai Baba auch von Nichtanhängern als Förderer von Bildung, Medizin und sozialer Wohlfahrt geachtet.

Die Lehre, in deren Mitte die Liebe als «Essenz aller Religionen» steht, gibt an, alle Religionen zu repräsentieren. Diese hätten einen gemeinsamen Kern, der erst in den altindischen Veden und später in allen anderen heiligen Schriften offenbart wurde. Sai Baba betrachtet sich selbst als der angeblich in allen Religionen verheissene Erlöser/Schöpfergott. Welche Form dieses Gottes ein Anhänger in Sai Baba sieht, sei seine private Angelegenheit. Sai Baba fordert dazu auf, bei der je eigenen Religion zu bleiben und ihr mit grösserem Ernst zu folgen. Sai Baba sieht sich als zweite Inkarnation Gottes in einer Drei-erreihe von Avataren des Kali Yuga, des Eisernen Zeitalters. Er sei zuvor in Shirdi Sai Baba (gest. 1918) inkarniert gewesen und werde 2030, acht Jahre nach dem Ende seines jetzigen Lebens, wieder inkarnieren. Es gibt keine fest-gelegten Rituale und auch keine religiöse Ämterhierarchie. Täglich findet in Puttaparthi ein Darshan Sai Babas statt. In anderen Zentren ist seine Prä-senz durch Symbole, zum Beispiel Gewänder verkörpert. Regelmässig singen die Devotees genannten Anhänger Bhajans, rituelle, auf Mantras aufbauende Gesänge, lesen seine Schriften und meditieren. Spirituelle Übungen können in der Gemeinschaft und allein durchgeführt werden. Die Feiertage können je nach Kulturkreis der Anhänger unterschiedlich ausfallen, für Europa (bzw. für Europäer) sind es christliche Feiertage, Mahashivarathi (Lange Shivanacht) und Sai Babas Geburtstag.

Die SSO ist wiederholt, v. a. von Vertretern der Kirchen, kritisiert worden, was u. a. mit der angeblichen Unfehlbarkeit und Nichtkritisierbarkeit Sathya Sai Babas als Inkarnation Gottes begründet wurde. Die Organisation verlange absoluten Gehorsam, die Hingabe an welchen Gott auch immer müsse letztlich immer eine Hingabe an Sai Baba sein.

Inzwischen hat sich ein Netzwerk von Sai-Baba-Gruppen etabliert. Zum grossen Teil besteht es unter europäischen Anhängern; die indischen bzw. srilankischen Anhänger sind – zumindest in der Diaspora – darin nur wenig aktiv. In der Schweiz gibt es mehrere Sai-Baba-Gruppen sowohl von Tamilen als auch von Schweizern. Vorwiegend westliche Anhänger treffen sich in etwa acht Gruppen, eine von ihnen unterhält den Sathya Sai Baba Buch- und Medienladen in Aarau. Tamilische Gruppen gibt es in Langenthal, Burgdorf, Zürich und Basel. Die vorrangig von Tamilen organisierten Gruppen haben ein eigenes Gepräge, unterschiedlich zu und auch unabhängig von den europäischen SSO-Gruppen. Doch kann jeder und jede mit 5 Franken Mitglied werden und eine sog. Identity Card erwerben.

Sathiya Sayee Mandale Bern/Zollikofen: Im Jahre 1991 trafen sich einige Tamilen im Berner ökumenischen Zentrum 5. Dort durften sie zusammen mit anderen Gruppen einen Raum nutzen. Jeweils am Freitag sang man gemeinsam während 45 Minuten Bhajans. Im selben Jahre wurde der Verein Sathiya Sayee Mandale gegründet, und für einige Monate traf man sich im Wylerhaus in Bern. Im Jahre 1994 wurden neue Räumlichkeiten an der Bernstrasse in Zollikofen gefunden und dort ein Tempel eingerichtet. Auch in Zollikofen kam man ab diesem Zeitpunkt jeweils am Freitag zusammen zum gemeinsamen Bhajan-Singen und zur zehnminütigen stillen Meditation. 14 Jahre versammelten die Anhänger sich dort, bis sie zum 1. Januar 2006 einen anderen Raum ein paar Häuser weiter an derselben Strasse fanden (Bernstrasse 177, 3052 Zollikofen, Tel.: 062 297 16 44). Dort treffen sich jetzt jeden Freitag um 19.30 Uhr 20 bis 30 Menschen (vorwiegend Tamilen, aber auch einige Schweizer). Der Gesang wird unterstützt durch verschiedene Instrumente wie Tablas (indische Trommeln) und Harmonium. Während des Jahres werden verschiedene Feste gefeiert. Im April das Tamilische Neujahr, im Juni Krishnas Geburtstag, im Oktober Navratri, am 23. November der Geburtstag von Sai Baba, im Dezember Weihnachten und Silvester.

Sathya Sayee Mandale Langenthal: Seit Oktober 1995 besteht im Wohnzimmer einer Zweizimmerwohnung in Langenthal ein Tempel, der Sai Baba geweiht ist. Er ist wie das Sathya Sayee Mandale in Zollikofen organisiert. Jeden Samstag ab 17.00 Uhr werden gemeinsam Bhajans gesungen. Zehn bis 15 Leute nehmen regelmässig daran teil.

Self-Realization Fellowship – Meditationsgruppe Bern

Die Self-Realization Fellowship (SRF, Gesellschaft zur Selbstverwirklichung) ist eine der ersten Yoga-Bewegungen, die im Westen Fuss fassten. Auch in die Schweiz kam sie schon vor langer Zeit, nämlich Anfang der 1950er-Jahre.

Paramahamsa Yogananda, 1893 als Mukunda Lal Ghosh in Bengalen geboren, schloss sich mit 17 Jahren für zehn Jahre dem Ashram von Sri Yukteswar an. Er lernte dort Kriya-Yoga kennen und wurde zum Mönch geweiht. 1915 erwarb er ausserdem ein Diplom der Universität von Kalkutta, später gründete er eine Jungenschule. 1920 reiste er auf Geheiss seines Guru in die USA, um an einem interkonfessionellen Kongress teilzunehmen und Vorträge über Yoga zu halten. Er blieb in dem Land und begann, Yoga zu lehren. Kurze Zeit später entstand die SRF, die heute ihren Hauptsitz, das sog. Mutterzentrum, in Los Angeles hat. 1935 unternahm Yogananda eine Reise durch Europa bis nach Indien, die ihn auch in die Schweiz führte; das war der Beginn der internationalen Ausbreitung. Seit 1955, drei Jahre nach Yoganandas Ableben, ist eine seiner Jüngerinnen, Sri Daya Mata, Präsidentin und geistiges Oberhaupt der SRF. Sie war eine der ersten Frauen, der überhaupt je ein solches Amt übertragen wurde. Die SRF unterhält (Oktober 2006) zusammen mit der indischen Schwesterorganisation Yogoda Satsanga Society of India (YSS) 639 Tempel und Meditationszentren in 62 Ländern, davon 18 im deutschsprachigen Raum. Die weltweite Anhängerschaft wird von Aussenstehenden auf 100 000 geschätzt; die SRF nimmt zu derartigen Zahlen keine Stellung. SRF und YSS unterhalten bzw. unterstützen zahlreiche karitative Werke. Die Organisationsstruktur ist zentralistisch; leitendes Gremium ist ein Vorstand, der die Aktivitäten koordiniert. Die SRF hat sowohl Laien- als auch Ordensmitglieder. Der Vorstand setzt sich aus langjährigen Mitgliedern des Self-Realization-Ordens zusammen. Mönche und Nonnen dieses Ordens sind in den Ashrams und Zentren der SRF mit verschiedenen Aufgaben betraut; sie halten Vorträge und leiten Retreats. Zudem bieten sie im persönlichen Gespräch, telefonisch und brieflich geistigen Rat und Unterstützung an. Die Ortsruppen erhalten vom Mutterzentrum Richtlinien zur Durchführung von Andachten, Meditationsgottesdiensten und anderen Veranstaltungen. Verwaltung und Finanzierung handhaben sie eigenverantwortlich.

Yogananda lehrte, dass sich Gott im ganzen Universum – und damit auch in jedem Menschen – manifestiert. Die Lehre geht von einer tiefen Einheit aller Religionen aus – der Tempel in Los Angeles hat den zusätzlichen Namen Church of all Religions. Deshalb stellen neben hinduistischen Schriften (insbesondere die Bhagavad Gita) auch Yoganandas Auslegungen des Neuen Testamentes einen

bedeutenden Aspekt dar. SRF-Mitglieder müssen eine etwaige andere Religionszugehörigkeit nicht aufgeben. Die als «wissenschaftliche Konzentrations- und
Meditationstechniken» bezeichneten Yoga-Übungen haben eine direkte persönliche Gotteserfahrung zum Ziel. Die SRF erklärt, dass diese Techniken Körper
und Geist beruhigen und Energie und Aufmerksamkeit vom inneren Aufruhr
zurückziehen, welcher durch Gedanken, Gefühle und Sinneswahrnehmungen
hervorgerufen wird. Die Yoga-Lehre wird mittels Lehrbriefen zum Heimstudium
angeboten. Diese sollen nicht nur eine Einführung in die Techniken vermitteln,
sondern bieten ausserdem praktische Ratschläge für das tägliche Leben und zum
Erreichen körperlichen und geistigen Wohlbefindens. Um sie zu erhalten, muss
der Versand im Mutterzentrum beantragt werden, eine private Weitergabe ist,
um Ungenauigkeiten zu vermeiden, nicht üblich. Ferner gibt es eine umfangreiche Literatur, darunter v. a. Schriften Yoganandas. Mitglieder haben die Möglichkeit, an SRF-Retreats teilzunehmen, die regelmässig im In- und Ausland
abgehalten werden. Sie werden durch erfahrene Mönche geleitet, die auf Wunsch
das individuelle Üben überprüfen. Zudem werden längere Retreats in den USA
angeboten. Nach ca. einem Jahr Heimstudium und Übung kann man – soweit
gewünscht – die Einführung in den Kriya-Yoga selbst beantragen. Diese schaffe
eine enge Verbindung zum Guru. Treue zum und Verbundenheit mit dem Guru
sind zentrale Bestandteile des geistigen Weges. Die geistige Weiterentwicklung
des Menschen wird zudem als Beitrag zum Weltfrieden angesehen.

Die SRF macht keine Mission oder öffentliche Werbung, steht Interessierten
aber offen gegenüber. Ihr anhaltender Erfolg ist u. a. auf Yoganandas 1946 erschie-
nene «Autobiographie eines Yogi» zurückzuführen. Dieses Buch ist bis heute ein
spiritueller Bestseller und weit über die Gemeinschaft hinaus bekannt.

In der Schweiz gibt es neben dem 1952 gegründeten Zürich Center eine seit
etwa 1970 bestehende Gruppe in Basel, eine Gruppe in Freiburg und eine in
Bern, die vermutlich 1956 entstanden ist. An den Meditationen und Andachten
können alle Menschen unabhängig von einer Mitgliedschaft teilnehmen. Die SRF
und die örtlichen Gruppen werden ausschliesslich durch freiwillige Spenden der
Mitglieder unterhalten.

Die Berner Gruppe trifft sich in der Privatwohnung eines Mitglieds in der
Innenstadt. Sie umfasst etwa 25 Menschen. In der weiteren Umgebung und in
der von Bern aus betreuten Suisse romande gibt es insgesamt etwa 70 Mitglieder.
Das Programm besteht aus Gebets- und Lesungsgottesdiensten, Meditationen
und Andachten mit Heilübungen und Kirtan (Gesängen). Die Veranstaltungen
finden zwei- bis dreimal pro Woche in unterschiedlichem Zeitrahmen statt.

Über das Jahr verteilt, werden zudem verschiedene Gedenkfeiern abgehalten, die meist mit dem Leben Yoganandas oder anderen Gurus der SRF in Verbindung stehen, einschliesslich Jesus Christus (zum Beispiel Ostern und Weihnachten). Regelmässig organisiert man längere sonntägliche Meditationen, Ausflüge und hin und wieder Gruppenretreats auf dem Land, manchmal gemeinsam mit der Zürcher Gruppe. Viermal im Jahr veranstalten die Berner eine sonntägliche Andacht auf Französisch.

Es kommt immer wieder vor, dass der Kriya-Yoga von Lehrern und Gruppen vermittelt wird, die nicht zur SRF gehören. Oft handelt es sich dabei um Schüler Yoganandas. Die SRF betont, dass sie die einzige Organisation sei, die von Yogananda gegründet wurde, um Kriya-Yoga zu verbreiten.

Kontakt

Meditationsgruppe Bern, c/o U. Hunt, Kramgasse 6, 3011 Bern, Tel. 031 311 59 40, 031 311 62 64
www.yogananda-srf.org

Siddha-Yoga-Stiftung Schweiz

Nordlich von Mumbai befindet sich der Ashram von Bhagawan Nityananda, der seit den 1960er-Jahren ein Anziehungspunkt für spirituell Suchende ist. Nach Nityanandas Ableben 1961 übernahm Swami Muktananda (1908–82) die Führung. Er dehnte den Wirkungskreis über die ganze Welt aus. Seit 1982 leitet Swami Chidvilasananda (geb. 1955), Gurumayi genannt, die Gemeinschaft. Vorübergehende Unruhen bei dieser Nachfolge wurden in den Neunzigerjahren beigelegt. Das organisatorische Zentrum von Siddha Yoga ist seit den Achtzigerjahren der Shri Muktananda Ashram bei New York. Dort residiert auch die formale Dachorganisation, die 1975 gegründete SYDA Foundation (Siddha Yoga Dham of America). Heute praktizieren schätzungsweise 10 000 bis 15 000 Menschen weltweit. Siddha Yoga wird von ihnen nicht als Religion verstanden, sondern als Lebensphilosophie und -kultur. Daher sind Mitgliedschaften in anderen Religionen kein Problem.

Beim Siddha Yoga gehe es darum, die innere wahre Natur des Menschen durch Meditation zugänglich zu machen. Durch die Erweckung der Kundalini Shakti, der in jedem schlummernden spirituellen Energie, beginne eine Reise nach innen, zurück zum wahren Ursprung menschlichen Seins, dem Selbst. Die Kundalini Shakti könne mittels Shaktipat durch einen verwirklichten Meister, einen Siddha, erweckt werden. Ein wahrer Siddha lebe ständig im Bewusstsein seines Selbst und sei vollkommen darin verankert. Ziel des Lebens sei es, Befreiung zu erlangen vom limitierenden, Leid verursachenden Ich (Ego), um das grosse Selbst zu verwirklichen, dessen Natur Bewusstsein und Glückseligkeit ist. Der Weg zum Selbst gründe auf eigenem Bemühen und der Gnade und Anleitung eines Siddha-Meisters. Gurumayi ist die heute lebende Meisterin in der Siddha-Yoga-Linie, wobei von einer exklusiven Meisterschaft ausgegangen wird. Das Shaktipat-Ereignis erlebe jeder Menschen unterschiedlich, bei den einen ist es eine intensive, offensichtliche Erfahrung, bei anderen finde die Erweckung still im Innern statt.

Schüler und Praktizierende bilden den Sangham, die Gemeinschaft. Die örtlichen Gruppen treffen sich wöchentlich zum Satsang. Dabei wird gemeinsam meditiert, Musik und Gesang gehören ebenfalls dazu. Im Heimstudium befassen sich die Schüler mit den Siddha-Yoga-Lehren. Ausserdem meditieren sie regelmässig individuell. Regional werden Retreats organisiert. Gelegentlich werden in den USA Intensivseminare abgehalten, denen überall in der Welt mittels Audio-, Video- und Satellitenübertragung gefolgt werden kann. Literatur für den deutschsprachigen Raum liefert der Siddha Yoga Verlag in München.

Eine erste internationale Tour im Jahre 1970 führte Swami Muktananda auch nach Lausanne. Im Jahre 1974 wurde in der Schweiz das erste Meditationscenter gegründet. 1976, während eines weiteren Aufenthalts in Europa, fand auch eine Konferenz mit ihm in Bern statt. 1988 gab es etwa 450 Siddha Yoga Praktizierende in der Schweiz. Centers bestanden damals in Bern, Biel, Zürich, Genf, Lugano, Freiburg und Sion, dazu kamen weitere Gruppen. Heute gibt es im Land drei Centers (neben Bern sind das Genf und Zürich) sowie drei kleinere Gruppen. Die grösseren Gruppen unterhalten die sog. Centers, die kleineren sind Gesangs- und Meditationstreffen. Die Schweizer Gemeinschaft ist als Stiftung organisiert, der Sitz befindet sich in Bern. Ein kleines Team koordiniert die Abläufe, zum grossen Teil geschieht die Arbeit ehernamtlich. Die Finanzierung erfolgt durch Spenden, Kursgebühren, den Medienverkauf und Amrit, die Verpflegung im Center. Im Praxisraum findet an jedem Freitagabend ein öffentliches Abendprogramm statt.

Im Lande nehmen ca. 150 Personen aktiv an den Treffen teil, eine formale Mitgliedschaft gibt es nicht. Der Freundeskreis ist jedoch wesentlich grösser, wie ein Retreat mit Gurumaji in Montreux im Jahre 2003 zeigte, zu dem 3000 Menschen kamen. Allein in und um Bern praktizieren schätzungsweise bis zu 100 Menschen Siddha Yoga.

Güterstrasse 22, 3008 Bern, Tel.: 031 381 93 93
www.siddhayoga.de

Sri-Chinmoy-Gruppe Bern

Die Bewegung trägt den Namen ihres Gründers und Leiters. Dieser wurde 1931 als Chinmoy Kumar Ghose im heutigen Bangladesch geboren. Mit zwölf Jahren kam er als Waisenkind in den Ashram von Sri Aurobindo, dort erhielt er eine umfassende Ausbildung. 1964 ging er nach New York, von wo er ab 1967 seine Lehre verbreitete. Sri Chinmoy starb im Oktober 2007. Seine Anhänger nennen Sri Chinmoy Guru und bezeichnen sich als Disciples (Schüler). Tatsächliche Schüler im engeren Sinne, welche eine strenge Disziplin befolgen, gibt es rund 3000, die Zahl der sonstigen Anhänger und (sporadischen) Meditationsteilnehmer ist um einiges höher. Meditationsgruppen gibt es in etwa 350 Städten in 50 Ländern.

Die Bewegung will keine eigenständige Religion sein und hat keinen Exklusivitätsanspruch, sondern versteht sich als ein möglicher spiritueller Weg. Die Lehre könne als Ergänzung zu jedweder Religion dienen. Allerdings ist die Idee von Karma und Wiedergeburt fester Bestandteil. Ziel ist es, Gott durch Meditation möglichst nahe zu sein, die eigene Göttlichkeit zu entdecken und sich mit ihr zu verbinden. Die Schüler meditieren vor einem Foto, das Sri Chinmoy in Trance, «eins mit Gott» zeigt. Sinneseindrücke sollen dabei beiseite gelassen werden, einzig mit dem Herzen sei wahrzunehmen. Der Guru stellt für seine Schüler eine Verbindung zu Gott, Supreme (der Höchste) genannt, dar. Der Weg zu Gott ist der durch Sri Aurobindo inspirierte Integrale Yoga. Dieser Yoga-Weg, eine Verbindung von Bhakti-Yoga und dem Karma-Yoga der guten Taten, ist in der indischen Tradition nicht neu. Neu aber ist die Integrierung von Kunst und Sport, wodurch die Transzendenz im alltäglichen Leben erreicht werden soll. Sri Chinmoy fordert dazu auf, sich sportlich oder künstlerisch zu betätigen. Er selbst habe in kurzer Zeit Tausende von Liedern komponiert, Bücher geschrieben sowie unmöglich erscheinende sportliche Leistungen vollbracht. Wichtig in diesen Zusammenhang sind die Sri-Chinmoy-Friedensläufe, welche die Bewegung rund um die Welt veranstaltet und die seit 1987 auch in der Schweiz Station machen. Wenn auch den sportlichen Aktivitäten ein spiritueller Aspekt innewohnt, stehen die von Anhängern organisierten Veranstaltungen – meist handelt es sich um Ausdauer-Aktivitäten – allen Menschen offen. Wie weit Menschen sich in die Gemeinschaft involvieren, ist ihnen überlassen, Zutritte zur Discipleship waren allerdings von Sri Chinmoys Zustimmung abhängig. Austritte sind jederzeit möglich. Die Disciples sollen sich von Fisch, Fleisch, Alkohol und Drogen enthalten. Auch dem Geschlechtsverkehr ist zu entsagen, da die Sexualenergie erhöht und in Gottesliebe transformiert werden soll. Dreimal täglich soll meditiert werden, auf jeden Fall aber um sechs Uhr morgens, da sich Sri Chinmoy um diese Zeit auf all seine Schüler konzentriert hat. Ungeachtet der Zeitverschiebung galt dabei die Ortszeit der Schüler. Man geht davon aus, dass die gemeinsame Meditation – mit dem Guru, aber auch in der Gruppe – eine besondere energetische Qualität hat. Heute vertritt man die Vorstellung, dass bei der Meditation auf den Guru trotz seines Ablebens eine Verbindung zu ihm spürbar ist.

Die Bewegung ist in Ortsgruppen (ab 13 Mitgliedern Center genannt) organisiert, in denen man sich zum Meditieren und Singen trifft. Sie finanzieren sich durch Spenden. Mehrmals im Jahr versammeln sich alle Centers aus dem Deutschen Raum (neben Deutschland, der Schweiz und Österreich sind das auch Holland, Tschechien und Italien) zu gemeinsamen Meditationen, Gesängen und Sport. Zu Sri Chinmoys Geburtstag am 27. August und am Jahrestag seiner Ankunft in New York treffen sich viele Schüler dort. Die Bewegung unterhält mehrere Firmen und Restaurants. Ausserdem veranstaltet sie (oft in angemieteten Räumen) Meditationskurse und Workshops.

Während der «Jugendsekten»-Debatte in den Siebzigerjahren geriet auch Sri Chinmoy in die Kritik. Kirchliche Kritiker warfen der Bewegung vor, sie würde ihre Schüler von den Amtskirchen entfremden. Bemängelt wurde, dass die Bewegung zurückgezogen agiere (die meist öffentlichen Angebote wurden als Mission interpretiert) und dass ihre Mitglieder unentgeltliche Arbeiten in den bewegungseigenen Unternehmen zu verrichten hätten. Die interne Verhaltenskontrolle wurde als psychische Manipulation bezeichnet. Konkrete Vorfälle sind jedoch nicht dokumentiert.

In der Schweiz entstand die Bewegung etwa 1972, ihr Zentrum besteht seither in Zürich. Heute gehören ihr rund 130 Menschen an, ca. 100 davon allein in Zürich. Dort bestand längere Zeit das europäische Zentrum der Gemeinschaft, dort erschien auch die Zeitschrift «Oneness Peace News». Seit den Neunzigerjahren ist ein leichter Mitgliederrückgang zu verzeichnen. Gruppen bzw. Centers bestehen daneben noch in Basel, Genf, Winterthur, Schaffhausen und Bern. Dort werden – mehr oder weniger regelmässig – kostenlose Einführungen in die Meditation angeboten. Schweizer Anhänger organisieren seit Jahren erfolgreiche Sportanlässe wie den 24-Stunden-Lauf von Basel, Senioren-Leichtathletik-Veranstaltungen oder das Zürichsee-Schwimmen. (Zum Beispiel war die erste Schweizerin, die den Ärmel-Kanal durchschwamm, eine Sri-Chinmoy-Anhängerin.) Sie haben darin eine hohe Professionalität erreicht und kooperieren mit diversen Sportveranstaltern.

In Bern besteht seit 1994 eine kleine Gruppe von drei bis vier Kernmitgliedern. Ein gemieteter Veranstaltungsraum ist 2006 aus ökonomischen Gründen aufgegeben worden. Seit 2003 besteht ein vegetarischer Imbiss im Bubenberg-Zentrum, der mit Sri Chinmoys Kunst gestaltet ist und seine Bücher und CDs anbietet; er stellt seither einen organisatorischen Treffpunkt dar. Die Gruppe trifft sich an jedem Montag zur gemeinsamen Meditation.

Die Stadt Bern ist seit dem 4. September 1999 – neben Hunderten anderen Städten, Bau- und Naturdenkmälern sowie auch ganzen Nationen – eine von Sri Chinmoys sog. Peace Blossoms (Friedens-Blüten). Dabei handelt es sich um von ihm gesegnete Orte, die so eine besondere symbolische Bedeutung für den Frieden erhalten. Eine Tafel im Botanischen Garten gibt darüber Auskunft. Nachdem Sri Chinmoy lange Zeit Bern nicht besucht hatte, stellte ein (nicht öffentliches) Konzert im Jahre 2005 einen Höhepunkt für seine Anhänger dar. Über 700 reisten an, um ihn im Kursaal des Interlakener Casinos zu erleben.

Kontakt

Hier & Jetzt Take Away, Bubenbergplatz 10, 3011 Bern, Tel.: 078 615 49 27
www.srichinmoy.org

Sri Ram Chandra Mission/ Sahaj Marg Spirituality Foundation

Der Ursprung der Bewegung liegt bei Sri Ram Chandra Maharaj, genannt Lalaji (1873–1931); er wird heute von den Anhängern als der «erste Meister des Sahaj Marg Systems» bezeichnet. Einer seiner Schüler, Sri Ram Chandraji Maharaj

(1899–1983), vereinfachte Lehre und Praxis und gründete 1945 die Sri Ram Chandra Mission als Organisation. Durch Reisen verbreitete er die Lehre weltweit. In Europa weilte er 1972 (und 1976, 80 und 82 nochmals), in jener Zeit entstanden hier auch die ersten Zentren. Seit seinem Ableben 1983 ist Sri Parthsasarathi Rajagopalachari, genannt Chariji (geb. 1927), der Guru der Gemeinschaft und der Leiter der Organisation. Jedoch nicht alle Anhänger Babujis erkannten ihn an, es gab Spannungen in der Gemeinschaft und eine Spaltung.

Die Praxis der Sri Ram Chandra Mission besteht im Sahaj Marg, im «Natürlichen Weg». Es handelt sich dabei um eine Weiterentwicklung des Raja-Yoga. Darin ist der Praktizierende, Abhyasi genannt, nicht zu besonderen Anstrengungen aufgerufen, sondern das Sahaj Marg sei einfach, mühelos und unkompliziert – eben «natürlich» (sahaj). Der Einzelne soll dadurch den vollen Zugang zu seinem inneren Potenzial erlangen und in Harmonie mit seiner Umwelt leben können. Er könne dadurch «das spirituelle Ziel der menschlichen Perfektion und der Vergöttlichung auf dem höchsten je der Menschheit zugänglichen Level erreichen.» Spezielle Rituale und Zeremonien gibt es nicht, eine Form eines religiösen Bekenntnisses sei nicht nötig. Auch würden dabei die sonstigen Lebensumstände des Menschen nicht berührt, zum Beispiel durch Askese-Anforderungen. So leben die Gurus – wie auch die Anhänger – nicht mönchisch, sondern sind verheiratet.

Die Praxis besteht zum einen aus der Arbeit des Schülers an sich selbst. Meditiert wird vor allem auf das Herz als Zentrum des Körpers. Nachdem mithilfe des Gurus (bzw. eines von diesem beauftragten «Präzeptors») eine Art Energiekanal geöffnet worden sei, kann der Abhyasi allein meditieren. Dieser Anfang einer individuellen Meditationspraxis zeigt, dass zum anderen der lebende Guru (bzw. Meister) wichtig, ja unumgehbar ist: Er verbindet den Praktizierenden mit Gott. Dies wird als Dienst des Gurus, dem dafür eine besondere göttliche Gnade zuteil wurde, verstanden, es sorgt zugleich für eine starke Bindung des Schülers an den Guru. Diese Bindung bleibt nach der Öffnung und auch über die Distanz bestehen: Immer am Freitagabend konzentriert sich der Meister auf die Schüler, die ebenfalls zu jener Zeit meditieren. So könne der Meister weiterhin Einblick in seine spirituelle Entwicklung nehmen.

Die Sahaj-Marg-Meditation steht jedem Menschen ab 18 Jahren offen; es ist erwünscht, dass dem eigentlichen Beginn eine sechsmonatige Testzeit vorausgeht. Kosten werden für die Angebote nicht erhoben, die Aktivitäten finanzieren sich durch Spenden.

Der zentrale Sitz der Organisation befindet sich in Madras (Indien). Heute sollen 100- bis 200 000 Menschen weltweit Sahaj Marg praktizieren. In der

Schweiz begannen Aktivitäten – von Frankreich her kommend – um 1973 im Waadtland, bis heute befindet sich das Schwergewicht der Organisation im frankophonen Landesteil. Die Schweizer Zentrale stellt einen Ashram (den einzigen im Lande) in Lausanne dar. Es bestehen ca. 20 Gruppen im Land, wobei Genf, Yverdon, Neuchâtel, Luzern, Martigny und Zürich als sog. Zentren eine herausgehobene Position haben. Ein bis zweimal jährlich finden überregionale Treffen und Seminare statt. Grössere Aktivitäten gibt es fast ausschliesslich in Lausanne. In Bern gab es einmal eine stärker nach aussen gerichtete Aktivität, heute handelt es sich eher um eine privat praktizierende Gruppe.

Kontakt

R. Brantschen, Föhrenweg 56, 3095 Spiegel b. Bern, Tel.: 031 972 54 25
www.srcm.org, www.sahajmarg.org

Transzendentale Meditation

Maharishi Mahesh Yogi (1917/18–2008), geb. als Mahesh Prasad Varma, schuf die Transzendentale Meditation (TM) als Meditationstechnik und als Organisation. Maharishi war Schüler im nordindischen Kloster Jyotirmath, das in der Shankara-Tradition des indischen Monismus stand. 1957 gründete er in Madras das Spiritual Regeneration Movement (SRM). Seine Reisen in die USA und nach Europa 1958–60 führten zur Gründung von ersten die TM anwendenden Gruppen. Bis heute sollen über sechs Millionen Menschen in TM geschult worden sein. 1963 erschien Maharishis Hauptwerk «Die Wissenschaft vom Sein und die Kunst des Lebens». 1974 wird erstmals vom Maharishi-Effekt gesprochen, der bewirke, dass sich die Lebensqualität in einer Stadt verbessert, wenn ein Prozent der Bevölkerung TM ausübt und dadurch ein «kohärentes geistiges Feld» schafft. Maharishi gründete 1976 in der internationalen TM-Zentrale in Seelisburg UR, wo er von 1972–1983 lebte, die «Weltregierung des Zeitalters der Erleuchtung». Ihre Tätigkeit besteht in der «Reinigung des Weltbewusstseins». Am selben Ort besteht heute die Maharishi European Research University (MERU) und werden jährlich sog. Weltfriedenstreffen veranstaltet. Maharishi lebte dann lange, bis zu seinem Tode im holländischen Vlodrop, wo seit 1990 das neue Weltzentrum besteht.

Die TM-nahe Naturgesetz-Partei wurde 1992 in Grossbritannien gegründet, das Parteiprogramm verbindet Elemente von Ayurveda und Maharishis Naturgesetzphilosophie mit politischen Visionen. Ein TM-Lehrer hat für die Partei schon einmal für den Zürcher Kantonsrat kandidiert. Die Partei tritt aber nur sporadisch und regional auf und erzielte nie Ergebnisse oberhalb des Promillebereichs.

Es gibt keine einheitliche Form der Mitgliedschaft in der TM-Bewegung, die Zugehörigkeit richtet sich nach dem individuellen Verbundenheitsgefühl. Viele Initiierte stehen gar nicht im Kontakt zur Bewegung, auch wenn sie die Meditation zu Hause fortführen. Wer ein enges Verhältnis zur Bewegung hat, kann örtlichen Vereinen beitreten. Die Organisation beschäftigt auch hauptamtliche Mitarbeiter. Andererseits agieren inzwischen auch TM-Lehrer unabhängig von der Organisation.

Die TM ist seit den Aufsehen erregenden Besuchen der Beatles bei Maharishi im Jahre 1967 als eine der sog. Jugendsekten bekannt. Gegen die Zuordnung zu diesem Phänomen – wie auch überhaupt zum Thema Religion – setzt sie sich vehement zur Wehr. TM verortet sich als unabhängig von Konfession und Weltanschauung, daher könne sie von allen Menschen praktiziert werden; sie versteht sich nicht als religiös, sondern als «Maharishis Vedische Wissenschaft». Grundlage der TM sind die Veden, die als philosophische Schriften verstanden werden. Auch sie seien nicht religiös, sondern ein altes, einst weltweit verbreitetes philosophisches Wissen.

Bei TM handelt es sich um eine Form des Mantra-Yoga: Mithilfe einer Meditationssilbe aus dem Sanskrit soll das Bewusstsein in immer subtilere Bereiche aufsteigen und schliesslich in einen Zustand absoluter Ruhe und Glückseligkeit eintreten. Diesen Zustand nennt Maharishi den «Sitz der schöpferischen Intelligenz». Die Meditation soll täglich morgens und abends jeweils 15 Minuten lang ausgeführt werden. Sie sei einfach zu erlernen, anstrengungslos auszuüben und benötige weder Konzentration noch Kontemplation. «TM entspannt, regeneriert und klärt das Bewusstsein. Dadurch eröffnet sie dem Meditierenden auf natürliche Weise die Hinwendung an höhere und spirituelle Werte im Leben.» Erlernt wird sie in sieben Schritten. Der erste ist der einführende Vortrag, dann folgen persönliche Gespräche und eine Initiation. Bei Folgetreffen wird die Praxis gefestigt. Während die Einführung gratis ist, können Kurse für fortgeschrittene Techniken teuer werden. Das Sidhi-Fliegen, auch Yogisches Fliegen genannt, mit dem die Gemeinschaft einiges öffentliches Aufsehen erlangt hat, ist eine Technik für Fortgeschrittene. Es ist die Meditationsphase, in welcher der Körper zu hüpfen beginnt und später dauerhaft vom Boden abheben soll. 600 wissenschaftliche Tests sollen inzwischen die Wirksamkeit der TM belegen.

In der kritischen Literatur findet sich der Vorwurf, dass diese oft aus eigenen Institutionen stammen wie der Maharishi Vedic University, der Gesellschaft für Maharishis Vedische Wissenschaft u. a.; die Einhaltung wissenschaftlicher Kriterien sei so nicht überprüfbar.

Ab Mitte der Achtzigerjahre wandte sich die TM der klassischen indischen Heilkunst Ayurveda zu. Maharishi beansprucht, diese alte Lehre systematisiert und mit den Erkenntnissen der heutigen Wissenschaft verbunden zu haben. Das «Maharishi Ayurveda» wird in GTM-eigenen Kliniken, Spas und Zentren angewendet, viele Produkte sind auch in Bio-Läden zu erwerben.

Vor dem Entstehen der offiziellen Organisation gab es bereits informelle Meditationsgruppen in der Schweiz, die erste 1963 in Bern. 1965 entstanden die ersten Centers in Genf und in Basel. Im Land gibt es heute etwa zwölf Centers und öffentlich agierende Lehrer. Über 12 000 Menschen sollen in den letzten Jahrzehnten in die Meditation eingeführt worden sein, nahezu 1000 in das «Sidhi-Programm». Rund 80 Menschen haben eine TM-Lehrer-Ausbildung, aber längst nicht alle üben eine Lehrpraxis aus. An zwei Maharishi-Schulen in Basel und Zürich werden entsprechende Lehrinhalte ab Sekundarstufe angeboten.

Das Berner TM-Center befindet sich im Stadtbach-Quartier in einer Wohnung. Es entfaltet nicht viele Aktivitäten nach aussen.

Kontakt

Hochbühlweg 3, 3012 Bern, Tel.: 031 301 89 08
www.meditation-tm.ch, www.meru.ch

Vrinda

Die unter dem Namen Vrinda oder Vrinda-Mission bekannte Gruppe ist 1984 entstanden. Ihr Guru heisst Srila Bhakti Aloka Paramadvaiti Maharaja (geb. 1953) und ist gebürtiger Deutscher. B.A. Paramadvaiti kam 1971 zu → ISKCON und wurde 1984 zum Sannyasi geweiht. Für die ISKCON ging er dann nach Südamerika. Beide Seiten interpretieren es nun unterschiedlich, wie und warum es zum Bruch kam. Seit 1984 jedenfalls existiert die formal eigenständige Vrinda-Organisation als ein weiterer Zweig der vielfältigen Tradition der Vaishnavas, der Krishna-Frömmigkeit. Weltweit hat Vrinda heute rund 2000 als Schüler bezeichnete Eingeweihte und ein Vielfaches an Freunden, die sich in über 100

Zentren treffen. Noch immer befindet sich ein Schwerpunkt der Tätigkeiten in Südamerika. B.A. Paramadvaiti ist bestrebt, durch die World Vaishnava Association WVA, die 1994 von Mitgliedern von 17 verschiedenen Vaishnava-Gemeinschaften gegründet wurde, die Krishna-Frömmigkeit weiter bekannt zu machen und das isolierende Gruppendenken der einzelnen Gemeinschaften zu überwinden.

Der Thuner F. Kaderli reiste 1978 nach Indien, trat dort der ISKCON bei und erhielt den Namen Vasudeva Dasa. 1981 verliess er das mönchsähnliche Leben im Ashram und heiratete später. 1986 trennte er sich – zusammen mit seiner Frau – nach einem längeren Entfremdungsprozess von der ISKCON. 1990 lernten sie Swami B. A. Paramadvaiti kennen. Sie traten Vrinda nie offiziell bei, wohl aber sind sie seither Schüler des Guru. Das Ehepaar ist der Gemeinschaft eng verbunden und helfend tätig, zum Beispiel bei der Internet- und Übersetzungsarbeit. Lange Zeit stellte es so etwas wie die formale Vertretung der Vrinda-Mission in der Schweiz dar. In Thun betreibt das Paar seit 1990 den Nama Hatta Sangha, einen wöchentlichen, eher familiär organisierten Treff, in dem entsprechend der Vaishnava-Tradition gesungen und philosophiert wird. Die Mantra-Meditation «Nityananda-Gauranga» findet dort inzwischen fast jeden Donnerstagabend statt, und sie ist – nach Anmeldung – frei zugänglich. Die heutige offizielle Vrinda-Vertretung liegt bei Krishnavilasa Dasa und Gokularani D. D. (Marcel und Mona Kübler), die ebenfalls in Thun leben. Sie bieten regelmässig Meditationen und vegetarische Kochkurse an. Gemeinsam veranstaltet die Thuner Gruppe seit 1991 jährlich an Ostern ein Vrinda-Festival. Dabei unterstützt sie ein in der ganzen Schweiz lebender Freundeskreis.

Kontakt

Kübler, Suleggstrasse 11, 3600 Thun, Tel.: 033 223 31 74
www.bhakti-yoga.ch, www.vrindavan.org, www.ourswiss.ch/namaste/

Sant Mat/Radhasoami Satsang/Surat Shabd Yoga

Der ersten Gemeinschaft der Lehre von Sant Mat (Pfad der Meister, heiliger Weg) geht eine jahrhundertelange Geschichte religiöser Strömungen, einzelner Lehrer und geistigen Austauschs voraus. Zu den Quellen zählen hinduistische und islamische Traditionen und die sog. Sants (Heilige), die in Nordindien seit dem 13. Jahrhundert ihre Lehren verkündeten. Erstmalig flossen diese Ideen im → Sikhismus zusammen. Ähnlichkeiten sind unverkennbar, auch sind viele Sant-Mat-Gurus Sikhs. Ein charakteristischer Unterschied ist, dass die bei den Sikhs nicht mehr vorhandenen menschlichen, lebenden Gurus in Sant Mat wieder präsent sind; traditionelle Sikhs lehnen Sant Mat daher ab.

1861 gründete Shiv Dayal Singh (1818–78) in Agra eine Gemeinschaft, die unter dem Namen Radhasoami Satsang bekannt wurde. Er verkündete die Sant-Mat-Lehre und lehnte das Kastensystem und die Bilderverehrung ab. 1891 entstand in Beas ein wichtiges Zentrum der Bewegung durch Baba Jaimal Singh; 1948 spaltete es sich von Agra ab. Die Agra-Linie wurde nie missionarisch aktiv und blieb auf ihre Region beschränkt. Die Beas-Linie dagegen dehnte sich aus und teilte sich mehrfach. Eine weitere Linie entstand 1951 unter dem Namen Ruhani Satsang durch Sant Kirpal Singh (1894–1974). Nach seinem Tod spaltete auch sie sich in mehrere Zweige, weshalb Kirpal Singh heute in verschiedenen Gruppen als Gründerfigur und (vormaliger) Meister verehrt wird. Vor allem von diesen Gruppen fassten mehrere – schon durch Kirpal Singhs eigene Reisetätigkeit vorbereitet – erfolgreich im Westen Fuss. Insgesamt soll es heute ca. 50 Sant-Mat-Gemeinschaften mit über vier Millionen Angehörigen geben. Im deutschsprachigen Raum sollen es bis zu zehn sein; die Zahlen sind aber widersprüchlich.

Lehren und Riten

Radhasoami (Herr, Gemahl der Seele) ist die höchste Gottheit und Meditationen und Satsang sind die dazugehörigen Praktiken. Die individuelle Seele soll durch viele Sphären aufsteigen und sich letztlich in einem paradiesischen Reich – ihrer «ursprünglichen Heimat» – wieder mit der Gottheit verbinden. Entscheidend für den Erfolg ist die Beziehung zum lebenden Guru bzw. Meister: Er ist die Verbindung zwischen Mensch und Gotteskraft. Der Guru gilt als bereits verbunden, ja als eins mit der Gottheit. Die Erfahrung des Überwindens der Materie durch die Meditation habe er bereits gemacht. Der Meister erteilt einem Jünger nach einer gewissen Zeit der Vorbereitung eine Initiation, die als Aktivierung der bewussten inneren Verbindung zwischen Seele und Gotteskraft verstanden wird. Er öffne dabei ein Drittes Auge. Als Meditationshilfe dient Simran, die Wiederholung der bei der Initiation erhaltenen Mantren. Ist nun die Seele eines Schülers in eine höhere Ebene aufgestiegen, so ist sie dort – da es sich um für sie unbekannte Regionen handelt – auf die Führung durch den Guru, seinen «Führer der Seele» angewiesen. Dieser kann als besonderer, erleuchteter Mensch, aber auch als

Gesandter oder gar Sohn Gottes verstanden werden und hat in seiner Mittlerfunktion eine gottgleiche, unumgehbare Stellung inne. Er trägt kein schlechtes Karma und übernimmt Anteile des Karmas seiner Jünger. Der Schüler meditiert mithilfe des lebenden Gurus. Auch daraus resultiert ein Gefühl der Überlegenheit gegenüber anderen Religionen: Deren «Gurus» waren zwar wirkungsvoll, leben aber nicht mehr; diese Religionen seien also äusserlich, da sie nur Schriften auslegten. Grundsätzlich soll und kann es nur einen lebenden Satguru (heiligen Lehrer) in einer bestimmten Zeit geben, also nie zwei gleichzeitig. Streitigkeiten um die jeweilige Nachfolge haben dazu geführt, dass sich mehrere Menschen als Satguru präsentierten, was automatisch zu Spaltungen geführt hat. Im Unterschied zu anderen indischen Traditionen, in denen Gurus oft asketisch leben, sind Sant-Mat-Gurus auch Vorbilder im Alltag: Sie sollten (müssen aber nicht) einer Familie vorstehen und sich durch Berufstätigkeit ernähren; ein Guru soll nicht auf Spenden angewiesen sein. Auch deshalb sind alle Aktivitäten der Gemeinschaften prinzipiell kostenlos. In der Regel steht die Meditation allen Menschen offen, meist ist für eine Teilnahme daran ein formaler Beitritt zu einer Organisation nicht erforderlich. Wer sich allerdings für diesen spirituellen Weg entscheidet, ist dazu aufgefordert, eine «ethische Lebensweise» zu praktizieren, das heisst vegetarisch zu leben (nicht töten), sich Rauschmitteln zu enthalten und «in Gedanken, Worten und Taten der Umwelt in Liebe und Wahrhaftigkeit» gegenüberzutreten. Damit verbunden ist die Aufforderung, Seva, selbstlosen Dienst, zu verrichten.

Sant-Mat enthält eine komplexe Kosmologie. Weitere Gottheiten werden als existent anerkannt. Da sie in der Hierarchie der Himmelssphären tiefer stehen, werden sie als darunter liegend und verhaftet mit der negativ konnotierten Materie betrachtet. Andere Religionen gelten nicht als falsch, aber – da «exoterisch praktizierend» – als zweitrangig gegenüber der «spirituellen Praxis der Sant-Mat-Mystik». In vielen Sant-Mat-Schulen kann man einer anderen Religion angehören, denn gemäss der Lehre sind in allen heiligen Schriften – so auch in der Bibel – «die gleichen Spuren der einen Wahrheit Gottes» zu finden. Daher werden die Schriften anderer Religionen auch oft zitiert.

Die spirituelle Praxis besteht in einer oft sehr langen Meditation, dem Surat Shabd Yoga. Dies ist ein sehr praktisches Element dieser Lehre; es wird betont, dass der Einzelne durch innere Erfahrungen zur Selbsterkenntnis und zu einer «Entwicklung der Seele» komme. Die Seele wird als göttliche Essenz verstanden, das heisst, die göttliche Kraft beseelt jeden Menschen. Es ist das Gemüt des Menschen, bestehend aus Intellekt und Emotionen, das ihn vom Göttlichen in sich selber getrennt hält. Je mehr diese Trennung mittels Meditation abgebaut werden kann, je näher komme der Mensch in seinem Inneren dem Göttlichen. Die Meditation schaffe eine Verbindung zu Gott im Innern und führe so zu Frieden und Erlösung. Letztlich könne sich der Mensch aus dem Zyklus der Wiedergeburten befreien. Bei der Meditation werden Töne und Lichtströme wahrgenommen. Klang und Licht seien die Medien, die in Erscheinung traten, als Gott die Welt aus sich hervorgehen liess. Als Energien sind sie im Schüler selbst immer schon vorhanden. Für die Meditation ist es hilfreich, in sitzender Position Augen und Ohren zu verschliessen. Körperliches Zentrum der Meditation ist das Dritte Auge auf der Stirn, das mit einem sog. Chakra, einem «Energiezentrum», verbunden sein soll. In der Meditation wird die Freisetzung von «Bewusstseinsenergien» (im Gegensatz zu emotionalen oder sexuellen Energien in anderen Meditationsformen) angestrebt. Zugleich bemüht sich der Schüler, Bindungen an die materielle Welt aufzugeben, denn «der Mensch ist Seele, nicht Körper». Rituale gibt es sonst keine. Die Bezeichnung ihrer Lehre als Religion lehnen viele Anhänger ab, sie verstehen Sant Mat als praktischen spirituellen Weg.

Versammlungen in der Sant-Mat-Tradition beinhalten regelmässig Satsang (Zusammensein in/mit der Wahrheit). Man wohnt gemeinsam den Worten des «kompetenten Meisters» bei und meditiert. Idealerweise vom persönlich anwesenden Guru (aber bei einigen Gruppen auch durch eine Medienaufzeichnung oder durch einen legitimierten Lehrer) erfolgt dabei das Lehren. Unter Umständen sind Fragen möglich, manchmal gibt es Gesänge. Im Mittelpunkt stehen Informationen durch den Meister und die gemeinsame Meditation, daneben bzw. dadurch enthält Satsang eine emotionale Komponente, und intensive Gruppenerlebnisse sind möglich. Bei der gemeinschaftlichen Meditation soll eine stärkere Energie präsent sein.

Inzwischen wurden Muster aus der Sant-Mat-Tradition auf religiöse Neugründungen übertragen, die sich selbst nicht als zugehörig zu dieser geistigen Strömung verstehen (→ Eckankar, → Kontemplative Studien/ATOM). Die Satsang-Praxis ist unabhängig von Sant-Mat-Gemeinschaften auch in einer → Satsang-Szene verbreitet, wobei dort – v. a. über die Osho-Bewegung eingebracht – aber stärker die durch die altindische monistische Advaita-Philosophie (All-Einheits-Lehre) geprägte Variante zum Tragen kommt. Alle noch im Folgenden beschriebenen neuen indischen Religionsgemeinschaften gehören zu dieser Traditionslinie.

Radha Soami Satsang Beas

Unter diesem Namen trat die Sant-Mat-Gemeinschaft bereits Ende des 19. Jahrhunderts auf bzw. ist ein alter Sant-Mat-Zweig heute bekannt. Der Name bezieht sich neben der Lehre noch auf die nordindische Stadt Beas, die das von Jaimal Singh begründete Zentrum beherbergt. Dort besteht seit über 100 Jahren das Zentrum Dera Baba Jaimal Singh, in dem die Schüler die Gelegenheit haben, ihren Meister persönlich zu treffen. Der heutige Meister ist Gurinder Singh Dhillon (geb. 1954). Er reist viel in Indien und im Ausland und sucht den persönlichen Kontakt mit Interessierten. Regelmässig weiht er Menschen ein. Nach Angaben der Gemeinschaft gehören ihr heute weltweit ca. eineinhalb Millionen Menschen an. Auch Beauftragte des Meisters können rein sprachlich die Instruktionen zur Einweihungen weitergeben, wobei es einzig und allein der Meister ist, der die Verantwortung für die spirituelle Entwicklung eines Menschen übernimmt und diesen einweiht. In vielen Ländern sind Organisationen zur Information und zur Unterstützung der Praxis ins Leben gerufen worden, sie werden einzig durch Spenden unterhalten. Insgesamt tritt die Gruppe zurückhaltend auf, missioniert wird nicht; v. a. im Westen ist die Bewegung eher individualistisch geprägt. Satsangs stehen kostenfrei allen Interessierten offen. Die eigentliche Initiation kann aber erst ab dem vollendeten 24. Lebensjahr erfolgen, ihr muss ein Probejahr vorausgegangen sein, in dem der Interessent die Lehre prüfen und nach den drei Prinzipien (vegetarische Ernährung, keine Rauschmittel, ethische Lebensweise) leben soll.

Die Beas-Sant-Mat-Gemeinschaft war – damals noch ungeteilt – im Westen bereits 1910 in Erscheinung getreten, beginnend in den USA. 1934 kam Julian Johnsons erster Bericht heraus, seine Bücher «Pfad der Meister» und «Reise zum Licht» verkaufen sich bis heute. Ende der Dreissigerjahre begann der Genfer Arzt und Homöopath Pierre Schmidt, für die Verbreitung der Sant-Mat-Lehre in Europa eine wichtige Rolle zu spielen. Er assistierte dem damaligen Guru Sawan Singh und half bei Übersetzungen. Sukzessive entstanden in der Schweiz Satsang-Treffen. 1988 haben der Gemeinschaft im Land ca. 150 Personen angehört, heute sind es knapp 200. Satsang-Orte waren damals Morges, Winterthur, Zürich und Bern. Gurinder Singh Dhillon hat die Schweiz in den Jahren 1993 und 2004 besucht. Heute wird in Zürich und Genf wöchentlich Satsang abgehalten, dazu mieten die Gruppen sich jeweils einen Raum. An fünf weiteren Orten finden sog. Home-Satsangs statt.

Satsang-Treffen der Radha Soami Satsang Beas gibt es in Bern seit Anfang der Achtzigerjahre. Sie finden heute an jedem vierten Samstag im Monat in einer Privatwohnung statt. Zehn bis 14 Teilnehmer erscheinen dazu regelmässig. Bei den Satsang-Treffen wird – im Unterschied zu anderen Sant-Mat-Gemeinschaften – nicht meditiert, sie dienen eher dazu, die Lehre zu vertiefen und zur Meditation zu ermutigen. Die Meditation übt jeder Praktizierende alleine aus.

Kontakt

CH-Repräsentant S. Züst, Weissenrainstrasse 48, 8707 Uetikon am See, Tel.: 044 920 45 40

www.radhasoamisatsangbeas.org, www.scienceofthesoul.org

Divyanand Spiritual Foundation e.V./Soami Divyanand

Soami Divyanand (geb. 1932) wurde als Schüler von Kirpal Singh in die Lehren des Sant Mat eingeführt. Nach dessen Ableben trat er, «auf eine göttliche Offenbarung» hin, seine Nachfolge an, und 1977 gründet er ein eigenes Zentrum in Indien. Ab 1980 unternahm er erfolgreiche Vortragsreisen durch Europa, wo er u. a. auch mit Schülern Kirpal Singhs zusammentraf. Inzwischen ist seine Organisation in Indien auch sozial-karitativ tätig. Soami Divyanand hält sich viel in Deutschland auf.

Die Organisation Divyanand Spiritual Foundation e.V. (Name in den 80er-Jahren: Forum für die Universale Religion) gründeten deutsche Anhänger im Jahre 1981. Es war das erste spirituelle Zentrum Divyanands im Westen. Seither befindet es sich in Herrischried im Schwarzwald. Am selben Ort ist auch die Divyanand-Verlags-GmbH ansässig, die Bücher und Schriften sowie die Zeitschrift «Visionen – Das Magazin für ganzheitliches Leben» herausgibt bzw. vertreibt. Diese Zeitschrift hat, da sie weit umfassendere Themen als nur die eigene Lehre wiedergibt, weit über die Gemeinschaft hinaus einen Leserkreis in der Esoterikkultur. Das deutsche Zentrum ist – entsprechend Divyanands Anliegen – im interreligiösen Dialog aktiv. Er selbst beruft sich neben hinduistischen Traditionen und Kirpal Singh auch stark auf das Christentum sowie auf Buddhismus, Judentum und Islam. Die Lehre wird als gemeinsame Wahrheit aller Religionen verstanden.

In der Schweiz gibt es nur informelle Strukturen. In Bern besteht seit etwa 1982 eine Gruppe, eine zweite kantonale trifft sich in Thun. Ein weiterer Treffpunkt im Land ist Basel. Der Rahmen ist jeweils privat. In Bern findet in der

Wohnung eines Mitglieds jeden Donnerstag eine Lesung mit Meditation statt. Zu den Treffen erscheinen regelmässig fünf bis zehn Menschen. Die Zahl der Initiierten in der Region ist aber höher.

Kontakt

S. Schwarzenbach, Tel.: 031 311 31 74, G. Glöckner: Tel.: 0049 776 39 39 70

Wissenschaft der Spiritualität

Die Science of Spirituality (in Indien: Sawan Kirpal Ruhani Mission, in der Schweiz: Wissenschaft der Spiritualität Schweiz) ist eine Organisation mit rund 1600 Gruppen und ca. 500 000 initiierten Schülern weltweit, die meisten davon in Indien. Begründet wurde sie 1975 von Kirpal Singhs Sohn Darshan Singh; heute führt sie dessen Sohn Rajinder Singh (geb. 1946). Internationaler Hauptsitz ist Delhi, weitere grössere Zentren bestehen in Chicago und München. Die Gemeinschaft engagiert sich intensiv im interreligiösen Dialog und in der Friedensarbeit und publiziert umfangreiche Literatur. Deutschsprachige Literatur wird vom Verlag SK-Publikationen (D) produziert, so zum Beispiel die deutsche Ausgabe der Zeitschrift «Sat Sandesh».

Die Wissenschaft der Spiritualität basiert auf der Lehre von Sant Mat. Allerdings werden alle Religionen anerkannt, denn das Selbstverständnis ist das einer mystischen Tradition, aber nicht das einer eigenständigen Religion. Die Teilnahme an der Meditation ist für alle Menschen offen. Eine Initiation ist möglich, wenn ethisch gelebt wird: Darunter wird ein gewaltloses und bescheidenes Leben verstanden, wobei Gewaltlosigkeit auch lacto-vegetarische Ernährung bedeutet. Drogen und Alkohol würden die Meditation erschweren und sind deshalb zu meiden. Die Praxis besteht aus Meditationen und «selbstlosem Dienen». Grundsätzlich gilt die Lehre als «positive Mystik», denn sie betont, dass jeder Anhänger voll im Leben stehen und verantwortlich tätig sein soll. Es wird empfohlen, zweieinhalb Stunden täglich der Meditation zu widmen. Besondere Feiertage sind die Geburts- und Todestage der spirituellen Lehrer. Grundsätzlich sind alle Veranstaltungen für die Allgemeinheit und kostenlos zugänglich, alle Ausgaben werden durch Spenden finanziert.

In der Schweiz gibt es rund 20 Gruppen der Wissenschaft der Spiritualität, fast auschliesslich im deutschsprachigen Landesteil. In Zürich besteht ein grösseres Zentrum. Über 1000 Menschen sind im Lande initiiert. Rajinder Singh reist viel, um seine Botschaft zu verkünden. Im Juli 2005 zum Beispiel weilte er in Zürich und auch in Bern, wo er den Kursaal füllte. Die Berner Gruppe ist recht klein und trifft sich vergleichsweise selten. Sie kommt ein- bis zweimal monatlich im esoterischen Begegnungszentrum Die Quelle im Kirchenfeld zusammen. Bei diesen Treffen wird meditiert, zusätzlich kommen vorher festgelegte spirituelle Themen zur Sprache und es werden Medienaufzeichnungen von Vorträgen der Meister gezeigt.

Kontakt

c/o Die Quelle, Museumsstrasse 10, 3005 Bern, Info-Tel.: 044 202 23 01
www.wds-online.eu, www.sos.org

Holosophische Gesellschaft

Sant Thakar Singh (1926–2005) war der im Westen wohl bekannteste Sant-Mat-Guru. Er wurde von Kirpal Singh initiiert und trat – nicht unumstritten – 1976 dessen Guru-Nachfolge an. Nachfolger Thakar Singhs ist Sant Baljit Singh (geb. 1962). Zentren der Gemeinschaft, die sich erst Kirpal Ruhani Satsang Society (KRSS) nannte und seit 1992 Holosophic Society International (HSI, holos = ganz, sophia = Weisheit) heisst, sind die Stadt Chandigarh und der Manav Kendra Ashram in Delhi. Sant Baljit Singh kam im Jahre 2005 erstmals nach Europa, wo ihn die Anhänger für zehn Tage in Jesolo (I) erleben konnten. Nach Angaben der HSI haben über eine Million Menschen die Initiation erhalten, missioniert wird aber fast nicht.

Die Lehre wird als Weg zur Selbsterkenntnis mit dem Ziel der spirituellen Entwicklung, nicht aber als Religion verstanden, weshalb Anhänger gleichzeitig anderen Religionen angehören können. Die sich «Sant-Mat-Praktizierende» nennenden Anhänger meditieren täglich mehrere Stunden («zehn Prozent der Zeit») auf den «Inneren Licht- und Klangstrom». Lebensregeln sind eine «ethische Lebensweise» und «selbstloser Dienst».

In die Kritik geriet die Gemeinschaft Anfang der Neunzigerjahre, als bekannt wurde, dass schon kleine Kinder zu stundenlanger Meditation angehalten – Kritiker sagten: gezwungen – wurden, damit sie, so Thakar Singh, «Retter der Menschheit» würden. Es kam in Deutschland zu gerichtlichen Verurteilungen (einzelner Anhänger, nicht jedoch Thakar Singhs selbst) wegen Kindsmisshandlung. In der Schweiz gab es solche Vorfälle nicht. Kinder werden heute nicht mehr initiiert, und wenn sie meditieren, geschehe das aus eigenem Antrieb.

Hierzulande sind die Anhänger in der Holosophischen Gesellschaft der Schweiz organisiert. In Zürich Affoltern existiert seit 2003 ein öffentliches Center. Dort wird täglich um 19.00 Uhr gemeinsam meditiert, jeden Mittwoch um 18.00 Uhr findet ein Infoabend statt. Neben den Meditationen gibt es im Zentrum gelegentlich Video-Satsang, Vorträge u. a. Finanziert wird alles durch Spenden. Am selben Ort residiert der Audio- und Video-Dienst Schweiz, der diverse Medien vertreibt. Bei der Edition NAAM in Augsburg (D) erscheinen das deutschsprachige Magazin «True Light – Sant Mat Magazin für Spirituelles Leben» (viermal pro Jahr, verschickt an ca. 5000 Empfänger; früher: «Master-News»), Videos, Musik und Bücher von Kirpal Singh, Thakar Singh und anderen Autoren.

An etwa zehn verschiedenen Orten in der Schweiz treffen sich Angehörige der Gemeinschaft, meist in Form von sog. Family Satsangs; regelmässige öffentliche Treffen gibt es im Zürcher Center sowie in Basel, Bern, Bellinzona, Lausanne und im Zürcher Volkshaus. Rituale, Gesänge oder Fragerunden gibt es in der Holosophischen Gesellschaft nicht; von zentraler Wichtigkeit ist es, dass jeder Einzelne meditiert. Im Satsang, also in der Gruppe, wirke die Meditation jedoch energetisch stärker und die spirituelle Entwicklung gelinge schneller.

In Bern bildet seit Anfang 2006 der Veranstaltungsraum Seido in der Schwarztorstrasse den Begegnungs- und Meditationsort der hiesigen Gruppe. Die durchschnittlich fünf Teilnehmenden treffen sich dort einmal wöchentlich mittwochs zur gemeinsamen Meditation, verbunden mit einem Video-Vortrag. Gelegentlich finden am selben Ort oder im esoterischen Zentrum Die Quelle kostenlose und durch Plakate bekannt gemachte Satsangs und Vorträge statt.

Kontakt

Sant Mat Center Zürich, Wehntalerstrasse 298, 8046 Zürich, Tel: 043 534 69 48
Info-Tel. Bern: 078 733 11 78
www.santmat.ch, www.santmat.net, www.holosophic.de

466

Eckankar-Gesellschaft Schweiz

Eckankar ist eine religiöse Neuschöpfung, der Name leitet sich von einer Sanskrit-Formel (Punjabi-Dialekt) ab, die auf den «Einen Gott» verweist. Der Gründer, der US-Amerikaner Paul Twitchell (1908–1971) war lange Zeit von der Suche nach Gott und von dem Wunsch nach einer direkten Erfahrung der göttlichen Kraft getrieben. Im Laufe der Zeit lernte er die Theosophie, Kriya-Yoga und Scientology kennen und praktizierte Satsang nach der Sant-Mat-Tradition.

Eckankar, die «Religion vom Licht und Ton Gottes», entstand 1965 (offiziell eingetragen als Verein 1970), als Twitchell nach eigenen Angaben zum «971. Lebenden ECK-Meister» initiiert wurde. Das sei auf geistigem Wege durch die überirdischen wissenshütenden ECK-Meister geschehen. Die ECK-Lehre gilt als uralt, in vielen Religionen gebe es – wenn auch oft verdeckt – Elemente davon. Dadurch wird anerkannt, dass alle historischen Religionen auch Anteil an der göttlichen Wahrheit haben. Das Auftreten der Gemeinschaft ist völlig westlich. Äusserlich verweist nur die Verwendung von einigen persischen und Sanskrit-Wörtern auf das orientalische Erbe.

Der gegenwärtige «Lebende ECK-Meister», Sri Harold Klemp (geb. 1942), trägt seine spirituelle Verantwortung im 1990 eröffneten Tempel von ECK in Minneapolis (USA). Nahebei befindet sich das Eckankar Spiritual Center. ECK-Gottesdienste werden durch ECK-Geistliche abgehalten. Diese Gottesdienste sowie Seminare und Vorträge sind in der Regel öffentlich und gratis zugänglich. Der Tempel steht Menschen aller Religionen offen. Eine Mitgliedschaft in Eckankar soll jährlich bewusst erneuert werden (sonst erlischt sie automatisch) und kostet momentan 130 Dollar. Alle drei Monate erscheint für Mitglieder die Zeitschrift «Mystic World». In der Eckankar-Gemeinschaft werden alle Funktionen ehrenamtlich ausgeführt. Heute ist die Religion in über 100 Ländern vertreten.

Die persönliche Erfahrung mit dem Licht und Ton Gottes ist der Grundstein von Eckankar. Dazu wird empfohlen, dass das einzelne Mitglied, der ECKist oder ECK-Chela, täglich 20 Minuten lang spirituelle Übungen absolviert, die in monatlichen Kursen und Büchern angeboten werden. Im Laufe der Zeit erhält der ECKist Zugang zu «immer höheren Ebenen des göttlichen Bewusstseins» sowie auf spirituellem und rituellem Wege acht Initiationen in der Wissenshierarchie, die ihn ständig näher zu Gott, in Eckankar auch Sugmad genannt, bringen. Man bereitet sich mindestens zwei Jahre vor, bevor man sich in höhere Grade einweihen lässt. «ECK» oder «Heiliger Geist» sind Namen für das Medium Gottes bzw. Ausdruck der göttlichen Liebe. Die göttliche Liebe offenbare sich auch im Alltagsgeschehen, das entsprechend gedeutet werden kann, sodass der Zufall aus dem Leben eliminiert wird. Auch Träume gelten als Quellen für geistiges Wachstum und Gotteserfahrungen, viele ECKisten führen ein Traumtagebuch. Verbindung mit der Gottheit bzw. dem «hör- und sichtbaren Lebensstrom» erhält der Anhänger durch das Singen des Mantras «HU» – ebenfalls ein uralter Name für Gott. Hilfreich, ja unumgehbar ist beim Streben nach der «Realisation Gottes» der lebende ECK-Meister, der als Mahanta und Seelenführer respektiert, aber nicht angebetet wird. ECKisten glauben ausserdem an Reinkarnation, daher können Probleme durch «Seelenreisen» in frühere Existenzen gelöst werden, ebenso könne «durch die vermehrte direkte Erfahrung mit der göttlichen Liebe» das gesamte Karma «aufgelöst» oder «gereinigt» werden.

Eckankar offeriert Feiern zur Taufe, eine Weihe für Jugendliche, Trauungen und Abdankungen. Der durchführende ordinierte Priester von Eckankar und die Gemeinschaft ehren dabei v. a. das ewige Leben der Seele. Jährlich findet am 22. Oktober, dem ECK-Neujahr, ein weltweites Seminar statt. Es werden regelmässig regionale und internationale Seminare abgehalten. In der Schweiz wird ein sog. ECK-Jugend-Campout organisiert, im Mai 2006 fand es zum Beispiel bei Sarnen statt.

Bereits Paul Twitchel besuchte mehrmals die Schweiz und hielt Vorträge in Zürich. Von dort aus entstanden sukzessive regionale Gruppen und Zentren. Letztere bestehen heute in Basel, Lausanne, St.Gallen, Zürich und Pazzallo TI; Veranstaltungen und Ortsgruppentreffen finden ausserdem in Schaffhausen, Lugano, Luzern, Genf und Kreuzlingen statt. Der Schweizer Hauptsitz ist Zürich; deutschsprachige Publikationen sind in den ECK-Zentren, Buchhandlungen oder beim Liechtensteiner HYU-Verlag erhältlich. Der Schweizer Verein (gegr. 1970, heute ca. 350 Mitglieder) gibt vierteljährlich ein Faltblatt mit Terminen heraus, ab und an wird Werbung in der Öffentlichkeit und im Internet gemacht. In der Stadt Bern zum Beispiel gibt es einen Schaukasten an der Postautostation am Bahnhof.

Einmal im Monat feiert die Berner Eckankar-Gruppe einen Gottesdienst im Stöckli beim Schloss Bümpliz. Ein weiterer Treffpunkt ist Illiswil. So gibt es insgesamt zwei Treffen pro Woche für die Berner. Dazu erscheinen durchschnittlich zehn bis 15 Personen. Ebenso besteht in Thun eine Gruppe, die einmal im Monat in einem Raum in einem Hotel zusammenkommt. Unregelmässig finden auch Treffen in Biel statt. Die Berner Gruppe, sie besteht etwa seit 1970, verfügte bis 1987 über ein Center in der Aarbergergasse, das aber aus Kostengründen aufgegeben wurde.

Eckankar Region Bern, Postfach 152, 3033 Wohlen; Eckankar Gesellschaft
Schweiz, Postfach 3516, Kurvenstrasse 17, 8021 Zürich, Info-Tel.: 0800 55 92 92
www.eckankar.ch

Kontemplative Studien Schweiz/Ancient Teachings of the Masters (ATOM)

Darwin Gross wurde 1971, nach dem Ableben Paul Twitchels, Oberhaupt von
→ Eckankar. 1981 musste er das Amt aus gesundheitlichen Gründen aufgeben,
diente der Gemeinschaft aber weiterhin. Zwei Jahre später jedoch kam es zu heftigen Auseinandersetzungen, und Gross musste Eckankar verlassen. Er begann
daraufhin, selbstständig «Alte Lehren der Meister» zu verbreiten, diese beziehen
sich sehr stark und auch offen auf die Eckankar-/Sant-Mat-Lehre. Es gehe ihm
eher darum, diese Lehren auf einem eigenen Weg öffentlich zu machen, nicht
um eine neue Lehre.

Auch bei ATOM wird das «HU» gesungen, auf den Licht- und Ton-Strom
meditiert und mit Lehrbriefen für das Heimstudium gearbeitet. Dazu kommen
Angebote an spiritueller Musik bzw. Jazz-Kompositionen von D. Gross. Im deutschen Sprachraum nennt sich die Lehre Kontemplative Studien, praktiziert wird
individuell mit den Lehrbriefen und in sog. Studienklassen. In der Schweiz gab
es Ende der Neunzigerjahre an fünf Orten Studienklassen, jedoch ist ein Rückgang der Aktivitäten und Interessenten festzustellen. Auch existiert keine öffentliche Kontaktmöglichkeit mehr. In Bern findet einmal im Monat eine kleine Stu-
dienklasse im privaten Rahmen statt.

Kontakt

www.atomworld.org

469

Islam

Einführung

(Susanne Leuenberger)

Der Islam ist mit 1,2–1,4 Milliarden Anhängern die zweitgrösste Religion der Welt. Die Gläubigen werden in Anlehnung an ihre arabische Eigenbezeichnung Muslime genannt. Der Name basiert auf der passiven Partizipform des Verbes «aslama», welches so viel bedeutet wie «sich (dem Glauben/Gott) hingeben, ergeben». Der Islam versteht sich ausdrücklich als «Religion» (arab.: din), eine Bezeichnung, die im Zusammenhang mit dem Glauben an einen einzigen Gott im Koran an acht Stellen Erwähnung findet. Der Koran gilt als offenbartes Wort Gottes, er ist in Hocharabisch verfasst; aus dieser Sprache stammen auch – wenn nicht anders angegeben – die im Folgenden verwendeten Originalbegriffe (vereinfachte Umschrift). Der Glaubenskern des Islam ist wiedergegeben im Glaubensbekenntnis: Es gibt nur einen Gott und Muhammad ist der Prophet Gottes.

Geschichte

Gemäss islamischer Überlieferung empfing der Prophet Muhammad (570–632 nach unserer Zeitrechnung) in Mekka und später im medinensischen Exil ab seinem 40. Lebensjahr über 22 Jahre hinweg bis zu seinem Tod zahlreiche Offenbarungen von Gott. Erst seine Anhänger hielten diese später in Form des Korans schriftlich fest. Inhaltlich zeugen diese Offenbarungen von einer theologischen wie auch gesellschaftlichen Auseinandersetzung der damaligen mekkanischen Gesellschaft mit den Glaubensvorstellungen und Gebräuchen umliegender jüdischer wie auch christlicher Siedlungen. Muhammads Verkündung eines strengen Monotheismus traf in Mekka, einer Oasenstadt, die als Warenumschlagsplatz und Zentrum polytheistischer Kulte mit einer einflussreichen Priesterschaft organisiert war, auf starke Opposition, die in der Hidschra (Auswanderung des Propheten und seiner Anhänger) nach dem benachbarten Medina im Jahre 622 gipfelte. Der Mondkalender der islamischen Zeitrechnung beginnt heute mit dem Monat dieser Auswanderung, und sie markiert so auch den Beginn der Geschichte der islamischen Gemeinde (umma), die sich fortan unter der Führung Muhammads formierte. Schon zu seinen Lebzeiten schlossen sich immer mehr umliegende arabische Stämme dem unter ihm eingeführten Gemeinwesen an, sodass sich Ansätze einer stammesübergreifenden Staatsbildung abzeichneten.

Muhammad hatte jedoch keine Nachfolgeregelung getroffen, sodass sich nach seinem Tod die Frage nach der Weiterführung der Gemeinde stellte. Die Institution des Kalifats, das heisst die Führung der Gemeinde durch einen Stellvertreter, führte bereits wenige Jahre nach dem Ableben des Propheten zu ersten Spaltungen, wobei es um die Frage der Legitimität der Nachfolger ging: Nach den ersten drei Kalifen Abu Bakr (632–634), Umar (634–644) und Uthman (644–656) entbrannte ein Nachfolgestreit zwischen dem vierten designierten Kalifen Ali (656–661), dem Vetter und Schwiegersohn Muhammads, und Mu'awiya (661–680), der der angesehenen mekkanischen Familie der Umayyaden entstammte. Der sich daraus entwickelnde Bürgerkrieg fiel zugunsten der Umay yaden aus. Während die unterlegenen Anhänger Alis und seiner Nachkommen (die sog. Parteigänger Alis, shi'at'Ali = Schiiten) weiterhin die Legitimität des Kalifats als göttlich vorherbestimmtes und vererbtes Amt für die direkte Nachkommenschaft Alis beanspruchten, etablierten sich die Umayyaden als staatstragende Dynastie des expandierenden islamischen Stammesverbundes. Sie bezeichneten sich fortan selbst als «Ahl as-sunna wa l-jama'a», als «Volk der Tradition (Muhammads) und der Einheit», wovon die Bezeichnung «Sunniten» abgeleitet ist. Von der neuen Hauptstadt Damaskus aus erfolgten rasche Eroberungszüge. Nachdem sich der islamische Glaube bereits im ersten Jahrzehnt über die Grenzen der Arabischen Halbinsel, den Fruchtbaren Halbmond, Mesopotamien, das iranische Hochland und den Westen Ägyptens (639) hinaus verbreitet hatte, gerieten unter den Umayyaden auch Teile Tunesiens (670) unter die Kontrolle des arabischen Reiches; kurz darauf fanden Vorstösse über die westgotische Iberische Halbinsel (711) ins Frankenreich (732) statt (Andalusien sollte bis Ende des 15. Jahrhunderts unter muslimischer Herrschaft bleiben). Zeitgleich erreichte die Expansionswelle Zentralasien (Buchara 710, Samarkand 712) und das Mündungsgebiet des Indus im heutigen Pakistan. 751 eroberten Araber Taschkent und stiessen damit einstweilen an die Grenzen. 750 fand ein Umsturz der Umayyaden-Dynastie statt, der die Familie der Abbasiden, Nachkommen eines Onkels Muhammads, an die Spitze des Reichs brachte. Neue Residenzstadt wurde Bagdad. Dieses Kalifat von Bagdad sollte bis zur mongolischen Invasion von 1258 Bestand haben. Die politische Macht und die Einheit des Reiches hatten sich bis dahin jedoch sukzessive verflüchtigt, und es bildeten sich zahlreiche islamische Einzelstaaten, die nur noch nominell an das Kalifat gebunden waren. Grössere islamische Reiche bildeten im weiteren Verlaufe der Geschichte etwa das indische Mogulreich (1526–1858) und das Osmanische Reich, welches Ende des 13. Jahrhunderts als turkstämmige Dynastie seinen Anfang nahm und bis 1923 Bestand hatte. Im Laufe der Geschichte kam es nicht nur durch Eroberungen, sondern auch durch Konversion von Fürsten und Herrschern, durch Handelskontakte usw. zur Verbreitung des islamischen Glaubens. Erste Spuren des Islam in Südostasien aus dem 9. Jahrhundert etwa sind auf Handelskontakte zurückzuführen.

Muslime leben heutzutage überall auf der Welt. Sie bilden die Bevölkerungsmehrheit im Nahen Osten, in Nordafrika und in weiten Teilen West-, Zentral- und Ostafrikas. Auch in zentral- und südostasiatischen Staaten ist das Bekenntnis zum islamischen Glauben verbreitet. Die grössten nationalen Anhängerschaften leben in Indonesien (175 Millionen), Pakistan (130 Millionen), Bangladesch (110 Millionen) und Indien (105 Millionen). In Europa hat die Herrschaft der türkischen Osmanen v. a. in Bosnien, Herzegowina, Albanien und in der europäischen Türkei islamische Bevölkerungsinseln hinterlassen. Durch wirtschaftlich und politisch bedingte Migrationsbewegungen seit der Mitte des 20. Jahrhunderts sowie durch die Verbreitung islamischer Inhalte durch neue Kommunikationsnetze hat die islamische Religion in ihren verschiedensten Schattierungen nicht nur regional, sondern auch global an Bedeutung gewonnen.

Der Koran

Die Grundlage der islamischen Religion bildet der Koran (al-Qur'an). Er gilt – als durch den Propheten Muhammad von Gott offenbarter Text – als die unverfälschte Erkenntnisquelle des Glaubens. Der Name bedeutet so viel wie «Vortrag» oder «Lesung» und erinnert an die ursprünglich mündlich verkündete Offenbarung. Der Prophet Muhammad soll die Verse der Offenbarung vom Erzengel Gabriel stückweise in arabischer Sprache übermittelt bekommen haben. Diese Offenbarungsreden gab er an Zuhörer weiter, sie wurden in ihrer Gesamtheit ungefähr 30 Jahre nach seinem Ableben unter dem Kalifen Uthman in Buchform gesammelt und redigiert. Formal besteht der Koran aus 114 Kapiteln, Suren genannt, welche ihrerseits in Verse unterteilt sind. Die Länge der Suren ist sehr unterschiedlich, und ihre Reihe folgt nicht chronologisch der Verkündigung durch Muhammad: Zwar sind die einzelnen Kapitel als jeweils «mekkanische» oder «medinensische» Suren einer groben Offenbarungsperiode zugeteilt, jedoch bestimmt die Länge der Kapitel ihre Stellung im Koran.

Der Koran gilt den Gläubigen als unerschaffenes Wort Gottes und seine Sprache als einzigartig schön und grundsätzlich nicht in andere Sprachen übersetzbar. Er zeichnet sich stilistisch durch eine aussergewöhnliche Reimprosa aus. Das Hocharabische gilt den Muslimen deshalb auch als besondere Sprache. Die wortgetreue Überlieferung und das Auswendiglernen des Korantextes bildeten und bilden noch heute einen wichtigen Bestandteil der islamischen Gelehrsamkeit und Frömmigkeit. Als spezielle Kunstform hat sich die Koranrezitation entwickelt, die ein wichtiger Bestandteil der akustischen ästhetischen Erfahrung des islamischen Glaubens ist. Die besondere Stellung der Offenbarung in Form von Schrift kommt auch in der visuellen ästhetischen Ausgestaltung zur Geltung: Die Kunstform der Kalligrafie dominiert die Ausschmückung von Oberflächen muslimischer Einrichtungen und Devotionalien.

Der Koran ist weder ein theologisches noch ein rechtliches Traktat. Grundsätzlich lassen sich formale und inhaltliche Unterschiede zwischen frühen, in Mekka erfolgten Offenbarungen und den späteren medinensischen Suren ausmachen. Die mekkanischen Suren behandeln v. a. eschatologische Themen wie das drohende jüngste Gericht, aber auch die Ablehnung des Polytheismus, sie sind in kurzer, rhythmisierter Sprache gehalten. Die späteren, medinensischen Suren erscheinen stilistisch flüssiger und prosaischer und sind länger. Inhaltlich beziehen sie sich auf kultische oder rechtliche Vorschriften wie etwa Erbteilung, Familienregelungen etc. Sie zeugen vom Bedürfnis der sich in Medina formierenden Gemeinschaft nach einer moralischen und allgemein rechtlichen Regelung des Zusammenlebens im Sinne der Prophetie Muhammads.

Sunna und koranische Rechtsauslegung

In Ergänzung zum Koran bilden Textsammlungen von Worten und Taten des Propheten, Sunna genannt, die zweitwichtigste Quelle ethischer und rechtlicher Sinnfindung. Ohne die Einbettung des koranischen Textes in die historischen Umstände seiner Offenbarung wären manche Textstellen kaum verständlich, deshalb haben die sonstigen Prophetenaussprüche und die Erinnerung der Anhänger und Familienangehörigen an Muhammads Taten und Gewohnheiten eine ergänzende Funktion in der Textauslegung. Die einzelnen Aussprüche wurden von frühen islamischen Gelehrtenzirkeln gesammelt und ediert, ein Prozess innerhalb dessen sich die islamische Jurisprudenz im Sinne eines Präzedenzrechts formierte und entwickelte. Ab der zweiten Hälfte des 8. Jahrhunderts verfestigten sich solche Juristenzirkel zu Rechtsschulen, die teilweise bis heute existieren. Gegenwärtig bestehen noch vier sunnitische Rechtstraditionen: die Shafi'iten, die Malikiten, die Hanafiten und die Hanbaliten, die sich gegenseitig anerkennen, auch wenn sie in manchen Urteilen und auch über die erlaubten Methoden der Rechtsfindung differieren. Dazu kommt die schiitische Rechtstradition der Ja'fariten.

Die Rechtsprechung und allgemein die Auslegung des Korans war seit frühester Zeit Privileg und Aufgabe von Expertenzirkeln in den Zentren islamischer Gelehrsamkeit wie Bagdad, Damaskus, Kairo, Tunis oder Qom, die historisch eine je unterschiedliche Position innerhalb des jeweiligen Herrschaftsapparates innehatten. In den heutigen Rechtsordnungen islamisch geprägter Länder besitzt der Staat die Kontrolle über die Gesetzgebung sowie über die Ausbildung und Zulassung der Juristen zum Gerichtswesen.

Im heutigen Sprachgebrauch wird auch der Begriff «Scharia» gleichbedeutend für das islamische Recht verwendet. Scharia bedeutet im engeren Sinne die von Gott gesetzte Ordnung im Sinne einer überzeitlichen Normativität, und sie übersteigt damit im Grunde die Anzahl der von Rechtsgelehrten formulierten Urteile und rechtlichen Bestimmungen, die innerhalb eines bestimmten historischen Kontexts zum Tragen kommen, jedoch je nach Situation immer wieder angepasst werden können und sollen.

Dieser ursprünglichen Wortbedeutung zum Trotz ist der Ruf nach Einführung der Scharia – verstanden als rigide einzuhaltendes, unabänderliches Gesetzesreglement – gegenwärtig in vielen muslimischen Staaten und innerhalb islamistischer Kreise zu einem politischen Kampfbegriff geworden. Manche Länder kamen jedoch der ab den 1970er- und 1980er-Jahren einsetzenden Islamisierung politischer Protestströmungen zuvor und bezeichneten die Scharia als Quelle der staatlichen Rechtsschöpfung. Beispiele dafür sind Ägypten, Bahrain, Jemen, Kuwait, Libanon, Sudan, Syrien und die Vereinigten Arabischen Emirate. Einen Schritt weiter gehen Saudi-Arabien, Oman und Pakistan, in denen die Scharia, von einzelnen Teilbereichen abgesehen, mit der geltenden Rechtsordnung gleichgesetzt wird.

Die Beschäftigung mit dem koranischen Offenbarungstext hat in der Geschichte neben der rein rechtlich implizierten Sinnfindung auch zu philosophischen, theologischen wie auch mystischen Auseinandersetzungen geführt, deren Beschreibung den Rahmen dieser Darstellung sprengen würde.

Sufismus

Die Bezeichnung Tasawwuf (Sufismus) geht vermutlich zurück auf den Begriff «suf» (Wolle) und bezieht sich auf das bescheidene Gewand, mit dem sich Asketen der frühislamischen Zeit kleideten. Als Sufis bezeichnet man die Anhänger einer der zahlreichen muslimischen Ordensgemeinschaften (tariqa = Weg, Pfad), die sich in der islamischen Geschichte entwickelt und im gesamten islamischen Kulturraum verbreitet haben.

In den ersten Jahrhunderten nach dem Ableben des Propheten kam es in verschiedenen Zentren der islamischen Welt zur Entwicklung individueller Frömmigkeit in der Nachfolge des Propheten im Sinne der Ausübung asketischer Praktiken und deren theoretischer Ausformulierung. Im Vordergrund standen dabei Konzepte wie das ständige Gedenken an Gott (dhikr), der Rückzug aus der Gemeinschaft (khalwa), die reine Gottesliebe (hubb, mahabba), das Gottvertrauen (tawakkul), aber auch die Suche nach der vollkommenen Erkenntnis Gottes (ma'rifa) und die damit verbundene Vorstellung des Erlöschens der eigenen Person im Einswerden mit Gott (tauhid). Auch der Status der Heiligkeit (wilaya) bestimmter frommer Muslime wurde in der Frühzeit formuliert. Handelte es sich anfangs zumeist um einzelne Individuen oder begrenzte Milieus, die durch ihre Praktiken und Vorstellungen auch oftmals Kritik ausübten am Legalismus des islamischen Rechtswesens und ihrerseits in der Kritik mancher Rechtsgelehrten standen, kam es ab dem 12. Jahrhundert zu einer Konsolidierung und Institutionalisierung sufischer Lehren und Praktiken in hierarchisch geordneten Ordensgemeinschaften, die oft eine bedeutende politische und ökonomische Macht entwickelten und diese teilweise immer noch haben. Die lokalen Zentren und Ableger bildeten jeweils sog. khanqahs/zawiyyas, oft grosszügig ausgebaute Versammlungshäuser der Orden, die den Mitgliedern auch als Hospiz auf Reisen dienten und an die Moscheen angegliedert waren. Die meisten der heute existierenden Gemeinschaften wie etwa jene der Qadiriyya, der Shadhiliyya, Rifa'iyya, aber auch der Mevlewiyya (die berühmten «Tanzenden Derwische» aus Konya) und die weltweit verbreitete Naqshbandiyya, gehen zurück auf Ordensgründungen des 12. bis 14. Jahrhunderts.

Charakteristisch ist die hierarchische Ordnung der Gemeinschaften, an deren Spitze der Shaykh (Ältester), Pir oder Murshid (Führer) steht, wobei bei grösseren Gemeinschaften auch Delegierte des Shaykhs dessen Aufgaben wahrnehmen. Die Autorität des Shaykhs gründet auf der Vorstellung, dass dessen spirituelles Wissen und seine Segenskraft (baraka), von Generation zu Generation in der Gemeinschaft weitergereicht, auf den Propheten selbst zurückgehen. Der Shaykh leitet die Mitglieder, die Muridun, an und steht den durchgeführten Ritualen vor. Zentraler Bestandteil der sufischen Praxis ist das in der Gemeinschaft praktizierte Dhikr, das in der endlosen Wiederholung des Gottesnamens oder bestimmter Formeln, begleitet von rhythmischen Körperbewegungen, besteht. Zusätzlich kann dem einzelnen Adepten eine bestimmte geistige oder asketische Übung durch den Shaykh auferlegt werden, wie etwa das Rezitieren bestimmter Gebetsformeln oder zusätzliches Fasten. Eng verknüpft mit der Religiosität ist die Verehrung von Heiligen, meist sind dies die Gründer oder verstorbene Shaykhs einer Gemeinschaft. Ihre Schreine werden von Pilgern besucht, um deren Segen zu erlangen.

Im Zuge der Moderne versuchten ab dem 18./19. Jahrhundert verschiedene islamische (zum Beispiel die saudischen Wahhabiten) wie auch säkulare Reformbewegungen gegen «abergläubische», «unislamische» bzw. «rückständige» Elemente der sufischen Praxis vorzugehen und unternahmen, zum Teil mit politischer Unterstützung, deren Unterdrückung. Auch innerhalb sufischer Kreise gab es Reformbewegungen, die sowohl politische Implikationen wie auch intellektuelle Impulse beinhalteten. Bis ins 20. Jahrhundert hinein war eine Mehrheit der muslimischen Gesellschaften – sowohl die ländliche Bevölkerung wie auch städtische Eliten – in sufischen Ordensgemeinschaften eingebunden. Im Zuge gesellschaftlicher Veränderungen, v. a. durch die Urbanisierung, verloren die Sufiorden in der islamischen Welt zeitweilig an Bedeutung. Sie gewinnen aber in neuester Zeit, auch in der westlichen Diaspora, wieder an Einfluss, indem sie vermehrt als Alternative zu radikalislamischen Lesarten des Islam wahrgenommen werden.

Die alltägliche Glaubenspraxis

Als grundlegende Gemeinsamkeit islamischer Glaubenspraxis gelten die religiösen Pflichten, die jedem Gläubigen aufgegeben sind und die als die «Fünf Säulen» bezeichnet werden. Diese fünf Vorgaben sind teils ritueller, teils moralischer Natur und werden aus Koran und Sunna abgeleitet.

- *Das Glaubensbekenntnis (ash-shahâda)*
Als oberste und erste Säule gilt das Glaubensbekenntnis. Es lautet ungefähr: «Ich bezeuge, dass es keinen Gott gibt ausser (dem einzigen) Gott und dass Muhammad der Gesandte Gottes ist.» In ehrlicher Absicht rezitiert, gilt das Aussprechen des Glaubensbekenntnisses als Annahme des islamischen Glaubens.

- *Das Gebet (as-salât)*

Einen eminent wichtigen Teil des Glaubensvollzugs nimmt das Gebet ein. Es wird zu festgelegten Zeiten fünfmal täglich verrichtet. Die Gebetszeiten richten sich nach dem Sonnenstand: in der Morgendämmerung, mittags, nachmittags, abends und nach Einbruch der Nacht. Traditionellerweise erfolgt die Aufforderung zum Gebet durch den Muezzin, der von einem Minarett, einem turmhaften Aufbau der Moschee, die Gläubigen ruft. Das Beten ist grundsätzlich überall möglich, viele Gläubige tragen stets einen kleinen Gebetsteppich mit sich. Das Ausziehen der Schuhe und eine rituelle Waschung von Gesicht, Händen und Füssen gehen dem Gebet voraus. Die Ausrichtung der Betenden erfolgt nach Mekka. Die fünf Pflichtgebete sind unterschiedlich lang, in ihrem Ablauf jedoch ähnlich. Das Gebet ist in eine je verschiedene Anzahl Gebetseinheiten gegliedert, die einen bestimmten Ablauf an Körperhaltungen und Anrufungen beinhalten: Aus einer aufrechten Haltung begeben sich die Betenden zunächst in eine vornübergebeugte Position, wonach sie sich neuerlich aufrichten, bevor sie sich kniend niederwerfen, um sich danach wieder aufzurichten. Nach Ablauf einer solchen Gebetseinheit wird diese, je nach Tageszeit und Auslegung, unterschiedlich oft wiederholt. Die Anrufungen, die diese rituellen Körperhaltungen begleiten, beinhalten das Zeugnis der Einheit Gottes und der Prophetie Muhammads, die Bitte um Vergebung und das Loben Gottes. Im Anschluss an dieses Pflichtgebet richten Gläubige manchmal auch ein persönliches Bitt- oder Dankgebet an Gott.

Das Freitagsgebet wird jeweils mittags in der Gemeinschaft der Mitgläubigen in der Moschee abgehalten. Es wird von der Predigt des Vorbeters, des sog. Imam begleitet, welcher jeweils Verse aus dem Koran oder Prophetenaussprüche thematisiert und sie in einen alltagsnahen Kontext bringt und dabei gesellschaftlich wichtige Fragen behandelt. Frauen und Männer beten, wenn möglich, räumlich getrennt. In einer grösseren Moschee sind bestimmte Teile den Frauen vorbehalten. Wenn es keine Möglichkeit der räumlichen Trennung gibt, beten die Frauen hinter den Männern.

- *Die Almosensteuer (az-zakat)*

Die muslimische Frömmigkeit regelt nicht nur die Beziehung des Einzelnen zu Gott, sondern in Koran und Sunna wird im Hinblick auf das vorbildliche Verhalten des Propheten auch auf die Verantwortung des Gläubigen gegenüber den Mitmenschen hingewiesen. Die Solidarität untereinander ist als obligatorische Armensteuer festgeschrieben. Empfänger der Almosen sind

Bedürftige und Kranke, sie kann aber auch dem Aufbau religiöser Institutionen zugute kommen. Die Höhe der Steuer variiert je nach Einkommensart der Besteuerten zwischen 5 und 10 Prozent. Die Praxis der Erhebung der Armensteuer hat sich historisch und regional unterschiedlich ausgestaltet. Heute wird diese Steuer in Pakistan und Saudi-Arabien im Rahmen der gesamten Steuererhebung angerechnet. In anderen Ländern, zum Beispiel in der Türkei, aber auch in vielen Migrationskontexten besteht keine diesbezügliche Regelung. Die Almosengabe erfolgt hier auf freiwilliger Basis und wird vom Gläubigen an nahestehende Bedürftige oder an die lokale Glaubenseinrichtung entrichtet.

- *Das Fasten (as-sawm)*

Der Fastenmonat Ramadan, der sich als neunter Monat des muslimischen Mondjahres relativ zum Sonnenkalender jährlich um elf Tage nach vorne verschiebt, beginnt mit der Sichtung des Neumondes. Von Beginn der Morgendämmerung, «wenn man einen weissen von einem schwarzen Faden unterscheiden» kann (Sure 2, Vers 187) bis zum Sonnenuntergang wird in diesem Monat gefastet, das heisst nichts gegessen, nichts getrunken, nicht geraucht, kein Geschlechtsverkehr betrieben und allgemein Enthaltsamkeit geübt. Ausgenommen vom Fastengebot sind Kranke, Reisende, Kleinkinder, Schwangere, Stillende und Menstruierende. Auch Muslime, die eine besonders anspruchs- und verantwortungsvolle Aufgabe wahrnehmen, die ihre volle körperliche und geistige Konzentration erfordern, brauchen nicht zu fasten.

Der Ramadan gilt als eine besonders gnadenvolle und feierliche Zeit. Muhammad soll gesagt haben: «Wenn jemand im Ramadan seine Pflicht erfüllt, gleicht dies siebzig in anderen Monaten erfüllten Pflichten. Er ist der Monat der Geduld, und der Lohn der Geduld ist das Paradies. Er ist der Monat der Versöhnung, er ist der Monat, in dem sich der Lebensunterhalt der Gläubigen mehrt. Er ist ein Monat, dessen Beginn Barmherzigkeit, dessen Mitte Vergebung und dessen Ende Befreiung vom Höllenfeuer ist.» Die Nacht des 27. Ramadan, die «Nacht der Bestimmung», gilt als die Nacht, in der die erste Koranoffenbarung erfolgt sei.

In islamisch geprägten Ländern finden tagsüber während des Ramadan nur in minimalem Masse soziale, geschäftliche und administrative Aktionen statt. Erst nach Sonnenuntergang beginnen mit dem oftmals üppigen Fastenbrechen die festlichen Aktivitäten der Gläubigen: Oftmals gibt es spezielle Besuchsrituale, aber auch musikalische Darbietungen und gemeinsames

Feiern in öffentlichen Festzelten, die sich bis in die frühen Morgenstunden hineinziehen können. Das Ende des Fastenmonats wird mit dem Fest des Fastenbrechens ('id al-fitr), welches am ersten Tag des 10. Mondmonats beginnt, begangen. Es dauert drei bis vier Tage. Muslime besuchen und beschenken sich gegenseitig, vielfach wird die Zeit im Kreis der Grossfamilie verbracht. In der Schweiz wie auch allgemein in Gesellschaften, in denen Muslime eine Minderheit darstellen, erweist sich das Begehen des Fastenmonats als schwierig: Die Arbeitssituation lässt es selten zu, dass Muslime in dieser Zeit mit reduziertem Pensum arbeiten können, und das Fastenbrechen im Kreise der Familie ist – je nach Arbeitszeit – auch nicht immer möglich. Fällt der Ramadan in die Sommermonate, verschiebt sich die Zeit des Fastenbrechens entsprechend der Tageslänge nach hinten, was in den mitteleuropäischen Zeitzonen mit den langen Sommertagen zu sehr langen Stunden des Fastens führt.

Viele muslimische Gemeinschaften in Bern bieten während des Fastenmonats ein gemeinsames Fastenbrechen in ihren Räumlichkeiten an.

- *Die Pilgerfahrt (al-hajj)*

Einmal in seinem Leben soll der Gläubige die Pilgerfahrt nach Mekka antreten. Diese findet in den ersten beiden Wochen des Pilgermonats, des letzten Mondmonats des islamischen Jahres statt. Wer aus finanziellen oder gesundheitlichen Gründen nicht zur Wallfahrt in der Lage ist, ist von dieser Pflicht ausgenommen. Nach muslimischer Vorstellung befinden sich die Pilger während der Zeit in Mekka in geweihtem Zustand: Sie dürfen sich nicht streiten, keine gesäumten Kleidungsstücke tragen, nicht jagen, keine Parfüme verwenden, keinen Geschlechtsverkehr ausüben, und sie dürfen sich weder Haare noch Nägel schneiden.

Die Pilgerfahrt ist nach einem vorgeschriebenen Ablauf zu vollziehen. Nach der Ankunft in Mekka folgt der Besuch der Ka'ba. Sie wird siebenmal umrundet, wobei der schwarze Stein, der an der Ostwand der Ka'ba eingelassen ist, geküsst wird. Anschliessend bewegen sich die Gläubigen siebenmal laufend zwischen den Hügeln Safa und Marwa hin und her. Dieser Teil der rituellen Handlung erinnert an die Suche der biblischen Gestalt Hagar nach Wasser für ihren Sohn Ismael, den Stammvater der Araber. Nach einem Gottesdienst in der grossen Moschee in Mekka begeben sich die Gläubigen schliesslich in Gruppen in ein Wüstental am Fusse des Berges Arafat. Hier verbringen sie die Zeit vom Mittag bis zum Sonnenuntergang in Gebet und Meditation. Am nächsten Tag bewegt sich der Strom der Pilger nach Mina, wo sie für drei Tage in Zelten untergebracht verweilen und rituell den Teufel steinigen: Eine Säulenkonstruktion wird symbolisch mit Steinen beworfen. Am dritten Tag findet das Opferfest ('id al-adha) statt. Dieser Tag wird nicht nur in Mekka, sondern in der gesamten islamischen Welt gefeiert. Es ist der zehnte Tag des Monats und das grösste und wichtigste Fest im muslimischen Kalenderjahr. Schafe und Ziegen werden geschlachtet in Erinnerung an das Opfer Abrahams und anschliessend teils von den Opfernden selbst verspeist, teils an Bedürftige verteilt. Nach dieser Handlung werden die Haare geschnitten und die Barthaare rasiert, bevor die Pilger ein letztes Mal nach Mekka zurückkehren. Die abermalige Umrundung der Ka'ba bildet den Abschluss der Wallfahrtszeremonien.

Rückkehrer aus Mekka werden in ihrer Heimat festlich empfangen. Muslime, die diese Pilgerreise auf sich genommen haben, erhalten oft die Ehrenbezeichnung «Hadsch». Es gibt mittlerweile auch in der Schweiz Reisebüros und Anbieter, die speziell auf die Organisation von Pilgerfahrten ausgerichtet sind.

Muslime in der Schweiz

Die islamische Religion in der Schweiz ist zu weiten Teilen eine Religion von Migranten und wird auch als solche wahrgenommen, auch wenn mittlerweile 13 Prozent der Muslime in der Schweiz – sei es durch Einbürgerung, Konversion oder ähnliche Gründe – die Schweizer Staatsbürgerschaft besitzen. In der Schweiz leben heute laut Ergebnissen der Volkszählung von 2000 über 310 000 Menschen, die sich zum islamischen Glauben bekennen, wobei diese Zahl aufgrund der Freiwilligkeit der Angabe zur religiösen Zugehörigkeit wohl nach oben korrigiert werden muss. Jedoch muss bedacht werden, dass Schätzungen zufolge nur etwa 15 Prozent aller in der Schweiz lebenden Muslime regelmässig am organisierten Gemeindeleben teilnehmen.

In den vergangenen 30 Jahren hat sich die muslimische Gemeinschaft zur stärksten nicht christlichen Religionsgemeinschaft entwickelt. Ab den 1960er-Jahren wurden viele Menschen mit muslimischem Hintergrund, v. a. aus der Türkei, aber auch dem damaligen Jugoslawien, von der Schweizer Wirtschaft als Arbeitskräfte angeworben. Sie haben sich in der Folge dauerhaft mit ihren Familien niedergelassen. Neben der stetigen wirtschaftlich bedingten Zuwanderung ist diese demografische Entwicklung auf die kriegsbedingte Einwanderung aus Bosnien Herzegowina und in den späten Neunzigern dann aus dem Kosovo zurückzuführen. Seit Beginn der Neunzigerjahre hat sich so der muslimische Bevölkerungsanteil hierzulande verdoppelt. Muslime aus dem Balkan bilden mit ungefähr 50 Prozent den grössten Anteil der Muslime in der Schweiz, 20 Prozent stammen aus der Türkei, 4 Prozent aus den Maghrebstaaten, 3 Prozent aus dem Libanon, 15 Prozent aus Schwarzafrika und Asien.

Die Schweizer Muslime stellen keinen kulturell einheitlichen Block dar. Ihr Bekenntnis zum Islam ist an ethnische, sprachliche und andere kulturelle Faktoren ihrer Herkunft gebunden, was sich auch an der oftmals herkunftsbezogenen institutionellen Organisation ablesen lässt. Die hier dargestellten muslimischen Einrichtungen sind grundsätzlich als Vereine organisiert. Meist auf Initiative praktizierender Muslime gegründet mit dem Ziel, sich einen gemeinsamen Raum zur Ausübung ihrer religiösen Praxis zu schaffen, bieten die islamischen Zentren zugleich auch den Raum für soziale Kontakte, die über die gemeinsamen Gebetszeiten hinaus Bestandteil des Alltags sind. So findet man islamische Einrichtungen oft in nachbarschaftlicher Nähe zu Kebabshops oder Importgeschäften, die Lebensmittel wie Halal-Fleisch und andere Produkte vertreiben und die häufig einen Bezug zum Herkunftsland der Migranten herstellen. Die islamischen Zentren wirken so als Knotenpunkte in den sozialen, wirtschaftlichen und kulturellen Netzwerken, innerhalb deren sich die Lebenswelt der Mitglieder strukturiert.

Zwei Tendenzen lassen sich in der Struktur und Zusammensetzung der einzelnen Gemeinschaften ausmachen: Einerseits werden die meisten Gemeinden von einer einzelnen, ethnisch weitgehend homogenen Gruppe getragen, stehen Muslimen anderer ethnischer Herkunft jedoch grundsätzlich offen. Bestimmender und oft limitierender Faktor in der ethnischen Zusammensetzung der Gemeinden bildet die Sprache, in der die Predigten, sonstigen offiziellen Veranstaltungen und umgangssprachlichen Kontakte stattfinden: Diese richtet sich in der Regel nach der Sprachkompetenz der Mehrheit der vereinstragenden Mitglieder.

Eine Neuheit stellt in dieser Beziehung die von einem albanischen Trägerverein in Luzern 2007 eröffnete Barmherzigkeit-Moschee dar, die die Freitagspredigt und ihre anderen Dienstleistungen in deutscher Sprache abhält; erklärtes Ziel ist dabei, Muslime verschiedenster Herkunft zusammenzubringen und gleichzeitig die Sprachkompetenz der Muslime zu fördern. Gleichzeitig gibt es auch Bestrebungen, islamische Gemeinschaften kantonal und auch schweizweit in Dachorganisationen zu vernetzen und das ethnische Moment zugunsten einer Betonung eines herkunftsunabhängigen Islam zu relativieren. Diese Vereinigungen treten auch als Interessensgemeinschaften und Anlaufstellen gegen aussen in Erscheinung, wenn es um Öffentlichkeitsarbeit oder Stellungnahmen zu aktuellen Debatten im Zusammenhang mit muslimischen oder anderen Themen geht. 1989 wurde in Zürich die Gemeinschaft Islamischer Organisationen der Schweiz (GIOS) gegründet und 2000 in Bern die Koordination Islamischer Organisationen der Schweiz (KIOS). Solche Dachverbände dienen als Plattform eines internen Dialoges, sie suchen aber auch den Kontakt zu Schweizer Behörden, wenn es um zentrale Anliegen der Religionsgemeinschaften geht wie etwa die Einführung eines islamischen Religionsunterrichts, den Aufbau religiöser Infrastrukturen oder um Fragen der öffentlichrechtlichen Anerkennung. Seit 1994 gibt es die Vereinigung der Muslime, Musliminnen in der Schweiz (MMS), die eine Homepage betreibt, über die Infos zu verschiedenen muslimischen Gemeinschaften, zu Gebetszeiten und zu allgemeinen islamischen Themen sowie weiterführende Linksammlungen verfügbar sind (www.islam.ch). Die Ligue des Musulmans de Suisse (LMS) mit Sitz in Neuchâtel, ebenfalls 1994 gegründet, veranstaltet jährliche Kongresse sowie Veranstaltungen zu frauen-, kinder- oder auch konvertitenspezifischen Themen (www.rabita.ch). Sie ist Mitlied der Föderation Islamischer Organisationen in Europa (FIOE, www.eu-islam.com). 2006 kam es zur Gründung der Föderation Islamischer Dachorganisationen in der Schweiz (FIDS). Diese Organisation will die Anliegen ihrer Mitgliedvereine gegenüber den Bundes-, Kantonal- und Kommunalbehörden vertreten. Im Jahre 2007 wurde zudem ein schweizweiter Zusammenschluss muslimischer Frauenorganisationen (www.mfo-s.ch) gegründet.

Als Resultat gemeinsamer Bemühungen ist zum Beispiel die seit 2000 vermehrt zu beobachtende Einrichtung muslimischer Friedhöfe zu werten. Der erste islamische Friedhof wurde bereits 1978 in Le Petit-Saconnex GE errichtet; seit 2000 gibt es in Bern, Bremgarten AG und Basel die Möglichkeit, Verstorbene nach muslimischem Ritus zu begraben: Nach den letzten Bittgebeten, der Entkleidung und Totenwäsche, die so rasch als möglich nach dem Eintritt des Todes erfolgen soll, wird der Leichnam in ein dafür bestimmtes weisses Tuch gewickelt und ohne Sarg, seitlich und gegen Mekka gelagert, begraben. Daneben existieren mittlerweile zwei Unternehmen, die sich auf die Repatriierung Verstorbener in die Geburtsländer spezialisiert haben.

Von den vielen anderen übergreifenden Initiativen und Beteiligungen muslimischer Menschen seien hier nur Beispiele genannt. Zwischen 1990 und 2006 erschien vierteljährlich eine unabhängige islamische Zeitschrift «Er-Rahma» (Die Barmherzigkeit), die v. a. Beiträge der Leserschaft publizierte und deren Internetauftritt nach wie vor Beiträge und Infos bereithält (www.barmherzigkeit.ch). Ausserhalb einer der im Folgenden vorgestellten Vereinigungen gibt es im Kanton Bern eine islamische Pfadiabteilung (www.islamic-scouts.ch) sowie einen muslimischen Kinderverlag Al-Waha (die Oase). An dem interreligiösen Projekt Haus der Religionen in Bern beteiligen sich von muslimischer Seite F. Afshar (KIOS), der Türkisch Islamische Verein, das Islamische Zentrum am Lindenrain sowie der Muslimische Verein Bern.

Während traditionell organisierte Moscheen oder Zentren strukturell von Männern dominiert sind, kam es im vergangenen Jahrzehnt schweizweit zur Gründung einer Reihe von mehr oder weniger autonomen Frauenvereinen, die speziell auf die Bedürfnisse und Interessen von Frauen und teilweise Jugendlichen ausgerichtet sind.

Islamische Gemeinschaften in der Schweiz sind fast immer als Vereine gemäss § 60 ZGB organisiert. Ihre Lokalitäten sind in den meisten Fällen gemietet, bei kleinen Gemeinschaften finden Treffen aber auch in Gemeindezentren oder Privatwohnungen statt. Im Kanton Bern gibt es bisher keine speziell als Moschee errichteten Gebäude, deren es in der Schweiz zurzeit nur zwei gibt: die Mahmud-Moschee in Zürich (eröffnet 1963) sowie die 1979 durch den saudischen König Faisal finanzierte Moschee in Petit-Saconnex in Genf. Zurzeit verweist die Debatte über die Errichtung von (rein symbolischen) Minaretten auf die aktuelle Brisanz der Frage nach der architektonischen Repräsentation islamischer Religiosität (vgl. Minarett-Debatten in Wangen bei Olten (SO) 2006/07 und Langenthal 2006, SVP-Volksinitiative «Gegen den Bau von Minaretten» 2007/08).

Je nach Grösse der Vereinigung ist ein Imam vollamtlich oder nebenamtlich beschäftigt, in kleineren Zentren wird diese Aufgabe oft ehrenamtlich wahrgenommen. Kleinere Gemeinschaften mit wenig Geldmitteln organisieren sich oftmals jeweils für den Fastenmonat Ramadan einen ausgebildeten Imam. Neben seiner Rolle als Vorbeter übernimmt der Imam auch seelsorgerische Tätigkeiten und erteilt Religionsunterricht. Meist ist die religiöse Unterrichtung der Kinder mit dem Erlernen der arabischen Sprache verbunden, ebenso wird oft die türkische, albanische bzw. die sonstige jeweilige Muttersprache der Vereinsmitglieder vermittelt; dies findet zumeist am Wochenende statt. Ebenfalls häufig am Wochenende gibt es weitere Aktivitäten der Mitglieder wie Treffen der Frauen, Ausflüge, Informationsveranstaltungen und Weiterbildungsseminare. Manche Vereinigungen bieten ihren Mitgliedern auch Unterstützung im Falle eines Todes (Hilfe bei den Formalitäten, Repatriierung oder Bestattung auf einem islamischen Friedhof in der Schweiz) an. Die Zentren verfügen oft über Bibliotheken, Fernseher und Computer, vielerorts sind auch Töggelikästen und andere Unterhaltungsmöglichkeiten zum Zeitvertrieb, gerade auch für jüngere Mitglieder, vorhanden. Die Öffnungszeiten sind verschieden und hängen auch von der Verfügbarkeit und vom Pensum eines Imams oder anderer Personen, die die Einrichtung betreuen können, ab. Der Imam wird in der Regel aus dem Herkunftsland der Mitglieder akquiriert; seine Wohnung und Entlöhnung wird aus Vereinsbeiträgen finanziert. Manche muslimischen Vereine bezeichnen ihre Räumlichkeiten als Moschee, manche nennen sie auch islamisches Zentrum oder Kulturzentrum, oft verweist zudem bereits der Name auf die ethnische Zugehörigkeit der Mehrheit der Mitglieder. Im Kanton Bern sind Muslime albanischer und türkischer Herkunft stark vertreten, deshalb ist ein Grossteil der Einrichtungen in einer entsprechenden Trägerschaft. Die Imame – sofern die Gemeinschaften genug Mittel haben, um einen Vorbeter zu bezahlen – stammen aus Albanien, Mazedonien oder der Türkei. Eine Vielzahl von Moscheegründungen im Kanton Bern durch albanische, bosnische und mazedonische Einwanderer fanden in den frühen 90er-Jahren statt, als die kriegs- und wirtschaftsbedingte Migration ihren Höhepunkt hatte und es in den bestehenden, oft von Muslimen türkischen Hintergrunds getragenen Moscheen eng wurde. Die Zentren der Muslime vom Balkan und aus der Türkei bekennen sich zu der sunnitisch-hanafitischen Glaubensrichtung. Trotz dieses stark ethnischen Moments betonten alle Informanten, dass ihre Zentren allen interessierten Gläubigen offenstehen.

Eine zentrale Stelle in allen Einrichtungen nimmt jeweils der Gebetsraum ein; diesem vorgelagert ist ein kleiner Vorraum, in dem die Schuhe ausgezogen werden, sowie ein Waschraum, in dem die dem Gebet vorgängigen Waschungen vorgenommen werden. Bei kleineren Institutionen ist dies auch oft nur ein Lavabo oder eine Toilette. Der eigentliche Gebetsraum ist mit Teppichen ausgelegt. In der zur Ka'ba in Mekka ausgerichteten Seite ist eine Gebetsnische (mihrab) eingelassen bzw. angebracht; sie zeigt die Gebetsrichtung an. Der Imam stellt sich jeweils vor ihr auf, um das Gebet zu leiten. Grössere Moscheen haben auch eine Kanzel (minbar), von der aus der Vorbeter die Freitagspredigt hält. Die Wände sind oft mit kalligrafischen Bildern und Ornamenten ausgeschmückt. Kleinere Moscheen sind entweder reine Männermoscheen oder haben verschiedene Gebetszeiten für Männer und Frauen festgelegt, andere nutzen Vorhänge, um gesonderte Räume abzutrennen; grössere Lokale verfügen über separate Räume für Männer und Frauen.

Neben dem Gebetsraum verfügen die meisten Treffpunkte über Kochmöglichkeiten, ebenso gibt es mitunter Sitzungszimmer, separate Unterrichtszimmer und andere Aufenthaltsräume.

Sunniten

Albanische Vereinigung Hana Ere Moschee
(Susanne Leuenberger)

Der unabhängige Verein existiert seit 2001, und sein Lokal befindet sich in einem ehemaligen Spinnerei-Komplex im Erdgeschoss. Die Vereinigung wird von rund 80 Männern getragen. Unter der Woche ist die Lokalität täglich zwischen 20.00 und 1.00 Uhr geöffnet, freitags und samstags länger. Neben dem Abendgebet treffen sich die Mitglieder, um sich auszutauschen, Karten und Schach zu spielen, fernzuschauen oder in der wärmeren Jahreszeit auch draussen Fussball zu spielen. Ein zu 20 Prozent angestelltes Vereinsmitglied nimmt unter dem Jahr die Aufgaben des Imams wahr. Für die Dauer des Fastenmonats Ramadan wird jeweils ein Imam aus Mazedonien organisiert. Während dieser Zeit besuchen auch die Kinder die Moschee. Die Vereinigung bekennt sich zu der sunnitisch-hanafitischen Richtung. Das Lokal verfügt über einen Gebetsraum, ein Bad sowie einen Aufenthaltsraum mit Bar und Fernseher.

Kontakt

E. Vejseli (Präsident), Gotthelfstrasse 44, 4600 Burgdorf, shferati@bluewin.ch

Bosnischer islamischer Verein Sabur, Bern
(Susanne Leuenberger)

Das Zentrum Sabur (arab.: Geduld) an der Scheibenstrasse wurde im November 2006 im ersten Stock eines Industriegebäudes eröffnet. Es ist die erste Organisation bosnischer Muslime in Bern seit 1997. Zuvor hatte es 1993–1997 in Bümpliz ein von bosnischen Muslimen getragenes Zentrum gegeben. Die Vereinigung ist, wie alle anderen bosnisch-islamischen Zentren im Land, dem in Zürich ansässigen Islamischen Vorstand Schweiz unterstellt, welcher den einzelnen Gemeinden Imame vermittelt und sonstige organisatorische und inhaltliche Unterstützung anbietet. Die aus Bosnien stammenden Imame erhalten ihre

Ausbildung an Imamschulen oder an der islamischen Fakultät der Universität in ihrem Heimatland, wobei viele zur Vertiefung ihrer Ausbildung und ihrer Hocharabisch-Kenntnisse auch ein Studium an der berühmten Al-Azhar-Universität in Kairo absolvieren.

Das Zentrum verfügt über einen grossen Gebetsraum, einen Aufenthaltsraum für die Frauen, eine Cafeteria und WC-Räume. Es ist täglich ab 18 Uhr geöffnet, jeweils am Sonntagnachmittag findet Religionsunterricht für die Kinder statt. Die Umgangssprache im Zentrum ist Bosnisch, doch v. a. die jüngeren Vereinsmitglieder sprechen bereits vermehrt Berndeutsch.

Die Gemeinde verfügt über keinen eigenen Imam, weswegen für das Freitagsgebet und den Religionsunterricht jeweils einer aus einer anderen bosnischen Gemeinde organisiert wird. Während des Ramadan finden am Wochenende oft auch Zusammenkünfte mit anderen bosnischen Gemeinden statt, mit denen man dann gemeinsam das Fastenbrechen begeht. Der bosnische Imam in Zürich organisiert immer wieder Vortragsreihen oder Filmabende, die sich an bosnische Muslime wie auch die interessierte Öffentlichkeit richten (zum Beispiel beim Tag der offenen Moscheen).

Eine Unterorganisation des Sabur-Vereins ist der Bosnische Jugendkreis OK (omladinski krug), dem ungefähr 60 Jugendliche angehören. Der Jugendkreis trifft sich jeweils mittwoch- und sonntagabends, um sich über verschiedenste Themen in Diskussionen auszutauschen. Er bietet den Jugendlichen den Raum, sich sowohl mit ihrem bosnischen Hintergrund auseinanderzusetzen wie auch das eigene Leben und das Umfeld in der Schweiz zu reflektieren. Der Präsident des Jugendkreises, der seit 2005 auch Herausgeber einer bosnisch-schweizerischen Monatszeitung «SwissBiH» ist, betont das integrative Moment dieser Jugendgruppe, wie auch allgemein von Sabur. Die religiöse Praxis der bosnischen Muslime sei nicht aus deren kulturellem Hintergrund herausgelöst zu verstehen, sondern als wichtiges Element der bosnischen Alltagskultur und -tradition, die von Toleranz und Koexistenz mit anderen religiösen Traditionen geprägt sei.

Kontakt

Scheibenstrasse 62, 3014 Bern, E-Mail: sabur@gmx.ch
www.swissbih.com

Bosnisches Kultur-Zentrum Bosnjak (BKZ), Biel
(Carole Berthoud)

Das bosnische Zentrum in Biel wurde im Jahre 2000 gegründet. Es verfügt über
ungefähr 75 zahlende Mitglieder. Unter der Woche ist das Lokal täglich von 19
bis 22.30 Uhr geöffnet, am Wochenende von 19 bis 24 Uhr. Das Zentrum hat sich
der Pflege der bosnischen kulturellen und religiösen Tradition verschrieben. Am
Freitag und am Wochenende ist ein Imam für das gemeinsame Gebet anwesend, der vom Islamischen Vorstand Schweiz zentral vermittelt wird. Sonntags
findet Religionsunterricht für Kinder statt. Das BKZ hat einen Fussballclub und
eine Folklore-Sektion. Die Lokalität ist mit Freizeiteinrichtungen ausgestattet.
Geplant ist auch HSK-Unterricht für Kinder und der Ausbau der Küche, um
typische Gerichte zubereiten zu können. Zwei- bis dreimal jährlich werden grössere Festivitäten organisiert.

Kontakt

Mattenstrasse 151, 2503 Biel

Al-Ahbash/Association of Islamic Charitable Projects (AICP)
(Susanne Leuenberger)

Al-Habash oder al-Ahbash ist eine religiöse Gruppierung des Islam, die sich seit
Mitte des 20. Jahrhunderts vom Libanon aus als «Association of Islamic Chari-
table Projects» (AICP) weltweit verbreitet. Die Ursprungsgesellschaft in Beirut,
«Society of Islamic Philanthropic Projects» (arab. «Jam'iyyat al-Mashari' al-
Khayriyya al-Islamiyya») gewann während des libanesischen Bürgerkriegs stark
an Einfluss und beteiligt sich seit den frühen 90er-Jahren als politische Partei
an den Wahlen zum libanesischen Parlament; sie gilt als pro-syrische Kraft.
Die Bezeichnung «Al-Ahbash» (die Äthiopier) ist aus dem Beinamen des islamischen Rechtsgelehrten Scheich Abdullah Al-Harari (geb. 1920) abgeleitet, auf
dessen Lehren sich die Gruppierung beruft.

Die Gruppierung gilt als untypisch und wird sowohl wegen ihres religiösen als auch politischen Standpunkts kontrovers diskutiert. Die religiöse Ein-

ordnung der Bewegung ist schwierig. Insbesondere wahhabitisch orientierte Kreise bezeichnen die religiösen Praktiken und Lehren der AICP als «unis-lamisch», wobei v. a. die Praxis religiöser Gesänge und Musik, das Feiern des Geburtstages des Propheten (Mawlid), die Verehrung von Sufishaykhs und die Durchführung von Dhikrs, die Übernahme schiitischer Vorstellungen wie auch die Betonung der inneren Pluralität der islamischen Religion sowie die angeblich pro-israelische Haltung kritisiert werden. Im Gegenzug verurteilen die Gelehrten der Ahbash die Lehren anderer Muslime oftmals als «extre-mistisch». Im Gegensatz beispielsweise zur →Ahmadiyya-Bewegung, die von der islamischen Weltliga durch eine Fatwa aus der islamischen Weltgemein-schaft ausgeschlossen wurde, ist die AICP Teil der Umma. Mit verbliebener starker Basis im Libanon hat sich die Gruppierung durch libanesische und äthiopische Migration und Mission mittlerweile global ausgebreitet. Welt-weit bestehen bereits eine Vielzahl von Ablegern in Australien, Kanada, den USA, aber auch in Europa. In der Schweiz existieren Zentren in Lausanne, Genf, Neuchâtel, Zürich und Biel, wobei das Centre Islamique de Lausanne die grösste Gemeinde stellt.

Das Centre Islamique in Biel besteht seit 1995. Das erste Lokal befand sich in der Altstadt, bis 2007 war das Zentrum in einem Geschäftshaus gegenüber dem Bahnhof eingemietet, neu ist es in einem ebenerdigen Bau an der Zukunftstrasse untergebracht. Der mit den anderen AICP-Zentren in der Schweiz verbundene Verein wird von den Mitgliedern finanziert, von denen ungefähr 60 aktiv sind. Etwa 100 passive Mitglieder frequentieren die Lokalität. Die meisten Mitglieder haben einen nordafrikanischen Hintergrund, aber alle Nationen sind vertreten. Das Zentrum ist täglich geöffnet, wobei es die meisten Mitglieder zum Freitags-gebet und abends besuchen. Neben dem Gebet finden mittwochs, freitags und samstags (für die Kinder) Kurse statt. Muslimische Feiertage wie Ramadan, das grosse Schlachtfest und weitere begehen die Mitglieder gemeinsam im Zentrum. Der Imam der Lausanner Gemeinde führt zudem regelmässig sufische Dhikrs in der Bieler Lokalität durch.

Kontakt

Zukunftstrasse 42, 2501 Biel, Tel.: 032 322 62 88
www.islam-biel.ch

Centre Islamique Salah
(Susanne Leuenberger)

Das islamische Zentrum Salah besteht seit 1992. Es wird von seiner weitgehend albanischen Trägerschaft finanziert und zählt ungefähr 260 Mitglieder. Die meisten (etwa 90 Prozent) sind mazedonischer Herkunft, ungefähr 10 Prozent stammen aus Albanien; es hat auch noch einige Mitglieder mit tunesischem Hintergrund. Die Lokalität verfügt über einen grossen Gebetsraum sowie über zwei Räume für andere Aktivitäten. Die Moschee ist für Männer, Frauen und Kinder offen, am Freitag zum grossen Gebet jedoch aus Platzgründen den Männern vorbehalten. Im Durchschnitt besuchen etwa 50 bis 60 Personen die täglich geöffnete Moschee. Der jetzige, aus Mazedonien stammende Imam ist seit 2003 hier tätig. Er absolvierte sein Studium in Tunesien und Mazedonien. Umgangssprachen im Zentrum sind Französisch, Albanisch, Arabisch und Englisch.

Kontakt

Madretschstrasse 64, Biel, Tel.: 032 331 50 64, bebuthi2001@yahoo.com

Dar an-Nur, Islamisches Frauenzentrum Bern
(Susanne Leuenberger)

Die Vereinigung besteht seit 1996 und wurde von Schweizer Konvertitinnen gegründet. Auch heute sind etwa drei Viertel der etwas über 50 Mitglieder des Dar an-Nur Konvertitinnen. Das Zentrum befindet sich im Erdgeschoss eines Wohnhauses und verfügt über einen Gebetsraum, eine kleine Bibliothek, einen Aufenthaltsraum, ein Spielzimmer sowie ein Bad und eine Kochgelegenheit. Institutionell ist die Vereinigung mit der Lindenrainmoschee (→ IZB) verbunden, und es bestehen auch Kontakte mit anderen islamischen Zentren und anderen islamischen Frauenvereinigungen in der Schweiz. Finanziell wird es durch die Spenden der Mitglieder getragen, und in der Vergangenheit erhielt es auch finanzielle Unterstützung durch einen saudischen Gönner. Zum Angebot des Frauenvereins gehören ein monatlich stattfindender Frauentreff, gemeinsame Abendessen, Arabisch- und Koranunterricht für deutschsprachige Kinder sowie Gebetskurse und Vorträge zu islamischen Themen. Darüber hinaus organisiert das Zentrum Schwimmbadbesuche in einem Therapiebad. Neuerdings finden regelmässig Anlässe pakistanischer, somalischer, srilankischer und libyscher Frauen- und Mädchengruppen in den Räumlichkeiten des Dar an-Nur statt. Zum Service der Angehörigen der Vereinigung gehören auch Gefangenenbesuche bei inhaftierten Muslimas im Gefängnis Hindelbank, Totenwäsche für Muslimas, aber auch andere soziale Dienste. Die Gruppe steht auch in Kontakt mit verschiedenen amtlichen Fachstellen bezüglich der Erarbeitung von Integrationsmodellen für die Muslime in der Schweiz.

Kontakt

Sulgenrain 27, 3007 Bern, Tel.: 031 371 10 02

Diyanet/DITIB
(Susanne Leuenberger)

Die Organisation eines Grossteils der türkischen islamischen Gemeinden in der Schweiz hängt mit der historischen Entwicklung und der Religionspolitik der modernen Türkei zusammen. Neben unabhängigen, oft sehr kleinen türkischen Gemeinden gibt es im Kanton Bern einige Gemeinden, die durch die staatliche Religionsbehörde Diyanet ideologisch und finanziell unterstützt werden.

Obgleich der Staatsgründer Mustafa Kemal Pascha («Atatürk») nach der Ausrufung der türkischen Republik 1924 eine laizistische Staatsform (Trennung von Staat und Religion) durch eine Reihe von Massnahmen wie etwa die Einstellung des Religionsunterrichts, die Annahme des Sonntags als wöchentlichen Ruhetags usw. anstrebte und der Islam als Staatsreligion 1928 aus der Verfassung gestrichen worden war, hat der moderne Staat seine osmanische Vergangenheit mit einer islamischen Staatsverfassung nie richtig aufgegeben. Besonders nach dem Zweiten Weltkrieg begann eine Reislamisierung. Der Islamunterricht an den Schulen wurde wieder aufgenommen, und 1949 wurde per Gesetz eine Theologische Fakultät an der Universität Ankara gegründet, der weitere Ausbildungsstätten für Imame und Prediger folgten. 1961 wurde das Präsidium für Religiöse Angelegenheiten (Diyanet Isleri Baskanligi) als staatliche Kontroll- und Verwaltungsstelle zur Wahrung des laizistischen Staates in der Verfassung festgesetzt. Der Präsident des Diyanet wird durch den Staat ernannt und fungiert als der höchste religiöse Verwaltungsbeamte. In den 1970er-Jahren entstand so die paradoxe Situation, dass die religiösen

Bildungsstätten durch diese staatliche Stelle kontrolliert wurden und deren Abgänger zu Beamten des laizistischen Staates wurden. Das Diyanet vertritt einen sunnitisch-hanafitischen Islam.

Als Reaktion auf eine immer grössere Anzahl im Ausland lebender türkischer (sunnitischer) Muslime wurde 1984 in Deutschland und Ende der Achtzigerjahre in der Schweiz die DITIB (Diyanet Isleri Türk Islam Birligi = Türkischislamische Union des Amts für Religion) eingerichtet. Sie hat ihren Sitz in der Schweiz in der türkischen Botschaft in Zürich. Diese Organisation fungiert als staatliche Aussenstelle des Diyanet und vermittelt türkischen islamischen Vereinen in Deutschland und der Schweiz in der Türkei ausgebildete Imame und andere Ressourcen zum Betrieb einer Moschee. Sie organisiert Pilgerreisen oder die Repatriierung Verstorbener und vertreibt Publikationen religiösen Inhaltes.

Die Zahl der DITIB-Imame ist durch die schweizerische Landesregierung auf 20 limitiert worden. Nicht alle Moscheen des Verbandes können daher mit einem versorgt werden. Die drei Moscheen im Kanton Bern sind allerdings gross genug, sodass sie alle über einen durch die Stiftung finanzierten Imam verfügen.

- **Yeni Cami – Neue Moschee, Bern:** Die kleine Moschee in der Lorraine gibt es seit 1992. Der Verein bekommt durch die DITIB einen Imam zur Verfügung gestellt und finanzielle Unterstützung. Die ungefähr 200 zahlenden Mitglieder leisten monatliche Beiträge zum Unterhalt der Einrichtung, die grundsätzlich allen Gläubigen 24 Stunden täglich rund um das Jahr offensteht. Neben der türkischen Trägerschaft gibt es auch Muslime anderer Herkunft, die die Moschee besuchen. Der Imam ist fünfmal täglich zum Gebet da, unter der Woche sind es jedoch selten mehr als ein halbes Dutzend Betende, die sich etwa mittags oder abends treffen. Für das grosse Freitagsgebet finden sich durchschnittlich 150 Menschen ein. Die Predigt wird auf Türkisch gehalten und manchmal ins Deutsche übersetzt.

  Neben dem Gebet gibt es jeweils sonntags einen religiösen Unterricht für die Kinder. Am ersten Sonntag im Monat treffen sich die Frauen zur gemeinsamen Koranlektüre wie auch zur allgemeinen Besprechung von Glaubens- und Lebensfragen.

  Die Moschee besteht aus einem durch Vorhänge trennbaren Raum, der es ermöglicht, einen Frauenbereich einzurichten. Es hat einen Computer und eine kleine Leseecke. In der Vergangenheit haben auch schon Computerkurse für Frauen stattgefunden.

  Während des Ramadan wird zuweilen das Fastenbrechen gemeinsam in der Moschee begangen, meist jedoch geschieht dies im familiären Rahmen, wobei die Familien sich gegenseitig besuchen. Bei Todesfällen eines Mitgliedes nimmt der Imam auf Wunsch der Hinterbliebenen eine Waschung vor und rezitiert aus dem Koran. Es gibt einen muslimischen Friedhof in Bern-Bremgarten, wo die Toten entsprechend der Tradition begraben werden können. Daneben besteht auch die Möglichkeit, Verstorbene mithilfe der DITIB in die Türkei zu repatriieren. Weitere Aktivitäten wie eine vom Imam geleitete Reisegruppe nach Mekka werden ebenfalls durch DITIB organisiert.

- **DITIB Selimiyye Camii – Selimiye Moschee, Biel:** Der türkische Verein besteht seit 1982 und ist damit vermutlich die älteste muslimische Vereinigung im Kanton Bern. 2001 hat er die Liegenschaft – sie umfasst rund 400 m^2 – gekauft. Früher war die Gemeinschaft an der Madretschstrasse und am Seelandweg eingemietet, wo heute andere muslimische Trägerschaften die Räume als islamische Zentren weiterführen.

  Von den ungefähr 250 Mitgliedern bezahlen etwa 70 regelmässig monatliche Beiträge. Die Moschee ist täglich geöffnet, und das Gebet wird fünfmal täglich durchgeführt. Die meisten Leute kommen jeweils am Freitag zum gemeinsamen Gebet, aber auch am Wochenende bildet die Moschee einen Treffpunkt für die Mitglieder. Der Imam bewohnt den oberen Stock der Liegenschaft. Neben einem je separaten Gebetsraum für Männer und Frauen gibt es einen Aufenthaltsraum mit Küche, einen Sitzungsraum sowie Waschräume. Im Aufenthaltsraum mit Fernseher besteht auch eine kleine Bibliothek mit türkischen Büchern und Zeitschriften. Der Verein verkauft in einer Art Vorbau auch Gemüse und Früchte an seine Mitglieder. Sonntags wird Koran-, Türkisch- und Arabischunterricht für Kinder angeboten.

  Während der Ramadanzeit feiern die Mitglieder hier auch zusammen Iftar.

- **DITIB Langenthal:** Der Kulturverein besteht seit 2004 und wird von ungefähr 50 freiwillig zahlenden Mitgliedern getragen. Die Gemeinschaft nutzt den 1. Stock und die Dachetage einer Liegenschaft südlich des Stadtzentrums. Das Lokal ist täglich geöffnet und hat einen durch DITIB vermittelten Imam, der seit 2005 hier tätig ist. Neben dem Gebetsraum verfügt die Gemeinschaft über ein Büro, einen Spielraum, einen Leseraum sowie eine Küche. Die Mitglieder treffen sich nicht nur zum Gebet, sondern auch zu anderen Freizeitaktivitäten wie Musik, Tanz, Essen usw. Donnerstags treffen sich die Frauen, freitags am Abend die Männer, und sonntags wird Religionsunterricht für Kinder angeboten.

Wylerstrasse 115, 3014 Bern; Mittelstrasse 35, 2502 Biel; Bleienbachstrasse 30, 4900 Langenthal

Ikre Islamische Gemeinschaft
(Susanne Leuenberger)

Die Gemeinschaft Ikre besteht seit 2004. «Ikre» bedeutet so viel wie «lies!» und bezieht sich auf die ersten fünf offenbarten Verse des Korans, in welchen der Engel Gabriel den Propheten Muhammad auffordert, die Offenbarungen des Korans vorzutragen (Sure 96, 1–5). Dieser Name wird gerne als Bezeichnung für islamische Gemeinschaften gewählt. Die Berner Ikre-Gemeinschaft hat sich in einem Gewerbebau am Rande Bethlehems eingemietet. Dort verfügt sie über 450 m^2 Platz, verteilt auf acht Räume. Neben einem grossen Gebetssaal gibt es ein Zimmer für die Frauen, ein Büro, ein Schulzimmer, eine Bibliothek, eine geräumige Cafeteria sowie Toiletten und Waschräume. Der Imam (2007) ist Mazedonier und absolvierte sein Studium in Sarajevo. Seit 2005 ist er hier tätig. Die Gemeinschaft vertritt eine hanafitisch-sunnitische Glaubensrichtung. Mehr als 90 Prozent der etwas über 300 Mitglieder sind Albaner, aber auch Bosnier besuchen das Zentrum. Die Umgangssprache ist Albanisch, doch Deutsch und Englisch werden ebenfalls gesprochen. Das Zentrum ist täglich geöffnet. Jeweils am Wochenende findet Religionsunterricht für Kinder statt. Die Gemeinschaft bemüht sich um guten Kontakt mit der Bevölkerung, so hat sie beispielsweise im Jahr 2006 Schulklassen zu einem Tag der offenen Tür eingeladen.

Morgenstrasse 148, 3018 Bern-Bethlehem, Tel.: 076 326 43 20

Islam Kültür Merkezleri Birligi Burgdorf Camii/ Islamisches Kulturzentrum Burgdorf (Verband der Islamischen Kulturzentren VIKZ)
(Susanne Leuenberger)

Das seit 2001 bestehende Islamische Kulturzentrum in Burgdorf gehört dem VIKZ mit Hauptsitz in Zürich an. Die Gemeinde verfügt über 20 zahlende Mitglieder und deren Familien. Der VIKZ existiert seit 1977 in der Schweiz und ist mit der gleichnamigen Organisation in Deutschland verbunden, welche ihrerseits seit 1973 besteht. Im Gegensatz zu den türkischen Diyanet- und Milli-Görüsh-Institutionen ist der VIKZ weder staatlich unterstützt noch parteipolitisch gebunden, und er betont seine politische Neutralität. Die Gründung des Verbandes geht auf die Initiative türkischer Gastarbeiter und deren Familien in Deutschland zurück, die sich einen Raum schaffen wollten, um die islamische Religion zu leben und an ihre Kinder weitergeben zu können. Unter den Gründern gab es einige Anhänger des türkischen Gelehrten Süleyman Hilmi Tunahan Efendi (1888–1959), welcher seinerseits in den 1950-Jahren staatlich unabhängige theologische Institute in der Türkei gegründet hatte. Gegenwärtig zählt der Verband etwa 300 Zentren, von denen zehn in der Schweiz sind.

Heute geht es dem Verband v. a. auch um die Integration der jungen Generationen in die deutsche resp. schweizerische Gesellschaft. So nimmt soziale und erzieherische Arbeit und die Zusammenarbeit mit öffentlichen Institutionen und Behörden einen wichtigen Platz in den Aktivitäten ein. Neuartig sind etwa die Zentren Zürich und Wetzikon, die in gekauften Liegenschaften eine Art Schülerwohnheim aufgebaut haben, in dem Knaben zwischen zehn und 16 Jahren unter der Woche zusammenleben und von Imamen, Pädagogen und Hauswirtschaftspersonal betreut werden. Der Aufenthalt erfolgt freiwillig, und untertags werden öffentliche Schulen besucht. Die Schülerwohnheime sehen sich als Ergänzung zum öffentlichen Bildungsangebot und wollen sozial wenig integrierten (muslimischen) Jugendlichen eine Hilfestellung auf dem Weg ins Berufs- und Erwachsenenleben bieten. Sie arbeiten dazu eng mit den Schweizer Behörden zusammen. In Planung ist derzeit ein weiteres Schülerwohnheim in Freiburg wie auch ein Mädchenwohnheim in Neuenhof (AG), wobei dort bereits heute täglich ein zwei- bis dreistündiger Stützunterricht geboten wird.

Die Zentren des Verbandes werden von Mitgliederbeiträgen und Spenden getragen. Die Ausbildung der Imame, die der Verband den lokalen Gemeinden vermittelt, erfolgt an privaten theologischen Instituten, teilweise in Deutsch-

497

land, v. a. aber in der Türkei, wobei die Zulassung der Imame vom türkischen Staat geprüft wird. Zum Angebot in der Burgdorfer Gemeinde gehört neben den fünf geleiteten Gebeten, dem grossen Freitagsgebet und den Feierlichkeiten wie zum Ramadhan auch der Religionsunterricht, der v. a. am Wochenende und nach Absprache stattfindet. Geplant ist auch eine (freiwillige) Aufgabenhilfe für die schulpflichtigen Mitglieder. In unregelmässigen Abständen organisiert das Zentrum ganztägige Seminare mit religiösen Inhalten, wie auch andere Veranstaltungen, etwa einen jährlichen Basar. Das Zentrum, das in einer ehemaligen Velowerkstatt untergebracht ist, ist rund um die Uhr geöffnet und verfügt über einen Gebetsraum, der auch als Unterrichtszimmer genutzt wird, einen Waschraum, eine Küche, ein Bad, einen Frauenraum und einen Aufenthaltsraum, in dem Importwaren erstanden werden können.

Kontakt

Gysnauweg 11, 3400 Burgdorf, Tel.: 034 423 55 04, 032 653 27 27
www.vikz.ch

Islamische Glaubensgemeinschaft Langenthal IGGL – Xhamia e Langenthalit

Die Langenthaler Moscheegemeinde setzt sich zum grössten Teil aus Muslimen mit albanischem Hintergrund zusammen. Die Gemeinschaft entstand Anfang der Neunzigerjahre. Zu den bereits als Gastarbeiter in der Schweiz lebenden Albanern stiessen Mitte der Neunzigerjahre viele hinzu, die vor dem Krieg auf dem Balkan flohen. Das Albanische ist die Umgangssprache in der Moschee. Fremdsprachige Muslime hatten diese auch frequentiert, jedoch liess das in dem Masse nach, in dem Türken, Bosnier usw. eigene Moscheen gründeten.

Die Moschee gehört einem informellen kantonalen Verband albanischer Moscheen an.

Die Langenthaler Moscheegemeinschaft nutzte von Anfang an ein Gewerbegebäude, welches sie lange gemietet hatte und im Jahre 2004 kaufen konnte. Seither wird verstärkt aus- und umgebaut, auch ist die Errichtung eines kleinen symbolischen Minaretts geplant. Im Frühjahr 2006 scheiterte dieses Vorhaben vorläufig an der ablehnenden Haltung einiger Schweizer, im Dezember des gleichen Jahres wurde dem Gesuch von der örtlichen Baubehörde stattgegeben, dennoch hörten die Anfechtungen nicht auf.

Der die Moschee tragende Verein hat rund 130 Mitglieder. An gewöhnlichen Freitagen kommen 50 bis 70 Menschen zum Gebet, während des Ramadan sind es über 100. Die täglich fünf Gebete werden nur von einzelnen Personen besucht.

Das Angebot an Aktivitäten neben der Religion wird ausgebaut: Ein Jugend-treff besteht bereits, ein kleines Café ebenso, dazukommen sollen ein Coif-feur und wenn möglich diverse Kurse, zum Beispiel zum Sprachenlernen. Alle Ämter werden nebenberuflich geführt. Nur während des Ramadan beschäf-tigt die Gemeinde für einen Monat einen Geistlichen von der theologischen Fakultät Skopje, der predigt, zu religiösen Fragen referiert und allgemein berät. Alle Finanzen bringt die Gemeinde selbst auf, in der Regel durch eine freiwillige monatliche Spende von durchschnittlich 20 Franken.

Zur den örtlichen Kirchgemeinden hat die Moschee ein gutes Verhältnis aufgebaut, zum Beispiel besuchen sich Gruppen von Kindern gegenseitig und bekommen so die Religion des anderen erklärt.

Kontakt

Bützbergstrasse 101, 4900 Langenthal, Tel.: 062 923 32 98

Islamischer Kulturverein Ikre Steffisburg

Diese Moschee, die einzige im Berner Oberland, wurde im November 1999 gegründet, ebenso wie der sie tragende Verein. Es handelt sich um eine unab-hängige Moschee, die hauptsächlich von Muslimen vom Balkan besucht wird. Allerdings kommen auch Muslime anderer Nationalitäten dorthin, vorwiegend für das Freitagsgebet.

Dem Verein gehören rund 120 aktive Mitglieder an, sie tragen mit ihren Spenden die Moschee. Hauptsächlicher Kostenfaktor ist die Miete, die Moschee nutzt einen grossen Raum mit Nebengelassen im Hinterhof einer Gewerbelie-genschaft. Bei der Gründung hatte die Ref. Landeskirche einen kleinen unter-stützenden Beitrag gegeben. Andere Einnahmen als die Spenden gibt es heute nicht, weshalb auch der Imam sein Amt nur ehernamtlich ausüben kann. Der Imam war bereits 1980 in die Schweiz gekommen, hatte jedoch später noch ein theologisches Studium in Sarajevo absolviert. Er kann mit seinen Helfern die

Moscheeräume nur zu bestimmten Zeiten öffnen: Mittwoch- und Donnerstagabend, am Freitag von mittags bis abends und samstags und sonntags tagsüber. Zum Freitagsgebet wie auch zu Feiertagen kommen bis zu 100 Menschen in die Moschee, ansonsten sind es nur wenige. Die gemeinsam begangenen Feste sind der Geburtstag des Propheten, Neujahr und die Anlässe während des Ramadan. Am Sonntag bietet der Imam einen religiösen Unterricht an, zu dem durchschnittlich 15 Kinder erscheinen.

Die Ikre-Moschee Steffisburg ist mit dem informellen Dachverband der Moscheen im Kanton Bern verbunden; auch unterhält sie weiterhin gute Beziehungen zur Ref. Landeskirche bzw. zur Kirchgemeinde Steffisburg. Es fanden bereits gegenseitige Besuche statt.

Kontakt

Unterdorfstrasse 6, 3612 Steffisburg, Tel.: 033 437 02 76

Islamisches Cultur Centrum Biel der Milli Görüsh
(Susanne Leuenberger)

Parallel zur Etablierung der staatlichen Kontrollbehörde Diyanet/DITIB entwickelten sich anti-laizistische islamische Strömungen, v.a. im Zusammenhang mit den zahlreichen Parteigründungen des islamistischen Vordenkers Necmettin Erbakan (Ministerpräsident 1996–97), die seit den 1970er-Jahren auf eine Abschaffung des Laizismus und die Errichtung einer islamischen Republik in der Türkei auf der Basis des Korans hinarbeiten. 1976 wurde von ihm in Deutschland die Avrupa Milli Görüsh Teskilatlari (Organisation Nationale Sicht Europa) ins Leben gerufen. Die Milli Görüsh versteht sich als panislamische Organisation und verbreitet ihre Botschaft durch zahlreiche Publikationen und leitet, eigenen Aussagen zufolge, auch Jugend-, Sport- und Studentengruppierungen. Sie wird in Deutschland vom Verfassungsschutz (Staatsschutz) beobachtet und als extremistische Organisation eingeschätzt.

Im Kanton Bern besteht eine kleine Moschee des Verbandes in Biel. Die jetzigen Räume werden seit 2006 genutzt.

Kontakt

Freie Strasse 24, 2502 Biel

500

Islamisches Zentrum Bern IZB
(Judith Hess)

Das islamische Zentrum Bern entstand in den 1970er-Jahren, als ein Teil der Räumlichkeiten, die heute das IZB bilden, von Flüchtlingen aus Uganda und Pakistan als Gebetsraum gemietet wurde. Seit 1978 ist das IZB ein registrierter Verein und damit wohl die älteste muslimische Vereinigung im Kanton Bern. 2005 wurde er in eine offiziell eingetragene Stiftung umorganisiert. Das Zentrum ist für alle Menschen offen, und die Besucher kommen aus über 20 Nationen. Die Khutba (Freitagspredigt) wird in Deutsch abgehalten. Sie wird jeweils von bis zu 400 Menschen – Männern, Frauen und Kindern – besucht. An den täglichen fünf Gebeten nehmen insgesamt etwa 150 Menschen teil.

Während des Fastenmonats Ramadan findet ein erweitertes Angebot statt, welches abendliche Ramadangebete (Taraweeh), gemeinsames Fastenbrechen, täglichen Unterricht und das gemeinsame Feiern des Festes des Fastenbrechens mit anderen muslimischen Gemeinden in Bern umfasst.

Samstags und sonntags wird Unterricht in den Fächern Arabisch, Korankunde und Kultur/Integration für Kinder angeboten. Etwa 80 Kinder werden in drei Klassen unterrichtet.

Der Imam stammt aus Somalia, ist seit 1991 in der Schweiz und seit 1993 Imam des IZB. Zusätzlich unterstützt die ägyptische Regierung das IZB, indem es einen Imam der Al-Azhar-Universität zur Verfügung stellt, welcher für jeweils drei Jahre in Bern tätig ist. Finanziert wird die Stiftung IZB aus Spenden. Damit werden die Kosten für die Infrastruktur bezahlt und ein Teil der Spenden wird für wohltätige Zwecke eingesetzt.

Die Räumlichkeiten bestehen aus zwei Gebetsräumen – einem Männerabteil und einem Frauenabteil, welches auch als weiteres Schulzimmer benutzt wird. Daneben gibt es noch ein Büro und ein Schulzimmer. Das islamische Zentrum Bern lud im März 2007 erstmals zum Tag der offenen Moschee ein. Ziel dieser Veranstaltung war es, Vorurteilen entgegenzutreten und «eine stabile Brücke der Verständigung und des Respekts zwischen den Menschen aller Religionen und Auffassungen aufzubauen».

Das islamische Zentrum Bern ist mit dem Dachverband islamischer Vereine im Kanton Bern verbunden und am Projekt Haus der Religionen in Bern beteiligt. Zudem werden Beziehungen zur Reformierten Landeskirche unterhalten.

Kontakt

Lindenrain 2a, 3008 Bern, Tel.: 031 302 62 91
www.izb.ch

Muslimischer Verein Bern
(Susanne Leuenberger)

Der Muslimische Verein Bern besteht seit 1995. Die ersten zwei Jahre befanden sich die Räumlichkeiten der Gemeinschaft an der Breitfeldstrasse im Breitenrainquartier, seit 1997 hat sich die Gemeinschaft im Untergeschoss eines Wohnblocks an der Hochfeldstrasse eingemietet. Der Imam ist zu 50 Prozent angestellt. Die Moschee ist täglich zwischen 11 und 17 Uhr geöffnet. Neben dem Vorbeten und der Freitagspredigt erteilt der Imam Kindern am Wochenende Religionsunterricht, wobei v. a. das Koranlesen eingeübt und Arabisch gelernt wird. Aber auch allgemeine seelsorgerische Aufgaben werden von ihm wahrgenommen. Der jetzige Imam absolvierte seine Ausbildung in Syrien, Tunesien und Saudi-Arabien. Ungefähr 60 Prozent der Mitglieder sind bosnischer Herkunft, aber auch Muslime mit türkischem und arabischem Hintergrund frequentieren die Räumlichkeiten. Offizielle Sprachen und Umgangssprachen im Zentrum sind Albanisch, Arabisch, Bosnisch und Deutsch.

Der Verein verfügt über ungefähr 300 aktive Mitglieder, wobei zum Freitagsgebet jeweils 300 bis 500 Personen erscheinen. Auch am Wochenende erscheinen zahlreiche Betende, unter der Woche sind es mittags zwischen 20 und 30. Der Verein verfügt über einen geräumigen Gebetsraum, ein Büro, einen Waschraum sowie einen Aufenthaltsraum mit Bibliothek. Weil es nur einen Gebetsraum gibt, beten die Frauen hinter den Männern. Die religiöse Ausrichtung des Vereins ist sunnitisch-hanafitisch.

Der Verein unterhält Beziehungen zu anderen islamischen Einrichtungen, aber auch zu Institutionen anderer Religionen.

Kontakt

Hochfeldstrasse 117, 3012 Bern, Tel.: 031 302 42 82

Pak Minhaj Islamic Cultur/Centre Islamique Pakistanais de Bienne
(Carole Berthoud)

Die pakistanisch-islamische Vereinigung wurde im Jahre 2004 gegründet. Die Umgangssprachen sind Urdu und Englisch, und das Zentrum ist täglich geöffnet für seine ungefähr 100 Mitglieder. Das Zentrum bildet einen Treffpunkt für die pakistanischstämmige Bevölkerung in Biel und Umgebung und bietet einen Raum, um kulturelle und religiöse Traditionen zu pflegen. Das Zentrum vertritt eine sunnitische Richtung des Islam. Alle zwei Wochen finden Treffen mit Koranlesungen und Diskussionen statt, bei denen sich die Mitglieder auch über rein religiöse Angelegenheiten hinaus austauschen können. Kinder erhalten Sprach- und Religionsunterricht. Das Zentrum versteht sich auch als Anlaufstelle für konkrete alltägliche Angelegenheiten wie gesundheitliche Belange und Integrationsfragen, bietet aber auch Hilfestellung beim Umgang mit Behörden oder in Arbeitsfragen.

Kontakt

Route de Boujean 47, 2502 Biel, E-Mail : pakistaniislamiccenter@hotmail.com

Schweizerische islamische Glaubensgemeinschaft Ulumoschee, Herzogenbuchsee
(Susanne Leuenberger)

Der Verein besteht seit 1990 und zählt ungefähr 80 zahlende Mitglieder und deren Familien. Aus Platzgründen bezog die Gemeinschaft, die zuvor in Niederönz ansässig war, 2003 eine geräumigere Liegenschaft im Hofmatt-Industrieareal in Herzogenbuchsee. Der Umzug ging jedoch nicht ohne juristisches Vorspiel vonstatten, weil (entfernte) Anwohner mit nutzungsrechtlicher Argumentation – vergeblich – Einsprache gegen das Mietgesuch eingereicht hatten. Das lang gezogene doppelstöckige Gebäude umfasst insgesamt 19 Räume: Während im Parterre ein grosser Betsaal für die Männer, eine Cafeteria, ein Büro, ein Waschraum, eine Küche, ein Gästeraum, ein kleiner Shop mit Importwaren und zwei Badezimmer untergebracht sind, befinden sich im 1. Stock eine abgetrennte

2,5-Zimmer-Wohnung, ein Schulungsraum, ein Frauenraum, eine Frauencafe-
teria mit Küche, ein Stauraum, ein kleines Kinderspielzimmer, ein Mädchen-
zimmer, ein Badezimmer, sowie der Gebetsraum für die Frauen. Das Lokal verfügt zudem über Parkplätze und ein wenig Umschwung, wo der Präsident und
einige Mitglieder Gemüse anpflanzen und eine Grillecke eingerichtet haben.

Die Gemeinschaft ist unabhängig, jedoch bestehen Kontakte zur Schweizerischen Islamischen Glaubensgemeinschaft (SIG) in Wetzikon, welche ihrerseits
lose mit der türkisch orientierten → Milli-Görüsh-Bewegung verbunden ist. Die
SIG organisiert für die Gemeinschaft etwa Pilgerfahrten nach Mekka. Ebenfalls
in Kontakt steht die Gemeinde mit dem Albanischen Islamischen Verein (AIV)
in Rebstein (SG). Etwa 80 Prozent der Mitglieder haben einen mazedonischen
Hintergrund, aber auch türkischstämmige Mitglieder und Muslime anderer
Herkunft tragen den Verein. Die Umgangssprachen sind Mazedonisch, Türkisch, Albanisch und Deutsch. Unter dem Jahr gibt es keinen Imam. Nur während des Ramadan ist ein Imam anwesend, der vom Verein selbst aus Mazedonien organisiert wird und der für diese Zeit in der Liegenschaft wohnt. Neben
dem gemeinsamen Freitagsgebet treffen sich die Mitglieder v. a. abends und am
Wochenende, um sich auszutauschen und Zeit zusammen zu verbringen. In
der warmen Jahreszeit wird manchmal gemeinsam grilliert. Die Frauen und die
Jugendlichen sind selbstständig organisiert. So bietet die Jugendgruppe Kindern
sonntags Nachhilfeunterricht in Mathematik, Deutsch, Englisch und Logik,
während die Frauen sich regelmässig freitagabends treffen und bei Bedarf auch
Deutschkurse organisieren. Jeweils mittwochnachmittags und samstagmorgens
bietet ein Pensionär Kindern eine Einführung in die arabische Schrift an.

Mit Ausnahme der Sommerferien sind die Moschee und die Räumlichkeiten
fast immer geöffnet. Pensionäre leisten einen freiwilligen Präsenzdienst. Die
Gemeinschaft organisiert von Zeit zu Zeit einen Tag der offenen Moschee und
steht in Kontakt zur Ref. Kirchgemeinde Herzogenbuchsee.

Kontakt

R. Ademi (Präsident), Hofmattstrasse 21, 3360 Herzogenbuchsee

Sri Lankan Muslim Association Switzerland (SLMA)
(Susanne Leuenberger)

Diese schweizweit einzige Vereinigung von Muslimen aus Sri Lanka besteht seit 2006. Sie verfügt über kein eigenes Lokal, organisiert aber regelmässige Treffen und Events für die in der gesamten Schweiz lebende community. Das Hauptanliegen der Vereinigung besteht gemäss Homepage in der Pflege religiöser und kultureller Praktiken und sozialer Kontakte sowie auch in der Vertretung muslimischer Interessen gegenüber Behörden und öffentlichen Institutionen. Eine srilankische Mädchengruppe trifft sich regelmässig in den Räumlichkeiten des → Dar an-Nur Islamischen Frauenzentrums in Bern.

Kontakt

P.O. Box 7973, 3001 Bern
www.slma-suisse.org

Schia/Schiiten
(Susanne Leuenberger)

Die zweitgrösste Glaubensrichtung innerhalb der islamischen Tradition ist die Schia, die «Partei Alis». Entsprechend werden ihre Anhänger im deutschen Sprachgebrauch als Schiiten bezeichnet. Ungefähr 15 Prozent aller Muslime weltweit gehören einer schiitischen Glaubensrichtung an, wobei es in der Glaubenspraxis und -lehre teils erhebliche Unterschiede gibt und auch die Zuordnung nicht immer eindeutig ist (sowohl von innen als auch von aussen; Beispiel → Aleviten). Gemeinsam ist allen schiitischen Traditionen das Bekenntnis zur göttlich legitimierten Nachfolgerschaft Ali Ibn Abi Talibs, des Vetters und Schwiegersohnes des Propheten Muhammad und seiner Nachkommen im Imamat, der Führung der Gläubigen. Als nach dem Tod Muhammads 632 die Frage nach seinem Nachfolger aufkam, war sich die muslimische Gemeinde nicht einig über die Auswahlkriterien und Bedingungen des Kalifatsanspruchs: Während eine Mehrheit die religiöse und politische Führung Abu Bakr, dem von der Gemeinschaft designierten Nachfolger übergeben wollte (→ Islam – Einleitung), gab es eine Minderheit, die diese Entscheidung ablehnte in der Überzeugung, nur Gott könne den rechtmässigen Nachfolger auswählen; in Bezug auf eine frühere Aussage Muhammads sahen sie diese göttlich legitimierte Nachfolge für die Person Alis und seine Nachkommen vorherbestimmt. Ali konnte sich zwar als vierter Kalif einsetzen lassen, wurde jedoch nicht von allen anerkannt. Er versetzte seinen Amtssitz von Medina nach Kufa (im heutigen Irak gelegen), wo er 661 von Gegnern getötet wurde. Historisch konnten sich die Anhänger Alis nicht gegen die Ansprüche der sich formierenden Umayyaden-Dynastie durchsetzen, die fortan die Herrschaft über die Mehrheit der Anhänger übernahm (ahl-al Sunna wa l-jama'a = Sunniten) und somit auch den Anspruch auf die legitime Vertretung der Umma erhoben. Einen letzten Versuch, die gesamte muslimische Gemeinschaft unter die Führung eines Nachkommen Muhammads und Alis zu bringen, unternahm dessen zweiter Sohn Hussain im Jahre 680, nachdem der erstgeborene Sohn Hassan, der 2. legitime Imam für die Anhänger des ermordeten Ali, freiwillig auf seinen Herrschaftsanspruch verzichtet hatte. Hussain unterlag jedoch, verraten von einigen irakischen Schiiten, in der Nähe von Kufa der Armee des 5. sunnitischen Kalifen Yazid und wurde, gemeinsam mit 72 verbliebenen Anhängern, darunter Frauen und Kinder, am 10. Muharram des islamischen Mondkalenders in Kerbala ermordet. Das Gedenken an den Märtyrertod des Prophetenenkels Hussain wurde zu einem wichtigen Teil schiitischer Glaubenspraxis und Lehre. Bis heute gedenken Schiiten an Ashura (dem zehnten Tag des Monats Muharram) mit Trauerritualen des Todes Hussains.

Heute stellen die grösste schiitische Strömung die Zwölferschiiten dar, die hauptsächlich im Iran, in Aserbaidschan, im Irak und in Bahrain, aber auch als Minderheiten im Libanon, in Kuwait, Pakistan, Afghanistan, Syrien und auch in Indien und Saudi-Arabien verbreitet sind. In Minderheitensituationen, waren und sind sie teilweise staatlicher und gesellschaftlicher Verfolgung und Diskriminierung ausgesetzt. Im Libanon stellen die Zwölferschiiten mit der Hisbollah eine wichtige politische Macht dar, die jedoch stark vom Iran abhängig ist.

Weitere schiitische Gruppierungen sind die sog. Siebner-Schiiten, auch Ismailiten genannt, die heute vor allem in Syrien, Afghanistan, Pakistan und Indien leben, sowie die Zaiditen (auch Fünfer-Schiiten genannt), die heute nur noch im nördlichen Teil Jemens verbreitet sind. Auch die → Aleviten, eine religiöse Tradition, die sich in Anatolien entwickelte, können der schiitischen islamischen Tradition zugeordnet werden.

Glaubensinhalte

Der Glaube an das Imamat, das heisst, die rechtmässige Führerschaft Alis und seiner Nachkommen, ist ein wichtiger Bestandteil der schiitischen Lehre. Wie die Propheten gelten die Imame als göttlich legitimiert. Die Imame treten als die Behüter und Überlieferer der islamischen Erkenntnis auf und bilden so zusammen mit dem Koran die zwei Säulen religiöser Erkenntnis. Schiiten glauben auch, dass die Schöpfung ohne die Existenz eines Imams zu jeder Zeit nicht weiterexistieren kann. Entsprechend räumen die Gläubigen den Imamen eine hohe Autorität in Glaubensfragen und in allgemeinen Fragen nach dem rechten Verhalten ein. So geht etwa die schiitische Rechtstradition der Zwölfer-Schia mit ihrer Sammlung von Propheten- und Imamaussprüchen auf den sechsten Imam (Ja'far) (8. Jahrhundert n. Chr.) zurück. Zum schiitischen Glaubensvollzug gehören auch devotionale Handlungen in Erinnerung des Schicksals der Imame und Darstellungen, insbesondere ikonische Bilder der verehrten Imame.

Je nach Glaubensrichtung wird eine bestimmte genealogische Kette von Imamen verehrt. Die Mehrheit aller Schiiten, welche sich zur sog. Zwölfer-Schia bekennt, kennt dabei, angefangen bei Ali, zwölf aufeinanderfolgende Imame, die im Kreise ihrer Angehörigen Autorität in allen Glaubens- und Rechtsfragen genossen. Über den zwölften Imam, genannt Muhammad al-Mahdî, geb. um 900 n. Chr., der sich aus Angst vor Verfolgungen in die Anonymität (durch Verbergung des richtigen Namens) und in die Verborgenheit zurückgezogen hat, sollen die Anhänger geheime Botschaften empfangen haben, die bis zum Tod der vier Überbringer (946 n. Chr.) dieser Anweisungen angedauert hatten. Diese Exklusionsphase nennen die Schiiten die Kleine Verborgenheit. Danach, so die Überzeugung, zog sich der Imam in die Grosse Verborgenheit zurück, die bis heute andauert. Die Schiiten glauben an seine dereinstige Rückkehr, in der er die Erde mit Wahrheit und Gerechtigkeit erfüllen wird. Die Schia verharrt in diesem Sinne in einer messianischen bzw. mahdianischen Heilserwartung.

In der Zwischenzeit, das heisst, nach der Verbergung des 12. Imams (manche Schiiten akzeptieren jedoch auch eine andere Imamatskette, wie etwa die Ismailiten [sog. Siebner-Schiiten] oder Zaiditen [sie anerkennen nur die ersten vier Imame und erwarten den fünften]), lebten und leben die Schiiten, mit einigen Ausnahmen in der Geschichte, unter der Herrschaft weltlicher Regenten. Zuweilen legten sie dabei ein quietistisches Verhältnis zu politischer Macht an den Tag, manchmal aber auch in Form von Rebellionen gegen die fremde Herrschaft, wie sie zum Beispiel, unter der Führung eines schiitischen Klerus, 1979 zur Iranischen Revolution führte.

Islamisches Kulturzentrum Ahl al-Bayt Bern
(Susanne Leuenberger)

Der Verein der zwölfer-schiitischen Glaubensrichtung namens Islamisches Kulturzentrum Ahl al-Bayt Bern (auch bekannt unter dem Namen Association Ahl al-Bayt de la Suisse) besteht offiziell seit 1991, nachdem bereits seit 1989 informelle Treffen Gläubiger libanesischer Herkunft stattgefunden hatten. Seit 2001 hat sich die Gemeinschaft im Kellergeschoss eines Gewerbebaus an der Freiburgstrasse eingemietet, frühere Einrichtungen bestanden im Liebefeld und im Tscharnergut. Die Räumlichkeiten verfügen über einen Eingangsbereich, eine Kochgelegenheit, ein kleines Büro sowie einen für die Männer bestimmten Gebetsraum und einen für Frauen und Kinder.

Ziele des Vereins sind «die Beachtung und Pflege religiöser Islamischer Feiertage und deren Brauchtum, die Unterstützung bei Heirat und Scheidung, die Organisation von Sportanlässen, die Organisation und Durchführung von

wöchentlichen Veranstaltungen, die Beschaffung von Büchern und audiovisu-
ellem Lehrmaterial sowie die Durchführung von Sprachkursen (Arabisch) für
Kinder.»

Das Zentrum wird von ungefähr 25 regelmässig zahlenden Mitgliedern
sowie durch Spenden getragen. Es ist jeweils Dienstag- und Donnerstagabend
sowie am Freitagmittag für das Freitagsgebet geöffnet. Am Samstagnachmittag
wird zudem Arabisch- und Religionsunterricht für Kinder zwischen vier und
zehn Jahren angeboten. Während des Ramadan ist das Zentrum täglich geöffnet,
damit sich die Gläubigen zum gemeinsamen Iftar treffen können. Für diesen
Monat wie auch während des Ashura-Festes kommt jeweils ein Sheykh/Mau-
lane (Vorbeter) aus dem Libanon ins Zentrum. Die Umgangssprache im Zentrum ist vorwiegend Arabisch, neben Deutsch und Französisch. Die meisten
Mitglieder sind libanesischer Herkunft, worauf auch die Libanonflagge an der
Aussenfassade verweist; jedoch zählen auch Muslime irakischer Herkunft zum
Verein, Schweizer Konvertiten – männliche wie auch weibliche – gibt es ebenfalls. Die Gemeinschaft betrachtet sich als politisch unabhängig; tagesaktuelle
und (welt) politische Themen werden jedoch offen besprochen. Die meisten
Libanesen gelangten nach Ende des Bürgerkrieges aus wirtschaftlichen Gründen
in die Schweiz. Kontakte zu anderen muslimischen Gemeinschaften gibt es auf
offizieller Ebene wenige, jedoch bestehen private Kontakte zu Muslimen anderer
Gemeinschaften.

Kontakt

Freiburgstr. 125a, 3007 Bern
www.ahlalbayt.ch/index.htm
c/o Pascal Schöni, pascal.schoeni@swissonline.ch

Aleviten
(Susanne Leuenberger)

Alevitische Glaubensvorstellungen und Praktiken haben sich zwischen dem 10. und dem 16. Jahrhundert in Anatolien, dem vorderasiatischen Teil der heutigen Türkei, entwickelt. In den Glaubensvorstellungen und Riten der Aleviten verbinden sich Elemente der schiitischen islamischen Glaubensrichtung mit sufischen (islamisch-mystischen), vorislamischen religiösen Vorstellungen Mesopotamiens und zoroastrischen Vorstellungen. Im Gegensatz sowohl zur sunnitischen wie auch zur schiitischen Orthodoxie erkennen die Aleviten die verschiedenen islamischen Rechtsschulen wie auch die Fünf Säulen des Islam nicht als verbindlich an. Die mystische, individuelle und oft als «humanistisch» bezeichnete Interpretation des Korans besitzt demgegenüber einen hohen Stellenwert. Der Mensch wird als eigenverantwortliches Wesen betrachtet. Aleviten lehnen Gewalt ab, betonen die Gleichstellung von Männern und Frauen, gerade auch in der Glaubenspraxis, sowie die Religions- und Meinungsfreiheit aller Menschen.

Als Ausdruck der freien Interpretation religiöser Normen können die sog. Grundpfeiler der alevitischen Glaubensvorsätze verstanden werden: «eline beline diline sahip ol» (Beherrsche deine Hände, Beherrsche deine Lende, Beherrsche deine Zunge).

Der Cem

Besonders ist auch der alevitische Glaubensdienst, der Cem. Die Aleviten treffen sich nicht zum gemeinsamen Gebet in der Moschee, sondern veranstalten in nicht vorgeschriebenen Abständen rituelle Handlungen, die sich aus der Rezitation islamisch-mystischer Gedichte und einem rituellen Tanz namens Semah (Himmel, Himmelsgewölbe), der von der Musik der Saz, einer Langhalslaute begleitet wird, zusammensetzen. Männer und Frauen begehen dieses Ritual gemeinsam. Dabei werden sie von einer jeweils erfahrenen Person, einem Dede (Grossvater) oder einer Ana (Grossmutter) angeleitet. Die Tänzer und Tänzerinnen des Semah ordnen sich in Kreisform an, wobei sie sich tanzend sowohl um ihre eigene Achse drehen als auch entlang des Kreises bewegen. Damit wird das Universum mit den um die Sonne kreisenden Planeten abgebildet. Im Laufe der alevitischen Tradition wurde diese rituelle Übung mit zahlreichen mystischen, religiösen und philosophischen Bedeutungsebenen überlagert. Die Cem-

Tradition entwickelte sich über Jahrhunderte in ländlichen Siedlungen Anatoliens. Innerhalb des Prozesses der Urbanisierung und Modernisierung haben sich in der Türkei, aber auch in der Diaspora alevitische Vereinigungen etabliert, die diese Tradition weiterführen, und im Zuge dessen ist auch mehr und mehr eine Vereinheitlichung und Normierung dieser Zeremonie zu beobachten.

Die Aleviten waren im Laufe der Geschichte immer wieder Verfolgungen ausgesetzt, besonders unter der Herrschaft der Osmanen. Auch heute werden sie in der Türkei nicht als eigenständige Glaubensgemeinschaft anerkannt. Schätzungen gehen davon aus, dass es in der Türkei über 23 Millionen Menschen (30 Prozent der Bevölkerung) türkischer, turkmenischer, arabischer und kurdischer Herkunft gibt, die sich als Aleviten bezeichnen. In der Schweiz sind es – gemäss der F.A.G.S – ungefähr 30 000.

Föderation der alevitischen Gemeinden in der Schweiz (F.A.G.S.) (Alevitisches Kulturzentrum Biel, Zeitgenössischer Aleviten Verein Langenthal)
(Susanne Leuenberger)

Das Alevitische Kulturzentrum in Biel sowie der Zeitgenössische Aleviten Verein in Langenthal sind der F.A.G.S. angeschlossen. Nach eigenen Angaben setzt sich die Föderation für die Aufrechterhaltung der alevitischen Kultur und Lehre sowie die Integration der alevitischen Migranten ein, sie richtet sich gegen jegliche Form der Rassen-, Sprachen-, Glaubens- sowie Geschlechter-Diskriminierung und versteht sich als Verfechterin der Meinungsäusserungsfreiheit. Die F.A.G.S ist die Dachorganisation von zehn alevitischen Gemeinden in der Schweiz. Sie ist in die Frauensektion, die Jugendsektion, eine sog. Dedelersektion (Seniorensektion mit angegliedertem Bestattungsdienst) und eine zentrale Fachstelle Integration aufgeteilt. Die Sektionen verfügen jeweils über einen eigenen Etat und bestimmen weitgehend die Programme, die sie organisieren. Ein- bis zweimal jährlich treffen sich die Vereinsmitglieder, um gemeinsam den Cem zu begehen. Ansonsten treffen sich die Mitglieder lokal jeweils sonntags, um zusammen zu sprechen, etwas zu essen und sich allgemein auszutauschen.

Das Lokal in Biel ist ein geräumiger Raum in einem umfunktionierten Industriekomplex, welches dem Verein von der Stadt Biel zur Verfügung gestellt wurde. Die örtliche Vereinigung besteht seit dem Jahr 2000. Neben einem mit Tischen und einer Bar ausgestatteten Saal verfügt das Lokal über ein kleines Büro. Die einzelnen Sektionen organisieren jeweils eigene Veranstaltungen, die oft auch in einem schweizweiten Rahmen stattfinden. So führt die Frauensektion workshops zu verschiedensten Themen durch, und die Jugendsektion organisiert Sommerlager oder Ausflüge für Kinder. Junge Frauen benützen das Vereinslokal, um sich am Wochenende abends zu treffen.

Wichtig zu betonen ist, dass die Aleviten sich nicht nur als religiöse, sondern ebenso als kulturelle Gemeinschaft verstehen. Das «folkloristische Moment» der Zusammenkünfte wird betont, und die meisten Treffen der Vereinsmitglieder finden nicht im Rahmen eines spezifisch religiösen Programms statt. Kontakte zu anderen religiösen Gemeinschaften bestehen keine. Die Umgangssprache der Vereinsmitglieder ist Türkisch, Deutsch und teils (in Biel) Französisch.

Kontakt

Schwanengasse 3a, 3250 Biel, Tel.: 032 323 56 98
Mühleweg 21b, 4900 Langenthal, Tel.: 062 922 20 98
www.iabf.ch/de

Ahmadiyya/Ahmadiyya Muslim Jamaat
(Susanne Leuenberger)

Die Grundzüge der Geschichte und Organisation muslimischer Gemeinschaften in der Schweiz resp. im Kanton Bern gelten nur in beschränktem Mass für die Ahmadiyya-Gemeinschaft. Als weltweite Gemeinschaft mit klar strukturierter Organisation hebt sich ihre Geschichte – auch in der Schweiz – von derjenigen anderer muslimischer Gründungen ab. Bereits 1946 gelangten erste Missionare in die Schweiz, bevor sich eine grössere Anzahl von Ahmadis in der Schweiz niederliess. Obgleich die meisten Mitglieder pakistanischer und indonesischer Herkunft sind, überwiegt hier die Betonung der Internationalität der Gemeinschaft – v. a. auch in der Öffentlichkeitsarbeit –, da sich die Gemeinschaft als islamische Reformbewegung versteht, die einen allumfassenden Islam jenseits ethnischer und religiöser Grenzen hinweg propagiert. Entgegen diesem Selbstbild als Bewegung innerhalb des Islam wurde die Gemeinschaft jedoch von der islamischen Weltliga 1975 aus der islamischen Gemeinschaft (umma) ausgeschlossen.

Die Ahmadiyya ist bereits seit 1914 in zwei Richtungen gespalten, in die Ahmadiyya Muslim Jamaat (AMJ) und das Lahore Ahmadiyya Movement (AAIIL). Die Ahmadi-Gemeinde in Bern gehört ersterer Vereinigung an, weshalb im Folgenden auf diese fokussiert wird.

Geschichte und Organisation

Die Ahmadiyya ist eine Glaubensgemeinschaft, die sich in der Nachfolge Mirza Ghulam Ahmads (1835–1908) aus Qadian im heutigen Indien sieht. Ghulam Ahmad entstammte einer aristokratischen sunnitischen Familie persischer Abstammung. Die Gemeinschaft wurde 1889 gegründet. 1891 verkündete Mirza Ghulam Ahmad, der im Koran verkündete Mahdi und Messias zu sein. Und in ihm sei auch die prophezeite Wiederkunft von Jesus, Krishna und Buddha erfüllt. Er verstand die Vereinigung aller Religionen unter dem Banner des Islam als seine gottgegebene Mission.

Nach seinem Tod wurde von der Gemeinschaft ein sog. Kalif (Stellvertreter) eingesetzt. Nach dem Tod des ersten Kalifen 1914 spaltete sich die Gemeinschaft an der Frage, ob die Institution des Kalifats weiter Bestand haben solle. Die Befürworter der kalifalen Institution sammelten sich in der AMJ. Die Kalifen werden durch ein Wahlkomitee als spirituelles Oberhaupt auf Lebenszeit eingesetzt.

Seit 2003 ist Masroor Ahmad der geistige Führer der AMJ. Der Hauptsitz der AMJ befindet sich seit 1984 in London: Nach der Teilung Indiens 1947 verlegte die Ahmaddiyya Muslim Jamaat ihr Zentrum vorerst nach Rabwah in Pakistan. Aufgrund sich verschärfender Verfolgungen seitens der pakistanischen Regierung – 1974 wurde die Ahmadiyya vom pakistanischen Parlament zu einer nicht muslimischen Religionsgemeinschaft erklärt, und es kam zu gewaltsamen Ausschreitungen gegen Ahmadis und ihre Einrichtungen – wählte der vierte Kalif dieses Exil. 1984 wurde unter der Militärdiktatur Zia-ul-Haqs die sog. Ordinance XX verabschiedet, die den Ahmadis Missionstätigkeiten wie das Verbreiten ihres Schrifttums untersagte und ihnen verbot, sich als Muslime zu bezeichnen. Moscheen mussten ihre Schriftzüge entfernen, Gebetsaufrufe wurden mit Gefängnisstrafen geahndet. Einer ähnlichen Verfolgung sind die Ahmadis seit den 80er-Jahren auch in Bangladesch und in neuerer Zeit in Indonesien ausgesetzt. Auch in Europa sind einige pakistanisch-islamische Organisationen aktiv in der Bekämpfung der Ahmadiyya-Bewegungen, sodass auch in Deutschland Ende der 90er-Jahre Fälle von gewaltsamen Übergriffen auf Ahmadis bekannt wurden.

Durch die missionarische Tätigkeit hat die Ahmadiyya-Bewegung weltweit zahlreiche Anhänger gefunden. Verlässliche Zahlen gibt es nicht, die Angaben schwanken zwischen zehn und achtzig Millionen Anhängern. Besonders weit verbreitet ist die AMJ in Südasien und Afrika. Vor allem unter dem dritten Kalifen wurden in den Sechzigerjahren vermehrt in Westafrika, aber auch in Indonesien Schulen und Moscheen errichtet. In den Achtzigerjahren wurde, im Hinblick auf das 100-jährige Bestehen der Bewegung, das Projekt vorangetrieben, den Koran in 100 verschiedene Sprachen zu übersetzen, sowie 100 weitere Moscheen weltweit zu errichten. Neben dem Koran publiziert die Ahmadiyya auch zahlreiche andere religiöse Schriften; Mirza Ghulam Ahmad selbst soll über 80 Bücher verfasst haben. Der in Frankfurt ansässige Verlag Der Islam vertreibt deutschsprachige Ahmadi-Publikationen. Seit 1994 hat die Ahmadiyya auch einen eigenen Fernsehkanal, den MTA International (Muslim Television Ahmadiyya), der via Satellit von London aus weltweit empfangen werden kann. Die einzelnen Sendungen werden von Freiwilligen in verschiedenen Ländern produziert und über Audiokanäle (auf Englisch, Urdu, Deutsch, Arabisch, Bangla, Französisch, Türkisch, Indonesisch) gesendet. Ebenfalls seit 1994 erscheint die internationale Wochenzeitschrift «Alfazal International». Die Bewegung betreibt auch die internationale Hilfsorganisation Humanity First.

Glaubensinhalte

Die Ahmadis teilen die zentralen Werte des Islam. Hauptunterschiede in der Glaubenslehre ergeben sich aber zum Beispiel durch das von Mirza Ghulam Ahmad verkündete Dogma der Widerspruchslosigkeit der koranischen Verse. Damit stellte er das von islamischen Gelehrten angewendete Prinzip der Abrogation (Aufhebung der Rechtsgültigkeit eines frühen Koranverses zugunsten eines später offenbarten im Falle scheinbarer logischer Widersprüche) infrage. Ein weiteres wichtiges Element ist die Überzeugung, dass Jesus Christus nicht am Kreuz gestorben ist (eine Vorstellung, die alle Muslime teilen), sondern – so der Glaube der Ahmadis – überlebte und seine Lehre weiter in Indien und Kaschmir verbreitete, wo er schliesslich starb. Er soll die Ankunft Muhammads verkündet haben. Wichtig im Glaubensvollzug und für das eigene Handeln ist die Ablehnung des Jihad («Kampf auf dem Wege Gottes»), wenn dieser als bewaffneter Kampf aufgefasst ist. Nur zur Verteidigung in Situationen religiöser Verfolgung ist das Töten Andersgläubiger erlaubt. Die Auswanderung ist dem Kampf vorzuziehen. Im Gegensatz zu der sunnitischen Lesart der koranischen Sure 4, 157–159 glauben die Ahmadis nicht an die leibhaftige Wiederkehr Jesu am Jüngsten Tag, sondern sie verstehen die Koranstelle in allegorischer Weise als Ankündigung einer spirituellen Erneuerung, die durch die Kraft der Argumente alle Religionen im islamischen Glauben vereinen wird.

Das missionarische Moment der Ahmadi-Bewegung ist auch wiedergegeben in den zehn Glaubensartikeln, die Mirza Ahmad Ghulam formuliert hat. Sie widerspiegeln den reformatorischen Anspruch der Bewegung, den Islam von innen her zu erneuern wie auch alle anderen religiösen Traditionen unter dem Bekenntnis zum Islam zu vereinen. Die Glaubensartikel sind: «Der Islam ist international. Der Islam ist tolerant. Der Islam ist friedfertig. Der Islam ist nicht sektiererisch. Der Islam ist rational. Der Islam ist lebendig. Der Islam ist progressiv. Der Islam unterstützt die Frauen. Der Islam lehrt höchste Sittlichkeit. Der Islam gewinnt die Herzen. Der Islam ist vollendet.» Die Betonung der friedfertigen Absicht der AMJ ist auch wiedergegeben in dem Motto «Liebe für alle, Hass für keinen.»

Die Organisation der Ahmadiyya-Bewegung erfolgt stratisch: Es werden die vier Ebenen der Local Jamaat, der Regional Jamaat, der National Jamaat und die der International Jamaat unterschieden. Auf jeder dieser Ebenen wiederum gibt es jeweils einen Vorsitzenden (Sadr), dazu Amtsträger, die bestimmte Aufgaben wahrnehmen wie Pressearbeit, Bildung, Erziehung, Literatur, Sport, usw. Abhängig von Geschlecht und Alter sind die Mitglieder wiederum in Teilorganisationen aufgeteilt: die Khuddam-ul-Ahmadiyya (Männer zwischen 15 und 40), die Ansar-Ullah (Männer ab 40), die Atfal-ul-Ahmadiyya (Knaben von 7 bis 15), sowie die Lajna Imaillah (Frauen ab 15 Jahren) und die Nasirat-ul-Ahmadiyya (Mädchen bis 15).

Die Ahmadiyya in der Schweiz

Die ersten Missionare der AMJ gelangten 1946 in die Schweiz, wo sie sich in Zürich niederliessen. Der damalige Missionsleiter war auch der Herausgeber einer deutsch-arabischen Version des Korans. Er gründete in den Fünfziger-jahren die Zeitschrift «Der Islam» und bereitete den Weg zum Bau der ersten Moschee in der Schweiz, der Mahmud-Moschee an der Forchstrasse in Zürich, die 1963 eröffnet werden konnte. In der Schweiz gibt es mittlerweile 14 lokale Gemeinden, die der nationalen Zentrale in Zürich unterstellt sind. Zürich bildet das nationale Zentrum der Ahmadiyya. Gesamtschweizerisch gibt es unge-fähr 500 Mitglieder. Die Mitglieder entstammen mehrheitlich einem pakista-nischen Hintergrund, viele kommen aber auch aus Indonesien und Indien. Die Gemeinde kennt aber auch Mitglieder aus Italien, Österreich und der Schweiz.

Die Ahmadiyya-Gemeinschaft betreibt viel Öffentlichkeitsarbeit in der Schweiz. So organisiert sie Vortragsreihen, die der Bevölkerung die Anliegen der Muslime näherbringen und einen Beitrag zur interreligiösen Verständigung leisten sollen. Auch in der Presse und in interreligiösen Institutionen setzen sich die Ahmadis ein. Einmal monatlich sind sie beim Berner Käfigturm mit einem Informationsstand vertreten.

Bern

Die lokale Ahmadiyya-Gemeinschaft gibt es seit 1991. Die Gemeinde umfasst ungefähr 80 Personen, die im Grossraum Bern/Solothurn leben. Anfangs trafen sich die Mitlieder in einer privaten Räumlichkeit, seit 1996 finden die Treffen aus Platzgründen im Gemeindezentrum Wylerhuus statt. Die Mitglieder treffen sich etwa einmal monatlich jeweils sonntags. Den Frauen und Kindern und den Männern stehen separate Räumlichkeiten zur Verfügung. Neben den traditionell islamischen Festivitäten feiern die Ahmadis auch spezielle Feste: etwa die Jalsa Salana, eine schweizweite jährliche Sitzung zum gegenseitigen Kennenlernen der Mitglieder, die in Zürich stattfindet, oder auch den Tag des verheissenen Messias und den Tag des Kalifen, der an die Gründung des Kalifats erinnert.

Zu den speziellen Programmen gehören etwa die achtmal jährlich von den Frauen organisierten Studientreffen Lajna Imaillah, bei denen Koran-, Arabisch- und Urdukenntnisse vertieft und Glaubensfragen diskutiert werden. Zudem organisieren sie einen Religionsunterricht für die Kinder. Die Unterrichtssprache ist Urdu. Die Lehrinhalte werden landesweit als Curriculum von den jeweiligen Teilorganisationen selbst festgelegt. Daneben veranstalten die Gemeinden Ausflüge und andere Freizeitaktivitäten für Kinder und Jugendliche.

Kontakt

c/o Quartierzentrum Wylerhuus, Wylerringstrasse 60, 3014 Bern

Exkurs: (Neo)Sufismus im Westen

In den Westen kam der Sufismus zum einen mit den Einwanderern, so wie andere islamische Traditionen auch. Mehrere Orden haben sich etabliert. Etwas öffentliche Bekanntheit hat inzwischen der Shaykh des Mevlewiyya-Ordens P. Cunz erlangt; doch seine Gruppe trifft sich nur in Zürich. Derartige Gemeinschaften sind dem traditionellen Sufismus zuzurechnen (s. o.).

Ein anderer Strom, der sufistisches Gedankengut in den Westen brachte, war die – mehr oder weniger traditionsnahe – Adaption. Zu nennen sind der Universelle Sufismus von Hazrat Inayat Khan, die Chalice-Kreise durch Reshad Feild (beide Gemeinschaften zeigen im Kanton Bern keine deutliche Präsenz) und Lehrer/Autoren wie Idries Shah und Khalil Gibran (obwohl Letzterer von Geburt maronitischer Christ war). Sufistische Lehren sind über sie wie auch über Lehrer wie R. Guenon, F. Schuon, G. I. Gurdjieff, J. G. Bennett u. a. weiterentwickelt und in die ➙ Esoterikkultur eingespeist worden.

Für den Kanton von gewisser Bedeutung ist Irina Tweedi (1907–1999), die in den 1960er-Jahren durch den Inder Bhai Sahib in dessen yogisch-sufistischer Lehre geschult wurde. Danach lebte und lehrte sie in London, wo während 17 Jahren die Schweizerin A. Kaiser ihre Schülerin war. Seit 1998 führt diese, mit der Erlaubnis Tweedies, in Interlaken in der Villa Unspunnen den Sufipfad der Naqshbandiyya-Mujaddidiyya-Linie weiter. Der Ort, den auch Tweedie des Öfteren besuchte, ist inzwischen ein wichtiges Zentrum alternativer Spiritualität geworden.

Festzuhalten ist, dass die letztgenannten Gruppen sich zwar dem Begriff «Sufismus» zurechnen (manchmal auch als «Neo-Sufismus» apostrophiert), nicht aber – oder nicht primär – dem Islam.

Judentum

Einführung
(Sarah Werren)

Der Begriff «Judentum» als Sammelbezeichnung für die Religionsgemeinschaft der Juden entstammt dem griechischen Wort «Ioudaismos», das im 1. Jahrhundert v. Chr. durch Griechisch sprechende Juden geprägt wurde. Die Bezeichnung «Judentum» ist jedoch, wie andere Sammelbezeichnungen auch, irreführend, weil sie den verschiedenen Ausprägungen, Strömungen und Gruppen in Vergangenheit und Gegenwart nicht gerecht wird. Aus diesem Grund soll im zweiten Teil dieser Einleitung ein kurzer Überblick über die wichtigsten zeitgenössischen religiösen Richtungen gegeben werden. Die allgemeine Bezeichnung «Judentum» kann jedoch mit Recht dazu benutzt werden, um die Fundamente dieser Religion, wie sie etwa in gemeinsamen Riten, Festen und Glaubensinhalten zum Ausdruck gebracht werden, zu beschreiben.

Der Ursprung des jüdischen Volkes und der jüdischen Religion kann historisch nicht mit letzter Sicherheit zurückverfolgt werden. Die biblische Darstellung sieht jedoch in Gottes Bundesschluss mit Abraham den Beginn der Beziehung zwischen Gott und seinem auserwählten Volk Israel, den Israeliten. Dem jüdischen Glauben zufolge bezog dieser Bund, obwohl nur mit einem Einzelnen – Abraham – geschlossen, auch das Volk, das aus ihm hervorgehen würde, mit ein. Am Sinai schliesslich, als Gott dem Moses die Gesetzestafeln übergab, sei ganz Israel in diesen Bund hineingenommen worden, und er beschränkte sich nicht auf jene, die am Fusse des Berges standen. Das bedeutet, dass sich der Bund zwischen Gott und Israel auf die Gesamtheit der Juden für alle Zeiten und alle Nachfahren dieses «Gottesvolkes» erstreckt. Diese Überzeugung wurde den Juden erstmals durch das junge Christentum, das sich als «neues Israel» verstand, aberkannt.

Die Verehrung Gottes fand bei den Israeliten sowohl vor wie nach der Sesshaftwerdung in Kanaan, wie bei anderen altorientalischen Religionen auch, im Rahmen eines Opferkultes statt. Während dieser am Anfang noch mit einem tragbaren Tempel (der Bundeslade) ausgeführt wurde, entstand im 10. Jahrhundert v. Chr. (nach biblischer Chronologie) unter Salomo eine zentrale Kultstätte in Jerusalem, das Bet ha-mikdasch, die 586 v. Chr. durch Nebukadnezar

II., den König des neubabylonischen Reiches, wieder zerstört wurde. Dieser Tempel wurde nach der Rückkehr der Juden aus dem babylonischen Exil unter Serubbabel wieder aufgebaut und unter König Herodes dem Grossen im 1. Jahrhundert v. Chr. bedeutend erweitert. Nach dem Verlust der staatlichen Eigenständigkeit und der erneuten Zerstörung des Jerusalemer Tempels im Jahre 70 n. Chr. durch die Römer ergab sich für das jüdische Volk die Frage, welche Gestalt die Beziehung zu Gott, die bisher in der Darbringung der Opfer bestand, künftig annehmen sollte. Rund 1000 Jahre lang (mit Unterbrüchen), so die jüdische Vorstellung, liess Gott im Tempel in Jerusalem, dessen Priester im Vollzug des Kultes die Harmonie zwischen Himmel und Erde garantierten, seinen Namen wohnen. Das rabbinische Judentum sah die Lösung für das Problem des Verlustes des Tempels im Torastudium und im Gebet (Gottesdienst). An die Stelle des Tempels traten nun die Lehrhäuser, die, weil sie an unterschiedlichen Orten gegründet wurden, zur Dezentralisierung des religiösen Lebens beitrugen.

Als Herzstück der jüdischen Religion gilt deshalb heute zu Recht die Hebräische Bibel, der Tanakh. Sie setzt sich aus der Tora, das sind die fünf Bücher Mose, den Büchern der Propheten (Nevi'im) und den sog. Schriften (Ketuvim) zusammen. Das rabbinische Judentum hat danach eine Auslegungs- und Kommentarliteratur geschaffen, die neben erbaulichen Erzählungen aus einem Werk besteht, das Juden bis auf den heutigen Tag v. a. zum Studium des Religionsgesetzes (Halacha) dient: den Talmud. Abgeschlossen wurde dieser etwa Ende des 6. Jahrhunderts.

Im Mittelalter entwickelten sich unter je verschiedenen kulturellen und geografischen Bedingungen zwei Zweige des Judentums, die sich bis heute durch ihre unterschiedlichen Riten, Bräuche und Synagogengemeinden voneinander unterscheiden. Es handelt sich dabei um das «aschkenasische» und das «sephardische» Judentum. Als Aschkenasim wurden ursprünglich die aus dem mittel- und osteuropäischen Raum stammenden Juden bezeichnet. Sephardim werden hingegen diejenigen Juden genannt, die traditionell aus Spanien und im weiteren Sinne aus dem orientalischen Raum stammen. Tiefer greifen jedoch die Unterschiede, die sich im Zuge der Haskalah, der jüdischen Aufklärung, in Mitteleuropa vom 18. Jahrhundert an entwickelten und die heute am deutlichsten in den USA wahrzunehmen sind. In groben Zügen lassen sich heute vier Strömungen voneinander abgrenzen:

- **Orthodoxes Judentum:** Von allen religiösen Gruppierungen stellt die orthodoxe Gemeinschaft wohl diejenige mit der heterogensten Struktur dar. Orthodoxes Judentum ist äusserst facettenreich, lässt aber, ohne hier eine genaue Kategorisierung vornehmen zu wollen, zwei unterschiedliche Richtungen erkennen: Die Neo-Orthodoxie/Modern Orthodoxy einerseits und das Ultraorthodoxe Judentum (Charedim) andererseits. Modern orthodoxe Juden passen sich allgemein stärker modernen Lebensstilen an, zum Beispiel in Bezug auf Kleidung, als ultraorthodoxe Juden. Orthodoxe Juden, welcher Richtung sie auch angehören mögen, teilen jedoch die Auffassung, dass die schriftliche (die fünf Bücher Mose) und die mündliche Tora (Talmud, Midrasch usw.) dem Volk Israel am Sinai offenbart wurden und dass die darin enthaltenen Gebote, die Mizwot, uneingeschränkt eingehalten werden müssen. Hierfür kennzeichnend sind beispielsweise die Befolgung der Speisegesetze (Kaschrut, koscher), die Einhaltung der Schabbatruhe und die Begehung der Feste (s. u.) sowie die Durchführung zahlreicher Rituale.

- **Reformjudentum/Liberales Judentum:** Im Zuge des Emanzipationsprozesses der Juden Mitteleuropas, denen seit der Französischen Revolution bürgerliche Rechte zugestanden wurden, entwickelte sich zu Beginn des 19. Jahrhunderts von Deutschland ausgehend eine Reformbewegung. Als eigentliche Geburtsstunde des liberalen Judentums kann die Eröffnung der ersten Reformsynagoge 1818 in Hamburg betrachtet werden. Im Gegensatz zu traditionell ausgerichteten Strömungen des Judentums bezeichnen Liberale ihre Gotteshäuser meist als Tempel und nicht als Synagogen.
  Die Reformbewegung setzte in wesentlichen Bereichen jüdischen Lebens – v. a. in Bezug auf Gottesdienst, Halacha (Religionsgesetz) und Theologie – Änderungen durch. So erhielten zum Beispiel die Gebetsbücher zusätzlich zum hebräischen Text eine deutsche Übersetzung, die Tempel wurden mit Orgeln ausgestattet, und für Mädchen wurde, wie es für Jungen in traditionell-jüdischen Richtungen bereits üblich war (Bar Mizwa), eine Feier anlässlich ihrer religiösen Mündigkeit (Bat Mizwa) eingeführt. Die Ansicht, dass nur die ethischen Gebote/Verbote der Tora (insbesondere die Zehn Gebote) von Gott stammten, die rituellen (zum Beispiel koscheres Essen) hingegen von Menschen, ist einer von vielen Gründen, weshalb die Orthodoxie das Reformjudentum nicht als normative Denomination anerkennt.
  Während diese Richtung des Judentums v. a. in den USA «Reformjudentum» genannt wird, hat sich in Europa die Bezeichnung «liberales» bzw. «progressives» Judentum durchgesetzt.
- **Konservatives Judentum:** In Europa oft auch «traditionelles» Judentum (s. Jüdische Gemeinde Bern), in Israel «Masorti» genannt. Die konservative Strömung entstand im frühen 19. Jahrhundert, als sich einige Rabbiner und

Gelehrte gegen die von der Reformbewegung hervorgerufene strikte Ablehnung der Observanz der Halacha (Religionsgesetz) aussprachen. Sie suchten nach einem Mittelweg zwischen orthodoxen und reformierten Positionen. Obwohl der konservative Zugang zum Judentum bereits ab 1854 im Jüdisch-Theologischen Seminar in Breslau gelehrt wurde, war es das in New York gegründete Jewish Theological Seminary of America, das bis heute die weltweit wichtigste Ausbildungsstätte für das konservative Judentum darstellt. Dem konservativen Zweig gehören sowohl Juden an, die nahezu orthodox leben, als auch solche, die praktisch zum Reformjudentum gezählt werden könnten oder zwischen beiden stehen.

- **Rekonstruktionismus:** Diese 1922 gegründete und somit jüngste Strömung des Judentums entstand im Gegensatz zu den oben beschriebenen Ausprägungen in den USA. Die Prinzipien und Ansichten des Rekonstruktionismus entstammen nicht unterschiedlichen Gelehrten und Denkern, wie dies bei der Orthodoxie, dem Reformjudentum und der konservativen Richtung der Fall ist, sondern gehen im Grossen und Ganzen auf die Schriften Mordecai Kaplans zurück. Dieser vertrat u. a. die Meinung, dass Gott eine natürliche Macht oder ein Prozess und kein ausserweltliches Wesen sei. Des Weiteren verzichtete er auf die Vorstellung von der Auserwähltheit des jüdischen Volkes, auf eine persönliche Messiasgestalt sowie auf Gottes Offenbarung an Moses auf dem Berg Sinai. Obwohl es nur wenige rekonstruktionistische Gemeinden gibt, sind Kaplans Ideen im amerikanischen Judentum sehr einflussreich gewesen.

Jüdische Feste

So unterschiedlich die oben beschriebenen Richtungen auch sein mögen: Mit Sicht auf seine Feste wird – egal in welcher Tradition – erkennbar, wie stark das Judentum die Erinnerung an seine Jahrtausende während Geschichte bewahrt hat. Das jüdische Jahr beginnt mit dem Neujahrsfest, dem Rosch ha-Schana, das im Herbst stattfindet. An diesem zweitägigen Fest, so die religiöse Vorstellung, hält Gott Gericht über die Menschen. Das Blasen des Widderhorns, des Schofars, an Rosch ha-Schana soll dem Menschen als Weckruf dienen, um sich von Schuld und Vergehen gegenüber Gott und den Mitmenschen zu befreien. Obwohl die beiden Neujahrstage Tage des Gerichts sind, werden sie dennoch nicht als Trauertage verstanden. Dies lässt sich u. a. daran erkennen, dass die Mahlzeiten an Rosch ha-Schana Früchte (oft Äpfel) und Honig enthalten, durch die ein süsses neues Jahr symbolisiert werden soll. Mit dem Neujahrsfest beginnen auch die zehn Tage der Reue und Umkehr, die mit Jom Kippur, dem Versöhnungstag, enden. Dieser Tag, an dem das Schicksal eines jeden Menschen für das nächste Jahr besiegelt wird, ist ein Fasttag. Für etwas mehr als 24 Stunden sollen Juden und Jüdinnen auf Essen, Trinken, Baden, Körperpflege, das Tragen von Leder und sexuelle Beziehungen verzichten. Der Schwerpunkt des Tages liegt ganz auf der inneren Einkehr, Reue und Versöhnung (Sühne).

Ebenfalls in den Herbst – und bereits vier Tage nach Jom Kippur beginnend – fallen die Feste Sukkot und Simchat Tora. An Sukkot, das sieben Tage dauert, ist besonders auffällig, dass möglichst viel Zeit in der sog. Sukka, der Laubhütte, zugebracht wird. Der Aufenthalt in der Laubhütte soll an die Wohnform der Israeliten nach dem Auszug aus Ägypten erinnern. Da Sukkot jedoch auch ein Erntefest ist, wird während der Gebete der sog. Lulaw geschüttelt, ein Feststrauss bestehend aus einem Palmzweig, dem Etrog (Zitrusfrucht), Myrthen- und Bachweidezweigen. An Simchat Tora hingegen, das direkt an Sukkot anschliesst, wird das Fest der Torafreude gefeiert. Dieser Tag bildet sowohl den Abschluss des alten als auch den Anfang des neuen Jahreszyklus der Toralesung.

Jeweils etwa um die Weihnachtszeit wird in Erinnerung an die Wiedereinweihung des zweiten jüdischen Tempels das Lichterfest, Chanukka, gefeiert. Im jüdischen Monat Adar (Februar/März) findet Purim, das Fest der Lose, statt. Den Hintergrund dazu bildet die im Buch Ester erzählte Geschichte der Errettung des jüdischen Volkes aus drohender Gefahr in der persischen Diaspora. Dem Buch Ester zufolge versuchte Haman, der höchste Regierungsbeamte des persischen Königs, alle Juden im Perserreich an nur einem Tag auszurotten. Im Gottesdienst wird die Esterrolle (das Buch Ester) vorgelesen, wobei v. a. den Kindern die Aufgabe übertragen wird, jedes Mal, wenn der Name Haman fällt, in wildes Getrampel und Gerassel auszubrechen.

Im Frühling schliesslich steht Pessach an. Dieses Fest erinnert an die Errettung und den Auszug der Israeliten aus Ägypten unter der Führung des Mose. Charakteristisch für das acht Tage dauernde Fest ist das biblische Verbot Chamez, Gesäuertes, zu besitzen, geschweige denn zu verzehren. Sandwiches, Pizza, Teigwaren und dergleichen werden für die Dauer des Festes aus jüdischen Haushalten verbannt. Anstelle von Brot werden Mazzen (ungesäuertes Brot) gegessen. Fünfzig Tage nach Pessach wird Schawuot, das Wochenfest, gefeiert. Hauptinhalt dieses Festes ist der Empfang der Zehn Gebote am Berg Sinai. Die Tora, ihre Entstehung, ihr Inhalt sowie ihre Bedeutung und Wirkung bilden die Grundlage für den überwiegenden Teil der Festgedichte.

Zum Schluss sei noch erwähnt, dass das Judentum einem eigenen Kalender – und zwar einem Lunisolarkalender – folgt. Die Monate sind wie bei einfachen Mondkalendern an den Mondphasen ausgerichtet, wobei jedoch gleichzeitig eine Schaltregel zum Angleich an das Sonnenjahr existiert.

Schweiz und Bern

In der Schweiz leben gemäss der Eidgenössischen Volkszählung 2000 knapp 18 000 Juden. Somit sind 0,25 Prozent der gesamten in- und ausländischen Bevölkerung jüdisch. Die beiden Grossstädte Zürich und Genf stellen alleine 42 Prozent der jüdischen Bevölkerung der Schweiz. Städte mit mittelgrossen Gemeinschaften sind Basel, Bern, Baden, St.Gallen und Luzern.

Die erste urkundliche Erwähnung von Juden im Stadtgebiet von Bern geht auf das Jahr 1259, also noch vor die Gründung der Eidgenossenschaft zurück. In Murten bezeugt eine Urkunde aus dem Jahr 1299 jüdisches Leben. Es ist jedoch anzunehmen, dass Juden bereits im 3./4. Jahrhundert als Handwerker und Kaufleute mit römischen Legionen in die Schweiz gekommen sind. Denn im 6. Jahrhundert sind Juden in der Gesetzgebung des Königreichs Burgund, zu dem das heutige Bernbiet gehörte, ausdrücklich erwähnt. Nach dem Tod Friedrichs II. (1250), als sich Bern unter savoyische Schutzherrschaft begab, zogen viele Schutzsuchende, darunter auch Juden, nach Bern. Wegen Platzmangels mussten sie sich vor dem Westtor, dem heutigen Zytglogge-Turm, ansiedeln. Diese Siedlung erhielt den Namen Neustadt oder Savoyerstadt. Graf Peter II. von Savoyen sicherte 1256 die Siedlung durch einen Mauergürtel mit drei Toren: Haupttor war der Käfigturm, dem sich nördlich das Frauentor anschloss. Südlich vom Käfigturm erhob sich das Judentor, welches in westlicher Richtung das Ende der Judengasse (heutige Kochergasse) bildete und das sich 20 Meter vor dem heutigen Eingang des Parlamentsgebäudes befand.

Was den rechtlichen Status der Juden in Bern betraf, so war es um sie nicht besser oder schlechter bestellt als in anderen Städten des Mittelalters. Da die Kirche den Christen das Zinsgeschäft verbot, verpflichtete man Juden dazu. Die Stadt nahm sie für bestimmte Zeit als Bürger minderen Rechts in ihren Schutz, verlangte im Gegenzug jedoch hohe Abgaben. In der Zeit nach 1285 verschlechterte sich die wirtschaftliche Lage Berns aufgrund von Bränden und Kriegen drastisch. Die dadurch stark erhöhte Steuerpflicht zwang die Bevölkerung mehr denn je, sich Geld zu leihen. Viele Schuldner konnten ihren Verpflichtungen nicht nachkommen, und als 1294 ein Jude in Bern des Ritualmordes an dem christlichen Jungen Rudolf bezichtigt wurde, liess die Bevölkerung ihre Wut an den Juden aus. Man nahm dieses Ereignis zum Anlass, sie aus der Stadt zu vertreiben, wodurch sich Bevölkerung und Behörden mit einem Schlag von allen Schulden befreien konnten. Einige dieser Vertriebenen nahm die Stadt Biel auf, welche urkundlich in der ersten Hälfte des 14. Jahrhunderts Juden erwähnt. Auch hier verpflichtete man sie zum Zinsgeschäft; dafür erhielten sie zwei Häuser, durften schächten (rituell schlachten) und hatten lediglich eine geringe jährliche Steuer zu zahlen.

Dass nicht alle jüdischen Bewohner Berns vertrieben wurden, belegen mehrere Urkunden über Darlehen nach 1294. Nur wenige Jahrzehnte später, in den Jahren 1348/49, fielen die Juden Berns erneut Verleumdungen zum Opfer: Da in der Mitte des 14. Jahrhunderts in ganz Europa die Pest wütete und es so schien, als sei die jüdische Bevölkerung davon weniger stark betroffen als die christliche (wenn das der Fall gewesen sein sollte, sind als Ursache dafür die strengen jüdischen Speise- und Hygienevorschriften anzunehmen), unterstellte Letztere, dass die Juden ihre Brunnen vergiften und damit die Pest verbreiten würden. Als Folge wurden Juden unter Folter Geständnisse abgerungen, worauf man sie entweder verbrannte oder vertrieb. Derartige Aktionen sind auch für die Städte Villeneuve, Zofingen, Solothurn, Basel, Zürich, St.Gallen, Schaffhausen, Kyburg im Thurgau und Baden bezeugt.

Ab 1370 finden sich wieder Juden in Bern und nach 1405, als eine Feuersbrunst an die 600 Häuser zerstörte und somit das Wirtschaftsleben lahmlegte, rief die Obrigkeit die vertriebenen Juden wieder zurück. Im Judenbrief von 1408 sicherte ihnen die Stadt einige Privilegien zu: Dazu gehörte u. a., dass die Stadt jüdische Familien zu eingesessenen Bürgern (jedoch gegen eine enorm hohe Steuer) aufnahm, Juden vor Gericht auf die Tora (die fünf Bücher Mose) schwören durften und ihnen die Beherbergung fremder Juden erlaubt wurde. Doch im Zuge der Aufhebung des kanonischen Zinsverbots durch Papst Martin V. im Jahre 1425 sowie durch die äusserst unvorteilhafte Darstellung der Juden durch Konrad Justinger (1370–1438), den Stadtchronisten, wurde im Mai 1427 vom Schultheiss und dem Rat der Stadt Bern beschlossen, Juden ab sofort und «für ewig» von Stadt und Land fernzuhalten. Der Beschluss wurde mit der Begründung erlassen, die Juden schmähten den christlichen Glauben und schädigten mit ihren Darlehen gegen Zinsen Stadt und Land.

Formell blieb der Berner Ausweisungsbeschluss mehr als 400 Jahre in Kraft. Ausnahmen bildeten in erster Linie jüdische Ärzte, die von der Stadt immer wieder zurückgerufen wurden.

Noch am Ende des 18. Jahrhunderts war den Juden im Gebiet von Biel jeglicher Handel verboten und der Aufenthalt im bernischen Staatsgebiet untersagt. Im Zuge der Französischen Revolution hoben die Helvetischen Räte 1798 zwar alle Sondersteuern und -abgaben für Juden auf, vom Bürgerrecht blieben sie aber weiterhin ausgeschlossen und wurden als fremde Einwohner behandelt. Aufgrund der Staatsverträge zwischen Frankreich und der Schweiz gestattete Bern zu Beginn des 19. Jahrhunderts einigen elsässischen Juden die Ansiedlung. 1848 gründeten diese in Bern die noch heute bestehende jüdische Gemeinde unter dem Namen Corporation der Israeliten in Bern. Im gleichen Jahr trat die erste Bundesverfassung in Kraft. Sie gewährte jedoch die Niederlassungsfreiheit, die Gleichstellung vor dem Gesetz und im Gericht sowie die freie Ausübung des Gottesdienstes nur den Schweizer Bürgern christlicher Konfession. Die einschränkenden Artikel, mit Ausnahme der Kultusfreiheit, wurden 1866 bei der Teilrevision der Bundesverfassung entfernt. Aber erst die Verfassungsrevision von 1874 gewährte allen Schweizern die vollständige Glaubensfreiheit sowie die freie Ausübung des Gottesdienstes.

1812 wurde in einem Mietshaus an der Zeughausgasse eine Synagoge eingerichtet, die später in die Aarbergergasse verlegt wurde. 1856 feierte die Gemeinde die Eröffnung ihrer Synagoge in einem Reihenhaus am Inneren Bollwerk (heute Genfergasse). Gut zehn Jahre später konstituierte sich die Gemeinde neu als Cultusverein der Israeliten in Bern und weihte 1871 den jüdischen Friedhof Schermen an der Papiermühlestrasse und 1906 die neue Synagoge an der Kapellenstrasse ein, wo sie noch heute steht. Bis die Gemeinde, die damals 34 Mitglieder zählte, die Erlaubnis erhielt, Land für einen Friedhof zu kaufen, wurden die Toten via Basel auf den jüdischen Friedhof in Hegenheim in Frankreich überführt.

In den ersten 15 Jahren des 20. Jahrhunderts nahm die Zahl der in der Stadt Bern lebenden Juden rasant zu. Um 1846 lebten in Bern 165 Juden, im Jahre 1910 waren es mehr als 1000. Grund hierfür bildeten die aus Osteuropa, v.a. aus Russland und Galizien, eingewanderten Juden. Es handelte sich dabei einerseits um Studenten, die dem dreijährigen Militärdienst aus religiösen Gründen entgehen wollten, und andererseits um Juden, die wegen der antijüdischen Sondervorschriften des Zaren in den Westen zogen. Die osteuropäischen Einwanderer waren meist streng orthodox und sprachen Jiddisch. Dies führte, übrigens auch in Biel, zur Gründung einer ostjüdischen Gemeinde, die u.a. eine eigene Religionsschule unterhielt. Nachdem sich die Unterschiede zwischen den assimilierten Berner Juden und den eingewanderten Ostjuden in den 30er-Jahren gelegt hatten, wurde die ostjüdische Gemeinde mit der israelitischen Gemeinde vereinigt. Zwischen 1935 und 1945 wuchs der Emigrantenstrom aus dem nationalsozialistischen Deutschland und den von ihm unterworfenen Gebieten. Im Kanton Bern wurden verschiedene Auffanglager für Flüchtlinge, bei denen es sich mehrheitlich um Juden handelte, errichtet. Die Flüchtlingslager Rothöhe, Eriswil, Moosbad und Sumiswald wurden von Bern aus betreut.

1979 wurde Artikel 84 der Staatsverfassung des Kantons Bern dahin gehend geändert, dass ausser den Landeskirchen auch weitere Religionsgemeinschaften öffentlichrechtlich anerkannt werden können.

Zum Weiterlesen

Dreifuss, E.: Juden in Bern. Ein Gang durch die Jahrhunderte, Bern 1983

Stemberger, G.: Jüdische Religion, München 2002

Rosenthal, G. S./Homolka, W.: Das Judentum hat viele Gesichter. Die religiösen Strömungen der Gegenwart, Bergisch Gladbach 2006

Lau, I. M. Wie Juden leben. Glaube, Alltag, Feste, Gütersloh 2005

Ouaknin, M.-A.: Symbole des Judentums, Wien 1995 (mit 80 Farbfotos von L. Hamani)

De Lange, N. (Hrsg.). Illustrierte Geschichte des Judentums, Zürich 2000

www.swissjews.org

Jüdische Gemeinde Bern

Die jüdische Gemeinde Bern, kurz JGB, wurde 1848 gegründet und ist seit 1996 öffentlichrechtlich anerkannt. Die Gemeinde in ihrer heutigen Form umfasst rund 340 Mitglieder und finanziert sich durch deren Beiträge. Die Mitgliederzahl blieb in den letzten Jahrzehnten konstant, weist jedoch eine leicht abnehmende Tendenz auf, welche durch die Abwanderung der jüngeren Generation in grössere Städte wie Zürich und Basel oder nach Israel zustande kommt. Träger der JGB sind deshalb in erster Linie die älteren Gemeindemitglieder. Die JGB versteht sich als Einheitsgemeinde, die auch weniger religiös ausgerichteten Mitgliedern die Möglichkeit bietet, ihre jüdische Identität und/oder ihre kulturelle Verwurzelung innerhalb der Gemeinde zu leben. Natürlich sind nicht alle in Bern lebenden Juden Mitglieder der JGB; so haben zum Beispiel nicht religiöse Israelis wenig Kontakt zu ihr. Gemeindemitglied kann werden, wer entweder von einer jüdischen Mutter abstammt und somit als jüdisch gilt oder wer zum Judentum konvertiert, das heisst übergetreten ist. Doppelmitgliedschaften mit anderen jüdischen Gemeinden sind möglich und ein Austritt aus der Gemeinde stellt auch kein Problem dar. Die Gemeinde darf jemandem die Mitgliedschaft entziehen, wenn er der Gemeinde öffentlich schadet, was aber praktisch nicht vorkommt.

Die jüdische Gemeinde Bern bezeichnet ihre religiöse Ausrichtung als traditionell. Somit gehört sie der sog. konservativen Strömung des Judentums an, die in der Mitte des 19. Jahrhunderts in Deutschland durch Zacharias Frankel, Salomon Schechter und Michael Sachs entstanden ist. Konservatives Judentum hält stärker an traditionellen Werten fest als die Reformbewegung, versucht aber stärker als das orthodoxe Judentum, sich der Moderne anzupassen. Die konservative Bewegung besteht heute aus verschiedenen Gruppen, die unterschiedliche Überzeugungen hinsichtlich religiöser Lehre und Praxis vertreten. In der JGB werden die Gottesdienste nach orthodoxem Muster gehalten. Das heisst, dass zum Beispiel die Gebete in hebräischer Sprache gesprochen werden, Frauen von Männern getrennt auf einer Empore sitzen und die Leitung des Gottesdienstes und der Gebete den Männern obliegt. Eine Ausnahme zum letzten Punkt bildet der im Jahre 2005 eingeführte Mincha-Gottesdienst (Nachmittagsgottesdienst) von Frauen für Frauen, der hin und wieder an einem Schabbat-Nachmittag durchgeführt wird. Gut besucht sind die Familiengottesdienste, bei denen Männer, Frauen und Kinder zusammensitzen. Im Gegensatz zu einer orthodoxen Gemeinde müssen verheiratete Frauen in der JGB keine Kopfbedeckung tragen, und von den Gemeindemitgliedern wird nicht zwingend erwartet, dass sie die Schabbatgesetze befolgen. Andererseits verfügt die JGB nicht über die religiöse Infrastruktur, die orthodoxe Gemeinden wie Basel und Zürich bieten. So gibt es in Bern keine Mikwe (Bad zur rituellen Reinigung), keine religiösen Schulen oder Kindergärten und keine koscheren (rituell reinen) Restaurants oder Metzgereien. Im Gegensatz zu orthodoxen Gemeinden bietet die JGB unter der Woche keine Gottesdienste an. Zudem gibt es in Bern am Schabbat kein regelmässiges Mincha und Maariw (Nachmittags- und Abendgebet).

Die JGB besteht aus mehreren Ressorts und Kommissionen. U.a. sind die Jugendkommission, die Synagogenkommission, die Friedhofskommission sowie die Ressorts Kultur, Sicherheit und Soziale Dienste zu nennen. Unter Soziale Dienste fallen zum Beispiel der jüdische Frauenverein und der Verein für Krankenbesuche, Bikur Cholim genannt. Der jüdische Frauenverein in Bern wurde 1867 unter dem Namen Jüdische Frauenkasse gegründet und ist u. a. für die

Tahara (Totenwaschung) bei weiblichen Verstorbenen verantwortlich. Als weitere Vereine sind der JTV, der jüdische Turnverein, der Israeli Club und der VJSB, der Verein jüdischer Studierender, zu nennen. Die jüdische Gemeinde Bern unterstützt aber auch ihr übergeordnete Organisationen wie die WIZO, Women's International Zionist Organisation, und die ORT, Organisation Reconstruction Training. Die WIZO ist die weltweit grösste Frauenorganisation und wurde 1920 in London gegründet, um Not leidenden Kindern, Frauen und älteren Menschen in Israel zu helfen. ORT hingegen wurde bereits 1880 in St.Petersburg gegründet, um jungen jüdischen Menschen Handwerksberufe zu vermitteln. Heute ist ORT die weltweit grösste nicht staatliche Ausbildungsorganisation. Die jüdische Gemeinde Bern unterstützt die ORT-Berufsschulen in Israel.

Auch Kinder und Jugendliche nehmen ihren Platz in der jüdischen Gemeinde Bern ein. Die JGB unterhält eine Jugendgruppe für Kinder und Jugendliche von sieben bis 16 Jahren, Dubim (Bären) genannt, die unter der Leitung sog. Madrichim/Madrichot (Jugendleiter) wöchentlich verschiedene Aktivitäten durchführen. Zudem besucht der Nachwuchs einmal in der Woche den 90-minütigen jüdischen Religionsunterricht (erste bis neunte Klasse), der vom Gemeinderabbiner oder vom Kantor geleitet wird. Der Rabbiner und der Kantor sind von der Gemeinde in erster Linie jedoch für andere Aufgaben angestellt. Der Kantor, auch Vorbeter oder hebräisch Chasan genannt, ist für die Leitung des Gottesdienstes verantwortlich und trägt die Gebete nach regional unterschiedlichen Melodien vor. Der Rabbiner hingegen beschäftigt sich mit verschiedenen Anliegen der Gemeinde, ist als Seelsorger tätig und Ansprechperson bei Fragen zur Halacha.

Die JGB organisiert Vorträge und workshops zu jüdischen Themen. Gut sechs Monate im Jahr findet zudem eine öffentliche Vortragsreihe, College genannt, in der Universitätsbibliothek statt, in der jüdisches Wissen rund um Kultur, Politik, Religion, Literatur, Kunst und Musik durch Fachpersonen vermittelt wird. Für ältere Mitglieder organisiert der Frauenverein der JGB regelmässig sog. Altersnachmittage, an denen Vorträge gehalten oder Konzerte gespielt werden.

Die JGB ist Mitglied des SIG, des Schweizerischen Israelitischen Gemeindebundes. Der SIG sieht seine Hauptaufgabe in der Wahrung und Förderung der gemeinsamen Interessen der Juden in der Schweiz, insbesondere in deren Vertretung gegenüber den eidgenössischen Behörden und den gesamtschweizerischen Institutionen sowie den internationalen jüdischen Organisationen.

Die Mitglieder der jüdischen Gemeinde Bern sind in der nicht jüdischen Gesellschaft gut integriert. Dies ist alleine schon deshalb nötig, weil es in Bern keine jüdische Schule (im Gegensatz zu Basel oder Zürich) gibt. Die JGB nimmt aktiv am interreligiösen und interkulturellen Dialog teil. So beteiligt sich die Gemeinde zum Beispiel am Runden Tisch der Religionen. Dass die JGB offen ist für Gespräche mit anderen Religionen, zeigt u. a. ihre Beteiligung in der CJA, der christlich-jüdischen Arbeitsgemeinschaft, die die Auseinandersetzung mit den drei abrahamitischen Religionen fördert und sich gegen Rassismus, Antisemitismus und Ignoranz einsetzt. Die JGB ist zudem Gründungsmitglied des interreligiösen Projektes Offene Heiliggeistkirche, das durch Gespräche, Ausstellungen und Konzerte den interkulturellen, intersozialen und interreligiösen Dialog fördern will.

Gegenüber allen anderen jüdischen Gemeinden in der Schweiz nimmt die Berner Gemeinde bei gewissen nationalen Anlässen eine besondere Rolle ein, weil sie die jüdische Gemeinde der Schweizer Hauptstadt ist. Dies betraf zum Beispiel die (interreligiösen) Gedenkfeiern für die Opfer des 11. Septembers 2001 oder für die Tsunami-Opfer im Jahre 2004. Bei solchen Anlässen sind meistens der Rabbiner und die Gemeindepräsidentin offiziell eingeladen. Da sich zudem die israelische Botschaft in Bern befindet, werden auch die israelischen Feiertage (zum Beispiel Jom ha-Azmaut, der israelische Unabhängigkeitstag) in der JGB gefeiert. Der israelische Botschafter ist ex officio Mitglied der Gemeinde.

Kontakt

Kapellenstrasse 2, 3011 Bern, Tel.: 031 381 49 92
www.jgb.ch

Jüdische Gemeinde Biel
(Ananda von Aesch Shaked)

Es gibt Belege für eine erste jüdische Ansiedlung aus dem 14. Jahrhundert. Nach zwischenzeitlichen Verfolgungen siedelten sich um 1835 erneut Juden in Biel an, zum Beispiel kamen mit dem Aufschwung der Uhrenindustrie im Jahre 1842 mehrere jüdische Uhrenmacher in die Stadt. Nach sechs Jahren entschlossen sich die Familien, sich zu organisieren und gemeinsam zu beten. Doch erst zehn Jahre später sollten der erste Betsaal eingerichtet und der erste Gemeindevorstand gewählt werden. 1860 folgte dann die offizielle Gründung der israelitischen Gemeinde Biels. Im selben Jahr wurden auch die Statuten aufgestellt und der erste Rabbiner gewählt. Zusätzlich wurde die Gemeinde damals noch von zwei Rabbinern aus Genf betreut. Ein weiteres wichtiges Datum ist die Einweihung der Synagoge an der Rüschlistrasse im Jahre 1884. Es konnte 1893 auch erwirkt werden, dass die jüdische Bevölkerung eine eigene Parzelle auf dem städtischen Friedhof erhielt. Nach dem Bevölkerungshöchststand von 1910 mit 500 Personen nahm die Zahl durch den II. Weltkrieg und später dann durch Assimilation und Abwanderung in grössere Städte stetig ab.

Heute versuchen die Vorstandsmitglieder und der Kern der Gemeinde, das Weiterbestehen der auf 54 Mitglieder geschrumpften Gemeinde zu sichern, und so ist es nicht verwunderlich, dass einige Personen gleich doppelt Funktionen innehaben. Es gibt eine Ansprechperson für die Synagoge und den Krankenverein, jemand hat das Ressort des Schulwesens und des Gottesdienstes inne, weiter ist jemand zuständig für den Kontakt zu anderen Institutionen und zu den Behörden.

In der Bieler Gegend leben natürlich bedeutend mehr Menschen mit jüdischem Hintergrund. Teilweise fühlen sich diese jedoch der jüdischen Religion nicht mehr verpflichtet oder aber sie können sich nicht mit der jüdischen Gemeinde Biels identifizieren. Der Gemeinde steht seit 1993 auch kein eigener Rabbiner mehr vor, es besteht jedoch eine gewisse Angliederung an Bern, v. a. seit 1994 die jüdische Religion im Kanton Bern anerkannt wurde und so der Rabbiner Berns auch für die Gemeinde Biel zuständig ist. So begeben sich Mitglieder an Festtagen, falls die Anzahl Personen in der eigenen Synagoge zu gering ist, nach Bern. Es findet in Biel, wie bei der Gemeinde Bern auch erwähnt, ein wöchentlicher Unterricht für jüdische Kinder statt. Zudem ist der Berner Rabbiner verpflichtet für Bar-Mitzwa-Feiern (Aufnahme 13-jähriger Knaben in das Erwachsenenalter), für Chatunot (Hochzeiten) und bei Todesfällen nach Biel zu kommen.

Die Form, in welcher der Synagogendienst verrichtet wird, bewahrt die orthodoxe Tradition des getrennten Betens, was die meisten der aktiven Mitglieder auch nicht ändern möchten. Ansonsten versteht sich die Gemeinde als traditionell.

Man begeht in Biel jeweils den ersten und den letzten Tag der Feiertagszyklen. Es wird zudem jeweils an Rosch-Chodesch (Monatsbeginn) ein Freitagabend-Gottesdienst gefeiert. Meistens findet sich der Kern der Gemeinde auch am Schabbat-Morgen wieder in der Synagoge ein. Sporadisch veranstalten engagierte Mitglieder an den beiden rabbinischen Feiertagen Chanukka und Purim einen Kiddusch (Segen über Wein und Brot) nach dem Gebet und Zusammenkünfte im Gemeindesaal. Im November 2005 hat erstmals eine gemeinsame Holocaust-Gedenkfeier zusammen mit Vertretern der katholischen, der reformierten und methodistischen Kirche stattgefunden.

Kontakt

Gemeinde-Zentrum: Güterstrasse 2, 2502 Biel; Synagoge: Rüschlistrasse 3, 2502 Biel, Ansprechperson: L. Reich, Tel.: 032 331 72 51

Neue religiöse Entwicklungen

Einführung

Die in diesem Hauptkapitel beschriebenen Gemeinschaften und Szenen sind hier aufgeführt, weil ihre Ideen weitgehend neu sind – zumindest zu einem ganz wesentlichen Teil. Neues gibt es natürlich auch bei den «alten» Religionen, jedoch sind junge christliche, muslimische, indische usw. Gruppen hier nicht erwähnt, weil ihre Lehren stark in ihren jeweiligen Traditionen wurzeln – selbst wenn sie (absichtlich oder nicht) einen Abstand zur jeweiligen Orthodoxie haben; sie stehen daher in den jeweiligen Hauptkapiteln.

Was heisst nun «neu» genau?

Neue Entwicklungen sind ein permanentes Phänomen der Religionsgeschichte – das Attribut «neu» traf auf jede Religion einmal zu. Neu kann eine Gemeinschaft oder eine Idee oder beides sein. In jedem Fall setzt die Rede von Neu und Alt ein Datum voraus, welches als Grenze dazwischen gelten soll. Hierfür sei – einigermassen willkürlich – die Französische Revolution bzw. der Komplex «Aufklärung» gesetzt, was schon erkennen lässt, dass das Phänomen hier einzig als eines der westlichen Welt betrachtet werden soll.

Es hing und hängt von verschiedenen Faktoren ab, ob aus einer Idee eine Gemeinschaft hervorgeht, die wächst und zur etablierten Religion wird, eine kleine, wunderlich wirkende Splittergruppe bleibt oder aber verschwindet. Neu kann eine (reformierende) Idee innerhalb einer älteren Tradition sein oder aber ein völlig neues Ideenkonstrukt. Nur die Letzteren sollen in diesem Abschnitt Thema sein. Was schwierig ist, da die Frage im Raum steht, ob alles an einer neuen Idee wirklich neu ist: Selbst explizit neureligiöse Gruppen (sowohl von den Anhängern selbst als auch von Aussenstehenden als neu bezeichnet) bedienen sich bei früheren Religionen. Und manch Neues – als neu identifizierbar, weil erst seit Kurzem in Erscheinung tretend – behauptet auch, schon seit langer Zeit zu bestehen. Es gibt in Europa vieles, das irgendwie als «Untergrund» sehr lange neben dem dominierenden Christentum existiert hat. So schreibt der Berner Theologe K. Guggisberg in seiner «Berner Kirchengeschichte»: «Das Christentum war oft nicht mehr als dünner Firnis über heidnischen, abergläubischen

Anschauungen und Bräuchen.» Neues soll aber in diesem Handbuch ausdrücklich nicht mit Aberglaube gleichgesetzt werden (Guggisberg als Theologe hatte da freilich einen anderen Standpunkt).

Was ist dieses Neue – «Entwicklung», «Bewegung», «Gemeinschaft», «Organisation» …?

Konventionell werden, will man Religionen soziologisch erfassen – und die Beschreibung der Berner «religiösen Landschaft» ist ein soziologisches Unterfangen –, religiöse Organisationen betrachtet. Junge Gruppen von Menschen, die über ein Mindestmass an Organisation verfügen und sich von ihrer Umwelt abgrenzen können, werden «Neue Religiöse Gemeinschaften» (NRG) genannt. Der Grad und die Art und Weise der Gemeinschaftsorganisation ist jedoch extrem unterschiedlich: Einige Gruppen sind um charismatische Führerfiguren herum organisiert, bei anderen ist dies nicht der Fall. Einige ziehen eine starke Grenze zwischen Mitgliedern und Nichtmitgliedern, bei anderen sind die Grenzen wenig ausgeprägt. Einige sehen kein Problem darin, wenn Mitglieder zugleich anderen Religionen angehören, andere verbieten dies ausdrücklich.

Die Sichtweise auf die NRG allein ist jedoch unter den Bedingungen der Moderne nicht mehr angemessen, denn wer die jüngere religiöse Entwicklung nur unter dem Gesichtspunkt religiöser Organisationen wahrnimmt, wird vielen Menschen nicht gerecht. So ist ein grosser Teil heutiger Religiosität nicht als feste Organisationen verfasst. Je jünger die Entwicklung, desto mehr neue Ideen und Akteure tauchen auf – aber immer seltener gelingen Gemeinschaftsgründungen oder haben solche Bestand. Bzw. immer seltener ist eine Organisation überhaupt ein Anliegen! Viele wollen derartige soziale Grenzen nicht. Der Trend ist, dass immer mehr Menschen glauben, ohne irgendwo dazuzugehören. Neben den NRG besteht also eine wachsende religiöse Landschaft, die nur noch als «Szene» oder als «Esoterikkultur» beschrieben werden kann.

«Religiös» – und welche Religion?

Auch wenn aus einer wissenschaftlichen Aussenperspektive die hier aufgenommenen Entwicklungen «religiös» genannt werden, ist doch darauf hinzuweisen, dass viele Beteiligte dieses Wort gerade nicht als Selbstbezeichnung verwenden. «Religion» wird heute von vielen mit einem erstarrten autoritären Christentum in Zusammenhang gebracht, wovon sie sich absetzen möchten. Sie bevorzugen

Bezeichnungen wie «spirituell», «philosophisch», «esoterisch» oder «mystisch»; manche nennen sich «wissenschaftlich». Die Abneigung gegenüber dem Adjektiv «religiös» ist häufig, aber nicht allgemein: Scientology zum Beispiel legt grossen Wert darauf, als religiös anerkannt zu werden.

Die meisten mehr oder weniger fest organisierten NRG sind christlich geprägte Gruppen, die in den letzten Jahrhunderten entstanden sind und die sich aus verschiedenen Gründen von den christlichen Hauptströmungen absondern. Wo Menschen an den institutionalisierten Kirchen zweifelten, aber an christlichen Überzeugungen festhielten, boten christliche NRG eine Alternative. Der grösste Teil der NRG in unseren Breiten ist christlich geprägt; diese sind auch die zahlenmässig stärksten. Da sie im Hauptkapitel Christentum (insbesondere unter → Freikirchen und → Im Christentum wurzelnde neuoffenbarerische Gemeinschaften) behandelt werden, soll hier nicht weiter auf sie eingegangen werden. Christliche NRG waren in der Region bereits etabliert, noch bevor fremdkulturelle religiöse Einflüsse stark genug wurden, um ihrerseits zu Neugründungen zu führen. Tatsächlich gab es vor dem Ende des 19. Jahrhunderts in der Schweiz praktische keine nicht christlichen NRG. Ebenfalls zu den NRG zählt man oft durch andere «Weltreligionen» beeinflusste neue Religionsgemeinschaften, besonders markant sind hier – auch für unsere Breiten – die → Neuen indischstämmigen Religionsbewegungen. Wenig bekannt, aber in West und Ost durchaus bedeutsam sind auch neue Gemeinschaften in islamischer Tradition. Auch diese werden in dem entsprechenden Hauptkapitel → Islam behandelt.

Bleiben also die tatsächlich neuen, das heisst neureligiösen NRG. Manchmal werden sie auch «Esoterische Gemeinschaften» genannt. Es gibt Versuche, sie noch weiter nach bestimmten inhaltlichen Kriterien zu unterteilen. Das geschieht dann in Kategorien wie «Neuoffenbarung und Spiritismus», «Theosophie», «Okkultismus», «Neuheidentum und Hexen», «UFO-Gruppen» und anderes sowie oft unter der Sammelüberschrift «Andere». Nicht alle diese Kategorien werden im Folgenden als Unterkategorien auftauchen – dafür gibt es einfach zu wenige entsprechende Gruppen in Bern. Andere sind aus dem gleichen Grund nur als Überblicksartikel zur jeweiligen «Szene» ausgeführt.

Geistesgeschichtliche Wurzeln

In unserer westlichen Kulturgeschichte sind einige Traditionsstränge auszumachen, die für die gegenwärtige Situation die ideellen Voraussetzungen geliefert haben, wobei jedoch betont werden muss, dass eine klare Trennung zwischen ihnen, das heisst eine eindeutige Zuordnung einzelner Phänomene zu jeweils einem Strang fast nie möglich ist. Und je jünger ein bestimmtes Ideengebäude ist, desto stärker ist erkennbar, wie verschiedenste Einflüsse darauf eingewirkt und sich vermischt haben. Jede Einteilung ist also eine Vereinfachung.

Klassische Esoterik

Der älteste Bereich europäischer neureligiöser Systeme wird – zumindest im Rückblick – als «klassische Esoterik» bezeichnet. Und das ist selbst schon ein Sammelbegriff für viele esoterische Spezialdisziplinen.

In der heute Renaissance genannten Epoche fand ein geistiger Aufbruch statt. Die Neugier der Intellektuellen jener Zeit konnte durch kirchliche Lehren nicht mehr befriedigt werden. Daher wandten sie sich «heidnischen», das heisst aus vorchristlicher Zeit stammenden Gedanken wie zum Beispiel griechisch-antiken Philosophien, orientalischen Mysterien sowie der Gnosis zu. Aus dem muslimischen Raum und dem Judentum wurden alchemistische und astrologische Lehren sowie die Kabbala eingeführt. Volkstümliche magische und Orakel-Praktiken erfuhren eine Wertschätzung. Freigeister begannen, neue esoterische Disziplinen zu erschaffen und die alten in Synthesen wie zum Beispiel der «Christlichen Kabbala» zu verbinden.

Neu war zu jener Zeit, dass dieses «esoterische Wissen» – lange Zeit gleichbedeutend auch als «okkult» bezeichnet – eine gewisse Öffentlichkeit erreichte. Aber erst mit der Aufklärung im 18. Jahrhundert, nach der Zeit der Entdeckungen, der Erfindung des Buchdrucks, nach Reformation und Konfessionskriegen, traten einige der Praktiken an das Tageslicht einer zwar immer noch voreingenommenen, aber nicht mehr explizit kirchlich-christlich eingestellten Öffentlichkeit. Damit zusammenhängend kam es zur Bildung von kleinen, oft noch geheimen Gemeinschaften. Unter Aufnahme unterschiedlichster Ideen – und mit nicht nur religiösen Zielen – entstanden unzählige Rosenkreuzer, magische Zirkel, Freimaurer, Illuminaten, Alchemistenbünde, astrologische Schulen usw.

Die esoterischen Ideen und Bünde standen in einer intensiven Wechselwirkung mit ihrem geistigen und politischen Umfeld. Die für viele grundlegende, schon in der antiken Gnosis formulierte Idee einer individuellen Selbsterlösung mittels Erkenntnis verbreitete sich weit. Korrespondierten sie doch mit einem Ideal der Aufklärung. Esoteriker sympathisierten mit politischen und innerkirchlichen Reformideen und beeinflussten sie, ebenso gehörten viele Herrschende esoterischen Gesellschaften an.

540

Die Romantik

Diese Epoche begann als geistiger und v.a. ästhetisch-philosophischer Aufbruch um 1790. Mit der Entbindung der Ästhetik von den Regeln und Pflichten einer religiös oder weltlich repräsentativen Kunst bekam diese neue Bezugspunkte: die individuelle Wahrnehmung der Welt, die gefühlsbezogene Innenschau bei gleichzeitiger Auffassung dieser Subjektivität als ozeanische Entgrenzung. Dazu passend wurde ein Pantheismus vertreten, in dem das Göttliche direkt in der Welt erfahrbar sein sollte. Das eigene Gemüt und die Natur sollten erlebt werden, unvermittelt und emotional. Parallel dazu gab es Affinitäten zu den revolutionären Bewegungen der Zeit. Mit der politischen Restauration nach 1815 und den einsetzenden Erfolgen von Wissenschaft und Technik begann der romantische Rückzug. Religiös drückte sich das in einer Katholisierung aus, und viele Protestanten wandten sich der pietistischen Innerlichkeit zu. Die politische Ausrichtung der Romantiker färbte sich zunehmend konservativ, manchmal sogar apokalyptisch; die pathetische Naturverehrung geronn mitunter zur Kulturfeindschaft, romantisch-religiöses Pathos wurde zu Mystizismus.

Die Romantik bildet seither einen Fundus, aus dem neureligiöse Strömungen ihre oft kulturpessimistischen und mystisch-okkulten Elemente beziehen. Sie bietet nicht nur ein Ideenreservoir, sondern auch eine Art der Weltsicht. Insbesonder in völkischen und okkult-magischen Entwürfen sind bis heute romantische Vorstellungen zu erkennen, ebenso wie in der erlebnisorientierten Individualisierung der modernen Esoterikkultur. Der romantische Pantheismus war ausserdem ein guter Anknüpfungspunkt für die fernöstliche Religiosität; diese ist heute, häufig romantisch verklärt, entsprechend weit verbreitet. Genauso romantisch ist der «edle Wilde», der dem angeblich sich selbst und der Natur entfremdeten und «verkopften» Stadtmenschen entgegengehalten wurde und bis heute wird.

Wissenschaftsgläubigkeit und «Parawissenschaften»

Esoterische Ideen wirkten in die Wissenschaft hinein und umgekehrt, was zur sukzessiven Trennung der einzelnen Disziplinen beitrug. Die Esoterik ist somit ein Bestandteil der wissenschaftlichen Aufklärung und gleichzeitig eine Art Gegentendenz. Während in den sich etablierenden akademischen Wissenschaften fortschreitende Differenzierungsprozesse und verstärkte systematische Vorbehalte gegen die eigenen Aussagen entwickelt wurden, versuchten esoterische Denker Synthetisierungen und einheitliche allumfassende Weltanschauungen. Einige Ideen korrespondierten mitunter positiv mit den modernen

Entwicklungen, andere gerieten damit in Konflikt: So konnte der astrologisch-magische Grundsatz eines «Oben wie Unten» mit den Ergebnissen von Sternenbeobachtungen bald nicht mehr zusammengebracht werden, und daher trennten sich im 17. Jahrhundert Astrologie und Astronomie. Die Alchemie konnte, nachdem sie jahrhundertelang keinen Stein in Gold zu verwandeln in der Lage war, der Chemie nichts Empirisches mehr entgegenhalten und lebt nun als symbolische Alchemie weiter, die eine «Transmutation» des Individuums anstrebt. Die «Entsprechungslehre» der hermetischen Esoterik, die zum Beispiel in der «sympathischen Magie» Anwendung fand (Heilung für eine entzündete Schnittwunde gäbe es, indem man das Messer, welches sie verursachte, je nach Standpunkt entweder kühlt oder erhitzt), hielt Überprüfungen nicht stand. Als «Ähnlichkeitsprinzip» fristet sie heute zum Beispiel ein Dasein in der Homöopathie.

Das 19. Jahrhundert war von einem grossen Wissenschaftsoptimismus erfüllt. Dem «forschenden Geist» schien alles möglich. Manchmal wurden wissenschaftliche Entwürfe, Methoden und Moden in einem fast religiösen Sinne als allwissend überhöht. Wenn ein wissenschaftlicher Gedanke aber nicht kritisiert, überarbeitet, überwunden, das heisst durch neue Theorien ersetzt werden kann bzw. darf, sondern verehrt und verewigt wird, nimmt er einen ähnlichen Charakter wie ein religiöses Dogma an: Er gilt dann als endgültig, die vollkommene Wahrheit enthaltend – kurz: als heilig. Diese Gefahr ist der Wissenschaft durchaus inhärent: Spezialisierung schränkt die Zahl der kritikfähigen Kenner ein, die Bildung von Schulen kann mit Autoritätshörigkeit einhergehen und der Erfolg, den eine These haben kann, verführt leicht dazu, sie als der Weisheit letzten Schluss anzusehen. Und spätestens, wenn wissenschaftliches Arbeiten mit Ritualen, Einweihungen und Restriktionen verbunden ist, schwindet die Unterscheidbarkeit zur Religion. Bis heute entstehen durch das Beharren auf überkommenen Theorien und durch die Verweigerung des wissenschaftlichen Diskurses neue «okkulte Parawissenschaften». Derart strittige Wissenschaften findet man in der Parapsychologie, im New Age oder in der Anthroposophie. Jüngste Entwicklungen, wissenschaftliche mit religiösen Ansichten zu verbinden, sind zum Beispiel auch der UFO-Glaube und einige alternative Heilungssysteme. Andere, wie zum Beispiel Neo-Schamanen oder New-Age-Philosophen, wären ohne wissenschaftliche Erkenntnisse – in diesem Falle diejenigen der Ethnologie und der Physik – unmöglich, die sie dann jeweils kreativ ergänzt haben.

Die Okkultismuswelle des 19. Jahrhunderts

Durch die wissenschaftliche Kritik wurden grosse Teile esoterischer Lehren ins Abseits gedrängt. Doch verschwinden sollten sie nicht. Und Ende des 19. Jahrhunderts erlebten sie einen Aufschwung in der Modewelle des Okkultismus. Diesem Begriff haftet heute etwas Finsteres und Geheimnisvolles an, das war zu jener Zeit nicht so.

Zu jener Zeit hatte sich bei vielen Menschen ein Unbehagen an der Moderne entwickelt. Industrialisierung, Bürokratie, Massenkultur, Verwissenschaftlichung und andere moderne Errungenschaften hatten die Welt «entzaubert» und bei manchen ein Gefühl der Ohnmacht und Leere hinterlassen. Der romantische Wunsch nach dem Natürlichen und Ursprünglichen wurde nun mit esoterischen Traditionen, mit Vorstellungen und Ritualen aus fernen Ländern und der (oft imaginierten) Vergangenheit sowie mit alternativen Weltanschauungen zu erfüllen versucht. Man strebte danach, geheimnisvolle Kräfte zu erlangen und verborgenes («okkultes») Wissen, man versuchte einen Weltenplan zu entziffern und so die Macht über das eigene Leben zu erlangen. Vor allem in bürgerlichen Kreisen wurden «initiatische Gemeinschaften» gegründet, in denen man stufenweise aufsteigen, unter Berufung auf geheimnisvolle Altvordere mysteriöse Weihegrade erlangen und dabei immer bedeutsameres Wissen erwerben konnte. So entstanden die Theosophie, die neuen Rosenkreuzer, The Golden Dawn, aber auch völkisch-esoterische Organisationen. Die meisten sollten zwar als Organisationen relativ klein bleiben, aber als Ideengeber sehr bedeutsam werden. Man glaubte an Reinkarnation, an einen Aufstieg in höhere Lichtsphären, an die Entwicklung des Selbst und an die Kommunikation mit den Jenseitigen. Letzteres, in der praktischen Variante «Spiritismus», in der elaborierteren weltanschaulichen «Spiritualismus» genannt, wurde eine regelrechte Massenbewegung. Anfang des 20. Jahrhunderts sollte in Bern sogar ein Pfarrer namens Stern mit spiritistischen Vorträgen wie «Blicke ins Jenseits» an die Öffentlichkeit treten. Heute noch sind spiritistische Praktiken unter dem Namen «Channeling» recht weit verbreitet.

Die «Veröstlichung» des Westens

Der Orient galt lange als geheimnisvolles Reich; nur langsam und spärlich erreichten uns Nachrichten von dort. Doch im 18. und 19. Jahrhundert fanden immer mehr östliche Ideen ihren Weg in den Westen. Die Lehren des Buddha und des Lao Tse wurden begeistert aufgenommen. Nur einige Menschen wandten sich explizit dem Buddhismus oder Gemeinschaften in indischer Tradition zu, das heisst, nur wenige konvertierten. Viel mehr Wirkung entfalteten einzelne Lehrelemente, wie zum Beispiel die Reinkarnations- und Karma-Lehre oder die vielfältigen Meditationspraktiken. Die Selbstversenkung mit dem Ziel, Erleuchtung und Bewusstseinserweiterung – oft geht es aber auch nur um Entspannung – in sich selbst zu finden statt bei einem fernen Gott, ist heute schon fast mehrheitsfähig. Yoga, Zen-Geist, Ayurveda und Feng Shui haben im Schweizer Alltag – oft nur als Schmuck und Lifestyle, doch immer öfter auch als Element des Weltbildes und der eigenen Spiritualität – ihren festen Platz gefunden.

Die jüngsten Entwicklungen in der Schweiz

Nachdem bis zum Ende des 19. Jahrhunderts nur neue christliche Gemeinschaften entstanden waren, erlangte nun durch die zunehmende Liberalität in Glaubensdingen das Wissen über Ideen, Kulturen und Religionen von ausserhalb Europas immer mehr Raum. Der exotische Reiz und die Prägnanz alternativer Weltbilder wirkten anziehend, dazu kam zunehmend das Recht, dieses Wissen auch offen in einen Lebensstil umzusetzen. So entstanden ab etwa 1900 erste neureligiöse Gruppen – oft die Ableger ausländischer NRG – in der Schweiz. Es sollten jedoch, obwohl eine lebendige Szene der Okkultisten, alternativreligiös Interessierten und Lebensreformer existierte (man beachte die bunte Landschaft der alternativmedizinischen Sanatorien ab ca. 1880, zum Beispiel den Monte Verità), lange Zeit bei nur wenigen Organisationen bleiben.

Die Schweizer Baha'i-Gemeinde entstand im Jahre 1903. Etwa 1905 wurde die Theosophische Gesellschaft Adyar von Deutschland aus aktiv, aus ihr sollte 1913 die Anthroposophie hervorgehen, die ihr Weltzentrum in Dornach nahe Basel errichtete. Vermutlich 1938 entstand eine Radha-Soami-Satsang-Gruppe in Genf. Die Universelle Weisse Bruderschaft (O. M. Aivanhov) war ab 1945 im Lande aktiv, die I-AM-Bewegung kam etwa 1946. Mit AMORC um 1950 und dem Lectorium Rosicrucianum 1954 erreichten uns zwei Neo-Rosenkreuzergemeinschaften, die Gralsbewegung etablierte sich etwa 1950, Subud kam 1957. Die Sechziger- und frühen Siebzigerjahre waren vom Auftreten neo-hinduistisch und fernöstlich geprägter Gruppen geprägt: TM kam ab etwa 1960, die Ramakrishna-Vedanta-Mission 1962, die Moon-Bewegung um 1965, Eckankar 1968, ISKCON 1970, Sri Chinmoy um 1972 und Ananda Marga 1972. Seither etablierten sich viele weitere, namentlich seien nur Fiat Lux (1980) und Komaja (1987) erwähnt, weil sie in der Schweiz entstanden sind.

Es wird geschätzt, dass es heute weltweit 20 000 neue religiöse Gemeinschaften gibt, wobei die meisten davon älteren religiösen Traditionen nahestehen. Trotz des begrenzten geografischen Raumes ist die Zahl der NRG auch in der Schweiz gross. Schätzungen der letzten 15 Jahre bewegen sich zwischen 200 und 800 Gruppen. Die grosse Differenz hat verschiedene Gründe: die Kurzlebigkeit vieler Gruppen, ihre nur geringe Grösse, die oft starke Mitgliederfluktuation, häufige Orts- und Namenswechsel usw. Dazu kommt das technische Problem: Zähle ich auch besondere Gruppen innerhalb von Christentum, Islam, Buddhismus usw. mit zu den NRG? Nur mit diesen kommt man auf diese Zahlen. Und soll man auch «Politsekten» oder alternative Therapeuten und ihre Klienten – also eigentlich nicht religiöse Phänomene – mitzählen? Und wie zählt man die unorganisierte Esoterikszene?

Beobachter sind sich einig, dass allen NRG zusammen nicht mehr als zwei bis vier Prozent der Schweizer Bevölkerung angehören, wobei die NRG nur den kleinsten Teil ausmachen. Für eine ganze Reihe von Gemeinschaften liegen Zahlen vor, die auf Selbstauskünften der Mitglieder (zum Beispiel bei der Volkszählung 2000) bzw. der Gruppenleitung oder aber auf Beobachtungen (das heisst meist Schätzungen) Aussenstehender basieren. Nicht immer sind es eindeutig Mitglieder, mitunter werden auch Sympathisanten mitgezählt; manchmal weichen Selbst- und Fremdangaben massiv voneinander ab.

Eindeutig erkennbar ist, dass die NRG bis auf ganz wenige Ausnahmen winzig klein sind. Denn seit einiger Zeit gehen die Mitgliederzahlen vieler NRG zurück oder stagnieren. Wo in den 70er-Jahren noch die «gefährlichen Sekten» grosses Aufsehen erregt haben, sind heute oft nur noch recht unauffällige Grüppchen zu finden – wenn überhaupt. (Allerdings: Auch kleine Gruppen können eine gefährliche Dynamik entwickeln.) Wenn eine Gemeinschaft die Gründungsgeneration überhaupt überlebt, ist es oft so, dass Missionserfolge kaum die Zahl der Austritte und des Ablebens älterer Mitglieder kompensieren können. Meist werden zu wenige Kinder geboren, um die Gemeinschaft wachsen zu lassen, oder es gelingt nicht, diese in die Gruppe zu sozialisieren. Die Vorstellung von der Freiheit in religiösen Dingen bedeutet nicht nur für Kirchen Verluste, sondern auch für NRG. Selbst wenn eine NRG bei Aussenstehenden Interesse weckt, verspüren diese nur selten das Bedürfnis, der Gruppe auch formell beizutreten – die Lehren sind oft auch unverbindlich in Seminaren der Gruppe oder gar im Buchhandel zugänglich. Waren NRG in den Siebzigerjahren für viele, die sich ihnen anschlossen, neben einer spirituellen Heimat auch ein Protest gegen das Establishment, so hat sich das Protestelement inzwischen abgeschliffen. NRG sind somit stärker auf ihre «Kernkompetenzen» reduziert: die Lehre und die Gemeinschaft. Man tritt nicht mehr bei, um zu protestieren, sondern nur noch, weil man eben die Lehre teilt und sie leben will. NRG, welche von allen Mitgliedern die totale Lebensumstellung verlangen, können immer nur wenige Menschen anziehen, wie auch nur wenige Menschen Christen sein würden, wenn sie alle in ein Kloster eintreten müssten. Quantitativen Erfolg können hingegen jene haben, die Mitgliedern auch weiterhin eine Existenz in der Gesellschaft gestatten. Das geläufige Modell besteht aus einem inneren Kreis der Konsequenten und einer Korona von Freunden und Unterstützern. Und wenn – wie zum Beispiel bei der Anthroposophie – nützliche Anwendungen und lebenspraktische Angebote vorliegen, die auch für Nichtmitglieder zugänglich sind, kann der Erfolg sogar recht gross sein.

Die hier behandelten Ideen und Gemeinschaften entstanden und entstehen zu einer Zeit, die für Religion als kulturdominierende Grösse nicht günstig war und ist. Doch viele Menschen suchen trotz (oder wegen) der säkularisierenden Tendenz weiter, und Möglichkeiten, Gedanken zu einem religiösen System auszugestalten, gibt es heute mehr als je zuvor. Es wird wohl immer NRG geben, denn sie bieten die Möglichkeit, eine religiöse Ethik und Weltenlehre nicht nur zu denken, sonders sie auch konsequent und in Gemeinschaft zu leben. Die Option einer festen Gruppe werden Menschen immer ergreifen, und charismatische Gestalten werden immer Anhänger finden. Die Zahl der NRG könnte also sogar noch zunehmen, denn das Reservoir an religiös fühlenden und suchenden und aber zugleich religiös (das heisst kirchlich) ungebundenen Menschen wächst. Die durchschnittliche Grösse der NRG wird aber eher gering sein, denn meist suchen diese Menschen nach persönlichen Beziehungen und nicht nach einer anonymen religiösen Grossorganisation.

Dass der einzelne Mensch religiöse, transzendenzbezogene, absolute Begründungen sucht – gerade im pluralen und säkularen Umfeld –, ohne sich noch fest zu binden, wird mit dem Schlüsselbegriff der «religiösen Individualisierung» beschrieben. Denn eine zunehmende Zahl von Menschen verlässt die angeborene Religionsgemeinschaft, schliesst sich aber keiner Gruppe, auch keiner NRG mehr (dauerhaft) an. Sie leben ihre individuelle «Patchwork-Religiosität», ihre «unsichtbare Religion». Allerdings kann der erste Eindruck trügen: Ob tatsächlich die Esoterik am Zunehmen ist, kann nicht sicher gesagt werden, da sie eben schwer zu zählen ist. Auch scheint «Wahrheit» im Sinne einer dauerhaften, das ganze Leben bestimmenden Grundaussage, nachdem sie gesellschaftlich hinter das Recht auf Glaubensfreiheit zurückgetreten ist, jetzt auch für den Einzelnen zu einer disponiblen Variablen zu werden. Der moderne Esoterikanhänger zeichnet sich durch ein anderes Selbstverständnis aus, als es traditionell Gläubige charakterisiert: Er ist weltanschaulich flexibel. Einen mehrfachen Wechsel des Überzeugungssystems interpretiert er nicht als Unsicherheit oder Unglaube, sondern als «Auf dem Weg Sein». Der Esoteriker will eher ein unbestimmtes gefühliges Bedürfnis befriedigen, als dass er eine ewige fundamentale Glaubensgewissheit in einer Gemeinde Gleichgesinnter bestätigen und dauerhaft leben will. Auf die → Esoterikkultur, die diesen «Suchern» ein freies Lebensumfeld und viele Antworten anbietet, geht darum ein eigenes Kapitel ein.

Zum Weiterlesen

Luckmann, T.: Die unsichtbare Religion, Frankfurt am Main 1991
Stuckrad, K. v.: Was ist Esoterik? München 2004
Iwersen, J.: Wege der Esoterik, Freiburg i.Br. 2003
Hempelmann, R. (Hrsg.): Panorama der neuen Religiosität, Gütersloh 2005

Baha'i

Die Baha'i gelten, obwohl aus der Zwölfer-Schia (→ Islam) hervorgegangen, als eigene Religion und beanspruchen, eine Weltreligion zu sein. Tatsächlich weist die Lehre eine hohe Eigenständigkeit auf und ihre sechs bis sieben Millionen Mitglieder leben auf der ganzen Welt.

Der Perser Siyyid Ali Muhammad, er nannte sich später «Bab» (das Tor), hatte 1844 in Shiraz (heute Iran) ein Offenbarungserlebnis, weshalb ihn die islamische Obrigkeit 1850 wegen Blasphemie hinrichten liess. Er gilt mit seiner «Babi-Religion» den Baha'i als Vorbote, da er einen Nachfolger ankündigte, der grösser als er selbst sein werde. Als dieser verstand sich einer von Babs Anhängern, der bald «Baha'u'llah» (Herrlichkeit Gottes) genannte Mirza Husain Ali Nuri (geb. 1817). Er wird von den Baha'i als der eigentliche Stifter verehrt. 1852 aus politischen Gründen inhaftiert, erlebte er im Gefängnis seine Berufungsvision. Baha'u'llah wurde entlassen, aber sofort verbannt, zuletzt nach Akka (heute in Israel). Seine Anhänger in der Heimat (bzw. die des Bab, die ihn als «universale Manifestation Gottes» anerkannten und sich ihm anschlossen) verfolgte man blutig. Noch heute gilt der Baha'i-Glaube im Iran als strafbare Apostasie. Baha'u'llah verfasste zahlreiche Bücher und Sendschreiben, die als göttlich inspiriert gelten, darunter das für seine Anhänger heilige Kitab-i-Aqdas (Buch der Gesetze). Baha'u'llah starb 1892, er ist in Bahji bei Akka begraben. Die sterblichen Überreste des Bab wurden auch nach Israel überführt und in einem Mausoleum in Haifa beigesetzt. In der Nähe dieses Schreins besteht seit 1963 mit dem Universalen Haus der Gerechtigkeit das Weltzentrum der Baha'i (zuvor hatten Sohn, Abdu'l-Baha, und Urenkel, Shoghi Effendi, des Stifters die Leitung inne). Heute dienen in der imposanten Anlage am Berg Karmel rund 800 Mitarbeiter der Gemeinschaft. Auf jedem Kontinent gibt es ein sog. Haus der Andacht, das europäische im deutschen Hofheim bei Frankfurt am Main wurde im Jahre 1964 eingeweiht. Die Finanzierung erfolgt einzig durch freiwillige und anonyme Mitgliederspenden. Neben den (recht geringen) Aufwendungen für die Religion selbst unterstützen die Baha'i weltweit rund 2500 temporäre und dauerhafte soziale und Wirtschaftshilfeprojekte.

Nach der Baha'i-Lehre existiert die Welt ewig. Die Beziehung zwischen Gott und seinen Geschöpfen wird als Emanation gesehen, das heisst, die Geschöpfe gehen aus Gott hervor. Sinnbildlich wird dies mit der Sonne verglichen, die ihre Strahlen emaniert, ohne sich aber selbst zu verändern. Im gleichen Sinne ist auch das Offenbarungsverständnis: Die Stifter der grossen Religionen werden als Empfänger und Widerspiegelungen göttlichen Wissens gesehen. Das wird «Fortschreitende Gottesoffenbarung» genannt: Immer wenn die Kultur einen Tiefstand erreicht habe, erfolgten neue Offenbarungen, wodurch die Menschheit wieder die Gelegenheit erlangte, sich geistig zu entwickeln. So seien Noah, Abraham, Moses, Krishna, Buddha, Zarathustra, Jesus und Muhammad wahre Sendboten Gottes. Die «ewigen Werte» anderer Religionen werden daher anerkannt, jedoch gilt die Baha'i-Lehre als aktuelle – aber nicht letztendliche! – Vollendung und damit Erfüllung dieser älteren Offenbarungswerke. Momentan befänden wir uns im Umbruch zu einem Baha'i-Zyklus, in dem der Baha'i-Glaube die universale Weltreligion einer vereinigten Menschheit sein werde. Die Baha'i erweisen anderen Religionen Respekt, indem sie bei ihren Andachten aus deren heiligen Schriften lesen. Doppelmitgliedschaften mit anderen Glaubensgemeinschaften sind aber nicht möglich. Das Baha'itum ist eine Laienreligion ohne Priester, jeder Gläubige könne Gott selbstständig durch Meditation und Gebet, Schriftstudien sowie vertiefende Gespräche erkennen. Die Baha'i glauben an ein einmaliges Leben auf Erden, nach dem Tod existiere die Seele aber in anderen Welten, die von dieser nicht wirklich getrennt sind, weiter. Es gibt keine festen Rituale für Gottesdienste oder die Aufnahme in die Gemeinschaft. Diese kann ab einem Alter von 15 Jahren (auch für die Kinder aus Baha'i-Familien) durch ein schlichtes Bekenntnis erfolgen, ein Austritt ist jederzeit möglich. Die Gleichstellung der Geschlechter ist ein wichtiges Anliegen, ausser im Universalen Haus der Gerechtigkeit wird sie überall gelebt. Die Familie ist den Baha'i sehr wichtig, die Ehe zwischen Mann und Frau gilt als heilig. Scheidungen sind zwar möglich, werden aber missbilligt. Homosexualität gilt «ihrem Wesen nach» als Deformation.

Einmal monatlich – das heisst alle 19 Tage, denn das entspricht der Länge jedes der 19 Baha'i-Monate – trifft sich eine Gemeinde zum Neunzehntage-Fest mit den drei Teilen Andacht, Beratung und Geselligkeit. Das Neujahrsfest Naw-Ruz am 21. März lässt die persischen Wurzeln erkennen, die 19-tägige Fastenzeit in der ersten Märzhälfte erinnert an die islamische Tradition, ebenso wie die Pilgerfahrt und die Gebetsrichtung (zu den o.g. Grabstätten in Israel) und die Meidung berauschender Mittel.

Von Baha'u'llah für unsere Zeit formulierte Ziele bestehen u. a. darin, eine Harmonie von Wissenschaft und Religion und einen ökonomischen Ausgleich zwischen Arm und Reich herbeizuführen. Die Baha'i sind, getragen von ihrem Glauben an die «Einheit in der Vielfalt», stark international aktiv, zum Beispiel unterstützen sie die UNO in vielen Anliegen. Gibt es irgendwo interreligiöse Aktivitäten, kann man sicher sein, dass darin Baha'i engagiert sind. Missioniert wird nicht, aber die Anhänger nutzen sich bietende Gelegenheiten, ihren Glauben bekannt zu machen.

Schweiz und Bern

Etwa im Jahre 1903 gab es erste Schweizer Baha'i-Aktivitäten in Sion/Sitten, die erste offizielle Gemeinde entstand 1926 in Lausanne. Anfangs wuchs die Gemeinschaft nur langsam. Einige Mitglieder – die Gemeinschaft zog bemittelte Schichten an – engagierten sich sozial und gründeten zum Beispiel Kinderheime und -hilfswerke. 1953 wurde erstmals ein Nationaler Geistiger Rat gewählt – damals noch gemeinsam für die Schweiz und Italien. Zwei Jahre später wurde in der Berner Dufourstrasse das nationale Hauptquartier bezogen. Am selben Ort gibt es einen Buchladen der Gemeinschaft. Seit 1962 besteht in Bern der Nationale Geistige Rat allein für die Schweiz. In Genf wird 1925 ein internationales Büro eröffnet, das der Vernetzung der Gemeinschaft diente und seit der Neueröffnung 1981 den Kontakt zu den Vereinten Nationen pflegt. In Wienacht am Bodensee bestand zwischen 1983 und 2004 das Bildungs- und Konferenzzentrum Landegg International University. Die Schweizer Baha'i vernetzen sich oft grenzüberschreitend, entsprechend den grösseren Sprachräumen.

In der jüngeren Vergangenheit wuchs die Gemeinde schneller, auch durch internationalen Zuzug. Heute bestehen rund 40 lokale Gemeinden und Kleingruppen mit rund 1000 Mitgliedern im ganzen Land. Recht stark sind die Baha'i im französischen Landesteil vertreten. Die Leitung wird vorwiegend ehrenamtlich ausgeführt; beim Nationalen Geistigen Rat handelt es sich um eine administrative, nicht um eine religiöse Tätigkeit. Der Nationale und die Lokalen Geistigen Räte mit jeweils neun Angehörigen werden jährlich demokratisch gewählt. Manche Räte sind als eingetragene Vereine organisiert. Die einzelnen Gemeinden bieten Vorträge, Meditationen, Studienkreise und Kinderklassen an und unterhalten Frauen- sowie Jugendgruppen. Fast alle Veranstaltungen sind öffentlich. Wo möglich, engagieren sie sich in ihrem Umfeld, pflegen Kontakte zu anderen Religionsgemeinschaften und sozialen und kulturellen Organisationen. Die Schweizer Baha'i veröffentlichen ein internes Bulletin für Mitglieder, ausserdem den Jahresbericht der Schweizer-Baha'i-Gemeinde, «La Pensée baha'ie» und «Opinione baha'i». Das hauptsächliche öffentliche Organ ist die in vielen Sprachen erscheinende internationale Zeitschrift «One Country», die deutsche Ausgabe erscheint in Hofheim. Zwei- bis dreimal im Jahr erscheint die Zeitschrift «Tempora» (ehem. «Baha'i-Briefe») zu bestimmten Schwerpunkten.

Im Kanton Bern leben etwa 120 Baha'is, es gibt Ortsgruppen in Bern, Langnau, Thun und Biel sowie einige kleine Gruppen. Die Berner Gemeinde wurde 1948 gegründet. 2003 feierte man das hundertjährige Bestehen der Schweizer Baha'i in der Zentrale und in Interlaken, u.a. weil Shoghi Effendi dort in den Bergen gern Station gemacht hatte. Die Berner Gemeinde ist Mitglied beim Berner Projekt Haus der Religionen und wird dort einen eigenen Raum unterhalten.

Kontakt

Nationaler Geistiger Rat/Nationales Baha'i-Sekretariat, Dufourstrasse 13, 3005 Bern, Tel.: 031 352 10 20
www.bahai.ch

Bruno-Gröning-Freundeskreis

Bruno Gröning (1906–1959) war ein Wunderheiler. Als solcher erregte er insbesondere im Nachkriegsdeutschland grosse Aufmerksamkeit. Den Ansturm von 30 000 Menschen, den der Traberhof bei München im Herbst 1949 erlebte, dokumentiert ein fünfstündiger Film, den der Freundeskreis heute noch verleiht und ab und an in gemieteten Kinos vorführt.

Zugleich jedoch erlebten er und seine Anhänger, dass andere Mediziner nichts anfangen konnten mit seinem Ansatz. So erhielt er schnell ein Rede- und Heilverbot. Gestorben ist Gröning 1959 in Paris, was auch den inzwischen aufgelaufenen Prozessen und Debatten um wunderbare Heilungen oder Scharlatanerie ein Ende machte.

Doch sollen nach Grönings Tode weitere Heilungen aufgetreten sein. Das deckt sich mit seiner Lehre, nach der Heilung nicht durch ihn, sondern durch eine höhere Macht geschehe: «Es gibt eine höhere Kraft, die die Grundlage alles Lebendigen ist …! Man gab ihr viele Namen: Lebenskraft (Vis vitalis), Prana, Chi, göttliche Kraft …» Gröning habe, so der Freundeskreis, davon ein «genaues intuitives Wissen» gehabt. Der «göttliche Heilstrom» könne von jedem Menschen durch die entsprechende Körper- und Geisteshaltung aufgenommen werden. Er durchströme dann den Körper und bewirke an den richtigen Stellen Hilfen und Heilungen von allen Leiden. «Es gibt kein unheilbar! Gott ist der grösste Arzt!» Der Besuch akademischer Mediziner ist jedem Menschen freigestellt. Die Heilergebnisse wie auch ihre weltanschaulichen Grundlagen gelten im Freundeskreis als wissenschaftlich belegt. Eine Medizinisch-Wissenschaftliche Fachgruppe (MWF) des Freundeskreises wird als Referenz angegeben.

Nach Grönings Ableben entstand ein Verein, der seine Botschaft weitertrug. Durch Meinungsverschiedenheiten kam es zu Spaltungen, sodass heute mindestens fünf Gruppen Grönings Erbe beanspruchen. Der Bruno-Gröning-Freundeskreis ist die grösste davon, er entstand 1979 um Grete Häusler, eine langjährige Mitarbeiterin Grönings. Heute sollen weltweit mehrere Hundert örtliche Kreise mit Zehntausenden Mitgliedern bestehen. Die Zugehörigkeit ist unabhängig von ideologischen oder konfessionellen Bindungen und kostenfrei. Arbeiten werden unentgeltlich geleistet, Kosten durch Spenden gedeckt. Parallel zum Freundeskreis ist durch Grete Häusler auch ein Medienunternehmen aufgebaut worden, das sich v. a. mit der Verbreitung von Grönings Botschaft befasst, vor einigen Jahren aber auch mit der Produktion des Kinofilms «Der Wunderapostel» in Erscheinung trat. Eine Zeitschrift namens «Bruno Gröning» erscheint viermal jährlich.

Im Kanton Bern bestehen, wie generell üblich, keine festen Vortrags- und Versammlungsorte; stattdessen werden bei Bedarf welche gemietet. Ab und an findet zum Beispiel im Hotel Kreuz ein Einführungsabend statt, ähnliches geschieht in Solothurn und Thun. Der Dokumentarfilm ist zum Beispiel im

April und im Mai 2006 dreimal im Kino Rex in Burgdorf gelaufen. Einen öffentlichen Vortrag der MWF gab es zum Beispiel im selben Jahr im Audimax der Universität Bern.

Die Heilenergie könne jeder Mensch in sich wirken lassen, indem er sich täglich in einer ruhigen Zeit darauf konzentriert und dabei positive Gedanken hegt. Etwa 45 sog. Praxisgruppen soll es in der Schweiz geben. Diese treffen sich etwa alle drei Wochen und tauschen sich über Erlebnisse und Heilungen aus. Zu diesen Gruppen erhält man Zugang, nachdem man die öffentliche Einführung besucht hat. Praxisgruppen bestehen im Kanton Bern zwei in der Stadt Bern und eine in Thun.

Kontakt

www.bruno-groening.org, www.gh-verlag.org

Daskalos/Wahrheitsforscher-Kreise

Daskalos (griech: Lehrer) Stylianos Atteshlis (1912–1995) war Zypriote griechisch-englischer Abstammung. Er war künstlerisch begabt – sowohl musisch als auch im Wort – und hatte schon mit sieben Jahren ein Offenbarungserlebnis. Er lebte immer von «Brotberufen», Geld für Belehrungen oder Heilungen nahm er trotz seiner in späten Jahren erlangten Berühmtheit nie. Bekannt wurde er in den 80er-Jahren durch das biografische Buch «Der Magus von Strovolos». Spätestens ab jenem Zeitpunkt war er ein spiritueller Lehrer mit einer weltweiten Anhängerschaft. Die Bildung einer Organisation lehnte er aber strikt ab. Seine Schüler, er nannte sie «Wahrheitsforscher», sollten im Stillen ihre eigene Wahrheit suchen. Er gab dazu nur Rat und Anregung, meist in der «Stoa», einem Raum seines Hauses in Nikosia; daneben unternahm er Vortragsreisen. Zwischen 1990 und 1994 besuchte er jährlich auch die Schweiz. Nach Schätzungen gibt es heute rund 100 Wahrheitsforscherkreise weltweit, zwischen zehn und 20 allein hierzulande.

Daskalos bekannte sich ausdrücklich zu seinem Christ-Sein, jedoch interpretierte er die christliche Lehre (seiner orthodoxen Tradition) sehr offen und esoterisch. Die inhaltliche Nähe zur → Anthroposophie ist erkennbar, zum Beispiel sind Reinkarnation und Karma Bestandteil seiner Vorstellungen. Daskalos ging von einer inneren Einheit aller Religionen aus. Indem er das Mystische betonte, dogmatisierte Lehren und Rituale aber ablehnte, wollte er Anhängern aller Religionen etwas geben. Daskalos wurde bewundert wegen seiner «Wahrheitsschau», auch sei er fähig gewesen, seine Seele vom Körper zu trennen und sog. Astralreisen zu machen. Die Kirche Zyperns hätte ihn wegen seiner «Magie» fast exkommuniziert. Besondere Wirkung erlangte er als Wunderheiler, er entwarf eine umfassende Anatomie der menschlichen Natur. Ihr Kern ist die Lehre der «drei Körper des Menschen (noetisch/mental, psychisch/emotional, materiell/physisch)» und von den «Elementalen». Diese «Gedanken-Formen» und «Emotional-Formen» seien selbst erzeugte geistige Gebilde und die Ursache fast aller Krankheiten; sie kontrollieren zu können, sei daher wichtig.

In gewisser Weise wird Daskalos' Werk heute von seiner Tochter verwaltet. Sie hält Vorträge und versorgt die Kreise mit Studienmaterial, beansprucht jedoch keinerlei Autorität. Manche Wahrheitsforscher sind nicht einmal mit dieser Nachfolge, die ja auch eine Art der Institutionalisierung darstellt, einverstanden. Eine Organisation Erevna, die von Daskalos selbst in den Achtzigerjahren mitgegründet worden war, gilt inzwischen als nicht mehr autorisiert. Auch viele Heiler beziehen sich in ihrem Tun auf Daskalos. Die Regel sind heute wenig organisierte Wahrheitsforscher-Gruppen und einzelne Anhänger.

Im Kanton Bern bestehen heute einige lockere und private Kreise. Es waren einmal mehr Aktive, doch seit Daskalos' Ableben sind die Aktivitäten zurückgegangen. Wobei das nicht genau festzustellen ist, da es keinerlei Organisationsform gibt. Ein Kreis von Freunden von Daskalos' Lehre besteht seit Langem in Köniz, er wird mitunter auch von Daskalos' Tochter Panayiota besucht. Ein «Theosis Institute of Mysticism and Healing» (gegr. 1996 in Deutschland) führt gelegentlich Kurse im anthroposophischen Rüttihubelbad durch. Ein anderer Kreis um einen Therapeuten besteht in Spiez, ein weiterer in Langenthal.

Kontakt

www.theosis.com, www.researchers-of-truth.org

Dianetik-Zentrum der Scientology-Kirche Bern

Mit der Aussage, es handle sich um eine «angewandte religiöse Philosophie», bejahen Scientologen die Frage, ob es sich bei ihrer Lehre und der Organisation, der Scientology Kirche (SK), um eine Religion handelt. Dieser Anspruch ist aber nicht unumstritten. In der öffentlichen Debatte, im wissenschaftlichen Diskurs und auch juristisch gibt es Verlautbarungen dagegen wie auch (zuletzt von Europäischen Gerichtshof für Menschenrechte) dafür.

Lafayette Ron Hubbard («LRH», 1911–1986), schon in jungen Jahren aus familiären Gründen viel gereist und naturwissenschaftlich-technisch gebildet, begann in den 30er-Jahren mit dem Schreiben von Abenteuer- und Science-Fiction-Geschichten. Sein Buch «Dianetics» (1950) verstand er dagegen als wissenschaftliche Theorie. Die SK heute: «L. Ron Hubbard entdeckte die einzige Quelle von Aberration, das heisst der Abweichungen von vernunftgemässem Handeln und Denken, und damit gleichzeitig die einzige Barriere zu völliger geistiger Freiheit … Diese Quelle ist der reaktive Verstand.» Darunter verstehen Scientologen das unbewusst wirkenden Speichergedächtnis von «Engrammen» (Prägungen), die durch negative Erlebnisse entstanden sind. Probleme, die ein Individuum hat, seien meist auf Engramme zurückzuführen. Die Hubbard-Dianetik-Forschung (gegr. 1951) war ein therapeutisches Unternehmen, das sich mit der «Löschung» der Engramme befasste. Dazu wird ein dialogisches Verfahren namens Auditing benutzt, bei dem ein Auditor (heute auch Geistlicher genannt) gezielt Fragen stellt. Mithilfe eines E-Meter genannten Gerätes werden unwillkürliche Reaktionen des Befragten – meist bei emotional berührenden Themen – erkennbar. Eine Wiederholung des Fragespiels und das Durcharbeiten des Themas führen zum Verschwinden der Zeigerausschläge beim E-Meter: Das Engramm gilt als gelöscht. Es sind sehr viele Engramme zu finden, insbesondere weil Scientology davon ausgeht, dass auch die in den postulierten früheren Leben angesammelten immer noch wirksam sind. So umfasst der Auditing-Prozess sehr viele Sitzungen. Ein Mensch, bei dem sich kein Engramm mehr finden lässt, gilt als «clear» (geklärt), als völlig frei. Dieser Teil der Lehre und Praxis heisst Dianetik.

Nach einem anfänglichen Boom in den USA ging der Trend damals schnell wieder zurück, zum einen, weil gesteckte Ziele nicht erreicht werden konnten, zum andern, weil vonseiten staatlicher Stellen und von Ärzten massive Kritik geäussert wurde. Es kam zu Problemen in der Organisation, und 1954 gründeten Mitglieder in Kalifornien die erste Scientology-Kirche. Bereits seit 1952 war betont worden, dass es sich bei Scientology («Lehre vom Wissen») um eine Religion handele. Inzwischen ist die Church of Scientology International zu einer weltweiten Organisation angewachsen, der sich nach Angaben der SK rund acht Millionen Menschen verbunden fühlen. Die Zahl der eingeschriebenen Mitglieder ist kleiner. Haupt- und nebenberufliche Mitarbeiter hat die Organisation rund 15 000. Mitglied von Scientology wird man automatisch, wenn man eine Dienstleistung in Anspruch nimmt. Diese Mitgliedschaft kostet nichts und erlischt automatisch nach sechs Monaten. Wer Mitglied bleibt, zahlt (in der Schweiz) zwischen 50 und 100 Franken pro Jahr. Eine spezielle Aufnahmezeremonie gibt es nicht, ein formaler Austritt ist jederzeit möglich. Als hauptamtliche Mitarbeiter notierte aktive Mitglieder übernehmen verschiedene Aufgaben in der sehr komplexen Hierarchie. Möglicherweise resultiert die starke Differenz bei den Mitgliederzahlen in verschiedenen Quellen (Aussenstehende schätzen die Zahl sehr viel niedriger) aus dem Unterschied zwischen den aktiven Mitarbeitern und den passiven Anhängern bzw. gelegentlichen Nutzern einzelner Kurse.

Die als eigentliche religiöse Lehre verstandene Scientology-Doktrin reicht weit über die irdische Welt und die Dianetik hinaus. Der Mensch wird als geistiges Wesen verstanden, wobei der momentane irdische, sich selbst bewusste Mensch nur ein Teil eines überhumanen Wesens ist. Denn er ist eigentlich ein sog. Thetan, eine unsterbliche kosmische Entität, die permanent reinkarniert. Erst durch einen komplexen Auditing-Prozess, mit dem nur ein Clear beginnen kann, könne sich der Mensch seines thetanischen Wesens bewusst werden, zum Operierenden Thetan (OT) werden. Der gesamte Aufstiegsprozess heisst bei Scientology «Brücke zur vollkommenen Freiheit». An seinem Ende steht ein Wesen, das über völlige innere Freiheit verfügt und in diesem Universum jegliche Hindernisse «ursächlich handhaben», das heisst überwinden können soll.

Die Praxis in Scientology besteht – neben dem Auditing, so man es wünscht – aus dem Selbststudium und Durcharbeiten der Schriften des verehrten und omnipräsenten LRH. Das geschieht zu Hause oder in einem Zentrum der Gemeinschaft. Man kann sehr viele verschiedene Kurse belegen; die einfachen überall, für höhere muss man zu speziell ausgestatteten Instituten in Saint Hill (England), Kopenhagen oder ins Hauptquartier von Scientology in Florida bzw. Los Angeles reisen. Auch zum Auditor – in verschiedenen Klassen, das heisst Qualifikationsstufen – kann man sich ausbilden lassen. Die Kosten für die mitunter sehr zeit- und betreuungsintensiven Kurse können sehr hoch sein. Hauptsächlich über die Gebühren für Kurse und Auditings, die Verkäufe von Medien und über Spenden finanziert sich die Organisation.

Das komplexe Netzwerk der SK umfasst viele interne Organisationen, zum Beispiel die als religiöser Orden oder Bruderschaft bezeichnete Sea Org der Scientology-Elite; das Religious Technology Center RTC als Rechteinhaber an LRHs Werken; das Office for Special Affairs OSA, das Rechts- und Pressearbeit leistet, aber auch nachrichtendienstlich tätig werden kann, u. a. m. Geschlechterunterschiede macht die Organisation nicht.

Charakteristisch ist, dass «L. Ron Hubbards Technologien … weitreichende Anwendungsmöglichkeiten im religionsunabhängigen Bereich» haben. Daher gibt es heute Angebote für fast alle Lebensaspekte. Scientology legt Wert darauf, eine sehr praktische und v. a. wirksame Technologie zu besitzen. Für diese nicht religiösen Aspekte bestehen formal unabhängige Organisationen: WISE, ein Unternehmerverband; ZIEL, eine Lernhilfe-Organisation; die Drogenrehabilitation Narconon u. a. m. Zwei Privatschulen in der Schweiz werden von Scientologen geleitet und verwenden die Studiermethoden von Hubbard. Kurse in diesen Bereichen kann man belegen, ohne Mitglied in der Scientology-Kirche zu sein. Überhaupt versteht sich die Gemeinschaft nicht exklusiv, das heisst, es gibt Doppelmitgliedschaften zu anderen Religionen.

Immer wieder zog die SK heftige Kritik auf sich, im deutschsprachigen Raum besonders in den Neunzigerjahren. Sogar staatlicherseits wurde eingegriffen, etwa durch eine (ergebnislose) nachrichtendienstliche Beobachtung in einigen deutschen Bundesländern. Zugleich führte die SK (oder Unterorganisationen) Prozesse, insbesondere in Finanzangelegenheiten und wegen Scientology-kritischer Meinungsäusserungen. Scientology wird oft wahrgenommen als eine «gefährliche Sekte»; die Organisation ist heute für viele Menschen geradezu der Inbegriff dafür. Die inzwischen wieder etwas entpolemisierte öffentliche Thematisierung hat dazu geführt, dass einige überhitzte Annahmen über die Gefährlichkeit der Gemeinschaft relativiert wurden, aber auch dazu, dass die SK ihrerseits sich etwas veränderte. Die Attacken auf Kritiker haben nachgelassen, soziale Aktivitäten und Charmeoffensiven werden gestartet – u. a. mithilfe von Hollywood-Prominenz – und man geht anders mit Mitarbeitern um. Manche Beobachter äussern aber auch weiterhin kritische Besorgnis.

Schweiz und Bern

Die SK fasste zwischen 1968 und 1973 in der Schweiz Fuss. Zwischenzeitlich war einmal – entsprechend dem Ideal einer «Welt ohne Wahnsinn, Kriminalität und Drogen» – der Plan Clear Switzerland entworfen worden, der die Schweiz zum ersten «geclearten», das heisst nach scientologischen Gesichtspunkten funktionierenden Land machen sollte. In der Zeit ihres nationalen Bestehens hat die Organisation rund 60 000 Personen eine Einführung in Scientology gegeben. Nach eigenen Angaben hat sie heute ca. 5500 Anhänger, 2200 sind Mitglied der Internationalen Vereinigung der Scientologen. Sie bezahlen dafür 450 US-

Dollar jährlich oder einmalig 3000 Dollar für die lebenslange Mitgliedschaft. Bei der Volkszählung 2000 haben rund 800 Menschen eine Mitgliedschaft angegeben. Scientology-Geistliche – es gibt 15 davon – werden, wie auch die Pfarrer der Landes- und Freikirchen, vom Militärdienst befreit.

Fünf sog. Kirchen (Basel, Bern, Genf, Lausanne und Zürich) und sechs Missionen betreuen die Anhänger. Der die Einrichtungen tragende Verein ist davon juristisch unabhängig. Die grösste Ortsgruppe und für die Schweiz zentrale Kirche in Zürich gibt unregelmässig die Zeitschrift «Freiheit Schweiz» heraus. Schweizer Scientologen betreiben mehrere Vereine: Narconon Romandie in Bex VD (der deutsche Teil arbeitet ambulant) ist ein Rehabilitations- und Ausbildungszentrum im Zusammenhang mit Drogenproblemen; nach eigenen Angaben hat er bisher etwa 200 Abhängige von der Sucht befreit. Die in der SK generell sehr massive Kritik an der Psychiatrie wird als Bürgerrechtsarbeit vom Verein Bürgerkommission für Menschenrechte betrieben. Der Verein Sag Nein zu Drogen engagierte sich im Abstimmungskampf 2004 mit der Herausgabe von 700 000 Broschüren gegen ein liberales Drogengesetz.

Das Berner Dianetik-Zentrum der Scientology-Kirche war das erste Schweizer Scientology-Zentrum überhaupt, es entstand 1973. Später erlangte es den internen Status einer Kirche. Heute hat Scientology rund 200 Anhänger in der Region, etwa zehn sind vollamtliche Aktivmitglieder. Ihre Zahl ist Anfang der Achtzigerjahre deutlich zurückgegangen, als die nationale Zentrale nach Zürich verlegt wurde. Die Berner Kirche bietet Beratungen und Kurse an und gibt die Zeitschrift «Verstehen» mit 5500 Stück Auflage heraus; diese enthält aber nur wenige Bern- oder Schweiz-bezogene Inhalte. Für jeden Sonntag wird die Sonntagsandacht angeboten: «Lösung für eine gefährliche Umwelt. Nehmen Sie an einem Dienst teil, der Ihnen helfen kann, Angst, Besorgnis und Niedergeschlagenheit zu überwinden und der Zukunft zuversichtlich ins Auge zu sehen. Praktische Hilfe für den menschlichen Geist.» Sie findet tatsächlich aber nur auf Wunsch und somit nur recht selten statt. Allerdings kann man jederzeit während der sehr langen Öffnungszeiten das Video-Selbstporträt «Orientation» und weitere Filme ansehen. Die Scientology-Feiertage wie der 13. März (Geburtstag von L. Ron Hubbard), der 9. Mai (Jahrestag der Herausgabe des Dianetik-Buches), der 12. September (Tag des Auditors) und der 7. Oktober (Gründungstag der Internationalen Vereinigung von Scientologen) werden auch von Berner Scientologen gefeiert, manchmal (halb)öffentlich, indem zum Beispiel dafür Räume gemietet werden. Im Kanton sind die Vereine Bürgerkommission für Menschenrechte, Sag Nein zu Drogen (drei örtliche Gruppen) und Der Weg zum

Glücklichsein aktiv. Die Berner Scientologen treten häufig öffentlich auf. Dazu bauen sie meist einen gelben Info-Stand in der Innenstadt auf oder präsentieren sich mit kleinen Bauchläden. Das Publikum kann sich dort am E-Meter einem Stresstest unterziehen und Schriften erwerben. Wie überall wird starke Werbung, zum Beispiel mit Plakaten und Wurfzetteln betrieben.

Kontakt

Mühlemattstrasse 31, 3007 Bern, Tel.: 031 372 41 40
www.scientology-bern.org, www.scientology.ch

Falun Gong
(Hildi Thalmann)

Falun Gong wurde 1992 von Li Hongzhi (geb. 1951) erstmals öffentlich dargestellt. Von einer Qigong-Praxis ausgehend hat er eine seit der Mingzeit bestehende chinesische volksreligiöse Tradition neu formuliert. Falun Gong hatte rasch Erfolg, und Li Hongzhi erhielt verschiedene Auszeichnungen als Qigong-Meister. 1994 erschien «Zhuan Falun», das Offenbarungsbuch. Ab 1994/95 wurde die Bewegung durch Vortragsreisen Li Hongzhis und das Internet globalisiert. 1996 verliess «Meister Li» die Volksrepublik China und verlegte seinen Wohnsitz nach New York. Bis zu 100 Millionen Praktizierende soll die Bewegung in China umfasst haben, als sie im Jahre 1999 verboten wurde. Die Regierung löste Gegenkampagnen aus und Praktizierende wurden verfolgt, in Gefängnisse, psychiatrische Kliniken oder Umerziehungslager gebracht. Es gibt Berichte über Folterungen und Todesfälle.

Die Lehre wird im «Zhuan Falun» als wissenschaftlich beweisbar bezeichnet, manchmal auch als Vollendung der buddhistischen Lehre. Sie trägt volksreligiöse, taoistische, konfuzianische und christliche Züge. Das Symbol ist das Falun (Gesetzesrad), es repräsentiert das Universum und seine Kraft. Das Falun muss von Meister Li in Rotation versetzt werden. Bildlich wird auch gesagt, dass der Meister das Rad den Praktizierenden in den Unterbauch einsetze. Der «fashen» (Gesetzeskörper/dharmakaya) des Meisters beschützt die Praktizierenden. Ein wichtiges Konzept ist Karma, wobei Meister Li unter Karma ausschliesslich schlechtes Karma versteht, welches als schwarze Substanz den Körper umgibt und ihn vom Universum trennt. Karma kann in einem Verdienstsystem abgetragen werden. Dies geschieht zum einen Teil durch Meister Li, zum andern durch die Kultivierungspraxis (Gong). Diese hat die persönliche Vollendung und das «Wiederaufrichten» des kosmischen Gesetzes zum Ziel. Seit der Verfolgung verstärken sich Aussagen, dass ein gegenwärtiges finsteres Zeitalter überwunden werden müsse; die Bewegung kann durchaus als apokalyptisch angesehen werden. Ein wichtiger Teil der Praxis sind die fünf Qigong-Übungen, die jeweils von einem Mantra begleitet sind. Diese werden immer zu den aufgezeichneten Anleitungen des Meisters durchgeführt und haben einen rituellen Charakter. Praktizierende sollen auch «überweltliche Kräfte» entwickeln, die jedoch als ursprünglich natürliche menschliche Fähigkeiten betrachtet werden. Das Zentrum der Kultivierung ist das Beachten der ethischen Richtlinien von Wahrhaftigkeit, Barmherzigkeit und Nachsicht. Falun Gong lehrt, zuerst bei sich selber nach den Ursachen von Problemen zu suchen, Eigensinn loszulassen und Eigenverantwortung zu übernehmen. Ein weiterer Aspekt ist das regelmässige, repetitive Lesen der Schriften Li Hongzhis. Falun Gong betont, nicht religiös zu sein, da es keine religiösen Rituale, keine Priester und keine Organisation habe. Über Internet und an Konferenzen wird die ideelle Richtung innerhalb von Falun Gong weiterhin ausschliesslich durch Meister Li bestimmt. Kein Schüler darf die Lehre weitergeben, heilen oder Bezahlung annehmen.

Nach eigenen Angaben ist Falun Gong in 70 Ländern vertreten und hat über 100 Millionen Praktizierende. Da aber niemand die Zahl der aktiven Chinesen kennt und es im Ausland nur einige Millionen sind, ist sie mittlerweile deutlich kleiner. Ausserhalb von China gibt es besonders viele Praktizierende in Taiwan und unter chinesischen Akademikern in Nordamerika.

Schweiz und Bern

In der Schweiz umfasst die Bewegung, die hier seit etwa 1995 präsent ist, nach eigenen Angaben zwischen 300 und 500 Praktizierende, wenn auch die nur gelegentlich zu Gruppenübungen erscheinenden mitgezählt werden. Es finden sich gleich viele westliche wie chinesische Übende. Die Falun-Gong-Bewegung versteht sich als eine lose Gruppe von individuell Praktizierenden, es besteht nur ein lockeres horizontales Netzwerk. Innerhalb der Gruppe herrscht eine weitgehende Gleichstellung. Nur punktuell werden gemeinsame Aktionen durchgeführt. Ein Verein dient als Kontaktstelle und um Bewilligungen für Aktionen einzuholen. Es gibt keine Mitgliederlisten oder Eintrittszeremonien; auch werden keine Mitgliederbeiträge oder Gebühren erhoben und keine Spenden angenommen. Aktivitäten werden von den Praktizierenden finanziert. Die

Schriften können kostenlos aus dem Internet bezogen werden. Jedermann kann an den Übungen teilnehmen.

Über die Schweiz verstreut, bestehen mehrere Übungsgruppen, die grösste in Genf. Von den 17 Übungsorten, an denen ein- bis zweimal pro Woche praktiziert wird, befinden sich vier im Kanton Bern. Die Berner Gruppe besteht seit 1998. Zurzeit gibt es drei Wochentermine für gemeinsame Übungen im Rosengarten. Ausserdem dient das Zentrum 5 an der Flurstrasse als Übungshalle. Regelmässig praktizieren etwa zehn Personen. Weitere Praxisorte im Kanton sind Biel, Thun und Gstaad. Ein- bis zweimal jährlich erscheint die Zeitschrift «Blickpunkt Falun Gong», ausserdem werden Informationsschriften verteilt. Das wichtigste gemeinsame Anliegen ist die Bekanntmachung der Verfolgung in China, ein aktives Propagieren der Lehre erfolgt dagegen heute nicht. Besonders intensiv wird versucht, chinesische Touristen zu informieren. Falun Gong ist in der Öffentlichkeit sehr aktiv, zum Beispiel wird gelegentlich in der Berner Innenstadt informiert und auch paradiert. Der Einsatz für die Verfolgten in China hält die Gruppe stark zusammen, sodass man sich fragen kann, was mit der Bewegung geschehen wird, wenn dieses Ziel wegfallen sollte.

Kontakt

Lam Duy Quoc, Alpenblickstrasse 6, 3052 Zollikofen, Tel.: 076 490 20 67
www.falundafa.ch

Freie Zone/Ron's Org Bern

Innerhalb von Scientology gab es ab und an Dissidenten, und von Anfang an verliessen immer wieder Leute die → Scientology-Kirche (SK) und boten die Lehre unabhängig an. Oft war das mit Rekombinationen von Lehraussagen bzw. der Vermischung mit anderen Ideen verbunden. Heute wird der Begriff «Freie Zone» allgemein verwandt für alle derartigen unabhängigen Angebote, ohne Berücksichtigung von deren Nähe zur ursprünglichen Lehre.

Nach dem Rückzug L. Ron Hubbards aus der Öffentlichkeit 1981 brachen in der SK-Spitze Konkurrenzkämpfe aus. Mehrere hochrangige Mitglieder verliessen die Gemeinschaft bzw. wurden ausgeschlossen. Im Oktober 1984 gründete der ehemalige SK-Führungskader Bill Robertson in Frankfurt am Main die Ron's Org (Abkürzung für Ron's Organization and Network for Standard

Technology). Er wollte sicherstellen, dass die Scientology-Lehre weiterhin exakt nach LRHs Vorgaben, als «Standard Tech» gelehrt wird, in der SK sah er verfälschende Elemente am Werk. Ron's Org formuliert heute sehr deutlich, dass sie mit der SK als Organisation nichts zu tun hat. Und im Gegensatz zur Scientology-Kirche verstehen Leute aus der Freien Zone die Scientology-Lehre zwar als religiös, jedoch nicht als Kirche. Scientology wird betrachtet als «Erkenntnisphilosophie, die dem Menschen ermöglicht, Antworten auf Fragen zu erhalten, die natürlich auch in den Bereich der Religiosität gehen, wie zum Beispiel Woher komme ich, Wohin gehe ich usw.» bzw. Scientology sei «eine angewandte Philosophie, die einen religiösen oder spirituellen Aspekt aufweist». Grundsätzlich sind in der Lehre der «alternativen Scientology» die Unterschiede zur SK aber nicht gross.

Inzwischen entwickelte sich ein informelles Netzwerk. Eine kleine, «Lieferungseinheit» genannte Schulungsgruppe von Scientology aus der Freien Zone kann zu einer offiziellen Ron's Org werden, wenn das Ron's Org Committee (ROC) dem zustimmt. Das ROC als Dach für das Netzwerk wurde aber erst 2004 gegründet und überführte so eine informelle Struktur des gegenseitigen Abgleichs in eine netzwerkartige Organisation. Eine hierarchische Struktur besteht deswegen nicht; grösste gemeinsame Aktivität sind jährliche «Convention» genannte Versammlungen. Einzelne Ron's Orgs haben die Möglichkeit, beim ROC die Qualität ihrer Lehre prüfen zu lassen, ansonsten bleiben sie unabhängig.

Berner Scientology-Dissidenten begannen um 1984 mit der unabhängigen Arbeit, kurz darauf agierte die Gruppe unter dem Namen «Apfelbaumschule». Eine andere unabhängige Scientology-Gruppe war in den Achtzigerjahren das AAC (Advanced Ability Center) Langenthal. Seit 1987 nennt sich die Berner Gruppe «Ron's Org Bern». Sie ist heute, obwohl zahlenmässig klein, eine der wichtigsten Orgs überhaupt. Das liegt daran, dass die Mitglieder – im Kern eine Familie – bereits sehr lange Scientology praktiziert und hohe Qualifikationen erreicht haben. Sie können ihrerseits nun hohe Ausbildungsstufen anbieten. Ausserdem agieren sie stark nach aussen; so waren und sind sie wesentlich an der Schaffung des Rons-Org's-Netzwerks beteiligt. Ab 1997 begann dessen Aufbau in Russland, wobei Bern federführend war. In Moskau gibt es über zehn Ron's Orgs, und einige haben eine beachtliche Grösse. Noch immer sind die Berner eine massgebliche Stütze. Die von Bern aus organisierte Ron's Org Convention 2005 in Russland mit rund 350 Teilnehmern aus zwölf Ländern gilt als grösstes Treffen freier Scientologen jemals. Etwa 50 weitere Orgs weltweit erhalten heute von Bern aus Unterstützung, was für die Berner mit einer starken Reisetätigkeit verbunden ist. In der Schweiz bestehen verbundene Orgs noch in Gams SG und in Mörigen bei Biel. Dieses kleine Netz umfasst etwa 60 bis 80 Menschen, im Kanton Bern sind es rund zehn. Zweimal jährlich treffen sie sich im Jura zu einem einwöchigen Trainingscamp.

Kontakt

Mohnstrasse 96, 3084 Wabern, Tel.: 031 964 06 66
www.ronsorg.ch, www.ronsorg.com, www.zonelibresuisse.ch

Gralsbewegung

Der 1875 im ostdeutschen Bischofswerda geborene Oskar Ernst Bernhardt war 1915–1919 kriegsbedingt in Grossbritannien interniert. In dieser Zeit bereitete sich seine Berufungserkenntnis vor, dass er der von Christus verheissene Menschensohn «Immanuel» sei, ein «Gesandter Gottes». Bernhardt war vor dem I. Weltkrieg weit gereist. In Zürich (1903–1905) und Bern (bis 1907) war er kaufmännisch tätig; in der Schweizer Hauptstadt wurde er als Teilhaber einer Import-Firma gar in einen Konkurs-Prozess verwickelt. Als Schriftsteller dagegen war er in Bern erfolgreich: Im Verlag Zu Hause von V. Schlüter (Bern) erschien 1906 sein erstes Buch mit Reiseberichten («Aus fernen Landen»).

Nach seiner «Berufung» im Jahre 1920 begann Bernhardt unter dem Namen Abd-ru-shin ab 1924 sukzessive Vorträge seines späteren Hauptwerkes, der «Gralsbotschaft», zu veröffentlichen. Er gewann v. a. in seiner sächsischen Heimat und dann im süddeutschen Raum schnell Anhänger. Abd-ru-shin verlegte seinen Wohnsitz und das Zentrum seiner (nicht fest organisierten) Gemeinschaft 1928 nach Vomperberg (Tirol/Österreich). Er starb, 1938 von den Nazis festgesetzt, 1941. Nach Kriegsende lebten die Aktivitäten der von Bernhardts Angehörigen weitergeführten Gemeinschaft, nun (internationale) Gralsbewegung genannt, wieder auf. Der Verlag der Stiftung Gralsbotschaft in Stuttgart gibt die Werke Abd-ru-shins, speziell das dreibändige Hauptwerk «Im Lichte der Wahrheit – Gralsbotschaft» (in 17 Sprachen vorliegend), und vierteljährlich die Zeitschrift «GralsWelt» heraus. Der Gemeinschaft der Bekenner gehören weltweit nach eigenen Angaben rund 23 000 Menschen an, davon die Hälfte in Afrika. Wesentlich mehr Menschen beschäftigen sich mit den Schriften.

Abd-ru-shins religiös-weltanschaulicher Entwurf enthält Elemente und Begriffe der christlichen Lehre, wobei auch gnostische und esoterische Gedanken anklingen. Im Mittelpunkt steht – lichthaft und absolut – Gott, der Ursprung allen Seins. Der göttlichen Sphäre sind göttliche Wesen und Mächte zugeordnet. Ihr schliesst sich in absteigender Hierarchie das unvergängliche geistige Reich und diesem zuletzt die materielle Welt an. Die Welt – und in ihr die Erde – ist ein vergänglicher «grobstofflicher» Schöpfungsteil und unterliegt einem permanenten Zirkel von Werden und Vergehen. Die lebenserhaltende Verbindung zwischen Gott und seiner Schöpfung wird durch den «Gral» in der «Gralsburg» gehalten. Durch diesen Verbindungspunkt strömt bis heute alljährlich erneut göttliche Energie in die Welt. Jeweils am 30. Mai feiert die Gralsbewegung dieses Ereignis.

Der Mensch ist von stofflichen Hüllen umgebener Geist, der Reifung erlangen will und über u. U. viele Reinkarnationen, durch sein Karma gelenkt, die Rückkehr in die geistige Sphäre anstrebt. Das «Prinzip helfender Liebe» in den Gottesgesetzen unterstützt seinen Entwicklungsweg, während das «Prinzip der Versuchung» des von Gott verstossenen Luzifer ihn hindern kann. Der Mensch ist mit freiem Willen ausgestattet und hat die Wahl. Er soll, auch mithilfe der durch den «Wahrheitsbringer aus dem Licht», Christus, vermittelten Botschaft, den (sinnbildlichen) «Weg zum Gral» gehen, und in das geistige Reich, das Paradies, zurückfinden. Der materiellen Welt gehört der Verstand (Intellekt) an. Durch dessen vorherrschenden Einsatz – gegenüber den Kräften von Gemüt und Geist – verfiel die Welt zu ihrem gegenwärtigen schlechten Zustand. Bereits Jesus warnte vor dieser Entwicklung; die Menschen nahmen seine Botschaft jedoch nicht richtig an. Aber er kündigte das Kommen des «Geistes der Wahrheit», Immanuel, an, als den Abd-ru-shin sich sah. Seine Aufgabe war es, einerseits die Lehre weiterzugeben und das Schöpfungswissen zu vervollständigen, andererseits die Menschen zu mahnen, da der vergänglichen Welt unweigerlich das Endgericht bevorstehe. Da der Einzelne ernte, was er gesät habe, muss sich nun jeder bewusst aus seinen karmischen Bindungen lösen, eine Fremderlösung gibt es nicht. Die in der Gralsbotschaft gegebenen moralischen und lebenspraktischen Lehren sollen dabei helfen. Das religiöse Leben der Anhänger besteht daher im Wesentlichen aus einem Studium des Buches und einem individuellen Vertiefen. Das geschieht in eigener Verantwortung und ohne Vorschriften. Die Bekenner der Gralsbotschaft können sich in örtlichen «Gralskreisen» organisieren und sich im Gespräch austauschen. Feste Regeln gibt es für solche Treffen nicht, ebenso keine feste Zugehörigkeit. In «Licht-» oder «Andachtsstätten» finden sonntäglich Andachtsfeiern mit Lesungen aus der Gralsbotschaft statt, die auch andersgläubige Menschen auf Anfrage besuchen dürfen. Die Andachten dienen der gemeinsamen Gottesverehrung. Weitere Rituale sind die drei jährlich stattfindenden (nicht öffentlichen) Gralsfeiern mit Gralshandlungen (zum Beispiel Trauung) sowie Begräbnisfeiern. An besonderen Tagen findet eine Mahlfeier mit Brot und Wein statt. Auf seine Bitte hin kann ein Bekenner «versiegelt» werden, als Zeichen erhält er ein Silberkreuz. Er macht es sich dann zur Aufgabe, die Gralsbotschaft aktiv zu leben. Mission findet nicht statt, gelegentlich wird zu öffentlichen Vorträgen eingeladen.

Die Anfänge der Bewegung in der Schweiz gehen etwa auf das Jahr 1930 zurück. Ein erster Kreis entstand damals in Basel, später folgte einer in Zürich. Auch in Bern kamen Bekenner seit jener Zeit zusammen, jedoch entstand hier ein Kreis offiziell erst 1958. Als in Deutschland die Verfolgung der Gralsanhänger begann, gründeten Bekenner 1937 in Zürich die Verlags-AG Die Stimme. Sie produzierten eine gleichnamige Zeitschrift, von der jedoch nur die zwölf Ausgaben jenes Jahrgangs erschienen. 1937 besuchte auch Abd-ru-shin die Schweiz. Heute besteht in Zürich-Gockhausen die grösste Andachtshalle der Gemeinschaft in der Schweiz. Etwa 150 Personen finden in ihr Platz. Dort werden neben Andachten auch die Gralsfeiern veranstaltet. Eine Halle in Riehen bei Basel fasst rund 80 Personen; Bern verfügt über einen ähnlich grossen Andachtsraum. In Corsier, Luzern, St.Gallen und Suhr sind Räume angemietet. Treffen finden auch privat statt, die Kreise besuchen sich gegenseitig oder unternehmen Aktivitäten wie Wanderungen, Kulturbesuche u. Ä. Ein im Jahre 2002 gegründeter Verein Gralsbewegung Schweiz (der Sitz ist in Bern) dient als juristische Person der Schweizer Gemeinschaft, ein Buchvertrieb zur Weitergabe der Gralsbotschaft und anderer Schriften ist angeschlossen.

Kontakt

A. v. Bergen, Fliederweg 10, 3007 Bern, Tel.: 031 951 11 83
www.gral.ch

Lichtzentrum Unity Schweiz in Bern

Als im 19. Jahrhundert in den USA das New Thought (Neues Denken, Neugeist, bekannter als Positives Denken) populär wurde, entstanden auf dieser Basis verschiedene Gemeinschaften. Die bekannteste von denjenigen, die eine starke christliche Prägung haben, ist → Christian Science. Nachdem Charles und Myrtle Fillmore bei einer Anhängerin der Christian Science studiert und Heilungen erlebt hatten, entwickelten sie ihre eigene Lehre und begannen selbst zu heilen. Im Jahr 1889 kam es zur Gründung der Unity School of Christianity. Die Gruppe gab die Zeitschrift «Modern Thought» heraus, und es entstanden an vielen Orten weitere Gruppen. Unity hat heute den Hauptsitz in der Nähe von Kansas City. Sie unterhält dort im Unity Village viele Dienste und ist als Kirche anerkannt. Der Aufbau ist in den USA recht komplex. Es wird zwischen Unity-Lehrern und Unity-Ministern unterschieden. Die Qualifikation zum Minister erfordert ein mehrjähriges Studium und berechtigt dazu, ein Unity-Lehramt zu eröffnen. Unity ist heute in über 60 Ländern mit über 900 Ministries (Gemeinden) vertreten und gehört zu den einflussreichsten Gruppen der Neugeistbewegung. Auflagenstärkstes Organ ist die seit 1924 erscheinende, heute in neun Sprachen gedruckte Monats-Zeitschrift «Daily Word» (in der Schweiz: «Das Tägliche Wort»).

Unity (Einheit, Einssein) versteht sich als «überkonfessionelle Lebensschule für praktisches Christentum», welche körperliche und geistige Gesundheit mit einer spirituellen Orientierung verbindet und eine optimistische Lebenseinstellung lehrt. Die Anhänger von Unity haben eine grosse Freiheit, den Lehren zu folgen oder nicht. Unity sieht sich nicht als abgeschlossene Gemeinschaft mit einer eingrenzbaren Lehre, sondern richtet den Blick auf alle Religionen. Es gibt kein verbindliches Bekenntnis und keine exklusive Zugehörigkeit. Reinkarnation, eine jenseitige Welt, karmische Lebensaufgaben, Schwingungen und Energien spielen ebenso eine Rolle wie ein Konzept der Reinheit. Alle Menschen hätten die Möglichkeit, göttlich zu werden; Jesus war nur ein Beispiel dafür. Jeder Mensch sei ein spirituelles Wesen und «trägt einen Funken Göttlichkeit, den Christusgeist im Innern». Gott wird nicht als Person verstanden, sondern als gutes, allumfassendes Prinzip. Weisheit, Liebe und Harmonie sind Ausdruck göttlichen Seins. Durch die geistige Einheit mit Gott (die namensgebende Unity) gelangen diese Prinzipien ins Bewusstsein und werden für den Einzelnen erfahrbar. Mittel hierfür sind Meditation und Gebet. Letzteres spielt eine zentrale Rolle: Jede Unity-Gemeinde hat in der Regel eine Gebetsgruppe, und die Unity-Zentrale ruft einmal jährlich zum Weltgebetstag auf. Der Gebetsdienst wird Silent Unity (Stille Einheit) genannt. Unity betont, dass es nicht die (betenden) Menschen sind, die die Wirkungen vollbringen, sondern dass Gott dies tut. In der Schweiz tritt die Gemeinschaft nicht als Kirche oder Religion auf.

Nach Deutschland gelangte Unity bereits in den Zwanzigerjahren, in der Schweiz begann der Versand der Monatsschrift «Das tägliche Wort mit dem JA» 1955, 1961 gründete man einen Verein in Zürich. Seit 1969 besitzt der Frick Verlag im deutschen Pforzheim die Generallizenz. Heute bestehen sieben Studien- und Meditationsgruppen in den grösseren Städten der Schweiz. 1981 wurde im südlichen Schwarzwald das Unity-Seminarzentrum Lichtquell gegründet, das Wochenseminare anbietet und in dieser Funktion auch für die Schweizer Unity-Freunde zentral ist. Eine Mitgliedschaft gibt es auf der formalen Ebene des tragenden Vereins (in der Schweiz rund 120 Mitglieder). Unity hat heute im deutschsprachigen Raum nach eigenen Angaben rund 10 000 Anhänger; das für die Schweiz zentrale Unity-Lichtzentrum in Bern verschickt monatlich Schriften an rund 1000 Adressaten. Sämtliche Kosten (ausser für die Medien und die Ausbildung in den USA), auch im Zentrum Lichtquell, werden durch Spenden gedeckt.

Das Unity-Lichtzentrum Bern besteht seit 1990, zuerst in einer Wohnung im Breitenrain-Quartier und seit 1999 in selbst ausgebauten Räumen nahe dem Paul-Klee-Zentrum. Zuvor befand sich die Zentrale in Zürich. Im Lichtzentrum teilen sich drei Angestellte die Wochenarbeit. Das Hauptanliegen von Unity ist die Gebetshilfe – eben jenes «praktizierte Christentum». Mehrere Dutzend Menschen aus dem In- und Ausland – meist in schwierigen Lebenssituationen – erbitten diese wöchentlich. Die Berner – zusammen mit Unity-Freunden in ganz Mitteleuropa – beten jeden Abend um 21.00 Uhr, gemeinsam fokussiert auf die Anliegen und Probleme dieser Menschen. So sollen Energien, ein «heilender Strom» («Gebet ist Schwingung») freigesetzt werden, die das Problem lösen helfen. Daneben wird viel direkte Beratung im Gespräch geleistet. An jedem zweiten Mittwoch im Monat trifft sich auch eine Studiengruppe – die einzige im Kanton Bern – im Zentrum.

Kontakt

Lichtzentrum am Freudenberg, Königweg 1A, 3006 Bern, Tel.: 031 351 40 38
www.unity.org, www.unity-schweiz.ch, www.silentunity.de, www.lichtquell.de

Mazdaznan – Bewegung für ethische Lebensgestaltung

«Mazdaznan» ist ein mittelpersisches Wort und bedeutet «Gedanke, der alles meistert». Begründer der Gemeinschaft ist der 1844 im Iran geborene Otoman Zar-Adusht Hanish – Geburtsname ist Otto Hanisch, vermutlich war er Kind russisch-deutscher Eltern –, der nach eigenen Angaben in seiner Jugend in die «arische Urlehre» eingeweiht worden war. Ab 1880 in den USA lebend, übte er bis zu seinem Tode 1936 eine rege Vortrags- und Publikationstätigkeit aus. 1917, nach einem Vorläufer 1890 in Chicago, gründete er in Los Angeles seine religiöse Gemeinschaft «Reorganized Mazdaznan Temple Association of the Associates of God». Sie ist noch heute von Kalifornien aus tätig. Ein gebürtiger Schweizer, David Amman, brachte die Lehre von dort um 1907 nach Leipzig. Damit begann Mazdaznans Geschichte in Europa. In der Zwischenkriegszeit waren Hanishs Bücher Bestseller; besonders die diätetischen Regeln wurden populär und sind es bis heute. Amman wurde vor dem I. Weltkrieg aus Deutschland ausgewiesen und kam nach Zürich, wo er die Gemeinschaft erneut etablierte. In Herrliberg bestand zwischen 1915 und 1930 sogar eine eigene kleine Siedlung mit Namen Aryana, sie stellte das europäische Zentrum der Gemeinschaft dar. Später gab es ein heute ebenfalls wieder verschwundenes Zentrum in Herisau AR.

Hanishs «Meistergedanke» existierte nach den Vorstellungen seiner Anhänger vor allen Religionen. Propheten sind Ainyahita, die auf 9000, und Zarathustra, der auf 7000 v. Chr. datiert wird. Wegen Letzterem und einem starken Bezug auf die altpersische Religion wird Mazdaznan mitunter als «reformierter Zoroastrismus» bezeichnet. Auch andere religiöse Persönlichkeiten, wie zum Beispiel Jesus, hätten die Lehre verkündet, weshalb Mazdaznan offen für Menschen jeden Glaubens ist. Die pantheistische Lehre sei «die umfassendste und älteste jemals den Menschen gegebene Lebenskunde» mit «Grundwahrheiten von Philosophie, Soziologie, Wissenschaft und Religion» und zielt auf die Schaffung eines Friedensreichs. Entscheidend ist das richtige Denken und Tun, was speziell den Einzelnen in die Verantwortung nimmt. Die stark ethisch und pragmatisch gewichtete Lehre soll helfen, das individuelle Leben in allen Einzelheiten zu gestalten und widrige Umstände zu meistern. Wichtig sind dabei die richtige Ernährung (Vegetarismus mit komplexen Zubereitungsregeln), da Nahrungsaufnahme als ein schöpferischer Prozess gilt, und Atemkontrolle, für die es «Atempflegeübungen» («Galama, der göttliche Odem») gibt. Unterstützend wirken Gesänge und Waschungen. Hanish empfahl eine «heilende Eugenik», worunter er die «vorgeburtliche Erziehung» zur Prägung der Kinder verstand. Er lehrte die Wiedergeburt; der Einzelne solle sich durch Selbsterkenntnis vervollkommnen und sukzessive der «Weltseele» näherkommen. Sein Geschichtsbild beinhaltet eine evolutionäre Rassenlehre mit der Überlegenheit der «Avesta-Arier». Diese Schrift wird heute nicht mehr aufgelegt; die Idee sei, so Mazdaznan-Anhänger, nicht imperialistisch oder fremdenfeindlich zu verstehen.

Die Zwischenkriegszeit war die grosse Zeit Mazdaznans. Seither ist es ruhig geworden, die Bewegung ist geschrumpft und inzwischen überaltert. Sie besteht heute in Europa fast nur informell, eine Hierarchie oder eine formale Mitgliedschaft gibt es nicht. 2006 wurde jedoch in Deutschland eine Mazdaznan-Stiftung zur organisatorischen Unterstützung gegründet. Teilnahme und Art des Umgangs sind allerdings völlig offen und jedem selbst überlassen. Ganz pragmatisch steht der Gesundheitsaspekt im Mittelpunkt.

Das Schweizer Zentrum befindet sich in Zürich. Dort werden die Gemeinschaftsfeste wie das Linsengerichtsfest und Weihnachten, aber auch die wöchentliche Morgenfeier zelebriert. Zwei- bis dreimal im Jahr wird ein schweizweites Treffen der Mazdaznan-Freunde veranstaltet. Des Weiteren gibt es Gruppen in Biel, Bern, Genf und in Lausanne. In der Berner Genfergasse bestand in der Zwischenkriegszeit ein vegetarisches Restaurant, das auch nach Hanishs Regeln kochte. Obwohl es im deutschsprachigen Raum Vegetarier-Organisationen bereits seit etwa 1880 gab, wirkten gerade Hanishs Vorgaben bahnbrechend. Auch eine «Aryana»-Pension bestand vorübergehend in Bern. Mehrere Familien lebten nach Hanishs Lehre. Ein weiterer Freundeskreis bestand in Meiringen, und beide zusammen strahlten wahrnehmbar auf lebensreformerische Kreise aus. Die Stärke der Aktivitäten war immer abhängig von Einsatz engagierter Einzelner. Heute vertreibt in Bern ein Gesundheitsladen namens Smaragd u. a. aus Deutschland importierte Mazdaznan-Produkte. Eine kleine Gruppe von rund acht – meist älteren – Personen trifft sich einmal wöchentlich in einem Kirchgemeindehaus zum «ägyptisch-persischen Yoga» nach Mazdaznan. Geleitet wird sie von einer Energietherapeutin, die öffentlich Atem-Lektionen gibt und mittels Atem-Behandlungen nach Mazdaznan therapiert. In Biel besteht ebenfalls eine Gruppe. Auch sie umfasst nur etwa acht Personen, sie trifft sich wöchentlich in einem Sportraum einer Schule. Ihr Leiter ist der Betreuer und Lehrer der Mazdaznan-Anhänger in Bern, Biel und Lausanne.

Kontakt

www.mazdaznan.de

Priorei Amethyst/Prieuré Améthyste der Eglise Orthodoxe Autocéphale Missionnaire Syro-Antiochien

Dieser Artikel könnte auch im Hauptkapitel über die altorientalischen Kirchen stehen, in dieser Tradition verortet man sich selbst. Da jedoch in Lehre und Praxis deutliche Neuerungen zu verzeichnen sind, ist es angemessen, von einer neuen religiösen Entwicklung zu sprechen.

Eine Wurzel bildet die altorientalische → Syrisch-Orthodoxe Kirche (SOK). In ihrer reichen Geschichte gab es verschiedentlich Spaltungen, Vereinigungen und Streitigkeiten um den Patriarchensitz, aber zum Beispiel auch ein bis heute bestehendes Konkordat mit der Röm.-kath. Kirche. Auch die Priorei Amethyst sieht sich Patriarch Ignatius unterstellt. Jedoch bestehen keine Verbindungen zum offiziellen Patriarchal-Vikariat der SOK für die Schweiz und Österreich oder zu lokalen syrisch-orthodoxen Gemeinden, stattdessen wird als Diözesan-Oberhaupt für Europa Mgr. Boris Le Mage Timotchenko mit Sitz in Kernéguez (Bretagne) angegeben. Dieser beruft sich auf eine ganz andere Patriarchenlinie, und umgekehrt wird auch die im Titel genannte Eglise, die als ihren Sitz Frankreich angibt, in den offiziellen Strukturen der SOK von Damaskus nicht geführt.

Wesentliche Einflüsse auf die Priorei sind in jüngeren, neureligiösen Vorstellungen zu finden. Aus Frankreich kommt ein neo-keltischer Einfluss, denn einer der wichtigen Bischöfe der Priorei – nur diese verbindet Keltisches mit dem Orthodoxen – war Mitglied einer sog. keltisch-orthodoxen Kirche, die auf eine französische Kelten-Renaissance des späten 19. Jahrhunderts zurückgeht. Daher sind in der Liturgie die vier Elemente Feuer, Wasser, Erde und Luft präsent. Auch der Wiedergeburtsglaube spielt eine zentrale Rolle. Wichtig sind auch Vorstellungen von Energien und Schwingungen; sie kommen im Gottesdienst an prominenter Stelle vor. Jesus Christus wird als Lehrer und Kraftspender auf diesem Gebiet gesehen, weshalb zum Beispiel den Sakramenten eine konkrete positive Wirkung zugesprochen wird: Sie seien nicht symbolisch zu verstehen, sondern würden direkt energetisch wirken. In der Priorei Amethyst hat das Thema Heilung eine grosse Bedeutung.

Die Priorei besteht heute aus vier Bischöfen und ihren Gemeinden. Drei davon leben in der Schweiz und einer in Frankreich. In Biel amtet ein Vitalogist als Weihbischof der Kirche. Er weihte später M. T. Rubin als erste Frau in der Schweiz zur Priesterin; kurze Zeit später verlieh ihr Patriarch Boris die Bischofsweihe. Die Möglichkeit, Frauen zu weihen, hatte er in den 1990er Jahren eingeführt. Eine weitere Bischöfin ist in Neuenburg tätig. Die Priorei Amethyst versteht sich als Mission, ihre Kleriker sehen sich als ausgesandt, allen Menschen – unabhängig von ihrer Konfession oder Zugehörigkeit – die Liebe Christi mitzuteilen und ihnen die Kommunion zu spenden. Es werden auch nur die Kleriker gezählt, formale Mitgliedschaften gibt es nicht. Alle finanziellen Belange werden durch Spenden geregelt, zudem sind die Kleriker in der Regel berufstätig. Über die Möglichkeit, die Arbeit durch die Gründung eines Vereins auf sichere juristische Füsse zu stellen, wird momentan beraten. Zudem wurde 2007 beschlossen, in der Schweiz eine Diözese zu errichten.

Im Kanton Bern finden seit etwa 2004 in Kirchberg regelmässig etwa alle zwei Wochen Gottesdienste statt. Der Raum dafür ist die Naturheilpraxis von M. T. Rubin. Zu den Gottesdiensten erscheinen zehn bis 15 Personen. Die Messe besteht aus einer aufwendigen und mehr als zweistündigen Liturgie (in deutscher Sprache). In Biel wird nur einmal jährlich ein Gottesdienst gefeiert, da es dort keine festen Räumlichkeiten gibt. Wenn am Osterfest für die gesamte Priorei besondere heilige Öle durch alle drei Schweizer Bischöfe geweiht werden, erscheinen bis zu 40 Personen.

Kontakt

Orthodoxe Kapelle im Gesundheitszentrum Rubinenergie, Gemeindehaus, 3426 Aefligen, Tel.: 079 469 82 22
C. Becker, rue T. Kocher 8, 2502 Biel
www.rubinenergie.ch, www.orthodoxe-mission.ch

Subud

Der Indonesier Muhammad Subuh Sumohadiwidjojo, genannt Bapak (1901–1987), beschäftigte sich schon in jungen Jahren mit Mystik. Seit 1924 hatte er spirituelle Erlebnisse, die er als Kontakt mit der allumfassenden «Grossen Lebenskraft» interpretierte. Diese Erfahrungen bezeichnete er als «Latihan kejiwaan» (geistige Übung). Ab 1933 begann er damit, das Latihan «weiterzugeben», das heisst an andere zu vermitteln.

Subud will keine neue Religion sein; es versteht sich als Möglichkeit, ähnliche Wege zu gehen wie die Mystiker in den verschiedenen Religionen, welche von Subud alle als wahr anerkannt sind. Subud will helfen, das individuelle Sein in der jeweils eigenen Religion noch zu vertiefen. In den Erklärungen, die Bapak zum Verständnis des Latihan gab, sind Bezüge zu hinduistischen, buddhistischen und islamischen Richtungen, insbesondere zum Sufismus, erkennbar. Im Kern steht die Idee, einen direkten Zugang zur absoluten Gottheit zu erlangen.

Das Latihan, die Übung der «völligen Hingabe an Gott», wird als sehr wirkungsvoll beschrieben. Es handelt sich dabei um einen «Öffnungs- und Reinigungsprozess» mit dem Ziel, einen «weltlich überkrusteten Wesenskern im Menschen wieder freizulegen», um den direkten Kontakt zur «Göttlichen Lebenskraft» zu ermöglichen. Nach einer dreimonatigen Vorbereitungs- und Wartezeit kann jeder Erwachsene daran teilnehmen. Dieser Prozess wird individuell erlebt und wirkt unterschiedlich. Den Auftakt dazu begleitet ein bereits «geöffneter» Mensch, ein sog. Helfer, im ersten Latihan. Danach wird die Übung allein oder in der Gruppe zwei- bis dreimal wöchentlich wiederholt. Die Latihan-Praxis findet geschlechtlich getrennt und nicht öffentlich statt.

Die 1947 von Bapak gegründete Geistige Bruderschaft von Subud breitete sich schnell international aus. Dazu trugen v. a. die Reisen bei, die er ab 1957 unternahm. Heute ist Subud – der Name besteht aus Kürzeln der Sanskrit-Wörter «Susila – Budhi – Dharma» – mit ca. 10 000 Mitgliedern in rund 80 Ländern präsent. Es bestehen knapp 400 örtliche Gruppen. Spezielle weitere Hierarchiestrukturen enthält Subud zwar, sie sind aber für Praktizierende kaum von Bedeutung: Es sind dies die örtlichen Helfergruppen und Organisationkomitees sowie das International Subud Committee als Leitungsorgan. Subud ist demokratisch strukturiert und nicht religiös-missionarisch oder politisch aktiv. Seit 1969 besteht neben der Subud-Organisation selbst die karitative Organisation Susila Dharma.

Bapak kam 1957/58 auch in die Schweiz, er besuchte Zürich, St.Gallen und Bern. Über 100 Menschen wurden bei dieser Gelegenheit «geöffnet», und es entstanden Zentren in Zürich und St.Gallen. In der Schweiz hat Subud heute ca. 50 bis 70 Mitglieder, sie sind in sechs örtlichen Gruppen organisiert. Über eigene Räume oder Häuser verfügen diese Gruppen nicht, man trifft sich vorwiegend in gemieteten Räumen. Im Kanton Bern ist Subud am Verschwinden, nur noch in Biel praktizieren einzelne Personen.

Kontakt

Chair H. Syfrig, Reimannstrasse 25, 2504 Biel
www.subud.org/deutsch

Sukyo Mahikari

Sukyo Mahikari ist eine Gemeinschaft aus Japan. Sie führt sich auf Kotama Okada (geb. als Okada Yoshikazu, 1901–1974) zurück. 1959 hatte dieser ein Berufungserlebnis, in dem Gott ihm gebot, die Hand emporzuhalten und die Welt zu reinigen. Drei Jahre später habe er den Auftrag bekommen, jedem Menschen, der das wünscht, das göttliche Licht zu spenden und die Gabe zu verleihen, dies seinerseits ebenfalls zu tun. Nach dem Ableben des Gründers gab es wegen Nachfolgestreitigkeiten eine Spaltung, in deren Folge Sukyo Mahikari unter der Leitung von Sachiko Okada Keishu, Kotamas Adoptivtochter, endgültig geformt wurde. Seit 1984 besteht das prachtvoll ausgestaltete Hauptquartier in Takayama im Süden Japans. Die Gemeinschaft hat heute in Japan rund 600 000 Mitglieder, welche sich Yokoshi (Kinder des Lichts) oder Kamikumite (Hand in Hand mit Gott) nennen. Finanziert wird alles durch Mitgliederbeiträge und Spenden.

Sukyo (universale göttliche Gesetze) und Mahikari (wahres Licht) benennen schon zentrale Aspekte. Gott habe den Menschen die Gabe des Lichts verliehen, die in unserer (apokalyptisch vorgestellten) Zeit notwendig sei. In einem dreitägigen Kurs, der die erste Initiationsstufe verleiht, soll man als Kanal für dieses Licht geöffnet werden und ab diesem Moment Tekazashi machen, das heisst «Licht geben» können. Tekazashi wird nicht explizit als Heilung verstanden, aber als Reinigung für Körper, Geist und Seele. Eingeleitet wird es mit einem – auch in der Schweiz auf Japanisch gesprochenen – Gebet. Dann hält der Gebende etwa zehn Minuten lang die Hände vor die Stirn des Empfangenden, später vor Hinterkopf, Nacken, Schultern und zum Schluss – der Empfangende liegt jetzt auf dem Bauch, nachdem man zuvor auf Stühlen sass – über die Nierengegend. Tekazashi geschieht berührungsfrei, bis auf das kurze Ertasten neuralgischer Punkte. Das Licht soll aus den Handflächen kommen und dem Empfangenden nicht nur physisch wohltun, sondern ihn auch karmisch reinigen und für das Geführtwerden durch Gott öffnen. Jeder Eingeweihte bekommt ein Amulett, bei der dritten und höchsten Einweihungsstufe ist es ein sog. Goshintai, ein Bild, in dem Gott selbst anwesend sei. Inhaber der dritten Stufe, die nur in Takayama verliehen werden kann, sind, wenn sie eine zusätzliche Ausbildung absolviert haben, selbst zum Einweihen neuer Lichtgeber berechtigt.

Die religiöse Lehre hinter dieser Praxis ist im Westen kaum präsent. Sie gilt als göttlich offenbart und enthält Ideen, die auch im buddhistischen, taoistischen, shintoistischen und esoterischen Kontext auftauchen. Elemente sind die Schöpfergottheit, eine dualistische Welt- und Zeiten-Lehre, schamanische Vorstellungen, nach denen in Japan zum Beispiel Priester mit Geistern kommunizieren, die Karma-Lehre und eben Gottes permanente Selbstoffenbarung als Licht. In den Zentren, Dojo genannt, finden monatlich Zeremonien statt, bei denen Mitglieder und Interessierte zusammen beten. Gebete sollen Gottes Willen erspüren lassen und dienen dem Dank für die Gaben. Betont wird ausserdem, dass im Gebet wie auch in der täglichen Praxis die Errichtung einer harmonischen Zivilisation mit Gott als Zentrum allen Lebens ein anzustrebendes Ziel ist.

Der Ursprung der Gemeinschaft reicht über Okada zurück: So ist die Mahikari-Bewegung in toto grösser (wenn auch Sukyo Mahikari die grösste Einzelgemeinschaft darin ist) und verwurzelt in verschiedenen Neureligionen, welche in Japan in grosser Zahl schon seit dem frühen 20. Jahrhundert entstanden sind. Als exklusiv versteht sich Sukyo Mahikari nicht, weshalb Doppelmitgliedschaften kein Problem sind, aber als höchste Wahrheit und somit als eine Art Dach für alle Religionen.

In der Schweiz tauchte Sukyo Mahikari um 1970 auf. Für die späten Achtziger- und die Neunzigerjahre wurden Mitgliederzahlen zwischen 300 und 800 geschätzt, die Gemeinschaft gibt sie heute mit konstant rund 350 an. Formale Strukturen bestehen v. a. im Welschland. Die Gemeinschaft firmiert dort unter dem Namen Association Sukyo Mahikari, eine Zeit lang wurde der Zusatzname Lumière de Vérité geführt. Hauptsitz ist Genf, zwei weitere Zentren bestehen in Vevey und Lugano. Einige Familien im Kanton Bern praktizieren das Licht-Geben, u. a. in Bern, in Niederwangen und in Biel. Das Netzwerk ist nur informell, auch Geld fliesst – ausser Mitgliederbeiträge – nicht, da Licht-Geben als göttliche Gabe gilt. Jeweils dienstags in Niederwangen und donnerstags in Bern finden Gruppentreffen statt, bei denen man sich gegenseitig Licht gibt und sich austauscht.

Kontakt

www.mahikari.org, www.sukyomahikarieurope.org

Esoterikkultur als unorganisierte Religiosität – Überblick
(Claudia Rehmann)

Die Esoterik stellt in der heutigen westlichen Welt ein mannigfaltiges und nur sehr schwer abgrenzbares Phänomen dar. Aufgrund der Vielzahl an Ideen und Angeboten ist ein kulturell und soziologisch exaktes Erfassen nicht möglich. Die Geister scheiden sich bezüglich der Frage, wie Esoterik genau definiert werden soll und welche Phänomene unter diesen Begriff einzuordnen sind. Auch unter den «Esoterikern» gehen die Meinungen weit auseinander. Der Begriff «Esoterik» wird heute aufgrund seiner eher negativen Konnotation von vielen in diesem Bereich Aktiven sogar ganz gemieden und durch «Neues Bewusstsein», «Spiritualität» und Ähnliches ersetzt. An dieser Stelle soll jedoch vorweggenommen werden, dass der Begriff «Spiritualität» (verstanden als ein persönliches religiöses Erleben) nicht mit Esoterik gleichzusetzen ist. Spiritualität und Esoterik stehen in einem Zusammenhang, sind jedoch nicht dasselbe.

Im Folgenden wird zum einen auf «Esoterik» Genanntes eingegangen, was sich auf Lehren und Praktiken bezieht, und zum zweiten auf den Begriff «Esoterikkultur», der die Art beschreibt, wie Esoterik heute in unserer Lebenswelt steht. Vor allem diese Esoterikkultur wird dann für Bern beschrieben.

Worauf bezieht sich der Begriff «Esoterik»?

Trotz der Schwierigkeit, Esoterik – speziell in der heutigen Gesellschaft – zu definieren, soll in diesem Kapitel versucht werden, dieses Phänomen zu erfassen: Der Begriff «esoterikos» (griech. = «innerlich», «zum inneren Kreis gehörig») bezeichnete in der Antike ein elitäres Geheim- und Sonderwissen, wie es in Philosophenschulen und Mysterienkulten vorkam. Manche der späteren klassischen esoterischen Traditionen (→ Neue religiöse Entwicklungen – Einleitung) waren in Schulen organisiert und machten ihre Lehren nur Mitgliedern zugänglich. Häufig wurden derartige Lehren auch allein studiert, in Form von Schriften, was sie als Bildungsgut einer Elite kenntlich macht. Überliefert wurde zum Beispiel Gedankengut der Bereiche Astrologie, Magie, Zahlenmystik, Tarot, Heilkunde usw. Auch die Lehren der Gnosis, der Hermetik, der Kabbala, der Alchemie und der Rosenkreuzer zählt man heute zu den esoterischen Überlieferungen.

574

Erst im 19. Jahrhundert wurde das Substantiv «Esoterik» erfunden, um zusammenfassend ein Wissen von Übernatürlichem und Geheimnisvollem zu bezeichnen, welches nur Eingeweihten zugänglich sein sollte. Im Gegensatz dazu stand und steht der Begriff «Exoterik», um eine offene und für jedermann zugängliche Lehre zu bezeichnen (Esoteriker zählen dazu pauschal auch die etablierten Religionsgemeinschaften). Seit der zweiten Hälfte des 19. Jahrhunderts, verstärkt in der Zwischenkriegszeit und noch einmal in einer Welle seit den 1960er-Jahren, «New Age» genannt, ist Esoterisches im westlichen Kulturkreis jedoch zu einer Massenerscheinung geworden, die viele (teilweise widersprüchliche) Teilströme umfasst.

Seit einigen Jahrzehnten werden die Begriffe «Esoterik» und «Spiritualität» synonym verwendet. Im Unterschied zum Begriff der Spiritualität meint Esoterik jedoch nicht primär ein persönliches religiöses Erleben, sondern die kaum mehr überschaubare Vielzahl von Angeboten und Techniken, welche zur Realisation dieser (individuellen) religiösen Erfahrung hinzugezogen werden können und die nicht eindeutig den christlichen, muslimischen oder fernöstlichen religiösen Traditionen zuzurechnen sind. Grob lässt sich Esoterik im heutigen Sinne als ein Sammelbegriff für ein weites Spektrum an Weltanschauungen, Lehren und Traditionen definieren, die sich in erster Linie auf die spirituelle Entwicklung des Individuums beziehen und sich als Alternative zur Wissenschaft und zu etablierten Religionen verstehen. Ihre Gemeinsamkeit liegt darin, dass sie Zusammenhänge aus einer geistigen, metaphysischen Sicht erklären. Um konkrete soziale Aspekte geht es dabei kaum; das individuelle Befinden steht im Vordergrund, weshalb esoterische Angebote sich oft um Heilung drehen und mit der etablierten Psychologie und Schulmedizin konkurrieren. Vor allem in diesem Bereich gibt es einen fliessenden Übergang zu völlig «innerweltlichen» Angeboten von Wellness, Psychotherapie und Lebensberatung; esoterische Angebote sind ein wichtiges Element auf dem wachsenden Lebenshilfemarkt.

Vonseiten der Wissenschaft wird kritisiert, dass in einigen Bereichen der Esoterik individuelle Intuition, Erlebnisse und Emotionen als Wissensquellen und gleichzeitig als Wahrheitsbeweise («Wenn es sich gut anfühlt, dann ist es richtig») gelten. Dies führe dazu, dass Behauptungen und Annahmen innerhalb der Esoterik meist weder belegt noch widerlegt werden können. Weiter kritisiert wird, dass Begriffe (zum Beispiel «Schwingung», «Welle», «Energie») losgelöst von ihrer naturwissenschaftlichen Bedeutung benutzt werden und auf wissenschaftliche Teildisziplinen Bezug genommen wird (insbesondere Quantenmechanik oder Chaostheorie), um die eigenen Thesen zu rechtfertigen, ohne jedoch die dafür geltenden formalen Voraussetzungen und Konsequenzen zu akzeptieren.

Auch vonseiten der etablierten Religionen werden esoterische Angebote kritisiert, meist, weil Esoteriker Begriffe und Konzepte aus den Religionen entlehnen und sie mit eigenen Interpretationen versehen. Um bei Beispielen aus dem Christentum zu bleiben: Der «Christusgeist» oder die «Christuskraft» kommen so, wie zum Beispiel Anthroposophen, Theosophen und ihre zahllosen Erben sie kennen, nicht in der kirchlichen Theologie vor; auch der heutige Engelboom sieht die Himmelsboten in einer Art, die den Kirchen fremd ist. Jesu im NT berichtete Heilungen sollen nicht mit der «Chi-» oder «Prana»-Kraft gleichgesetzt werden, wie überhaupt eine grundlegende Kritik aus christlicher Sicht darin besteht, dass die Esoterik einen Versuch der Selbstermächtigung darstelle und die Erlösungsbedürftigkeit des Menschen sowie die einzigartige Erlösungsmöglichkeit durch Gott verleugnet würden.

Lehren und Praktiken

Es lassen sich einerseits klar abgrenzbare alte wie neue Teildisziplinen der heutigen Esoterik ausmachen (zum Beispiel Astrologie, Geomantie, Tarot usw.). Andererseits bestehen unzählbare Ideen und Ansichten, deren Ursprünge meist in bestimmten – oft aussereuropäischen – Lehren wurzeln, von diesen jedoch gelöst und mit neuen Ideen vermischt sind. Obwohl es keine Einheitlichkeit gibt (und eine solche auch nicht angestrebt ist), lassen sich einige Prinzipien feststellen, die von den meisten Esoterikern als gültig akzeptiert sind. Wie diese Prinzipien jedoch vom Einzelnen konkret verstanden werden und welche Schlussfolgerungen man daraus zieht, ist sehr unterschiedlich.

1. *Prinzip des Geistes*: Ein Schöpfergeist wird als Quelle des Lebens gesehen; Geist herrscht über Materie.
2. *Prinzip von Ursache und Wirkung*: Die Handlungen eines Menschen wirken auf ihn selbst zurück; was er aussendet, kommt zu ihm zurück.
3. *Prinzip der Entsprechung/Korrespondenz* (Denken in Analogien): Wie oben, so unten; wie innen, so aussen; wie im Grossen, so im Kleinen.
4. *Prinzip der Resonanz*: Gleiches hängt mit Gleichem zusammen/ruft Gleiches hervor und verstärkt sich; Ungleiches stösst sich ab.
5. *Prinzip der Harmonie*: Alles strebt zur Harmonie und zum Ausgleich.
6. *Prinzip des Rhythmus*: Alles unterliegt einem Kommen und Gehen; alles hat Gezeiten oder Schwingungen; alles hat seine Zeit.

7. *Prinzip der Polarität*: Alles besitzt jeweils ein Paar von Gegensätzen oder Polen; gleich und ungleich sind somit dasselbe oder zwei Teile eines grösseren Ganzen.

Zusammenfassend kann gesagt werden, dass Esoteriker die Welt als ein einheitliches lebendiges Ganzes sehen, welches eine sinnhafte Ordnung aufweist und wo alles mit allem in Beziehung steht («Holismus»). Dieses holistische Grundverständnis des (Makro)Kosmos wird auf den Menschen als Mikrokosmos angewendet. Der Mensch wird als «ganzheitliches» Wesen verstanden, dessen Schicksal in ein grösseres, sinnvolles Ganzes eingebettet ist.

Weiter kennzeichnend ist die Überzeugung, dass hinter allen Religionen eine gemeinsame Quelle und tiefer gehende Wahrheit existiere. In der Esoterik sammeln sich die Anschauungen unterschiedlicher Religionen, Philosophien und Lebenseinstellungen, wobei sie allerdings massiven Uminterpretationen unterworfen werden. Dies hat zur Folge, dass innerhalb der Esoterik neben «Lichtwesen», «Aufgestiegenen Meistern», Ausserirdischen und Seelen Verstorbener auch die «Weisheitslehrer» Jesus, Buddha und manchmal auch Muhammad vorkommen. Durch «Channeling» könne Kontakt mit all diesen Wesen aufgenommen werden, welche dann auf diesem Wege Botschaften übermitteln.

Einen weiteren wichtigen Einfluss auf das esoterische Weltbild hat auch die aus dem östlichen Kulturkreis stammende Reinkarnations- und Karma-Lehre. Diese beinhaltet den Glauben an die Wiedergeburt des Menschen und dass jede Tat in einem späteren Leben auf ihren Urheber zurückwirke. Glück und Leid sind somit jeweils als Wirkung der eigenen Taten zu verstehen, womit dem einzelnen die Selbstverantwortung für sein Schicksal zugeschrieben wird. Im Unterschied zu traditionellen fernöstlichen Lehren wird die Wiedergeburt aber einzig als Aufstieg in einem pädagogischen Prozess verstanden und begrüsst.

Innerhalb der Esoterik lässt sich eine starke Diesseitsorientierung feststellen, wobei sich die unterschiedlichen Praktiken und Anschauungen meist auf einen oder mehrere der fünf folgenden Bereiche beziehen:

1. Praktische Entscheidungshilfen für die individuelle Lebensplanung und den Alltag (zum Beispiel Astrologie, Pendeln oder Tarot).
2. Selbsterkenntnis (zum Beispiel Astrologie und Handlesen).
3. Medizinische Hilfe in Form von alternativen Heilmethoden (zum Beispiel Aromatherapie, Bach-Blüten, Homöopathie, Reiki, Heilsteine). Hierbei werden insbesondere solche Gebiete von der Esoterik abgedeckt, welche die klassische Schulmedizin nicht oder kaum berücksichtigt oder worin

sie nur wenige Erfolge hat (zum Beispiel Krebs, Behandlung chronischer Schmerzen).

4. Spirituelle Hilfe, wobei die Annahme einer unsterblichen menschlichen Seele im Vordergrund steht (v. a. Techniken und Ideen, die aus dem Buddhismus und Hinduismus entlehnt sind, wie zum Beispiel Meditationen, Karma- und Reinkarnations-Glaube).

5. Verbesserung der Welt, indem eine Weiterentwicklung bzw. Verbesserung der Menschheit angestrebt wird. Dies basiert auf der Annahme, dass durch Meditation und Kultivierung der eigenen Spiritualität das Bewusstsein der gesamten Menschheit und somit auch die Welt an sich verbessert werden könne (zum Beispiel Kryon-Anhänger); auch direkte Einflussmöglichkeiten werden behauptet (zum Beispiel durch die meditative Praxis der «Lichtarbeit» oder durch Transzendentale Meditation).

Abschliessend und zusammenfassend lässt sich anmerken, dass die Esoterik mit ihren Werten und Welterklärungen, welche sich neben ihrer sinnstiftenden Funktion u. a. auf die Bewältigung der Furcht vor dem Tod, eine Verringerung der Komplexität sowie die Bewältigung von Problemen beziehen, religiöse Leistungen erfüllt. Auch die Übernahme der vielen religiösen Sujets erlaubt es, esoterische Ideen als religiös zu bezeichnen.

Die heute gelebte Esoterikkultur

Wie bereits erwähnt, haben esoterische Ideen, Weltanschauungen und Praktiken insbesondere seit den 1970er-Jahren im Zuge der New-Age-Bewegung eine starke Popularisierung erfahren. Esoterische Themen sind ihrem ursprünglich subkulturellen Nischendasein entwachsen und zu einem gesellschaftlich-kulturellen Faktor in der modernen Erlebnis- und Wohlfühlwelt aufgestiegen. Das einstige «Geheimwissen» ist nun für jedermann zugänglich, es wird an Vorträgen und Workshops, in Buchläden, Seminarhäusern und im Internet unter die Leute gebracht. Sowohl ältere esoterische Lehren wie auch neuere Ideen und Modelle finden sich nicht nur in einschlägigen esoterischen Läden, sondern mittlerweile auch in jedem allgemeinen Buchladen. Auch Heilpraxen, Schmuck- und Ethno-Kunst-Geschäfte führen mitunter ein esoterisches Sortiment.

Zwischen Esoterik als religiösem Phänomen und anderen kulturellen Aspekten gibt es keine klaren Grenzen. Esoterische Ideen sind in nicht religiöse Bereiche unserer Kultur eingedrungen (zum Beispiel in Heilung, Kunst,

Wohnungseinrichtung, Ernährung, Mangement-Training etc.). Diese Breiten-wirkung zeigt sich zum Beispiel darin, dass entsprechende Kurse an den Volks-hochschulen gehalten werden. Auch in Kirchgemeinden werden mittlerweile esoterisch (im weitesten Sinne) zu nennende Praktiken wie Meditation, Yoga, Heilung durch Handauflegen usw. angeboten (bei Letzterem ist die Deutung entscheidend: Sieht man den Heiligen Geist wirken, ist die Deutung christlich, ist dagegen von Energien die Rede, ist esoterisch). Aufgrund dieser Verwischung und der nahtlos erscheinenden Einpassung esoterischer Ansichten in andere Weltanschauungen ist es oftmals schwierig zu erkennen, ob ein bestimmtes Angebot, eine Therapie oder bestimmte Praxis der Esoterik zugeordnet werden kann oder nicht. Grob lässt sich jedoch sagen, dass sich eine Praxis dann als «esoterisch» bezeichnen lässt, wenn sie in einen entsprechenden Deutungskon-text eingebunden ist.

Richtet man den Blick auf die die heutige Esoterik kennzeichnenden Eigen-schaften, so ist es nicht verwunderlich, weshalb sich entsprechende Lehren in die Gesellschaft beinahe geräuschlos einfügen: Individuelle Freiheit und Unver-bindlichkeit sind tragende Begriffe nicht nur unserer Kultur, sondern eben auch der Esoterikszene. Obwohl man sich in bestimmten Kreisen kennt und auch zu Anlässen trifft, bestehen für die Teilnehmer keine verbindlichen Mitglied-schaften und keine formale Verpflichtung auf bestimmte Lehrinhalte. Jeder kann an der Esoterik auf seine eigene Art und Weise teilhaben und die oft nur ungenau definierten Ideen, Konzepte und Begriffe nach eigenem Gutdünken interpre-tieren und übernehmen. Dies stellt ein deutlich unterscheidendes Merkmal der Esoterikszene gegenüber neuen religiösen Gemeinschaften (NRG) und den tra-ditionellen Religionen dar, die fast ausnahmslos organisiert, hierarchisiert und dogmatisiert in Erscheinung treten. Es kommt jedoch immer wieder vor, dass sich im esoterischen Milieu einzelne Gruppen herausbilden, welche sich durch ein grösseres Mass an Verbindlichkeit und Struktur von der Szene abheben und die somit als gesondertes Phänomen, nämlich als Religionsgemeinschaft zu beschreiben wären. Den umgekehrten Prozess gibt es auch: Ehemals strikt orga-nisierte Gruppen öffnen sich und popularisieren ihre Lehren, sodass sie zu einer offenen Sub-Szene werden; die prominentesten Beispiele dürften die ➝ Osho-Gemeinschaft und die ➝ Transzendentale Meditation sein.

So unterschiedlich wie Inhalt und Qualität der unüberschaubaren Vielzahl an Büchern, Kursen, Therapien und sonstigen Angeboten, so mannigfaltig sind auch die Menschen, welche in irgendeiner Form im Bereich der Esoterik aktiv sind. Vom intellektuell Gebildeten, der sich seit Jahren mit esoterischer Literatur und bestimmten Theorien beschäftigt und auch kritisch auseinandersetzt hat bis zum unkritischen Konsumenten, der sich auch mit qualitativ fragwürdigen Angeboten herumschlägt, ist das Spektrum breit und bunt. Zugleich unterscheiden sich die Betreffenden sehr stark darin, wie sehr ihre Weltsicht mit esoterischen Überzeugungen bestückt ist und wie viel Zeit und Energie sie in die Beschäftigung investieren. Für die einen stellen esoterische Ideen das Fundament dar, das sich in allen ihren Lebensbereichen äussert, für andere ist ihr esoterisches Engagement nicht mehr als ein Modetrend, eine Art Hobby, welches nur auf begrenzte Gebiete ihres Lebens Einfluss nimmt.

Esoterik in Bern

Auf den ersten Blick unterscheidet sich die heutige Esoterikszene im Kanton Bern nicht vom restlichen deutschsprachigen Raum oder gar der ganzen westlichen Welt. Es besteht ein vielfältiges esoterisches Angebot in Form von (Buch-)Läden, Veranstaltungsorten, Heilpraxen, Vorträgen und Seminaren. Wie sich bei näherer Betrachtung zeigt, lebten und leben im Raum Bern Persönlichkeiten, die auch über die Kantonsgrenzen hinaus für die Esoterik wichtige Beiträge leisteten. Zum einen handelt es sich dabei um Vordenker und Ideengeber – also vielleicht «Esoteriker» im ursprünglichen Sinne –, zum anderen um Menschen, die Institutionen und Strukturen geschaffen haben – also Träger und Förderer der «Esoterikkultur». Nach einer Darstellung dieser einflussreichen Personen wird im Folgenden auf das esoterische Angebot im Raum Bern näher eingegangen. Es sei jedoch betont, dass die Darstellung aufgrund der Flexibilität und der Mannigfaltigkeit an Adressen und Veranstaltungen nur zur Veranschaulichung dienen und keinen Anspruch auf Vollständigkeit erheben kann. Besondere subkulturell-esoterische Szenen, die eng mit der allgemeinen Esoterikkultur verwoben sind, aber ein eigenes, spezielleres Gepräge haben, stellen auch die Artikel über Satsang, Rosenkreuzer, Theosophen, UFOs, Neuheiden, Parapsychologie usw. dar.

Wichtige Personen

Als einer der einflussreichsten Akteure in Bern ist *H. Weyermann* zu nennen. 1966 eröffnete er die erste esoterische Buchhandlung im deutschsprachigen Raum überhaupt. Unter dem Namen Buchhandlung für Grenzwissenschaften und Philosophie oder schlicht Weyermann befand sich der Laden im Bubenberg-Zentrum (neu in der Neuengass-Passage 3), er hat im Frühling 2005 jedoch den Besitzer gewechselt. Neben dem Verkauf von esoterischer Literatur diente die Buchhandlung von Anfang an auch als Beratungs- und Begegnungsort, den selbst interessierte Theologen aufsuchten, wozu auch Weyermanns eigene Kenntnisse in vielen Bereichen beitrugen. Zudem versorgte er als Versandhändler viele Menschen ausserhalb Berns. Weyermanns Aktivitäten reichten über seine Buchhandlung hinaus. Zum Beispiel führte er ab 1967 einmal im Monat in seinem Haus nahe dem Rosengarten einen privaten, weltanschaulich neutralen «Freien Salon», in dem sich viele Alternativ-Denker trafen. Koryphäen der Esoterik-Szene wurden zu Referaten eingeladen, und auch Gemeinschaften (wie zum Beispiel Mazdaznan-Anhänger und Theosophen) trugen ihre Lehren vor. Obwohl Weyermann heute nicht mehr in seiner Buchhandlung tätig ist, spielt er in der Berner Esoterikszene noch immer eine bedeutende Rolle. Im Mai 2006 hat er zusammen mit ehemaligen Mitarbeitern an der Museumsstrasse 10 unter dem Namen Die Quelle einen neuen Begegnungsort eröffnet, der sich seither grosser Beliebtheit erfreut.

Ebenfalls über die Kantonsgrenzen hinaus bekannt ist der Berner *P. Häni.* Früher vorwiegend an Tarot interessiert, ist er heute Spezialist für Naturmythologien und sog. Kraftorte im Bernbiet. Als Autor einiger Bücher zu diesem Thema («Magisches Berner Oberland», «Magisches Bernbiet», «Quellen der Kraft») hält er Vorträge und Seminare und organisiert Wanderungen zu besonderen «Kraftplätzen».

Eine weitere Person mit grösserem Bekanntheitsgrad ist *E. Bond.* Zum Thema Heilen und Medialität schrieb sie einige Bücher, und sie hält Kurse in Deutschland, Holland, England und in der Schweiz ab. Zudem ist sie Leiterin eines Forums für Spiritualität und Bewusstsein namens Lichtwelle, welches die Zeitschrift «Lichtwelle – Spiritualität und Bewusstsein» herausgibt und in den Räumlichkeiten der Quelle eine Leihbibliothek unterhält.

In die Liste bedeutender Personen lässt sich auch der im Juli 2006 verstorbene *S. Golowin,* der «prominenteste Nonkonformist von Bern» (Staatsschutz-Fiche), einreihen. Im Jahre 1930 in Prag geboren, kam Golowin als Kind nach Bern, wo er das erste deutsche Tarot-Buch («Die Welt des Tarot», Basel 1975) schrieb. Der Volkskundler, (Alpen-)Mythenforscher und -sammler, Lokalpolitiker, Bibliothekar und Schriftsteller (er veröffentlichte über 100 Bücher) gilt vielen als «Esoteriker», da er u. a. über Tarot, Hexen und Alchemie publizierte.

Möglicherweise gehört auch der Kulturphilosoph *J. Gebser* (1905–1973) in diesen Kreis. In Polen geboren, lebte er lange Zeit in Burgdorf (wo er 1951 eingebürgert wurde) und Wabern. Als einer der ersten «Bewusstseins-Forscher» und als Begründer des «Integralen Bewusstseins» hatte er nicht nur auf die Esoterikszene Einfluss, wenn auch seine abstrakt-intellektuellen Gedankengänge mit den eher lebenspraktischen Esoterikangeboten nur wenig Bezug zu haben scheinen. Gebser war davon überzeugt, dass mit dem Übergang zum integralen Bewusstsein der Gegensatz zwischen Religion und Wissenschaft überwunden wird. In seinem Hauptwerk «Ursprung und Gegenwart» (1949) bezog er sowohl Kunst und Literatur als auch Philosophie und Wissenschaftsgeschichte mit ein, um die Phänomene in allen menschlichen Ausdrucksformen aufzuspüren. Eine Jean-Gebser-Gesellschaft verwaltet sein Werk, ihre schweizerische Sektion sitzt in Bern.

Läden, Veranstalter, Bibliotheken, Verlage und Zeitschriften

Die Esoterik ist noch immer auch ein eminent literarisches Phänomen, weshalb Buchläden eine wichtige Funktion haben. Wie bereits erwähnt, findet man esoterische Bücher und speziell die Zeitschriften nicht nur in esoterischen Buchhandlungen, sondern auch in allgemeinen, in Heilpraxen und an jedem Kiosk. Entsprechend gibt es Verlage, welche sich auf Herstellung und Vertrieb esoterischer Literatur spezialisiert haben, und solche, welche Esoterik neben anderen Themen führen. Die Konkurrenz «normaler» Buchläden und des Buchhandels im Internet hat dazu geführt, dass die speziell esoterischen Buchläden inzwischen vermehrt Nonbook-Angebote wie Räucherwaren, Textilien, Aromaöle, Schmuck und Kristalle sowie auch Veranstaltungsangebote in ihr Sortiment aufnehmen. Beispielhaft und nicht abschliessend sollen diejenigen Läden aufgeführt werden, die allein in der Berner Innenstadt zu finden sind.

An erster Stelle ist die Weyermann'sche Buchhandlung für Grenzwissenschaften und Philosophie zu nennen. Als älteste Buchhandlung mit esoterischer Literatur wurde diese zu einem wichtigen Begegnungsort für Interessierte, vergleichbar mit ihr sind in der Deutschschweiz bestenfalls noch Sphinx in Basel und die Buchhandlung Im Licht in Zürich. (Übrigens hat Sphinx auch im Kanton Bern Spuren hinterlassen: An einem von ihr organisierten New-Age-Festival, das 1985 in Interlaken stattfand, versuchte man in einer «planetarischen Regenbogen-Zeremonie» eine Art Urreligion zu installieren, wozu Vertreter von acht Religionen zusammenkamen. Ein zweiter Anlass, der unter dem Motto «Der nächste Schritt» im August 1986 folgen sollten, musste mangels Teilnahme abgesagt werden.)

In der Berner Altstadt lassen sich weitere Buchhandlungen ausmachen, welche in der Berner Esoterikszene Bedeutung haben. Dies ist zum einen Kalisha – Sachen zum Erwachen in der Rathausgasse, der neben Büchern auch ein Angebot mit esoterischen Gebrauchsgegenständen (zum Beispiel Tarot-karten, Meditationsmusik, Räucherstäbchen usw.) führt. Zum anderen befindet sich in der Kramgasse das Kellergeschäft Menhir, welches sich auf das «alte Wissen» (zum Beispiel Geomantie, Kraftorte, Symbole, Mythen, Germanen, Kelten, Druiden) – neu und antiquarisch – spezialisiert hat. Seit einiger Zeit ändert sich dessen Charakter aber, das Bücherkaufen ist dort nicht mehr ohne Weiteres möglich. Zu erwähnen ist noch Spacenik in der Münstergasse, wo man allerdings stärker auf Nonbook-Angebote setzt. Die Bedeutung, die Bücher und derartige Läden für die Esoterikkultur haben, ist also gut daran abzulesen, dass es allein vier einschlägige Fachgeschäfte in der Berner Innenstadt hat (rechnet man die anthroposophische Anthrovita noch dazu, sind es sogar fünf); zum Vergleich: Christliche Buchläden gibt es gerade einmal zwei.

Ein Angebot an esoterischer Literatur findet man mittlerweile auch in prak-tisch allen grösseren Bibliotheken. In der Stadt Bern lassen sich zwei ausma-chen, welche sich auf dieses Gebiet spezialisiert haben. Dies sind die Bibliothek Gäbelbach in der Weiermattstrasse (sie führt aber auch viele andere Themen) und die bereits erwähnte spirituelle Leihbibliothek Lichtwelle in den Räumlich-keiten der Quelle.

Verlage, welche sich auf esoterische Literatur spezialisiert haben, gab und gibt es mehrere im Kanton. Der Ansata-Verlag in Interlaken hat dabei eine Bedeu-tung weit über die Region hinaus erlangt. Inzwischen ist er nach Deutschland umgezogen und gehört zur Verlagsgruppe Random House. Weiter zu nennen wären der Humata-Verlag sowie der Buchverlag Lokwort, welcher in enger Ver-bindung zum Forum für Spiritualität und Bewusstsein steht. Der Jupiter-Verlag ist auf alternative Wissenschaft spezialisiert. Es gibt noch weitere – in der Regel nur im Nebenwererb von einzelnen Personen geführte – derartige Unternehmen, die jedoch sehr klein und nur sporadisch aktiv sind.

Das in der gesamten Schweiz und somit auch im Raum Bern wichtigste eso-terische Magazin stellt die Zeitschrift «Spuren – Magazin für Neues Bewusst-sein» dar. Es erscheint seit 1986 vierteljährlich in Winterthur mit einer Auflage von 10 000 Stück. Speziell im Raum Bern werden zwei Zeitschriften heraus-gegeben, welche für Esoterik-Interessierte von Bedeutung sind. Dies sind die «Wendezeit», welche alle zwei Monate beim Fatema-Verlag in Matten/Inter-laken erscheint, sowie das bereits genannte Heft «Lichtwelle – Spiritualität und Bewusstsein». Es erscheint mit einer Auflage von 1500 Stück dreimal im Jahr.

Seminarorte und Begegnungszentren

Esoterische Ideen und Praktiken werden aber nicht nur auf dem schriftlichen Weg kommuniziert, sondern es besteht auch in der Region Bern ein breites Angebot an Vorträgen, Seminaren und Kursen, die meist in eigens dafür hergerichteten Räumlichkeiten oder Seminar- und Begegnungszentren stattfinden. Neben der Übermittlung von esoterischem Gedankengut und dem Verkauf entsprechender Waren und Dienstleistungen spielen hierbei das Zusammensein und der Austausch mit Gleichgesinnten eine wichtige Rolle. Viele Veranstaltungen werden zudem in einem (halb-)privaten Rahmen organisiert, worauf jedoch aufgrund der Mannigfaltigkeit, ständigen Veränderung des Angebots und auch der schwierigen Erschliessbarkeit – hier stösst eine solche Überblicksarbeit an ihre Grenzen – nicht näher eingegangen werden kann.

Ein wichtiges Zentrum stellt die Villa Unspunnen in Wilderswil bei Interlaken dar. Sie ist an prominenter Stelle zu nennen, da in ihren Räumlichkeiten im Jahre 1969 die wohl erste «Esoterikwoche» überhaupt mit Vorträgen und Workshops abgehalten wurde. In dem ehemaligen Mädchenpensionat konzentrierten sich die angebotenen Kurse eine Zeit auf christliche Kontemplation. Später wurde das Angebot durch die Rezeption des Sufismus bestimmt. Heute gibt es unter dem Leitwort «Transkonfessionelle Spiritualität» ein breites Angebot.

Betonung auf Interreligiösität legt auch das Zentrum der Einheit auf der Schweibenalp über dem Brienzersee. Es begann 1982 als Kommune vor dem Hintergrund des neohinduistischen Gurus Sri Haidakhan («Babaji»). Noch immer sind seine inklusivistischen Ideen präsent, doch machen Mitglieder der Gemeinschaft inzwischen verschiedene Angebote, und es finden Veranstaltungen verschiedenster Lehrer und Ausrichtungen dort statt.

Ein Zentrum in der Stadt Bern ist der bereits erwähnte Begegnungsort Die Quelle im Kirchenfeldquartier. Dieser besteht aus einem Veranstaltungssaal mit Galerie, Räumen, die für Therapiezwecke (zum Beispiel von Heilern oder Astrologen), aber auch für Seminare, Kurse und Vorträge gemietet werden können, einer kleinen spirituellen Leihbibliothek namens Lichtwelle und dem Café Siddharta. Regelmässig finden dort Veranstaltungen von Geistheilern, Channels, Medien, Autoren und anderen statt; einmal in der Woche gibt es ein gemeinsames Mantra-Singen. Inzwischen haben auch kleine religiöse Gemeinschaften damit begonnen, ihre Treffen und Meditationen in der Quelle abzuhalten. Daneben findet man in der Stadt Bern u. a. noch im Prisma am Klösterlistutz, im Kaleidoskop an der Effingerstrasse und im DAO – Der Andere Ort in der Länggasse Veranstaltungen aus dem esoterischen Themenbereich.

Ausserhalb der Stadt, meist umgeben von schöner Natur und Bergen, gibt es grössere und kleinere Seminar- und Begegnungshäuser mit esoterischem Angebot. Zu den bekannteren lassen sich der Kientalerhof in Kiental und das Waldhaus-Zentrum Lützelflüh zählen.

Die erwähnten Zentren stellen ihre Räumlichkeiten teilweise auch nicht esoterischen Veranstaltern – zum Beispiel aus den Bereichen Sport und Kultur – und auch kleinen Religionsgemeinschaften zu Verfügung. Zugleich finden einige esoterische Veranstaltungen in «neutralen» öffentlichen Räumen, wie Gemeindehäusern, Kirchen oder Kongressräumen statt. So findet man zum Beispiel im Hotel Kreuz in Bern manchmal Vorträge und Seminare zu esoterischen Themen, und die alljährliche Esoterik und Natura Messe mit einer Vielzahl von Informationsständen und Vorträgen ist seit 2000 im Bea-Gelände untergebracht. In Thun findet die Messe seit 2005 im Schadausaal statt.

Zum Weiterlesen

Zinser, H.: Der Markt der Religionen, München 1997

Wichmann, J.: Die Renaissance der Esoterik, Stuttgart 1990

Weis, H.-W.: Exodus ins Ego: Therapie und Spiritualität im Selbstverwirklichungsmilieu, Zürich/Düsseldorf 1998

Neuheidnisch-keltisch-naturreligiöse Szene – Überblick

Neben der Religion, der offiziell alle angehörten – in Europa also dem Christentum – gab es wohl immer eine Religiosität, die nicht schriftlich fixiert war. Da diese «heidnische Magie» im Verborgenen bleiben musste, sind Zeugnisse selten und stammen meist von denen, die mit ihrer Bekämpfung beschäftigt waren. So gibt es Berichte über «Hexerei» ausübende Frauen (seltener auch Männer), über den Sternen- und Mondglauben und die Geisterscheu der Menschen, über Orakel, Schadensabwehr, Wunschmagie und die Verehrung von Felsen, Quellen und Bäumen, denen Kräfte oder Geister innewohnen sollen. Volkskundliche Forschung erschliesst diesen Bereich, doch erfolgt das aufgrund der schwierigen Quellenlage nur mühsam.

Aber abseits der akademischen Bemühungen gibt es Menschen, die diese Religiosität konkret und aktiv leben, man nennt sie oft «neue Heiden». Die neuheidnische Szene ist historisch durch zwei Ideenkonglomerate geprägt: das neue Germanen- und Keltentum, welches bestimmte Völker und regionale Kulturen als Orientierungspunkte nimmt, und den Hexenkult, den man mit dem Namen Wicca verbindet.

Wicca und neue Hexen

Ende des 19. Jahrhunderts beschäftigte man sich v. a. in England zunehmend mit magischen Theorien und folkloristischen Traditionen. Werke wie «Aradia, Gospel of the Witches» (Ch. Leland, 1899) oder «The Witch Cult in Western Europe» (M. Murray, 1921) machten die Thematik des Hexentums einem breiteren Publikum zugänglich. Sie beriefen sich dabei auf eine angebliche Tradition bis mindestens ins Mittelalter, wenn nicht gar bis zurück in die Steinzeit. 1949 erschien «High Magic's Aid» von Gerald Gardner, in dem er von alten Hexentraditionen berichtet, in die er selbst initiiert zu sein angibt. Gardner nennt die Tradition «Wica/Wicca», ein Begriff, den er vom altenglischen «wicce» (weise Frau) ableitet, und zwar in positiver Abgrenzung zum negativ besetzten «witch» (Hexe). «Wicca» ist die Bezeichnung für Männer wie Frauen. Auf Gardner gestützt, bildeten sich in der Folge mehrere Hexenzirkel, «Coven» genannt («gardnerianische Tradition»). Abspaltungen entstanden durch Alex und Maxine Sanders («alexandrinische Tradition»), die im Gegensatz zum eher folkloristisch-historischen Gardner mehr Wert auf «rituelle Magie» legten. In den USA hat sich eine feministisch geprägte, «dianische» Wicca-Tradition gebildet, deren Vorreiterinnen Zsuzsanna Budapest und Starhawk (Miriam Simos) die Bedeutung «weiblicher Spiritualität und Magie im Dienst der Göttin» betonten. In Europa sind – was feste Coven angeht – die gardnerianische und die alexandrinische Tradition traditionell stark vertreten. Sie verstehen sich eher als Mysterienreligion im antiken Sinn und legen Wert auf persönliche Initiation durch einen «Mentor». Dianische Ideen sind inzwischen aber – vorwiegend über Bücher – noch weiter verbreitet; sie fanden im Anschluss an die feministische Bewegung der 70er-Jahre ein Publikum. Seit 1989 bemühen sich Vivianne und Chris Crowley in England, die Traditionen einander näherzubringen. Viele Wiccas weltweit verschmelzen ausserdem lokale historische Religionen – etwa keltische oder indianische – mit ihrem Kult.

Wiccas in einem strengen Sinne gibt es weltweit geschätzt einige 10 000 und in der Schweiz nur recht wenige. Coven und feste Strukturen, gar mit der Initiationshierarchie von Priester und Hohepriester, sind selten, vermutlich umfassen diese keine hundert Menschen im Land. Zumindest im Berner Oberland bestehen seit längerer Zeit ein oder zwei geschlossene Zirkel; im Raum Luzern sind drei bekannt, darunter zwei dianische. Die Szene der Sympathisanten, der autonomen Nachahmer und insbesondere der dianisch-wiccanisch geprägten feministischen Spiritualität ist indes sehr gross.

Neugermanen und Neukelten

Im 19. Jahrhundert erlebte in Deutschland das Germanentum eine kulturelle Blüte. Nation und Volk sollten im Glauben der Vorfahren ihre «wesenseigene» Religion (wieder)erlangen, worunter man die der germanischen Götter, von denen zum Beispiel die Edda berichtet, verstand. Wie jede neue völkische Religiosität war dies die einheimische Variante des romantischen Versuchs, in «Stammesreligionen» das Wahre und Ursprüngliche zu finden. Die Suche nach den Wurzeln der «echten» Deutschen war von Anfang an verbunden mit der Herabsetzung anderer Völker. Zugleich gab es Berührungen mit Theosophen und Okkultisten, und die Germanisch-Gläubigen übernahmen Forschungsergebnisse der Indologie, wie zum Beispiel den Begriff des «Ariers» und das Swastika-Symbol, das später als Hakenkreuz traurige Berühmtheit erlangte. Trotz ideologischer Nähe verboten die Nazis neugermanische Organisationen. Nach dem Krieg entstanden einige wieder neu. Die heutige neugermanische Szene hat – in

Deutschland wie auch in Skandinavien und den USA, wo sie sich ungebrochen entwickelte – oft weiterhin eine rassistische Färbung. Es gibt aber auch Gruppen, die sich von politischen Aussagen und ausdrücklich vom Rechtsextremismus fernhalten, sie betreiben die Kulturpflege des Germanischen aus volkstümlich-historischem und kulturellem Interesse – oder eben, weil sie es als ihre Religion verstehen.

Strukturell verwandt, nämlich auch auf die lokale Kultur vorchristlicher Zeit Bezug nehmend, sind die Neukelten. Dieser Trend entstand v. a. in England und Frankreich. Die Helvetier, zugehörig zur keltischen Kultur, sind die hiesige Variante. Besonders die legendären keltischen «Magier», die Druiden, dienen als Vorbilder, wenn es um eine gelebte Religiosität «im Einklang mit der Natur» geht. («Druiden-Logen» allerdings, die weltweit und zum Beispiel auch in Zolli-kofen und Thun bestehen, haben ausser dem Namen fast nichts damit zu tun; sie beziehen sich eher auf die Freimaurerei.) Die bekannteste (neu)keltische Institution in der Region ist wohl das Anfang der 90er-Jahre errichtete Keltenhaus bei Guggisberg. Das dort jeden Sommer stattfindende Keltenfestival ist, wie auch das Haus selbst, inzwischen ein überregionaler Magnet. Und zumindest während des Festivals finden auch Rituale für religiöse Heiden statt.

Die gegenwärtige neuheidnisch-religiöse Kultur

Das inzwischen in hohem Masse individualistische Neuheidentum hat keine Dogmen, die angeführten Glaubensinhalte und -praktiken gelten also nicht für alle gleichermassen, sondern geben nur einen Überblick. Global betrachtet, haben die vielfältige Wicca-Tradition und die Neukelten für die heutige Schweizer Neuheiden-Szene grössere Bedeutung als die Neugermanen, wobei allerdings massive Vermischungen und auch Verwechslungen vorkommen. Seit den 1960er-Jahren ist noch eine weitere und sehr augenfällige Internationalisierung zu beobachten: Im Zuge der Hippies und des New-Age wurden religiöse Aspekte anderer nicht christlicher Völker und aussereuropäischer Kulturen integriert, was so die umfassendere Bezeichnung Neuheiden rechtfertigt. Am markantesten ist wohl, dass über die Beschäftigung mit indianischen und sibirischen Religionsphänomenen «Schamanismus» zu einem festen Bestandteil des neuheidnischen Glaubens geworden ist. Ein wichtiger Autor für den deutschsprachigen Raum ist der 2006 verstorbene Volkskundler Sergius Golowin, der ja in den Fünfziger- bis Achtzigerjahren auch eine legendäre Gestalt der Berner Subkultur war. Seit jener Zeit stieg das Interesse für Okkultes und Heidnisches

– von Leuten wie Golowin mit vorbereitet – auch in der breiten Öffentlichkeit, und die Grenzen zwischen verschiedenen Richtungen alternativer Religiosität zerflossen endgültig. Nachdem zuvor nur vereinzelt Bücher über Wicca übersetzt und aufgelegt worden waren, explodierte nun die Zahl der Publikationen u. a. mit Zauberbüchern, Mondkalendern und Kräuterhexenbüchern; Fernsehserien und Kinofilme wie «Charmed» oder «King Arthur» unterstützten den Trend. Inzwischen werden auch afrikanische, ägyptische und indische Mythen und sogar Lehren der (Neo-)Kabbalah integriert, ebenso wie engelartige Wesen, die vielleicht – wie vor hundert Jahren schon – als Elfen oder Elementargeister gedeutet werden. Doch heute finden sie selbst unter dem Namen «Engel» Aufnahme in die Szene – ein Hinweis darauf, dass der vormalige Kirchenhass vieler Neuheiden einer eher neutralen Haltung selbst dem Christentum gegenüber gewichen ist.

Trotz der Vielgestaltigkeit des Neuheidentums gibt es Gemeinsamkeiten. Neuheiden haben ein polytheistisches bzw. pantheistisches Gottesverständnis. Pantheismus heisst, dass das Göttliche und die Welt eins sind, dass die eine und unpersönliche (bei dianischen Wiccas allerdings weibliche) Gottheit überall zu finden ist. Die Welt ist damit zugleich göttlich, weshalb die vom Menschen nicht veränderte Materie, die Natur, Verehrung geniesst. Gerade im Aspekt der Naturverehrung hat die neuheidnische Szene einen allgemeingesellschaftlichen Einfluss: Heiden engagieren sich im Naturschutz, und die Ökologie-Debatten wirken fördernd für das Thema «Naturreligion». Manche Heiden sehen die Berge des Oberlands als Gottheiten oder als deren Sitz, an «Kraftorten» sei die Göttlichkeit konkret erfahrbar. In der Region soll es Dutzende von «energetischen» und von Ahnen verehrten Plätzen – die Bestimmungen verschwimmen mitunter – geben.

Polytheismus geht von vielen Gottheiten aus, kann dem Pantheismus aber nahe sein, wenn man die vielen konkreten Gottheiten als Verkörperung der einen «unnennbaren» sieht. Viele Wiccas gehen von einem Götterpaar aus – hervorgebracht von der Urgottheit –, aus deren ewigem Tanz Raum, Zeit und damit die Abfolge der Jahreszeiten entstehen. Die Göttin als Verkörperung des Mondes oder als Mutter Erde ist Sinnbild für die ewige Wiederkehr von Geburt, Fruchtbarkeit und Tod; der männliche Sonnengott ergänzt sie und steht für die aktive Wiederkehr in jedem neuen Jahr; er verkörpert die Ernte und die Wiedergeburt. Vor diesem Hintergrund ist verständlich, warum das Neuheidentum von einem diesseitigen Natur- und Lebensbewusstseins sowie einem oftmals modernen Geschlechterverständnis geprägt ist. Jenseitsvorstellungen sind –

auch wenn eine Geisterwelt postuliert wird, in die zum Beispiel die Schamanen reisen können – kaum ausgeprägt.

Der Festkalender orientiert sich am Jahreskreis und am Mondlauf. Das «Jahresrad» hat acht Abschnitte, die durch vier Sonnenlauffeste und vier weitere Feste getrennt sind: Jul/Mittwinter, Bridgid/Imbolc, Ostara/Frühlingsbeginn, Beltaine/Walpurgis, Litha/Mittsommer, Lughnasad/ Lammas, Mabon/Herbstbeginn und Samhain/Halloween. Wicca-Zirkel feiern 13 Mondfeste. Bedeutung und Namen der Feste sind in den verschiedenen Strömungen des Neuheidentums aber unterschiedlich. Da auch die vier Elemente (Feuer, Wasser, Erde, Luft) und die Himmelsrichtungen eine wichtige Rolle spielen, ist der Begriff «Naturreligion» durchaus angemessen – sie selbst würden allerdings «Naturspiritualität» sagen. Wenn es das Wetter zulässt, finden die Feste in der freien Natur statt, oft an prähistorischen Kultorten oder Quellen oder anderen Orten, von denen angenommen wird, dass sie schon für die Ahnen geheiligte Stätten waren (international bekannt sind Stonehenge und die Externsteine). Oft lassen Zirkel lokale alte Bräuche wiederaufleben (häufig erschaffen sie sie aber dabei auch neu), wie Maskentänze in Süddeutschland und Maibaumtänze. Eine Ritualgruppe in der Stadt Bern zum Beispiel verehrt die Bärin und bringt der so assoziierten Gottheit ein Opfer an der Aare.

Der Lebenskreis des Menschen kann mit Festen wie Wasserweihe für Neugeborene, Hochzeit und die Totenleite für Verstorbene begleitet werden. Heidnische Eheschliessungen werden standesamtlich nicht anerkannt, aber sie finden immer wieder statt. Einige Menschen in der Region sind in der Szene bekannte Priester und nehmen sie auf Anfrage vor. Generell gelten heidnische Priester nicht als Mittler zwischen dem einzelnen Heiden und den Göttern; zum Beispiel habe jede und jeder Wicca den gleichen Zugang zur Urkraft und die gleiche Befähigung, durch die eigene magische Kraft zu wirken. Allen Zirkeln gemeinsam ist nur eine Regel: «Tue, was du willst, und schade niemandem». Zwischen weisser und schwarzer Magie wird nicht unterschieden, da die göttliche Urkraft weder gut noch böse ist. Aus demselben Grund kennen Neuheiden keine Sünde oder Busse.

Der Glaube des Neuheidentums lebt aus der Überzeugung heraus, dass die Ahnen einst im Einklang mit sich und der Natur gelebt haben. Da alte Kulturen ihr Wissen mündlich überliefert haben, wird versucht, aus alten Sagen, Volksliedern oder dem Volksbrauchtum einiges zu rekonstruieren. Als einzige schriftliche Zeugnisse geniessen Runen eine besondere Aufmerksamkeit. Über mögliche Geheimnisse und «magischen Kräfte» wird spekuliert, für manchen

Heiden habe sie auch nur einen kulturellen Zeichencharakter. Veranstaltungen zu Runen finden inzwischen auch in Volkshochschulen statt, wobei es dann abhängig vom Veranstalter ist, ob es sich um historische Darstellungen handelt oder um Versuche mystischer Deutungen. Mit Runen verbunden ist der Glaube an das Wirken übernatürlicher Kräfte, die durch Magie auch beherrschbar sein können. Manche Heiden berufen sich bei ihrer Magieausübung auf die göttliche Urkraft, andere benutzen eher magisch-kabbalistische Begriffe, esoterische Praktiken, die Jung'sche Archetypenlehre oder sagen, dass sie Magie eher für ein psychologisches denn ein praktisches Phänomen halten.

Organisationen

In der Volkszählung 2000 gaben nur 228 Schweizer an, «Neuheiden» zu sein, weitere 49 nannten sich Anhänger einer «Religion der Natur»; Angaben zu Wicca gab es nicht.

Bekennende und organisierte Neuheiden gibt es, doch, wie schon erwähnt, ist eine Differenzierung in Neugermanen, Neukelten und Neuhexen nicht ohne Weiteres möglich, da die verschiedenen Gruppen weitgehend Toleranz üben und auch personell stark verwoben sind. Die Grundlagen sind gleich und die Riten ähnlich. Bei den Treffen mischen sich Personen verschiedener Strömungen, und auch Feste werden meist gemeinsam gefeiert. Immer wieder gab und gibt es Versuche der Institutionalisierung, doch ihnen war nur wenig Erfolg beschieden. Organisationen, auch internationale, wie der Rabenclan, die Pagan Federation, der Steinkreis und die Europäisch Keltische Gemeinschaft (sie alle haben zumindest einzelne Vertreter in der Schweiz) sind Netzwerke, Informationsknoten und Organisatoren für Events. Eine Foundation for Shamanic Studies Schweiz (FSS) mit Sitz in Bülach ZH versucht dies auf dem Gebiet des Schamanismus. Sie alle gestalten Internetpräsenzen und versuchen sich in PR. Keine erhebt den Anspruch, alle Heiden zu repräsentieren, zu vereinen oder Dogmen für die Szene festzulegen. Stattdessen lehnen viele Neuheiden jede Verbandsform als «nicht heidnisch» ab. Örtliche Gruppen, die sich persönlich kennen, wie zum Beispiel «Heiden-» oder «Hexenstammtische» – einer besteht auch in Bern –, gibt es aber viele. Und Wicca zum Beispiel ist generell in kleinen autonomen Gruppen angelegt: Ist ein Coven auf 13 Mitglieder angewachsen, wird er geteilt. Daher ändert sich die Anzahl der Zirkel laufend, auch wenn einige auf eine längere Tradition zurückblicken können. Auch gibt es keinerlei Mission. Im Gegenteil, es ist für Interessierte eher schwierig, einen Zirkel zu finden.

591

Der Trend scheint dahin zu gehen, dass die organisierten Zirkel Mitglieder verlieren, während freie Gruppen mit unterschiedlichen Praktiken und weniger festen Regeln ein breites Spektrum an neuen Mitgliedern anziehen. Sie kommunizieren – wie natürlich auch die unzählbaren individuell Interessierten – über das Internet. Es gibt eine grosse Anzahl relevanter Seiten, viele betreiben Foren. Vor allem über diese lernen sich Interessierte kennen. Manchmal bestehen auch geschlossene, für Nichtgeladene unzugängliche Internet-Foren, über diese können lokale Netzwerke entstehen und Veranstaltungen und Treffen, aber auch Rituale verabredet werden. Oft geht man danach wieder auseinander, manchmal bilden sich so aber auch feste Kreise. Manche Neuheiden treffen sich zu kleinen Events – zum Beispiel gibt es diverse «Trommelkreise» in Bern, seien sie heidnisch, schamanisch oder einfach musikalisch – und haben so den Raum für Rituale, wobei die Teilnehmer über ihre damit verbundenen Vorstellungen noch nicht einmal Rechenschaft abzulegen brauchen.

Läden/Treffpunkte wie der Menhir in der Berner Altstadt und der einstmals existierende Little Magick Shop (heute nur noch im Internet präsent) sind bezeichnend für die Szene. Sie können davon bestehen, als Informationsquelle die Interessierten mit «altem Wissen» zu versorgen; mitunter geben die Inhaber auch Kurse. Eine Zugehörigkeit oder Verbindlichkeit besteht aber nicht. Es ist offensichtlich, dass neuheidnische Vorstellungen sehr viel weiter als in den diversen Organisationen verbreitet sind. Ein Grossteil derjenigen, die Halloween feiern, bei Steinkreisen andächtig werden oder Runenorakel pflegen, werden sich auch gar nicht bewusst machen, dass sie sich im Bereich neuheidnischer Religiosität bewegen.

Parapsychologie – ein religiöses Thema?

(Claudia Rehmann, S. R.)

Parapsychologie ist ein Begriff aus dem späten 19. Jahrhundert, die Disziplin erwuchs direkt aus der Okkultismuswelle jener Zeit. Parapsychologie stellt den Versuch dar, eine wissenschaftliche Anerkennung für die Beschäftigung mit und Deutung von «okkulten Phänomenen» zu erlangen. Als solche, auch Paraphänomene genannt, gelten Erscheinungen, welche sich nicht mit herkömmlichen Erklärungsmodellen aus der Psychologie und/oder der Physik oder anderer Naturwissenschaften erklären lassen. Beispiele dafür gibt es viele, mit einer parapsychologischen Benennung versehen, spricht man dann zum Beispiel von Telepathie, Hellsehen, Nahtod-Erlebnissen, Telekinese, Zauberei oder Geistererscheinungen. Die Art, wie diese paranormalen Phänomene genau gedeutet werden, kann zwischen Parapsychologen sehr unterschiedlich ausfallen, sodass manche – innerhalb wie ausserhalb der parapsychologischen Szene – eine Spannweite zwischen «wissenschaftlicher» und «neureligiös-esoterischer» bzw. «spiritualistischer» (Eigenbezeichnung) Parapsychologie aufmachen. Die erstere Richtung geht von bisher unbekannten Kräften des Menschen aus («Psi», «Animismus»), die zweite von der Existenz und Wirksamkeit bewusster nicht menschlicher Wesen, zum Beispiel Geister. Gerade in England, wo die Wiege der Parapsychologie stand (1882 Gründung der Society for Psychic Research) und wo sie noch heute sehr stark ist, sind auch Gemeinschaften aktiv, die die Grenze zur traditionellen Religion verwischen: Das englische Trance-Medium W. Moyes, durch das sich ein Geistwesen geäussert haben soll, das sich «Zodiak» nennen liess, gründete 1931 die Greater World Christian Spiritualist League (heute: Association). Diese christliche Spiritualisten-Vereinigung unterhielt eine Zeit lang auch eine Kirche in Zürich, da ein Schweizer Industrieller namens Aeschlimann sich der Bewegung angeschlossen hatte und sie grosszügig unterstützte.

Die Kernelemente der Parapsychologie (jeglicher Richtung) werden – entgegen dem Wunsch ihrer Vertreter – beide von den etablierten Wissenschaften nicht anerkannt: Diese beiden Elemente sind die Behauptung der realen Existenz bestimmter Phänomene sowie deren ganz spezielle, eben parapsychologische Deutung. Tatsächlich liegt gerade in den Deutungen eine unlösbare Crux: Wären sie wissenschaftlich nachvollziehbar, wären sie Bestandteil der «normalen» Wissenschaft und nicht mehr Parapsychologie, und solange sie auf ihrer Eigenart als parapsychologisch beharren und sich – was die Regel ist – den methodischen und sonstigen Grundsätzen der etablierten Wissenschaften entziehen, können sie von diesen nicht anerkannt werden. Die Deutungen bewegen sich damit im Raum von Glaubensaussagen, wobei skeptische Naturwissenschaftler und auch Kriminologen sogar so harte Begriffe wie «Aberglaube» und «magisch-prä-logisches Denken» verwenden. Die Debatte ist massiv polemisch aufgeladen, die Parapsychologen werfen ihrerseits den etablierten Wissenschaften Materialismus und Engstirnigkeit vor. Tatsächlich fordern viele Parapsychologen auch nicht nur die Anerkennung ihrer Phänomene und Deutungen, sondern auch eine grundsätzliche Veränderung der Wissenschaft selbst.

Da sich Parapsychologen oft für «spirituelle Betrachtungsweisen» einsetzen, sie die Existenz einer übersinnlichen Welt postulieren und da es sich bei den Phänomenen, deren Realität behauptet wird, oft um aus den Religionen bekannte Vorkommnisse handelt, kann Parapsychologie als eine dem Religiösen zumindest recht nahestehende kulturelle Erscheinung verstanden werden.

Die Schweizerische Vereinigung für Parapsychologie (SVPP)

Eine Organisation, welche auch über das Feld der reinen Parapsychologie hinaus eine Wirkung entfaltet, stellt die SVPP dar. Diese unterscheidet sich von den meisten anderen Angeboten der Esoterikkultur dadurch, dass sie als Verein organisiert ist, dem man als ordentliches Mitglied beitreten kann. Die SVPP ist innerhalb der Schweiz eine von drei derartigen parapsychologischen Vereinigungen. Eine ist die in Zürich ansässige Parapsychologische Gesellschaft (SPG, gegr. 1952), die andere die stark vom englischen Spiritualismus geprägte vormalige Parapsychologische Arbeitsgruppe Basel (PAB, gegr. 1967), die heute den Namen Basler PSI-Verein (BPV) trägt. Der BPV ist seit 1983 Veranstalter der Basler PSI-Tage. Sie alle verfolgen das Ziel, Paraphänomene zu erforschen und die Öffentlichkeit über die gewonnenen Erkenntnisse aufzuklären. Gemeinsam gaben sie sporadisch die Zeitschrift «PARA» heraus.

Die SVPP hat über 500 Mitglieder in der ganzen Schweiz, wobei der grösste Teil aus dem Raum Bern kommt. Die Mitgliedschaft ist für alle Interessierten gegen einen alljährlichen Mitgliederbeitrag möglich, ansonsten bestehen keine Verpflichtungen. Der Zugang zu den Angeboten der SVPP ist nicht an eine Mitgliedschaft gebunden, er steht allen Interessierten gegen Eintritt/Unkostenbeitrag offen.

Die Gründung der SVPP geht auf Dr. T. Locher zurück, der ab 1965 an der Volkshochschule Biel regelmässig Kurse zum Thema Parapsychologie hielt. Zusammen mit interessierten Hörern gründete er 1966 in Biel die lokale Vereinigung für Parapsychologie, woraus schliesslich die SVPP hervorging. Als engagierter Parapsychologe organisierte Locher über Jahre hinweg Vorträge und Kurse in verschiedenen Volkshochschulen, Migros-Klubschulen und weiteren Lokalitäten in- und ausserhalb des Kantons. Neben zahlreichen anderen Veröffentlichungen verfasste er 1977 zusammen mit G. Lauper das Werk «Schweizer Spuk und Psychokinese». Es enthält einen sehr grossen Teil seiner parapsychologischen Arbeiten zu Themen wie Spuk, Uri-Geller-Phänomenen usw.

In der SVPP herrscht in Bezug auf die o.g. Paraphänomene die Meinung vor, dass der Mensch nach seinem Tod in irgendeiner Art und Weise weiterexistiert und mit den Lebenden in Kontakt treten kann (sog. Spiritismus). Ein grosser Teil der paranormalen Erscheinungen wird daher auf Aktivitäten Verstorbener zurückgeführt. Daneben gibt es Deutungen, dass aus den jenseitigen Sphären auch Dämonen – also nicht menschliche Wesen – wirken könnten oder dass die Vorfälle durch besondere «animistische» Kräfte und Fähigkeiten lebender Menschen («Psi») hervorgerufen sind. Im Verein selbst sind dafür die Begriffe «religiöse» und «animistische» (das meint eine explizit nicht religiöse) Deutung gebräuchlich; die Parteien bestehen weitestgehend kritiklos nebeneinander.

Die SVPP hat heute ihren Sitz im Länggassquartier in Bern, wo im Ausbildungszentrum Für Erfahrung Und Wissen Vorträge, Kurse und Workshops angeboten werden. Viel Gewicht wird dabei auf die Kommunikation mit Verstorbenen sowie auf die dazu notwendige «Medialität» gelegt. Zusammen mit SPG und dem BPV betreibt die SVPP eine sog. Schweizer Fachkommission für Medialität. Diese gibt Informationen für private Konsultationen mit Medien heraus, führt ein Register für Medien und fördert die Ausbildung von «Jungmedien». Begabte Menschen werden meist von einem erfahrenen Medium entdeckt und aufgefordert, an einem Übungszirkel teilzunehmen. In jahrelanger Zirkelarbeit werde die Medialität so entwickelt und geschult, dass sich die Person auf ihre Eingebungen verlassen und sie in angemessener Form ausdrücken kann. Dabei wird auch die spiritualistische Weltanschauung und Lebensweise kennengelernt und eingeübt. Die so entwickelte Medialität beruhe – so die Parapsychologen – auf Gesetzmässigkeiten, die noch kaum erforscht seien. Jedes Medium unterrichte gemäss den eigenen Erfahrungen und Eingebungen.

Des Weiteren unterhält die SVPP einen wissenschaftlichen Beirat, dessen Aufgabe es ist, paranormale Phänomene wissenschaftlich zu untersuchen. So kommt es hin und wieder vor, dass die SVPP bei vermeintlichen Spukfällen um Hilfe gebeten wird, welche sie auf ihre Echtheit hin überprüft, um entsprechende Massnahmen einzuleiten. Im weitesten Sinne könne – so zum Beispiel der Basler BPV – «unsere psychohygienische Aufklärungs- und Betreuungstätigkeit auch als Seelsorge bezeichnet werden».

Neben einer Homepage dient der SVPP die in Interlaken produzierte esoterische Zeitschrift «Wendezeit» als Kommunikationsorgan. Acht Seiten darin werden von der SVPP gestaltet, indem sie dort ihre «Psi-Mitteilungen» veröffentlicht. Zudem unterhält die SVPP eine kleine Bibliothek mit parapsychologischer und esoterischer Literatur.

Kontakt

Brückfeldstrasse 19, 3012 Bern, Tel.: 031 302 00 50
www.svpp.ch

Rosenkreuzer

Im Jahre 1614 publizierte ein Freundeskreis um den Tübinger lutherischen Theologen Johann Valentin Andreae anonym die Schrift «Fama Fraternitatis» oder «Bruderschaft des Löblichen Ordens der Rosen Creutzes». 1615 folgt die «Confessio» und 1616 die «Chymische Hochzeit Christiani Rosencreütz». Man setzte damit – absichtlich – eine folgenreiche Fiktion in die Welt; heute herrscht – zumindest bei Aussenstehenden – Einigkeit darüber, dass ein derartiger Orden nie existiert hat. Die Geschichte besagt, ein Ritter namens Christian Rosencreutz habe im 15. Jahrhundert nach Reisen in den Orient den mit geheimem Wissen ausgestatteten Orden gegründet. Dieser trete nun mit dieser Schrift an die Öffentlichkeit. Rosencreutz' Vorhaben sei eine «Allgemeine und General Reformation der gantzen weiten Welt» (so der Untertitel 1614) gewesen, wozu nun seine Erben im Orden, nach 120 Jahren geheimen Wirkens, alle Herrschenden aufrufen. Denn die Zeitläufe seien schlecht, was von den Autoren für Rosencreutz' Zeiten behauptet wurde und was für ihre Gegenwart, den Vorabend des 30-jährigen Krieges, tatsächlich der Fall war.

Der Orden erhob den Anspruch, Religion (insbesondere lutherisches Christentum) und (Renaissance-)Wissenschaft zu vereinigen, Ziel war die Verbesserung der Welt durch ein besonderes Wissen. Behauptet wurde eine Kenntnis der «Pansophie», der Geheimnisse des Göttlichen und der Welt. In den Schriften stellt sich dies als Abriss der hermetisch-esoterischen Lehren dar: antike philosophische Spekulationen, Alchemie (vgl. «chymische Hochzeit»), paracelsianische Naturphilosophie, der Zusammenhang von Mikro- und Makrokosmos, esoterische und allegorische Deutungen des Christentums sowie recht moderne späthumanistische Staatstheorien. Der Tübinger Kreis vertrat einen Dualismus zwischen einer intellektuellen Elite und der Menschheit, die – regiert vom Adel – nach den wissenschaftlichen und ethischen Vorgaben der Gelehrten-Bruderschaft ein wahrhaft christliches Leben führen kann. Andreae distanzierte sich später von der Rosenkreuzer-Idee und entwarf mit Christianopolis (1619) eine anders gelagerte Sozialutopie.

Neo-Rosenkreuzertum

Die zeitgenössische Resonanz auf die Rosenkreuzer-Schriften war enorm, doch die Zeitläufe überholten sie. Der Mythos Rosenkreuzer tauchte aber immer wieder auf, besonders in esoterischen, doch auch in politischen Schriften. So mancher Freimaurerkreis gab ihm einen prominenten Platz, wobei sich der Impuls vom aufklärerischen Denken mitunter ins gegenteilige wandelte. Die Idee des geheimen Ordens und der damit verbundene «Markenname» Rosenkreuz sollten nicht mehr aus der Welt verschwinden. Allerdings veränderte sich so manches; die Anreicherung mit neuen Lehren und eine Vermischungen mit geistigen Importen (zum Beispiel der Reinkarnations-Lehre) wurden durch den behaupteten geheimen Charakter der Lehre noch erleichtert.

Im 18. Jahrhundert riefen die Gründungs- und Bekenntnisschriften des imaginären Ordens dann reale Gruppen ins Leben, anfangs v. a. der Freimaurerei nahestehende klandestine Initiantenzirkel. Später, in der Gesellschaft des späten 19. Jahrhunderts, war eine Geheimhaltung nicht mehr nötig, der esoterisch-religiöse «Untergrund» westlicher Gesellschaften wandelte sich. Gemeinschaften wie die Societas Rosicruciana in Anglia (1865), der Hermetic Order of the Golden Dawn (1888) oder im 20. Jahrhundert gegründete Gruppen (s. u.) warben öffentlich mit ihrem Angebot von initiatischen und elitär-weltabgewandten Geheimnissen. Dem Interessenten wurde eine stufenweise Einweihung in immer bedeutsamere Mysterien versprochen. War das Anliegen der Tübinger ein durchaus praktisch-politisches, in esoterisch-literarische Metaphern gekleidet, so zielt der Veränderungswille ihrer Erben auf das Individuum, nicht mehr auf die Aussenwelt. Und nahm man früher an, Andreae habe diesen Orden mit der Legende initiiert oder initiieren wollen (sein Familienwappen, wie auch Luthers, zieren Kreuz und Rose …), so gehen Neo-Rosenkreuzer davon aus, dass der Orden tatsächlich existierte, ja dass es sogar einen älteren, möglicherweise seit dem Alten Ägypten wirkenden Geheimorden gebe und die Fama-Schrift dessen tatsächliche Verlautbarung sei. Oft beanspruchten die Neugründungen, greifbare Manifestationen jenes «unsichtbaren» («okkulten») Ordens zu sein.

Wo sich heute Gemeinschaften nicht in diesem Sinne direkt auf das Rosenkreuzertum berufen bzw. es nicht zur Gemeinschafts(be)gründung herangezogen wird, wirkt es als Ideenlieferant. Rudolf Steiner (→ Anthroposophie) verstand es als Quintessenz der westlichen Esoterik. Auch die → Theosophie weist starke Bezüge auf. Rosenkreuzertum wird dabei als individueller esoterischer Entwicklungsweg verstanden. Zusammenfassend kann festgehalten werden, dass die Idee des Rosenkreuzes erheblich dazu beitrug, dass Esoterik, welche lange nur als Vorstellungs-Kosmos in Büchern und bei einzelnen Personen existierte, organisatorische Formen annahm.

- Erwähnenswert, wenn auch nicht im Kanton Bern ansässig, ist die International Rosicrucian Fellowship: Max Heindel (1865–1919) gehörte der Theosophischen Gesellschaft (Adyar) an und betrieb darin den rosenkreuzerisch orientierten Hybernia-Kreis. Er wandte sich 1909 vom deutschen Leiter R. Steiner ab und gründete in Oceanside, Kalifornien, diese stark spiritistisch ausgerichtete neo-rosenkreuzerische Organisation. In der Schweiz besteht nur in Genf ein Zentrum. Eine deutschsprachige Studiengruppe hat sich im Lande einzig in Sils Maria GR gebildet. Sie geht allerdings auf Distanz zur heutigen Rosicrucian Fellowship und hat – unter Berufung auf Heindel persönlich – ihr Angebot auf weitere esoterische Themen und einen Schwerpunkt Heilung ausgeweitet. Mit dem Max-Heindel-Center und der Zeitschrift «Strahlen des Lichts» verbreitet sie die Philosophie des Namensgebers, es gibt einen Verlag (www.heindel-verlag.ch) und ein Gesundheitszentrum auf Basis der Bach-Blüten-Lehre.

Lectorium Rosicrucianum – Internationale Schule des Goldenen Rosenkreuzes

Das LR entwickelte sich aus Max Heindels Rosicrucian Fellowship. Die Brüder Jan und Willem Leene waren dieser beigetreten und führten ab 1924 den holländischen Zweig Het Rozekruisers Genootschap. 1935 trennten sie sich ab. Jan (neuer Name: Jan v. Rijckenborgh) und Henriette Stok Huyser (alias Catharose de Petri) verfassten neue Lehrschriften für ihre «Mysterienschule», in denen gnostische Elemente stärker zum Tragen kamen. Sie lehnen sich an die Gnosis des Manichäismus und der mittelalterlichen Katharer sowie an die Rosenkreuzer des 17. Jahrhunderts an.

In diesem Sinne gilt der Mensch als getrennt von Gott und gefangen in der Materie. Aber etwas von Gottes Essenz, ein «Geistfunkenatom» befinde sich in jedem Herzen und könne wiedererweckt werden. Dazu dient die «Geistes-» bzw. «Lebensschule» des LR, sie ist der «Weg der inneren Umwandlung». Der Mensch soll erkennen, dass das irdische, materielle Dasein nicht wesentlich ist, denn die materielle Welt ist nur ein vergängliches «Durchgangshaus». Stattdessen ist die «Einheit mit dem Glanz Gottes» anzustreben, die «ursprüngliche und unvergängliche göttliche Ordnung». Der Einzelne solle sein Ego preisgeben und den persönlichen «Transfigurationsweg» gehen. Das LR versteht diesen

Weg als geistiges Initiationsgeschehen über fünf Stufen. Eine äusserliche Hierarchie ist kaum ausgebildet. Der Adept beginnt mit einem zwölfteiligen Einführungskurs, erst danach fängt das eigentliche Schülersein an. Die Entwicklung höherer Bewusstseinsstufen kann mehrere karmisch verbundene Inkarnationen (Wiedergeburten) des «göttlichen Selbst» umfassen. Neben dem lektüre- und vortragsgestützten Wissenserwerb besteht ein ritueller Tempeldienst für die Schüler; auch ein «elektromagnetisches Kraftfeld», eine alchemistische «Christuskraft» soll dann verbindend wirksam sein. Die Arbeit am Selbst wird dadurch als ein Dienst an allen Menschen verstanden. Einmal im Monat trifft man sich zu einem im Team ausgeführten zweiteiligen (Samstagabend und Sonntagmorgen) Tempelgottesdienst, wobei der «innere Tempel» wichtiger ist als das Ritualgebäude. Weitere gemeinschaftliche Aktivitäten sind sog. Zentrumsabende zu bestimmten Themen und Initiationsfeiern.

Das LR geht, wie viele Esoteriker, davon aus, dass der esoterische Weg den wahren Kern aller Religionen bildet, die somit zu legitimen Vorläufern erklärt sind. Deshalb gibt es für die (anfänglich) recht locker gehaltene Mitgliedschaft auch keine Zugangsbeschränkungen oder gar Abgrenzungsbemühungen. Von einem ernsthaften Schüler wird neben dem täglichen Lernen und Streben auch erwartet, dass er im Jahr an mehr als sechs der monatlich stattfindenden Konferenzen teilnimmt. Auch soll er sich Suchtmitteln und fleischlicher Nahrung enthalten. Da eine verbesserte irdische Ordnung nicht angestrebt ist, sollte man politisch nicht aktiv sein.

Heute gibt es rund 12 000 aktive Schüler und 3000 Mitglieder in der Vorstufe zur Schülerschaft. Die Zahl stagniert eher, aber zum Beispiel in Osteuropa wird Wachstum verzeichnet. In etwa 70 Ländern bestehen rund 160 Zentren. Mitgliederbeiträge und Spenden finanzieren die Arbeit. Alle Ebenen und Ämter sind beiden Geschlechtern zugänglich. Seit 1990 (Tod von Catharose de Petri) obliegt die Leitung einem internationalen Gremium. Das Zentrum des LR befindet sich im niederländischen Haarlem. Vom eigenen Verlag Rozekruis Pres wird neben den Schriften der Gründer alle zwei Monate die Zeitschrift «Pentagramm» publiziert. In den Niederlanden ist eine Jugendarbeit institutionalisiert, betrieben durch das Noverosa-Zentrum, ausserdem unterhält das LR dort drei Primarschulen.

Schweiz und Bern

Das Schweizerische LR mit rund 600 Angehörigen ist organisiert als unabhängige Stiftung. Es hat seinen Sitz in einem ehemaligen Hotel in Caux VD, von wo aus auch Bücher vertrieben werden. LR-Bücher sind öffentlich auch in der Zentralbibliothek Zürich und in der Regionalbibliothek St.Gallen zugänglich. Das LR ist in der deutschen Schweiz in Zürich, wo man ab etwa 1950 begann, in Basel, wo 1956 das erste Zentrum entstand, in Lenzburg, Thusis und Bern aktiv. Französischsprachige LR-Anhänger orientieren sich nach Frankreich, wo die Gemeinschaft recht stark ist. Daneben gibt es einige weitere kleine Gruppen. Insbesondere durch die monatlichen Konferenzen pflegen alle einen regen Austausch. In Bern sind etwa Mitte der 50er-Jahre erste Schüler bekannt, vorerst noch ohne Zentrum. Dann traf man sich in Wyler und später in einer Wohnung in der Belpstrasse. Seit Mitte der Achtzigerjahre besteht das Zentrum in der Effingerstrasse, es handelt sich um einen weitläufigen Komplex in einem ehemaligen Gewerbeobjekt. Das Berner Zentrum versorgt die Kantone Bern, Solothurn und das deutschsprachige Freiburg. Etwa 90 Menschen gehören dazu, die Zahl zeigt eine leicht abnehmende Tendenz, da Nachwuchs ausbleibt. Etwa einmal im Monat werden neben den internen Aktivitäten Vorträge für die Öffentlichkeit veranstaltet. Gelegentlich mietet man zu diesem Zweck auch Räume in Biel, Thun, Saanen und anderswo. Für die Veranstaltungen werben kleine Inserate in der Tagespresse und öffentliche Plakate.

Kontakt

Effingerstrasse 41D, 3008 Bern, Tel.. 031 381 51 59
www.rosenkreuz.de, www.lectoriumrosicrucianum.org

Antiquus Mysticusque Ordo Rosae Crucis (A.M.O.R.C.)

Der Alte und Mystische Orden des Rosenkreuzes wurde 1915 durch den Theosophen H. Spencer Lewis in den USA gegründet. Lewis hatte – so A.M.O.R.C. – den Auftrag erhalten, die Lehre dort vor den kommenden Kriegen in Sicherheit zu bringen. Der Orden führt seinen Ursprung auf eine angeblich 1350 v. Chr. von Pharao Echnaton begründete Mysterienschule zurück – daher die prominente Stellung der Pyramide in Lehre und Ikonografie. Ihren Zweck sieht die Gemeinschaft im Bewahren und Weitergeben der alten rosenkreuzerischen Tradition. Die sog. Oberste Grossloge des Ordens mit dem auf fünf Jahre gewählten «Imperator» an der Spitze residiert in San Jose, USA. Das dortige Zentrum ist ein weitläufiger Komplex im ägyptisierenden Stil, der u. a. eine grosse Sammlung antiker Kunst beherbergt. Weitere Städtegruppen, Logen, Tempel und Studienzentren der sich als überkonfessionelle «natur- und kulturphilosophische Bruderschaft» verstehenden Gemeinschaft existieren in rund 80 Ländern. Im deutschsprachigen Raum gibt es rund 50 Städtegruppen. Der Orden ist eine der grossen neuen Gemeinschaften, weltweit gehören ihm nach eigenen Angaben über 100 000 Menschen an. International und auf lokaler Ebene gibt es eine ausgeprägte Initiations- und Funktionshierarchie.

Ein Beitritt erfolgt nach der Annahme des Gesuchs dazu, ein Austritt ist jederzeit möglich. Die Arbeit wird durch Mitgliedersbeiträge und Studiengebühren finanziert, lokale Gruppen finanzieren sich selbst. Die «ewige esoterische Weisheit» (A.M.O.R.C. benennt v. a. Elemente der Renaissance-Esoterik wie Alchemie, Hermetik, christliche Kabbalah, Symbolkunde und mystische Überlieferungen) ist nach Ansicht des Ordens mit jeder religiösen Lehre vereinbar und steht – wie auch die ganze Organisationsstruktur – Menschen jeden Glaubens, jeder politischen Richtung und beiderlei Geschlechts offen. Wenn der Mensch sich in die Lehre, die nicht unbedingt als Religion verstanden wird, vertieft, könne er Erkenntnisse über die sichtbaren und unsichtbaren Kräfte in der Natur und im Kosmos erlangen und sich diese letztlich nutzbar machen. Es gehe jedoch nicht um eine irdisch ausgerichtete Lebensbewältigung alleine, sondern das Materielle soll die spirituelle Entwicklung unterstützen, «damit der Mensch sein Leben meistern und mit dem Höheren verbinden lernt». Ein Mitglied kann nach drei vorbereitenden «Atriumsgraden» im Tempel einer Loge in zwölf Tempelgrade («geistige Schlüssel») initiiert werden, die höchsten drei Grade sind – ebenso wie die Rituale – geheim. Die Rosenkreuzer streben die höchste Vollkommenheit, den «Zustand des Rosenkreuzes» an, der auch «Kosmisches Bewusstsein», «Christusbewusstsein» oder «Buddhazustand» genannt wird. Sie streben diesen Zustand über viele Wiedergeburten hinweg an. Als Mittel für den Weg bietet die «Mysterienschule A.M.O.R.C.» ein Lehrsystem zur «Erforschung der Werke und Ziele des Schöpfers» und zur «eigenen Gotteserfahrung» an. Es wird vorwiegend im Heimstudium sowie in den Treffen der Städtegruppen absolviert und besteht aus meditativer, mystischer Selbstfindung und der Arbeit mit monatlich übermittelten, vertraulich zu behandelnden Lehrbriefen (sog. Monografien) für das intellektuelle Studium. Kollektiv gibt es mystische Rituale als «äussere Darstellungen innerer Prozesse», welche «direkt das Unterbewusstsein ansprechen» sowie Gesprächsrunden und Meditationsabende «zum Innehalten und Bewusstwerden». Das kollektive Vorgehen, auch in der Mystik, gilt neben dem Heimstudium als Erfolg versprechend. «Christian Rosenkreuz» versteht der A.M.O.R.C. übrigens symbolisch und nicht als Namen einer historischen Person.

Es gibt eigene Feste wie zum Beispiel das Neujahrsfest um die Frühlings-Tag- und- Nacht-Gleiche (Beginn des Rosenkreuzerjahres, Erinnerung an die Eröffnung der Schule im Alten Ägypten), das Fest der Rose Ende Juni und das Pyramidenfest zur Herbst-Tagundnachtgleiche. Das Lichtfest am 21. Dezember ist ein Höhepunkt im Rosenkreuzerjahr. «Während des Festes wird eine sehr eindrucksvolle, tief gehende Zeremonie zur Wiederkehr des Lichts, des inneren Lichts, das jeder Rosenkreuzer (eigentlich jeder Mensch) in sich trägt, begangen.» Die vier Feste stehen in Beziehung zu den Elementen Feuer, Wasser, Erde und Luft.

In Baden-Baden, wo seit 1963 die seit 1952 existierende deutschsprachige Grossloge residiert, werden Seminare organisiert. Dort hat auch der Verlag AMORC-Bücher seinen Sitz, der neben Büchern vierteljährlich die öffentliche Zeitschrift «AMORC-Forum» herausgibt und monatlich das «Tempel-Echo» für die Mitglieder. Daneben besteht am selben Ort das AMORC-Kulturforum für Kunst, Kultur und Bildung. Im Jahre 2007 fand ein A.M.O.R.C.-Weltkongress in Berlin statt.

Schweiz und Bern

Im welschen Landesteil widmeten sich einige parapsychologische Persönlichkeiten bereits um 1927 rosenkreuzerischen Ideen. 1936 entstand eine rosenkreuzerische Institution in Lausanne, aus der 1950 die Loge Pax als erste Schweizer Gruppe (gehörend zur französischen Jurisdiktion des A.M.O.R.C.) hervorging. Von ihr ausgehend, wurden weitere im Welschland und im Tessin gegründet. Heute bestehen noch in Genf, Lugano und Zürich Logen. In der deutschen Schweiz ist A.M.O.R.C. als Verein in Zürich registriert. Dort wurde man Anfang der 60er-Jahre aktiv, und heute besteht dort die einzige Deutschschweizer Loge mit einem Tempel. Es gibt weitere Städtegruppen – auch «Pronaus» (Vorhof eines Tempels) und «Atrium» genannt – in Aarau, Basel, Biel, Freiburg, Langnau, Lugano, Sion/Sitten, St.Gallen, und Bern. In der Deutschschweiz leben rund 350 Mitglieder. Für die gesamte Schweiz wurde für den Sommer 2006 erstmalig ein sog. Nationalkonvent in Lausanne einberufen, um den brüderlichen Zusammenhalt über die Sprachgrenzen hinweg zu stärken.

Im Januar 1967 wurde in Bern der «Pronaus Ferdinand Hodler» gegründet. Diese Gruppe war – via Suisse romande – aus einem Ableger der französischen A.M.O.R.C.-Grossloge hervorgegangen. Vorübergehend bestand in der Stadt sogar eine Loge, das heisst, die Gruppe war gross genug, um einen eigenen Tempelraum im Berner Länggassquartier zu betreiben. Eine derartige Struktur soll wieder entstehen. Der Berner Pronaus trifft sich heute im Logenhaus in Zollikofen, dort teilt er sich die Räumlichkeiten mit einer französischen Freimaurerloge und mit dem Druidenorden. Die Städtegruppe Bern veranstaltet monatlich Anlässe, an denen Gäste teilnehmen können. Um den Kern der 30 bis 35 aktiven Mitglieder besteht eine feste Interessenten- und Freundesgruppe.

Kontakt

AMORC-Städtegruppe Bern, Postfach 5102, 3001 Bern;
Logenhaus, Bernstrasse 116, 3052 Zollikofen
www.amorc.org, www.rosenkreuzer.de, www.amorc.ch

Satsang-Szene – Überblick

«Satsang» ist seit den Neunzigerjahren verbreitet, immer mehr Menschen besuchen Satsang-Veranstaltungen, die meistens von reisenden Lehrern abgehalten
werden. Es hat sich eine – stark fluktuierende – Szene gebildet; feste Organisationen bestehen fast nicht. Auch wenn vielen Teilnehmern die religionshisto-
rischen Hintergründe vielleicht nicht bekannt und auch nicht wichtig sind, soll
Satsang von diesen ausgehend beschrieben werden.

Einer der Zweige der indischen religiösen Philosophie ist das Advaita-
Vedanta, die Lehre von der Nicht-Zweiheit. Ihr Kern ist die Feststellung von
der Einheit allen Seins. Jegliche Unterscheidung, jegliches Getrenntsein oder
jede Distanz sind «Maya», eine Illusion. Das ist insbesondere für den Menschen
selbst wichtig, der – im Unterschied zu seiner Alltagswahrnehmung – eben
nicht getrennt oder unterschieden sei von der Welt und vom Göttlichen. Eine
Unterscheidung von Subjekt und Objekt ist somit nicht die letzte Wahrheit. Der
Mensch könne ein völliges Einssein, eine absolute, allumfassende Präsenz des
Göttlichen und die Identität mit diesem in sich selbst erfahren. Echte «Selbst-
Verwirklichung» sei ein Gefühl, ein Selbst-Bewusst-Werden des ungebro-
chenen, ungetrennten, unbegrenzten Seins – und letztlich die Auflösung eben
jenes «Ich», das da fragt und sucht. Andere Beschreibungen dafür sind, in das
«Nichts», das «Sein», das «Jetzt», die «Leere» einzugehen, ja die Einheit zu sein,
sich der – vorgeblich immer schon bestehenden – Grenzenlosigkeit des Ichs und
der Nichtexistenz bzw. Nichtigkeit seiner Konzepte gewiss zu werden. Einfach
sein, nicht an Gedanken anhaften. Diese Erkenntnis geht über ein kognitives
Wissen hinaus, sie zu erlangen wird von heutigen Anhängern als «Erleuchtung»
und «Erwachen» beschrieben.

Ramana Maharshi (1879–1950) war in der jüngeren Zeit der wohl wichtigste
Vertreter der Advaita-Philosophie. Ursprünglich westlich ausgebildet, hatte
er als Jugendlicher ein Todes- und Entgrenzungserlebnis. Kurz darauf zog er
sich von der Welt zurück. Über Jahre sass er schweigend im Shiva-Tempel im
südindischen Tiruvannamalai oder in den Höhlen eines nahen Berges. Diese
konsequente Haltung wirkte anziehend, langsam setzte ein Pilgerstrom zu dem
Meditierenden ein. Er hatte inzwischen heilige Schriften gelesen und war so zu
einem Verständnis dessen gelangt, was er erlebt hatte. Allmählich begann er
auch wieder zu sprechen. Später entstanden – von ihm autorisierte – Bücher aus
den Gesprächsaufzeichnungen. Maharshi gilt heute als Heiliger; ein Guru aller-

dings wollte er nie sein und er hat auch nie formal Schüler angenommen. Und er lehrte keine Methode oder Technik. Er wollte die Menschen zum Reflektieren bewegen, sie sollten selbstständig nach innen gehen und dort das Eine finden. Seine Ansicht vermittelte er also nicht über Initiationen, Lehranweisungen oder (körperzentrierte) Übungen, sondern durch Gespräche – wenn er denn nicht einfach schwieg. Vielen Schülern bedeutete auch die als eine Art Energieübertragung wahrgenommene Begegnung mit ihm mehr als die Worte. Die einfache Schlüsselfrage, die seine Zuhörer zur Erkenntnis führen sollte, lautet schlicht: Wer bin ich?

«Satsang» ist der Begriff für die Begegnung mit einem derart erwachten Lehrer, für das Gespräch, das gemeinsame Nachdenken über die «heilige Wahrheit» und das Sichversenken darin. Wörtlich bedeutet dieses Sanskritwort «Zusammensein in/mit der Wahrheit». Der Sinn des Satsang besteht nicht in erster Linie in der Vermittlung einer «Lehre» (insofern ist der Begriff «Lehrer» missverständlich, und Worte gelten für das zu Vermittelnde auch als mangelhaftes Gefäss), sondern darin, dass die Schüler durch das unmittelbare Erleben der Präsenz des Lehrers in einer Art Resonanz selbst zur Erfahrung ihrer «ursprünglichen Natur» gelangen sollen. Die Gemeinschaft mit anderen Suchenden könne dabei zusätzlich unterstützend wirken. Bei Satsangs werden heute, abhängig von den Lehrern, gelegentlich freie Vorträge gehalten (eine Vorbereitung mit Skript ist unüblich), Schriften verschiedener Religionen ausgelegt, recht häufig sind Frage-Antwort-Dialoge. Es sind auch Satsang-Retreats, also längere, in Zurückgezogenheit verbrachte Intensivphasen möglich sowie die Kombination mit anderen (spirituellen) Techniken wie zum Beispiel Meditationen, «Gefühls-Integration», aber auch Humor. Ein Satsang-Gespräch soll den Einzelnen in sich selbst zurückführen; es kann – dadurch, dass der Fragende oft drängende Probleme vorträgt und sich damit auch vor anderen zeigt – zu starken Emotionen kommen. Satsangs haben – als Mischung zwischen Performance und Psychotherapie – intensiven Einfluss auf die Persönlichkeiten, die sich darauf einlassen.

Obwohl die Wahrheit bereits in jedem Menschen liege, gibt es doch die Erfahrung einer Grenzüberschreitung, eben jenes erwähnte Erwachen, das einem meist erst nach längerer Zeit widerfährt. Obwohl es zu jeder Zeit möglich sein soll. Es sind nur einige Menschen, die lehren (zumindest in der westlichen Welt Männer und Frauen). Ihnen wird eine aussergewöhnliche Präsenz, ein besonderes Charisma zugeschrieben: Der Lehrer «ist in der Wahrheit, in der Einheit, in der Stille, im Sein.» Satsang gelingt, wenn Zuhörer sich dahin mitgenommen fühlen. Eine Differenz zu den Schülern kann dadurch in Erscheinung treten, dass mit dem Erwachen oder auf dem Weg dorthin eine Initiation durch einen Meister erfolgt. Obwohl der Kern des Satsang in der Innenschau des Einzelnen liegt – nur begleitet und angeregt durch den Lehrer –, sind doch Vermerke, wer der Lehrer des einzelnen Lehrers war, häufig zu finden. Das hat durchaus auch einen legitimierenden Charakter. Doch der entscheidende Punkt für einen Lehrer ist es, dass Zuhörer ihn anerkennen; die soziale Struktur einzelner Satsangs und der Szene ist eine völlig offene.

Erwähnt wird die Praxis des Satsang im Zusammenhang mit → Sant Mat. Ein weiterer Einfluss ist bei → Osho zu verorten, der die Menschen auf vielen Wegen in ihr eigenes Inneres führen wollte und gerade in seinen späten Jahren verstärkt auf sanfte, introspektive Techniken setzte. Der wichtigste Ursprung des heutigen westlichen Phänomens liegt allerdings beim o.g. Ramana Maharshi. Dutzende westlicher Satsang-Lehrer berufen sich auf ihn als ihren wichtigsten Meister. Der hatte zwar offiziell keine Schüler, aber einige ausdauernde Zuhörer, die nun ihrerseits Belehrungen geben und Zuhörer haben. Dazu kommt, dass, wer ein Erleuchtungserlebnis erfahren hat, darüber natürlich Mitteilungen machen kann und keine Erlaubnis braucht. H. W. L. Poonja ist der im Westen bekannteste Schüler Maharshis, er war es auch, der ihn als «Sat-Guru», als wahrhaft erleuchteten Guru bezeichnete. Poonja hat seinerseits Schüler eingeweiht, und diese wie Gangaji, Eli Jaxon-Bear, Isaac Shapiro, Madhukar und auch deren Schüler wie Samarpan und Artur Wydra berufen sich ebenfalls auf die Ramana-Nachfolge. Viele andere haben eine Einweihung von Osho erhalten, wie zum Beispiel Paul Lowe, oder waren gar in mehreren Schulen. Andere, wie der inzwischen international sehr erfolgreiche Eckhard Tolle, seien von selbst, ohne Lehrer «erwacht». Aus all diesen Einflüssen speist sich der Satsang-Boom. Die Homepage www.satsang.de versucht, ein Referenzraum für die Szene zu sein und verzeichnet über 100 Satsang-Lehrer – die meisten davon sind im deutschsprachigen Raum aktiv. In keiner grösseren westlichen Stadt finden pro Monat nicht ein oder mehrere Satsangs statt. Eine eigentliche Satsang-Zeitschrift gibt es nicht; Medien, die dafür Raum bieten, sind die Zeitschriften «Spuren», «Connection» und – in Abstrichen, da sie sei ein zum Teil anderes Profil hat – «What is Enlightment/Was ist Erleuchtung»; sie sind in Esoterik-Läden und auch im normalen Zeitschriftenhandel erhältlich.

Auch in Bern sind im Laufe der Zeit viele Satsangs abgehalten worden. Es hat keinen Zweck, alle Lehrer, die hier mehr oder weniger regelmässig aktiv waren und sind, aufzuzählen. Die Zahl der Zuhörer kann nicht geschätzt werden, bei einzelnen Veranstaltungen pendelt sie zwischen 20 und 100. Nur die wenigsten werden sich explizit auf Satsang als den einzigen wahren Weg oder gar auf einen speziellen Lehrer berufen. Viele entscheiden sich zwar früher oder später für einen Lehrer, sie bleiben in der Regel aber offen für andere Lehrer und weitere Angebote aus dem psychospirituellen und esoterischen Bereich. Zu nennen sind so nur Namen, die – bei aller Beweglichkeit der Szene – mit intensiven und dauerhaften Engagements in der Region herausstechen.

- Der Deutsche OM C. Parkin und sein Satsang-Allionce e.V. haben ihren Sitz in Hamburg. Über mehrere Jahre hinweg gab es bis 2005 in der Berner Brunngasse ein «sat.institut.bern». Es war ein Ort regelmässiger Satsangs sowohl mit Parkin als auch mit anderen Lehrern. Daneben fanden aber auch viele andere Veranstaltungen statt. Auch in Interlaken war Parkin bereits zu Gast. Im Sommer 2006 gab es wieder einen Satsang-Retreat mit ihm, diesmal auf der Schweibenalp bei Brienz.

- Die Münchner Ärztin Pyar Troll kommt regelmässig zu Veranstaltungen nach Bern. Ein örtlicher «Pyar-Haufen», so nennt sich eine Gruppe ihrer Schüler, trifft sich alle zwei Wochen, dabei wird meditiert und eine Medienaufzeichnung eines Satsangs von und mit Pyar Troll geschaut. Treffpunkt ist der Meditationsraum Dhyanalaya im Länggassquartier.

- Mario Mantese, ein ehemaliger Schweizer Rockmusiker, hatte während des Komas nach einer Messerattacke ein Jenseitserlebnis. Nach mühsamer Rekonvaleszenz lehrt er heute – ohne in einer bestimmten Tradition zu stehen oder seine Vorträge «Satsang» zu nennen – Vergleichbares in einem ähnlichen Rahmen. In Biel besteht eine kleine sog. Organisation Mantese, und ab und an besucht «Meister M» die Stadt für Vorträge.

- Steven Harrison betreibt in den USA The Living School und kommt seit etwa 2000 regelmässig zu Lesungen und Gesprächen nach Bern. In seinen Büchern verkündet er auf provokante Weise das «Ende der spirituellen Suche». Er nennt sich selbst nicht Lehrer und seine «dialogischen Wirklichkeitsmeditation» nicht Satsang, doch inhaltlich ähnelt sein Ansatz dem beschriebenen.

Sowohl in kleinen Therapie- und Meditationsräumen als auch in grösseren psychospirituellen Seminar- und Begegnungszentren, wie der Quelle in Bern, dem Waldhaus-Zentrum Lützelflüh, der Villa Unspunnen bei Interlaken und dem Zentrum der Einheit Schweibenalp, finden immer wieder Zusammenkünfte mit sog. erwachten Menschen statt, die den Charakter von Satsangs haben, ohne sich immer so zu nennen. Die Szene ist fliessend, und auch ihre Begriffe sind es.

608

Inzwischen gibt es sogar Gruppenübungen, in denen sich die Beteiligten gegenseitig Satsang geben. Es wird abzuwarten sein, welche weiteren Veränderungen neben zum Beispiel dem Zurücktreten der in der indischen Tradition wichtigen Begriffe «Gott/göttlich» (sie kommen in westlichen Satsangs fast überhaupt nicht vor) noch folgen werden.

Theosophie und ihre Ableger

Einen der wichtigsten Einflüsse auf die moderne alternative Religiosität – sowohl auf organisierte neureligiöse Gemeinschaften wie auch auf die Esoterikkultur – hatte die Theosophie. Erstaunlicherweise hat sich im Raum Bern keine der traditionellen Theosophischen Gesellschaften (TG) finden lassen. Tatsächlich ist eher die französische Schweiz – insbesondere die Stadt Genf – das Schweizer Zentrum dieser Tradition. Was es im Deutschschweizer Raum an Theosophen gab, ging 1913 fast geschlossen zur ➡ Anthroposophie über. Im Anschluss werden einige in Bern auffindbare Gemeinschaften beschrieben, die sich zumindest stark auf theosophische Lehren beziehen. Da diese Lehre jedoch so unumgehbar wichtig ist für die gegenwärtige Esoterik, soll hier erklärend auf sie eingegangen werden.

Der Begriff «Theosophie» besteht aus den griechischen Wörtern «theos» (Gott) und «sophia» (Weisheit) und meint «göttliche Weisheit» oder «Weisheit, wie sie Gott hat/die Götter haben». (Es gab eine so bezeichnete christlich-mystische Philosophie auch schon im 17. und 18. Jahrhundert, sie hat mit dem hier Beschriebenen jedoch nichts zu tun.) Die Theosophie des späten 19. Jahrhunderts ist untrennbar mit dem Namen Helena P. Blavatsky («HPB», 1831–91) verbunden. Nachdem diese lange und weit gereist und u. a. spiritistisch tätig gewesen war, gründete sie 1875 in New York mit Gleichgesinnten die Theosophische Gesellschaft (TG) als Organisation für ihre Lehre, die sie in mehreren Bänden vorlegte. 1882 wurde der Sitz nach Adyar (Indien) verlegt. In der Folge verstärkte sich das Gewicht fernöstlicher Lehren in der Theosophie. Nach Blavatskys Tod kam es zu Spaltungen, sodass heute mehrere TG mit einigen 10 000 Anhängern – vorwiegend im angelsächsischen Raum und in Indien – agieren und sehr viele sich daraus speisende Gemeinschaften entstanden sind.

Die Theosophie war in Europa lange sehr populär, zum Beispiel sind aus der Zeit zwischen den Weltkriegen allein über 40 deutschsprachige theosophische Zeitschriftentitel bekannt. Seither ist jedoch ein starker Rückgang bei den organisierten Theosophen zu beobachten.

Lehre

Blavatskys Lehre ist ein Versuch, die klassische abendländische Esoterik mit östlichem Gedankengut zu verbinden. Ihr Anliegen, das sich gegen das dogmatische Christentum sowie Materialismus und Darwinismus wandte, war die Schaffung bzw. «Wiederherstellung der einheitlichen hermetischen Ur- und Weltreligion». Diese sei in den esoterischen Traditionen aller Religionen aufzufinden und stelle die «Wahrheit über allen Religionen» dar. Den etablierten Religionen und auch der anerkannten Wissenschaft stehen Theosophen misstrauisch gegenüber. Drei Ziele wurden formuliert und werden bis heute von allen TG verfolgt: die Errichtung einer weltweiten Bruderschaft aller Menschen, das Studium aller Religionen, Philosophien und Wissenschaften sowie die Erforschung der spirituellen und psychischen Kräfte des Menschen. Deshalb können an der auch «Geheimwissenschaft» genannten Theosophie Menschen jeden Glaubens partizipieren. Als geheim, also «okkult» (Theosophen wenden diesen Begriff auch heute noch positiv auf sich selbst an) gilt ihnen die Lehre, weil sie bisher «verborgen» gewesen sei. Eine Theosophische Gesellschaft gilt als «exoterische» Einrichtung, die die drei genannten Ziele verfolgt und nach aussen Kontakte pflegt, während gleichzeitig in einer internen «esoterischen Schule» die eigene Persönlichkeit gebildet werden soll.

Die Weltgeschichte wird als ein evolutionärer und zugleich zyklischer Prozess von ungeheurer Dauer verstanden. In diesem Prozess – hier besteht eine grosse Ähnlichkeit zu den ausdrücklich zitierten indischen Lehren – lösen sich Phasen des Aufstiegs und Abstiegs ab, die durch ein göttliches Gesetz bestimmt sind und vorangetrieben werden. Grundsätzlich besteht aber eine evolutionäre Tendenz aufwärts. Die gesamte Natur gilt als belebt und dem Evolutionsgesetz unterworfen. Der Mensch, das heisst seine unsterbliche Seele, wird unter Rückgriff auf gnostische Lehren als ursprünglich göttliches Wesen verstanden, das in einen materiellen Zustand herabgesunken ist. Im Gegenzug besteht die Tendenz zum Wiederaufstieg in spirituelle Sphären, den der Theosoph durch das Studium der Lehre befördern kann. Das Karma bestimmt bei Geburt die Position des einzelnen Menschen in der Welt, er habe über viele Reinkarnationen hinweg die Möglichkeit, Weisheit zu erwerben. Grundsätzlich versteht sich die Theosophie als «Weg des Wissens», okkult-magische Praktiken werden zwar als real anerkannt, aber mit Vorsicht betrachtet und wenig bzw. gar nicht durchgeführt.

HPB wurde nach eigenen Angaben durch die «Akasha-Chronik» informiert, eine Art allgegenwärtiges Weltgedächtnis im übersinnlichen Raum, das begabte Menschen zu lesen imstande seien. Seit ihrem Umzug nach Indien wurde sie durch «Mahatmas», spirituelle «Aufgestiegene Meister» der «Grossen Weissen Bruderschaft» in Tibet, «auf telepathischem Wege» belehrt. Die Meister leben auf einer «höheren Existenzstufe» und sind der Menschheit in der Evolution vorangegangen. Zu ihnen zählen Jesus, Buddha, Zarathustra und andere Persönlichkeiten der Religionsgeschichte sowie bisher unbekannte Gestalten wie El Morya, Djwhal Khul, Saint Germain u. v. m. Sie geben ihr Wissen durch besondere Personen an die Menschen weiter. Die besten Schüler («Chelas», «Adepten», auch «Initiierte») dieser «Meister» würden somit selbst zu Lehrern der Menschheit.

In den verschiedenen TG gibt es Stufen auf dem Weg der Einweihung, aber keine festgelegten Initiationsriten. Hierarchien sind in den TG nur schwach ausgebildet. Die gelegentlich aufgetretenen Spaltungen in den klassischen TG waren meist durch Legitimitätsprobleme verursacht, echten Streit und gegenseitige Nichtanerkennung gab es kaum. Eine der wenigen Abtrennungen aus inhaltlichen Gründen führte zur Gründung der Anthroposophie.

Oft kritisiert wird das kosmologisch-evolutionäre Rassen-Konzept der Theosophie, welches verschiedenen Völkern («Rassen») kollektiv «karmisch bedingte» unterschiedliche Wertigkeiten zuschreibt. Es wird von der heute vertretenen Maxime konterkariert, dass eine egalitäre Ethik den einzelnen Menschen gegenüber gelten solle. Da sich in diesen aber verschieden weit fortgeschrittene Rassen inkarnieren, sind die einzelnen Menschen in unterschiedlichem Masse verantwortlich und schuldfähig für ihr Tun. Einerseits geniesst die Theosophie – besonders in Gestalt der TG Adyar – in Indien durchaus Ansehen, andererseits konnten explizit rassistische Esoteriker wie die Vertreter der antisemitischen Ariosophie nahtlos an das theosophische Konzept anknüpfen. Von kirchlicher Seite wird betont, dass zwischen der eingangs erwähnten christlich-mystischen Tradition und der TG-Theosophie keinerlei Berührungspunkte bestehen.

Über die originär theosophischen Kreise hinaus hatte die Lehre eine sehr grosse Wirkung, so zum Beispiel um 1900 auf Malerei, Tanz und Musik. Für die Esoterik der Gegenwart hat die Theosophie eine enorme Bedeutung. So haben v. a. Theosophen die Karma- und Reinkarnations-Lehre im Westen bekannt gemacht. Ebenso ist das Konzept der Aufgestiegenen Meister und der Akasha-Chronik heute durch sie weit verbreitet, wie auch Blavatskys Lesart der Atlantis-Legende. Blavatsky sprach von Astral- und Ätherleibern, dem höheren Selbst, Kontakten zu Geistwesen und dem evolutionären Aufstieg in geistige und lichthafte Sphären, was durch ein Lernen auf der aktuellen «Lebensebene» geschieht. Das russische Theosophen-Ehepaar Roerich trug viel zum romantischen Bild des «geheimnisvollen Tibet» bei. Die Theosophin Alice Bailey (1880–1949) prägte den Begriff «New Age» in seiner heutigen Bedeutung, und schon 1905 begrüssten Theosophen ein heraufziehendes «Wassermann-Zeitalter».

I AM Activity/Saint Germain Foundation

Die I AM Activity gründet ihre Lehren auf den «Ascended Master (Aufgestiegenen Meister) Saint Germain». Dieser sei einer der «Meister der Geistigen Hierarchie, die diesen Planeten führen», seine Aufgabe sei es, «den Freiheitsimpuls des Planeten zu entfalten». Er habe im 18. Jahrhundert als «Wundermann Europas» in die Politik eingegriffen; auch die Gründung und die Verfassung der USA sollen von ihm beeinflusst sein. Guy W. Ballard (1878–1939), der Begründer der I-AM-Bewegung, berichtet, er sei 1930 mit ihm zusammengetroffen und zum Boten bestimmt worden. Bis 1970 hätten Saint Germain, Jesus und andere Aufgestiegene Meister nun «per Licht- und Klangstrahl» ca. 3000 Reden über die Gesetze des I AM weitergegeben, die, um «die Reinheit der Lehre zu wahren», nur im englischen Original studiert und verbreitet werden.

Ballard und seine Frau Edna hatten die Theosophie kennengelernt, sie dann aber «amerikanisiert». Schlüsselbegriffe sind «das Schöpfungswort I AM» (ICH BIN) als «All-Kraft und Gegenwart Gottes», sowie die «I AM Presence» (ICH BIN Gegenwart), ein «Lichtkörper über jedem Menschen, der mittels der Herzflamme mit dem physischen Leib verbunden ist». Die häufig verwendete Formel «I am» bezieht sich auf die alttestamentliche Selbstbeschreibung Gottes «Ich bin, der ich bin» (2. Mos. 3,14). Es gibt bei I AM rituelle Elemente, die das Potenzial eines Menschen fördern sollen. Ein Mensch könne auf einem Studienweg und «mithilfe des Heiligen Feuers, speziell der Violetten Flamme (Affirmation, Visualisierung, Kontemplation) den eigenen Lebensstrom und letztlich alles Lebendige reinigen und transformieren – mit dem Ziel der Verwandlung des Irdisch-Menschlichen in das Göttliche».

Diese Grundgedanken werden als Wahrheit hinter allen Religionen betrachtet. Wegen der besonderen Bedeutung, die Jesus Christus beigemessen wird, begehen die sog. I AM Students christliche Feiertage. Seit 1950 werden ausserdem einmal jährlich im spirituellen Zentrum der I AM Activity am Mt. Shasta, Kalifornien, Theaterstücke über das Leben Christi aufgeführt. Die I AM Activity selbst ist nicht organisiert. Organisatorische Unterstützung leistet die Saint Germain Foundation; Publikationen vertreibt die 1934 gegründete Saint Germain Press von ihrem Hauptquartier in Schaumburg, Illinois (USA) aus.

I AM Students – ihre Zahl ist nicht genau zu bestimmen – treffen sich regelmässig, und grössere Gruppen richten I AM Sanctuaries und I AM Temples ein. Es besteht auch die Möglichkeit, allein zu studieren. Weltweit gibt es ca. 300 Gruppen. Die Reading Rooms stehen jedem Interessenten offen. Um an Versammlungen teilzunehmen, muss man zuvor Grundlagenwerke Ballards wie

«Unveiled Mysteries» und «The Magic Presence» gelesen haben. Ein Zugang ist jedoch generell schwierig, da die Gruppen heute zurückgezogen agieren und eine Teilnahme ohne Fürsprecher nahezu ausgeschlossen ist.

In der Schweiz hat die Saint Germain Foundation ihren Sitz in Zürich, die Gründung erfolgte 1946. Zuvor hatte es nur einige wenige individuelle Schüler gegeben. Zürich war ein Signal: Schon im folgenden Jahr gab es Gründungen in Bern und Lausanne, 1948 folgten Genf und Luzern, 1950 Lugano. Seit den Sechzigerjahren liess das Wachstum nach; 1987 gab es etwa 300 I AM Students im Land, andere Quellen nennen aber mehrere Tausend.

Zürich und Bern sind heute die grössten Gruppen, Bern verfügt daher auch über einen I AM Temple. Er wird privat von sog. Sponsoren unterhalten. Die Gemeinschaft ist nach aussen nicht aktiv, sie kommuniziert ihre Anliegen nur auf der privaten Ebene.

Kontakt

www.SaintGermainFoundation.org, www.SaintGermainPress.com

Kreis des Guten Willens (World Teacher Trust)

Der Kreis des Guten Willens ist eine lokale Gruppe des World Teacher Trust (WTT). Diese Organisation wurde 1971 von Ekkirala Krishnamacharya («Meister E. K.») in Visakhapatnam (Indien) gegründet. Der WTT umfasst heute über hundert Gruppen in 24 Ländern mit rund 10 000 Mitgliedern, viele davon in Indien. Nachfolger Meister E. K.s und heutiger Präsident ist K. Parvathi Kumar (geb. 1945).

Der WTT und seine Lehre speisen sich aus mehreren Quellen: Zum einen ist das eine Linie indischer Gurus um einen Agastya-Ashram. Sie reicht über Meister E.K.s Lehrer Mynampaty Narasimhan («Meister M. N.», 1883–1940) und besonders Canchupati Venkatarao Venkaswamy Rao («Meister CVV», 1868–1922) weit in die Vergangenheit zurück. Die andere Linie ist die Theosophie. Vermutlich hatte Meister E. K. bereits früher Kontakt und seine Lehren mit theosophischen Elementen bzw. deren Terminologie angereichert. In den 60er-Jahren traf er in Südindien mit dem Schweizer Theosophen Albert Sassi zusammen. Dieser stand im frankophonen Raum mit verschiedenen theosophischen Gruppen in Verbindung, insbesondere dem Lucis Trust, der 1920 durch Alice Bailey entstandenen Abspaltung von der ursprünglichen Theosophischen Gesellschaft. Neben London befand sich (und befindet sich noch heute) das wichtigste europäische Zentrum des Lucis Trust in Genf. Sassi lud Meister E. K. zu mehreren Besuchen nach Europa ein, und 1982 wurde in Genf der europäische Zweig des WTT gegründet. Ein anderer Schweizer Theosoph, Rudolf Schneider, versuchte, mit dem Institute For Planetary Synthesis, ebenfalls in Genf, eine gemeinsame organisatorische Basis zu errichten. Ein Zusammengehen gelang auf die Dauer aber nicht; 1990 verliess die europäische WTT-Zentrale Genf und siedelte nach Glattbrugg ZH über.

In all diesen Organisationen sind die Inhalte vergleichsweise ähnlich, die Schwerpunkte unterscheiden sich aber gewichtsmässig. Beschäftigen sich die Theosophischen Gesellschaften vorwiegend mit Theorien, Studien und der Entwicklung des Selbst, so liegt der Fokus beim WTT und beim Kreis des Guten Willens mehr auf der Lebenspraxis und auf sozialen Anwendungen («diensttätige Spiritualität»). Betont werden ethische Gedanken, denen der Einzelne in seinem Leben einen zentralen Platz einräumen soll. Das richtige Bewusstsein, das rechte Handeln und ein freundliches Miteinander gelten als Grundlagen für eine bessere Welt. Der WTT unterhält in Indien sozial-karitative Einrichtungen, und auch in Südamerika gibt es derartige Aktivitäten. Den zweiten Schwerpunkt bildet das Thema Heilung. Es gibt Schriften zu Yoga, Astrologie, spiritueller Psychologie, lakto-vegetarischer Ernährung und diversen Heilungsverfahren. Deutsche Publikationen erscheinen in der Edition Kulapati in Wermelskirchen (D). Der Berner Kreis unterstützt das seit 2003 in Einsiedeln erscheinende Magazin «Paracelsus – Health and Healing». Der Herausgeber, das dortige Paracelsus-Center (früherer Sitz: Reussbühl LU), ist eine «Dienstaktivität» des WTT. In Einsiedeln befindet sich heute auch der WTT-Sitz für den Westen.

Eine durch den Meister-E. K.-Schüler Sri Raju begründete Gemeinschaft namens Wisdom Teaching Temple, die ähnlich ausgerichtet und zwischenzeitlich in Basel und Zürich aktiv war, tritt inzwischen nicht mehr in Erscheinung.

Der Kreis in Muri BE entstand im Jahr 2000 in einer privaten Initiative. Mitglieder der Gruppe – im Kern fünf Personen – meditieren täglich zweimal. Dabei wollen sie mit ihrer Inneren Quelle in Kontakt treten; auch die Verbindung mit den aus der Theosophie bekannten «Meistern der Weisheit» (die namengebenden World Teachers) ist wichtig. Die Gruppe bietet Yoga-Kurse und eine Studiengruppe zu Werken von K. P. Kumar, Meister E. K. und einzelnen Theosophen an. Mission wird nicht betrieben, eine Doppelmitgliedschaft ist problemlos möglich. Monatlich gibt der Kreis in vier Sprachen den Rundbrief «Der

Mond-Bote» heraus. Ein Welterlösungsanspruch besteht nicht, stattdessen wolle man im Stillen sozial und an sich selbst wirken. Mit seinen bescheidenen Möglichkeiten unterstützt der Kreis eine Armenspeisung in Argentinien und ein Schulprojekt in Indien.

Kontakt

Egghölzliweg 2, 3074 Muri b. Bern, Tel.: 031 951 28 77
www.good-will.ch, www.worldteachertrust.org, www.paracelsus-center.ch, www. kulapati.de

Share International/ Berner Transmissions-Meditationsgruppe

Am Anfang von Share International und der Transmissions-Meditation steht ein Kontakterlebnis, welches der esoterisch aktive englische Maler Benjamin Creme (geb. 1922) 1972 mit einem «Meister der Weisheit» hatte. Diese Meister seien eine Hierarchie evolutionär weit fortgeschrittene Wesen, die seit Millionen von Jahren von einer «ätherischen Ebene» aus die Entwicklung der Menschheit begleiten. Das Haupt dieser «Aufgestiegenen Meister» ist Maitreya, der «das Amt des Christus» innehat. Unter dem Namen Maitreya erwarteten auch schon Mahayana-Buddhisten den «Buddha der Zukunft»; nach ihrer Ansicht wird er dieses Zeitalter beenden und allen Wesen die Erlösung bringen. Diese alte Vorstellung hatten Theosophen Ende des 19. Jahrhunderts aufgenommen und mit christlichen Endzeiterwartungen kombiniert. An ihr Erbe, insbesondere an die theosophische Linie von Alice Bailey, knüpft Creme an. Sein Meister habe ihm gesagt, dass Maitreya selbst in Kürze materiell auf Erden erscheinen werde. Creme verkündet das seither – permanent im telepathischen Kontakt mit den Meistern und «überschattet» von Maitreya selbst. Eine erste Meditationsgruppe entstand 1974 in London, heute sind es weltweit viele Hundert. Die nur lose organisierte Gemeinschaft glaubt, dass Maitreya nun tatsächlich seit 1977 körperlich, aber noch von vielen unerkannt, auf der Erde (in London) lebt und die Menschheit «hinsichtlich ihres Evolutionsziels im Wassermann-Zeitalter» unterstützt. Wunderbare Erscheinungen wie Milch trinkende Statuen und Lichterscheinungen an Fenstern und Hausfassaden werden als Zeichen seiner

Gegenwart und der Übergangszeit – die übrigens nicht apokalyptisch-katastrophisch, sondern positiv, eben als Evolutionssprung aufwärts verstanden wird – gedeutet. Dass Maitreya sich direkt über die Medien der Welt offenbart, wird seither von Cremes Hörern jederzeit erwartet.

Bis zu diesem Zeitpunkt sollen die Menschen an der Umgestaltung der Welt zu mehr Gerechtigkeit und Frieden arbeiten. Die soziale Botschaft einer ökonomischen Gerechtigkeit hat einen wichtigen Platz in der Lehre, daher der Name Share International. Einerseits sehen viele Anhänger ihre Aufgabe darin, die Botschaft Maitreyas «Teilt, und rettet die Welt» in der Öffentlichkeit bekannt zu machen. Andererseits arbeiten Gruppen mit den Meistern direkt zusammen. Diese verfügten über «spirituelle Energien» (verstanden als buchstäbliche, spürbare physische Energie), welche während der Gruppenmeditation gezielt «transmittiert» und in die Welt geschickt werden, wo sie dann Gutes bewirken. Die sog. Transmissionsgruppen treffen sich regelmässig und zwanglos. Jeder kann an der Meditation teilnehmen, Zutrittsvoraussetzungen gibt es nicht. Die Meditation ist überkonfessionell und gilt der Gemeinschaft als wissenschaftlich begründet. Sie wird als Dienst an der Welt verstanden, helfe den Meditierenden aber auch individuell bei der Selbstentwicklung.

Das Netzwerk der örtlichen Gruppen ist lose strukturiert, Kontakt gibt es eher über Medien und gelegentliche Treffen. Die Vorträge und Meditationen sind kostenlos, Einnahmen werden nur durch Spenden und den Bücherverkauf generiert. Der Verlag Tetraeder (München) produziert die deutschsprachigen Druckerzeugnisse, zum Beispiel die Zeitung «Welt im Wandel», die vierteljährlich kostenlos erscheint.

In der Schweiz stellt Zürich die Kontaktstelle auf nationaler Ebene dar. Es gibt daneben 23 Transmissionsgruppen allein in der Deutschschweiz, was auf einige Hundert Meditierende schliessen lässt. Viermal jährlich finden an einem Wochenende schweizweite Treffen statt, bei denen intensiv – mindestens dreimal am Tag – meditiert wird. Die Berner Gruppe entstand etwa 1988, ihre Mitgliederzahl schwankt seither zwischen 20 und weniger als zehn. Sie meditieren regelmässig zweimal pro Woche, was 60 bis 90 Minuten dauert. Einmal monatlich gibt es eine Vollmondmeditation, zu der auch öffentlich eingeladen wird. Im sog. Transmissionsraum fällt ein Tetraeder (aus vier Dreiecken zusammengesetzter Körper) auf, mit der die Meditierenden durch einen in den Händen gehaltenen Draht verbunden sind. Die Konstruktion mit einem Quarzkristall in der Mitte soll beim Heruntertransformieren und Weiterleiten der Energie helfen. Nur wenige der Schweizer Gruppen verfügen über einen derartigen Tetraeder

– er ist zum Gelingen hilfreich, aber nicht unbedingt notwendig. Neben den Meditationen werden in Bern gelegentlich öffentliche Vorträge in angemieteten Räumen veranstaltet, zum Beispiel im Hotel Kreuz.

Kontakt

Viktoriastrasse 63, 3013 Bern;
Infostelle Schweiz, Postfach, 8050 Zürich
www.shareintl.org, www.shareinternational-de.org

Bruderschaft der Menschheit/Neue Franziskanische Dritter-Orden-Welt-Missionsbestrebung der Universalen Kirche/Das Meister Lehren Fundament

Die Gruppe Bruderschaft der Menschheit, bekannt auch unter dem Namen Universale Kirche, sieht sich als legitime Nachfolgerin aller theosophischen Bewegungen und als «Zusammenfassung aller geistigen, spirituellen und religiösen Bestrebungen». Statt Konkurrenz will sie Korrektiv und Abschluss aller Religionen sein, weshalb auch eine Doppelmitgliedschaft möglich ist. Sie organisiert sich als auch für Frauen und Kinder zugänglicher Franziskanischer Dritter Orden der Universalen Kirche. Diese Kirche sei als umfassende Gemeinschaft, als «lebende Kirche» und «Neue Weltreligion» aller Menschen zu verstehen, sie wahrhaftig zu errichten, ist das Ziel des Ordens. Die Zeit für diese Aktivität sei jetzt, mit dem beginnenden Neuen Zeitalter, auch Wassermann-Zeitalter genannt, gekommen. Die Gemeinschaft wurde 1981 von dem theosophisch aktiven Engländer Peter W. Leach-Lewis (geb. 1938) in den USA gegründet, wo heute ihr Zentrum in Washington (DC) besteht. Leach-Lewis, der den Titel Reverend trägt, gilt als Orakel der Aufgestiegenen Meister und veröffentlicht deren Durchgaben in Blättern namens «LifeLine» bzw. «Der Lebendige Stein». Weltweit ist die Organisation nach eigenen Angaben in über 70 Ländern präsent. Das europäische Zentrum befand sich – mit dem Namen Falcon Hill – bis 1999 in Walzenhausen AR, heute hat es seinen Sitz in Luzern. Die Schweiz ist auch quantitativ ein wichtiger Standort. Über Mitgliederzahlen gibt die Gemeinschaft allerdings keine Auskunft; Nennungen wie 300 Schweizer, 1000 europäische oder 2500 bis 10 000 weltweite Anhänger stammen von Aussenstehenden und sind unbestätigt.

Die Lehre ist theosophisch geprägt. Sie enthält Aussagen über Reinkarnation und Karma, eine Bruderschaft geistiger, das heisst aufgestiegener Lehrer («Grosse Weisse Loge»), nicht physische Welten, Elementar- und Naturwesen und betont zentral die «Vater-Mutter-Gottheit» als das «Ich Bin». Der Mensch sei durch eine «Ich-bin-Präsenz» (oder «Christusbewusstsein» oder «Höheres Selbst») mit der pantheistisch gedachten Gottheit verbunden. Zugleich verfüge er über einen freien Willen, wobei dieser für Probleme verantwortlich sei, wenn er sich der «Ich-bin-Präsenz» nicht bewusst ist. Die Universale Kirche sieht ihre Aufgabe darin, die Tatsache des «Ich-Bin» sowie alle anderen göttlichen ewigen Gesetze den Menschen (wieder) ins Bewusstsein zu bringen und so einen göttlichen Liebesdienst zu erfüllen. Auffällig sind Bezüge zur christlichen Religion, insbesondere die starke Berufung auf Franz von Asissi. Christliche Formen prägen die Symbolik und die Rituale der Gemeinschaft, zum Beispiel Gottesdienste und Schriftlesungen. Mitglieder der Universalen Kirche beten individuell, kontemplieren und meditieren. Gemeinschaftlich werden Seminare veranstaltet und Feiern wie Erntedank und das Freundschaftsfest begangen. Mehr für die Öffentlichkeit werden sog. Grundkurse für Höheres Geistiges Lernen angeboten, an den Kursen kann jeder teilnehmen. Ein Beitritt zur Bruderschaft ist möglich, aber nicht notwendig. Überhaupt sollte einem ordentlichen Beitritt der Besuch eines siebenteiligen Einführungszyklus vorausgehen. Alle Mitglieder können, unabhängig vom Geschlecht, ein Priesteramt in der Kirche einnehmen. Die Finanzierung erfolgt durch Spenden, alle Aktivitäten und Ämter werden ehrenamtlich geführt. Die Mitgliedschaft muss jährlich erneuert werden.

1995 erntete die Gemeinschaft für antisemitische Äusserungen von P. Leach Lewis öffentlich Kritik. Rassistische sowie homophobe Aussagen gibt es auch weiterhin. Im Jahre 1998 verhängte im Zusammenhang damit die Schweizerische Bundespolizei ein – inzwischen aufgehobenes – Einreiseverbot gegen ihn, ausserdem sind zwei Mitglieder der Kirche rechtskräftig verurteilt worden.

Eine recht bekannte Aktivität, die zwar formal mit der Universalen Kirche nicht verbunden ist, jedoch von Angehörigen produziert wird und die auch Themen der Kirche aufgreift, ist die seit 1993 vierteljährlich in Rotkreuz ZG herausgegebene «ZeitenSchrift». Mit ihrem Schwerpunkt auf «verschwiegenen Wahrheiten», «geheimen Drahtziehern in der Politik» und alternativen Wissenschaften hat sich das Magazin einen Platz auf dem Esoterikmarkt erarbeitet. Ebenfalls öffentlich sind die Aktivitäten der formal unabhängigen Organisation World Foundation for Natural Sciences, der Neuen Franziskanischen Wissenschaftlichen Weltbestrebung. Sie besteht seit 1993 vorwiegend im deutschspra-

chigen Raum und setzt sich «für eine Natur-fördernde und nicht Natur-zerstö-
rende Wissenschaft, basierend auf den natürlichen und göttlichen Gesetzen»
ein, was insbesondere Aufklärungskampagnen über Gefahren der Mikrowellen-
Technologie oder über medizinische Aspekte beinhaltet. Mit dem Seminarraum
namens Mystiko unterhält sie in Rotkreuz ein eigenes Veranstaltungszentrum.

Im Kanton Bern ist die Gemeinschaft seit Mitte der Achtzigerjahre präsent, unter dem Namen Bruderschaft der Menschheit unterhielt sie Anfang der
Neunzigerjahre ein Sanktuarium in Hindelbank. Im Zenohaus in Heimberg
finden heute die wöchentlichen Gottesdienste sowie Einführungslektionen und
Vorträge statt. Dazu erscheinen zwischen zehn und 40 Personen. Gelegentlich
treten Mitglieder der Universalen Kirche, erkennbar an beigen Mönchsroben, in
der Öffentlichkeit auf, zum Beispiel auf dem Berner Waisenhausplatz. Eine organisierte Mission gibt es allerdings nicht.

Kontakt

Franziskanisches Zentrum Heimberg, c/o Zenohaus, Winterhaldenstr. 14A,
3627 Heimberg, Tel.: 033 437 30 10;
Hauptsitz für Europa, Postfach 4958, 6002 Luzern, Tel.: 041 798 03 12

Universelle Weisse Bruderschaft/Fraternité Blanche Universelle

Der Name Universelle Weisse Bruderschaft steht zum einen für eine ewige
überirdische Gemeinschaft, der alle Religionsgründer, Weisheitslehrer, Heiligen, Propheten, inspirierten Künstler, Eingeweihten und spirituellen Helfer
der Menschheit angehören sollen. Ihr Leiter bzw. oberstes Prinzip ist der «Universelle Geist», für Christen «Christusgeist». «Weiss» beschreibt das Ergebnis
der Bündelung verschiedenfarbiger Lichtstrahlen. Zum Zweiten nennt sich so
eine irdische Gemeinschaft, die sich an der erstgenannten orientiert. Begründet
wurde sie bzw. ihre Vorläufer- und heutige Schwesterorganisation um 1900
durch den Bulgaren Peter Deunov (Beinsa Duno, 1864–1944). Zur leicht akzent-
verschobenen Neugründung kam es durch dessen Schüler und Nachfolger
Omraam Mikhael Aivanhov (1900–1986), als dieser – von Deunov gesandt –
1937 nach Frankreich ging (formale Gründung 1947). Dort, wo sich der Izgrev

genannte Welt-Hauptsitz in Paris befindet und seit 1953 ein grosses Zentrum bei Fréjus besteht, gibt es heute rund 2000 Mitglieder. International hat die UWB nach eigenen Angaben in über 30 Ländern rund 20 000 Mitglieder, dabei sind die Anhänger der Deunov-Linie, deren Zahl nach dem Fall des Eisernen Vorhangs massiv angestiegen sein soll, nicht mitgezählt. Seit Aivanhovs Tod wird der westliche Zweig, die eigentliche UWB, ohne Nachfolger parallel zum bulgarischen Deunov-Zweig fortgesetzt. In den letzten Jahren verstärkten sich die Beziehungen zwischen den beiden Zweigen wieder.

Eine Teilnahme an den Aktivitäten ist allen Menschen möglich, so sie sich zuvor eingelesen haben. Ausser dem Status «Mitglied» (nach einem Jahr Probezeit) gibt es noch «Sympathisanten» und «Hörer». Auf hierarchische Strukturen wird ansonsten bewusst verzichtet, einzig ein Vorstand leistet administrative Arbeit. Eine Doppelmitgliedschaft mit anderen weltanschaulichen Gemeinschaften und Religionen ist möglich, ja sogar erwünscht. Sie wird zum Beispiel viel von Anthroposophen praktiziert.

Hatte Deunov prinzipiell eine Auseinandersetzung mit dem (orthodoxen) Christentum im Blick, das er im Lichte esoterischer Erfahrungen und Lehren zum Teil neu interpretierte, so verschob sich bei Aivanhov der Schwerpunkt noch stärker in die esoterisch-theosophische und durch indische Gurus – er besuchte Indien 1959 für längere Zeit – beeinflusste Richtung.

Jeder Mensch hat nach der Lehre der Bruderschaft die Aufgabe, das Göttliche in sich zu verwirklichen. Die ihn dabei unterstützenden historischen Religionen sind – wenn auch unterschiedlich im Akzent – Ausprägungen der gleichen, universellen kosmischen Mächte mit der Sonne als deren Ausdruck und Grundlage. Die Sonne, die wärmt, nährt und inspiriert, erhellt und heilt, ist universelles Symbol und ermutigendes Vorbild, ihrer uneigennützigen «Arbeit» für die Menschen wollen die «Brüder und Schwestern», wie sich die Anhänger nennen, nacheifern. Zentral ist aber auch die Arbeit an sich selbst. Eine charakteristische Übung ist die «Sonnenaufgangsmeditation», die im Sommerhalbjahr täglich individuell ausgeübt wird. Weitere, kollektive Aktivitäten sind Gymnastik, Paneurythmie, gemeinsames Singen, Essen in Stille und Beten sowie Atemübungen. Regelmässig hört man sich bei den Treffen Video- und Tonbandaufzeichnungen von Aivanhovs Vorträgen an. Anhängern wird empfohlen, sich eine oder zwei der vielen von ihm vorgeschlagenen Praktiken auszuwählen und privat zu vertiefen, sodass auch ausserhalb der Treffen praktiziert werden kann. Gefeiert werden die Sonnenwenden und die Tag- und Nachtgleichen, Weihnachten, Ostern, St.Michaelis, St.Johanni sowie das Vesakh-Fest.

Aivanhov besuchte seit 1945 immer wieder die Schweiz, meistens Lausanne. Hierzulande tritt die Bruderschaft, die 1961 offiziell gegründet wurde, als «Kulturverein und geistige Schule» auf. Das Schweizer Zentrum namens Vidélinata befindet sich in Les Monts-de-Corsier VD. Gruppen bestehen in Basel, Bern, Biel, Genf, Lausanne, Neuenburg, Sitten, Yverdon und Zürich, ihnen gehören rund 400 Menschen an. Durch Mitgliederbeiträge und Spenden finanzieren sie die Tätigkeit. Der Kontakt zur Öffentlichkeit kommt insbesondere durch die zahlreichen Publikationen des Prosveta-Verlages (CH-Ableger) zustande, der die von Aivanhov mündlich in rund 5000 Vorträgen vermittelte Lehre herausgibt. Auf Deutsch sind rund 55 Titel erhältlich. Am stärksten ist die Gruppe aber in der Romandie präsent, wofür sicher ihre Geschichte verantwortlich ist. Auch ihr «Bulletin d'Information» gab es lange nur auf Französisch, erst seit 2006 erscheint es auch auf Deutsch.

Die Berner Gruppe entstand mit dem Zuzug von Bruderschaftsmitgliedern etwa im Jahre 1992. Sie umfasst heute rund zehn Menschen. Etwa einmal im Monat trifft man sich, um gemeinsam zu singen und zu essen, einen Aivanhov-Vortrag zu hören und zu diskutieren. Das geschieht im Wechsel in Mitgliederwohnungen in Bern, Ostermundigen und Münsingen. Fast jede Woche fährt die Gruppe nach Les Monts-de-Corsier. Die Gruppe in Biel entstand bereits in den 70er-Jahren. Sie umfasst heute etwa 15 Menschen. Auch sie trifft sich wöchentlich, bleibt dazu aber in Biel. Dabei findet ein ähnliches Programm statt (gemeinsames Singen, ein Vortrag von Aivanhov und eine Diskussion), allerdings ohne gemeinsames Essen.

Kontakt

Chemin de la Céramone 13, 1808 Les Monts-de-Corsier, Tel.: 021 925 40 80
www.aivanhov.ch, www.videlinata.ch, www.fbu.org

Stern-Zentrum der White Eagle Tochter Lodge Schweiz

Die White Eagle Lodge wurde 1936 von Grace Cooke (1892–1979, geistiger Name: Minesta) und ihrem Mann als karitative Stiftung in London gegründet. Cooke hatte aber ihren spiritistischen Kontakt zu White Eagle schon lange zuvor gehabt. Arthur Conan Doyle hatte sie bereits vor dem Ersten Weltkrieg in französische spiritistische Kreise eingeführt, wo sie in Kontakt mit theosophischen

Lehren kam. Nach Cookes Ableben führten ihre Töchter Joan Hodgson und Ylana Hayward die Gemeinschaft, die heutige «Mutter» der Lodge ist Jenny Dent. Die eigentliche Führung erfolge jedoch «geistig», mittels Medialität und Inspiration, durch White Eagle, der als «Sprachrohr der Weissen Bruderschaft» gilt. White Eagle, ein Wesen einer «höheren Ebene», könne nicht als Person aufgefasst werden, vielmehr steht der Name symbolhaft für einen «weisen spirituellen Lehrer, der unter dem Symbol des sechsstrahligen Sterns des neuen Wassermann-Zeitalters arbeitet.» Er habe im Laufe der Geschichte in allen Religionen gewirkt. Die Ähnlichkeit zum theosophischen Konzept der «Aufgestiegenen Meister» ist deutlich. Eine Porträtzeichnung zeigt White Eagle als Indianerhäuptling, da er in seiner letzten Inkarnation der Irokese Hiawatha gewesen sei.

Die Gemeinschaft versteht sich als eine «Mysterienschule des neuen Zeitalters». Sie will «selbstlosen Dienst an der Menschheit, an Tieren und an der Erde» leisten und den Menschen helfen, ihr «inneres Licht», auch «Höheres Selbst» oder «Christus-Bewusstsein» genannt, zu entwickeln. So komme man in «Einklang mit den höheren, feinstofflichen Sphären.» Das Licht könne auch durch Freundlichkeit hinaus in die Welt strahlen und anderen helfen; «StarLink», eine übers Internet vernetzte Meditationsarbeit, verkörpert diesen Dienst an der Welt. White Eagles Aussagen werden als durchgehend liebevoll beschrieben, verurteilt habe er nie. Das fundamentale Naturgesetz sei die Liebe Gottes, wenn es verletzt würde, träten Schmerz und Leid auf. White Eagles Anliegen und damit das der Lodge ist es, für das Gesetz zu arbeiten und einen «Heilungsprozess» zu unterstützen. Die Arbeit umfasst spirituelles Heilen, Meditation und die «ruhige Ausstrahlung des Christus-Lichtes». Letzteres sei als göttlicher Funke in jedem Menschen, er verbinde ihn mit «Vater-Mutter-Gott». «Christus» wird allumfassend gedacht und könne nicht mit einer einzelnen Religion in Verbindung gebracht werden. Die Lehre gilt als dogmenfrei, einfach und als Ur-Weisheit für alle Menschen. Die Lodge lehrt auch, dass es ein Leben nach dem physischen Tode gibt, ebenso das Karma-Gesetz, das esoterische «Wie oben, so unten» und das Gesetz der ausgleichenden Gerechtigkeit. Eine Doppelmitgliedschaft in anderen Religionen ist kein Problem.

White-Eagle-Gruppen bestehen heute in 25 Ländern, sie haben (Oktober 2006) 5713 Mitglieder. 1974 wurde ein Tempel in New Land (Hampshire/GB) errichtet, in Kensington/London besteht ein grosses Zentrum. Ein White Eagle Publishing Trust veröffentlicht die vielen Durchgaben White Eagles (insges. in elf Sprachen); in Deutsch bekommt man sie bei den Verlagen Aquamarin und

Stella Polaris. In Sri Lanka und Indien gibt es karitative Projekte. Seit 1981 ist die White Eagle Lodge offiziell in Deutschland vertreten. In der Schweiz gab es bereits in den 50er-Jahren einzelne Kontaktpersonen. Seit 1991 besteht ein Stern-Zentrum der White Eagle Lodge, zuerst in Burgdorf, seit 2001 in Langnau. Ortsgruppen existieren in Kappel bei Olten, in Vormwald bei Zofingen, in Wettingen und in der Region Basel. Heute gehören in der Schweiz 130 Menschen der Gemeinschaft fest an, weitere 350 werden als Interessierte gezählt. Das Zentrum entfaltet eine grosse Aktivität, manchmal finden mehr als zehn Veranstaltungen im Monat statt: Einmal monatlich gibt es einen «Besinnlichen Sonntag». Hinzu kommen Heildienste, Meditationsabende, «Tage der Einkehr» und Kurse. Die angebotenen Heildienste bestehen im Kontaktheilen durch Handauflegen und im Fernheilen für Mensch und Tier. Viel Raum nimmt die Ausbildung von Heilern ein. Manche ausgebildete White-Eagle-Kontaktheiler machen auch Hausbesuche. Monatlich finden «Freitage der Offenen Tür» statt, um die verschieden Aspekte der Lodge bekannt zu machen und Menschen die Möglichkeit zu geben, «einfach in die Stille zu gehen». Ein Jahresprogramm kann angefordert werden, ein Newsletter erscheint nur für die Mitglieder.

Kontakt

Höheweg 13, 3550 Langnau, Tel.: 034 402 36 36
www.whiteagle.ch

Allgemeine Anthroposophische Gesellschaft (AAG)

Anthroposophen und viele Nutzer anthroposophischer Angebote und Einrichtungen verstehen die Anthroposophie nicht als Religion. Dennoch enthält diese an ganz wesentlichen Stellen inhaltliche und strukturelle Elemente, die eine Beschreibung als «religiös» zulassen.

Rudolf Steiner (1861–1925), der Begründer der Anthroposophie, ist bis heute die unumstrittene prägende Persönlichkeit dieser Bewegung. Von Kindheit an dem Übersinnlichen zugetan, in Wien naturwissenschaftlich ausgebildet und zugleich von idealistischer Philosophie beeindruckt (darin 1891 Promotion), arbeitete Steiner in jungen Jahren an der Herausgabe von Goethes naturwissenschaftlichen Schriften. Um die Jahrhundertwende wandte er sich der Theosophie zu, 1902 wurde er in Berlin Generalsekretär der deutschen Sektion der Theosophischen Gesellschaft (TG, Adyar-Zweig). In der Folgezeit vertiefte er seine Studien der religiösen und esoterischen Traditionen, insbesondere der des Abendlandes. Den fernöstlichen Aspekt, der Theosophen eigentlich stark am Herzen liegt, vernachlässigte er bis auf einige Begriffe. So kam es, als die TG Adyar einen indischen Knaben zum reinkarnierten Christus erklärte, zum Bruch: Steiner verliess 1913, zusammen mit den meisten deutschen Mitgliedern, die TG (nach anderen Quellen wurde er ausgeschlossen) und begründete die Anthroposophie. In der Folgezeit entstanden viele anthroposophische Gruppen. 1923 formierte sich die Gemeinschaft mit rund 12 000 Mitgliedern durch die Gründung des internationalen Dachverbandes Allgemeine Anthroposophische Gesellschaft (AAG) endgültig. In Dornach bei Basel errichtete sie das Goetheanum, es beherbergt heute die zentrale Verwaltung der AAG und die Freie Hochschule für Geisteswissenschaft. Die 300 dort wirkenden Mitarbeiter veranstalten jährlich über 100 Kongresse, 200 kulturelle Aufführungen auf drei Bühnen und empfangen rund 150 000 Besucher. Der jährliche Etat beträgt rund 20 Millionen Franken, er ergibt sich zu 50 Prozent aus Spenden und Legaten, zu 25 Prozent aus Mitgliederbeiträgen und zu 25 Prozent aus Veranstaltungseinnahmen. Die AAG ist als gemeinnützig anerkannt, erhält aber keine staatlichen Zuwendungen. Heute gehören ihr rund 55 000 Menschen an, ein Drittel davon in Deutschland. Es bestehen autonome Landesgemeinschaften in rund 50 Ländern. Zentrales Medium ist die deutschsprachige Wochenzeitung «Das Goetheanum». 1921 begründet, hat sie rund 10 000 Abonnenten. Daneben erscheinen weitere Zeitschriften für die Bereiche Kunst, Erziehung, Landwirtschaft, Medizin usw.

1919 begann mit der Waldorf-Pädagogik die Realisierung von Steiners Pädagogik. Sie sollte ein grosser Erfolg werden, denn auch viele Aussenstehende unterstützen die Schulen. In der Schweiz bestehen Rudolf-Steiner-Schulen seit 1926, heute sind es 36. Auch seine Vorstellungen zur Kunst finden bei Nichtanthroposophen Anklang.

Die Anthroposophie als Lehre spricht gebildete Gesellschaftsschichten an; breiten, noch darüber hinaus gehenden Erfolg haben aber v. a. die praktischen Aspekte, für die es weltweit rund 10 000 Einrichtungen gibt: In Landbau und Ernährung (Demeter, rund 200 Höfe allein in der Schweiz), Medizin und Kosmetik (Wala, Weleda), Erziehung, Heilpädagogik usw. wirkt die Anthroposophie merklich in die Allgemeinheit hinein, obwohl kaum jemand die ideellen Fundamente, auf welchen diese Anwendungen ruhen, detailliert kennt.

Obwohl die Anthroposophie viele Erfolge vorzuweisen hat, zeigt manches, was seinerzeit revolutionär war, heute Alterserscheinungen. Bis vor wenigen

Jahren wurde von Anthroposophen an Steiner nicht kritisch herangetreten (zum Beispiel im Zusammenhang mit seiner Evolutionstheorie, von der Elemente rassistisch verstanden werden können). Zumindest in Teilen der Bewegung scheint eingetreten zu sein, was er selbst befürchtet hatte: aus seinen oft intuitiv formulierten Ideen könnten Dogmen werden (bis hin zum Sprachduktus), aus studierenden Schülern gefolgsame Jünger.

Lehre

Die Anthroposophie, die «Weisheit vom Menschen», sei ein «Erkenntnisweg, der das Geistige im Menschenwesen zum Geistigen im Weltall führen möchte». Steiners Ansatz wird von ihm eine «Geisteswissenschaft nach naturwissenschaftlicher Methode» genannt; ein Anspruch, den Wissenschaftstheoretiker nicht teilen. Er habe sein Wissen aus der «geistigen Welt», der sog. «Akasha-Chronik» bezogen, einem übersinnlichen Weltgedächtnis, das zeitlos alle Informationen enthalte. Darin zu lesen, sei eine Fähigkeit, die jeder Mensch erwerben könne, so hätten zum Beispiel die grossen spirituellen Personen der Geschichte Zugang dazu gehabt. Jeder Mensch kann und soll höhere geistige und spirituelle Fähigkeiten erwerben, sich seelisch entwickeln und übersinnliche Erkenntnisse erlangen. Steiners Lehre zielt auf die individuelle Entwicklung, der Einzelne soll in Verantwortung handeln können. Der Weg durch viele Leben kann aktiv gestaltet werden, indem der Mensch an sich arbeite. Zu diesem Zweck wird ein siebenstufiger Schulungsweg angegeben. Am Beginn steht eine Unterweisung in die Lehrinhalte, später folgen die stärker selbstverantwortlichen Stufen namens Imagination, Inspiration und Intuition. Der Mensch sei ein Angehöriger der ewigen geistigen Welt und der materiellen Welt; mit seinem hiesigen Leben stellt er eine Verbindung zwischen beiden her. Es gibt in der Lehre keinen Gut-Böse-Dualimus, da die ganze Welt monistisch und evolutionär gedacht ist. Allerdings gilt die Materie nur als «Schatten» des Geistigen. Der Mensch sei vor undenklichen Zeiten als geistiges Wesen aus dem Geistigen hervorgegangen, und er werde nach einem langen, karmisch gestalteten Lebensgang dorthin zurückkehren. Speziell anthroposophisch ist der Gedanke, dass der Einzelne nicht nur über sein eigenes Karma Gerechtigkeit erfährt, sondern dass er auch «das Weltenkarma» beeinflusst. Zur Lehre gehören Vorstellungen vom physischen, Äther-, Astral- und Ich-Körper (als «Aura» übersinnlich sichtbar), was für die anthroposophische Medizin Bedeutung hat, und einer Individualentwicklung in Sieben-Jahres-Stufen, was in der Waldorf-Pädagogik wichtig ist.

Viele Aussagen Steiners entsprechen theosophischen bzw. hinduistischen Lehren, aber er sieht sich explizit auf dem «westlichen Weg». So betont er, dass durch das «Christusmysterium» bzw. das «Golgatha-Ereignis» ein welthistorischer Wendepunkt eingetreten sei. Ging es bis dahin ins Stoffliche hinab, ist seither ein Wiederaufstieg möglich, eine Evolution vom Materiellen zum Geistigen. Der «Kosmische Christus» habe es ermöglicht, dass der Mensch nun aus Freiheit an seinem Aufstieg arbeiten könne. Die eigentliche anthroposophische Aktivität ist eine «innerliche Entwicklungsarbeit», bestehend aus Meditations- und Konzentrationsübungen. Rituale kennt die Anthroposophie nicht. Aber künstlerisch-kulturelle Aktivitäten fördern die innere Arbeit. Bekannt sind die Bewegungskunst «Eurythmie», die den Ausdruckstanz stark beeinflusste, charakteristische Formen- und Farbenlehren für Malerei, Skulptur und Architektur, die eigenwilligen Interpretationen von Goethes Bühnenstücken und die Mysterienspiele, von denen Steiner vier geschrieben hat.

Anthroposophie ist ein weitgehend in sich geschlossenes Denksystem, dessen Eckpunkte fixiert sind. Die Gemeinschaft jedoch ist offen und gesellschaftlich integrierend aktiv; es erfolgt ein Austausch mit vielen kulturellen Bereichen. So finden im Goetheanum und in vielen Zentren öffentliche Veranstaltungen statt. Für den Zugang ist keine religiöse Bindung erforderlich; man versteht sich als «individueller, christlich-esoterischer Entwicklungsweg», der Gläubigen aller Religionen offensteht.

Schweiz

In der Schweiz bildete, wie in Deutschland, die Abspaltung der Anthroposophie den Aderlass, der seither die Theosophie zum Schattendasein verurteilt. Im Jahre 1913 bekam Steiner für seine entstehende Gemeinschaft ein Grundstück in Dornach geschenkt. Dort errichtete man bis 1919 das erste Goetheanum als hölzernen Doppelkuppel-Bau. Nach dem Brand in der Silvesternacht 1923 entstand an gleicher Stelle das heutige Bauwerk, eine 1928 fertiggestellte imposante Betonkonstruktion, erneut nach Steiners Entwürfen. Darum herum wurden weitere Bauten in seiner markanten Formensprache errichtet.

Die Landesgesellschaft der Anthroposophischen Gesellschaft der Schweiz (AGS) umfasst heute etwa 60 örtliche Zweige und Arbeitsgruppen, zu diesen zählen sich rund 4900 Personen. Die Mitglieder zahlen feste Beiträge, ausserdem werden Spenden generiert. Mitglieder und Freunde der Anthroposophie treffen sich, meist wöchentlich, an «Zweigabenden» und zu «Klassenstunden». Dabei werden anthroposophische Inhalte erarbeitet und vertieft. Dazu kommen Vorträge von auswärtigen Referenten. Elfmal im Jahr bekommen die Mitglieder die «Mitteilungen aus der Anthroposophischen Arbeit in der Schweiz» (Nouvelles, Notiziario) zugestellt.

Trotz ihrer zahlenmässig und ökonomisch bedeutsamen Präsenz und der kulturellen Verankerung hat die Anthroposophie nicht nur Erfolge zu verzeichnen: Eine anthroposophische Buchhandlung Pegasus in Basel musste 2004 aufgegeben werden, und die populäre anthroposophischen Medizin wurde im Jahre 2005 vom Gesundheitsminister aus dem Grundversicherungs-Katalog der Krankenkassen gestrichen.

Bern

Berner Bürger begannen um 1905 mit theosophischen Studien; 1907 entstand die theosophische Johannes-Loge. 1913 trat der Berner Kreis geschlossen zur Anthroposophie über, und einige Mitglieder engagierten sich stark beim Aufbau der AAG. Es gab mehrere öffentliche Vorträge Steiners in der Stadt, ebenso Eurythmie- und Theater-Vorführungen im Kursaal und im Stadttheater. Trotz öffentlichen Erfolgs und namhafter Unterstützung lehnte die Berner Obrigkeit ein Einbürgerungsgesuch Steiners im Jahre 1921 ab. Die Bewegung wuchs kontinuierlich. Heute bestehen vier Zweige und zahlreiche Arbeitsgruppen im Kanton. In der Stadt Bern ist v. a. der ungewöhnlich grosse Johannes-Zweig (300–400 Mitglieder) aktiv, auch überregional. In Biel gibt es den Johannes-Kepler-Zweig, in Langnau den Friedrich-Eymann-Zweig und in Steffisburg den sog. Zweig Thun.

Selbstständige anthroposophisch-pädagogisch orientierte Einrichtungen (längst nicht alle werden direkt von der AGS getragen) im Kanton sind: Rudolf-Steiner-Schulen in Bern (gegr. 1946, die älteste derartige Einrichtung in der Region), Biel, Ittigen, Langenthal, Ins, Langnau und Steffisburg. Der Theologieprofessor und Pädagoge Friedrich Eymann (1887–1954) wirkte in der ersten Jahrhunderthälfte im Kanton, besonders durch ihn ist die Pädagogik Steiners bis heute – nicht nur an Rudolf-Steiner-Schulen – sehr populär. Auf sein Wirken geht die Freie Pädagogische Vereinigung des Kantons Bern zurück. Zusätzlich gibt es die Kleinklassenschule Bern. Zum erzieherischen Bereich zählen auch mehrere Rudolf-Steiner-Kindergärten in der Region.

Den medizinisch-therapeutischen Aspekt verkörpern das Medizinisch-Künstlerische Therapeutikum Bern und die seit 1996 bestehende Kollegiale Instanz für Komplementärmedizin (KIKOM), eine ausserordentliche Professur an der Universität Bern (diese vertritt allerdings verschiedene alternative

Medizin-Ansätze). Die damit verbundene Abteilung am Inselspital ist eine von drei anthroposophischen Klinikeinrichtungen in der Schweiz und die einzige an einem öffentlichen Spital. Allein in der Umgebung Berns orientieren sich über 50 niedergelassene Ärzte und Psychologen an der Anthroposophie, und SVAKT, der Schweizer Verband für Anthropologische Kunsttherapie hat seinen Sitz in Ostermundingen.

Es gibt kulturell wirkende Institutionen wie zum Beispiel in der Stadt Bern das forum altenberg (gegr. 1991) und die Buchhandlung Anthrovita in der Marktgasse. In Wengen besteht das Kunstatelier Atmosphera, in Walkringen das Zentrum Rüttihubelbad und in Beitenwil bei Worb das Humanus-Haus, eine sozialtherapeutische Institution. In Bern erscheint zudem die über die Region hinaus bedeutsame Zeitschrift «Gegenwart».

Alle Zweige der AGS entfalten selbstständig in ihrer näheren Umgebung ein reiches Kulturleben: Es bestehen Lese- und Studiengruppen, Eurythmiegruppen und Malkurse, sie führen Einführungsveranstaltungen, Vorträge und Seminare zu künstlerischen und medizinischen Themen durch, manche davon auch in Orten, wo keine Zweiggruppen bestehen. Öffentlich begangene Anlässe sind die Feiern zu Johanni, Michaeli und Weihnachten.

Kontakt

AAG in der Schweiz, Hauptstrasse 12, 4143 Dornach, Tel.: 061 701 57 85
www.goetheanum.ch
Johannes-Zweig Bern, Chutzenstrasse 59, 3007 Bern
www.johannes-zweig-bern.ch

Anthroposophische Vereinigung in der Schweiz (AVS)

Nach R. Steiners Tod 1925 führte seine Witwe Marie Steiner-von Sivers die Herausgabe seiner Schriften aus dem Nachlass weiter. Zugleich richtete sie in Dornach ein Archiv ein. Wegen Unklarheiten und Rechtsfragen gründete sie zu diesem Zweck 1943 den nur wenig mit der AAG verbundenen Nachlassverein (NV). Am 28. Dezember 1948 starb sie in Beatenberg im Berner Oberland, wo sie ihre letzten Lebensjahre verbracht hatte. Die darauf einsetzenden juristischen Streitigkeiten mit der AAG um die Rechte an Steiners Werk gewann der NV 1952 vor dem Obergericht Solothurn. 1949 gründeten Anthroposophen die AVS zur Unterstützung des NV. Begleiterscheinung war eine vollständige Spaltung der Anthroposophie, wobei AAG und AVS jedoch lehrmässig nicht differieren.

Im Wesentlichen beschäftigt man sich auch in der AVS mit seiner individuellen geistigen Entwicklung im anthroposophischen Sinne und mit der Pflege und Verbreitung von Steiners Lehre. Auch werden von den einzelnen örtlichen Zweigen Arbeitsgruppen unterhalten. Für die Öffentlichkeit finden regelmässig Veranstaltungen, zum Beispiel Vorträge statt. Daneben gibt es jährliche Sommertagungen in Zürich. Der Rudolf Steiner Verlag, der bis heute seinen umfangreichen Nachlass (ca. 350 Bände) herausgibt, ist lose mit der AVS verbunden und hat seinen Sitz in Dornach. Seit 1961 wird das Periodikum «Beiträge zur Rudolf-Steiner-Gesamtausgabe» publiziert. In den Neunzigerjahren normalisierte sich das Verhältnis zwischen den beiden Gemeinschaften wieder, sodass heute von den rund 300 AVS-Mitgliedern 40 zugleich der AAG angehören. Viele Angehörige der AVS wirken in verschiedenen anthroposophischen Einrichtungen wie zum Beispiel Rudolf-Steiner-Schulen.

Die AVS ist vor allem in der Schweiz präsent; ihr Zentrum befindet sich in Zürich. Nur diese grösste Gruppe, der Zürcher Pestalozzi-Zweig, entfaltet ein öffentliches Leben. Die kleinen Gruppen an sechs weiteren Orten arbeiten meistens nur intern. In Bern besteht ein Goethe-Zweig der AVS. Er entstand 1944 als Zweig der AAG und trat bei der Gründung der AVS zu dieser über. Federführend dabei war der populäre Theologe und Pädagoge Friedrich Eymann. Momentan gehören dem Goethe-Zweig 14 Mitglieder an. Sie lesen die Werke Steiners und diskutieren über die Inhalte. Gemeinsam werden die Feste Johanni, Michaeli, Feiern im Gedenken an Verstorbene, Weihnachten und Ostern gefeiert. Zur überregionalen Gestaltung dieser Anlässe treffen sich Delegierte einzelner Gruppen jährlich in Bern. Der Goethe-Zweig unterstützt die gemeinnützige Marianus-Stiftung am Nydeggstalden 34 in Bern, in diesen Räumlichkeiten versammelt sich der Zweig auch. Die Finanzierung erfolgt durch Mitgliederbeiträge, Spenden und Legate.

Kontakt

E. Ronez, Kramgasse 47, 3011 Bern
www.rudolf-steiner.com
Goethe-Zweig, Pflegestätte für Musische Künste, Nydeggstalden 34, 3011 Bern

Christengemeinschaft – Bewegung für religiöse Erneuerung

Die anthroposophische Lehre Rudolf Steiners stiess bei Christen verschiedener Konfessionen auf Resonanz, und sie versuchten, sie mit ihrem Glauben zu verbinden. 1922 regte Steiner die Gründung der Christengemeinschaft (CG) an, nachdem evangelische Theologen Kurse «zur Erneuerung des Christentums» bei ihm besucht hatten. Angeführt wurden sie vom Berliner Pfarrer F. Rittelmeyer (1872–1938), der nach der Gemeinschaftsgründung auch ihr erstes geistiges Oberhaupt, ihr «Erzoberlenker» wurde. R. Steiner gilt als Helfer und Lehrer der CG, u. a. habe er die liturgischen Texte «geschaut», das heisst sie aus der überirdischen Akasha-Sphäre in diese Welt gebracht. Auch formulierte er das Glaubensbekenntnis. Er lehnte eine Vermischung von Anthroposophie und CG ab, aber es gibt viele Doppelmitgliedschaften.

Die CG sieht sich nicht als Kirche der Anthroposophen sondern als nicht exklusive christlich-ökumenische Freikirche. Die Gemeinschaft liest die Bibel anthroposophisch, mit dieser Hilfe sei die christliche Botschaft voll zugänglich. Das Verständnis Christi hat daher einen eigenen Charakter: Seine Herabkunft mache ihn, die schöpfende kosmische Sonnen-Gottheit, zum «Erdengott». Die «Christus-Tat» und Golgatha ermöglichen allen Menschen die Erlösung, da der irdisch inkarnierte kosmische «Logos-Christus» das «Weltenkarma» auf sich genommen habe. Mit dem Reinkarnations-Gedanken wurden religiöse Einflüsse, die nicht der christlichen Tradition entsprechen, aufgenommen. Eine dogmatisch fixierte Lehre gibt es nicht; auch stehen Art und Intensität des religiösen Engagements jedem Mitglied frei. Nach ihrem Selbstverständnis will die CG «neue Wege zum Verständnis der christlichen Wahrheiten in einer unserer Zeit entsprechenden Form» zeigen.

Die CG versteht sich als Kultus- bzw. Sakramentsgemeinde. Die Rituale sind an den katholischen Ritus angelehnt. Auch die Einteilung des Kirchenjahres folgt dem Vorbild anderer Kirchen. Im Zentrum stehen sieben Sakramente: Taufe, Konfirmation, Schicksalsberatung (so wird die Beichte genannt, es besteht kein Beichtzwang), Trauung, Priesterweihe (ein Weihegrad), die Letzte Ölung und als wichtigstes die sog. Menschenweihehandlung, ein Gottesdienst mit Brot und Wein. Sie wird verstanden als «Weg des heutigen Menschen zu Christus» und ist jedem frei zugänglich. Auch werden die Taufen der christlichen Kirchen anerkannt, was umgekehrt nicht der Fall ist. Die Kindstaufe wird als Vermittlung der Kraft Christi verstanden, aber erst als Erwachsener wird man nach einer bewussten Entscheidung tatsächlich aufgenommen. Wer den Kultus der CG als bedeutungsvoll anerkennt, kann Mitglied werden. Frauen sind Männern in allen Belangen gleichgestellt; die CG war die erste christliche bzw. christlich geprägte Gemeinschaft, die Frauen zu Priestern weihte. Ein Mitglied der CG bestimmt selbst über die Beitragshöhe, andere Einnahmen als diese und Spenden generiert die Gemeinschaft nicht.

Weltweit ist die CG mit ca. 35 000 Mitgliedern und ebenso vielen Sympathisanten in über 35 Ländern vertreten. Rund die Hälfte der Mitglieder lebt in Deutschland. Über 300 Priester tun in der CG Dienst. Die internationale Trägerstiftung (finanziell und juristisch) Stichting de Christengemeenschap hat ihren Sitz in Amsterdam, die praktische Ausführung liegt bei der Oberlenkung in Berlin. Im religiösen Zentrum Stuttgart, dem Sitz des Erzoberlenkers, befinden sich ein Priesterseminar (weitere bestehen in Hamburg und Chicago), der Verlag Urachhaus und die Redaktion der deutschsprachigen Monatszeitschrift «Die Christengemeinschaft». Die CG missioniert nicht, veranstaltet auf Anfrage aber Vorträge.

Schweiz und Bern

Der Sitz des Schweizer «Lenkers» befindet sich in Zürich. Die Schweizer CG bildet eine Landesgemeinschaft, eine Gebietssynode ist ihr beschliessendes Organ. Es gibt 14 als Vereine organisierte Gemeinden mit rund 3500 Mitgliedern und deutlich mehr gleich gesinnten Freunden. Die Gemeinden sind in vielen Belangen autonom, die Priester allerdings werden von der Zentrale eingesetzt. Ein nationales Sozialwerk versieht einen karitativen Dienst, u. a. unterhält es in Zürich ein Altersheim.

In der Stadt Bern wurde 1927 die erste Menschenweihehandlung vollzogen, ein richtiges Gemeindeleben sollte sich jedoch nur mühsam entwickeln. Erst Mitte der 30er-Jahre stabilisierte es sich, und erst in den 60ern entstand ein eigener Gottesdienstraum in der Choisystrasse. Die Gemeinde erlangte überregionale Bedeutung und wuchs insbesondere in den 80er-Jahren stark. So kaufte man das Gelände in der Alpeneggstrasse und begann 1991 mit dem Kirchenbau. Es entstand eine imposante mehrteilige Anlage, die aus städtebaulichen Gründen zum grossen Teil unter der Erde liegt. Insgesamt flossen zehn Millionen Franken in das Projekt. Man brachte das Geld durch Erbschaften, Verkäufe anderer Immobilien, Spenden und freiwillige Leistungen auf, doch noch lange drückten Verpflichtungen auf den Haushalt. Diese Michael-Kirche, 1999 geweiht, bildet heute das Zentrum der Gemeinde.

In Kanton gehören der CG rund 700 Menschen an, die Berner Gemeinde umfasst 100 bis 200 Personen. Der Freundeskreis, der die Mitteilungsblätter zugesandt bekommt, ist drei- bis viermal grösser. Es ist ein leichtes Wachstum zu verzeichnen. Der Einzugsbereich der Gemeinde ist z.T. über die Kantonsgrenzen hinaus ausgedehnt. Zwei Pfarrer betreuen die Gläubigen; zum angestellten Personal gehören auch zwei Gemeindehelferinnen.

Die Menschenweihehandlung findet ausser montags jeden Vormittag statt. Dazu erscheinen fünf bis zehn Menschen; an Sonntagen kommen ca. 50, und an Feiertagen kann die Kirche, die rund 200 Menschen Platz bietet, voll sein. Jeden Sonntag gibt es für Kinder von sieben bis 14 Jahren die Sonntagshandlung genannte kultische Handlung für die Nichtkonfirmierten; danach wird ein Religionsunterricht in drei Altersstufen veranstaltet. Sonstige regelmässige Veranstaltungen organisieren die verschiedenen Arbeitskreise, zum Beispiel für Ministranten, Musiker, Eltern, die Vorstandsarbeit, die Pflege der Aussenanlagen usw. Soziale und karitative Arbeit ist in der Gemeinde nicht institutionalisiert, es sind Freiwillige, die bei Bedarf Alte und Kranke besuchen. Mitunter werden spezielle öffentliche Kurse organisiert, grundsätzlich sind aber alle Veranstaltungen der CG öffentlich. Das Kommunikationsmedium stellt der alle drei Monate erscheinende «Gemeindebrief» dar.

Im Kanton Bern gibt es eine zweite CG-Gemeinde in Biel. Sie ist noch klein und im Aufbau befindlich, und sie wird von Basel aus betreut. Die Menschenweihehandlung feiert sie einmal monatlich. In Walkringen unterhält die CG die schweizweit wirksame Jugend- und Tagungsstätte Auf dem Bühl. Im selben Ort befindet sich die anthroposophische Stiftung Rüttihubelbad, wo ebenfalls gelegentlich die Menschenweihehandlung stattfindet.

Kontakt

Gemeinde Bern, Alpeneggstrasse 18, 3012 Bern, Tel.: 031 301 66 16
Gemeinde Biel, Juravorstadt 4, 2503 Biel, Tel.: 061 701 37 56
www.christengemeinschaft.ch

UFO-Szene

Die Vorstellung von Unidentifizierten Flugobjekten (UFOs) ist ein bedeutender Mythos des 20. Jahrhunderts. Mythos deshalb, weil die Erzählungen die Menschen bewegen, aber andererseits die tatsächliche Existenz ausserirdischer Fluggeräte nicht belegt ist.

Das Phänomen hat eine lange Vorgeschichte, die u. a. Spekulationen griechischer Philosophen und viel Abenteuerliteratur umfasst. Konkret begann die UFO-Geschichte am 24. Juni 1947, als ein Hobbypilot über dem US-Bundesstaat Washington halbrunde Scheiben, «die sich wie fliegende Untertassen bewegten, die über eine Wasseroberfläche geworfen werden», gesichtet zu haben angibt. Am 6. Juli 1947 fand man in Rosswell (New Mexico) Trümmer eines merkwürdigen Fluggerätes. Wenige Wochen später waren bereits 850 Sichtungsberichte aus dem ganzen Land zusammengetragen. Seither treten Sichtungen wellenartig als Massenphänomene immer wieder und inzwischen weltweit auf. UFOs sind heute ein Teil der Populärkultur. Die meisten Menschen konsumieren sie als Medieninhalte und mehr oder weniger zur Unterhaltung. Die Unterhaltungsindustrie ihrerseits produziert permanent Geschichten, schöpft dabei die «Szene» der «Gläubigen» ab und befruchtet sie gleichzeitig. Alle Sujets werden dabei ständig modifiziert und neu vermischt. Die Stärke des Einflusses medialer Inszenierungen ist an der «Jedi-Religion» erkennbar. Sie geht auf die «Star Wars»-Filme zurück, in denen eine bestimmte Metaphysik eine Rolle spielt. Inzwischen wird diese auch ausserhalb der Filme diskutiert und fortentwickelt. Es ist nicht klar, wie ernst die Beteiligten sie nehmen, jedoch haben einige den Versuch gestartet, in England und Australien als Religion offiziell anerkannt zu werden. Ein anderes Beispiel ist → Scientology, auch sie enthält UFOlogische Elemente – der Gründer war zuvor als Science-Fiction-Autor erfolgreich. Das UFO-Thema ist sowohl inhaltlich als auch von der Intensität her starken Schwankungen unterworfen. Nachdem Mitte der 90er-Jahre eine – medial induzierte («Akte X») oder zumindest gestützte – Welle grösster Begeisterung um die Welt ging, ist seither ein Rückgang zu beobachten.

UFO-Religion?

Ein «Glaube» an UFOs – im Sinne des Für-möglich-Haltens ihrer Existenz – muss nicht unbedingt religiös sein, die Deutungsansätze sind kontextabhängig.

Vor allem Technikbegeisterung – die Grenze zur Science-Fiction ist dabei fliessend –, aber auch Bedrohungsszenarien des Kalten Krieges fanden im UFO-Phänomen einen Ausdruck. Das Thema hat inzwischen viele Sub-Phänomene entwickelt, einzelne Erzählstränge, Theorien und Vermutungskomplexe: Viele sehen es wohl eher so, dass UFOs möglicherweise existieren, ihre Existenz ihnen nicht ausgeschlossen erscheint: Wer weiss, was wirklich alles am Himmel fliegt … es könnte Spionagegerät von den «Russen» sein. Eine weitere Variante ist das Kornkreis-Phänomen. Geordnet umgelegte Getreideflächen – die Muster sind teilweise sehr komplex – werden als Landespuren oder Botschaften von UFOs gelesen. Die ersten gab es um 1970 in Australien und England. «Crop circles», von denen zumindest einige als Nachtbubenstreiche entlarvt wurden, findet man seit 1993 auch im Kanton Bern. Eher bizarr wirken Entführungserlebnisse, die meist im Schlaf zu geschehen scheinen und den offensichtlich bösartigen ausserirdischen Tätern als medizinisches Experimentierfeld dienen. Häufig sind die Berichte sexuell konnotiert. In den Neunzigerjahren waren zum Teil absurde Zahlen («zwei bis 20 Prozent der US-Bevölkerung») kolportiert worden. Populär ist auch die Variante, die Ausserirdische zum Bestandteil der irdischen Geschichte erklärt. Erich v. Däniken ist der bekannteste Vertreter dieser «Paläo-SETI», die anhand von Märchen, Mythen, historischen Überlieferungen und archäologischen Funden davon ausgeht, dass Extraterrestrische zu allen Zeiten auf der Erde wandelten und so zu den Vorbildern der heute in den Religionen verehrten göttlichen Wesen wurden.

Religiöse Deutungen des UFO-Sujets sind vorgebildet in der Theosophie und im Spiritismus («Channeling»); aber auch Elemente alter Religionen (Engel, fliegende Götter, Zeichen am Himmel, jegliche Form von «Zauber» u. a.) können im UFOlogischen Sinne gedeutet und damit nicht nur «entzaubert», sondern gleich auch wieder Bestandteil eines neuen Glaubens werden. Religiöse UFO-Deutungen sind vielschichtiger als die Unterhaltungsware. Oft erkennt man Muster alter Religionen, die technisiert wurden, in ihnen wieder: Statt dem Überirdischen begegnet man jetzt dem Ausserirdischen, statt Visionen sind es Channelbotschaften, statt Engel meist gutwillige Aliens (den Dämonen entsprechen dann die bösartigen), Jesus wird zum Raumschiffkommandanten, die Akasha-Chronik zum Zentralcomputer, die Bundeslade zum nuklearen Gerät, die Apokalypse zum Polsprung und Gott zum Weltenplan. Es gibt Alien-Offenbarungen, die – und das ist ein Unterschied zu traditionellen Religionen – als wissenschaftlich bewiesen gelten. Anders als bei nicht religiösen UFO-Deutungen geht es jedoch nicht nur um die Realität der Erscheinungen, sondern um den Inhalt ihrer Botschaften. Und die handelt oft vom Schicksal der Erde. Religiöse UFO-Deutungen enthalten moralische Komponenten; der einzelne Mensch und die ganze Menschheit werden dahingehend gefordert. Böse Gegenspieler der guten Mächte bedrohen das Errettungswerk und versuchen, die Offenbarung des «kosmischen Wissens» zu verhindern. An dieser Stelle finden psychische Abwehrmechanismen gegen wissenschaftlich-skeptische Deutungen sowie (mitunter antisemitische) Verschwörungstheorien ihre Anknüpfungspunkte. Häufig artikulieren sich in UFO-religiösen Vorstellungen Endzeit- und Erlösungserwartungen. Erkennbar christliche Versprechen werden mit esoterischen Praktiken und einer technischen Begrifflichkeit verbunden, der Übergang zu christlichen Sondergemeinschaften ist dementsprechend fliessend. Einen offenen Transzendenzbezug, wie ältere Religionen ihn haben, gibt es oft nicht, doch Vergleichbares verbirgt sich hinter Begriffen wie «astral», «höhere Schwingungsebene», «Höheres Selbst» und «Lichtarbeit». Diese Form der UFO-logie kann also als religiös bezeichnet werden, selbst wenn nur wenige der dazu zu rechnenden Gruppen und Akteure sich auch selbst so nennen. Viele aber bezeichnen sich als spirituell.

Diese religionsähnlichen Variationen des UFO-Themas sind in der offenen Esoterikkultur wie auch in Organisationen zu finden. Wenn das ethische Regelwerk einer UFO-Lehre, eine charismatische Persönlichkeit und eine entsprechende sozialen Situation zusammentreffen, können Gemeinschaften mit einer enormen Dynamik entstehen. Feste Gruppen bilden sich meist um Personen, die angeben, Botschaften von Ausserirdischen zu erhalten. Zu einer Art Kultorganisation kam es erstmals, als Anfang der Fünfzigerjahre G. Adamski behauptet, telepathischen Kontakt zu Insassen eines Raumschiffs gehabt zu haben. Er steht damit am Beginn einer sich später stark ausdifferenzierenden Strömung, die permanente, objektiv aber nicht überprüfbare Kontakte zu Ausserirdischen zu haben vorgibt. Die Verwunderung und Ablehnung, die derartige Gruppen erfahren, schweisst sie nur noch enger zusammen. Es ist auffällig, dass bei den relativ wenigen religiösen Gruppen-(Selbst)morden erstaunlich häufig UFOs in deren Lehre vorkommen. Die bekanntesten Fälle sind Heaven's-Gate (1997) in den USA, die Sonnentempler in Frankreich, Kanada und der Schweiz (1994–96) sowie der möglicherweise geplante Selbstmord der Weltuniversität/Holistisches Isis-Zentrum auf Teneriffa 1998. Auch bei christlich geprägten Sondergruppen mit apokalyptischen Zügen wie Fiat Lux und → Universelles Leben tauchen UFOs auf.

Schweiz und Bern

Immerhin glauben laut Statistik rund ein Drittel aller Schweizer an die Existenz von UFOs und Ausserirdischen. Doch längst nicht alle sind im genannten Sinne «UFO-religiös». Und die Aktivitäten von Anhängern eines UFO-Glaubens lassen sich nicht allein an der Zahl der eingetragenen Vereine oder anhand von angebotenen Seminaren und Vorträgen errechnen – daher dieser Überblicksartikel. Wenn überhaupt, so organisiert man sich meist nur privat, um in kleinen Kreisen zu meditieren, zu channeln, «Lichtarbeit» zu leisten und über Gelesenes zu debattieren. Darüber hinaus beteiligen sich einzelne Personen sympathisierend an Internetforen von Glaubensgemeinschaften und repräsentieren somit ihren Wohnort für die Vereinigung, ohne unmittelbar erfassbar oder Mitglieder der Gruppe zu sein.

- Das wohl folgenreichste UFO-religiöse Sujet ist das in den Fünfzigerjahren entstandene Ashtar-Command. Es handelt sich dabei nicht um eine Organisation, sondern um ein Ideengebilde, das sich in Büchern, Vorträgen, Seminaren, kleinen Gruppen oder nur in Zitaten Gehör verschafft. Hervorgebracht wurde es von Absplitterungen der theosophischen → I-AM-Bewegung, als nicht mehr nur «Aufgestiegene Meister» sondern auch Besatzungen von UFOs Botschaften channelten. Die Besatzungen stammen von verschiedenen, in einer Föderation verbundenen Planeten. Der Oberste der auch Santiner genannten Ausserirdischen ist Ashtar Sheran, der wiederum einem Jesus-Sananda untersteht. Wegen des unmoralischen Lebens droht der Erde der Untergang bzw. die «Reinigung», nur einige – nach anderen Deutungen auch alle – Menschen würden gerettet. Manche Anhänger der Idee sehen sich selbst als in irdischen Körpern inkarnierte Ausserirdische. Zum Aufbau einer geeigneten irdischen Basis ist «Lichtarbeit» vonnöten, ebenso wird oft zu Vegetarismus, sexueller Enthaltsamkeit und «reinem Verhalten», angemessen dem kommenden «Wassermann-Zeitalter», aufgerufen. Plan und Hintergrund für diese Rettungstat können vielerorts, schweizerisch u.a. bei W. und Th. Gauch-Keller (ebenso zum Beispiel bei H. Jacob, Wetzikon ZH) nachgelesen werden. Sie hatten 1992 das Buch «Aufruf an die Erdbewohner» im Selbstverlag veröffentlicht, das mehrere Auflagen erreichte. In der Folge eröffneten sie 1997 einen Buchversand in Ostermundigen, der jedoch 2000 seine Geschäfte wieder eingestellt hat. Die meisten UFO-religiösen Gruppen und Aktivitäten weisen – auch wenn sie andere Namen benutzen – grosse Ähnlichkeit mit der Ashtar-Geschichte auf.
- 1954 entstand in Lausanne die Association mondialiste interplanétaire (AMI), die bis 1970 den «Courrier interplanétaire» (500 Abonnenten) her-

ausgab. Der Deutschschweizer Schatzmeister der AMI publizierte zur selben Zeit den deutschen «Weltraumboten», die Auflagen waren noch wesentlich höher.

- Kurz darauf gründeten Anhänger des bereits erwähnten G. Adamski die UFO-Arbeitsgemeinschaft Basel. Sie gaben zwischen 1955 und 1958 ein Informationsblatt heraus. Adamski selbst besuchte die Schweiz zweimal; beim zweiten Mal, 1963 in Zürich, kamen rund 700 Zuhörer zu seinem Vortrag.

- In den Sechzigerjahren machte der Italiener E. Siragusa von sich reden, der bereits 1952 telepathischen Kontakt zu Ausserirdischen gehabt zu haben angab, 1962 gründet er das Centro Studi Fratellanza Cosmica. In Genf entstand 1967 eine organisierte Anhängergruppe, die Anfang der 70er-Jahre mehrere Konferenzen organisierte – eine davon in Biel – und mit «Du Ciel à la Terre» auch eine kleine Zeitschrift publizierte.

- Einige Bekanntheit erlangt hat inzwischen die Freie Interessengemeinschaft für Grenzwissenschaften und Ufologie (FIGU) des Eduard «Billy» Meier in Hinterschmidrüti ZH. Schon seit Anfang der 40er-Jahre will Meier Kontakt zu «Plejadiern» haben. 1975 gründete er das Semjase-Silver-Star-Center. Meier sieht sich als exklusiven irdischen Kontakt, andere Kontaktler werden radikal abgelehnt. Er sieht sich als Inkarnation der meisten historischen religiösen Persönlichkeiten und hat eine verschworene Anhängerschaft vor Ort und zunehmend auch im Ausland. Meiers Botschaften haben einen moralischen Gehalt, sie thematisieren Paläo-SETI, Jesu Grab in Kashmir, ökologische Probleme u. v. a. m.

- Der erfolgreichste Schweizer und wohl auch internationale Akteur auf dem Feld der UFOs ist der 1935 geborene Erich v. Däniken; doch kann man ihn kaum der UFO-Religiosität zurechnen. Däniken deutet nicht die Zukunft und gibt keine ethischen oder metaphysischen Anleitungen, er erklärt nur die Geschichte. Seit seinen «Erinnerungen an die Zukunft» (1968) und mit vielen weiteren Büchern und Filmen bringt er seine These vom historischen Einwirken der Ausserirdischen an ein Millionenpublikum. Mit Gleichgesinnten gründete er 1973 in den USA die Ancient Astronauts Society, die die Zeitschrift «Ancient Skies» herausgibt. In die gleiche Kerbe schlägt die von Schweizer Anhängern publizierte Magazin «Mysteries» aus Basel. 2003 wurde Dänikens «Mystery Park» in Interlaken eröffnet, der diese Idee weiter popularisierte, jedoch 2006 finanziell Schiffbruch erlitt.

- Ähnlich gelagert ist der Jupiter-Verlag aus Bern, der 1973 mit dem Buch «Besucher aus dem All» reüssierte. Ab 1988 erschien ein «Jupiter-Journal», ebenso wurden Seminare und Vorträge organisiert. Inzwischen erfolgte eine Zuwendung zu Alternativwissenschaften und anderen esoterischen Themen.

- Zu erwähnen ist ein kurzlebiges Journal «Die Kosmische Allianz» aus Bern aus dem Jahre 1981. Es beschäftigte sich mit Adamskis Lehren und gab auch Botschaften verschiedener Channel-Medien wieder.

- In den Achtzigerjahren bestand eine Schweizer «Gruppe Kosmos». Allein um Luzern hatte sie bis zu 50 Teilnehmern, an anderen Orten wie in Zürich (Gruppe Sirius) und in der Romandie gab es Ableger. Ein 1987 publiziertes Papier namens «Heisses Eisen» enthält Botschaften von Ashtar Sheran. Es bestehen starke Bezüge zu Alice Baileys Theosophie und zur I-AM-Lehre.

- Ein Beispiel für praktische UFO-Spiritualität ist die 1994 gegründete ERFA (Erfahrungsgruppe für Ausserirdisches) in Zürich. Sie dient einzig dem Erfahrungsaustausch der Menschen (um die 25), die sie besuchen, und der gemeinsamen Meditation. Interessen nach aussen bestehen nicht. Hier wird das Muster der Selbsthilfegruppe erkennbar. Es weist auf ein Bedürfnis hin, das sich immer dann wahrnehmbar artikuliert, wenn jemand aktiv zum sozialen Kristallisationskern wird. Man kann davon ausgehen, dass es viele derartige Gruppen gibt bzw. dass sie unter günstigen Bedingungen überall entstehen könnten.

- Kryon-Bücher (amerik. ab 1993, dt. ab 1997) begannen in der UFOlogisch-esoterischen Subkultur, heute gibt es sie im normalen Buchhandel. Beim Wesen Kryon verschwimmt der Unterschied vollends, hier gleicht sich der überlegene Ausserirdische dem göttlich-überirdischen Wesen an. Primär ein globales literarisches Phänomen, das in der Regel Lese- und Meditationskreise hervorbringt, schafft es aber auch Grossevents: Ein sog. Kryon-Seminar mit dem einzig autorisierten Channel Lee Carrol und seinen deutschen Übersetzern füllte im Juli 2004 den Berner Kursaal völlig, 2008 fand ein weiteres statt.

Bei all diesen Phänomenen ist nicht feststellbar, wie viele Menschen ihnen wie intensiv anhängen. Spuren finden sich an vielen Orten: die UFO-Religiosität ist – wie auch die UFO-Kultur – eine globalisierte. Eine im vollen Wortsinne religiöse Gemeinschaft dagegen und auch im Kanton Bern vertreten ist die Rael-Gemeinschaft.

Raelianer/International Raelian Movement

Dass die neue Religionsgemeinschaft der Raelianer Aufsehen erregt, liegt vor allem daran, dass sie zu aktuellen und kontrovers diskutierten Themen eine explizite Position einnimmt. Besonders die Nachricht der mit ihr verbundenen Firma Clonaid vom Dezember 2002, das erste menschliche Klonbaby produziert zu haben, schlug hohe Wellen. Raelianer sind massive Befürworter des Klonens und anderer Technologien, das brachte ihnen mancherorts eine positive Presse, in Europa aber überwiegend Ablehnung ein. Auch das Phänomen der Kornkreise spielt bei Rael eine grosse Rolle, sie werden als Botschaften von Ausserirdischen gewertet.

UFOs und das Klonen sind zentrale Angelpunkte der raelistischen Lehre: Der Franzose Claude Vorilhon (geb. 1946) berichtet, er sei 1973 mit Ausserirdischen zusammengetroffen. Sie bestimmten ihn zu ihrem Botschafter auf der Erde und informierten ihn über die wahren Hintergründe unserer Existenz. Vorilhon, der sich seither Rael nennt, fand bald Zuhörer. Diese Raelianer verstehen sich als Anhänger einer «atheistischen Religion», denn: Es gibt keinen Gott und keine Seele, auch die Evolution gibt es nicht. In Wirklichkeit wurden die Menschen von Ausserirdischen auf gentechnischem Wege geschaffen: «Der Mensch, ein sich selbst programmierender und sich selbst fortpflanzender biologischer Computer.» Die Bibel berichte das durchaus, doch sei sie falsch übersetzt: «Elohim» seien Ausserirdische, nicht etwa ein Gott. Alle grossen Propheten, genauso Buddha und Muhammad, wären von den Elohim gesandte Boten, ebenso wie Jesus waren sie die Frucht der Vereinigung von Ausserirdischen mit irdischen Frauen. Jesus sollte die Menschheit auf die Apokalypse vorbereiten. Diese Endphase der Welt sei heute, genauer 1945 mit dem Abwurf der ersten Atombombe, eingetreten. Rael, der Prophet für unser Zeitalter, soll die Menschheit jetzt in die goldene Zukunft führen. Die Wissenschaft, speziell die Molekularbiologie, werde eine paradiesische Zukunft erschaffen, wenn sie erst mit der Religion vereint ist. Denn nun erlange der Mensch die göttlichen Fähigkeiten seiner Vorfahren. Und auch diese selbst, die Ausserirdischen, werden in Kürze zurückkehren, weshalb es ein zentrales Anliegen der Raelianer ist, für sie eine Botschaft zu errichten, möglichst nah bei Jerusalem.

Die Bewegung existiert mittlerweile in über 80 Ländern und zählt nach eigenen Angaben 40 000 bis 60 000 Mitglieder. Recht stark ist sie im frankophonen Raum, speziell in Frankreich und Kanada präsent, doch auch in den USA, in Japan und in Afrika wird ein zunehmendes Interesse registriert.

Raelianer wird man, indem man die Botschaften von Rael annimmt. Eine darauf folgende «Zellplanübertragung» wird als «demystifizierte» Taufe verstanden. Mit diesem öffentlichen Bekenntnis erkennt man die Elohim als seine

Schöpfer an und tritt aus seiner bisherigen Religion aus. Die Mitgliedschaft bei Rael kann jederzeit beendet werden. Ein Mitglied sollte drei bis zehn Prozent seines Einkommens als Beitrag spenden. Es finden abhängig von der Organisation in den einzelnen Ländern lokale Treffen und Aktivitäten statt, bei denen Interessierte stets willkommen sind. Einmal im Jahr gibt es auf jedem Kontinent Seminare. Feste Kultorte bestehen nicht, auch ein Rückzug aus der Gesellschaft wird nicht propagiert. Es besteht eine Hierarchie mit Verantwortlichen für Regionen, Länder und Kontinente. Ziel der Gemeinschaft ist die Information über die Elohim. Der Einzelne widmet sich v. a. der «Sinnlichen Meditation», die bei der Entfaltung der Persönlichkeit und der Entwicklung besonderer Fähigkeiten behilflich ist. Nur Rael selbst verfügt momentan über einen telepathischen Kontakt zu den Elohim, es gibt aber Menschen in der Gemeinschaft, die es von sich selbst auch vermuten. In jüngerer Zeit verstärken die Raelianer ihr politisches Engagement in zu ihrer Weltsicht passenden Themenbereichen. Das jüngste, noch in Planung befindliche Projekt ist die Erstellung eines ökologischen Index, bei dem die Schadstoffbelastung eines jeden Konsumproduktes aufgezeigt werden soll. Auch setzen sie sich aktiv für die Gleichstellung von Homosexuellen ein.

Die Schweizer Raelianer – etwa 150 im engeren Kreis, dazu kommen Freunde und Sympathisanten – orientieren sich nach den Sprachräumen ins Ausland. Am stärksten ist die französischsprachige Gruppe. In Genf befindet sich auch ein als International Headquarter bezeichnetes Büro.

Die Berner Raelianer-Gruppe war eine Zeit lang recht bedeutend, das hat aber nachgelassen. Heute gehören im Kanton drei bis vier Menschen fest zur Gemeinschaft, dazu kommen etwa zehn nähere Freunde. Man trifft sich etwa einmal im Monat an wechselnden Orten, meist privat. Dabei wird meditiert und neu hinzugekommenen Menschen erläutert, was Rael ist. In der Regel meditieren Raelianer allein, doch die Treffen helfen dabei, sich auf dem Weg gegenseitig zu unterstützen. Das gilt auch für den wöchentlichen Fastentag zur Reinigung. Gelegentlich werden öffentliche Auftritte organisiert, zum Beispiel Werbemassnahmen in städtischen Fussgängerzonen. In der Deutschschweiz besteht dafür ein spezielles Team. Ab und an wird Werbung, besonders mit dem Sujet der Kornkreise, auch in der Berner Innenstadt gemacht.

Kontakt

International Headquarter, P. O. Box 225, 1211 Geneva 8; Case Postale 176, 1926 Fully
www.rael.org

Yoga-Szene – Überblick

Das Feld Yoga ist unscharf, da der Begriff facettenreich und auch nicht geschützt ist. Yoga hat zwar einen indischen und religiösen Hintergrund, jedoch spielt dies heute bei vielen Yoga-Freunden im Westen nur eine geringe Rolle; in der öffentlichen Wahrnehmung hat das Indische oft nur eine folkloristische Funktion. Im Zentrum vieler Yoga-Angebote stehen dagegen das körperliche und psychische Wohlbefinden und die Selbstbewusstwerdung des Individuums. Dieses Phänomen ist auch bei anderen importierten Praktiken (Tai Chi, Qi Gong …) zu beobachten. Hier soll es um diese Szene des Yoga gehen, in der es zwar Schulen und organisierte Angebote gibt, die jedoch das religiöse Element weitgehend ausblendet und dem Praktizierenden die Wahl lässt, wie sehr er sich auf die Glaubensvorstellungen hinter den Praktiken einlässt und wie er sie versteht.

Im Unterschied zu einem derartigen «gymnastischen» Yoga sind die Angebote von – in der Regel stark indisch geprägten – Organisationen zu sehen, die mit Yoga ein Heilsangebot und eine metaphysische Weltsicht verbinden. Mitunter sehen sich diese Gruppen – oft gegründet und geleitet von einem Guru – sogar in einer exklusiven Heilsposition, was sie vollends zu religiösen Gemeinschaften macht. Derartige Gruppen werden nicht hier, sondern in dem Hauptkapitel → Neue indischstämmige Religionsbewegungen behandelt.

Die Unterscheidung zwischen einem «religiösen» und einem «Wellness»-Yoga darf aber nicht als scharfe Trennung verstanden werden; es handelt sich eher um ein Kontinuum, bei dem sich viele Angebote irgendwo zwischen den Extremen «exklusive Guru-Gemeinschaft» und «Sport für jedermann» befinden.

Lehre und Praxis

Das Sanskritwort Yoga meint wörtlich, Pferde anzuschirren bzw. Holzstücke miteinander zu verbinden. Yoga hat das Ziel, Körper, Geist und Seele in eine Richtung und einen gemeinsamen Rhythmus zu führen. Es bedeutet auch Einheit oder Einssein von Jivatma (Einzelseele, auch Mikrokosmos) und Paramatma (Weltenseele, auch Makrokosmos). Wesentliches Merkmal der meisten indischen Definitionen ist, dass Yoga aus einem philosophischen oder religiösen System heraus bestimmt und als asketischer Weg verstanden wird. Das Ziel des klassischen Yoga ist ein religiöses: die Verbindung des Menschen mit seinem (göttlichen) Ursprung.

Die Anfänge sind möglicherweise schon in der Indus-Kultur (ca. 2500 v. Chr.) zu verorten. Auf jeden Fall können einige Texte der Upanishaden (ca. 800 bis 600 v. Chr.) als Yoga-Texte bezeichnet werden. Die heiligen Männer des Jainismus werden als Yoga-Erfahrene angesehen. Auch der Buddha soll Yoga-ähnliche Übungen praktiziert haben. Als klassischer Yoga-Text gilt aber das wohl erst in nachchristlicher Zeit entstandene «Yoga Sutra» des Patanjali. Es betreibt eine Systematisierung des Yoga-Weges in acht Teilen. Die ersten beiden Glieder, Yama und Niyama, werden oft – nicht ganz zutreffend – als «Vorschriften», «Gebote und Verbote» (für den Yogi) übersetzt. Es sind aber eher ethische Tugenden, die den Einzelnen bei Befolgung von irdischen Befangenheiten befreien können. Sie sind die Voraussetzungen für alle weiteren Elemente. Das dritte Glied ist Asana, die Körperhaltung; das Spezifikum besteht im Gegensatz von Festigkeit und Leichtigkeit. Die Vermittlung zwischen Gegensätzen ist ein grundlegendes Charakteristikum des Yoga. Das vierte Glied ist Pranayama, die bewusste, rhythmische Atmung. Asana und Pranayama werden auch als äusserer, die folgenden Glieder, denen keine sichtbare Tätigkeit zugrunde liegt, als innerer Yoga bezeichnet. Das fünfte Glied namens Pratyahara bezeichnet den Rückzug der Sinne von den Sinnesobjekten, also eine fortschreitende Verinnerlichung. Die übrigen Glieder sind Dharana, die Konzentration, Dhyana, die Meditation, und schliesslich Samadhi, die – allerdings innerlich zu verstehende – Ekstase.

Die körperlichen Übungen der Asanas und die Atemkontrolle Pranayama sind es, die heute im Westen als Hatha Yoga (Yoga der Kraft, des Impulses) bekannt sind. Die Grundlagentexte für ihre heutige Dominanz entstanden erst etwa im 13. bis 15. Jahrhundert. Sie beruhen auf dem Tantra, welches sich gegenüber dem Patanjali durch eine stärkere Diesseits- und Körperbezogenheit auszeichnet. Ziel der tantrischen Körperpraxis ist es, den Leib zu einem perfekt funktionierenden Instrument zu entwickeln. Allerdings keineswegs zum Selbstzweck: Der Körper wird als Mittel gesehen, das den gleichen Zielen dient wie die anderen Yoga-Elemente. Aber er ist nicht nur stoffliche Hülle oder blosses Werkzeug, sondern stellt eine Möglichkeit dar, das Leben durch sinnliche Erfahrungen zu bereichern.

Lange Zeit war Yoga in Indien nahezu ausschliesslich Asketen vorbehalten. Erst in der Neuzeit gewann es eine gewisse Popularität. Gleichzeitig wurde Yoga stärker vedantisch interpretiert, tantrischer Yoga wurde im 19. Jahrhundert in Indien zurückgedrängt. Seit Yoga im Westen Erfolge feiert, kehren einige der europäisch-amerikanischen Interpretationen in das Ursprungsland zurück und beleben dort die Szene auf eine ganz eigene Art.

Rezeption im Westen

In den Westen kam Yoga im 19. Jahrhundert, gleichzeitig mit dem erwachenden Interesse an der indischen Kultur. Besonders verdient um den Transfer machten sich die Theosophie und Ramakrishna (1839–1886), dem, popularisiert durch seinen Schüler Vivekananda, eine Schlüsselposition zukommt. Vivekananda übertrug klassische Traditionen in ein Konzept von vier Yoga-Wegen, die seiner Erfahrung nach für alle Menschen gangbar seien. Während die drei ersten Wege aus der Bhagavadgita bekannt und im Zusammenhang mit vielen indischen religiösen Traditionen zu finden sind, bezeichnet der Begriff Raja Yoga bei Vivekananda den klassischen achtgliedrigen Yoga-Pfad des Patanjali.

In der gegenwärtigen westlichen Yoga-Szene findet sich eine breite Palette unterschiedlicher Ansätze zur praktischen Realisierung des Yoga. Selbst Anweisungen zur technischen Ausführung einer bestimmten Körperübung differieren bei verschiedenen Lehrern. Das hat seinen Grund v. a. in der tantrischen Tradition, in der eine direkte Weitergabe vom Lehrer auf den Schüler üblich war und eine Verankerung der Yoga-Praxis in einer – jeweils eigenen – Yoga-Theorie. Eine Variabilität in der Umsetzung war erlaubt, sodass es zu vielen Tradierungslinien und -formen kommen konnte.

Fragt man nach der geistigen Orientierung westlicher Yoga-Schulen, fällt auf, dass sich viele direkt auf einen indischen Lehrer berufen. Bei den älteren Einrichtungen, die bis 1975 entstanden, werden häufig Yogis wie Shivananda, Yesudian und Venkateshananda genannt. In den jüngeren Schulen taucht vermehrt der Name Iyengar auf. Weitere «Markennamen», unter denen Yoga angeboten wird, sind «Kriya Yoga», «Astanga Yoga», der «Integrale Yoga» nach Sri Aurobindo oder «Kundalini Yoga», das durch Yogi Bhajan und seine Organisation Happy-Healthy-Holy (3HO) popularisiert worden ist. Diese Lehrer haben nicht nur eine Methode gelehrt, sie verbanden damit auch eine Philosophie, die religiöse Elemente enthält. Dies wird nicht als Widerspruch zu der betonten weltanschaulichen Neutralität des Yoga empfunden. Die Verknüpfung einer religiösen Grundüberzeugung mit dem generellen Anspruch geistiger Offenheit scheint vielmehr zum Charakter der Yoga-Rezeption zu gehören. Praktisch bedeutet das, dass eine Teilnahme möglich ist, ohne dass man die Überzeugungen teilen muss. Praktische Hatha-Yoga-Übungen (und auch Elemente geistiger Lehren) werden auch in den Kontext abendländischer Konzepte integriert. Hierzulande interessiert man sich für eine Erhaltung oder Wiederherstellung der psycho-physischen Gesundheit, wobei die Yoga-Begriffe mit medizinischem Vokabular verbunden werden: zum Beispiel Kriyas = Reinigungstechniken, Bandhas = Muskelkontraktionen und Mudras = neuromuskuläre Gesten. In den meisten Yoga-Schulen im Westen steht die Erfahrung, die Arbeit mit sich und an sich selbst im Vordergrund. Der Yoga-Unterricht ist an der Lebenspraxis ausgerichtet. Die jeweiligen Theorien – religiös oder nicht – dienen dazu, dieses Tun in einen Zusammenhang zu stellen, den geistigen Hintergrund zu erhellen und Denkanstösse zu geben. Mit der Fitness- und Wellness-Welle der letzten Jahrzehnte kamen obendrein Yoga-Formen auf, die vollends auf einen religiösen Überbau verzichten, zum Beispiel Bikram Yoga oder Power Yoga. Zudem bereichern exotische Varianten die Szene, wie die des muslimischen Afrikaners Babacar Khane, der Hatha Yoga mit «chinesischem Yoga» (Kung-Fu-Übungen) und «ägyptischem Yoga» (die Körperhaltungen erinnern an altägyptische Figuren) verbindet. In der Schweiz ist er nur im Welschland zu finden.

Schweiz und Bern

Abgesehen von den theosophischen Zirkeln, dem Monte Verità und einigen alternativ-medizinisch und -kulturell gesinnten, eher geschlossenen Kreisen war Yoga bis in die 30er-Jahre des 20. Jahrhunderts in der Schweiz nahezu unbekannt. Dass Bildungsschichten ihm etwas abgewinnen konnten, zeigt sich daran, dass 1933 die erste der berühmten Eranos-Tagungen in Ascona unter dem Motto «Yoga und Meditation im Osten und Westen» stand. Die meisten Menschen aber staunten einfach nur, als der Zirkus Knie 1935 ein Yoga-Spektakel präsentierte. Positive, antizipierende Auseinandersetzung mit Yoga blieben in den meisten Fällen auf der intellektuellen Ebene: die Theosophen sahen ihn als geistige Disziplin, und auch C. G. Jung riet von einer körperlichen Praxis ab. Erst nach dem Zweiten Weltkrieg erwachte das breite Interesse – und das war eines an den praktischen Übungen. Die erste ordentliche Yoga-Schule entstand 1948 in Zürich. Sie wurde von Selvarajan Yesudian und Elisabeth Haich gegründet, die bereits seit 1936 eine solche Einrichtung – wahrscheinlich die erste ihrer Art in Europa – in Budapest unterhalten hatten. Ihr Erfolg war überwältigend – zum Beispiel füllten sie 1954 in Bern mit Leichtigkeit den Kursaal – und eine Initialzündung. Auf Yesudian-Haich folgten in den Fünfzigerjahren schnell weitere Anbieter.

1968 gründete sich als Berufsverband der Yoga-Lehrer die Schweizerische Yoga Gesellschaft/Fédération Suisse de Yoga (SYG). Sie führt sich auf die Yoga-Tradition des Tirumalai Krishnamacharya zurück. Fünfmal jährlich gibt die SYG die Zeitschrift «Yoga» heraus. Von den zurzeit acht Schulen im Land, die das SYG-Diplom vorbereiten, befinden sich im Kanton eine in Biel und eine in Kehrsatz. In der Stadt Bern unterrichten im Sommer 2006 37 SYG-registrierte Lehrerinnen und Lehrer. Von besonderer Bedeutung sind die seit 1973 jährlich von diesem Verband abgehaltenen Yoga-Kongresse in Zinal VS, die auf ganz Europa ausstrahlen.

Eine ähnlich gelagerte Organisation ist der 1995 gegründete Schweizer Yoga-verband/Association Suisse de Yoga. Er unterhält eine Yoga University im bernisch-jurassischen Villeret. Am selben Ort residiert der Yoga Journal Verlag, der die Verbandszeitschrift herausgibt und eine Fachbibliothek zum Thema Yoga unterhält. Der Verband verfügt über mehr als zehn angeschlossene Yoga-Angebote allein in der Stadt Bern. Beide Verbände zusammen bieten im Kanton Bern nahezu 200 Yoga-Veranstaltungen verschiedener Art und Regelmässigkeit an, wobei allerdings Doppelungen – zum Beispiel der gleiche Lehrer an verschiedenen Orten oder verschiedene Lehrer im gleichen Zentrum – möglich sind, was die Zählung recht unscharf werden lässt.

Wenn ein Verband sich auch auf eine bestimmte Tradition zurückführt, so zeichnen diese Organisationen sich doch dadurch aus, dass sie eine Vielzahl verschiedener Wege und Methoden des Hatha Yoga umfassen. Es sind einzig formale Kriterien, die die Mitglieder erfüllen müssen. Die Verbände sorgen für eine Vernetzung der Lehrenden und Interessierten, ebenso zertifizieren sie Ausbildungsgänge. Zu den ethischen Grundregeln gehört, dass die weltanschauliche und religiöse Integrität der Schüler zu achten ist. Religiöse Anliegen spielen also keine sonderliche Rolle. Zu den beiden genannten Dachverbänden kommen weitere Schulen mit grösseren oder kleineren Netzwerken hinzu, die sich auf bestimmte Lehrer beziehen. Die bekannteste – um nur einen Namen zu nennen – ist die des B. K. S. Iyengar. Die «Guru-zentrierten», stärker religiösen Yoga-Organisationen sind dagegen nicht Mitglied in den Yoga-Verbänden.

Da die Berufsbezeichnung Yoga-Lehrer nicht geschützt ist und längst nicht alle Anbieter im Kontakt mit den Verbänden stehen, dürfte die Zahl der Angebote noch deutlich höher sein. Der Zugang ist oft niedrigschwellig organisiert und erfolgt gelegentlich in Verbindung mit einer Schule für indischen Tanz, mit buddhistischen Meditationen oder mit heilpraktischen Angeboten. In Deutschland wird die Zahl der Yoga-Praktizierenden auf bis zu vier Millionen geschätzt. Da man von einer ähnlichen Verbreitung in der Schweiz ausgehen kann, könnten hierzulande vermutlich an die 300 000 Menschen aktiv sein. Bleibt man bei dieser Berechnungsgrundlage, käme man allein für den Kanton Bern auf die stolze Zahl von rund 35 000 Praktizierenden. Nur die wenigsten davon dürften

Mitglieder einer Yoga-Schule sein (was bei einer Zählung, die sich auf Praktizierende in den Schulen beschränkt, eben zu sehr viel niedrigeren Zahlen führen muss), und verschwindend gering ist vergleichsweise der Anteil derer, die zu den Guru-zentrierten Gemeinschaften gehören. Die meisten Menschen üben Yoga vermutlich im Sportverein, in der Volkshochschule, in medizinischen Einrichtungen oder zu Hause aus: Yoga ist ein Bestandteil des Alltags geworden.

Kontakt

Schweizerische Yoga Gesellschaft (Sekretariat), Aarbergergasse 21, 3001 Bern,
Tel.: 031 311 07 17
www.yoga.ch
Schweizer Yogaverband (Sekretariat), Seilerstrasse 24, 3011 Bern,
Tel. 031 382 18 10
www.swissyoga.ch
Zur Geschichte des Yoga in der Schweiz: www.martinmerz-yoga.ch